Propyläen
Geschichte Europas
Band 5

Propyläen Geschichte Europas

Band 1
Anspruch auf Mündigkeit
um 1400–1555

Band 2
Hegemonialkriege und
Glaubenskämpfe
1556–1648

Band 3
Staatsräson und Vernunft
1649–1775

Band 4
Der Durchbruch des Bürgertums
1776–1847

Band 5
Staatensystem
als Vormacht der Welt
1848–1918

Band 6
Die Krise Europas
Seit 1917

Propyläen

Propyläen
Geschichte Europas

Theodor Schieder
Staatensystem als Vormacht der Welt

1848–1918

Propyläen

Ungekürzter fotomechanischer Nachdruck des 1980 in zweiter Auflage erschienenen fünften Bandes der »Propyläen Geschichte Europas«

Umschlagentwurf: Vera Bauer; Abbildung: Archiv für Kunst und Geschichte, Berlin
Gesamtherstellung: Franz Spiegel Buch GmbH, Ulm

Propyläen Verlag
Printed in Germany 1998
ISBN für das Gesamtwerk:
3-549-05529-3
ISBN für das Einzelwerk:
3-549-05485-8

Die Deutsche Bibliothek - CIP-Einheitsaufnahme

Propyläen-Geschichte Europas. - Nachdr. - Berlin : Propyläen-Verl.
ISBN 3-549-05529-3

Schieder, Theodor:
Staatensystem als Vormacht der Welt : 1848 - 1918 / Theodor Schieder. - Ungekürzter fotomechanischer Nachdr. des 1980 in 2. Aufl. erschienenen 5. Bd. - Berlin : Propyläen-Verl., 1998
(Propyläen-Geschichte Europas : Bd. 5)
ISBN 3-549-05485-8

Inhalt

Europa und die Revolution von 1848

Pariser Volksfest am 14. Juli, dem Tag der Erinnerung an die Französische Revolution 1789
Skizze von Alfred Philippe Roll, um 1880, zu dem gleichnamigen Gemälde
Paris, Musée du Petit Palais

Auf die Frage, wie Revolutionen entstehen, woraus sich ihr Ursprung ableiten läßt, sind die unterschiedlichsten Antworten gegeben worden. Kaum ein Gegenstand der Geschichte hat so sehr zu einer vergleichenden Betrachtung und zur Suche nach einem allgemeinen Prinzip herausgefordert wie das Phänomen der Revolution. Wie kommt es zu den Erschütterungen der Ordnung und Kontinuität, zu den gewaltsamen Umwälzungen, die plötzlich die hergebrachten und gesetzlich verbürgten Formen des Systemwechsels, der Ablösung von Führungsschichten oder die Autorität von Institutionen außer Kraft setzen und sich auf ein Recht höherer Art, das Recht der Natur oder auch der Zukunft, berufen, wenn sie das positive Recht zerstören? Seit dem Jahr 1789 hatte Europa eine Anschauung von dem, was Revolutionen bewirken können; es ist über der Frage nach der Revolution nicht zur Ruhe gekommen. Jacob Burckhardt leitete eine Vorlesung im Winter nach dem Deutsch-Französischen Krieg mit der Bemerkung ein, im Grunde sei »alles bis in unsere Tage lauter Revolutionszeitalter und wir stehen vielleicht erst relativ an den Anfängen oder im zweiten Akt; denn jene drei scheinbar ruhigen Dezennien von 1815 bis 1848 haben sich zu erkennen gegeben als ein bloßer Zwischenakt in dem großen Drama. Dieses aber scheint eine (einzige) Bewegung werden zu wollen, die im Gegensatz zu aller bekannten Vergangenheit unseres Globus steht«. Die Revolution wird hier nicht als ein einzelnes Ereignis verstanden, sondern als die Grundtendenz des Zeitalters, als das moderne Zeitalter selbst.

So umfassend diese Erscheinung ist, so wenig klar liegen ihre Gründe auf der Hand. Die Gegenrevolutionäre nach der Französischen Revolution, die vor anderen über die Revolution sehr viel nachgedacht und ihre erste Theorie aufgestellt haben, waren über ihre Ursprünge unterschiedlicher Meinung. Entweder sahen sie diese in von Grund auf bösen oder verfehlten Ideen, welche die gesellschaftliche Ordnung zerstören mußten, oder im Charakter der Revolutionäre, die als Männer ohne Erfahrung, ohne Beruf, als Outlaws handelten und sich als Verschwörer in geheimen Gesellschaften betätigten. Metternich griff gerade diese Gedanken auf und verknüpfte sie: Als die eigentlich Schuldigen wollte er die ›Ideologen‹, die Doctrinairs, erkennen. Ihre Macht sei durch die Freiheit der Presse, jene »gefährlichste Zuchtrute der Menschheit«, schrankenlos geworden. Danach entsteht die Revolution nicht, weil die Gesellschaft krank ist und die Fürsten ihre Heilung versäumen, vielmehr machen die Revolutionäre die Gesellschaft krank, vergiften und korrumpieren sie. Revolution beruht daher immer auf Verschwörung. Sie geschieht nicht unter historischem Zwang, sondern ist Willkür, Machination. Damit heißt dann Verhütung der Revolution vor allem und fast ausschließlich Bekämpfung und Vernichtung der Revolutionäre. Die Revolution wird immer – und dies zweite folgt aus dem ersten – in den Geheimgesellschaften verbreitet, »cette gangrène de la société«, wie Metternich sie nannte; diese müssen also verfolgt und vernichtet werden. Ihre Vernichtung kann sich nicht auf einzelne Staaten beschränken; denn Geheimgesellschaften breiten sich auf viele Staaten aus, sie stellen eine alle Staaten umfassende untergründige Konspiration dar. Die Internationalität der Gegenrevolution ist nur die Antwort auf die Internationalität der Revolution. Diese Vorstellung beherrschte die ganze Ära der Restauration; nicht nur ihre Theoretiker wie schon Edmund Burke und Karl Ludwig von Haller gingen von ihr aus, sondern auch ihre Staatsmänner wurden in ihrem Handeln davon bestimmt. Metternich richtete sich danach, solange er die Zügel der österreichischen und der europäischen Politik führte. Der preußische König Friedrich Wilhelm IV. sah in der Berliner Revolution vom März 1848 nichts anderes als das Machwerk von überall her zusammengeströmten Rädelsführern.

Doch gerade für die Revolution von 1848 und ihre springflutartige Ausbreitung über zahlreiche europäische Länder trifft die Verschwörungstheorie am wenigsten zu. Es ist vielmehr die revolutio-

Der Aufruhr
Gemälde von Honoré Daumier, um 1860
Washington, D.C., Phillips Collection

näre Situation, die sich aus den verschiedensten Momenten in jeweils anderer Mischung ergeben kann und bei der ein objektives Phänomen, das heißt die bis zur Zerreißprobe gediehene Spannung zwischen politischen Institutionen, Autoritäten und politischen Kräften von unten, und das subjektive Bewußtsein von der Unhaltbarkeit der Zustände zusammenkommen müssen. Zu den objektiven Gegebenheiten der Revolution gehört auch die Existenz einer oder mehrerer Schichten, welche die bestehende politische und soziale Ordnung als drückende Last empfinden, ohne daß sie von vornherein den Willen zu haben brauchen, diese Ordnung umzustoßen, und ohne daß sie sich im Zustand einer wachsenden Verelendung befinden müssen. Im Gegenteil: Der Widerspruch zwischen den geltenden politischen wie sozialen Normen und der sozialen Wirklichkeit kann gerade von denjenigen Gruppen als Herausforderung empfunden werden, die sich eines zunehmenden wirtschaftlichen Wohlstands erfreuen, aber keine politischen Rechte besitzen. Von ihnen gehen dann die revolutionären Impulse aus, wie es in der Französischen Revolution durch den Tiers état geschehen ist. Dazu ist etwas weiteres nötig, was die Restauration mit dem scharfen Auge des Gegners richtig erkannt hat: Es müssen auch die geistigen Erwekker da sein, welche die latente Unzufriedenheit in den Willen zur Veränderung verwandeln und die Parolen und Dogmen für den Kampf prägen. Jede Revolution hat ihre intellektuelle Vorhut, und diese Vorhut erscheint zunächst sehr oft als eine eigene ›Klasse‹, die sich von ihren Wurzeln gelöst hat. So wirkten die ›Philosophen‹ im Frankreich des 18. Jahrhunderts. Sie haben nach Hippolyte Taine aus dem Esprit classique den Esprit révolutionaire entwickelt. So wirkten liberale und demokratische Publizisten und auch schon Frühsozialisten in der ersten Hälfte des 19. Jahrhunderts, später die russischen Intelligenzija.

Objektive Widersprüche in den staatlichen und gesellschaftlichen Systemen und zugleich ihr Bewußtwerden schaffen eine revolutionäre Situation, die von bestimmten Schichten getragen wird und ihre großen Verkünder benötigt. Dazu kommt, wenn alle diese Voraussetzungen bestehen, ein oft zufälliges Ereignis, das als Auslöser wirkt und der Gärung dazu verhilft, daß sie an die Oberfläche dringt. Geht man von diesem Grundmuster aus, dann erscheinen die Ereignisse des Jahres 1848, des ›tollen Jahres‹, wie es in der deutschen Überlieferung genannt wird, vor einem spezifischen historischen Hintergrund. Widersprüche innerhalb und zwischen der politischen und gesellschaftlichen Verfassung gab es die Fülle quer durch Europa und seinen in ihrer sozialen und ökonomischen Verfassung voneinander abweichenden Ländern. In Frankreich begründete die Julirevolution 1830 die Herrschaft des Großbürgertums und der Hochfinanz und gab das Beispiel einer bürgerlichen Klassenherrschaft, welche die breiten Massen des Mittel- und Kleinbürgertums von der politischen Mitbestimmung auch nach einer Ermäßigung des Wahlzensus ausschloß. Die wachsende Annäherung des Regimes unter dem Außenminister Guillaume Guizot seit 1840 an die Mächte der Heiligen Allianz und die Ablehnung jeder Reform verschärften die revolutionäre Situation. Das Großbürgertum fand seine ausschließliche Stütze in der Fortdauer der Julimonarchie, während der in den Untergrund verdrängte Republikanismus und Radikalismus im Mittel- und Kleinbürgertum mehr und mehr Anhänger gewann. Die Arbeiterschaft, die vor allem in der Hauptstadt schon einiges Gewicht hatte, vertrat den Radikalismus ohnedies. Der innerhalb des Bürgertums schwelende Konflikt über die Reform des Systems breitete sich aus zu einem Konflikt über das System selbst.

Kann man die Julirevolution in Frankreich als eine abgeschnittene Revolution bezeichnen, so hat sie in Belgien nicht nur zur Errichtung eines selbständigen Staates geführt, sondern auch zur Schaffung einer Verfassung mit Volkssouveränität, Ministerverantwortlichkeit und Ansätzen zu einem parlamentarischen Regime, wodurch sie Modellcharakter für das europäische liberale Bürgertum erhalten sollte. Hierin ist die nachhaltigste gesamteuropäische Bedeutung der Revolution von 1830 zu sehen; denn das junge Königreich Belgien zeigte am Beispiel der Union von Liberalen und Katholiken die Möglichkeiten für die Stabilisierung bürgerlicher Politik auf und gab ihr in seiner rapide voranschreitenden Entwicklung zum Industriestaat die notwendige wirtschaftliche Grundlage. Von Belgien gingen Wirkungen namentlich auf das westliche Deutschland und das rheinische Wirtschaftsbürgertum aus. Diesem Bürgertum eröffneten sich im Großstaat Preußen und im Zollverein-Deutschland große Möglichkeiten, die Männer wie David Hansemann schon früh zu einer Zusammenarbeit mit dem preußischen Staat und seinem liberalen Beamtentum drängten. Damit wurden die Weichen für eine Politik gestellt, die revolutionäre Veränderungen nur im begrenzten Rahmen und nicht als radikale Veränderung etwa im republikanischen Sinne anstrebte. Obwohl das wirtschaftliche Großbürgertum in seinem Einfluß schwach gewesen ist, erzwang es im Bunde mit dem Bildungsbürgertum und den von ihm geistig geführten Mittelschichten doch, daß die preußische Monarchie von dem bisher eingeschlagenen Weg der Reformen allein durch liberale Verwaltung und Bürokratie abgehen und die Zusammenarbeit mit den wirtschaftlich führenden bürgerlichen Schichten und dem zum Teil auch liberal denkenden grundbesitzenden Adel in ständischen Vertretungsorganen suchen mußte. Die Einberufung des Vereinigten Landtages aus allen Mitgliedern sämtlicher Provinziallandtage war von Friedrich Wilhelm IV. keineswegs als ein Schritt in Richtung einer Parlamentarisierung Preußens gemeint, aber der König gab damit Erwartungen Auftrieb, die er nie befriedigen konnte. Sein Entschluß erschien in den Augen der Zeitgenossen als verzweifelter Versuch, den Forderungen der Zeit nachzugeben, ähnlich wie es vor 1789 Ludwig XVI. in Frankreich mit der Einberufung von Notabeln-Versammlungen und der États généraux getan hatte. In Wirklichkeit wollte der preußische König den alten ständischen Gedanken neu beleben und sich mit seiner Hilfe

Angriff auf die Anhänger der Schutzzölle:
Voraussage der mißlichen Folgen des Schutzzollsystems für die Zeit von 1848 bis 1851
Lithographie aus Süddeutschland, 1848
München, Staatliche Graphische Sammlung

auch die Mittel beschaffen, welche die wirtschaftliche Entwicklung, insbesondere der Eisenbahnbau, benötigte. Der Konflikt war unausbleiblich, gerade weil es sich um den führenden Staat Norddeutschlands handelte, von dem Ausstrahlungen nach allen Seiten ausgingen.

Wiewohl sich die beiden deutschen Großstaaten darin glichen, daß sie bis zur Schwelle der Revolution über keine ständischen Organe verfügten, war der Immobilismus in der habsburgischen Monarchie noch weitaus lähmender, das West-Ost-Gefälle trotz eines deutlichen Vorsprungs der westlichen Gebiete, vor allem Wiens und der Randzonen Böhmens, nicht so ausgeprägt. Dazu traten die enormen Belastungen durch die unfertige Verfassungsstruktur und durch die Nationalitätenprobleme. Im ganzen war die Lage in Österreich explosiver, aber es bleibt fraglich, ob es ohne auswärtige Anreize zur Explosion gekommen wäre. Das gleiche gilt wohl für die Mittelstaaten in Süd- und Mitteldeutschland, in denen spätestens seit 1831 mehr ständische als parlamentarische Landtage existierten, wo die liberale Opposition sich kräftig zu Wort meldete und dadurch die auffallenden Widersprüche zwischen der politischen und gesellschaftlichen Verfassung bewußt machte. Das galt vorrangig in Baden, das im Revolutionsjahr seine Rolle als ein Zentrum liberaler und demokratischer Bewegungen spielte. Der Kampf um die liberale Fortentwicklung des partikularen Staates stand hier oft im Vordergrund und drängte die nationalen Forderungen zurück, die immerhin auch ganz im Interesse des Wirtschaftsbürgertums lagen. Der Freiburger Professor Karl von Rotteck umschrieb dies mit den Worten, daß er lieber Freiheit ohne Einheit als Einheit ohne Freiheit wolle, eine Parole, die Heinrich von Treitschke später als liberalen Partikularismus abtat, ohne zu bedenken, was der partikulare Mittelstaat als Übergang vom Territorialstaat alten Stils zum nationalen Staat geleistet hat.

Italien hatte die politische Zersplitterung mit Deutschland gemein, aber staatliche Zersplitterung bedeutete hier zugleich Fremdherrschaft. Südlich der Alpen gab es keinen liberalen Partikularismus, der von einzelstaatlichen Parlamenten getragen wurde, auch noch nicht in der einzigen nationalitalienischen Monarchie Piemont-Sardinien. Anders als nördlich der Alpen existierte kein wenn auch noch so loses gesamtnationales Organ wie der Deutsche Bund. Italien als nationaler Staat war nur eine Erinnerung, obschon eine sehr lebendige, an die napoleonische Ära. Nationaler Demokratismus war in die Illegalität gedrängt und organisierte sich in Geheimbünden wie den Carbonari; von den zwanziger Jahren bis in die Mitte der vierziger Jahre ging er mehrfach und an mehreren Stellen zur Aktion über. Aber seine Aufstandsversuche schei-

Giuseppe Mazzini
Gipsarbeit von Giovanni Spertini, 1879
Mailand, Galleria d'Arte Moderna

terten; sie mußten scheitern, weil ihnen die Unterstützung der breiten Masse fehlte. »Die Traditionen Italiens waren ausschließlich der Besitz der Gebildeten; sie bezogen sich auf die römische, die mittelalterliche und die Renaissance-Kultur; so war es schwer, auf ihnen Neues aufzubauen« (A. Omodeo). Der Mittelpunkt der nationalen Unruhe war die charismatische Gestalt des Genuesers Giuseppe Mazzini, der über die glücklosen Geheimbünde hinauszukommen suchte und im Jungen Italien – Giòvine Italia – ein neues Instrument der nationaldemokratischen Bewegung, zwischen Agitation und Aktion stehend, schuf. Er gab ihm 1834 einen europäischen Rückhalt in der Organisation des Jungen Europa, in der Deutsche, Polen, Schweizer mit den Italienern die Keimzelle für die ›Heilige Allianz der Völker‹ herstellen sollten.

Mazzini, die tragische Figur des italienischen Risorgimento, war zugleich der Prophet eines neuen Europa und einer der wichtigsten Verkünder eines demokratischen Nationalismus, bei dem sich immer Theorie und Praxis, Gedanke und Tat – Pensiero e azione – verbanden. Zu der gedanklichen Klärung der spezifischen Probleme der italienischen Nationalpolitik hat er indessen weniger beigetragen als andere: Vincenzo Gioberti, Cesare Balbo, Massimo d'Azeglio. Sie alle, die während der Revolution nacheinander Ministerpräsidenten im Königreich Piemont geworden sind, haben dazu beigetragen, daß die Erörterung der Möglichkeiten, die für die Zukunft Italiens bestanden, vor der großen Krise weiter vorangetrieben wurde, weiter, als es im deutschen Vormärz der Fall war. Gioberti entwarf das Konzept einer italienischen Föderation unter der Führung des Papstes (Del primato morale e civile degli Italiani, 1843), der weltgeschichtlich bedeutsamsten Verwirklichung des ›Primats‹ der Italiener. Dieses utopische Konzept, von dem Gioberti später abrückte, wurde zum Programm der neoguelfischen Bewegung; es war utopisch, da es den Herrn des Kirchenstaates mit dem Haupt der Kirche gleichsetzte. Balbo und d'Azeglio wollten Piemont an die Spitze eines italienischen Staaten-

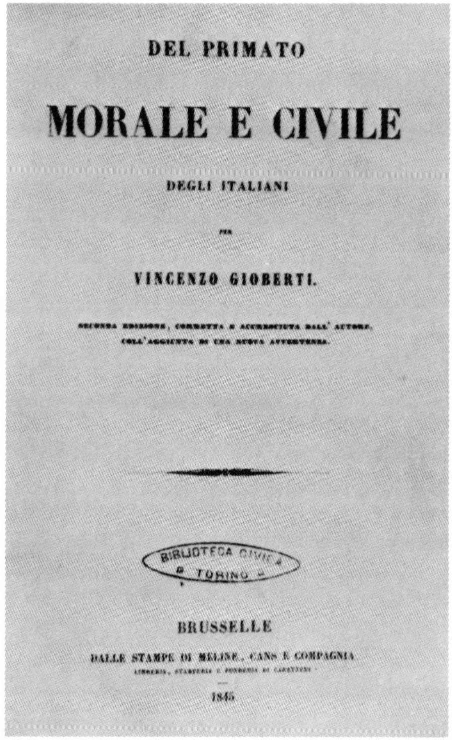

DEL PRIMATO

MORALE E CIVILE

DEGLI ITALIANI

VINCENZO GIOBERTI.

SECONDA EDIZIONE, CORRETTA E ACCRESCIUTA DALL' AUTORE, COLL' AGGIUNTA DI UNA NUOVA AVVERTENZA.

BRUSSELLE

DALLE STAMPE DI MELINE, CANS E COMPAGNIA

1845

Das Programm für die neoguelfische Bewegung:
Vincenzo Giobertis ›Konzept‹
einer italienischen Föderation
unter Führung des Papstes
Titelseite der zweiten, vom Autor selbst
herausgegebenen Brüsseler Ausgabe von 1845
Turin, Biblioteca Civica

bundes (Delle speranze d'Italia, 1844) stellen und hatten damit die Zukunft für sich. Das Besondere an der vorrevolutionären Zeit Italiens sind die Existenz und die Wirkungen einer politischen Literatur, die den nationalen Gärungsprozeß vorantrieb und immer deutlichere Alternativen entwickelte. Die nationale Revolution erscheint dann wie ein Versuch, alle diese Alternativen durchzuspielen: die mazzinianische der nationalen Volkserhebung, die neoguelfische einer päpstlichen Führung, die in den Bereich der Möglichkeiten zu rücken schien, als im Juni 1846 Papst Pius IX. gewählt wurde und sein Amt mit liberalen Reformen im Kirchenstaat begann. Schließlich schien die piemontesische Möglichkeit Gestalt zu gewinnen, nachdem sich Karl Albert von Sardinien den Liberalen genähert hatte und am 4. März 1848 eine Verfassung, den Statuto, gewährte.

Die Länder, die der eigentliche Schauplatz der Revolution von 1848 gewesen sind, waren in ihrem politischen Bewußtseinsstand, in ihrer sozialen Verfassung keineswegs einander gleich oder sogar nicht einmal ähnlich. Es erweist sich, daß die Revolution nicht überall die gleichen Ursachen und die gleichen Formen hatte; gemeinsam war ihr nur der allgemeine Erregungszustand, der sich sowohl auf soziale wie politische, auf nationale wie kosmopolitische Motive zurückführen ließ. Parteien im modernen Sinne des Wortes existierten vor 1848 höchstens in Großbritannien, wo in der Ära der Reformgesetze sich Whigs und Tories zu einer liberalen und konservativen Partei entwickelten; die jährliche Registrierungspflicht der Wahlberechtigten in den Registration Associations ließ die ersten Ansätze einer Parteiorganisation entstehen. In Frankreich schieden sich eine Gruppe der Linken und eine der Rechten, der Liberalen und der Royalisten, des Parti de la résistance und des Parti du mouvement, bereits um 1820, da die Auseinandersetzung um Verfassung und Staatsordnung in der Restaurationsära gesamtnationale Probleme als Fermente der Gesinnungsbildung geschaffen hatte. Ähnlich war es in Belgien schon in der über die Staatsform entscheidenden Nationalversammlung. Im allgemeinen aber verstand sich im Europa dieser Zeit die jeweilige Opposition in den parlamentarischen Kammern noch als Einheit, ohne Rücksicht auf Richtungen, ja das Parlament wurde insgesamt als institutionalisierte Opposition aufgefaßt. Parteirichtungen konnten daraus nur als Meinungsverschiedenheiten über die Methoden der Opposition hervorgehen.

Am schwersten taten sich Parteien in Deutschland. Hier fehlten für den Deutschen Bund und seine beiden Großmächte konstitutionelle Einrichtungen, oder es war diesen wie in den Mittel- und Kleinstaaten nur ein beschränkter Spielraum gelassen. Auch die herrschende, vor allem durch Hegel bestimmte Staatslehre war der theoretischen Erfassung des Wesens einer Partei diametral entgegengesetzt. Wo der Staat als »sittliches Ganze« erschien, waren zwar Stände als Organe der Vermittlung, aber nicht auf Meinungen gegründete und Meinungen repräsentierende Parteien denkbar. »Parteisucht um ein bloß subjektives Interesse« war verpönt. Erst die Hegelsche Linke fand über die Dialektik und das Prinzip der Einheit durch Gegensätze zu einem positiven Parteiverständnis: Partei wurde mit »Praxis des Handelns« gleichgesetzt. In der Revolution von 1848 wurde diese Lehre dahin modifiziert, daß nicht Programme, sondern Tatsachen die Revolution bestimmen.

In der Bildung anderer Organisationsformen für politisches Handeln war wiederum Großbritannien dem Kontinent weit voraus. Massenversammlungen, Massenpetitionen an das Parlament mit mehreren Millionen Unterschriften waren dort nicht erst in der Chartisten-Bewegung durchaus gang und gäbe. Dagegen nehmen sich die Turner- und Schützenfeste, die Gelehrtentagungen und die Versammlungen von Honoratioren in der unmittelbaren Vorgeschichte der deutschen Revolution fast harmlos aus, obwohl auch in der deutschen Geschichte vereinzelt größere Massenkundgebungen wie das Hambacher Fest nicht ganz unbekannt waren. 1848 veränderte sich dann schlagartig die Lage. – Die Wandlungen des Verhältnisses von Politik und Öffentlichkeit wurden nicht zuletzt durch die Meinung bildenden und vertretenden Presseorgane ausgelöst. Auch da standen sich Deutschland und England als Positionen einer unterschiedlichen Entwicklung gegenüber: in England Massenflugschriften in den außerparlamentarischen Bewegungen wie dem Chartismus, in Deutschland kleine Kreise von Sympathisanten um Zeitschrif-

Ein Pariser Lesekabinett der vierziger Jahre des 19. Jahrhunderts
Lavierte Zeichnung eines Unbekannten
Paris, Bibliothèque Nationale

ten der verschiedensten Richtungen, von den Konservativen über die Sozialisten bis zu den Radikalen. Das Frankreich der Restauration bewegte sich in der Mitte. Hier spielte ›Le Globe‹ als politische Zeitschrift zwischen den Extremen eine hervorragende Rolle für die Meinungsbildung. Die Heidelberger ›Deutsche Zeitung‹ Ludwig Häussers, das Organ der liberalen Mitte in der Revolution, Benso di Cavours ›Il Risorgimento‹ und die ›Rheinische Zeitung‹ unter der Redaktion von Karl Marx stellten schon entwickeltere Formen der Meinungsbildung dar, wie sie eine Tageszeitung bietet.

Zu den Faktoren, welche die Revolution vorbereiten halfen, gehörten zwei weitere: eine europäische Intelligenz und eine internationale Emigration, deren Vertreter oft miteinander identisch waren. Eine europäische Intelligenzschicht, die sich in der Kritik am Bestehenden einig war, gab es seit den dreißiger und vierziger Jahren. Die Schriftsteller des Jungen Deutschland verließen ihre Heimat und verlegten ihre Tätigkeit ins Ausland. Heinrich Heine, Ludwig Börne, Karl Marx gingen nach Paris. Marx lebte schließlich in London. Georg Büchner flüchtete in die Schweiz. Giuseppe Mazzini wanderte unstet von Frankreich über die Schweiz nach England. Gogol, glücklicher als seine nach Sibirien verbannten Landsleute Puschkin, Tschernyschewskij, Dostojewskij, verbrachte mehr als ein Jahrzehnt im westlichen Europa. Aber nicht nur Schriftsteller waren von dieser Bewegung erfaßt.

Seit der ›großen Emigration‹ der Polen 1831 gehörten ihr auch größere Gruppen an. Der Italiener Mazzini versuchte in seinem ›Jungen Europa‹ von der Schweiz aus, wenngleich mit geringem Erfolg, eine Art europäische Untergrundbewegung aufzubauen. Größer waren die Nachwirkungen der Auslandsvereine der Arbeiter, Handwerksgesellen und Intellektuellen, aus denen der ›Bund der Kommunisten‹ herausgewachsen ist. Die kritische Literatur der Zeit war nicht national beschränkt, sondern verbreitete Kenntnisse über die Verhältnisse in anderen Ländern. Lorenz von Stein machte die deutsche Öffentlichkeit 1842 mit dem Schrifttum des französischen Sozialismus und Kommunismus bekannt. Friedrich Engels schrieb 1845 über die Lage der arbeitenden Klassen in England.

In der Vorhalle der Revolution stand in Europa das Ringen um liberale oder liberalere Verfassungen, um Menschenrechte und Volkssouveränität. Gleichgewichtig daneben trat als säkulare, ganz Europa durchwaltende Tendenz der politische Kampf für Nation und Nationalität. Mit ihr erschien ein neues Element so beherrschend in der Revolution, daß man sehr oft in ihm die einzige Krisenursache und zugleich das einzige Ziel der Erhebung der europäischen Völker gesehen hat. Die Ursachen für den Aufstieg des Nationalitätenproblems zu einem der höchsten Ränge im politischen Bewußtsein des 19. Jahrhunderts liegen nicht einfach auf der Hand, aber man wird recht tun, sie vor allem in der Diskrepanz zu sehen, die zwischen den Erwartungen der durch die Französische Revolution erwachten Völker und den Realitäten der europäischen Politik seit den Verträgen von 1815 bestand. Metternich hatte Italien nur als geographischen Begriff gelten und die italienische Halbinsel zu einem Subsystem partikularer Staaten unter dem Protektorat der multinationalen österreichischen Monarchie machen lassen. Italien ist ein hervorragendes Beispiel für eine durch die Französische Revolution zu ihrem Selbstbewußtsein erweckte Nation, die nach der Restauration politisch wieder ausgelöscht wurde. Deutschland stellt ein weiteres Beispiel dar. Nur war hier die französische Herrschaft eher im negativen Sinne die Erweckerin einer auf die Abschüttelung von Fremdherrschaft zielenden Nationalidee. In Deutschland und Italien war Nationalbewußtsein eine auf Überwindung von staatlicher Partikularität gerichtete Kraft. Von ihr wurden alle diejenigen Schichten erfaßt, die an der Überwindung dieser Partikularität interessiert waren: Bildungsbürgertum, Wirtschaftsbürgertum, in gewissem Grade auch ein nach großstaatlicher Macht strebendes Offizierskorps. Es handelt sich dabei um die zweite Phase der europäischen Nationalbewegung; in der ersten hatten sich die westlichen Nationen – Frankreich, England, teilweise auch Spanien – durch einen demokratischen Nationalismus als Integrationsfaktor neu konstituiert.

Doch in der klassischen Periode der Nationalbewegung als Einheitsbewegungen trat die historische Entwicklung bereits in die dritte Phase ein: Nationen bildeten sich am Widerspruch zu einem mehrnationalen Staat, dem sie einverleibt waren und aus dem sie sich durch Sezession emanzipieren wollten. Aber um die Mitte des 19. Jahrhunderts befand man sich – abgesehen von Polen als einer alten Nation mit staatlicher Tradition und von Griechenland als einer jungen Nation, die von einer europäischen Sympathiebewegung getragen wurde – noch im Vorhof solcher Bewegungen: Die ostmitteleuropäischen Nationen in der habsburgischen Monarchie, im Osmanischen Reich und im Zarenreich waren in ein Vorstadium eines kulturellen Nationalbewußtseins eingetreten; sie schufen sich eine Schriftsprache und eine historische Erinnerung; sie begannen mit dem Aufbau einer nationalen Gesellschaft, die sich wie die Tschechen in Böhmen aus einer national unartikulierten Umwelt ablöste, ein gewerbliches und kulturelles Vereinsleben begründete und damit den Übergang von einer nationalen Kulturbewegung zu einer politischen Bewegung herstellte. Im Augenblick der Revolution konnte diese Kraft plötzlich virulent werden: Dann erhoben sich die Tschechen in Prag, die Rumänen gegen ihre osmanischen Beherrscher, die Kroaten gegen die Magyaren, und die Magyaren selbst, von einer ganz anderen Art eines ständisch-aristokratischen Nationalismus ausgehend, gegen die Habsburger. Die Iren waren das einzige westliche Volk in dieser Reihe; sie hatten die Methoden ihres nationalen Kampfes weiter entwickelt, so daß sie schon geplante Massenaktionen kannten, was bei den östlichen Völkern keineswegs unbemerkt blieb. Die nationalen Revolutionen des Jahres 1848 machen nur die sehr unterschiedliche Qualität dessen deutlich, was man unter ›Nation‹ begriff. Die Polen setzten sie mit ihrem untergegangenen Staat gleich; sie suchten ihn 1830/31 wiederzuerlangen in einem Aufstand, der mehr ein Nationalkrieg von Kongreß-Polen gegen Rußland gewesen ist, zwischen 1846 und 1848 in verschiedenen regionalen Anläufen, zuletzt 1863. Die polnische Frage ist für die erste Hälfte des Jahrhunderts, bevor die italienische und die deutsche Frage sich vordrängten, das wichtigste unbewältigte nationale Problem gewe-

Die europäischen Fürsten zu Anfang des Monats März 1848
beim Roulett-Spiel über den Ausgang der Revolution
Lithographie aus Leipzig, 1848
München, Staatliche Graphische Sammlung

Louis Philippe als Flüchtling mit Metternich und Wilhelm von Preußen als ›diplomatischen Missionaren‹ sowie dem Jesuitengeneral Rothan als Beobachter in London beim Spaziergang an der Themse
Lithographie aus Leipzig, 1848
Frankfurt am Main, Bundesarchiv

sen, dessen Lösung einen Zusammenbruch der Verträge von 1815 vorausgesetzt hätte, der nicht in Aussicht stand. An der europäischen Peripherie im Westen schwelte die irische Frage, im Südosten die griechische, die bereits in den zwanziger Jahren ein Hebel für die Umwälzung der internationalen Politik gewesen ist und wegen ihrer nur fragmentarischen Verwirklichung weiterhin beunruhigend blieb. Über Belgien waren schon 1830 die Würfel gefallen, ohne daß man sagen kann, daß die Entstehung des belgischen Staates die Lösung einer nationalen Frage und nicht vielmehr einer historisch-traditionalen gewesen ist. Schließlich traten im Revolutionsjahr das italienische und das deutsche Problem in den Mittelpunkt, und beide sollten in eigentümlicher, fast schicksalhaft anmutender Verknüpfung miteinander noch bis zu den Entscheidungen von 1870 im Mittelpunkt bleiben.

Die Verträge von 1815 hatten ein vor-nationales, dynastisch-monarchisches Staatsprinzip zur Grundlage: Sie waren schon im Eigeninteresse multinationaler Reiche gegen eine Konzession an das nationale Prinzip gerichtet, das überall einen demokratischen Inhalt hatte, auch da, wo es noch von alten Aristokratien wie in Polen und Ungarn mitvertreten wurde. Als die Februarrevolution in Frankreich ausbrach – in Italien gingen Erhebungen voraus –, wurde der Schleier einer vor-nationalen Welt von den Nationen und Nationalitäten weggezogen; sie traten plötzlich mit allen ihren Differenzierungen, Sonderentwicklungen und historischen Prägungen ins volle Rampenlicht der Geschichte. ›Historische Nationen‹ mit ererbten und verbrieften politischen Ansprüchen und einer ausgeprägten gesellschaftlichen Struktur erschienen neben jungen Völkern, die sich ein Recht auf kulturelle oder gar staatliche Selbständigkeit erst zu erkämpfen suchten, ja erst um ihre nationale

Identität mit eigener Sprache und Geschichte rangen. – Die europäischen Revolutionen von 1848 hatten verfassungspolitische und nationale Wurzeln, sie waren aber auch, von sozialen Motiven bestimmt, Erhebungen zur Beseitigung sozialer Mißstände, sogar zur Umwälzung gesellschaftlicher Ordnungen. Unstreitig meldete im Ringen um Verfassungen das selbstbewußter gewordene Bürgertum seine Forderungen um Mitbestimmung in einem konstitutionellen Staat an, und ebenso unbestritten ist, daß die nationalen Fragen sehr oft, ja fast überall soziale Gärungsvorgänge verdeckten. Aber es gibt noch weiterreichende und konkretere Versuche, die Revolution aus der sozialökonomischen Entwicklung herzuleiten. Zuerst ist dies durch Karl Marx in seiner Schrift ›Die Klassenkämpfe in Frankreich 1848 bis 1850‹ geschehen. Marx bezeichnet darin die Welthandelskrise von 1847 als »die eigentliche Mutter der Februarrevolution« und die 1849/50 wiedererlangte Prosperität »als die belebende Kraft der neuerstarkten europäischen Reaktion«. Wird hier die Revolution nur als Funktion bestimmter sozialer und ökonomischer Interessen interpretiert, so ist daran richtig, daß ihre Vorgeschichte im Zeichen einer erheblichen sozialen Unruhe stand, die durch eine Wirtschaftskrise verstärkt wurde. Man muß bei deren Ursachen unterscheiden zwischen den Fakten, die sich aus langfristigen Entwicklungstendenzen ergeben, und solchen, die durch kurzfristige Erscheinungen begründet sind. Was die langfristigen Tendenzen betrifft, so ist hier die starke Bevölkerungsvermehrung zu nennen. Die Einwohnerzahl Englands wuchs von elf Millionen im Jahr 1800 auf einundzwanzig Millionen im Jahr 1850. Die französische Bevölkerungszahl stieg etwas langsamer, zwischen 1801 und 1850 von rund siebenundzwanzigeinhalb Millionen auf sechsunddreißig Millionen. Das deutsche Wachstum kam etwa dem englischen gleich: 1810 waren es dreiundzwanzigeinhalb Millionen, 1850 sechsunddreißig Millionen. Dieses Wachstum entsprach nicht einfach dem Grad der Industrialisierung, mit der Großbritannien allen kontinentalen Ländern weit voraus war. Hier hatte sich die Bevölkerung schon seit der Mitte des 18. Jahrhunderts enorm vermehrt, gleichzeitig mit der Bildung industrieller Zentren seit 1770. Die Einwohnerzahlen in Lancashire stiegen in drei Jahrzehnten um fast das Doppelte. Manchester wuchs von vierzigtausend Einwohnern im Jahr 1770 auf einhundertsiebenundachtzigtausend im Jahr 1821. Solchen Entwicklungen hinkten die kontinentalen Länder um Jahrzehnte nach. In Deutschland gab es im Jahr 1800 auf den Territorien des späteren Deutschen Bundes nur drei Städte über einhunderttausend Einwohner, 1850 waren es sechs, davon vier auf dem Reichsgebiet von 1871. Noch im Jahr 1845 machte die auf dem Lande lebende Bevölkerung in Preußen vierundsiebzig Prozent aus. Für das Jahr 1846 ist die Zahl der Fabrikarbeiter im Gebiet des Deutschen Zollvereins auf 1 208 123 in 146 968 Fabrikanstalten errechnet worden, unter denen mit Sicherheit in der überwiegenden Mehrzahl Kleinbetriebe gewesen sind. Das entspricht einem Prozentsatz von nur 4,44 der Gesamtbevölkerung des Zollvereinsgebietes. In Frankreich war die Lage im allgemeinen ähnlich, wenn sich auch in einzelnen Regionen und Städten bereits eine stärkere industrielle Konzentration zeigte. Die ländliche Gesellschaft dominierte zahlenmäßig über die Stadtbevölkerung noch bis in die achtziger Jahre. Um 1850 wurden vier Großstädte mit über einhunderttausend Einwohnern gezählt – Paris, Marseille, Lyon, Bordeaux –, von denen Paris und Lyon industrielle Zentren mit starker Arbeiterbevölkerung waren. Zuverlässige Angaben über die Zahl der Arbeiter sind spärlich: Im Jahr 1826 lebten von 31 850 000 Einwohnern 4 300 000 von der Industrie. Das sind ungefähr dreizehn Prozent der Gesamtbevölkerung – eine Zahl, die man aber keineswegs mit der Zahl der Arbeiter gleichsetzen darf. Vierzig Jahre später, 1866, wurde die in der Industrie beschäftigte Bevölkerung auf 4 715 000 beziffert. Davon waren 2 938 153 Arbeiter, die sich auf wenige Städte, hauptsächlich auf Paris und Lyon, konzentrierten.

Arbeiten in den Lambeth-Gaswerken in London
Stich nach einer Zeichnung von Gustave Doré, 1869,
für Blanchard Jerrolds 1872 erschienenes Werk ›London, A pilgrimage‹
Berlin, Privatsammlung

Im Jahr 1826 hatte das Département du Nord schon den außergewöhnlichen Anteil von neununddreißig Prozent Arbeiterbevölkerung.

In allen Ländern gab es das, was in der Zeit als ›Pauperismus‹ bezeichnet wurde. Darunter ist zu einem Teil die ländliche Armut zu verstehen, hervorgerufen durch agrarische Übervölkerung und soziale Vorgänge wie das Absinken der Bauern zu Landarbeitern im Zuge der Regulierung des bäuerlichen Besitzes. Industrielle Armut wurde von den Zeitgenossen im allgemeinen viel deutlicher bemerkt und beschrieben; sie ist eine für den Frühkapitalismus typische Erscheinung, entstanden infolge sozialer Ausbeutung durch niedrigste Löhne, völlig mangelnde soziale Sicherheiten, fehlende Anpassung der aus dem Zunftsystem entlassenen Handwerksbetriebe an das Fabriksystem. In den unruhigen vierziger Jahren kam es daher zu eindeutig sozial motivierten Aufständen in Schlesien und Böhmen, in Paris, Berlin und anderen Orten. Als im Zuge großer Mißernten 1846 und 1847 die Lebenshaltungskosten ungewöhnlich anstiegen, wurde die Not der Unterschichten zur Katastrophe, zumal die Agrarkrise mit einer von England ausgehenden Konjunkturkrise samt allen ihren Folgen zusammenfiel. Dies war in der Tat der soziale Hintergrund der Revolution. Kann man aber sagen, daß hierin auch ihre Ursache zu suchen ist? Sicher ist, daß ihre sozialen Dimensionen in jedem Land andere gewesen sind: In Frankreich reichten sie am tiefsten, bis in die proletarischen Schichten, die an ihr unmittelbar teilnahmen; in Deutschland und Italien wurde sie vom Bürgertum getragen und erfaßte nur in einzelnen Momenten und an einzelnen Orten auch die Arbeiterschaft und das Bauerntum. Was Marx am klarsten erkannt hat, ist später sehr oft übersehen oder verfälscht worden: Die Revolution von 1848 war eine Sache, die eigentliche Sache des Bürgertums; das Proletariat spielte entweder keine oder nur eine sekundäre Rolle. Auch da, wo es direkt beteiligt war wie in Paris, handelte es weniger im vollen Bewußtsein eines Klassenkampfes als vielmehr in der Wahrnehmung des revolutionären Erbes der Vorstädte, in der Tradition der Jakobiner und der Anhänger François Noël Babeufs (J. Droz). Daran wurde auch durch die Tatsache nichts geändert, daß die Ausbildung einer frühsozialistischen Theorie im Frankreich der Restauration vor sich ging und daß das ›Kommunistische Manifest‹ zu eben dem Zeitpunkt erschien, in dem die hauptstädtischen Massen in Paris sich erhoben.

Vorgefechte der Revolution

In den Jahren 1846 und 1847 kündigten Krisen und Konflikte einen Zustand wachsender Unruhe an, wie er in der Regel großen Erschütterungen voranzugehen pflegt. Diese Krisen standen in keinem erkennbaren Zusammenhang miteinander, sondern entwickelten sich zu regionalen oder innerstaatlichen Spannungen, griffen aber zum Teil auf den Bereich der internationalen Politik über. Die Konflikte entstanden in den Randzonen eines großen Krisengebietes, das Mitteleuropa mit seinem östlichen Vorfeld, Frankreich und die italienische Halbinsel umfaßte, machten sich jedoch auch schon in späteren Zentren der Revolution wie Paris und Berlin bemerkbar. So erhob sich die polnische Nation, die nach der Katastrophe von 1831 das letzte Refugium eigener Staatlichkeit nur noch in der Republik Krakau hatte, in Galizien und Posen, mit geschwächten Kräften und sozial zerrissen, ohne jeden Erfolg. Krakau als der Herd der polnischen Revolution wurde 1846 seiner Selbständigkeit beraubt und im Einvernehmen mit den anderen Teilungsmächten, aber unter dem Protest der Westmächte, in die österreichische Monarchie einverleibt. Ein Akt der Selbstzerstörung der Ordnung der Restauration. An anderer Stelle wurde ebenfalls an den Grundfesten dieser Ordnung gerüttelt. Der dänische König Christian VIII. erklärte 1846 in einem ›Offenen Brief‹, daß die weibliche Erbfolge nach der Lex regia auch für die Herzogtümer Schleswig und das zum Deutschen Bund gehörende Holstein gelte, was den erregten Widerspruch des deutschen Adels und der an der Universität Kiel wirkenden Intelligenz hervorrief und eine revolutionäre Situation durch den Zusammenstoß zweier Nationalbewegungen schuf. Ein offener Konflikt brach in der Schweizer Eidgenossenschaft aus. Hier wurde der Widerstand des Sonderbundes der sieben katholischen Kantone gegen die Mehrheit der auf einen straffer organisierten Bundesstaat und auf Beschränkung des kirchlichen Einflusses drängenden, von radikal-liberalen Kräften getragenen Kantone 1847 durch einen kurzen Feldzug gebrochen. Wiederum scheiterte die Außenpolitik der Restauration, die Metternich nicht zu einer geschlossenen Intervention zugunsten des Sonderbundes zu führen vermochte – eine offene Niederlage auf außenpolitischem Feld, die vom liberalen Bürgertum Europas als eigener Erfolg gefeiert wurde.

Am schnellsten gerieten die Dinge in Italien in Bewegung. Die Wahl des Papstes Pius IX. im Juni 1846 gab den neoguelfischen Tendenzen in der italienischen Nationalpartei Auftrieb, deren Sprecher Vincenzo Gioberti war. Pius IX., ähnlich verkannt und mißverstanden wie der preußische König Friedrich Wilhelm IV., sah sich im zurückgebliebenen Kirchenstaat auf die Bahn liberaler Reformen gedrängt und brachte dadurch eine Lawine ins Rollen: Fast in allen italienischen Staaten wurden von

Wahlurne oder Gewehr
»Das eine ist für den auswärtigen Feind; für den inneren Feind ist das andere die Art, sich redlich zu schlagen«
Lithographie aus Paris, 1848
Paris, Bibliothèque Nationale

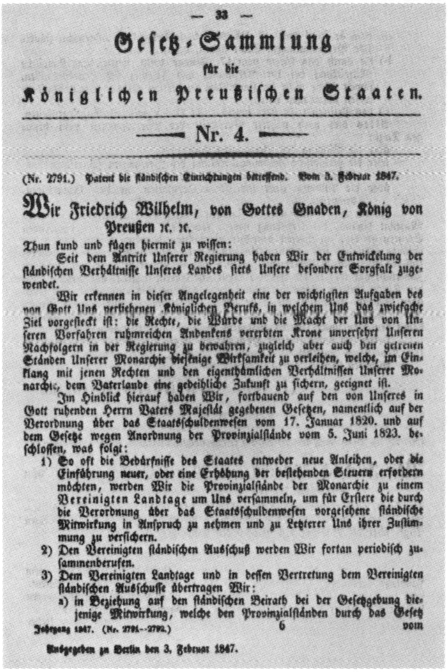

— 33 —

Gesetz-Sammlung
für die
Königlichen Preußischen Staaten.

Nr. 4.

(Nr. 2791.) Patent die ständischen Einrichtungen betreffend. Vom 3. Februar 1847.

Wir Friedrich Wilhelm, von Gottes Gnaden, König von Preußen ꝛc. ꝛc.

Thun kund und fügen hiermit zu wissen:

Seit dem Antritt Unserer Regierung haben Wir der Entwickelung der ständischen Verhältnisse Unseres Landes stets Unsere besondere Sorgfalt zugewendet.

Wir erkennen in dieser Angelegenheit eine der wichtigsten Aufgaben des von Gott Uns verliehenen Königlichen Berufs, in welchem Uns das zwiefache Ziel vorgesteckt ist: die Rechte, die Würde und die Macht der Uns von Unseren Vorfahren ruhmreichen Andenkens vererbten Krone unversehrt Unseren Nachfolgern in der Regierung zu bewahren, zugleich aber auch den getreuen Ständen Unserer Monarchie diejenige Wirksamkeit zu verleihen, welche, im Einklang mit jenen Rechten und den eigenthümlichen Verhältnissen Unserer Monarchie, dem Vaterlande eine gedeihliche Zukunft zu sichern, geeignet ist.

Im Hinblick hierauf haben Wir, fortbauend auf den von Unseres in Gott ruhenden Herrn Vaters Majestät gegebenen Gesetzen, namentlich auf der Verordnung über das Staatsschuldenwesen vom 17. Januar 1820. und auf dem Gesetze wegen Anordnung der Provinzialstände vom 5. Juni 1823. beschlossen, was folgt:

1) So oft die Bedürfnisse des Staates entweder neue Anleihen, oder die Einführung neuer, oder eine Erhöhung der bestehenden Steuern erfordern möchten, werden Wir die Provinzialstände der Monarchie zu einem Vereinigten Landtage um Uns versammeln, um für Erstere die durch die Verordnung über das Staatsschuldenwesen vorgesehene ständische Mitwirkung in Anspruch zu nehmen und zu Letzterer Uns ihrer Zustimmung zu versichern.
2) Den Vereinigten ständischen Ausschuß werden Wir fortan periodisch zusammenberufen.
3) Dem Vereinigten Landtage und in dessen Vertretung dem Vereinigten ständischen Ausschusse übertragen Wir:
a) in Beziehung auf den ständischen Beirath bei der Gesetzgebung diejenige Mitwirkung, welche den Provinzialständen durch das Gesetz

Jahrgang 1847. (Nr. 2791–2792.) 6 vom

Ausgegeben zu Berlin den 3. Februar 1847.

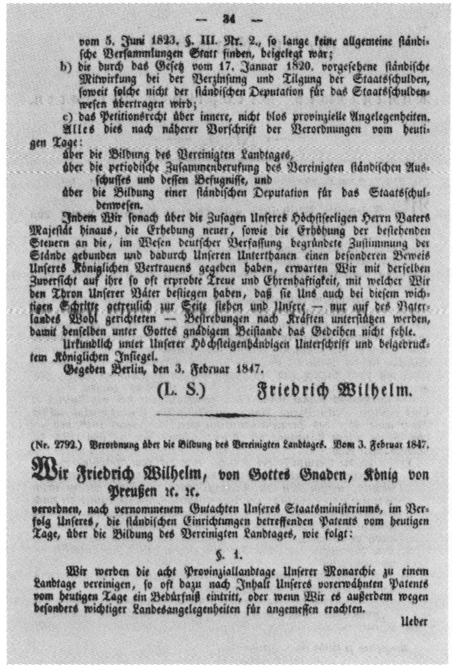

— 34 —

vom 5. Juni 1823. §. III. Nr. 2., so lange keine allgemeine ständische Versammlungen Statt finden, beigelegt war;
b) die durch das Gesetz vom 17. Januar 1820. vorgesehene ständische Mitwirkung bei der Verzinsung und Tilgung der Staatsschulden, soweit solche nicht der ständischen Deputation für das Staatsschuldenwesen übertragen wird;
c) das Petitionsrecht über innere, nicht blos provinzielle Angelegenheiten.

Alles dies nach näherer Vorschrift der Verordnungen vom heutigen Tage:
über die Bildung des Vereinigten Landtages,
über die periodische Zusammenberufung des Vereinigten ständischen Ausschusses und dessen Befugnisse, und
über die Bildung einer ständischen Deputation für das Staatsschuldenwesen.

Indem Wir sonach über die Zusagen Unseres Höchstseeligen Herrn Vaters Majestät hinaus, die Erhebung neuer, sowie die Erhöhung der bestehenden Steuern an die, im Wesen deutscher Verfassung begründete Zustimmung der Stände gebunden und dadurch Unseren Unterthanen einen besonderen Beweis Unseres Königlichen Vertrauens gegeben haben, erwarten Wir mit derselben Zuversicht auf ihre so oft erprobte Treue und Ehrenhaftigkeit, mit welcher Wir den Thron Unserer Väter bestiegen haben, daß sie Uns auch bei diesem wichtigen Schritte getreulich zur Seite stehen und Unsere — nur auf des Vaterlandes Wohl gerichteten — Bestrebungen nach Kräften unterstützen werden, damit denselben unter Gottes gnädigem Beistande das Gedeihen nicht fehle.

Urkundlich unter Unserer Höchsteigenhändigen Unterschrift und beigedrucktem Königlichen Insiegel.

Gegeben Berlin, den 3. Februar 1847.

(L. S.) Friedrich Wilhelm.

(Nr. 2792.) Verordnung über die Bildung des Vereinigten Landtages. Vom 3. Februar 1847.

Wir Friedrich Wilhelm, von Gottes Gnaden, König von Preußen ꝛc. ꝛc.

verordnen, nach vernommenem Gutachten Unseres Staatsministeriums, im Verfolg Unseres, die ständischen Einrichtungen betreffenden Patents vom heutigen Tage, über die Bildung des Vereinigten Landtages, wie folgt:

§. 1.

Wir werden die acht Provinziallandtage Unserer Monarchie zu einem Landtage vereinigen, so oft dazu nach Inhalt Unseres vorerwähnten Patents vom heutigen Tage ein Bedürfniß eintritt, oder wenn Wir es außerdem wegen besonders wichtiger Landesangelegenheiten für angemessen erachten.

Ueber

Die Gewährung der Steuerbewilligung und die Genehmigung von Staatsanleihen für den Vereinigten Landtag
Patent Friedrich Wilhelms IV. vom 3. Februar 1847 in der preußischen Gesetzessammlung von 1847
Berlin, Geheimes Staatsarchiv Preußischer Kulturbesitz

den Fürsten Zugeständnisse an die liberal-konstitutionelle Bewegung gemacht, die wirkungsvollsten im Königreich Piemont-Sardinien, der einzigen nationalen Monarchie Italiens, in der das gemäßigte liberale Bürgertum seinen festesten Stützpunkt fand und seine Führer Cesare Balbo und Camillo Cavour 1847 die Zeitschrift ›Il Risorgimento‹ begründeten, die der nationalen Bewegung ihren Namen gab. Doch besonders gewaltsam machte sich die Bewegung Bahn, wo sie in einem unbeweglichen politischen System mit krassen sozialen Gegensätzen auch die verhaßteste Fremdherrschaft treffen wollte: im Bourbonen-Königreich Neapel und Sizilien. Auf seinem Boden, in Messina, war es, wo bereits im Herbst 1847 die europäische Revolution mit der Erhebung der Sizilianer ausbrach und, noch vor den Ereignissen in Paris, in Neapel König Ferdinand II. sich durch einen Aufstand eine Verfassung nach dem Muster der französischen ›Charte‹ abringen ließ.

Obwohl die Vorgänge an der Peripherie ähnliche Wurzeln hatten und in ihnen das unbefriedigte nationale und liberale Selbstbewußtsein vor allem bürgerlicher Schichten zum Ausdruck kam, waren sie noch weit davon entfernt, zu einer einheitlichen Krise, geschweige denn zu einer Revolution zusammenzufließen. Dazu haben erst die Ereignisse in den Hauptstädten der großen kontinentalen Staaten geführt, namentlich in Berlin, Wien und Paris. In Berlin gewährte Friedrich Wilhelm IV. in einem Patent vom 3. Februar 1847 dem Vereinigten Landtag, der Zusammenfassung aller Provinzialstände, das Recht der Steuerbewilligung und der Genehmigung von Staatsanleihen, nicht aber die Periodizität. Der neue Landtag, zusammengesetzt aus einer Herrenkurie des hohen Adels und drei ständischen Kurien – Rittergutsbesitzern, Bürgern, Bauern –, war gewiß in seiner Struktur kein parlamentarisches Organ im Sinne der liberalen Doktrin; er wurde jedoch sehr bald in die Rolle einer liberalen Opposition hineingezogen, als es um die Bewilligung einer Anleihe von fünfundzwanzig Millionen Talern für die Bahn nach dem ostpreußischen Königsberg ging. Die Mehrheit lehnte diese ab, weil der Landtag nicht über die Rechte echter Reichsstände verfüge, an deren Zustimmung das Staatsschuldengesetz von 1820 die Erhöhung der Staatsschuld gebunden hatte. Der König geriet unversehens auf eine Bahn ähnlich der Ludwigs XVI. vor dem Ausbruch der Französischen Revolution: Er wollte eine Vertretung im altständischen Sinn, aber keine Konstitution im Geiste liberaler Ideen. Doch indem er eine Entscheidung traf, die er als endgültig auffaßte, erweckte er den Eindruck, nur einen ersten Schritt tun zu wollen. Das Zugeständnis periodischer Einberufung machte er im letzten Augenblick – zu spät, als daß es die in Gang gekommene Bewegung noch hätte auffangen können, die durch die Pariser Ereignisse in immer größere Geschwindigkeit geriet. Erst als der Funke der Revolution aus Paris herübersprang, erhielten die Debatten des Vereinigten Landtages einen anderen politischen Hintergrund: Jetzt wurde eine tiefe Erschütterung des monarchischen Systems möglich, was die Oppositionellen des Ständeparlaments in keinem Augenblick im Sinn gehabt hatten. Die Revolution breitete sich aus, nicht durch Verschwörung, nicht durch unmittelbare Kontakte, sondern durch einen schwer zu fassenden Prozeß der Ansteckung, der Veränderung von Menschen und ihren Mentalitäten. Was Wochen vorher noch als undenkbar erschienen war, wurde von einer Stunde zur anderen möglich. Die Revolution ließ lediglich die marginalen Gebiete des kontinentaleuropäischen Kerns fast unberührt, die durch besondere Entwicklungen und Bedingungen gleichsam immunisiert waren: Großbritannien, wo sich die sozialen Spannungen durch die Aufhebung der Kornzölle gemildert hatten und nur noch ein letztes Aufflackern der Chartisten-Bewegung zu verspüren war; Spanien, das nach langen Bürgerkriegswirren 1845 mit einer neuen Verfassung eine erste Basis des inneren Ausgleichs gefunden hatte; Rußland, in dem das starre System der Aristokratie des Zaren jeden Versuch der Auflehnung in seinen Anfängen erstickte, wie es 1849 mit der Gruppe um Petraschewskij geschehen sollte; Irland, dessen Bevölkerung durch die große Hungersnot von 1845 bis 1847 gelähmt und dezimiert war und nicht die Kraft zu einer entschlossenen Aktion hatte, obwohl Verbindungen zur französischen Revolutionsregierung im Frühjahr 1848 bestanden.

Verlauf und Rhythmus der Revolution

Es ist unbestreitbar, daß der Herd der Bewegung, von dem das Feuer ausging, das alle Einzelbewegungen zu einem großen Brand zusammenführte, in Paris lag. Was war hier geschehen? Die Julirevolution hatte zwei Entscheidungen getroffen, die weiterwirkten und Frankreich nicht zur Ruhe kommen ließen: Sie hatte eine durchaus mögliche Entwicklung zur Republik im letzten Moment abgebogen und mit der Monarchie censitaire unter dem Königtum Louis Philippes das große und kaum mehr übertroffene Beispiel einer großbürgerlichen Klassenherrschaft gegeben. Mit beiden war der Keim für eine Opposition gelegt, die, in sich in mehrere Richtungen gespalten, auf weitere Reformen, zum Teil bereits auf revolutionäre Veränderung drängte. Verschiedene Umstände kamen hinzu, um die inneren Gegensätze zu verschärfen: Im Jahr 1840 erlitt das Regime eine schwere außenpolitische Schlappe in der orientalischen Krise; die Flucht nach vorn aus der innenpolitischen Krise in eine außenpolitische Expansion mißlang.

Nach dem Sturz des Ministerpräsidenten Adolphe Thiers näherte sich sein Nachfolger Guillaume Guizot in seiner Außenpolitik den Mächten der Restauration. Innenpolitisch ging die Herrschaft des Großbürgertums unbeschränkt weiter. Die Autorität der Regierung zerfiel unter dem Eindruck der um sich greifenden Korruption und großer Skandale. Guizot, ein Mann bürgerlicher Gesinnung und gelehrten Zuschnitts, der die Restauration unter Karl X. bekämpft hatte, wurde, vergleichbar Metternich, zum Inbegriff alles dessen, was Kritik und Opposition des Parti du mouvement dem Regime des Bürgerkönigtums zum Vorwurf machten: voran die Klassengebundenheit eines Herrschaftssystems, das sich auf die dünne Schicht von einhundertzweiundsiebzigtausend Wahlberechtigten im Jahr 1832 und zweihundertvierzigtausend im Jahr 1845 stützte. Wie in England zu Beginn der dreißiger Jahre wurde die Forderung nach Reform des Wahlrechts zum gemeinsamen Nenner der Politik der Opposition, in der sich verschiedene Richtungen und Gruppen zusammenfanden: republikanische, konstitutionell-liberale und auch schon sozialistische.

Von Juli 1847 an verlegte die parlamentarische Opposition – nach Abweisung aller ihrer Reformanträge in der Kammer – die Agitation für eine Wahlrechtsreform aus der Kammer in die Öffentlichkeit, hierin wieder dem englischen Vorbild folgend, doch mit bemerkenswerten Unterschieden in der Form. Während in der Wahlrechtsagitation der Chartisten und ihrer Vorgänger die breiten Massen auch der Arbeiterschaft dominierten und der außerparlamentarische Volkswille in Petitionen mit Millionen von Unterschriften an das Parlament herangebracht wurde, demonstrierte die französische Oppositionsbewegung größeren bürgerlichen Wohlstand und veranstaltete öffentliche Bankette,

›Die Verdauung des Budgets‹
Satire auf die Korruption unter dem Bürgerkönigtum Louis Philippes
Lithographie aus Paris, 1847
Berlin, Staatliche Museen Preußischer Kulturbesitz, Kunstbibliothek

auf denen die Regierung verbal heftig angegriffen und die Erweiterung des Wahlrechts, ja das Suffrage universel gefordert wurde. Schon fiel das Wort von der Révolution du mépris, der Revolution der Verachtung. Als die Regierung im Februar 1848 ein geplantes Riesenbankett verbot, wurde der Konflikt ausgelöst, in den sie, in ihrer Autorität geschwächt, ohne feste Unterstützung durch ihr bisher sicherstes Machtinstrument, die Nationalgarde, ging.

War es tatsächlich eine Révolution brusque oder inattendue, eine plötzliche oder unerwartete Revolution, wie sie in der französischen Literatur später genannt worden ist? Unerwartet war höchstens die rasche Wendung in ein radikales Stadium, in dem aus der Wahlreformbewegung der Anstoß zu einer sozialen Umwälzung hervorging, die in allen ihren Erscheinungsformen den zeitgenössischen Entwicklungen auf dem Kontinent mindestens um eine Phase voraus war. Aus einer Reihe von Gründen waren dafür in Frankreich die Voraussetzungen vorhanden: Frankreich hatte als einziges Land des Kontinents eine große revolutionäre Tradition; an den Auseinandersetzungen mit der Großen Revolution schieden sich die Geister, bildeten sich Parteien; der Mythos von 1789 wurde ständig erneuert, gerade im Jahr 1847, in dem Louis Blanc und Jules Michelet ihre Geschichte der Revolution zu veröffentlichen begannen und Alphonse de Lamartine seine ›Histoire des Girondins‹ herausbrachte. Hinzu trat etwas Neues: Frankreich war das Geburtsland der großen frühsozialistischen Literatur; seit 1814 erschienen die Hauptwerke Claude Henry de Saint-Simons und seiner Schüler mit ihrem Tenor der Erwartung auf den Industrialismus und der Hoffnungen, seinen Gefahren durch soziale Solidarität begegnen zu können. Es erschienen die Schriften von Charles Fourier, die den Ordre sociétaire einer industriellen Welt auf die Bildung von gesellschaftlichen Assoziationen ohne politische Gewalt, die Phalanstères, gründen wollten. Gegen politische Herrschaft wandte sich auch Pierre Joseph Proudhon; er wollte den Staat durch die Werkstatt ersetzen. Einzig Louis Blanc sah im Staat das geeignete Instrument für die »Organisation der Arbeit«; er war auch der einzige, der aktiv in die Revolution eingreifen und einen Versuch machen sollte, seine Ideen zu verwirklichen.

Abtransport eines am 23. Februar 1848 Gefallenen
Lavierte Zeichnung von Pierre Andrieu, 1848
Paris, Musée Carnavalet

Schließlich braucht eine Revolution Revolutionäre. Und wo sonst standen sie zur Verfügung als in der Stadt der Jakobiner und ihrer Nachfolger vom Juli 1830? Paris, damals eine Stadt mit über einer Million Einwohnern, verfügte bereits über eine beträchtliche Industriearbeiterschaft und mehr noch über ein großstädtisches Proletariat, das ohne bestimmte soziale Funktion war und in einer radikalen Protesthaltung gegen die bestehende Ordnung lebte. Eugène Sue hat seine Welt in den ›Mystères de Paris‹ (1842/43) beschrieben. In Paris fand jede Revolution ihre Anhänger, die wie die Arbeiter in der Tradition der Jakobiner standen und bei jedem politischen Umsturz ein Element der Unbe-

Sturm des Volkes von Paris auf den Regierungssitz im Château d'Eau am 28. Februar 1848
Gemälde von Eugen Hagnauer, 1848
Paris, Musée Carnavalet

rechenbarkeit darstellten. Von solcher Unberechenbarkeit waren auch die Februarereignisse von 1848 bestimmt. Der Protest gegen das Bankettverbot der bürgerlichen Liberalen und Republikaner stand am Anfang; dann griffen die Massen ein, ohne daß der Nachweis eines bestimmenden Einflusses republikanischer oder sozialistischer Anführer gesichert ist. An den Tagen des 23. und 24. Februar vollzog sich die Wendung: Der erste Tag stand noch im Zeichen der Parole ›Vive la réforme!‹, am zweiten hieß es schon ›Vive la république!‹. In der ersten Phase wurde Guizot, die Symbolfigur des Regimes, gestürzt, doch seine Beseitigung konnte die Monarchie nicht mehr retten, als sich am 24. Februar die Ereignisse überschlugen. Blutige Zusammenstöße zwischen der Armee und den rebellierenden Volksmassen – die Nationalgarde war längst unzuverlässig geworden – verstärkten den Druck auf das monarchische Regime. Louis Philippe dankte ab und floh ins Ausland. In der Abgeordnetenkammer kamen die republikanischen Kräfte der Opposition zum Zuge. Ein Gouvernement provisoire wurde ausgerufen, in dem mit Alphonse de Lamartine und Alexandre Ledru-Rollin Linksrepublikaner und mit Louis Blanc auch schon Sozialisten vertreten waren. Für diese war das Ziel nicht mehr nur die République démocratique, sondern schon die République démocratique et sociale – eine Parole, die nun zum ersten Mal in der europäischen Geschichte in der offiziellen Politik proklamiert wurde. Einig waren sich die beiden Parteien in dem Ziel, die volle politische Demokratie herzustellen: So wurde der Suffrage universel eingeführt, womit auf einen Schlag die Zahl der Wähler von zweihundertfünfzigtausend auf mehr als neun Millionen anstieg. Aber sehr bald erwuchsen in der provisorischen Regierung Spannungen zwischen der republikanisch-demokratischen Richtung und den Sozialisten, für die die Verwirklichung der sozialen Revolution im Vordergrund stand. Louis Blanc, der Repräsentant des sozialistischen Flügels der Regierung, verkündete das Recht auf Arbeit und die Einrichtung von Ateliers nationaux, die als Organisationsform für die gesamte Industrie gedacht waren, dann aber nur als Maßnahmen erschienen, um die Arbeitslosen zu beschäftigen; ihre Zahl war durch die in den Wirren der Revolution sich verschlimmernde Wirtschaftskrise erheblich gestiegen. Daß die Masse des Kleinbürgertums nicht gewillt war, sozialistischen Experimenten dieser Art Gefolgschaft zu leisten, sondern soziale Sicherheit eher in der Wiederherstellung von Ruhe und Ordnung suchte, stellte sich spätestens bei den Wahlen vom 23. April heraus, aus denen die gemäßigten Republikaner mit einer Zweidrittel-Mehrheit hervorgingen, während linke Demokraten und Sozialisten nur einhundert Sitze erlangten.

Damit schien die soziale Revolution bereits gescheitert zu sein, doch endgültig unterlag sie erst nach einem tragischen Endspiel. Als die von der Nationalversammlung gewählte Commission exécutive du gouvernement am 21. Juni daran ging, die Nationalwerkstätten zu schließen, erhoben sich die Handwerker- und Arbeitermassen des Pariser Ostens. Es kam zum Juni-Aufstand in Paris, der ersten sozialistischen Erhebung in Europa, die von General Eugène Cavaignac im Auftrag der Nationalversammlung am 26. Juni brutal niedergeschlagen wurde. Unter dem Eindruck der Junischlacht – mit dreitausend Toten des blutigsten Ereignisses in der Revolutionsgeschichte des 19. Jahrhunderts– wurde die neue französische Verfassung geschaffen, die eine eigenartige Mischung von präsidentieller und parlamentarischer Regierung, eine ›Cacophonie politique‹ darstellte, die Volkswahl des Präsidenten einführte und dem Präsidenten das Recht der Ernennung und Entlassung der Minister gab, alle anderen Akte aber an Gegenzeichnung durch die Minister band. Stand hier zweifellos das amerikanische Vorbild Pate, das von Alexis de Tocqueville in der Nationalversammlung sehr eindringlich vertreten wurde, so sollten doch gegen eine zu große Machtkonzentration beim Präsidenten parlamentarische Kautelen eingebaut bleiben. Aber tatsächlich bedeutete die Übertragung des Präsidentenamtes aus einer bundesstaatlichen Verfassung, aus einem Staat ohne stehendes Heer und ohne festes Beamtentum wie den USA, in ein Land mit zentralistischen Traditionen und einer großen militärischen Tradition eine völlige Verwandlung: Die Überantwortung des Staates an den Präsidenten mußte daraus fast notwendig hervorgehen. Es war daher keine Ironie, vielmehr die Logik der Geschichte, daß der weitere Verlauf der Dinge nicht durch ein kompliziertes Verfassungssystem, sondern durch den ersten Präsidenten bestimmt wurde. Im Dezember 1848 wurde Louis Napoléon, der Neffe des großen Napoleon, nach dem Modus des Suffrage universel zum Präsidenten gewählt. 5,4 Millionen Stimmen aus den Kreisen der Alt-Bonapartisten, vor allem aus der von Ängsten über den sozialen Aufstand geplagten Bauern- und aus der Arbeiterschaft fielen auf den Erben des ersten Empire, der seinen Namen ins Feld führte und als der große Réconciliateur, Versöhner, der verfeindeten Lager der Nation auftrat. Cavaignac, der Sieger in der Junischlacht, unterlag mit 1,4 Millionen Stimmen. Im ›Zyklus der Revolution‹ war die Bewegung wieder zur Autorität eines einzelnen zurückgekehrt, nachdem sie innerhalb weniger Monate die verschiedensten Stadien revolutionärer

›Die Republik‹
Gemälde von Honoré Daumier, 1848
Paris, Musée du Louvre

Entwicklung durchlaufen hatte. Ob damit das Ende der sozialen Revolution gekommen war und die politische nur einen Pyrrhus-Sieg errungen hatte, mußte sich noch erweisen.

Was sich schon im Juli 1830 gezeigt hatte, wiederholte sich im Frühjahr 1848: Paris gab das Signal für die große Veränderung nicht nur in Frankreich, sondern in weiten Teilen Europas. Daß die Welle der Revolution sich so schnell ausbreitete, war nur ein Zeichen dafür, daß auch in anderen Ländern eine innere Bereitschaft bestand, wenngleich die Motive – in hohem Grade national differenziert – nur im beschränkten Maße miteinander vergleichbar sind. Ein europäisches Ereignis war die Revolution eigentlich nur in ihrem äußeren Verlauf und erst in dem Augenblick, in dem sie auf die Staaten des Deutschen Bundes, vor allem auf Österreich, übergriff; denn damit warf sie sowohl die deutsche Frage als nationale Frage wie auch die Verfassungsfrage im Sinne bürgerlich-liberaler Politik in den einzelnen deutschen Staaten und die Nationalitätenprobleme des Südostens, nicht zuletzt die italienische Frage, auf. Nirgends war damals im gleichen Umfang wie in Frankreich die soziale Frage als Frage des Proletariats aktuell.

War in Frankreich Paris das einzige politische Zentrum, in dem über das Schicksal des ganzen Landes entschieden wurde, so stand in Deutschland einer ähnlichen Entwicklung der staatliche Pluralismus im Weg. Hier waren nicht nur die

Hauptstädte der beiden deutschen Großmächte Schwerpunkte des Geschehens, sondern neben den vielen Residenzen der Mittel- und Kleinstaaten auch die Zentren der verschiedenen nationalen Teilgebiete der habsburgischen Monarchie. Ein Hindernis für die Ausbreitung der Revolution ist diese politische Zerstückelung aber nicht gewesen. Es wurde jetzt von Bedeutung, daß in den vierziger Jahren die liberale Bewegung des deutschen Bürgertums Deutschland zu einem einheitlichen Kraftfeld zusammengefügt hatte und daß auf der anderen Seite in der österreichisch-ungarischen Monarchie durch den Widerstand gegen das Metternichsche System eine Einheitsfront der nichtdeutschen Nationalitäten entstanden war, obgleich deren Ziele im einzelnen auseinandergingen. Die Bewegung setzte an zwei getrennten Punkten außerhalb der Hauptstädte der Großstaaten ein: in Süddeutschland und in Ungarn. In Südwestdeutschland war die bürgerlich-liberale Bewegung am kräftigsten; hier hatte sie auch das Zusammenspiel über die Staatsgrenzen hinaus am frühesten auf Versammlungen und Kundgebungen geprobt. Ähnlich wie in Frankreich standen sich hier radikale Demokraten und Republikaner und Gemäßigt-Liberale, die ›Ganzen‹ und die ›Halben‹, gegenüber, die unterschiedliche Ziele verfolgten. Auf einer Versammlung im badischen Offenburg wurden am 27. Februar 1848 die Programmpunkte aufgestellt, die unter dem Begriff der Märzforderungen bekanntgeworden sind: Pressefreiheit, Volksbewaffnung, Schwurgerichte, konstitutionelle Verfassungen in den Einzelstaaten und Einberufung eines gesamtdeutschen Parlaments. Die Gleichzeitigkeit eines liberalen und nationalen Programms war für die Liberalen in den südwestdeutschen Mittelstaaten charakteristisch; darin lag der Ausgangspunkt der nationalen Revolution in Deutschland, sowohl im liberal-konstitutionellen als auch im radikal-demokratischen Sinne. Nationaldemokratisch war ebenso die Bewegung, die von Ungarn ausging, wo Ludwig von Kossuth, aus kleinem Adel stammend, das Signal gab, als er am 3. März 1848 auf dem ungarischen Landtag von Preßburg die Forderung nach nationaler Autonomie und politischen wie sozialen Reformen erhob, die nach wenigen Tagen auch in Prag für die Stellung Böhmens aufgenommen wurden.

Die Revolution wurde zu einer gesamtdeutschen Erscheinung und weitete sich wegen der Struktur des Deutschen Bundes und der deutschen Großmächte sofort über das deutsche Ereignisfeld hinaus aus: In Preußen wurde die polnische Frage im Zusammenhang mit dem Großherzogtum Posen aufgerollt, in Österreich ging es um die Frage der Existenz des multinationalen Gesamtstaates überhaupt sowie um die Stellung der Tschechen, Italiener und Slowenen in ihm, zugleich aber um die ungarische und die italienische Frage. Sämtliche Krisengebiete standen untereinander wie in einem System kommunizierender Röhren in Beziehung. Alle Phasen des revolutionären Prozesses zeigen einen einheitlichen Verlauf, in den sich auch die Vorgänge in Frankreich einfügen. Die Märzrevolution setzte ein als Bewegung der Versammlungen, Petitionen und Demonstrationen, nicht in erster Linie der Straßenkämpfe und des Bürgerkriegs. Abgesehen von lokalen und regionalen Bauernunruhen im südwestlichen Deutschland mit seinem verelendeten und verschuldeten Klein- und Pachtbauerntum, entwickelten sich bürgerkriegsähnliche Vorgänge, an denen Arbeiter, Handwerker und Studenten beteiligt waren, namentlich in den Großstädten Berlin und Wien, auch in Frankfurt am Main. In den Randgebieten Deutschlands wurden nationale Konflikte ausgetragen, die teilweise in Staatenkriege umschlugen oder zu Interventionen auswärtiger Mächte führten: so in Oberitalien, wo das Königreich Piemont-Sardinien in den nationalen Aufständen der Norditaliener intervenierte; in Schleswig-Holstein, wo sich eine von Dänemark unabhängige Revolutionsregierung bildete und der Deutsche Bund und in seinem Auftrag Preußen in einen Krieg mit Dänemark verwickelt wurde; in Ungarn, in dessen Erhebung gegen Österreich Rußland entscheidend eingriff,

Arbeiterabordnung vor dem Magistrat im Jahr 1848
Zeichnung von Johann Peter Hasenclever zu dem 1849 entstandenen gleichnamigen Gemälde
Remscheid, Heimatmuseum

nachdem es zuvor die aufständische Walachei besetzt hatte. Wesentlich aber ist, daß es zu keinem europäischen Gesamtkrieg kam – sicherlich weil die großen Mächte Frankreich, Preußen, Österreich zu sehr mit der Stabilisierung ihrer inneren Verhältnisse beschäftigt waren und außer Rußland keine Macht frei war, um die Gegenrevolution in Gesamteuropa militärisch-diplomatisch zu organisieren.

Für die mittleren und kleineren Staaten des Deutschen Bundes ist der fast widerstandslose Erfolg der Revolution bezeichnend. Die alten Gewalten waren kaum zu entschlossenem Widerstand fähig, sie gaben ihre Positionen preis und ermöglichten es dadurch, daß Regierungen aus liberalen Politikern gebildet wurden. Ein einziger der regierenden Monarchen, König Ludwig I. von Bayern, verlor seinen Thron in einer Verkettung politischer und persönlicher Motive; er mußte am 20. März 1848 abdanken. Dagegen fiel der Thronwechsel in Österreich – von dem unfähigen Kaiser Ferdinand I. zu Franz Joseph I. am 2. Dezember 1848 – schon in die Phase der erstarkten Gegenrevolution. Die Vorgänge in den Hauptstädten der beiden deutschen Großmächte unterschieden sich vom Verlauf der Revolution in den übrigen deutschen Ländern nur durch die Schärfe der Auseinandersetzungen, die Beteiligung breiterer Massen und den Einsatz der Armeen, auf die sich die Monarchien allein noch stützten. In Wien waren es zuerst neben der Opposition der niederösterreichischen Stände bürgerliche Organisationen, von denen die Bewegung getragen wurde: der niederösterreichische Gewerbeverein und der Juristisch-Politische Leseverein, Repräsentanten des gewerblich-industriellen und des Bildungs-Bürgertums, dem sich die Studenten der Akademischen Legion anschlossen. In den Wiener Vorstädten mit ihren armen Kleinbürgern und proletarisierten Handwerkern glich die Lage am ehesten der in Paris. Hier war in den Demonstrationen der sozialrevolutionäre Unterton deutlich vernehmbar, obwohl es weniger zu ausdrücklichen sozialistischen Forderungen als zu Ausschreitungen gegen Fabriken und Läden kam.

Das entscheidende Ereignis der ersten Phase der Wiener Revolution wurde der 13. März 1848, als der Träger und die Inkarnation nicht nur des österreichischen, sondern auch des europäischen Systems während mehrerer Jahrzehnte, der Staatskanzler Fürst Metternich, bis zuletzt zum Widerstand entschlossen, aber vom Hof gedrängt, seinen Rücktritt erklärte. Diese Entscheidung konnte noch keine Rettung des Regimes bedeuten; sie wirkte eher wie ein Dammbruch. Die revolutionäre Bewegung in Wien begann sich jetzt zunehmend zu radikalisieren, so daß der Kaiser am 17. Mai seine Hauptstadt verlassen mußte. In Böhmen, Ungarn, Italien überstürzten sich die Ereignisse in eben den Wochen, in denen die französische Nationalversammlung gewählt wurde, der große Konflikt in Paris ausbrach und niedergeworfen wurde. Die Wende kam mit dem Sieg des Fürsten zu Windisch-Graetz über das aufständische Prag (16. Juni), der zeitlich der Pariser Junischlacht nur um eine Woche vorausging, und mit dem Einzug des Grafen Radetzky in Mailand (6. August). Doch die

Revolutionäre Studenten in der Wachstube der Wiener Universität im Jahr 1848
Gemälde von Franz Schams
Wien, Österreichische Nationalbibliothek

Barrikadenkampf auf der Jägerzeile in Wien am 28. Oktober 1848
Aquarellierte Zeichnung von Anton Sitter
Wien, Historisches Museum

Lage blieb noch lange labil. Die Einberufung eines konstituierenden Reichstags Ende Juli kam sehr viel später als in Preußen. Er erregte den Nationalitätenstreit mit seinen Verfassungsentwürfen, in denen durch die Verschränkung von historischen Ländern und ethnischen Nationen die Reichsstruktur noch komplizierter gemacht wurde, und schuf nicht die erwartete Beruhigung. In einer zweiten Welle brachte die Revolution, angetrieben durch die radikale Intelligenz der Hauptstadt und getragen von proletarischen Massen, Wien erneut in ihre Hand. Allerdings wurde es ihr von der Armee unter Windisch-Graetz, dem Sieger von Prag, und unter Joseph von Jellacic, dem kroatischen Gegner der Magyaren, wieder entrissen. Fast am gleichen Tag verlegte der neue Ministerpräsident, Felix Fürst zu Schwarzenberg, ein Mann des Staates und der Macht, den Reichstag nach Kremsier in Mähren, wie Friedrich Wilhelm Graf von Brandenburg die preußische Nationalversammlung nach Brandenburg in der Mark. Erzherzog Franz Joseph bestieg den Thron. Die Monarchie war vor dem Ansturm der Nationalitäten und dem Aufstand der hauptstädtischen Unterschichten gerettet. Freilich war noch die Lage in Italien ungesichert, und auch das ungarische Problem blieb vorerst ungelöst, wobei es sich nicht um die Stellung einer unter vielen Nationalitäten handelte, sondern um den

Anspruch des zweiten Staatsvolkes auf die Herrschaft über einen Teil der Monarchie und auf die politische Unabhängigkeit. Hier fiel erst im August 1849 unter dem Druck der russischen Großmacht, der Vormacht der Gegenrevolution, die Entscheidung für Habsburg: mit der Kapitulation von Világos.

In die Tage zwischen dem 6. und 19. März ist der Beginn der Revolution in Berlin und damit in Preußen zu setzen, nachdem es in einzelnen Städten der Provinz, zum Beispiel in Köln, Magdeburg und Breslau, zu erheblichen Unruhen gekommen war. In Berlin schoben sich verschiedene Ebenen des Geschehens ineinander: die soziale Erregung unter den in der Krise arbeitslos gewordenen Arbeitern; die politische Erregung im Streit um die Rolle und Funktion des Vereinigten Landtages. König Friedrich Wilhelm IV. glaubte, an seinem Konzept eines historisch-romantisch begründeten Ständeparlaments festhalten zu können, zeigte sich aber verhandlungswillig, während sein Bruder, Prinz Wilhelm von Preußen, den energischen Widerstand des preußischen Militärstaates gegen jedes Zugeständnis an die Revolution proklamierte. Dem Militär fiel eine Schlüsselstellung im Kampf um die Monarchie zu; es wurde in großen Einheiten in Berlin konzentriert und schlug vor dem 18. März schon mehrfach Demonstrationen und Unruhen nieder. Eine organisierte Revolutionsbewegung auf der unteren Ebene gab es nicht, wenn

›Das große Mißverständnis‹:
die am 18. März 1848 zur Huldigung des Königs auf dem Schloßplatz versammelten Berliner unter Beschuß des preußischen Militärs
Lithographie aus Frankfurt am Main, 1848
München, Staatliche Graphische Sammlung

auch der Zulauf fremder Elemente in die Stadt auffiel. Entscheidend wurde hier der 18. März: An diesem Tag beschloß der Kronrat wesentliche Zugeständnisse an die nationale und liberale Bewegung, die Einsetzung eines neuen Ministeriums und eine Verfassung; aber die Truppen verblieben in Berlin. Als sich eine Menge vor dem Schloß versammelte und an der dort vollzogenen Massierung militärischer Kräfte Anstoß nahm, stieß die Revolution mit dem Militärstaat zusammen, ohne daß endgültig geklärt werden kann, wer den ersten Schuß abgab.

In den folgenden Straßen- und Barrikadenkämpfen hatte die aus allen Bevölkerungsschichten zusammengesetzte revolutionäre Bewegung kein klares politisches Ziel, es sei denn das, die Herrschaft des Militärs zu brechen, um den Weg für eine Liberalisierung des Staates freizumachen. Dieses Ziel ist nur halb und nicht ohne weitere Opfer erreicht worden. Die Proklamation des Königs ›An meine lieben Berliner‹ vom 19. März wirkte wie eine halbe Kapitulation vor der im vollen Elan befindlichen Revolution und war doch nur ein Zeichen seiner inneren Unsicherheit. Der Rückzug der Truppen aus der Hauptstadt wurde zugesagt und vollzogen. Aber bevor dem König die vorbereitete Flucht nach Potsdam glückte, mußte er sich in einer an Shakespeare gemahnenden Szene vor den in den Schloßhof gebrachten Leichen der gefallenen Revolutionäre verneigen. Aus diesem Tief-

Der Gendarmenmarkt in Berlin:
Stätte für die Aufbahrung der ›für die Freiheit gefallenen Kämpfer‹ am 20. März 1848
Zeichnung von Adolph Menzel, 1848, zu dem Gemälde ›Die Aufbahrung der Märzgefallenen‹
Berlin, Staatliche Museen,
Kupferstichkabinett und Sammlung der Zeichnungen

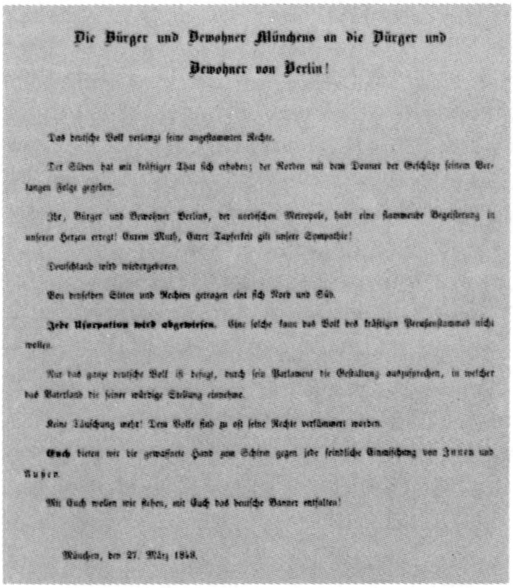

Die Bürger und Bewohner Münchens an die Bürger und Bewohner von Berlin!

Das deutsche Volk verlangt seine angestammten Rechte.

Der Süden hat mit kräftiger That sich erhoben; der Norden mit dem Donner der Geschütze seinem Verlangen Folge gegeben.

Ihr, Bürger und Bewohner Berlins, der nordischen Metropole, habt eine flammende Begeisterung in unseren Herzen erregt! Eurem Muth, Eurer Tapferkeit gilt unsere Sympathie!

Deutschland wird wiedergeboren.

Von denselben Sitten und Rechten getragen eint sich Nord und Süd.

Jede Usurpation wird abgewiesen. Eine solche kann das Volk des kräftigen Preußenstammes nicht wollen.

Nur das ganze deutsche Volk ist befugt, durch sein Parlament die Gestaltung auszusprechen, in welcher das Vaterland die seiner würdige Stellung einnehme.

Keine Täuschung mehr! Dem Volke sind zu oft seine Rechte verkümmert worden.

Euch bieten wir die gewaffnete Hand zum Schirm gegen jede feindliche Einmischung von Innen und Außen.

Mit Euch wollen wir stehen, mit Euch das deutsche Banner entfalten!

München, den 27. März 1848.

Bekundung des Willens
zu einer gesamtdeutschen Revolution
Flugblatt aus München vom 27. März 1848
München, Stadtmuseum

punkt der Monarchie sollte Preußen nach dem Willen des Königs und seiner Berater herausgerissen werden, indem es sich an die Spitze der nationalen Reform stellte: Die preußische Revolution sollte durch die deutsche überwunden werden. Dies ist der wesentliche Punkt des Aufrufs ›An mein Volk und die deutsche Nation‹ vom 21. März, der den vieldeutigen Satz enthält: »Preußen geht fortan in Deutschland auf.« – Doch der Weg der Revolution führte nicht in diese Richtung. Preußen blieb der Schauplatz einer eigenen Entwicklung; liberale Ministerien folgten sich zwischen Ende März und Anfang November; am 22. Mai trat gleichzeitig mit der deutschen Nationalversammlung in Frankfurt eine nach allgemeinem und gleichem Wahlrecht gewählte Preußische Nationalversammlung zusammen, in der die demokratische Linke dominierte. Das Spannungsfeld der Revolution verlagerte sich von der Straße und den Barrikaden in das sich immer stärker radikalisierende Parlament und auf der Gegenseite in die persönlichen Kamarilla des Königs, das konservative Ministère occulte, während sich liberale Regierungen in dem Bemühen zerrieben, eine Basis der Verständigung zwischen diesen Kräften herzustellen. Der Knoten wurde unter dem Einfluß der Kamarilla zerschlagen, als der König ein konservatives Ministerium unter dem Grafen Brandenburg berief, das die Nationalversammlung vertagte, aus der Hauptstadt verlegte und am 5. Dezember auflöste. Parallel dazu wurde eine Verfassung mit überraschend weitgehenden liberal-konstitutionellen Prinzipien und Eingriffen in die soziale Vormachtstellung des Adels oktroyiert. Preußens Existenz wurde durch einen konservativen Staatsstreich um den Preis liberaler Konzessionen für den Moment gerettet.

Die revolutionäre Entwicklung in den drei großen Staaten war damit fast gleichzeitig am gleichen Punkt angelangt. Überall hatte sich die Gegenrevolution, gestützt auf eine wegen ihrer Struktur und sozialen Zusammensetzung von der Revolution unberührte Armee, durchgesetzt: in Frankreich schon früh, seit der Niederwerfung des Juni-Aufstandes, endgültig seit der Präsidentenwahl Napoleons; in Wien mit dem Sieg der Armee unter Windisch-Graetz über die zweite Welle der Revolution und der Ernennung Schwarzenbergs zum Ministerpräsidenten (25. November); in Berlin mit der Auflösung der Nationalversammlung. Diese Gleichzeitigkeit des Umschlags hat zu manchen Spekulationen Anlaß gegeben. Marx sah darin die Auswirkungen langsamer Erholung von der ökonomischen Krise. Mehr noch als davon wird man von einem in ganz Europa lebendigen sozialen Sicherheitsbedürfnis der Mittelklassen sprechen können, das sich mit den Kräften der staatlichen Ordnungsmächte verbündete. Noch war nirgends der Schritt zu einer völligen Restauration der alten Führungsschichten getan, sondern erst eine Art historischer Kompromiß gefunden, der in einem späteren Stadium durch eine Ära der Reaktionspolitik, des Neoabsolutismus und des Bonapartismus abgelöst wurde.

Die Revolution hatte neben den Staaten des Deutschen Bundes noch einen weiteren Schauplatz, der nicht unabhängig und isoliert betrachtet werden kann: die deutsche Nationalversammlung in der Frankfurter Paulskirche. Sie war ein Kind der Revolution, aber ein von vornherein diszipliniertes. Sie leitete sich her vom Vorparlament, das vom 31. März bis 3. April 1848 in Frankfurt tagte – eine sehr ungleich zusammengesetzte, ihr Mandat nur aus der Revolution ableitende Versammlung, deren gemäßigte Mehrheit vor dem revolutionären Akt, sich als permanenter revolutionärer Aktionsausschuß zu konstituieren, zurückschreckte und die Entscheidung für die Wahl der Nationalversammlung nur im Einvernehmen mit dem Bundestag faßte. Diese war die erste große gesamtnationale parlamentarische Körperschaft der deutschen Geschichte, der die doppelte Aufgabe gestellt war,

›Hinreißende Beredsamkeit‹: Satire auf die Lethargie der deutschen Nationalversammlung in Frankfurt am Main
Lithographie aus Frankfurt am Main, um 1848
München, Sammlung Dr. Günter Böhmer

einen Staat zu begründen und ihm eine Verfassung zu geben – eine Aufgabe, die sich als unlösbar erwies. Im zeitlichen Wettlauf mit den Ereignissen in den deutschen Großmächten, mit den Aktivitäten ihrer militärischen Führungsschichten, aber auch ihrer verfassunggebenden Parlamente, gelang ihr zwar, eine Verfassung zu beschließen, nicht jedoch, für sie die Anerkennung der erstarkten Einzelstaaten zu erreichen. Nach dem Vorbild der französischen Nationalversammlung von 1789 hatte die Verabschiedung von individualrechtlichen und sozialrechtlichen Grundrechten zeitlichen Vorrang, aber eben über ihrer Beratung zerrann die Zeit, in der die Bildung einer nationalen Gesamtstaatsgewalt noch möglich gewesen wäre. So blieb es bei der Bestellung einer provisorischen Reichsgewalt mit dem Reichsverweser Erzherzog Johann von Österreich, die ihren Anspruch auf eine nationalstaatliche Souveränität über den Einzelstaaten nicht durchsetzen konnte. Das Kaisertum des alten Reiches hatte durch Jahrhunderte auf der Hausmacht einer Dynastie beruht; davon konnte jetzt die Nationalversammlung nicht mehr ausgehen. Sie wollte eine einzelstaatliche Führungsmacht in einem nationalen Bundesstaat erreichen. Das bedeutete die Entscheidung für das Erbkaisertum und das Angebot der Kaiserkrone an König Friedrich Wilhelm IV. von Preußen. Aber selbst bis zu einem solchen Angebot war im Sommer 1848 noch ein weiter Weg, und die Ohnmacht Frankfurts sollte sich sehr rasch herausstellen, als die Nationalversammlung den zwischen Preußen und Dänemark im Krieg um Schleswig-Holstein geschlossenen Waffenstillstand von Malmö hinnehmen mußte. Die provisorische Reichsgewalt war machtlos nicht zuletzt deshalb, weil sie gar nicht wußte, welchen Umfang das Reich haben sollte, das das Parlament zu schaffen gewillt war.

Fast an allen Fronten wurde es in Grenzkonflikte verwickelt: im Norden in Schleswig, im Osten in Posen, im Südosten im ganzen Bereich der zum Deutschen Bund gehörenden Teile der österreichischen Monarchie, also in Böhmen, Triest und

Trient. Der Deutsche Bund war seiner Ausdehnung nach ein großdeutscher Staatenbund; das nationale Reich sollte ein nationaler Bundesstaat werden, für den die Bundesgrenzen nicht bindend sein konnten. Entweder blieben sie hinter den nationalen Volksgrenzen zurück wie in Ostpreußen, oder sie griffen darüber hinaus wie in Böhmen und Triest. Im großen aber war das Verhältnis des Völkerstaates Österreich zu einem nationaldeutschen Reich das entscheidende Problem. Ihn als Ganzes aufzunehmen, widerstrebte den Jüngern der reinen Nationalstaatslehre wie den Anhängern einer integralen österreichischen Reichsidee. Lösungen wie die Verbindung eines engeren, nur Deutsch-Österreich einbeziehenden und eines weiteren, alle habsburgischen Länder umfassenden Bundes hätten die Einheit der Monarchie zerstört und ihre Rolle auf eine bloß dynastisch-völkerrechtliche Beziehung beschränkt. So schien sich als einzige realisierbare Möglichkeit für Österreicher wie Nationaldeutsche der Verzicht auf den Anschluß der Gesamtmonarchie und die Konstituierung eines ›kleindeutschen‹ Reiches zu ergeben. Aus diesem Dilemma hat die Nationalversammlung nicht herausgefunden. Selbst als sie sich mit geringer Mehrheit für das Erbkaisertum und damit für ein preußisch geführtes Kleindeutschland entschied, blieb bei vielen das Bewußtsein einer unvollständigen Lösung bestehen. Die Ablehnung der Kaiserkrone durch Friedrich Wilhelm IV. war dann ein Zeichen dafür, daß in Preußen der Machtwille fehlte, um an die Spitze eines von der Revolution geschaffenen Nationalstaates zu treten, sei es, weil der König eine Abneigung gegen die demokratische Herkunft des Frankfurter Kaisertums hatte, sei es, weil er sich vor einem machtpolitischen Konflikt mit dem wiedererstandenen Österreich fürchtete. Die erbkaiserliche-bundesstaatliche Lösung der nationalen Revolution war gescheitert und damit das politische Konzept des gemäßigten, auf das Bürgertum von Bildung und Besitz gestützten Liberalismus.

Es gab jetzt noch zwei Möglichkeiten einer nationalen Reform. Die erste war eine monarchisch-konservative von oben, die eine Vereinbarung allein unter den Monarchen suchte. Dem entsprach der Plan des Beraters Friedrich Wilhelms IV., Josef Maria von Radowitz, ein engeres Deutsches Reich und eine weitere Union mit Gesamtösterreich zusammenzufügen. Dieser Plan hatte von vornherein wenig Aussicht, da er den erstarkten konservativen Kräften in Preußen zu weit, den liberalen nicht weit genug ging. Das Scheitern des Unionsplanes, das durch die Punktation von Olmütz am 29. November 1850 besiegelt wurde, die Preußens Rückzug unter dem Druck Rußlands zum Inhalt hatte, leitete hinüber zur Restauration des Deutschen Bundes in seinen alten, niemanden mehr befriedigenden Formen. – Die zweite Möglichkeit lag bei einem nochmaligen Aufbegehren der revolutionären Demokratie. Sie fand in der nach dem Auszug der Österreicher und der Erbkaiserlichen von der Linken beherrschten Rumpfnationalversammlung in Stuttgart einen Stützpunkt und ging nach deren Auflösung zur offenen Revolution über: in Baden, Sachsen, in der Pfalz. In diesem letzten Akt dominierte die radikale Linke, die aus den benachbarten Ländern Zulauf von Flüchtlingen mit bekannten Namen, unter ihnen Friedrich Engels, Gottfried Kinkel, Carl Schurz, erhielt, in Baden die Armee auf ihre Seite brachte und einen revolutionären Landesausschuß bildete. Für viele war es nicht das Ende, sondern der Beginn der echten Volkserhebung, die nun den Kampf für die Reichsverfassung zur Parole erhob, aber bald unter den Schlägen der preußischen Armee zusammenbrach. Nirgends und niemals vorher war es gelungen, ganze Landschaften und ihre Bewohner durch alle Schichten hindurch für eine Revolution der reinen Demokratie zu gewinnen. In Baden und in der Pfalz schien es zu glücken. Diese Ereignisse in den südwestlichen Randgebieten Deutschlands haben die revolutionäre Phantasie und Legende bis heute beflügelt; sie geben das einzige Beispiel einer bis zur letzten Konsequenz geführten Volksrevolution. In Wirklichkeit waren sie das Endspiel der deutschen Revolution, ähnlich dem Endspiel der italienischen in der römischen Republik Mazzinis. Diese ging der Kapitulation der in der Festung Rastatt eingeschlossenen letzten Revolutionäre am 23. Juli 1849 nur um wenige Wochen voraus.

Die Ereignisse in Italien fordern den Vergleich mit den deutschen heraus: In beiden Ländern sollte nationale Einheit aus einem Vielstaatensystem entstehen. Italien wurde jedoch nicht einmal durch ein staatenbündisches Band zusammengehalten, sondern bestand aus lauter Einzelstaaten, die anders als in Deutschland – mit der einzigen Ausnahme Piemonts – nicht-nationalen Dynastien unterstellt waren. Auch für Italien gab es das österreichische Problem. Während aber der deutsche Nationalstaat um die Zugehörigkeit der deutschen Bestandteile Österreichs rang, war die italienische Nationalbewegung darauf angewiesen, die österreichische Herrschaft in Oberitalien zu beseitigen. Alternativen wie in Deutschland, die kleindeutsche und die großdeutsche, gab es dafür nicht; es gab nur Alternativen der Mittel, mit denen die österreichische Herrschaft gestürzt werden sollte. Hier standen sich das nationaldemokratische unitarische Konzept Giuseppe Mazzinis und seine gescheiter-

Nahkampf auf den Planken zu Mannheim und Verjagung der nassauischen Soldaten durch die Aufständischen in der Endphase der deutschen Revolution
Lavierte Zeichnung von Ludwig von Elliot, 1849
Rastatt, Wehrgeschichtliches Museum

ten Aufstandsversuche in den dreißiger Jahren und andererseits alle diejenigen Bewegungen gegenüber, die im Anschluß an die bestehende Staatenstruktur Italiens zu einer föderalistischen Lösung der italienischen Frage kommen wollten: Vincenzo Giobertis neoguelfische Idee eines italienischen Staatenbundes unter päpstlichem Vorsitz oder Cesare Balbos Forderung nach einer Initiative der einzigen nationalitalienischen Monarchie Piemont-Sardinien für die Einigungspolitik. Weitaus deutlicher waren die theoretischen Vorstellungen der italienischen liberal-bürgerlichen Mittelschichten von der Zukunft ihres Landes, als um die Jahreswende 1847/48 von Süditalien aus eine Welle von revolutionären Erhebungen ausgelöst wurde und das italienische Staatengefüge erschütterte. Der Verlauf der italienischen Revolution nahm weit stürmischere Formen an, als man sie aus Deutschland kennt. Er ging durch den unvermeidlichen Zusammenstoß mit Österreich sofort in einen Staatenkrieg über, als Piemont in den oberitalienischen Aufstand mit seiner Militärmacht eingriff. Hinter dem piemontesischen Programm standen die gemäßigten bürgerlichen Oberschichten, die ›Moderati‹, gestützt vom Adel und Großgrundbesitz, der auch das Rückgrat des piemontesischen Offizierskorps bildete; stärker noch als in Deutschland wurden diese von der Angst vor der demokratischen Revolution getrieben, die sich nach den Pariser Februartagen rasch im lombardo-venetianischen Königreich Österreichs ausbreitete. Die Intervention des Königs Karl Albert von Piemont in die Revolution war ein Versuch, die italienische Nationalität aus eigener Kraft voranzutreiben nach der Parole ›Italia farà da se‹ und zugleich die nationaldemokratische Erhebung unter seine Kontrolle zu bringen. Papst Pius IX., der Großherzog von Toskana und der König von Neapel, dem es bisher nicht gelungen war, seine Macht über Sizilien wiederherzustellen, schlossen sich Karl Albert an und schickten Truppenkontingente für den Kampf gegen Habsburg. Mit Ausnahme des Festungsviertels zwischen Etsch und Mincio war die österreichische Herrschaft in Mailand und Venedig bis 22. März 1848 zusammengebrochen.

Indessen lag die Schwäche der italienischen Bewegung und der aus kleinen Kontingenten zusammengesetzten italienischen Truppen in dem Mißtrauen gegen die Vorherrschaft Piemonts, in der Fortdauer partikularistischer Zersplitterung und der geringen Massenbasis der gemäßigten nationalistischen Kräfte, die sich überall einer radikaleren demokratischen Unabhängigkeitspartei gegenübersahen. Die inneren Spannungen im italienischen Lager schienen erst überwunden zu sein, als die Österreicher ihre Abwehr verstärkten und die überlegene militärische Führung des Feldmarschalls Radetzky die italienischen Positionen in Oberitalien zunehmend bedrohte. Im Mai schlossen sich die oberitalienischen Teilstaaten, am letzten die lombardischen Städte und Venedig, dem Königreich Piemont an, verlangten aber die Wahl einer Nationalversammlung mit allgemeinem Wahlrecht nach dem Vorbild Deutschlands. Der Fortgang der Revolution, die jetzt in ein Stadium gegenrevolutionärer Entwicklungen überging, wurde vorwiegend von militärischen Entscheidungen bestimmt: Radetzky siegte am 25. Juni bei Custozza und eroberte am 6. August Mailand zurück; die piemontesische Armee schloß einen Waffenstillstand, noch während das piemontesische Parlament den Anschluß der ober- und mittelitalienischen Staaten billigte. Das Schwergewicht der italienischen Bewegung verlagerte sich auf die demokratische Partei; sie verfocht mit Billigung Mazzinis erneut den Plan einer konstituierenden Nationalversammlung, die als einzige revolutionäre Institution die italienische Nationaleinheit vollenden und die einzelstaatlichen Regierungen verdrängen sollte.

Gegen Ende des Jahres 1848 schien es, als ob diese Bewegung Boden gewinnen würde. Papst Pius IX. verließ Rom, wo sich eine römische konstituierende Versammlung als Kern einer italienischen Nationalversammlung bildete. Auch Großherzog Leopold II. von Toskana floh aus seinem

Brandschatzung im Außenbezirk von Mailand in der Nacht zum 5. August 1848,
einen Tag vor der Rückeroberung der Stadt durch habsburgische Truppen unter Radetzky
Aquarell von Franz Gerasch, 1848
Wien, Heeresgeschichtliches Museum

Land, in dem die demokratische Partei die Oberhand gewann. Im Süden behauptete sich Sizilien gegen die andrängenden Truppen des Königs von Neapel. Die Wende wurde wiederum mit militärischen Mitteln herbeigeführt: Die erneut in den Krieg im Alleingang eingreifenden Piemontesen wurden von Radetzky in der Schlacht von Novara am 23. März 1849 entscheidend geschlagen. Karl Albert dankte ab und ging ins Exil, schuf jedoch gerade in der Niederlage und durch sie erst den Mythos Piemonts, der seinem Nachfolger Viktor Emanuel II. später zugute kam. Im Mailänder Vertrag vom 6. August 1849 schied Sardinien aus dem Krieg. Die italienische Revolution, die zuletzt in der Toskana, in Venedig, in Sizilien, vor allem in Rom in die Hand der Demokraten gefallen war, brach jetzt zusammen. Ihr letztes Nachgefecht war der ›Kampf um Rom‹; in ihm verteidigten Mazzini und Giuseppe Garibaldi die demokratische römische Republik, die als das ›Dritte Rom‹ einer höheren Stufe der Menschheit proklamiert wurde, tatsächlich aber das letzte Bollwerk der Revolution gegen die intervenierenden französischen Truppen gewesen ist, die am 3. Juli 1849 in Rom eindrangen.

Das Auffällige an der italienischen Revolution ist, daß ihr das große Zentrum fehlte, das in Frankreich unbestritten in Paris lag. Rom hatte zwar eine

Pius IX. und Ferdinand II. von Neapel-Sizilien
Vorder- und Rückseite einer Erinnerungsmedaille
auf das Exil des Papstes in Gaeta, 1848/49
Wien, Kunsthistorisches Museum

unbestimmte Symbolkraft, doch sie reichte nicht aus, um für die Revolution einen Mittelpunkt zu schaffen. Italien und Deutschland verband die Auseinandersetzung mit Österreich, aber Piemont war nicht Preußen, ein italienisches Frankfurt ist nicht zustande gekommen. Der italienische Partikularismus war insofern stärker, als er auch die nationale Bewegung spaltete und letztlich zerrieb. Die demokratische Bewegung breiterer Volksmassen war nicht homogen genug, um einheitlich zu handeln. Sie stützte sich auf die städtischen Mittelschichten und vernachlässigte die Bauern und Pächter auf dem Lande, die in ihrer bedrängten sozialen Lage ein Reservoir für die demokratische Bewegung hätten bilden können. Entscheidend für das Scheitern der Revolution wurde es, daß die alten Gewalten von außen gestützt wurden: von Österreich und seiner siegreichen Armee, aber auch von Frankreich, das unter dem Präsidenten Napoleon als Schutzmacht des Kirchenstaates auftrat. Ähnliche Interventionen von außen sind bei der deutschen Revolution unterblieben.

Bedeutung und Wirkung der Revolution

Die Revolution von 1848 hatte keinen sichtbaren Erfolg, sie konnte ihre ursprünglichen Ziele nicht durchsetzen, weder in Deutschland und Italien noch in Frankreich, aber dies schmälert nicht ihre eminente politische Bedeutung und läßt nicht die zahlreichen Wirkungen übersehen, die von ihr ausgingen. Unbestreitbar ist ihr großer, zum Teil schon die Unterschichten und die bäuerlichen Schichten ergreifender Impuls, der sich nicht nur in Demonstrationen, Barrikadenkämpfen und Bürgerkriegen bemerkbar machte, sondern auch in einem enormen Zuwachs an Zeitungen, Flugschriften und Zeitschriften sowie in der Organisation von Parteien, politischen Veranstaltungen und Kongressen hervortrat. In Paris sind im Jahr 1848 einhunderteinundsiebzig Zeitungen erschienen und haben sich einhundertfünfundvierzig politische Klubs gebildet. Die im Revolutionsjahr publizierten Schriften haben zum Teil über ihren Anlaß hinaus säkulare politische Bedeutung erlangt, so das ›Kommunistische Manifest‹ von Marx und Engels, das allerdings unabhängig von den Revolutionsereignissen entstanden ist und auf sie nicht gewirkt hat. Es griff mit seinem Appell an die internationale Revolution des Proletariats über die Gegenwart der nationalen bürgerlichen Revolutionen hinaus. Für eine ganze Generation ist die Revolution das große politische Erlebnis gewesen, das sie über viele Enttäuschungen hinweg für alle Zukunft geprägt hat. Bedeutende Teilnehmer an den Revolutionsereignissen wie Proudhon, Tocqueville und Lamartine schrieben ihre Memoiren der Revolutionszeit als wichtige, die Jahre überdauernde Dokumente; auch Marx' und Engels' ›Revolution und Konterrevolution in Deutschland‹ und Marx' Darstellung der französischen Revolution in seinen ›Klassenkämpfen in Frankreich‹ können als Zeugnisse unmittelbar oder mittelbar betroffener Zeitgenossen hierher gerechnet werden.

Die politische Erregung ging durch alle Schichten und Gesinnungen und erzeugte eine allgemeine Bereitschaft, große nationale, internationale, soziale Ziele zu verkünden und sie in den Mittelpunkt von Kongressen zu stellen, die neben den parlamentarischen Versammlungen tagten. So versammelten sich 1848 in Deutschland außerhalb der Parlamente, zum Teil sogar gegen sie gerichtet, der kleinbürgerliche Mittelstand auf einem Handwerker- und Gewerbekongreß in Frankfurt am Main, die deutschen Katholiken in Mainz, die radikalen Demokraten zweimal auf einem Frankfurter Demokratenkongreß; ein deutscher Arbeiterkongreß und eine Versammlung des grundbesitzenden Adels, das sogenannte Junkerparlament, fanden in Berlin statt. Waren dies meist nur erste tastende Versuche der Solidarisierung einzelner politischer und geistiger Richtungen oder Klassen, so gab es auch Solidarisierungen ideologischen und übernationalen Charakters wie die internationalen Friedenskongresse von Brüssel (1848), Paris (1849) und Frankfurt am Main (1850); auf dem Pariser Kongreß sprach Victor Hugo wohl erstmals das Wort von den Vereinigten Staaten von Europa aus. Zum 31. Mai 1848 wurde der erste Slawenkongreß nach Prag einberufen und von slawischen Vertretern aus Österreich, Ungarn und vor allem von der geistigen und politischen Elite der Tschechen beschickt – eine erste Ankündigung der Bewegung des Panslawismus, die jedoch noch ganz gegen Rußland gerichtet war und die reformierte habsburgische Monarchie als Heimstatt für die Austroslawen anerkennen wollte.

Eine ›außerparlamentarische‹ Versammlung in Berlin
Zeichnung von Adolph Menzel, 1848
Berlin, Staatliche Museen, Kupferstichkabinett und Sammlung der Zeichnungen

Slawische Messe in Prag am 12. Juni 1848 während des ersten Slawenkongresses
Zeichnung eines Unbekannten, 1848
Prag, Muzeum Hlavního Města

Dies alles ereignete sich in der Revolution. Nebeneinander standen große Zukunftsprojekte und auf den Augenblick gerichtete soziale und nationale Ziele. Man kann den Grad der Enttäuschungen und der gescheiterten Hoffnungen erst ganz erkennen, wenn man sich das Hochgefühl vergegenwärtigt, das in solchen Bewegungen lebendig war. Unzweifelhaft ist es die nationale Idee gewesen, an der sich in Deutschland und Italien die größten Hoffnungen entzündet hatten. Ihr Scheitern hat daher die deutlichsten Reaktionen hervorgerufen. Man hat lange und vielfach gemeint, daß diese Reaktionen sich ausschließlich in Stimmungen der Resignation fassen ließen, daß dem Bürgertum gleichsam das Rückgrat gebrochen worden sei und es jedes Vertrauen in seine eigene Kraft verloren habe. Doch trifft das für Italien keineswegs zu. Hier hat die fortdauernde und vielfach ihre Methoden verschärfende Fremdherrschaft die nationale Widerstandskraft am Leben erhalten. Am meisten trug dazu die Regeneration des nationalen Staates in nuce, Piemonts, bei, der unter Camillo Cavour eine die führenden Schichten begünstigende Reformpolitik betrieb und damit die wirtschaftliche Erholung des Staates bewirkte, den er bewußt durch Freihandel und Diplomatie an die Seite Frankreichs und Englands heranführte. Der nationaldemokratische Rigorismus Mazzinis, der an dem Zusammenbruch von 1849 mitschuldig war, wurde ausgeschaltet und eine neue Phase piemontesischer Führungspolitik eingeleitet, die auf dem Realismus des großbürgerlichen Aristokraten Cavour beruhte. Die Ausstrahlung dieser Politik war gerade während der Jahre der Verfolgung der Revolutionäre von 1848/49 in den von Österreich beherrschten Gebieten und den von ihm abhängigen Teilstaaten unübersehbar. Dazu kam, daß die meisten Verbannten sich in Piemont aufhielten und unmittelbar daran beteiligt waren, aus der liberalen Reformmonarchie Piemont eine Art Modellstaat des künftigen Italien zu machen. Liberale und gemäßigte Demokraten begründeten 1857 die Società Nazionale; sie war keine Geheimgesellschaft mehr, sondern ein nationaler Agitations- und Aktionsverein, dem viele auch der demokratischen Revolutionäre von 1848/49 angehörten.

Ganz zweifellos hat das Scheitern der Revolution in Deutschland in weitaus höherem Grade resignative Haltungen zur Folge gehabt. Dafür gibt es Symptome vor allem in der Kunst und im philosophischen Denken: So fand die pessimistische Philosophie Arthur Schopenhauers erst in den fünfziger Jahren Beachtung und Anerkennung. Die Gründe dafür lassen sich nur in der andersartigen politischen Konstellation in Deutschland suchen. Hier konnte keine der beiden Hauptrichtungen der nationalen Bewegung, weder die großdeutsche noch die kleindeutsche, ihre Hoffnung auf eine der Großmächte setzen, da diese sich ganz auf die Stabilisierung ihrer eigenen Machtstellung konzentrierten und mit ihrer inneren Politik keine ›moralischen Eroberungen‹ bei ihren Parteigängern machten. Das Preußen der Reaktionszeit ist keineswegs dem Piemont in den fünfziger Jahren zu vergleichen. Doch das Positive kann nicht einfach außer Betracht gelassen werden: Die liberale Bildungsschicht, die ihre Vertretung in der Frankfurter Nationalversammlung gefunden hatte, resignierte nicht vollständig; sie vollzog einen Prozeß des Umdenkens, der sie von ihrem oft utopischen Idealismus zu der Anerkennung der Realitäten brachte. Darunter verstand sie in erster Linie die Anerkennung der bestehenden Machtverhältnisse, der Partikularstaaten und ihrer Führungsgruppen in Deutschland. Es kam der Begriff der Realpolitik in Umlauf, der ursprünglich nur Illusionslosigkeit, mehr und mehr aber auch Prinzipienlosigkeit meinen konnte. Dazu traten Faktoren, die sich mit bloßen geistesgeschichtlichen Mitteln nicht erfassen lassen: In die fünfziger Jahre fällt der erste große Aufschwung der Industrialisierung, der Erfahrungswissenschaften und der Geschichte. Die aufgestauten Energien, die keine Entladung auf politischem Feld finden konnten, übertrugen sich auf das ökonomische Feld. Erst am Ende der fünfziger Jahre, als in Italien die Entscheidungen fielen, war das politische Interesse sofort wieder lebendig und kam in einer reichen politischen Publizistik, der Gründung von politischen Organisationen zum Ausdruck. Nur der Verfassungskonflikt in Preußen mit allen seinen Folgen verzögerte hier die Entfaltung einer nationalbürgerlichen Bewegung unter weit ungünstigeren Voraussetzungen, als es die italienischen waren.

Fragt man, was der Grund für das leidenschaftliche politische Interesse in der Revolution gewesen ist, so wird man zunächst die für alle Revolutionen charakteristische politische Unruhe heranziehen müssen. Sie hat jeweils viele Ursachen: soziale Bedrückung, wirtschaftliche Depression oder auch ein Mißverhältnis von wirtschaftlichem Aufstieg und politischer Machtlosigkeit. Die durchgehende Bewegung, die 1848 sehr rasch in ein Stadium überging, in dem sich die Ereignisse überschlugen, läßt auf europäische und nicht nur nationale Ursachen schließen. So wenig die Lage in Paris mit der beispielsweise in Ungarn zu vergleichen ist, so übereinstimmend ist das Bewußtsein eines Mißverhältnisses zwischen politischer Verfassung oder Ordnung und den gesellschaftlichen oder nationalen Strukturen. Ein solches Mißverhältnis bestand da, wo das Bürgertum in allen seinen Schichtungen von der vollen Teilhabe an der Macht ausgeschlossen war, wie in Frankreich. Oder wo es in der partikularistischen Zersplitterung einer Nation ein Hindernis für seinen politischen und wirtschaftlichen Einfluß sah, wie in Italien und Deutschland. Die Forderung nach einer

Die Frankfurter Nationalversammlung im Stadium des Umdenkens:
Verdammung der politischen Intentionen des Turnvaters Friedrich Ludwig Jahn
Lithographie aus Offenbach, 1848
München, Sammlung Dr. Günter Böhmer

nationalen Repräsentation war hier zugleich Bestandteil eines nationalen wie liberalen Programms.

Überall wirkten in den Erhebungen von 1848 die Antriebe der Französischen Revolution von 1789 fort, allerdings mehr die Forderung nach politischer Freiheit, die sich in einer verfassungsmäßigen Ordnung mit gesicherten Grundrechten des Bürgers konkretisierte, als die Parole der Gleichheit. Insofern trifft das Wort von der Revolution, die »toujours la même« sei, nur eingeschränkt zu. Doch im ganzen blieb die Revolution von 1848 im Bannkreis der Revolution von 1789, sie war deren Nachfahre.

Aber sicher hat es schon neue Formen des politischen Handelns, der Meinungsäußerung und der politischen Willensakte gegeben, welche die politische Bewegtheit breiterer Schichten ständig in Gang hielten. Dazu gehörten insbesondere die Wahlen nach dem allgemeinen und gleichen Wahlrecht, wie es zuerst und am weitesten gehend bei der Wahl zur verfassunggebenden französischen Nationalversammlung vom 23./24. April 1848 praktiziert wurde und dann noch zweimal: bei der Wahl des Präsidenten der Republik am 10. Dezember 1848 und der Wahl zur Assemblée législative am 13./14. Mai 1849. Nach dem allgemeinen Wahlrecht, allerdings unter Ausschluß der in den einzelnen deutschen Bundesstaaten recht unterschiedlich definierten ›Unselbständigen‹, wurde auch die Wahl zur deutschen Nationalversammlung in den ersten Maitagen vollzogen, in Preußen gleichzeitig mit der (indirekten) Wahl einer preußischen Nationalversammlung, während für den österreichischen Reichstag noch ein Zensuswahlrecht galt.

Wahlzusammenschlüsse waren die Keimzelle für die parlamentarischen Versammlungen, auf denen die großen Fragen der Zeit beraten wurden und die ein hohes Maß des öffentlichen Interesses auf sich zogen. Die Öffentlichkeit war hergestellt durch die Publizität der Verhandlungen, die bei einem fortgeschrittenen Stand der Presse eine Vielzahl von Menschen erreichten. Die parlamentarischen Versammlungen der Revolution, von denen

Die Grundrechte des deutschen Volkes

Der Reichsverweser

in Ausführung des Beschlusses der Reichsversammlung vom 21. December 1848,

verkündet als Gesetz:

Das Reichsgesetz von 1848

Die Grundrechte des deutschen Volkes nach dem Beschluß der Reichsversammlung vom 21. Dezember 1848

Lithographie von Ludwig von Elliot, 1848

Frankfurt am Main, Historisches Museum

die französische, die deutsche und die preußische den Anspruch erhoben, Versammlungen ihrer Nationen zu sein, waren Gremien, die keinen sozialen Querschnitt darstellten, sondern die führenden Schichten repräsentierten. Im Frankfurter ›Professorenparlament‹ dominierte das Bildungsbürgertum, während das Besitzbürgertum zurücktrat. In der französischen Nationalversammlung spielte der Advokatenstand eine führende Rolle, die er in der späteren französischen Geschichte beibehalten hat. Auch in der preußischen Nationalversammlung traten mehr Juristen hervor als in Frankfurt. Die Nationalversammlungen wollten Verfassungsschöpfer sein; in Verfassungen sollten die politischen Grundwerte festgehalten und Bürgschaften für eine auf ihm beruhende Staatsorganisation geschaffen werden. Obwohl die Verfassungsdebatten der Parlamente auf hohem Niveau standen, was für Frankfurt wie für Paris galt, ist dies auf die Dauer nicht gelungen. In Frankreich überlebte die von der Nationalversammlung verabschiedete Verfassung vom 4. November 1848 nur wenige Jahre; sie wurde nach dem Staatsstreich des Prinz-Präsidenten Napoleon am 15. Januar 1852 durch eine von oben oktroyierte ersetzt. Die deutsche Reichsverfassung der Frankfurter Paulskirche ist überhaupt nie in Kraft getreten; die preußische Verfassung wurde am 5. Dezember 1848 vom König oktroyiert und ihr Inhalt mehrfach im Sinne der Reaktionspolitik verändert. Immerhin kann es als ein Ergebnis der Revolution festgehalten werden, daß sie überhaupt bestehen blieb und mit ihr Preußen ein Parlament behielt. Auf Oktroi beruhte auch die Verfassung der österreichischen Monarchie, deren Lebensdauer allerdings nur vom 4. März 1849 bis zum 31. Dezember 1851 reichte. Überall wurde der revolutionäre Elan von oben erstickt; die Niederlage der Revolution ist an dem Schicksal ihrer Verfassungen erkenntlich. – Es bleibt erstaunlich, daß, abgesehen von einem neuen Staatsgrundgesetz der Niederlande vom 3. November 1848, nur zwei politische Grundordnungen von Dauer durch Beratung geschaffen worden und beide das Werk nicht großer Versammlungen, sondern kleiner Expertenkommissionen gewesen sind: die Bundesverfassung der Schweizerischen Eidgenossenschaft vom 12. September 1848 und der Statuto Albertino, das Grundgesetz Piemont-Sardiniens, das zur Verfassung des Königreiches Italien ausgeweitet wurde. Beide Verfassungen wurden nachträglich demokratisch legitimiert: die schweizerische Bundesverfassung durch kantonale Volksabstimmungen, der Statuto durch die Anschlußplebiszite der italienischen Staaten.

Die konstitutionellen Probleme der großen geteilten Völker in Europa blieben ungelöst, was hieß, daß es nicht gelungen ist, diesen Völkern eine gesicherte staatliche Existenz zu verschaffen. Italien war zwar kein bloß geographischer Begriff mehr, aber es hat die Schwelle von der politischen Pluralität zur staatlichen Einheit lediglich bewußtseinsmäßig überschritten. Deutschland wurde wieder in die Gestalt des Deutschen Bundes zurückverwandelt, doch der Dualismus der Großmächte, der vor 1848 keinen unmittelbaren Konflikt erzeugt hatte, lähmte jetzt wie ein Bleigewicht jede Aktivität. Die deutsche Frage war nun offener als je, nur schien es keine nationale Bewegung mehr zu geben, die sie aufgriff. Der Revolution bleibt das Verdienst, die Möglichkeiten einer nationalitalienischen und einer nationaldeutschen Politik vorgeführt und durchgespielt zu haben. Hinter ihre grundsätzlichen Klärungen, ob Führungsrolle Piemonts oder Preußens, ob Alternative unitarischer oder föderativer Lösungen, konnte kein politisches Handeln mehr zurück. Der Verlauf der nationalen Einheitskriege zwischen 1859 und 1871 sollte zeigen, daß sich die Entwicklung in den 1848/49 vorgeprägten Formen vollziehen mußte, doch die Initiative war an die Repräsentanten der Staatsmacht übergegangen.

Nur um Nuancen verschieden lagen die Dinge auf dem Gebiet der gesellschafts- und rechtspolitischen Entscheidungen, gegen die sich die volle Kraft der Reaktionspolitik richtete. Trotz aller Rückschläge und Rückbildungen in der Reaktions-

Denkmünze

auf

Erzherzog Johann von Oesterreich,

Deutschlands Reichsverweser.

Deutsche

Parlaments-Denkmünze

Fruchtpreise.

Druck von P. Liehner in Sigmaringen.

N°. 35.

Verordnungs- und Anzeige-Blatt

für das

Fürstenthum

Hohenzollern-Sigmaringen.

Sonntag, den 27. August 1848.

I. Gesetze und Verordnungen.

Gesetz,

Carl,

Erbprinz zu Hohenzollern-Sigmaringen, im Namen und Auftrage des Durchlauchtigsten Landesherrn ꝛc. ꝛc.

§. 1.

Die Aufhebung aller Abgaben wie Fronen oder steuerähnlicher Abzüge
im Fürstentum Hohenzollern-Sigmaringen im Jahr 1848
Gesetz im landesherrlichen Verordnungsblatt vom 27. August 1848
Sigmaringen, Staatsarchiv

ära ist der gesellschaftliche Emanzipationsprozeß nach dem Scheitern der Revolution bloß verlangsamt, aber letztlich nicht aufgehalten worden. Das gilt beispielsweise für den ganzen Komplex der Maßnahmen, den man unter dem Begriff der Bauernbefreiung zusammenzufassen pflegt: für die Aufhebung der Feudalordnung auf dem Lande, mit Jagd- und Weiderecht auf fremdem Boden, Patrimonialgerichtsbarkeit und grundherrlicher Polizei, aber ebenso für die Beseitigung aller auf Grund und Boden haftenden Leistungen und Abgaben, deren Ablösbarkeit jetzt grundsätzlich in den deutschen Staaten und in Österreich verfügt wurde, soweit sie nicht schon vorher eingeführt worden war. Allerdings wurden die Bedingungen der Ablösung sehr häufig so verschlechtert, daß sie die Bauern in neue Hörigkeit oder Landlosigkeit führten oder ihnen eine Abwanderung in die neuen Industriegebiete nahelegten. In Preußen wurde noch durch ein abschließendes Regulierungsgesetz vom März 1850 die Ablösung auch für Kleinbauern möglich gemacht, aber die weiteren Reformgesetze, die vor allem die Vormachtstellung des Adels auf dem Lande einschränken sollten, wurden entweder nicht durchgeführt oder bald zurückgenommen. So blieb auch die patrimoniale Gutspolizei erhalten. In Italien, wo die agrarischen Besitzverhältnisse am rückständigsten waren, unterließ man eine Reform, worin ein Jahrhundert später der Begründer der kommunistischen Partei Italiens, Antonio Gramsci, die Hauptursache für das Scheitern des Risorgimento sehen wollte.

Gleichheit vor dem Gesetz, Unverletzbarkeit des Eigentums erscheinen in den Verfassungen der Revolution unter den Menschen- und Bürgerrechten; sie sind bereits in der großen Deklaration von 1789

Politische Gefangene aus Trier
Handwerker, Intellektuelle und Arbeiter im Gefängnis
Gemälde von Johann Velten, 1849
Trier, Städtisches Museum

enthalten. Diese Rechte sind bürgerliche und zugleich menschliche Rechte. Sie gehen über den Anspruch auf die Entfaltung bürgerlich-kapitalistischer Wirtschaftsinteressen hinaus. Sie galten auch in der Ära der Reaktion als Bürgschaften bürgerlicher Freiheit und Rechtsstaatlichkeit. Die Eigentumsgarantie schloß die Möglichkeit der Enteignung »aus Rücksichten des gemeinen Besten« – Reichsverfassung von 1849, Art. IX, § 164 – nicht aus, nur daß in der Geschichte liberaler Verfassungsstaaten bis ins 20. Jahrhundert die Enteignungsrechte im öffentlichen Interesse zunehmend vergrößert wurden. Kann man das Recht auf unverletzliches Eigentum als dem bürgerlichen Charakter der Revolution zugeordnet verstehen, was auch mittelbare Auswirkungen auf Wahlrecht, etwa das Dreiklassenwahlrecht in Preußen, hatte, so ist die Proklamation des Rechts auf Arbeit, wie es in der Anfangsphase der französischen Revolution von 1848 verkündet wurde, ein Fanal für den Kampf der Arbeiterschaft in der Revolution gewesen. Der Juni-Aufstand des Pariser Proletariats war der erste Akt einer sozialistischen Erhebung vor 1871 und 1917, aber positive Wirkungen für die Arbeiterschaft sind nicht von ihm ausgegangen. Vielmehr trifft das Gegenteil zu: Es erwiesen sich die Pariser Ereignisse als Anlaß zu einer ersten großen Verfolgungswelle sozialistischer Parteigänger und als ein Hemmschuh für die bürgerliche Revolution, deren Schreckbild sie gewesen sind. Besonders in Deutschland verbreitete sich die Angst vor dem Sozialismus, so daß sich eine Grundstimmung herausbildete, die sich am treffendsten als Revolutionspessimismus bezeichnen läßt. Dem standen nicht nur starke Antriebe zu ersten politischen Organisationen der Arbeiterschaft auf deutschem Boden gegenüber, sondern auch eine erste Bewußtseinsklärung, welche die bürgerliche Revolution als unvermeidliches Vorstadium einer proletarischen Erhebung zu begreifen suchte. In diese Richtung haben vor allem die Schriften von Karl Marx aus jenen Jahren gewirkt, angefangen mit dem ›Kommunistischen Manifest‹ bis zu den Analysen der Vorgänge in Frankreich zwischen 1848 und 1851.

Revolutionen bewirken, selbst wenn sie fehlschlagen, stets Veränderung; eine volle Wiederherstellung der alten Zustände ist niemals möglich. Dieses Schicksal traf auch die restaurierten politischen Systeme nach 1849. Stellt man ihre Politik in dem Jahrzehnt nach der Revolution unter den Begriff der Reaktion, so zeigen deren Erscheinungsformen im einzelnen doch viele Variationen. In den italienischen Staaten war die Reaktion am einfallslosesten: Hier wurde – außer in Piemont – die Herrschaft durch Belagerungszustand mit Unterstützung österreichischer und französischer Okkupationstruppen ausgeübt und keine Konsolidierung mehr erreicht. In Preußen dominierte unter dem Ministerpräsidenten Otto von Manteuffel ein bürokratisches System, das sich sowohl vom bürgerlichen Liberalismus als auch vom feudal-junkerlichen Konservatismus abhob. So hat man von einem »Widerstreit der beiden Konservativismen«, des bürokratischen und des aristokratischen, gesprochen. Bedeutsam war, daß das Abgeordnetenhaus mit der mehrfach revidierten Verfassung erhalten blieb und damit zum Ansatzpunkt eines kommenden Konflikts wurde. Die Regierung bemühte sich um konservative Mehrheiten in der Kammer durch die Manipulierung der Wahl von Beamten und zunächst auch durch die Einführung des Dreiklassenwahlrechts, das die besitzenden und einkommensstarken Schichten enorm begünstigte, was sich sehr bald mehr zugunsten des Bürgertums als des Adels auswirkte. Der Ausbau des Herrenhauses nach englischem Vorbild sollte das aristokratische Gegengewicht zum Abgeordnetenhaus schaffen und die Macht der auf Wahlen beruhenden Abgeordnetenkammer eindämmen. Aber das alte vorrevolutionäre Preußen konnte auf diese Weise nicht mehr wiederhergestellt werden. In dem Augenblick, in dem die Liberalen in der Zweiten Kammer ein Übergewicht erhielten, was sich durch die Vermögensverschiebungen in den fünfziger Jahren vorbereitete, war eine Konfliktsituation entstanden, die den preußischen Staat in eine große Krise hineintrieb.

Preußen in der Reaktionszeit stellte eine Kompromißform zwischen bürokratischem Absolutismus und Verfassungsstaat dar. Der darin angelegte Konflikt wurde auch später grundsätzlich nicht gelöst, sondern durch äußere Erfolge auf dem Feld der deutschen Politik überbrückt. Staatsmacht als Macht einer zentralistischen Bürokratie war gleichfalls die Zielvorstellung der österreichischen Reaktionszeit, zuerst unter dem Fürsten Schwarzenberg und dem Innenminister Alexander von Bach, einem ehemaligen Demokraten, schließlich unter dem jungen Kaiser Franz Josef selbst. Die österreichische Staatsidee als Idee einer über den Nationalitäten stehenden und sie ignorierenden Staatsmacht war josefinischen Ursprungs, und josefinisch war der bürokratisch-zentralistische Neoabsolutismus Schwarzenbergs, der auch Ungarn ohne Rücksicht auf seine Sonderstellung in die bürokratische Neuordnung hineinzwingen wollte. Josefinisch war dieses System in der Bevorzugung des Deutschtums und der deutschen Sprache, mehr aus gesamtstaatlich-zentralistischer als aus nationaler Tendenz. Nicht der hohe Adel stand hinter dieser Politik, sondern das deutsche Großbürgertum, dessen wirtschaftliche Förderung sich die Regierung angelegen sein ließ, dessen Bildungswesen sie ausbaute, dem sie jedoch bis 1861 die parlamentarische Repräsentation versagte. Erst das Februarpatent von 1861 mit einem nach dem Vierklassenwahlrecht gewählten Reichstag hat sie gewährt. Der Neoabsolutismus Österreichs stand vor weitaus größeren Schwierigkeiten als der preußische, in erster Linie wegen des ungarischen Problems und der Nationalitätenfragen, die in der Revolution zum ersten Mal virulent geworden waren. Während Preußen seiner inneren Krise durch große außenpolitische Erfolge Herr wurde, verschärfte sich die Krise Österreichs durch außenpolitische Niederlagen in Italien und in Deutschland zwischen 1859 und 1866 zunehmend. Die preußische Armee wurde in der nachrevolutionären Zeit reorganisiert, die österreichische verfiel, da die Staatsfinanzen vor dem Ruin standen.

Der bürokratisch-konstitutionelle Verfassungskompromiß in Preußen und der Neoabsolutismus in Österreich waren keine originellen Formen, durch die die revolutionäre Ära abgelöst wurde. Originell und auf einer neuartigen Synthese aufbauend war dagegen das System des Bonapartismus oder Cäsarismus, wie es Napoleon III. nach dem Staatsstreich vom 2. Dezember 1851 und der Proklamation des Empire am 7. November 1852 entwickelte. Napoleon hat den Krater der Revolution mit dem Thron der Cäsaren geschlossen – nach den Worten von Constantin Frantz –, oder er hat die Herrschaft als herrenloses Gut aus dem Strudel der Anarchie herausgefischt, wie es Bismarck formuliert hat. Beide Zeugnisse gehen von dem revolutionären Ursprung der napoleonischen Herrschaft aus, der für Napoleon III. ebenso wie für Napoleon I. galt. Die Revolution wurde durch Staatsstreich und die Errichtung einer Diktatur beendet, die auf dem Charisma des Namens, nicht der Person beruhte. Das für die Mitte des 19. Jahrhunderts Neue lag in der plebiszitären Sicherung der Herrschaft: Während der Prinz-Präsident 1850 noch seine Herrschaft durch eine Restriktion des allgemeinen Wahlrechts zu stabilisieren suchte, wie zuvor schon Preußen, führte er als Kaiser im Februar 1856 das allgemeine, gleiche, geheime und direkte Wahlrecht wieder ein und fand die Legitimierung des Regimes in der Zustimmung der Massen: Große Teile der Arbeiterschaft und die Bauern in der Provinz gaben ihm ihre Stimme in der ersten Phase seiner Regierung.

Bonapartismus, den Marx abschätzig als die wahre Religion der modernen Bourgeoisie bezeichnet hat, wurde zum Inbegriff eines Systems, in dem sich Züge von Diktatur und Absolutismus mit dem Konsens der Massen verbanden, der durch Sozialpolitik und Industrieförderung hergestellt werden sollte. Bonapartismus wurde über seine historische Einmaligkeit hinaus zur Bezeichnung eines politischen Systems, das Anwendung auch in anderen Ländern, so im Reich Bismarcks, im Österreich Schwarzenbergs und im Italien Cavours fand, in dem später sogar eine Präfiguration des Faschismus gesehen worden ist. Die Gemeinsamkeit wurde für alle seine Verkörperungen darin gesehen, daß es sich um eine Form bürgerlicher Herrschaft in der besonderen Phase der wirtschaftlichen Entwicklung an der Schwelle vom Agrar- zum Industriestaat gehandelt habe. Eine solche Generalisierung des Begriffs, deren Anfänge schon in der zeitgenössischen konservativen und sozialistischen Publizistik zu verfolgen sind, vernachlässigt die Besonderheit der Situation im Zweiten Empire, nämlich die Notwendigkeit, ein nachrevolutionäres Regime zu stabilisieren, das nicht wie die preußische Monarchie auf eine alte dynastische Autorität und soziale Struktur rechnen konnte, sondern nur über eine Scheinlegitimität revolutionären Ursprungs verfügte. Napoleon III. war im Sinne Machiavellis ein Nuovo principe und in dieser Eigenschaft mit Bismarck unvergleichbar, der einer alten Monarchie mit ihren in Jahrhunderten gebildeten

Das Europa der Revolutionszeit in der Sicht eines Antimonarchisten:
»Im England der Königin Viktoria floriert der Handel; in Dänemark triumphiert das Königtum;
Preußens Staatsmacht fegt die Revolutionäre in die Schweiz, Frankreichs Staatsgewalt verschifft sie ins Ausland;
Österreich und Ungarn streiten um das Nationalitätenproblem;
im übrigen Europa sind die Kerzen erloschen wie in Warschau;
Länder, Städte und Institutionen wie das Frankfurter Parlament dösen dahin oder verkümmern«
Lithographie aus Düsseldorf, 1849
Berlin, Privatsammlung

aristokratischen Führungsschichten diente und sie nicht für sich usurpierte. Die Verwandtschaft der Mittel, unter denen die Verwendung des allgemeinen Wahlrechts als Instrument nicht demokratischer, vielmehr autoritärer Willensbildung hervorsticht, reicht nicht aus, um eine Identität der Regierungsformen zu postulieren. Eine solche bestand höchstens insofern, als in einer nachrevolutionären Phase eine Verbindung von Autorität und Volkssouveränität versucht und die Wiederherstellung eines monarchischen Absolutismus im traditionellen Sinne vermieden wurde.

Kultur, Gesellschaft und Wirtschaft im Jahrzehnt nach 1848

Die großen Zeitereignisse von 1848/49 haben ihre sichtbaren Spuren im Denken jener bürgerlichen Schichten hinterlassen, die die Aktionsträger der politischen Bewegung gewesen, von denen aber auch die politischen Ideen der Zeit geprägt worden sind. Am deutlichsten ist hier ein Bruch in Deutschland zu erkennen; er wurde sogar stärker empfunden, als er tatsächlich gewesen ist. Die Erfahrungen und Erlebnisse von 1848 erschütterten den Glauben an die Kraft normativer Ideen im deutschen Liberalismus. Das verspürten vornehmlich die Historiker und Staatswissenschaftler, die von ihrer Tätigkeit vor dem Forum des Parlaments und der publizistischen Öffentlichkeit in die gelehrte Forschung zurückkehrten. In einem Brief des Historikers und Politikers Max Duncker an Johann Gustav Droysen – beide waren Männer der Paulskirche – heißt es, die Historiker sollten »den rea-

Johann Gustav Droysen
Photographie von Ernst Milster

Max Duncker
Photographie von Ernst Milster

len Idealismus der Historie an die Stelle des phantastischen Idealismus der Philosophie setzen, welcher vor 1848 die Köpfe der Jugend erfüllte und verdrehte«. Der Begriff ›Wirklichkeit, Realismus‹ trat jetzt in den Mittelpunkt von Literatur, Philosophie, Politik und Ökonomie. Marx hatte schon vorher davon gesprochen, daß er die Philosophie vom Kopf auf die Füße stellen werde. Die meisten Schüler Hegels auf der Rechten verstanden darunter etwas anderes, aber sie nannten es nicht weniger anspruchsvoll: die Wandlung des Lebenslaufs des Absoluten in den Prozeß der lebendigen Geschichte. Damit wurde das Verharren in der reinen Kontemplation ausgeschlossen. Erfüllung des deutschen Geistes im Realen wurde gefordert. Dieses Reale war jedoch nichts anderes als der konkrete, noch zu schaffende Nationalstaat, den man mit ›Idealpolitik‹ zu verwirklichen verfehlt hatte. An ihre Stelle sollte nun die Realpolitik treten – ein Wort, das durch Ludwig von Rochau in Umlauf gesetzt worden ist und das den Primat des Handelns vor dem Denken meint, die Anerkennung einer widerspruchsvollen Realität als Voraussetzung jeglicher Aktion.

Das Fazit aus der gescheiterten Revolution, das man zog, bestand im Bekenntnis zu einem ›realen Idealismus‹, der noch mehr als dies in der Revolution der Fall gewesen ist, die Annäherung an die Mächte der Tradition und der monarchischen Autoritäten in sich schloß. War dies das noch revolutionäre Weltbild der Hegelschen Rechten, so warf nun die Hegel-Kritik der Linken allen Ballast utopischen Denkens ab und konzentrierte sich darauf, eine Lehre vom Verhältnis zwischen den Ideen und den realen Gegebenheiten zu entwickeln, die nur in der Ökonomie gefunden werden könnten. Im Jahr 1859 erschien die Schrift ›Zur Kritik der politischen Ökonomie‹ von Karl Marx, in der die Grundtheorie des historischen Materialismus auf die fundamentale Formel vom Verhältnis der ökonomischen Basis zu dem ideologischen Überbau gebracht wurde.

Die Situation im nachrevolutionären Italien sah sich bei dem gleichen Grunderlebnis des Scheiterns wesentlich anders an: Hier existierte der konkrete politische Ansatzpunkt einer liberalen und nationalen Politik im piemontesischen-sardinischen Königreich des Jahrzehnts von 1849 bis 1859 unter der Führung Camillo Cavours. Alle anderen Lösungsmöglichkeiten der italienischen Frage, die neoguelfische, die nationaldemokratische, waren aus dem Wettbewerb der nationalen Politik ausgeschieden. Es blieben die piemontesische Idee und die Realität der liberalen piemontesischen Reformmonarchie, die das Programm einer bürgerlichen Politik im wirtschaftlichen Fortschritt und in der vorsichtigen Anpassung an die Erfordernisse der internationalen Politik zu erfüllen bereit war. Der prominenteste Verkünder neoguelfischer Politik, der Verfasser des Primato, Vincenzo Gioberti, unterzog sein Programm einer großen Revision: 1851 erschien seine Schrift ›Del rinnovamento civile d'Italia‹, in der nicht mehr dem Papst, sondern Piemont die Führung in einem zu begründenden italienischen Staatenbund zuerkannt wurde. Weiterer theoretischer Klärungen schien es nicht zu bedürfen, nachdem beim praktischen Handeln Cavours die Initiative lag und er die von Mazzini geforderte Einheit von ›pensiero e azione‹ herstellte. Es war aber charakteristisch für den fortgeschrittenen Stand des politischen Denkens in diesem Teil Italiens, daß der Anspruch der nationalstaatlichen Politik auf generelle Geltung, den schon Mazzini immer erhoben hatte, im piemontesischen Turin auch für das Völkerrecht aufgestellt wurde: Pasquale Stanislao Mancini führte in seiner Antrittsvorlesung von 1851 über das Thema ›Della nazionalità come fondamento del diritto delle genti‹ die Nation als Völkerrechtssubjekt ein und suchte damit den multinationalen Großreichen wie Österreich, jenen lebensunfähigen Monstren, wie er sie nannte, die Legitimität zu entziehen.

Unter den von der Revolution betroffenen Ländern nahm Frankreich mit seinem bonapartistischen Regime eine einzigartige Stellung ein. Die Gegenrevolution brachte hier keine Restauration

Camillo Graf Benso di Cavour
Photographie von einem Unbekannten

Napoleon III.
Photographie von W. und D. Downey

monarchischer oder konstitutioneller Art, sondern die Begründung der plebiszitär begründeten Macht eines einzelnen. Der Staatsstreich vom 2. Dezember 1851 bildete einen tiefen Einschnitt in der geistigen und politischen Entwicklung, die im Februar 1848 eingeleitet worden war. Der Republikanismus wurde schwer getroffen; seine Repräsentanten – Victor Hugo, Louis Blanc, Ledru-Rollin – gingen, ähnlich wie Proudhon, ins Exil. Die gemäßigte liberale Intelligenz zog sich zunächst von öffentlicher Tätigkeit zurück, sie verfiel weniger in Resignation, als daß sie Selbstkritik übte und eine Erneuerung des Liberalismus vorbereitete. Sie hatte ihr Zentrum in der Académie française und verfügte über Organe wie das ›Journal des débats‹ und die ›Revue des deux mondes‹. Tocqueville begann, seine ›Souvenirs‹ niederzuschreiben, die eine Abrechnung mit den Fehlern der Revolution enthielten. Edouard Laboulaye suchte die Grenzen des Despotismus in der lokalen Selbstverwaltung und der Freigabe gesellschaftlicher Organisationen; seine Schrift ›L'état et ses limites‹ erschien 1863. Anatol Prévost-Paradol beschrieb 1867 ›La nouvelle France‹, das einen Kompromiß zwischen Freiheit und Autorität finden sollte. Alle folgten Tocqueville als dem größten Analytiker der Zeit, der die Gefahren der Demokratie in der Konzentration der Macht gesehen hatte und sie zu steuern suchte, ohne die demokratischen Grundprinzipien preiszugeben. Sie gingen darin weiter als die deutschen Liberalen, die sich noch lange gegen das allgemeine Wahlrecht zu wehren suchten, das die Franzosen als unerläßlich ansahen.

Diese Generation war durch die sozialen Erschütterungen der Revolution und die Schrecken einer neuen Diktatur hindurchgegangen. Ihre Besorgnisse wirkten weit über Frankreich hinaus und erfaßten auch das deutsche Bürgertum. In gewissem Grade gilt dies sogar für England, obwohl hier eine optimistische Grundstimmung überwog. Das Jahr 1848 bildet in der englischen Geschichte keinen Einschnitt; die großen Ereignisse lagen zuvor: die Wahlreform von 1832 und die Aufhebung der Kornzölle 1846. An ihnen hatten sich zwar Massenbewegungen entzündet, doch diese stellten selbst in dem letzten Aufwallen der Chartisten-Bewegung 1848 die Souveränität der Parlamentsoligarchie nicht in Frage, in deren Herrschaft sich die Gentry und das unternehmende Bürgertum teilten. Die fünfziger Jahre standen im Zeichen eines enormen Wirtschaftswachstums, das diese Herrschaft stabilisierte. Thomas Babington Lord Macaulay, der Hauptrepräsentant der Whig-Tradition in der englischen Geschichtsschreibung, sah mit seinem ungeheuren, durch den Aufschwung beflügelten Optimismus die englische Geschichte als den Weg zur Verwirklichung der Freiheit, dem sich niemand mehr entgegenstellen sollte. Aber neben dem Enthusiasten fehlte auch der Kritiker nicht: John Stuart Mill entwickelte im engen Kontakt mit Tocqueville in seiner Abhandlung ›On liberty‹ von 1859 die Gefahren der modernen Demokratie, in der nicht der Absolutismus des Staates, sondern der Despotismus der Gesellschaft die größte Gefahr darstelle. Die »Gesellschaft von heute« sei über die Persönlichkeit Herr geworden, die Drohung »der Herrschaft der Mittelmäßigkeit« ziehe herauf, die eine »mittelmäßige Herrschaft« sein werde. Diese Befürchtungen waren der Ausdruck der Stimmungen in einem Land, dessen Erfahrungen mit staatlichem Absolutismus, anders als in Frankreich und in Deutschland, weit zurücklagen und in dem die Macht der gesellschaftlichen Konvention in kleingeistiger Enge zu erstarren drohte.

So unterschiedlich die Ausgangsposition in den einzelnen Ländern gewesen ist, die durch die Revolution geschaffen worden war, so einheitlich war die Tendenz, die neue Lage als Wirklichkeit zu fassen und alle Veränderungen an dieser Wirklichkeit zu orientieren. Der Übergang zu Realismus und Erfahrung ist ein durchgängiges Phänomen; er kann nicht nur als situationsbedingt verstanden werden. In ihm treten Wandlungen zutage, die mit epochalen Vorgängen wie den stärkeren Annäherungen der intellektuellen Schichten an die Realitäten der Politik, der Wirtschaft und der Technik zusammenhängen mögen. Die Zeit um die Mitte des Jahrhunderts kann nicht eigentlich schon als Ära einer wissenschaftlichen Revolution bezeichnet werden, wie sie Thomas Kuhn definiert hat, als »nichtkumulative Entwicklungsepisode«, in der ein »älteres Paradigma ganz oder teilweise durch ein nicht mit ihm vereinbares ersetzt wird«, wohl aber als eine Zeit der Krise, die als die Voraussetzung für das Auftauchen neuer Theorien gelten muß.

Auffällig ist, daß die stärksten kreativen Kräfte in der historischen Wissenschaft zu finden sind, bei fast allen Nationen und überall verbunden mit prinzipiellen Erörterungen. Droysen las erstmals über Historik im Jahr 1857 und gab wohl den bedeutendsten Anstoß zum Nachdenken über Geschichte, die er aus dem Gegensatz des denkenden Ich zu der ihn umgebenden Welt der Erscheinungen als dem Nicht-Ich verstand. Die rastlose Bewegung der Welt der Erscheinungen war das auslösende Moment für das Interesse an der Geschichte; sie sollte, wie es später Jacob Burckhardt sagte, das Maß werden, an dem diese Bewegung gemessen werden konnte. Auch Leopold von Rankes Vorträge vor König Maximilian II. von Bayern in Berchtesgaden im Herbst 1854 waren von der Frage nach der Bewegung in die Zukunft, nach dem Fortschritt, bestimmt. Die große Historie der fünfziger Jahre ist in allen ihren monumentalen Zeugnissen eine Auseinandersetzung mit ihrer Gegenwart, Symptom einer heraufkommenden Krise, die man erst dunkel ahnte, anders als zwei, drei Jahrzehnte später, als Nietzsches Kassandrarufe gegen das Übermaß an Historie einen neuen Stand anzeigen sollten. – So paradox es vordergründig erscheint, daß das Jahrzehnt der großen Historie zugleich das Jahrzehnt des Durchbruchs der Industrialisierung in Mitteleuropa, des Baus der Eisenbahnen und der Expansion der Wirtschaft gewesen ist, so war das eine doch nur die Kehrseite des anderen. In der Frage nach der Vergangenheit und in

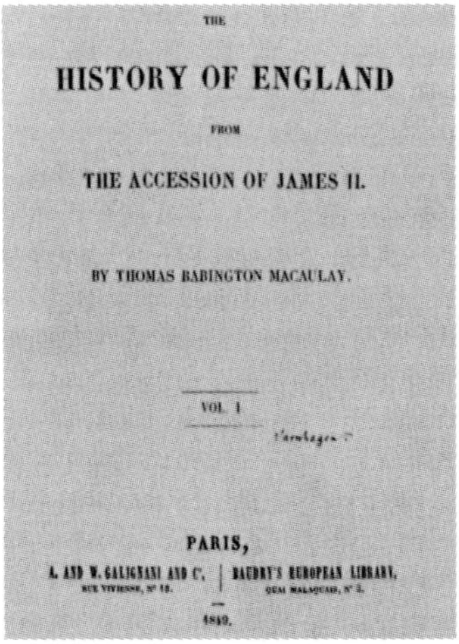

THE

HISTORY OF ENGLAND

FROM

THE ACCESSION OF JAMES II.

BY THOMAS BABINGTON MACAULAY.

VOL. I

PARIS,

A. AND W. GALIGNANI AND C°, | BAUDRY'S EUROPEAN LIBRARY,

RUE VIVIENNE, N° 18. | QUAI MALAQUAIS, N° 3.

1849.

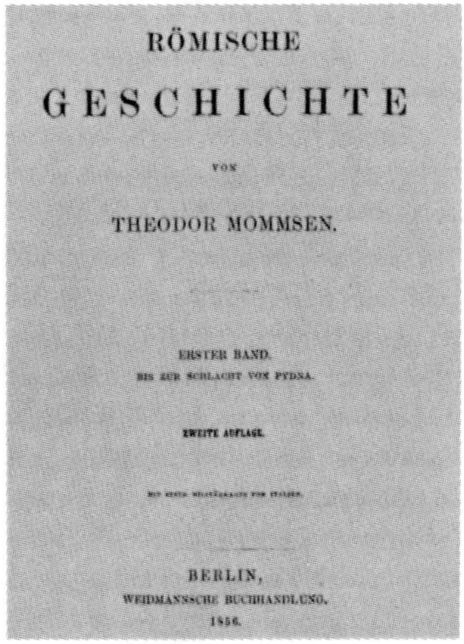

RÖMISCHE

GESCHICHTE

VON

THEODOR MOMMSEN.

ERSTER BAND.

BIS ZUR SCHLACHT VON PYDNA.

ZWEITE AUFLAGE.

BERLIN,

WEIDMANNSCHE BUCHHANDLUNG.

1856.

L'ANCIEN RÉGIME

ET

LA RÉVOLUTION

PAR

ALEXIS DE TOCQUEVILLE

DE L'ACADÉMIE FRANÇAISE

PARIS

MICHEL LÉVY FRÈRES, LIBRAIRES-ÉDITEURS

RUE VIVIENNE, 2 BIS.

1856

Droits de reproduction et de traduction réservés.

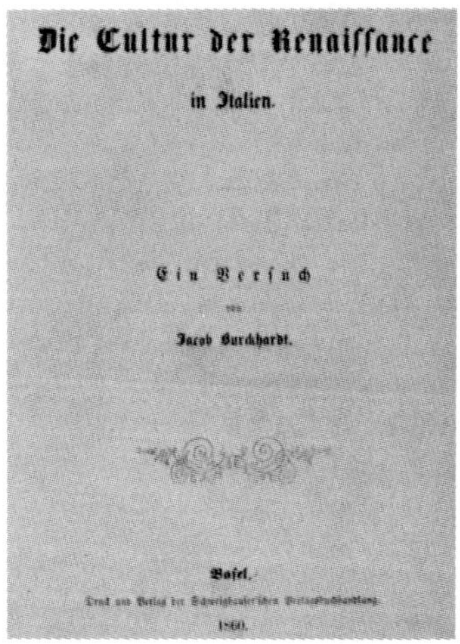

Die Cultur der Renaissance

in Italien.

Ein Versuch

von

Jacob Burckhardt.

Basel.

1860.

Titelseiten in nachrevolutionärer Zeit entstandener, vielgelesener Bücher über Fragen an die Vergangenheit als Versuche zu besserem Gegenwartsverständnis dem Versuch, sie geistig aufzuarbeiten, steckte immer der Antrieb, die unheimlich werdende Gegenwart zu verstehen. Dies läßt sich in der verschiedensten Weise, aber immer eindeutig belegen: an Macaulays ›History of England from the accession of James II‹ (1849–1861); an Burckhardts ›Die Zeit Constantins des Großen‹ (1852) und mehr noch ›Die Kultur der Renaissance in Italien‹ (1860) mit ihrer Frage nach dem Ursprung der Moderne; an Tocquevilles ›L'Ancien régime et la révolution‹ (1856) und an Theodor Mommsens ›Römischer Geschichte‹ (1854–1856). Geschichtsschreibung ist überall der Versuch, mit den Mitteln eines wissenschaftlichen Verfahrens die Erfahrung der Vergangenheit einzufangen für die Erhellung der Gegenwart.

Die Häufung so großer historischer Werke in einem Jahrzehnt war ein europäisches Ereignis. Es muß als Antwort auf eine allgemeine europäische Herausforderung aufgefaßt werden, so sehr jedes dieser Werke im nationalen Leben verwurzelt ist. Die Tatsache, daß es eine europäische Wissenschaft gab, muß in einem Augenblick, in dem die religiösen Glaubensinhalte einem stetigen Säkularisierungsprozeß ausgesetzt und nationale Glaubensinhalte im Vordringen waren, als Gewähr für den Fortbestand einer kulturellen Gemeinsamkeit Europas angesehen werden. Nirgends ist das so deutlich wie auf dem Gebiet der Naturwissenschaften, auf dem damals der internationale Austausch von Wissen und Erfahrungen noch wenig durch nationales Prestigedenken behindert wurde. In klassischer Form repräsentierte Alexander von Humboldt durch sein Leben das über allen nationalen Beschränkungen stehende Gelehrtentum; sein ›Kosmos‹, erschienen zwischen 1845 und 1862, unternimmt den Versuch einer Zusammenfassung des Wissens der Welt in einer umfassenden Beschreibung der Natur. Sein Tod im Jahr 1859 markiert eine Wegscheide zwischen kosmopolitischer und mehr und mehr nationaler Wissenschaftsgesinnung.

Naturwissenschaftliche Forschung wurde im allgemeinen noch nicht im Zusammenwirken vieler Forscher in Instituten und an Großapparaturen betrieben; sie war zumeist noch das Ergebnis des auf Einfällen und Eingebungen einzelner beruhenden Bemühens. Charles Robert Darwin brachte eine Weltreise auf seine Gedanken von der Selektion und Evolution. Gregor Mendel leitete die nach ihm benannten Vererbungsgesetze von botanischen Versuchen her, die er in völliger Einsamkeit machte. Beide haben nebeneinander, ohne Kenntnis voneinander, beinahe gleichzeitig die fundamentalen Theorien und Hauptsätze gefunden: 1859 erschien Darwins ›On the origin of species by means of natural selection‹ und 1865 Mendels ›Versuche über Pflanzenhybriden‹. Für das kommende Zeitalter der Biologie und Genetik war dies der Beginn einer Revolution, deren Fortgang sich allerdings noch lange hinausgezögert hat. In der Physik erhielten die Erkenntnisse von Julius Robert Mayer und Hermann von Helmholtz grundlegende Bedeutung. »Der Satz von der Erhaltung der Energie ist die erste und heute noch generell gültige Synthese im Bereich der Naturwissenschaften« (W. Gerlach). Ihm entsprechen an Gewicht für die Zukunft vielleicht nur die beiden Hauptsätze der Thermodynamik von Rudolf Clausius, welche die Umwandlung von Wärmeenergie in mechanische Energie theoretisch begründeten und damit einen entscheidenden Beitrag für die technische Verwendung von Energie lieferten.

Hier war der Punkt erreicht, an dem die sich entfaltende Naturwissenschaft umschlug in die Möglichkeit zu technischer Anwendung. Die industrielle Technik, die sich in ihren ersten Phasen relativ unabhängig von der Wissenschaft entwickelt und lediglich empirische Grundlagen hatte, erweiterte ihre Wirkungsmöglichkeiten, indem sie sich der Wissenschaft als Rationalisierungs- und Expansionsmittel bediente. Dies bedeutet eine Zäsur in der Geschichte der industriellen Revolution, die mit den fünfziger Jahren in ein neues Stadium trat. Die Verwissenschaftlichung der Technik läßt sich auf einzelnen Gebieten wie der Optik und der

Die Entwicklung der Nachrichtenübermittlung
mit den Gründern der Telegraphenbauanstalt Siemens und Halske in Berlin:
Werner Siemens und Johann Georg Halske
Lithographie von Ernst Milster, 1855
Berlin-Museum

Nachrichtentechnik besonders deutlich verfolgen. Die künftige schwerindustrielle Produktion wurde durch die 1855 von Sir Henry Bessemer erfundene ›Bessemer-Birne‹ erst möglich, weil sie die technischen Voraussetzungen für die Massenerzeugung von Stahl schuf. Der Chemiker Robert Wilhelm Bunsen konstruierte im Jahr 1855 den sogenannten Gas-Bunsen-Brenner, durch den dann die Gasheiztechnik ermöglicht wurde. Die größten Anstöße für technische Innovationen sind dann allerdings erst gegen Ende des Jahrhunderts bei der Entwicklung der chemischen Industrie und der Elektroindustrie zu verzeichnen, für die zunächst nur erste Grundlagen geschaffen wurden.

Vorerst hatte die Industrialisierung der kontinentalen Länder sich noch mit ganz anderen Problemen auseinanderzusetzen. Um die Mitte des Jahrhunderts war England nach wie vor unbestritten das führende Industrieland Europas. Sein Vorsprung in der Entwicklung der neuen Produktionsmethoden und der Rückstand des Kontinents können nicht auf eine einzige Ursache zurückgeführt werden; es mußten viele Faktoren zusammenkommen, die in den fünfziger Jahren die industrielle Revolution in den anderen europäischen Ländern in Gang setzten. Die politische Zersplitterung vor allem Mitteleuropas ist ein wesentliches Hindernis für die Entfaltung des Warenverkehrs gewesen. Zahlreiche Zollschranken standen dem Güteraustausch und der Entstehung größerer Marktgebiete ebenso im Wege wie der ungleichmäßige Ausbau und der schlechte Zustand der Verkehrswege. Mit dem preußischen Zollgesetz von 1818 wurde die preußische Monarchie zu einem einheitlichen Zollgebiet, der Deutsche Zollverein von 1834 weitete es in vielen Zwischenstadien auf das außerösterreichische Deutschland aus. Nach der politischen Krise von 1848/49 scheiterte zwar der Plan eines großdeutschen, mitteleuropäischen Wirtschaftsraumes, den der österreichische Handelsminister Karl Ludwig von Bruck betrieb, aber der engere Zollverein wurde 1852 erneuert und durch den Anschluß von Hannover ausgedehnt. Im Jahr 1860 begann mit dem britisch-französischen Handelsvertrag, dem sogenannten Cobden-Vertrag, die Ära der auf dem Freihandel beruhenden Handelsbeziehungen, die bis in die Mitte der sechziger Jahre durch eine ganze Kette von Handelsverträgen ausgebaut wurden. Nur die östlichen Monarchien, Österreich und Rußland, hielten sich hier abseits. Der Freihandel in seiner Blütezeit ermöglichte einen höchstens durch Niedrigzölle belasteten Warenstrom in einem Wirtschaftsraum von großer Ausdehnung und wachsender Produktivkraft.

Voraussetzung dafür war die Beschleunigung des Transports von Waren und Menschen, die durch die Eisenbahn eingeleitet wurde. Der Eisenbahnbau ist in mehrfachem Sinne der Motor eines bis dahin unerhörten wirtschaftlichen Aufschwungs gewesen. Er rief eine enorme Nachfrage nach den verschiedensten Grundstoffen, vor allem nach Eisen und Holz, hervor, setzte die Metall- und Maschinenbauindustrie in Gang und potenzierte die Schnelligkeit, mit der die Waren über weite Strecken verschickt werden konnten. Er weckte ganze Regionen aus dem Dornröschenschlaf, in dem sie jahrhundertelang verharrt hatten. Um 1850 war der Ausbau der Eisenbahn in Europa noch sehr unterschiedlich. Nur England und Belgien verfügten bereits über ein zusammenhängendes Netz. Am weitesten hingen Italien und Frankreich zurück; das italienische Streckennetz hatte 1860 erst eine Länge von eintausendsiebenhundertfünfzig Kilometern, während das französische zehn Jahre früher bereits eine Länge von knapp dreitausend Kilometern besaß und im wesentlichen aus Stichbahnen bestand, die von Paris ausgingen und nur nach Belgien Anschluß hatten. Erst unter dem Empire wurde der Rückstand mit größtem Nachdruck aufgeholt: 1870 waren die Hauptstrecken mit siebzehneinhalbtausend Kilometern fertiggestellt, darunter die Verbindung nach Deutschland über Straßburg-Kehl. Die Bahnen wurden wie in England von privaten Gesellschaften betrieben. Deutschland, das 1850 noch nicht den Stand der Industrialisierung seiner westlichen Nachbarländer erreicht hatte, war ihnen im Eisenbahnbau voraus und besaß schon ein Streckennetz von sechstausend Kilometern. Im gleichen Tempo wie in Frankreich wurden dann in den zwanzig Jahren bis 1870 die großen Strecken ausgebaut, deren Länge 1871 neunzehneinhalbtausend Kilometer betrug. 1853 war in Königsberg der östlichste, 1854 in Lindau der südlichste Punkt erreicht. Von Anfang an war hier der Anteil des Staates größer: In vielen deutschen Ländern gab es nur Staatsbahnen, in Preußen war 1857 etwa die Hälfte der Bahnen in staatlichem Besitz oder unter seiner unmittelbaren Kontrolle. Während später Bismarcks Ziel, das Eisenbahnwesen in die Regie des Reiches zu übernehmen, scheiterte, wurden die preußischen Bahnen zu ihrem überwiegenden Teil vom Staat aufgekauft. Es ist für den heute Lebenden, der den Ausbau der Autobahnen unter viel entwickelteren technischen Verhältnissen gewohnt ist, schwer vorstellbar, welches Ausmaß an sozialer Unruhe und sozialer Mobilität allein der Streckenbau herbeigeführt hat, noch schwerer, von welchen Angstvorstellungen er begleitet gewesen ist. In allen Ländern waren bei den Projektierungen kommerzielle Gesichtspunkte dominierend, die die Eisenbahn zum größten Spekulationsobjekt machten. In Frankreich, mehr noch in Deutschland und Rußland, spielte auch der Gedanke militärischer und strategischer Verwendung der Bahnen eine erhebliche Rolle. Darauf hat wohl zuerst, 1843, Helmuth von Moltke hingewiesen – »Welche Rücksichten kommen bei der Wahl der Richtung von Eisenbahnen in Betracht?« –; er hat dann bei seinen strategischen Planungen in den Kriegen von 1866 und 1870/71 davon Gebrauch gemacht.

Im kontinentalen Verkehr trat die Bedeutung der Wasserwege hinter der, welche die Eisenbahnen erlangt hatten, sichtbar zurück. Trotzdem ist

Tausend Lokomotivlieferungen der Firma Borsig in den siebzehn Jahren von 1841 bis 1858
Vorderseite der Jubiläumsmedaille von Wilhelm Kullrich
Berlin-Museum

Die Eisenbahnbrücke über die Donau bei Regensburg
Aquarell von Albert Emil Kirchner, 1859
Nürnberg, Deutsche Bundesbahn, Verkehrsmuseum

es nicht unbeachtlich, daß für die natürlichen Wasserstraßen um die Jahrhundertmitte die letzten Behinderungen durch Schiffahrtsabgaben wegfielen. Das wurde grundsätzlich bereits 1831 durch die Rhein-Schiffahrtsakte von Mainz eingeleitet und war Ende der fünfziger Jahre abgeschlossen. Um die gleiche Zeit wurden zahlreiche Abkommen für den Abbau der Behinderungen des Schiffsverkehrs auf anderen Wasserwegen geschlossen, so im Pariser Frieden von 1856 über die Freiheit der Schiffahrt auf der Donau. Im Jahr 1857 schaffte Dänemark den Sundzoll ab.

Eine wesentliche Voraussetzung der industriellen Revolution ist in England das Vorhandensein und die Verfügbarkeit von Kapital gewesen. Für den industriellen Aufschwung in den kontinentalen Ländern galt das gleiche, nur bedurfte es da bei der Unterentwicklung und ungleichen Verteilung des Kapitals noch der Schaffung eines dem englischen ähnlichen Systems von Kredit- und Investitionsbanken. Belgien, das in mancher Hinsicht der Schrittmacher der neuen Entwicklung auf dem Kontinent gewesen ist, machte hier mit der Société générale schon in den zwanziger Jahren der Anfang. Am wichtigsten wurde dann der von den Brüdern Pereire 1852 gegründete französische Crédit mobilier, der weit über Frankreich hinaus als eine Art europäisches, ja weltwirtschaftliches

Investitionsunternehmen Industriekredite ausgab. An der Finanzierung des großen Eisenbahnbooms waren die Brüder Pereire in hervorragender Weise beteiligt. Gustav Mevissen gründete im Jahr 1856 mit ihrer Unterstützung die Darmstädter Bank, auch die Berliner Disconto-Gesellschaft (1851) entstand ebenfalls mit ihrer Hilfe. 1867 gerieten sie in Konkurs. In der Mobilisierung des Sparkapitals, in der Form von Aktiengesellschaften und ihrer Lenkung in die Industrie bestand die wirtschaftshistorische Funktion des neuen Banktyps, dessen ungewöhnliche Leistungsfähigkeit unbestreitbar war, ebenso aber seine Krisenanfälligkeit wegen der weiten Streuung ihrer Gelder, was sich bereits in der Krise von 1857 zeigen sollte.

Zu den Voraussetzungen für den industriellen Entwicklungsprozeß gehört noch ein Faktor, vielleicht der wichtigste: die Verbesserung und Intensivierung der Produktion, die entweder unter dem Zwang zur Rationalisierung vor sich gingen, den die absolute Überlegenheit des britischen Güterangebots ausübte, oder schon auf wissenschaftlichen Entdeckungen beruhten. In der Baumwollindustrie waren es die Verwendung des Selfaktors und die Ersetzung des Handwebstuhls durch die mechanische Webmaschine – alles technische Mittel, die in England längst vor der Mitte des 19. Jahrhunderts verbreitet waren. In Deutschland wurde der erste mechanische Webstuhl erst 1845 gebaut, der erste mit elektrischem Antrieb 1879 von Werner Siemens. In Frankreich betrug der Anteil der Webmaschinen im Jahr 1856 nur sechzehn Prozent; er stieg bis 1868 auf dreiundsiebzig Prozent. In Deutschland sank die Zahl der Handweb-

Die Anfänge der Massenerzeugung von Flußstahl nach dem Bessemer-Verfahren
in einem englischen Stahlwerk
Gemälde eines Unbekannten, um 1860
London, Science Museum

stühle von vierundsiebzigtausend im Jahr 1861 auf siebenundvierzigtausend im Jahr 1875. Hinter diesen Zahlen verbirgt sich ein unbarmherziger Prozeß der Vernichtung kleiner Existenzen und der Arbeit im Verlagssystem zugunsten fabrikmäßiger Herstellung. Der englische Vorsprung in der Textilerzeugung konnte vom Kontinent trotz rascher Fortschritte nicht aufgeholt werden; noch um 1870 waren etwa drei Fünftel aller Spindeln in der Hand britischer Fabrikateure.

Die Textilindustrie, das heißt die Woll- und später die Baumwollindustrie, stand zeitlich am Beginn der industriellen Revolution; weit größere historische Auswirkungen kamen aber der Schwerindustrie, nämlich Kohle und Eisen, zu. Hier bestand die entscheidende Neuerung im Übergang von Holz zur Kohle als Brennstoff. Darin hatte wieder Belgien den Vorsprung: Bereits 1845 wurden dort neunzig Prozent des Roheisens in Kokshochöfen produziert. In Frankreich brachte erst die Wirtschaftskrise von 1857 die mit Holzkohle betriebenen Hochöfen zum Erliegen. In Deutschland setzten die neuen Verfahren nach 1840 langsam ein; in Preußen wurden im Jahr 1842 noch zweiundachtzig Prozent des Eisens mit Holzkohle erschmolzen, 1852 waren es sechzig Prozent, 1863 zwölfeindrittel Prozent; im Ruhrgebiet sank der Anteil auf einundeindrittel Prozent. Mit der Erfindung des Bessemer-Verfahrens begann eine neue Entwicklung: Die massenhafte Erzeugung von Stahl wurde möglich, allerdings in vollem Umfange erst zu einem späteren Zeitpunkt. 1870 betrug der Anteil des Stahls am Guß- und Frischeisen in Deutschland fünfzehn Prozent, in Großbritannien nicht ganz zehn Prozent. Immer noch blieben die kontinentalen Staaten in ihrer Eisenerzerzeugung hinter Großbritannien weit zurück, aber ihr Wachstum war prozentual größer, und der Augenblick, in dem die dominierende Stellung Englands zu Ende ging, rückte näher. Schon zeigte sich auch ein wachsender Fortschritt Preußens an, der sich nach der Reichsgründung von 1871 vergrößern ließ. Wie die Gewichte um die Jahrhundertmitte verteilt gewesen sind, machte kein Ereignis so sichtbar wie die Weltausstellung im Londoner Kristallpalast im Jahr 1851, die erste Ausstellung in der Zeit des Durchbruchs von Industrie und Technik auf dem europäischen Kontinent: ein grandioses Fest einer sich an ihren enormen Erfolgen berauschenden, aufblühenden technischen Weltzivilisation, die vorerst hauptsächlich als britische Zivilisation erschien.

Freilich war die Kehrseite dieses Glanzes das Elend der breiten Massen in den überfüllten Städten, die dem Zustrom nicht gewachsen waren und sich mangels Kanalisation und Hygieneeinrichtungen wiederholt Epidemien wie der Cholera ausgesetzt sahen. Diese hatte zuletzt in den achtziger Jahren und 1892 in Hamburg verheerende Wirkungen. England, das den kontinentalen Ländern in der Ausbildung des Industriesystems voraus war, zeigte die krassesten Auswüchse des Frühkapitalismus. Friedrich Engels hat sie 1845 in seiner ›Lage der arbeitenden Klassen in England‹ beschrieben. Doch war gegen die Mitte des Jahrhunderts eine Verbesserung in der Lage der englischen Arbeiterschaft eingetreten. Zwischen 1850 und 1865 stiegen die Löhne entsprechend den Lebenshaltungskosten, nach 1865 erhöhten sich die Reallöhne. Seit 1851 formierte sich eine Gewerkschaftsbewegung, und ein Jahr zuvor war die Fabrikgesetzgebung von 1833 auch auf den Bergbau ausgedehnt worden, obgleich deren Bestimmungen oft nicht beachtet wurden. War die englische Arbeiterschaft in den großen industriellen Ballungsräumen vor allem Mittelenglands konzentriert, so war die französische über das ganze Land verstreut, sehr ungleichen Lohnbedingungen unterworfen, überwiegend in Kleinbetrieben beschäftigt, zum großen Teil noch in einer handwerklichen, ja bäuerlichen Mentalität lebend. Wiewohl seit 1850 die Reallöhne im Durchschnitt stiegen, waren die Krisenanfälligkeit und Ungesichertheit so groß, daß in der Krise von 1857 die Hälfte der Arbeiter arbeitslos wurde. Die sozialpolitischen Initiativen des Empire vermochten keine entschei-

Polizeikontrollen in einem Londoner Elendsviertel
Stich nach einer Zeichnung von Gustave Doré, 1869,
für Blanchard Jerrolds 1872 erschienenes Werk ›London, A pilgrimage‹
Berlin, Privatsammlung

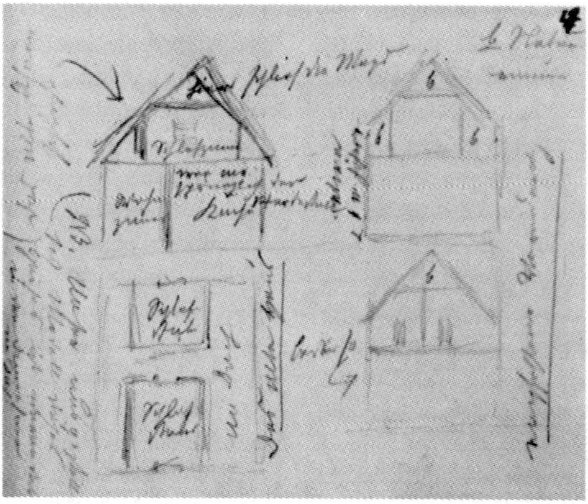

Planungen für Alterseigenheime der Firma Krupp in der Veteranensiedlung ›Altenhof‹
Skizzen von Alfred Krupp vom 17. Mai 1887
Essen, Friedrich Krupp GmbH

denden Änderungen in der Lage der Arbeiterschaft, vornehmlich in ihren Wohnverhältnissen, zu erzielen. Trotz solcher Mißstände war das politische Bewußtsein der Arbeiterschaft lediglich in einzelnen Regionen, namentlich in Paris, entwickelt, aber gerade hier wirkte die Niederlage von 1848 als ein niederdrückendes Erlebnis nach.

Manche der für Frankreich bestimmenden Faktoren wie die weite Streuung, die Beschäftigung in Kleinbetrieben, die handwerkliche Gesinnung galten auch für die deutsche Arbeiterschaft um die Jahrhundertmitte, nur änderten sich hier die Verhältnisse seit 1860 rasch. Für die Jahrzehnte zwischen 1850 und 1880 sind steigende Löhne – es bleibt ein Streitpunkt, ob es sich überall um die Reallöhne handelte –, Verbesserung der Wohnverhältnisse da, wo die Unternehmer für Arbeitersiedlungen sorgten, Verkürzung der Arbeitszeit von zwölf bis dreizehn auf zehn Stunden und schließlich in den achtziger Jahren eine staatliche Versicherungsgesetzgebung charakteristisch. Bemerkenswert ist die konstante Fortentwicklung einer stärker politischen als gewerkschaftlichen Organisation der Arbeiterschaft, deren Anfänge schon ins Jahr 1848 fallen und die in ihrem Ergebnis zur straffsten und mächtigsten Arbeiterorganisation in Europa führte.

Wenn sich die Industriearbeiterschaft in den europäischen Industrieländern in verschiedenem Grade und in unterschiedlichem Tempo als eigene Klasse ihrer selbst bewußt wurde, so trat auf der anderen Seite beim Bürgertum eine reichere Differenzierung ein. Besonders in Frankreich, aber auch in Deutschland, bildete das Großbürgertum als Wirtschaftsbürgertum und Finanzbürgertum eine kleine, jedoch äußerst einflußreiche Schicht. Ihre Vorherrschaft bestand in Frankreich seit 1830 und wurde durch die Ereignisse von 1848 nur zeitweise unterbrochen. Der alte Adel verschwand seit der Mitte des 19. Jahrhunderts, abgesehen von der Diplomatie, aus den Führungsstellen. Die sogenannte Großbourgeoisie rückte vor, wenngleich sie sich aus den leitenden politischen Positionen mehr heraushielt als in den dreißiger Jahren. Bei der Masse der bürgerlichen Mittelschichten war großer politischer Ehrgeiz selten, obschon aus ihm die Politiker und Beamten kamen. Unter den Parlamentariern, den Députés, ragten bereits damals die Advokaten als beruflich relativ ungebundene, wortgewandte und auf Popularität bedachte Gruppe hervor. Frühes Rentnertum war im französischen Bürgertum schon sehr verbreitet; man setzte sich ungern großen Risiken aus, bescheidener Lebensgenuß wurde zum Ideal.

Auch in Deutschland überwogen im Bürgertum die Mittelschichten, aber hier war es ein in akademischen Berufen tätiges Bildungsbürgertum, das schon die politische Bühne der Frankfurter Nationalversammlung beherrschte. Akademische Bildung galt als eine Art bürgerlicher Nobilitierung. Nach dem Scheitern der Revolution bildeten die staatlichen Bürokratien, Technik und Industrie die Hauptanziehungspunkte neben den zahlenmäßig weniger ins Gewicht fallenden wissenschaftlich-akademischen Berufen. Wiewohl die Leitstellen in Verwaltungen und Politik fast ausschließlich vom Adel besetzt wurden – Ausnahmen waren zum Beispiel die österreichischen Minister Alexander von Bach und Karl Ludwig von Bruck, die beide bürgerlicher Herkunft waren –, so rückten bürgerliche Vertreter doch in höhere Positionen auf, mehr in den außerpreußischen Staaten als in Preußen selbst. In der Industrie gelang einigen der Aufstieg aus kleinen Verhältnissen zu bedeutenden Unternehmern, wofür die Familien Krupp, Siemens und Stinnes als hervorragende Beispiele genannt werden können. Die Herauslösung eines industriell-kommerziellen Großbürgertums auf breiterer Ebene ereignete sich später, am frühesten im Rheinland, wo dafür die günstigsten Voraussetzungen bestanden und die Kapitalkraft am stärksten war. Die Neigung, Lebensstil und Karriere, auch Eheschließungen am Adel zu orientieren, war in Deutschland mehr ausgebildet als anderswo. Das Großbürgertum fühlte sich weniger als Bourgeoisie denn als besondere industrielle Aristokratie. – Im viktorianischen England, wo sich der größte Reichtum in einem sich ausbreitenden Großbürgertum sammelte, war die Mischung von Adel und Bürgertum von anderer Art. Hier erfolgte eher eine Anpassung des Adels an das Bürgertum, wenngleich die ständische-hierarchische Abstufung und vor allem Erziehung sehr starr waren. Im Gegensatz zum Kontinent blieb aber der Zugang zum Adel offen, denn er war nicht fest an das Prinzip der Herkunft gebunden.

Immer mehr rückte die Stadt in den Mittelpunkt der Kultur, der Wirtschaft, der gesellschaftlichen Struktur. Die ländlich-agrarische Welt war noch eine höchst lebendige Realität, doch sie wurde langsam und dann immer rascher zurückgedrängt, wenn auch ihr politischer Einfluß, beispielsweise in Preußen, nach wie vor außerordentlich groß war. Im Jahr 1851 lebten in Großbritannien fünfzig Prozent der Bevölkerung in Städten mit über zwanzigtausend Einwohnern, nahezu dreiundzwanzig Prozent in Großstädten. Ein Viertel der männlichen Arbeitskräfte war noch in der Landwirtschaft beschäftigt. Frankreichs Stadtbevölkerung bezifferte sich im Jahr 1850 auf 8,8 Millionen, das sind 24,4 Prozent der Gesamtbevölkerung. Die entsprechende Zahl für Deutschland ist etwa gleich. Das bedeutet, daß in Frankreich und Deutschland um die Mitte des 19. Jahrhunderts nur ein Viertel der Bevölkerung in Städten wohnte. Diese Zahlen verschoben sich in den beiden folgenden Jahrzehnten rasch: Die Städte wuchsen, nicht durch selbständige Reproduktion der Einwohnerschaft, sondern durch Zuwanderung vom Lande, die den ländlichen Bevölkerungsüberschuß großenteils an sich zog. Der Radius der Zuwanderungsgebiete wurde mit der Zeit immer größer. Das Ruhrgebiet entwickelte seit 1860 seine Anziehungskraft für ostdeutsche Einwanderer; die Einwanderung von Iren in die mittelenglischen Industriestädte setzte dagegen schon früher ein. Außer London, das um 1850 eine Einwohnerzahl von 3,36 Millionen hatte, waren es die Industriestädte des nordwestlichen England, die mit ungeheurer Geschwindigkeit anwuchsen: Zwischen 1760 und 1850 verzehnfachte Manchester seine Einwohnerzahl auf vierhunderttausend, Leads auf einhundert-

Die Avenue de l'Opéra in Paris
Blick über die von Georges Eugène Haussmann geplante,
zwischen 1858 und 1878 durchgebrochene Prachtstraße in Richtung Louvre und Tuilerien
Holzschnitt nach einer Zeichnung von Georges François Guiaud
Paris, Bibliothèque Nationale

zweiundsiebzigtausend, Birmingham um das Achtfache auf zweihundertdreiunddreißigtausend. In Deutschland ist eine solche Zunahme für diesen Zeitraum noch nicht zu verzeichnen. Lediglich Berlin wuchs zwischen 1800 und 1850 um mehr als das Doppelte von einhundertzweiundsiebzigtausend auf vierhundertneunzehntausend, Breslau auf einhundertvierzehntausend und München fast um das Vierfache von dreißigtausend auf einhundertzehntausend. Hierbei handelte es sich aber nur zu einem geringen Teil um industriell bedingte Wanderungsbewegungen; denn diese setzten erst voll in den drei Jahrzehnten zwischen 1850 und 1880 ein. Jetzt kam es zu Entwicklungen wie in Essen, das von siebentausendsiebenhundert Einwohnern im Jahr 1861 auf einhundertsiebenundsiebzigtausend im Jahr 1880 anstieg. 1850 hatte Deutschland – auf dem Reichsgebiet von 1871 – nur vier Großstädte über einhunderttausend Einwohner, 1880 waren es elf.

Die Vergrößerung der Städte war nicht bloß ein quantitatives Problem, vielmehr zog mit den modernen Großstädten und den Industriestädten im besonderen eine neue Welt herauf. Der Stadtplanung und Stadtgestaltung wurden völlig neue Aufgaben gestellt, die zumeist nur unvollkommen erfüllt wurden, da die rasche Entwicklung in der zweiten Hälfte des 19. Jahrhunderts über die Fähigkeit der Zeit zur Steuerung einer einzigartigen Dynamik hinausging. Trotzdem sind wir heute eher bereit, den großen Leistungen dieser Ära, ja sogar ihrem künstlerischen Stilwillen gerechter zu werden. Bemerkenswert erscheint, daß unter den großen Stadtausbauten die dynastischen, auf Machtdarstellung gerichteten der Residenzen weiterhin überwogen. Das gilt für München, wo König Maximilian II. 1853 den Ausbau der Stadt mit der gotisch-klassizistischen Maximilianstraße und der sie abschließenden ›Akropole‹ des Maximilianeums fortsetzen ließ; es gilt für Wien, wo seit 1858, nach der Schleifung der Befestigungen, der Bau der Ringstraße mit ihren monumentalen Prachtbauten begann, die heute noch dem Zentrum der Stadt das Gepräge geben. Beispielgebend für ganz Europa war aber weniger die Wiener Ringstraße als die Umgestaltung von Paris, die seit 1852 unter dem Präfekten Georges Eugène Haussmann erfolgte. Hier stand ebenfalls im Vordergrund die Selbstdarstellung des Empire, für das in den großen Boulevards, den monumentalen Plätzen und Grünanlagen, die ihm gemäßen Dimensionen gefunden werden sollten. Die Stadtsanierung war ein wichtiger Nebeneffekt: Durch eine neue Kanalisation und durch die Verbesserung des Trinkwassers wurde die Seuchengefahr eingedämmt. Außerdem sollten die breiten Straßen bei Aufständen den Bau von Barrikaden erschweren. Paris war zudem der Ort, wo die Architektur neue Objekte fand: Bahnhöfe, Markthallen, zuerst der Bon Marché von 1852, der Gare du Nord. Das Symbol für den Geist des Jahrhunderts wurde der Kristallpalast in London, entstanden für die erste Weltausstellung, das Muster eines Stils, der mit dem Material von Eisen und Glas neue Möglichkeiten erschloß. 1850, noch vor seiner Errichtung, hatte der französische Dichter Théophile Gautier geschrieben: »Die Menschheit wird eine völlig neue Art von Architektur hervorbringen... in dem Augenblick, in dem die von der Industrie geschaffenen Methoden angewandt werden. Die Verwendung von Eisen erlaubt, ja erzwingt den Gebrauch von vielerlei neuen Formen, wie man bei Bahnhöfen, Hängebrücken und den Bogenwölbungen von Treibhäusern sehen kann.«

Nur zögernd machte das Jahrhundert die ersten Schritte in das Neuland der Planung der durch die Industrie gesetzten Ziele. Für Berlin entwarf James Hobrecht im Auftrag des Ministers für Handel, Gewerbe und öffentliche Arbeiten zwischen 1858 und 1861 einen Generalbebauungsplan, der die Erschließung der Stadt für ihre Funktionen als Industrie- und Verwaltungszentrum vorbereiten sollte, noch ohne daß allzusehr die sozialen Probleme der Industriearbeiterschaft berücksichtigt wurden. Der großangelegte Entwurf wollte Grundlagen für alle künftigen Entwicklungen schaffen, bereitete aber einer ungeheuren Grundstücksspe-

Der Kristallpalast beim Aufbau in Sydenham mit den ersten Ausstellungsobjekten
Photographie von Philip Henry Delamotte, um 1854

kulation den Boden, die nun an die Stelle der Eisenbahnspekulationen trat. Die Auffassung der Städteplanung nicht nur als »Schaustellung der Macht, sondern als Planung für die Wohlfahrt der gesamten Bevölkerung« hatte dagegen in England ihren Ursprung (N. Pevsner). In England entstanden durch die Initiative fortschrittlicher Fabrikanten Siedlungen mit Arbeiterwohnhäusern, so in Bedford Park bei London, in Port Sunlight und Bournville. Diese Siedlungen blieben nicht ohne Wirkung auf den Kontinent, wo sie gegen Ende des Jahrhunderts Nachahmung fanden, beispielsweise bei Krupp. Damit begann eine neue Phase moderner Stadtgestaltung, zu deren Hauptaufgaben jetzt die sozialen Funktionen der Stadt gehörten.

Die bedeutenden Städte, namentlich die Hauptstädte der großen Staaten, waren nicht nur politische Mittelpunkte und Zentren der Verwaltung sowie Stätten der Arbeitswelt, sondern auch in enger Verknüpfung mit dem gesellschaftlichen Leben Metropolen der Kultur. Ihre Ausstrahlung ging über ihr Land hinaus. Paris nahm hier den ersten Rang ein. In Paris bestimmte die Hofgesellschaft Napoleons III. den Ton und Stil der Oberschicht, in der sich Adel und Großbourgeoisie mischten. Bismarck fand mit den kritischen Augen des alten Aristokraten »Erziehung und Manieren« dieser Hofgesellschaft nicht auf der Höhe der alten Monarchien von Berlin, Petersburg und Wien und den Pariser Hof nicht mehr »eine Schule der Höflichkeit und des guten Benehmens«. In den ersten Jah-

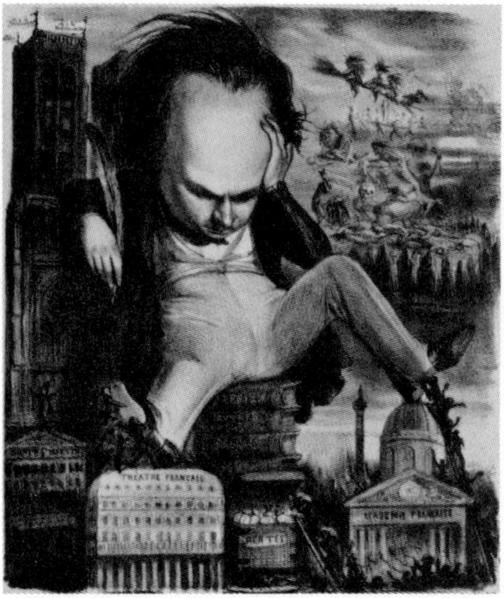

Victor Hugo auf dem Bücherstapel seiner Werke
in der Pose des Besitzergreifens
von Akademie, Theatern und Kirche
Lithographie von Benjamin Roubaud, 1843
Paris, Bibliothèque Nationale

ren des Empire verlor Paris etwas von dem Glanz der großen Rolle in Literatur und Kunst, die es in der Julimonarchie gespielt hatte. Bedeutende Schriftsteller und Künstler verließen die Stadt, darunter Victor Hugo und George Sand. Doch die Anziehungskraft der Metropole, die ihren Charakter als Weltstadt nicht verlor, blieb auf die Dauer erhalten. Das gesellschaftliche Leben im Kaiserreich, in den Klubs und Salons, kam zu neuer Blüte. Die Große Oper, die seit 1862 eine neue, im prunkvollen Neobarock erbaute Stätte erhielt, war wie in der Julimonarchie die Selbstdarstellung des großbürgerlichen Zeitalters mit seiner Neigung zur theatralischen Geste, wie man sie bei Giacomo Meyerbeer und in der Musik von Hector Berlioz findet. Richard Wagner suchte seinen, die traditionellen Formen durchbrechenden Opernstil in der Pariser Fassung seines ›Tannhäuser‹ diesen Gegebenheiten anzupassen, erregte aber nur einen Skandal, einen unter manchen anderen, die mit den großen Skandalen in der Gesellschafts- und Geschäftswelt parallel liefen. Die Kehrseite solcher Weltauffassung bildete die soziale Kritik, die sie herausforderte und die in der französischen Romanliteratur Beiträge zur Weltliteratur lieferte. Ihr Begründer war Honoré de Balzac, der 1850 starb und somit das Empire nicht mehr erlebte. Gustave Flaubert, dessen ›Madame Bovary‹ 1857 erschien, hielt sich von der Hauptstadt fern. Victor Hugo kehrte erst 1870 aus dem Exil zurück.

Im London des viktorianischen Zeitalters war der Stil auch in der Architektur weniger prunkvoll. Der Historismus und die Neogotik triumphierten. Daneben standen die Monumente der neuen Industriearchitektur aus Glas und Eisen, an erster Stelle der Kristallpalast von Joseph Paxton. Der gewaltige Aufschwung von Bankwesen, Handel und Gewerbe führte zu großem Reichtum, so daß »alle sozialen Probleme und das Murren der unteren Schichten unter einer Flut des Wohlstands« begraben wurden (G. M. Trevelyan). Die City war das unbestrittene Geld- und Handelszentrum der Welt. Das Leben am Hof war jedoch einfacher als im kaiserlichen Paris, das seine illegitimen Wurzeln durch große Prachtentfaltung zudecken wollte. Die Königin, die nicht zuletzt durch ihre lange Regierungszeit, vergleichbar nur der Kaiser Franz Josephs, der Epoche den Namen gab, besaß große Volkstümlichkeit. Die intellektuelle Atmosphäre hielt dem Vergleich mit Paris nicht stand, denn die geistigen Interessen der Aristokratie waren nicht sehr ausgeprägt. Aber die sozialkritische Literatur kam der französischen gleich, ja übertraf sie an künstlerischer Bedeutung. Charles Dickens und William Thackeray sind ihre Hauptrepräsentanten. Beide schrieben in Zeitschriften und gebrauchten unbefangen die hochentwickelte Publizistik als Mittel zur Veröffentlichung ihrer Werke. Dickens behandelte mehr das Los der Unterschichten, Thackeray das der gehobenen Mittelklasse.

Die Residenzstädte der drei Ostmächte standen damals hinter Paris und London an Reichtum der Lebensmöglichkeiten und der Weite des gesellschaftlichen Daseins noch zurück. Im Berlin der letzten Phase der Regierungszeit Friedrich Wilhelms IV. nach der gescheiterten Revolution war bei aller Nüchternheit ein Nachklang der Romantik zu spüren. Bis 1853 lebte noch Ludwig Tieck, und Bettina von Arnim führte ihr unstetes Leben zu Ende. Sie war im gesellschaftlichen Leben mit ihrem Salon an die Stelle von Rahel Varnhagen von Ense getreten. Allgemein hatte sich jedoch das Klima für Dichtung und Schriftsteller verschlechtert. Paul Heyse verließ Berlin 1854 und schrieb: »Es ist keine Stadt für Dichter. Was sich doch dort findet, ist quoique, nicht parceque.« Theodor Fontane steckte erst in seinen journalistischen Anfängen und wirkte von 1855 bis 1859 als Zeitungskorrespondent in London. In mancher Hinsicht war die Wissenschaft mittlerweile bedeutungsvoller als die Literatur geworden. Die große Gestalt Alexander von Humboldts, der 1859 fast neunzigjährig verstarb, verkörperte nicht nur eine unfaßbare wissenschaftliche Universalität, sondern auch die Internationalität der Gelehrtenrepublik und öffnete durch seine weltweit verzweigten Beziehungen und seine kosmopolitische Natur den Zugang zur großen internationalen Welt. An der Universität lehrten Männer wie Leopold Ranke, der Geograph Carl Ritter, bis zu seinem Tod im Jahr 1854 auch der Philosoph Friedrich Wilhelm Schelling in seiner letzten Periode, allerdings ohne festen Grund in Berlin gefunden zu haben. – Über die literarische und wissenschaftliche Gesellschaft dominierten in den Jahren der Reaktion bis zur neuen Ära und in den Jahren des Verfassungskonflikts Militär und Bürokratie, die der preußischen Hauptstadt das Gesicht gaben. Zugleich aber fielen in die fünfziger Jahre die Anfänge der Berliner Industrie mit den Unternehmungen von Siemens und Borsig. Der Durchbruch zur weltstädtischen Entwicklung ist dann aufs engste mit dem Aufrücken der Stadt zur Hauptstadt des neuen Deutschen Reiches verknüpft.

Charles Dickens auf dem Weg von London nach Paris
Lithographie von André Gill, 1868
Paris, Bibliothèque Nationale

Das Wien um die Mitte des Jahrhunderts war nicht mehr das Wien der großen Musik um die Jahrhundertwende und noch nicht das Wien des Fin du siècle mit seiner Produktivität auf vielen Gebieten und seiner modernen Stadtverwaltung. Die Epoche der Nachrevolution, des Neoabsolutismus, der Verfassungsexperimente und der großen außenpolitischen Rückschläge der Monarchie ist eher durch Stille und Unauffälligkeit auf kulturellem Gebiet gekennzeichnet. Das größte Ereignis war der Beginn des großen Unternehmens der Ringstraße, die man einen »Triumph des Historismus« genannt hat mit ihrer Mischung von Monumentalbauten in verschiedenen Stilformen. Sie war eben damit ein Symbol für den Staatswillen eines Reiches, das aus vielen natio-

Leopold von Ranke
Gemälde von Adolf Jebens
nach dem Bild von Julius Schrader, 1868
Berlin-Museum

nalen Gegensätzen eine Einheit herstellen wollte. Literarisches und historisches Schaffen traten zurück. Franz Grillparzer, den der Kaiser 1861 ehren wollte, indem er ihn zum Mitglied des Herrenhauses machte, lebte abseits von der Öffentlichkeit. Heinrich Laube suchte ihn aus der Vergessenheit zu holen und inszenierte seine Werke im Burgtheater. Große Künstler wie Adalbert Stifter und Anton Bruckner wirkten gleichzeitig in den fünfziger Jahren in der Provinzstadt Linz. Die Krise des Staates und mit ihr die Krise des Kulturbewußtseins seiner Hauptstadt begannen erst mit der Entscheidung von Königgrätz und steigerten sich in den folgenden Jahrzehnten, was nur durch die Gestalt des Kaisers Franz Joseph, der zur Institution geworden war, verdeckt wurde.

Für das russische Reich und seine Hauptstadt Petersburg ist das Jahr 1848 kein tiefer Einschnitt gewesen. Allein die Verfolgung eines der vielen oppositionellen Intellektuellenzirkel um Petraschewskij, in die auch Dostojewskij verwickelt war, im Jahr 1849, erinnerte von ferne an die Stürme, die anderswo Europa erschütterten. Ein Einschnitt waren vielmehr bereits der Regierungswechsel von Alexander I. zu Nikolaus I., dem ›gekrönten Gendarm‹, 1825 und die damit heraufziehende Wiederkehr der autoritären Herrschaft des Zaren mit allen ihren Konsequenzen der Verfolgung jedes freien Worts, eines ausgebauten Systems der Zensur, das sämtliche Bereiche des öffentlichen Lebens durchdrang. Trotzdem entwickelte sich in dieser Atmosphäre des Mißtrauens und der Angst ein reiches geistiges Leben, in dem sich die Kritik an der bestehenden Ordnung als literarische Kritik in literarischen Zeitschriften tarnte. Ihr bedeutendster Vertreter ist Wissarion Grigorjewitsch Belinskij. Es bildeten sich die beiden Schulen der Westler und Slawophilen schon in den vierziger Jahren mit ihren konträren Vorstellungen von den Möglichkeiten einer Erneuerung Rußlands entweder durch den Anschluß an den Westen oder durch die Rückkehr zu den Ursprüngen des russischen Volkslebens. Die große russische Romanliteratur mit ihrer von der westlichen erheblich unterschiedenen Kritik an der bestehenden Agrarverfassung und Leibeigenschaft setzte ein.

Ihre Werke entstanden indessen zum großen Teil im Ausland, so vor allem die Romane Iwan Turgenjews, an der Spitze ›Väter und Söhne‹ von 1862, wo zuerst der Begriff ›Nihilismus‹ erscheint. Dostojewskij war jahrelang verbannt, nachdem ein gegen ihn gefälltes Todesurteil nicht vollstreckt worden war. Nicht im eigentlichen Sinne um Exilliteratur oder Untergrundliteratur handelt es sich bei den Werken dieser russischen Schriftsteller, ob-

Malerische Parallele zum Nihilismus-Begriff der russischen Romanliteratur in den sechziger und siebziger Jahren des 19. Jahrhunderts
Gemälde ›Christus in der Wüste‹ von Iwan Kramskoij, 1872
Moskau, Staatliche Tretjakow-Galerie

wohl sie ihr nahestanden, eher um eine verdeckt geführte Auseinandersetzung mit einem verabscheuten System, die sich nach der Niederlage im Krim-Krieg und nach dem Tod des Zaren Nikolaus verschärfte und zu wachsenden inneren Spannungen führte. Der Boden für die große Agrarreform und die Aufhebung der Leibeigenschaft war damit bereitet. Im Leben der Hauptstadt drang diese Entwicklung im allgemeinen nicht an die Oberfläche. Hier fiel vielmehr ins Auge ein zunehmender Rückgang von Weltoffenheit und Liberalität in der Hof- und Adelsgesellschaft, verbunden mit Fremdenhaß und provinzieller Enge, so wie es Bismarck im Kapitel über Petersburg in ›Gedanken und Erinnerungen‹ geschildert hat. Er sah die »europäisch und klassisch gebildeten Grandseigneurs aus der Regierungszeit Alexanders I.« im Aussterben begriffen. Zwei Repräsentanten Rußlands standen sich unvereinbar gegenüber: die literarisch-philosophisch gebildete, teils adlige, teils bürgerliche Opposition, der die Möglichkeiten des Handelns genommen waren, und die Repräsentanten des Regimes am Hofe, in der Staatsverwaltung und Polizei, im Adel.

Staatensystem und nationalstaatliche Bewegung

In der ersten Hälfte des 19. Jahrhunderts, als die inneren Spannungen und Bewegungen der Völker zurückgedrängt wurden und nur selten an die Oberfläche kamen, war der Gedanke vom Primat der Außenpolitik entstanden. Ranke hatte ihn in seinem ›Politischen Gespräch‹ auf die Formel gebracht, daß das Maß der Unabhängigkeit einem Staat seine Stellung in der Welt gebe und ihm zugleich die Notwendigkeit auferlege, »alle inneren Verhältnisse zu dem Zwecke einzurichten, sich zu behaupten«. Dies sei sein oberstes Gesetz. Die Revolutionsjahre 1848/49 hatten gegenüber dieser Schutzformel für die Erhaltung der inneren Ordnung der Restauration die verschüttete Erfahrung erneuert, daß innere Verhältnisse eine eigene Dynamik bis zum politischen und sozialen Umsturz entwickeln können, gegen die alle äußeren Sicherungen eines Staates versagen mußten. Sie hatten aber ebenso in vielfältiger Form die Verstrickungen innerer und äußerer Politik deutlich werden lassen, den unauflöslichen Wirkungszusammenhang, der zwischen beiden Seiten des Staatshandelns besteht und bei dem sich die Schwergewichte von heute auf morgen verschieben können, ohne daß sich vom Primat der inneren oder der äußeren Verhältnisse sprechen läßt. Äußere Bedrohungen konnten die innere politische und soziale Stabilität in Gefahr bringen oder im Gegenteil gerade befestigen, sie konnten als Mittel zum Zweck für die Niederwerfung revolutionärer Erhebungen verwendet werden oder einem Regime die Existenzgrundlage entziehen. Für alles dieses bietet die Revolution Beispiele genug. Entscheidend ist jedoch, daß die Revolutionsbewegungen nicht in einen europäischen Krieg umgeschlagen sind, vornehmlich wohl deshalb nicht, weil in ihnen überall ein nationales und nationalstaatliches Interesse und keine universale Idee dominierte.

Daß zwischen universalen Prinzipien und nationaler Idee ein unaufhebbarer Widerspruch bestand, war eine Erfahrung, die erst im Laufe der nationalen Kämpfe des 19. Jahrhunderts gemacht werden mußte. Ursprünglich waren die Verfechter des Nationalgedankens von der gegenteiligen Auffassung ausgegangen, daß erst mit der Vollendung einer nach Nationen gegliederten Ordnung eine universale Garantie für Frieden und Freiheit aller hergestellt werden könnte. An der Ausbildung dieser Lehre waren vor allem Italiener beteiligt, da gerade sie das Unnatürliche, Unorganische des politischen Systems ihres in viele Teilstaaten gespaltenen Landes empfanden. So glaubte Giuseppe Mazzini, daß die Heilige Allianz der in ihren nationalen und demokratischen Bedürfnissen befriedigten Völker an die Stelle der Heiligen Allianz reaktionärer Mächte treten müsse, um ein System des europäischen Friedens aufzurichten. Schon vor ihm vertrat Giovanni Domenico Romagnosi eine politische Lehre, die er als ›Etnicarchia‹ bezeichnete und die von den Nationen als natürlichen Einheiten und gleichzeitig Rechtspersönlichkeiten ausging. Souveränität hieß jetzt Unabhängigkeit der ganzen Nation, ohne deren Herstellung es kein Gleichgewicht zwischen den europäischen Nationen geben könne. Der italienische Rechtsgelehrte Pasquale Mancini entwickelte daraus in seiner berühmten Turiner Antrittsrede von 1851 ein neues System des Völkerrechts, in dem nicht Staaten, sondern Nationen als »elementare Einheiten« erscheinen; ein Staat, in dem viele Nationalitäten zusammengezwungen werden, sei daher kein »politischer Körper«, sondern ein »lebensunfähiges Ungeheuer«. Hier handelte es sich nicht um die gelehrten Meinungen einzelner Denker, vielmehr um Anzeichen für eine Verwandlung des Denkens, für die sich aus vielen anderen Äußerungen deutscher und osteuropäischer Autoren Belege finden lassen. Sie geben Zeugnis davon, daß das nationalstaatliche Prinzip als einzige staatliche Legitimationsbasis verstanden und die allen nationalen und demokratischen Einflüssen entzogene Staatsmacht älteren Typs verdrängt werden sollte. Hierin bestand der universelle revolutionäre Anspruch des neuen Prinzips. In der politischen Wirklichkeit sah dies freilich anders aus: Aus der nationalen Idee als Fundament einer europäischen Harmonie wurden nationaler Partikularismus und Egoismus; das Europa der Mächte und Staaten blieb bestehen.

Ein Zeugnis des nationalstaatlichen Prinzips:
die deutsche Eiche mit den Wappen
der deutschen Bundesstaaten
Bronzearbeit von Karl Siebenpfeiffer, um 1860
Karlsruhe, Staatliche Kunsthalle

Europa im Zeichen einer ›realistischen‹ Machtpolitik

Das Ergebnis der Revolution war formell die Wiederherstellung der alten Ordnung im Inneren und Äußeren, jedoch mit erheblichen Systemveränderungen, mit einem Stapel ungelöster Probleme, die nur vertagt werden konnten. Wenn sich jetzt das Schwergewicht auf die äußere Politik zu verlagern schien, so war dies nicht nur der Ausdruck wiedergewonnener Sicherheit der traditionalen Führungsschichten, sondern eine Art Umsetzung der revolutionären Unruhe auf das Feld der Staatenbeziehungen. Rußland schickte sich an, seine in Kontinentaleuropa seit Világos und Olmütz gewonnene Vormacht auszubauen und den Zugriff nach den Meerengen am Ausgang des Schwarzen Meeres zu wagen, die das Zarenreich vom Mittelmeer her un-

Nikolaus I. von Rußland
Lithographie nach einer Zeichnung von Franz Krüger

angreifbar gemacht hätten. Äußere Machtpolitik, welche die Heilige Allianz als Bündnis Rußlands mit den vom Zarenreich abhängig gewordenen deutschen Ostmächten für russische Ziele in Dienst nahm, verband sich mit härtestem innenpolitischen Despotismus, wie ihn die Persönlichkeit des Zaren Nikolaus I. vertrat. Der Nachfolger des dem Westen aufgeschlossenen Alexander I. lebte in ständiger Furcht vor der Revolution und baute ein Polizeiregime auf. Das russische Imperium ruhe, so hieß es nun, auf den Säulen der Orthodoxie, der Autokratie und eines volksverbundenen Patriotismus. Erst die Krise des Krim-Krieges brachte zugleich mit dem Tod des Zaren Nikolaus I. die große Wendung. Nikolaus I. war im negativen Sinne ein Geschöpf der Revolution, nicht allein der des Jahres 1848, die Rußland unmittelbar nicht betraf, sondern der Revolution als permanenter Bedrohung des absoluten Regimes.

Im Unterschied zu Rußland war in Österreich die Entscheidung für den Neoabsolutismus eine direkte Reaktion auf die revolutionären Erschütterungen der Monarchie. Die Männer, die sie ausführten, wurden von dem Gegenstrom gegen die Revolution hochgetragen: vornehmlich Felix Fürst zu Schwarzenberg neben dem Innenminister Alexander Bach, der den zentralistischen Rigorismus aus seiner Vergangenheit als demokratischer Revolutionär mitbrachte, und dem Handelsminister Karl Ludwig von Bruck, der mit der Konzeption eines mitteleuropäischen Großwirtschaftsraumes samt einer Wirtschafts- und Zollunion unter österreichischer Führung die wirtschaftliche Grundlage für eine großösterreichische Politik legte. Diese Politik, das hieß die Verschmelzung eines zentralistisch regierten Großösterreich mit dem Deutschen Bund, war das Programm von Schwarzenberg, dem großen Nachfolger Metternichs, der dessen europäische Politik fortsetzte, aber von ihrer vorsichtigen Ausbalancierung des europäischen Gleichgewichts zugunsten österreichischer Hegemonialtendenzen in Mitteleuropa abwich. Militärisch und diplomatisch gebildet und in beiden Bereichen tätig, war er voller Skepsis gegen aristokratischen Feudalismus und glaubte, die Monarchie, die er in der Stunde größter Gefahr wiederhergestellt hatte, auf Armee und Bürokratie und ihren deutschen Kern stützen zu können, ohne Rücksicht auf nationale Autonomien, auch ohne Konzessionen an eine Sonderstellung Ungarns. Sein Ziel war, die Revolutionsära durch die Wiederaufrichtung des Deutschen Bundes, in den Großösterreich als Ganzes eintreten sollte, zu beenden. Dieses Ziel verfocht er im ersten großen preußisch-österreichischen Konflikt des Jahrhunderts gegen den preußischen Unionsplan von Josef Maria von Radowitz, der den Gedanken der Paulskirche vom engeren und weiteren Bund aufgriff und von oben her durch ein Bündnis der Fürsten durchsetzen wollte. Hart an der Grenze eines militärischen Zusammenstoßes, der im Gefecht bei Bronnzell bereits stattfand, kam es unter dem Druck Rußlands am 29. November 1850 zu der Punktation von Olmütz. Sie bedeutete zwar ein Zurückweichen der preußischen Politik in der Unionsfrage, aber Preußen konnte immerhin einen strategischen Sieg für sich

Felix Fürst zu Schwarzenberg
Lithographie nach einer Zeichnung von Michael Stohl

verbuchen: Der Plan Schwarzenbergs, aus der Abwehr der Unionspolitik heraus einen Angriff zur Vollendung des von Österreich beherrschten ›Siebzigmillionen-Reiches‹ zu führen, wurde gleichzeitig zerschlagen. Der Deutsche Bund wurde in Konferenzen zu Dresden wiederhergestellt, ohne daß einer Seite die Veränderung seiner Verfassung gelungen wäre. Freilich war eine Rückkehr zu einem friedlichen Dualismus der deutschen Mächte unmöglich geworden; an seine Stelle trat ein bloß vorübergehend stillgelegter, bald immer offener die europäische Szene beherrschender Dualismus.

Die Krise von 1850 fordert den Vergleich mit der von 1866 heraus. Wäre die militärische Entscheidung schon sechzehn Jahre vor Königgrätz gesucht worden, so wären die Fronten entgegengesetzt gewesen: Die größere Dynamik lag auf seiten von Schwarzenbergs Österreich, das ein gegen den Geist der Zeit gerichtetes Machtziel, die politische Gestaltung eines von nationalen Tendenzen unabhängigen Großraums, hatte, während auf der anderen Seite Preußen nur mit halbem Herzen und ohne volle Unterstützung durch die nationalbürgerliche Bewegung das nationale Programm von 1848 verfocht. So sehr Schwarzenberg als einziger österreichischer Staatsmann in seinem Machtrealismus Bismarck gleichkam, im entscheidenden Punkt, der Verschmelzung von nationaler Bewegung mit dem Interesse einer Großmacht, unterschied er sich völlig von ihm; denn er erstrebte genau das Gegenteil: die Vernichtung einer nationalen durch seine großösterreichische Politik. Deshalb hat ihn nicht nur sein früher Tod im Jahr 1852 um seine weltgeschichtliche Wirkung gebracht.

Zunächst war der Deutsche Bund nach Olmütz noch kein akuter Krisenherd, obwohl zähe Verhandlungen um die Erneuerung des Deutschen Zollvereins geführt wurden. Preußen entschied hier die Partie für sich und vereitelte die Unionspläne Österreichs. Wirtschaftspolitisch wurde im wiederhergestellten und erweiterten Zollverein ›Kleindeutschland‹ längst vor seiner politischen Verwirklichung geschaffen. Als preußischer Vertreter beim Bundestag in Frankfurt vertrat Otto von Bismarck eine schroffe Politik der Emanzipation Preußens vom Deutschen Bund und von Österreich und ließ bereits Gedanken einer Ausdehnung der preußischen Grenzen nach dem Süden anklingen. Bismarck war neben Schwarzenberg und Cavour und in anderem Sinne neben Napoleon III. einer von den der Aristokratie entstammenden Politikern, welche die Auseinandersetzung mit der Revolution emporgetragen hatte und die nach deren Scheitern die Szene beherrschten. Als konservativer Parteigänger Österreichs geltend, war er durch seine Befürwortung des Vertrages von Olmütz in der Preußischen Kammer hervorgetreten und daraufhin nach Frankfurt geschickt worden. Hier begann er sich von konservativer Prinzipienpolitik zu distanzieren und bildete sein Bewußtsein für friderizianisch-preußische Machtpolitik aus, die in der Sprache der Zeit als ›Realpolitik‹ bezeichnet werden kann, nur daß in der liberalen Publizistik der Gegenbegriff ›Idealpolitik‹ und nicht ›Prinzipienpolitik‹ lautete. Rea-

Otto Fürst von Bismarck
Photographie von Elise Wolff

listisch war dabei die Preisgabe politischer Vorurteile zugunsten konservativer Mächte und die grundsätzliche Bereitschaft, für eine Politik weitgesteckter Machtziele auch die Mächte revolutionären Ursprungs wie das napoleonische Frankreich in das politische Kalkül einzubeziehen. Man wird später auch die unbefangene Verwendung einiger Bestandteile aus dem Programm von 1848, beispielsweise des allgemeinen Wahlrechts, dazu rechnen müssen. Über konservative Prinzipienpolitik wie junkerliche Klassenpolitik ging diese Haltung weit hinaus, wenn sie auch das Erstarken der konservativen preußischen Staatsmacht nach der Revolution voraussetzte.

War ein friderizianisches Preußen mit Machttrieben, die die politische Landkarte verändern sollten, in den fünfziger Jahren nur eine potentielle Größe, so war für das Bewußtsein der Zeit Louis Napoleon, seit dem Dezember 1852 Kaiser der Franzosen im Zweiten Empire, eine primäre Gefährdung des Friedens, so sehr er verkündete, daß das Kaiserreich der Friede sei. Seine Ziele und Absichten waren zunächst und auf lange Zeit schwer durchschaubar: Würde er den Weg des Erben der Revolution gehen, der die Nationalitätsidee zur völligen Zerstörung der Verträge von 1815 benutzte, oder den Weg etwa Talleyrands, der einen französischen Hegemonialanspruch im Stil überlieferter Kabinettspolitik verfolgte, oder eine unklare Kombination beider Wege, die auf die Zurückdrängung Österreichs aus Italien, auf eine unabhängige Stellung Polens und auf die Unterstützung nationaldeutscher Politik gegen territoriale Kompensationen am Rhein hinauslief? Im Kreis der etablierten Mächte Europas war Louis Bonaparte der Homo novus, dem man alles zutraute und von dem man nichts mit Sicherheit erwarten konnte. Tatsächlich ließ der Kaiser sein großes Ziel, für Frankreich eine günstigere Position zu schaffen, als sie im System der Verträge von 1815 möglich war, mit Hartnäckigkeit, aber mit Geschmeidigkeit und Anpassungsfähigkeit an gewandelte Situationen nicht aus den Augen. Er schuf nicht eigentlich Krisen, sondern suchte sie für sich zu nutzen, zuerst im Orient, dann in Italien, später in Deutschland. Alle europäischen Mächte waren ihm der Reihe nach Verhandlungspartner, ohne daß er sich auf eine Seite festlegen ließ. Sein Verhältnis zum England des Außenministers und Premierministers Henry John Temple, Viscount Palmerston, schwankte zwischen Kooperation und Konkurrenz. Palmerston, der mit kurzer Unterbrechung zwischen 1855 und 1865 das englische Kabinett führte, liberaler Aristokrat mit stärkster Popularität bei der englischen Mittelklasse, Sachwalter der englischen Politik auf der Höhe des viktorianischen Zeitalters nach dem Abschluß der ersten inneren Reformperiode, die er nicht fortzusetzen gedachte, traf sich mit Napoleon in seinem Willen, nationale und liberale Bewegungen auf dem Kontinent zu unterstützen, er trennte sich von ihm, wenn das englische Prestige und die Wahrung des Gleichgewichts es geboten. Als Mischung von Liberalismus und Jingoismus hat man seine auswärtige Politik bezeichnet (G. M. Trevelyan), und in der Tat stellte sie ein perfektes System der Wahrnehmung britischer Interessen auf dem Kontinent dar. Ohne liberale Grundsätze offen zu verletzen, baute sie Großbritanniens Machtstellung im Mittelmeer aus, indem sie unbedingt für die Integrität des Osmanischen Reiches eintrat, das Eindringen Rußlands in das Mittelmeer verhinderte und das neue Italien unter britischen Einfluß brachte. Trotz Entgleisungen infolge mancher von einem zügellosen Temperament bestimmten Äußerungen und Entscheidungen fügte sich England unter ihm in die neue realistische Machtpolitik, die jetzt in Europa dominierte.

Liberaler Aristokrat war auch derjenige Staatsmann, dessen persönlichstes Werk die Schöpfung des italienischen Nationalstaates gewesen ist: Camillo Graf Benso di Cavour. Nirgends sonst ist der Zusammenhang zwischen politischem Nationalismus und wirtschaftlich-technischem Fortschritt so evident wie bei ihm. Die Einigung Italiens sollte auch den Risorgimento economico bringen, dem die Sorge des piemontesischen Ministers im eigenen Land galt. Sein Vorbild war das junge Belgien, und die Anregungen dazu holte er aus England. War alles dies schon eine Form des neuen Realismus, so erst recht die von Cavour eingeleitete Verlagerung der nationalen Frage auf die Ebene der Diplomatie, eine Verwandlung, die ihm die strengen Mazzianer nie verziehen haben.

Der Krim-Krieg

Die erste Entladung der überall angestauten dynamischen Kräfte war der Krim-Krieg, ein in vieler Hinsicht bemerkenswertes Ereignis. Einen Krieg, entstanden aus gegenseitiger Furcht, nicht aus ge-

Sewastopol und seine Befestigungen im Jahr 1854
Holzschnitt eines Unbekannten

genseitigen Angriffsabsichten, hat man ihn genannt (J. P. Taylor) und damit das eigentümliche Zwielicht kennzeichnen wollen, in das seine Anfänge gehüllt sind und das sich während seines ganzen Verlaufs nicht aufhellte. Ausgelöst wurde er durch das unverkennbare Bestreben des Zaren, den russischen Einfluß auf die Türkei zu verstärken, möglicherweise sogar die Meerengen in seine Hand zu bekommen. Den Ansatzpunkt bildete die Frage des russischen Protektorats über die orthodoxen Christen im Reich der Pforte, also eine der im 19. Jahrhundert gebräuchlichen ideologischen Interventionsformen, hinter denen sich größere Absichten verbargen. Die heftige Abwehr des Sultans gegen russische Forderungen wurde von englischer Seite angeheizt. Der entscheidende Moment des Umschlags vom lokalen türkisch-russischen Krieg in einen Mächtekrieg war das Eindringen der Flotten der Westmächte in das Schwarze Meer, nachdem dort die türkische Flotte vernichtet worden war, und die damit gegebene Verletzung des Meerengenvertrags von 1841. Das eigentliche Kriegsziel insbesondere Englands wurde sichtbar: die Ausschaltung der russischen Macht von den Ausgängen des Schwarzen Meeres. So entbrannte der erste, bislang einzige Krieg der großen Flügelmächte des europäischen Systems im 19. Jahrhundert, Rußlands und Englands. Sie führten ihn nicht mit vollem Aufgebot aller Kräfte an allen Fronten, sondern an einem strategisch wichtigen Punkt, auf der Halbinsel Krim. England und das Frankreich Napoleons III., unterstützt vom Königreich Piemont-Sardinien, stellten zusammen mit dem Türkischen Reich ein Expeditionskorps von einhundertfünfundsiebzigtausend Mann, das, unzulänglich versorgt und verheerenden Seuchen ausge-

Ein zerstörtes Vorwerk von Sewastopol nach der elfmonatigen Belagerung im Jahr 1855
Lithographie von H. Bibby

setzt, mit ausgedehnten rückwärtigen Verbindungen über See, denen die technischen Mittel der Zeit kaum gewachsen waren, in die Schwierigkeiten eines Belagerungskrieges vor der Festung Sewastopol von fast genau einjähriger Dauer verwickelt wurde. Als Stellungskrieg war er dem amerikanischen Sezessionskrieg verwandt und forderte wie dieser unverhältnismäßig hohe Opfer. Es ist der klassische Fall eines durch politische Kalkulationen und durch ständige, den Kampfhandlungen parallel laufende Verhandlungen ›beschränkten‹ Krieges. Die Ausdehnung der Kriegshandlungen auf die Donau-Fürstentümer, die zuerst von russischen, später von österreichischen Truppen besetzt wurden, auf die Ostsee sowie der Umschlag in einen ›Dreißigjährigen Krieg‹ schienen immer gegeben zu sein, waren jedoch von keiner der beteiligten Großmächte beabsichtigt. Daß es dazu nicht kam, lag wohl an dem hinhaltenden Attentismus der deutschen Zentralmächte, von denen Preußen durch innere Schwäche und den Gegensatz zweier sich in ihren Auffassungen widerstreitenden Gruppierungen seiner Führungsschicht gelähmt wurde, während Österreichs Außenminister Karl Ferdinand von Buol-Schauenstein im Dezember 1854 zwar ein Bündnis mit den Westmächten schloß, aber von der äußersten Konsequenz, dem Kriegseintritt gegen Rußland, namentlich durch Kaiser Franz Joseph zuletzt zurückgehalten wurde. Es mag sein, daß der österreichischen Politik das Verdienst zukommt, durch dieses Verhalten den Übergang des Krim-Krieges in einen allgemeinen Krieg verhindert zu haben. Für seine eigenen Interessen hat Österreich durch sein zweideutiges Verhalten Rußland tief verletzt und dem Bund der Heiligen Allianz den Todesstoß versetzt.

Auch bei den seit März 1855 vorbereiteten Friedensverhandlungen sah sich Österreich dem Mißtrauen beider Parteien gegenüber und hatte sich selbst den Boden für eine erfolgreiche Vermittlungspolitik entzogen; die Vermittlung nahm dann Napoleon III. in die Hand. Im Februar 1856 trat ein Friedenskongreß in Paris zusammen, nachdem im September 1855 die Festung Sewastopol gefallen war. Die Bedeutung dieses Kongresses für die europäische Geschichte darf nicht überschätzt werden. Wohl nahmen an ihm alle europäischen Großmächte teil, doch auf einen begrenzten Krieg mußte notwendigerweise eine begrenzte Friedensregelung folgen. Diese war allerdings bedeutend genug, um die mächtepolitischen Voraussetzungen für die Ära der mitteleuropäischen Nationalkriege in den nächsten anderthalb Jahrzehnten zu schaffen. England sicherte die Unabhängigkeit der Türkei und erreichte nicht nur die Bestätigung des Grundsatzes, die Meerengen in Friedenszeiten zu schließen, sondern weit mehr: die Neutralisierung des Schwarzen Meeres und die Entfestigung seiner Küsten; die Donau-Fürstentümer, die Keimzelle des späteren Rumänien, verblieben vorerst unter der Souveränität der Pforte und wurden unter die Garantie der vertragschließenden Mächte gestellt. Die Europäisierung des Osmanischen Reiches wurde durch die Zulassung der Pforte zum Droit public und ›Concert Européen‹ weitergeführt – ein mehr symbolischer Ausdruck für eine europäische Garantie, die wenig realen Wert besaß, aber den Fortbestand einer europäischen Rechtsgemeinschaft kennzeichnete, die als ›europäisches Konzert‹ auf der Kollektivhegemonie der führenden Mächte beruhte. Sie stand über dem Gegensatz ideologisch bestimmter Blöcke, von denen die Heilige Allianz der drei Ostmächte durch den Bruch zwischen Österreich und Rußland in der alten Form nicht mehr wiederkehrte.

Die italienische Frage

Eine besondere Rolle spielte im Krieg und auf dem Kongreß das kleine Piemont-Sardinien, der Brennpunkt der italienischen Nationalbewegung. Seine Teilnahme am Krim-Krieg mit einem relativ hohen Truppenkontingent von fünfzehntausend Mann entsprang zunächst weniger eigenem Willen als dem Drängen der Westmächte nach einem Hilfskorps. Gegen starken Widerstand kam Ca-

Napoleon III. mit seinem Stab auf dem Schlachtfeld bei Solferino:
Sieg der Franzosen und Piemontesen über die Österreicher am 24. Juni 1859
Gemälde von Ernest Meissonier, 1863
Paris, Musée du Louvre

vour als leitender Minister dieser Forderung nach, in einem politischen Vabanquespiel die große Gelegenheit für einen allgemeinen Umsturz der politischen Ordnung in Europa erhoffend. Wurde er darin auch enttäuscht und konnte er in den Verhandlungen während des Krieges und auf dem Kongreß durch ständiges Taktieren nur geringen Einfluß auf den Gang der Dinge nehmen, so gelang es ihm schließlich in der allgemeinen Diskussion am 8. April 1856, die Aufmerksamkeit Europas auf die anormale Situation in Italien zu richten, die infolge dauernder Besetzung italienischer Gebiete durch österreichische Truppen entstanden sei. Dies ist in der italienischen Geschichtsschreibung als die Anmeldung der italienischen Frage vor der Weltöffentlichkeit verstanden worden – eine zweifellos eindrucksvolle propagandistische Aktion, aber kein rechter Erfolg, der dem Einsatz Piemonts im Krieg entsprochen hätte.

Trotzdem liegt hier die Verklammerung des diplomatischen Krieges von 1854 bis 1856 mit dem nationalen italienischen Krieg von 1859. Piemont wurde unter der Regierung Cavours immer mehr zur Keimzelle des kommenden Italien, eines Landes unter einheimischer Dynastie, wirtschaftlich relativ weit entwickelt, wie es war, mit einem wachen Bürgertum und einem politisch aktiven liberal gesinnten Adel, dem einzigen politischen Adel, den es in Italien gab. Sammelpunkt der Flüchtlinge vor allem aus der benachbarten Lombardei und eingespielt auf die große Diplomatie, schien es die Basis für nationale Politik zu besitzen, wenn es gelang, den richtigen Moment im Spiel der Mächte zu nutzen. Cavours Auftreten in Paris hatte Voraussetzungen geschaffen, aber noch keine Sicherheiten; ein raffiniertes und gewagtes diplomatisches Spiel, das wie die Anwendung von Grundsätzen Machiavellis erscheint, steuerte auf den Krieg mit Hilfe der fran-

Bekanntmachung des am 11. Juli 1859 in Villafranca di Verona geschlossenen Vorfriedens zwischen Frankreich und Österreich
Gemälde von Domenico Induno, 1860
Rom, Galleria Nazionale d'Arte Moderna

zösischen Macht zu. Das Zusammenwirken mit der nationalen Aktionspartei in den italienischen Staaten verschleierte Cavour nach außen ebenso wie die Verabredungen mit Napoleon III., die in Plombières-les-Bains im Sommer 1858 getroffen wurden. Ihr Kern war die Zusage, Italien frei bis zur Adria werden zu lassen und bis dahin das Königreich Sardinien auszudehnen, welches das überwiegend französischsprachige Savoyen, das Stammland der Dynastie, und vielleicht auch Nizza als Kompensation abtreten sollte. Die zukünftige Gestalt Italiens wurde nur umrißhaft bestimmt, aber Napoleon ließ seine Absicht erkennen, ein mittelitalienisches und ein süditalienisches Königreich zu schaffen, den Papst auf Rom und auf den Ehrenvorsitz in einem italienischen Bund zu beschränken – eine Kombination des piemontesischen und neoguelfischen Programms also, das weder im Sinn der demokratischen noch der monarchischen Partei gewesen wäre. Damit schien das Programm des diplomatisch kanalisierten Nationalkrieges festgelegt, der im Frühjahr 1859 losbrach und den sardinisch-französischen Truppen im erfolgreichen Anlauf nach schweren siegreichen Schlachten bei Magenta am 4. Juni und Solferino am 24. Juni die Besetzung der Lombardei einbrachte. Die Ziele des Bündniskrieges waren noch längst nicht erreicht, Venetien noch nicht befreit, als Napoleon am 11. Juli den Präliminarfrieden von Villafranca mit Österreich schloß. Diese die italienische Nationalpartei in Verzweiflung stürzende Entscheidung des französischen Kaisers ist in ihren Motiven sehr umstritten: Furcht vor einem Eingreifen Preußens am Rhein, innenpolitischer Druck der ultramontanen Partei, welche die Bedrohung des Papsttums spürte, aber auch Sorge vor dem elementaren Durchbruch der italienischen Revolution in Mittel- und Süditalien, die das Programm von Plombières-les-Bains schon überschritten hatte, mochten bei seiner vorsichtigen Taktik zusam-

Die Einschiffung der Tausend Garibaldis in Quarto bei Genua
für den Nationalkrieg in Süditalien
Gemälde von Tetar von Elven, 1889
Genua, Istituto Mazziniano

mengewirkt haben. Österreich, dessen zerrüttete Staatsfinanzen eine Fortführung des Krieges unmöglich erscheinen ließen, trat die Lombardei an Napoleon ab, der sie an Piemont weitergab. Der Friedenskongreß von Zürich im November 1859 bestätigte das Ergebnis von Villafranca.

Doch die Ereignisse waren bereits über einen diplomatisch beizulegenden Staatenkonflikt fortgeschritten. Der Staatenkrieg in Oberitalien war nur ein Teil der nationalen Revolution, die gleichzeitig mit den Entscheidungen von Magenta und Solferino in der Toskana, in den Herzogtümern Parma und Modena, den nördlichen Gebieten des Kirchenstaates unter Führung der in der Società Nazionale organisierten Aktionspartei losbrach. Sie war aus der Verbindung der Gemäßigten, der Partei des Moderatismo, mit einem Teil der demokratischen Nationalbewegung hervorgegangen und proklamierte überall den Anschluß an Piemont; entgegen den Beschlüssen von Villafranca und Zürich, die die Wiederherstellung der alten Ordnung in diesen Gebieten verlangten, wurde dieser Anschluß durch förmliche Plebiszite legalisiert. Die nationale Revolution schritt fort mit den Mitteln des nationaldemokratischen Rechts. Italien schuf sich selbst und machte sich unabhängig von der Hilfe des Auslands – eine bedeutsame Veränderung des Charakters der Krise von 1859 im Sinne der vom oberen Bürgertum sowie von Teilen des Adels und der Armee getragenen nationalen Idee. Cavour, der nach Villafranca zurückgetreten war, übernahm im Januar 1860 erneut sein Amt und versuchte nun wieder mit den Mitteln seiner diplomatischen Kunst die Zahlung des Preises für den eigenwilligen Fortgang des Einigungsprozesses, nämlich die Abtretung Savoyens und Nizzas, abzuwenden. Dies gelang nicht: Die nationalitalienische Revolution blieb auch im Stadium ihrer selbständigsten Aktionen von der außenpolitischen Konstellation abhängig, unter der sie angetreten war. Selbst der Absicht Cavours, den Verzicht auf die französischsprachigen Gebiete mit einer feierlichen Proklamation des Nationalitätsprinzips zu verbinden und damit einen Anspruch auf ganz Italien zu bekräftigen, wurde durch das Vorgehen der französischen Politik der Boden entzogen.

Immerhin erkämpfte sich Cavour das Stillhalten Frankreichs und auch die wohlwollende Neutralität der britischen Seemacht in der dritten, risikoreichsten Phase des Nationalkrieges, beim Ausgreifen nach Süditalien. Dabei waren die freiwilligen Milizen Giuseppe Garibaldis und das aufständische Volk Siziliens unter Führung von Francesco Crispi die wichtigsten Handlungsträger. Der zur nationalen Legende gewordene Zug der Tausend Garibaldis von Genua nach Sizilien, dem Charakter nach eine waghalsige Unternehmung nationalrevolutionärer Freischaren, gedeckt von dem zögernden Cavour und dem stillschweigenden Einvernehmen mit England, leitete den Kampf um den Süden ein, der mit dem Zusammentreffen Garibaldis mit der Armee Viktor Emanuels bei Teano nördlich von Neapel endete. Der Anschluß des Südens, bis zuletzt bedroht von republikanisch-autonomistischen Tendenzen, war damit hergestellt. Als im März 1861 Viktor Emanuel den Titel ›König von Italien‹ – nicht den demokratischen Titel ›König der Italiener‹ – annahm, war Italien außer Venetien und dem engeren Kirchenstaat geeint. Dieser beiden noch fehlenden Gebiete versuchte Garibaldi in den folgenden Jahren vergeblich durch einen revolutionären Handstreich sich zu bemächtigen; sie sind 1866 und 1870 als Frucht der preußischen Siege von Königgrätz und Sedan dem neuen Italien zugefallen.

Der nationale Einheitsstaat entstand aus dem Anschluß der untergehenden italienischen Teilstaaten an das Königreich Piemont-Sardinien, dessen Statuto von 1848 zum Grundgesetz der neuen konstitutionell-parlamentarischen Monarchie Italiens wurde. Es war in der Form ein staatlicher Einigungsprozeß, bei dem Diplomatie, regulärer Staatenkrieg, Nationalbewegung, plebiszitäre und revolutionäre Aktionsformen zusammenwirkten, um einen zentralistischen Einheitsstaat zu schaffen, der von einer relativ schmalen Führungsschicht aus Beamten, Militärs, liberalem Großbürgertum und Adel getragen wurde. Ähnlich wie in Frankreich wurde die Erinnerung an die traditionellen Grenzen der alten Teilstaaten getilgt und der Staat als System eines von Präfekten in neuen Provinzen ausgeübten Zentralismus eingerichtet. Regionale Autonomien, wie sie der Innenminister Marco Minghetti vorschlug, wurden verworfen; sie sind erst hundert Jahre später errichtet worden.

Die italienische Nation war eine Nation der Oberschichten, »mehr zusammengewürfelt als zusammengeschmiedet« (A. Omodeo), eine bürgerliche Nation ohne ein über punktuelle und regionale Anfänge hinaus entwickeltes Bürgertum, mit einem geringen Bildungsgrad der breiten Massen vor allem im Süden; 1861 gab es 74,4 Prozent Analphabeten, 1871 noch immer 68,8 Prozent. Die sich ausbreitende Unzufriedenheit nach der Staatsgründung hatte verschiedene Ursachen: Das Aufbegehren in den entwickelteren Staaten wie Toskana gegen die oft anmaßende Verwaltung der Piemontesen schuf die Stimmung eines Antipiemontismo; im Süden äußerte sich die Unruhe der zumeist ländlichen Unterschichten, der Landarbeiter und Pachtbauern, in einem lange anhaltenden Guerillakrieg eines aus der aufgelösten bourbonischen Armee sich rekrutierenden Brigantentums. Auf eine heroische und im nachhinein heroisierte Periode folgten der politische Alltag und die innere Dauerkrise, auf die Poesie folgte nicht nur die Prosa, wie es Benedetto Croce formuliert hat, sondern sehr bald der Mißklang unbewältigter Probleme. Zu ihnen gehörte als Dringendstes die ökonomische Rückständigkeit des Mezzogiorno, der bald in Gefahr geriet, zu einem Reservoir billiger Arbeitskräfte für die aufblühende Industrie des Nordens herabzusinken.

Die deutsche Frage

Die Risorgimento-Bewegung in aller ihrer Zwiespältigkeit und Vielschichtigkeit wurde für den Nationalismus in Mitteleuropa zum Muster des ›realpolitischen‹ Weges zum Nationalstaat der nachrevolutionären Ära. Während der noch glücklose Kampf der Iren um Home rule mit parlamentarischen und massendemokratischen Mitteln auf die erwachenden osteuropäischen Völker den Eindruck nicht verfehlte, wurde die Verbindung von Staatspolitik und bürgerlicher Nationalpolitik, die die Italiener praktizierten, auch zum Schicksal der Deutschen. Der italienische Krieg brachte die deutsche Frage wieder in Bewegung und dies in mehrfacher Hinsicht. Der Rivalitätskampf der beiden deutschen Großmächte innerhalb des Deutschen Bundes trat jetzt voll ins Bewußtsein. Das preußische Ministerium der Neuen Ära unter dem Prinzregenten Wilhelm, dem späteren König Wilhelm I., zeigte größeres Selbstbewußtsein gegenüber der abwartenden Zurückhaltung im Krim-Krieg und war entschlossen, bei einer militärischen Intervention zugunsten Österreichs mindestens den Oberbefehl im Norden Deutschlands zu gewinnen; die Forderung, die Schwäche Österreichs für eine preußische Ausdehnung nach dem Süden zu nutzen, wurde in der Öffentlichkeit nur vereinzelt, so von Friedrich Engels und in leidenschaftlichen Bekenntnissen von dem von Frankfurt nach Petersburg verbannten Gesandten Otto von Bismarck, vertreten. Fast geschlossen nahm die öffentliche Meinung ebenso leidenschaftlich Partei gegen Frankreich und damit mittelbar für Österreich; die Furcht vor der unberechenbaren Politik Napoleons war stärker als der Parteigegensatz großdeutsch-kleindeutsch. Der Rhein sollte am Po verteidigt werden. Die nationale Bewegung erwachte zwar unter dem Eindruck der italienischen Ereignisse zum ersten Mal seit 1849, aber es ist fast paradox, daß sich ihre publizistische Stoßkraft gegen den Verbündeten Piemonts richtete. Nationaler Egoismus war stärker als die Solidarität der nationalen Parteien. Der innere Zwiespalt blieb bestehen, wenn die deutschen Nationalen zwar den italienischen Unabhängigkeitskampf innerlich bejahten, wenn sie in ihm aber gleichzeitig eine gefährliche Bedrohung der europäischen Mitte und ein selbstsüchtiges Interesse des französischen Kaisers sahen, für den Italien das mißbrauchte Opfer einer hinterhältigen Diplomatie war – Gedankengänge, die denen Mazzinis und seiner Anhänger in Italien entsprachen. Doch die Gleichartigkeit der Ziele, der politischen und sozialen Struktur, führte andererseits zu verwandten Methoden und Organisationsformen der Nationalpartei. Der im Herbst 1859 begründete Deutsche Nationalverein hatte sein Vor-

7 —

lebhaftem Geschäft. Raps Oktober 56⅝ nominell, April 60⅝. Rüböl Oktober 33⅞, April 35⅝.

London, 16. Septbr. (Telegr. Corr.) Getreidemarkt. Englischer Weizen zu höchsten Montagspreisen, fremder zu vollen Preisen verkauft, Gerste unverändert, Hafer billiger als am vergangenen Montage.

Liverpool, 16. Septbr., Mittags 12 Uhr. (Telegr. Corr.) Baumwolle: 7000 Ballen Umsatz Preise ⅛ niedriger als am vergangenen Freitag. Wochenumsatz 44,690 Ballen.

Wolff's telegraphische Depeschen.

Frankfurt a. M., 16. September, Nachmittags. In der hier tagenden Versammlung zur Bildung einer deutschen Nationalpartei wurde von 150 aus allen Theilen Deutschlands hier Anwesenden beschlossen: Da die in Eisenach und Hannover angebahnte Bildung einer nationalen Partei in Deutschland, zum Zwecke der Einigung und freiheitlichen Entwickelung des großen gemeinsamen Vaterlandes zur Thatsache geworden ist, so begründen die Unterzeichneten einen Verein, welcher seinen Sitz in Frankfurt a. M. hat, und es sich zur Aufgabe setzt: Für die patriotischen Zwecke dieser Partei mit allen ihm zu Gebote stehenden gesetzlichen Mitteln zu wirken, insbesondere die geistige Arbeit zu übernehmen, Ziele und Mittel der über unser ganzes Vaterland verbreiteten Bewegung immer klarer im Volksbewußtsein hervortreten zu lassen. Die Leitung des Vereins wurde einem Ausschusse von 12 Personen übertragen.

Wien, 15. Sept., Abends. Der Fürst Metternich wird heute Abend nach Paris abreisen. — Die montenegrinische Grenzberichtigungskommission ist in Grahowo versammelt. — Der Papst ist beinahe gänzlich hergestellt.

Turin, 15. September, Abends. Deputationen Modenas und Parmas sind unter dem Zurufe des Volkes durch die festlich geschmückten Straßen eingezogen, und haben dem Könige Adressen vorgelegt, in welchen ihm das einstimmige Votum der Nationalversammlungen Betreffs der Huldigung als neue Unterthanen mitgetheilt wird. In

Zur Gründung des Deutschen Nationalvereins
Redaktionelle Notiz in der ›Vossischen Zeitung‹
vom 17. September 1859
Berlin, Ullstein GmbH, Textarchiv

bild in der Società Nazionale: Er vereinigte Liberale und Demokraten, Nord- und Süddeutsche; er war ein über die Teilstaaten ausgreifendes Agitationszentrum, keine breite Massenbewegung, vielmehr eine ihre Ziele vorsichtig formulierende und die Forderung nach der preußischen Führung verschleiernde Honoratiorenvereinigung. In Deutschland war das Bildungsbürgertum zahlreicher, die Handlungsbereitschaft geringer als in der Società Nazionale; diese sah sich ständig im Wettstreit mit der Aktionspartei Mazzinis. Dem Nationalverein trat der weit schwächere Deutsche Reformverein gegenüber, der sich aus Großdeutschen aller Schattierungen zusammensetzte. Der bürgerlichen Nationalbewegung der beiden Richtungen hat sich nie die Chance zu selbständigem Eingreifen eröffnet, wie sie die Società im Jahr 1859 besaß.

Machte in Italien Piemont als liberaler Staat ›moralische Eroberungen‹ im übrigen Italien, so stand der Nationalverein vor einer fast unüberwindbaren Schranke: Gerade als die Erwartungen auf den Fortgang der nationalen Politik erstmals gestiegen waren, entzog sich die Macht, auf die sich die Hoffnungen richteten, dem Zusammenwirken mit dem bürgerlichen Liberalismus. Der Kompromiß zwischen konservativer Militärmacht und konstitutionellem Liberalismus, den die oktroyierte Verfassung und ihre Modifizierungen hergestellt hatten, schlug nach dem kurzen Zwischenspiel der liberalen Neuen Ära um in den Konflikt zwischen Monarchie und Parlament. Die Neuorganisation der Armee, die auch eine Folge der Krise von 1859 gewesen ist, wurde der Anlaß zu einem Verfassungsstreit über das Armeebudget, der bis zur offenen Konfrontation der konservativen Regierung mit dem sich in der Deutschen Fortschrittspartei organisierenden Liberalismus führte. Die Ausschaltung der bürgerlichen Bewegung als liberale Bewegung in Preußen war zugleich ihre Ausschaltung als nationale Bewegung in Deutschland. Auf die Wiederherstellung der Monarchie und ihrer bürokratischen Fundamente folgte seit 1858 die Reform der Armee als des bedeutendsten Machtinstruments des preußischen Staates. Die Zuständigkeit des Parlaments für die Verwendung der Mittel im Militärbudget wurde bestritten und die Landwehr als Repräsentation bürgerlicher Kräfte in der Armee zugunsten des Königsheeres der Linie zurückgedrängt. Der auch vom norddeutschen Liberalismus anerkannte Führungsanspruch Preußens in der deutschen Politik wurde diskreditiert; an die Stelle moralischer Eroberungen trat der politische Bruch zwischen preußischem Staat und deutschem Liberalismus.

Dies war der Augenblick, in dem König Wilhelm I. im September 1862 Otto von Bismarck zum Leiter der preußischen Politik berief. Damit kam der Mann zur Macht, der durch seine Herkunft und seine politische Vergangenheit als Personifizierung des alten, junkerlichen, jedem Konstitutionalismus, jeder Demokratie feindlichen Preußen galt und auch vom König nur widerstrebend in einer ausweglos erscheinenden Situation ernannt wurde. Doch das alte Preußen hatte zwei Gesichter, und der neue Minister hatte sich in seiner diplomatischen Lehrzeit in Frankfurt, Petersburg und Paris längst von dem einen, dem altkonservativ-legitimistischen, abgewandt. Schon in seiner Rede zum Olmützer Vertrag, mit der seine Karriere begann, fiel der harte, machtstaatliche Klang auf, das Bekenntnis zum »staatlichen Egoismus« und die Verwerfung eines »Prinzipienkrieges«, was beides Bismarck einige Jahre später in seinen Briefen an seinen konservativen Parteifreund Leopold von Gerlach zu dessen Unbehagen wiederholte. Bismarcks Prinzip war nicht der konservativ-legitimistische Kampf gegen die Revolution, sondern die Expansion einer in sich gefestigten, nur ihrem Interesse folgenden Staatsmacht. Das war wohl ein konservatives Programm eines Mannes, der einer an Herrschaft gewohnten Schicht entstammte, aber es war ein Konservativismus nicht romantischer, sondern friderizianischer Art. Er war am nächsten Richelieu verwandt, nicht der Konservativen Partei, aus der er kam, unähnlich auch in seiner Persönlichkeitsstruktur seinem Zeit-

Ein Bekenntnis zu der dem Eigeninteresse folgenden Staatsmacht:
›Germania auf der Wacht am Rhein‹
Gemälde von Lorenz Clasen, 1860
Krefeld, Kaiser Wilhelm Museum

genossen und Kontrahenten Louis Napoleon und dessen System des Bonapartismus, das die Illegitimität und Usurpation zur Voraussetzung hatte. Bismarck trat in den preußischen Verfassungskonflikt ein, um ihn, nach anfänglichen Annäherungsversuchen an die Opposition, durch provozierendes Auftreten zu verschärfen. Von Anfang an, bereits nach Olmütz, hatte er die deutsche Frage im Auge, wenn er von preußischer Macht sprach; ihre Lösung war die große Gelegenheit, das preußische Machtziel zu erringen, ohne daß sie in allen Einzelheiten von ihm bereits vorbedacht war. Wenn er sehr früh, schon in den ersten Monaten seiner Regierung, seine Aktivität auf das außenpolitische Gebiet verlegte, so war dies wohl eine Flucht nach vorn; man kann es aber keineswegs nur als opportunistischen Schachzug innenpolitischer Systemsicherung durch außenpolitische Erfolge erklären, sondern eher als die Hinwendung zu seinem eigentlichen Aktionsfeld, das er zeitlebens virtuos beherrscht hat.

Bereits die erste außenpolitische Krise, der Bismarck sich gegenübergestellt sah, ließ dies erkennen. Den letzten großen polnischen Aufstand im Jahr 1863 betrachtete er ausschließlich unter dem Gesichtspunkt preußischer Machträson und die polnische Erhebung als eine Gefahr für die territoriale Integrität Preußens, dem Polen die Sehnen abschneiden konnte. Das preußische Staatsinteresse nötige dazu, »die Eröffnung der polnischen Frage nach Möglichkeit hintanzustellen« und für alle Fälle dafür zu sorgen, daß die Solidarität der Teilungsmächte gegenüber dem polnischen Problem nicht verlorenging. Er befürchtete in Rußland polonophile Sympathien und ein Zusammengehen mit Frankreich in der polnischen Politik; zu den Vertretern dieser Richtung rechnete er wohl nicht ganz mit Recht auch den russischen Reichskanzler Aleksandr von Gortschakow. Sein Ziel in der polnischen Krise war primär gewiß die Absicherung der preußischen Ostgebiete gegen ein Übergreifen des Aufstandes auf preußisches Gebiet, im größeren Zusammenhang aber die Absicht, ein russisch-französisches Zusammengehen, das sich am Ende des Krim-Krieges abgezeichnet hatte, zu durchkreuzen. Eine von dem Generaladjutanten des Königs, Gustav von Alvensleben, im Februar unterzeichnete Konvention ging so weit, zur Verfolgung der gegen die Aufständischen eingesetzten Truppen, die von einem in das andere Land überwechselten, den gegenseitigen Grenzübertritt zu gestatten – ein Zugeständnis, das nach Lage der Dinge nur der russischen Armee zugutekam. Nach der Interpretation Bismarcks selbst noch in den ›Gedanken und Erinnerungen‹ sei durch dieses Abkommen die Partie in Petersburg gegen das Übergewicht panslawistischer polonisierender Tendenzen entschieden worden. In der historischen Tradition ist daraus das entscheidende Ereignis für die Herstellung enger preußisch-russischer Beziehungen in der Ära der Reichsgründung geworden, was nur insofern richtig ist, als die Alvenslebensche Konvention der erste sichtbare Beweis für eine sich schon länger anbahnende preußisch-russische Annäherung gewesen ist. Bismarck hat die Konvention übrigens sehr rasch wieder preisgegeben, als sie auf den Widerstand der drei nichtbeteiligten Mächte stieß, und hat deren diplomatische Aktion geschickt auf Rußland abgelenkt. In der öffentlichen Meinung Preußens und Deutschlands sah man sich in der Auffassung bestätigt, der Minister sei nichts anderes als ein reaktionärer Handlanger des russischen Absolutismus und der Mitschuldige »an einer kolossalen, von ganz Europa mit sittlicher Empörung betrachteten Menschenjagd«, wie es Heinrich von Sybel im Preußischen Landtag am 26. Februar 1863 formuliert hat, letztlich nur ein gewissenloser Hasardeur ohne klare politische Ziele.

So sehr Bismarcks Außenpolitik in ihrer ersten Phase noch Züge nervöser Unstetigkeit hatte, so sicher erscheint sie, sobald es sich um die Auseinandersetzung mit Österreich handelte. Er faßte diese von der ersten Stunde an als einen Hegemonialkampf auf, ohne daß nationale Stimmungsgehalte dabei eine Rolle spielten. Preußen sollte sich aus den Fesseln des Deutschen Bundes lösen, die nur eine Form der Abhängigkeit von Österreich darstellten. Das bestimmte Bismarcks Stellung zu einer Bundesreform, die unter dem Eindruck der seit 1859 wiederbelebten nationalen Bewegung und im Zeichen einer im Gegensatz zu Preußen liberalen Verfassungspolitik in Österreich unter Anton von Schmerling in Gang gebracht wurde. Das große österreichische Bundesreformprojekt des Jahres 1863 ging darauf aus, die Exekutive des Staatenbundes durch die Einsetzung eines Fürstendirektoriums zu verstärken und diesem ein Delegiertenparlament von dreihundert Abgeordneten an die Seite zu stellen. In diesem Plan verbanden sich echte großdeutsche-universalistische Reichsideen, wie sie unter anderen Julius Fröbel und Constantin Frantz vertraten, und ein ebenso starkes österreichisches Eigeninteresse, das in einer kollektiven Bundesführung seinen Einfluß auf die deutsche Politik am ehesten gewahrt sah. Bismarck erkannte lediglich das österreichische Interesse, für die universalistischen Elemente einer Neugestaltung des Bundes fehlte ihm jedes Organ. So widerstand er der Versuchung, Preußen auch nur in Gespräche über das Bundesreformprojekt zu verwickeln, und widerriet seinem Monarchen mit größter Entschiedenheit die Teilnahme an einem Fürstentag in Frankfurt, zu dem der König von

Die verfassunggebende dänische Reichsversammlung
Gemälde von Constantin Hansen, zwischen 1860 und 1864
Frederiksborg, Nationalhistoriske Museum

Kaiser Franz Joseph und noch einmal von dem sächsischen König eingeladen worden war. Wilhelms I. dynastisches Solidaritätsbewußtsein fügte sich nur schwer dem eiskalten Machtrealismus seines Ministers, der den Fürstentag zynisch als Geburtstagsfeier mit weißgekleideten Fürsten bezeichnete. Wie noch des öfteren in Bismarcks Laufbahn zeigte sich in diesem Augenblick, daß für ihn sein Royalismus durchaus vereinbar war mit dem Anspruch, sich den Willen des Königs zu unterwerfen. Den Weg vom aristokratischen Diener des Monarchen zum Frondeur oder gar zum Usurpator ist er allerdings nie zu Ende gegangen.

Bismarcks einziges Konzept in dem Führungskampf mit Österreich war der Wille, auf Gelegenheiten zu warten und jede Gelegenheit zu ergreifen. Eine solche bot sich sehr rasch. Die Herzogtümer Schleswig-Holstein waren ein Brennpunkt der deutschen Politik in der Revolution von 1848/49 gewesen, zugleich ein Brennpunkt der internationalen Politik, vergleichbar den Meerengen am Ausgang des Schwarzen Meeres. Ihre Zugehörigkeit zur dänischen Monarchie war eine Form überkommener dynastischer Internationalität, mit der sich die Prinzipien des europäischen Gleichgewichts verbanden; beides stieß zusammen mit den revolutionären Forderungen des Nationalitätenprinzips. Zwischen 1850 und 1852 waren die verwickelten erbrechtlich-dynastischen Probleme durch die beiden Londoner Protokolle unter internationale Kontrolle gestellt worden: Für die Herzogtümer sollte wie in Dänemark die weibliche

Erbfolge der Glücksburger gelten. Dafür war vom dänischen König die Zusage gemacht worden, die ständischen Sonderrechte der Herzogtümer zu achten. Die Erbfrage und die Autonomiefrage wurden im Jahr 1863 fast gleichzeitig aktuell: Der dänische König Friedrich VII. bestritt unter dem Druck der eiderdänischen Nationalpartei die Rechtsverbindlichkeit dieser Zusage von 1852 und legte dem dänischen Reichstag ein neues Gesamtstaatsgesetz vor. Wenige Monate später verstarb er als letzter männlicher Vertreter des regierenden Königshauses, und sein Nachfolger, nach dem Londoner Protokoll Christian IX. aus dem Haus Sonderburg-Glücksburg, unterschrieb das Gesamtstaatsgesetz, mit dem die Sonderstellung Schleswigs aufgehoben und sein historisches Band mit Holstein, das zum Deutschen Bund gehörte, getrennt wurde. In dieser verworrenen Situation wurden die seit 1859 gekräftigten nationalen Stimmungen in Deutschland erneut angefacht. Eine leidenschaftliche Erregung ergriff vor allem die Bildungsschichten in den Mittelstaaten Süddeutschlands, während die Liberalen Preußens von Anfang an zurückhaltend waren. Man forderte die volle Loslösung Schleswig-Holsteins von Dänemark unter dem Erbprinzen Friedrich aus der nach dem Londoner Protokoll von der Erbfolge ausgeschlossenen Linie von Augustenburg, dem eine Landesversammlung der Schleswig-Holsteiner den Treueid leistete. Die mittelstaatlichen Regierungen unterstützten aus mehreren Motiven diese Bewegung, die eine lebhafte Agitation mit Versammlungen, Flugschriften und Kundgebungen betrieb und in einer Abgeordnetenversammlung in Frankfurt gipfelte, ohne Einfluß auf die politischen Entscheidungen zu gewinnen.

Die preußische Politik Bismarcks ging dagegen nicht vom nationalen Recht, sondern von der Rechtsbasis des Londoner Protokolls aus. Damit hoffte er, eine Intervention der Großmächte, wie sie 1848 drohte, auszuschließen und Österreich an sich zu binden, dem alles an der Einhaltung der europäischen Verträge, jedoch nichts an der Anwendung des Nationalitätsprinzips gelegen sein mußte. Das waghalsige Spiel erinnerte an Cavours Diplomatie zwischen 1856 und 1859, bei der die

Die Sieger von Düppel:
Preußen im Inneren von Schanze V nach dem Hauptsturm vom 18. April 1864

Karten auch niemals offen auf den Tisch gelegt wurden, und brachte nur zum Ausdruck, daß die Herzogtümer aus einem nationalen Symbol zum Objekt der Großmachtpolitik zu werden begannen. Objekt waren sie in erster Linie für die Politik Preußens, das an der Abrundung seines Territoriums und dem Zugewinn des Kieler Hafens mehr interessiert war als an der Nationalität der Schleswig-Holsteiner. Bismarck sprach später von einer Klimax seiner Ziele, an deren Spitze die volle Annexion stand, während er sich andere weniger weitgehende Lösungen taktisch noch offenhielt. Österreichs Führung durchschaute diese Taktik nicht und ließ sich aus ihrer Sorge um den Fortbestand der europäischen Verträge auf ein Feld locken, das seinen unmittelbaren staatlichen Interessen völlig fremd war. Sie ließ sich an die preußische Politik ketten und beschloß mit Preußen einen gemeinsamen Aktionsplan, der am 16. Januar 1864 zu einem Ultimatum an Dänemark führte. Dänemark lehnte die darin gestellte Forderung, die Novemberverfassung zurückzunehmen, in Verkennung seiner Isolierung ab. Es sah sich daraufhin in einen Krieg gegen zwei Großmächte verwickelt, in dem es von vornherein der Unterlegene sein mußte.

Der deutsch-dänische Krieg von Februar bis August 1864 gehört in die Reihe der begrenzten europäischen Regionalkriege wie der vorausgegangene italienische Krieg. Er unterscheidet sich von diesem dadurch, daß er ohne Einmischung anderer – populärer, plebiszitärer – Kräfte das von seinem Initiator angestrebte Ziel, die Loslösung Schleswig-Holsteins von der dänischen Monarchie, allein mit militärischen Mitteln erreicht hat. Die Lokalisierung des Krieges war weniger ein Ergebnis berechnender Diplomatie als besonderer Umstände, welche die anderen Mächte zur Zurückhaltung veranlaßten: Dänemark hatte sich vor allem auf Großbritannien und auf Schweden verlassen; beide ließen es im Stich. In London wurde die Entschlossenheit Bismarcks von Palmerston weit unterschätzt; Spannungen zwischen Hof und Regierung wirkten sich lähmend aus. In den Monaten des drohenden Konflikts wurde der europäische Norden von einer Welle der Sympathie für Dänemark ergriffen. Aus militärischer Hilfe für die gefährdete dänische Monarchie, die man zu leisten dann doch sich versagte, sah man in Schweden schon eine dauernde Verbindung der nordischen Länder im Zeichen des Skandinavismus erwachsen. Deshalb bedeutete die Niederlage Dänemarks zugleich das Ende der skandinavischen Bewegung; sie ist letztlich an dem unversöhnlichen Gegensatz von deutschem und dänischem Nationalismus zugrunde gegangen.

In der allgemeinen Unsicherheit und Unentschiedenheit, die auch eine Mächtekonferenz in London kennzeichnete, setzte sich der einzig entschlossene Wille des preußischen Ministerpräsidenten durch: Die europäischen Regelungen der Londoner Protokolle verloren ihre Geltung. Dänemark stand vor der größten Katastrophe seiner neueren Geschichte; es mußte im Wiener Vorfrieden am 1. August und im Friedensschluß am 30. Oktober 1864 allen Rechten auf die Herzogtümer entsagen, die jetzt als Kriegsbeute unter ein Kondominium der deutschen Mächte gestellt wurden. Das war kein Sieg des Nationalitätsprinzips, nicht im deutschen, aber auch nicht im dänischen Sinne, da das um zwei Fünftel seines Territoriums verkleinerte Dänemark nicht einmal eine Schutzklausel für die erhebliche dänische Minderheit in den abzutretenden Gebieten durchzusetzen vermochte. Das preußisch-österreichische Kondominium war keine deutsche Lösung, wie sie die nationale Partei seit 1848 anstrebte; sie war in keinem Sinne definitiv, sondern ein höchst fragwürdiges Provisorium. Deutete sie aber nicht schon in die Richtung einer preußischen Annexion, die bereits von preußischen Liberalen als eine Station auf dem Weg eines allgemeinen preußischen Annexionismus, als Mittel der Entscheidung über die deutsche Frage, gefordert wurde? Die Schleswig-Holstein-Frage war jedenfalls aus einem Problem der zwischenstaatlichen Beziehungen und des europäischen Rechts zu einem Problem der deutschen Politik geworden. Der künftige Status der Herzogtümer, durch den Wiener Frieden in der Schwebe gelassen, begann von jetzt an, die Beziehungen der deutschen Mächte zu beherrschen. Ihre Kooperation im dänischen Krieg ging in steigende Rivalität über und endete in Konfrontation. Bismarck und mit ihm das alte militärisch-machtstaatliche Preußen hatte über die Köpfe der liberalen Partei hinweg gehandelt, deren Widerstand nun langsam zu zerbröckeln begann. Damit kamen die innere und die äußere Politik Preußens und Österreichs in Bewegung.

Die deutsche Frage befand sich jetzt auf dem gleichen Stand, den die italienische vor Ausbruch des Krieges von 1859 eingenommen hatte. Nur stellen sich bei näherem Zusehen erhebliche Unterschiede heraus: Piemont-Sardinien war als Mittelstaat bei der Auseinandersetzung mit Österreich immer auf Unterstützung durch eine fremde Macht und durch die nationale Bewegung in den anderen italienischen Staaten angewiesen, Preußen als europäische Großmacht konnte allein handeln, wenn es nur gelang, auf diplomatisch-militärischem Feld einen möglichen innerdeutschen Konflikt zu lokalisieren und die liberale Opposition in Preußen zum Stillhalten zu bringen. Dies erforderte den Einsatz aller Mittel einer Politik, die primär auf die Veränderung der Machtverhältnisse zugunsten Preußens gerichtet war, ohne das europäische Mächtegleichgewicht völlig zerstören zu wollen, einer Politik also, die revolutionär und konservativ zugleich war. Frägt man nach den konkreten Zielen Bismarcks in dem heraufziehenden Konflikt mit Österreich, so scheint es nach dem Ende des dänischen Krieges noch nicht festgestanden zu haben, ob die preußische Politik zielsicher das kleindeutsche Programm, das hieß, die politische Zusammenfassung Deutschlands ohne Österreich, verfolgen würde.

Schon Heinrich von Sybel, ein zu Bismarck bekehrter Liberaler, hat im Jahr 1889 in seiner fast offiziösen Darstellung der Reichsgründung die Absichten des preußischen Ministers differenziert; er sah nebeneinander als mögliche Systeme »gemeinsame Beherrschung Deutschlands durch die beiden Großmächte oder Teilung Deutschlands unter dieselben nach der Main-Linie oder gänzlichen Ausschluß Österreichs aus Deutschland, und in diesem letzten Falle wieder die mehr föderative oder mehr unitarische Gestaltung des neuen Bundes, die engere oder weitere Kompetenz der von Preußen zu leitenden Reichsgewalt und der nationalen Volksvertretung«. Ohne »doktrinäre Vorliebe« hatte Bismarck diese Möglichkeiten abgewogen, stets bereit, das Verfahren nach Lage der Dinge zu ändern, und nicht nur das Verfahren, sondern auch die letzten Ziele. Später, in einem Meinungsstreit in der Zwischenweltkriegszeit, als neue Quellen erschlossen waren, wurde die Auffassung von der völligen Offenheit der deutschen Politik Preußens unter Bismarck dahin interpretiert, daß zwischen 1864 und 1866 die grundsätzliche Möglichkeit eines Zusammenwirkens mit Österreich als eine dauernde Alternative zu der Konfliktlösung bestanden habe. Doch widersprechen dieser These eine Reihe von Tatsachen. Vielmehr bestätigt vieles die Annahme, daß eine umfassende Machterweiterung Preußens in einem Ausmaß, das die Konfrontation mit Österreich unvermeidlich machen würde, seit langem das bestimmende Motiv der preußischen Politik gewesen ist. Anzeichen gibt es dafür manche, so das Spiel mit dem Gedanken einer »nationalen Vertretung des deutschen Volkes bei der Bundeszentralbehörde«, das sich bei Bismarck bis in die Zeit vor seiner Ernennung zum Ministerpräsidenten verfolgen läßt und das schließlich in dem preußischen Antrag beim Bundestag vom 8. April 1866 gipfelte. Damit war zweierlei beabsichtigt: eine fundamentale Veränderung der Bundesverfassung, die auf den Ausschluß Österreichs hinauslief, das durch jedes nationaldeutsche Repräsentationsorgan gesprengt wurde, und die Werbung um Sympathien bei der liberaldeutschen Bewegung, mit der die preußische Regierung im eigenen Land sich im heftigsten Streit um die Grundsätze der Verfassung und im weiteren Sinne um das politische und gesellschaftliche System befand.

Nicht weniger sichtbar ist das nationaldeutsche Programm als Möglichkeit der preußischen Machterweiterung in der Wirtschaftspolitik. Daß Preußen die materiellen Interessen des deutschen Volkes für sich mobilisieren müsse und daß dazu der Zollverein zu dienen habe, der »in der engsten Verbindung mit (den preußischen) Bedürfnissen und Bestrebungen auf dem Gebiete der deutschen Politik« stehe, erklärte Bismarck schon in den ersten Monaten seiner Regierungstätigkeit. In Wirklichkeit war der Zollverein bereits seit der Mitte der fünfziger Jahre die Plattform, von der aus die Vorentscheidungen für die deutsche Politik getroffen wurden. Es war noch von dem Ministerium der Neuen Ära auf der Höhe des Verfassungskonflikts geschehen, daß Preußen im Frühjahr 1862 mit Frankreich einen Handelsvertrag abschloß, der sich an der Freihandelspolitik der Westmächte orientierte. Preußen machte nun die Erneuerung des Zollvereins von der Annahme der Freihandelstarife durch die Zollvereinsstaaten abhängig, um die Österreich warb, und die es für seine Schutzzollpolitik gewinnen wollte. Freihandelspolitik erschien hier als Mittel machtstaatlicher Politik. Es waren die nord- und westdeutschen Staaten Hannover, Kurhessen, Nassau, deren wirtschaftliche

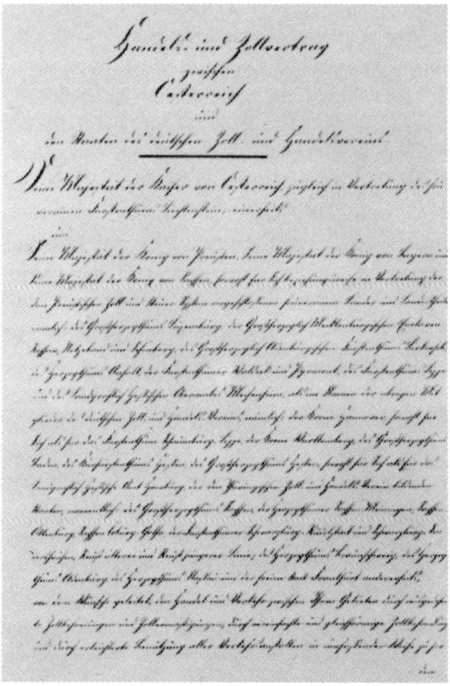
Handels- und Zollvertrag zwischen Oesterreich und den Staaten des deutschen Zoll- und Handelsvereins

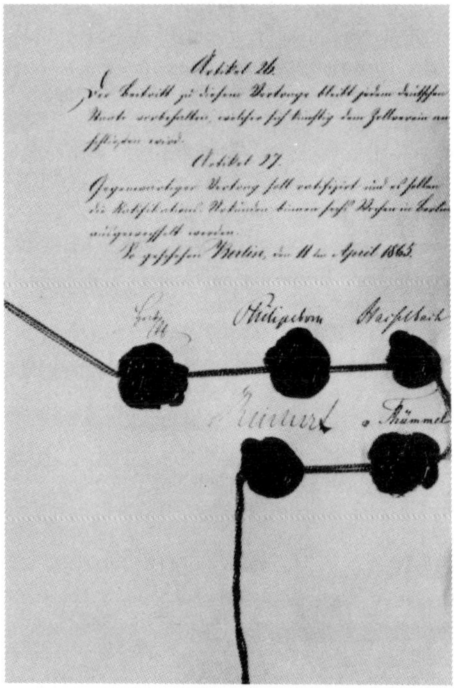
Artikel 26.

Artikel 27.

So geschehen Berlin, den 11ten April 1865.

Die Annahme eines Handelsvertrages mit dem Zollverein durch Österreich am 11. April 1865
Zwei Seiten des Unterhändlerinstruments in der für Österreich bestimmten Ausfertigung des Berliner Vertragswerkes
Wien, Haus-, Hof- und Staatsarchiv, Allgemeine Urkundenreihe

und verkehrspolitische Abhängigkeit von Preußen evident war, die zuerst den österreichischen Verlockungen eine Absage erteilten, aber vor allem Bayern, in seiner wirtschaftlichen Struktur mit nur punktueller Industrialisierung Österreich verwandt, tendierte nach Wien. Im Juni 1864 setzte Berlin die Verlängerung des Zollvereins, verbunden mit der Annahme des französischen Handelsvertrages, bei der Mehrheit der Mittelstaaten durch, und im Oktober schlossen sich die süddeutschen Staaten an. Im April 1865 nahm Österreich einen Handelsvertrag mit dem Zollverein an; der Gedanke der großen mitteleuropäischen oder auch der kleinen süddeutsch-österreichischen Zollunion war gescheitert. Die »handelspolitische Dominanz in Deutschland« (H. Böhme) wurde zugunsten Preußens entschieden, obwohl die volle wirtschaftliche, kapitalmäßige und handelspolitische Verknüpfung der Südstaaten mit dem Norden erst nach den Ereignissen von 1866 vollzogen wurde.

Es besteht kaum ein Zweifel, daß die wirtschaftspolitischen Entscheidungen von 1864/65, die unter Führung Preußens gefallen sind, die bürgerlich-liberale Opposition gegen die preußische Regierungspolitik Bismarcks auflockerten, so wie es schon die Erfolge der preußischen Armee getan hatten. Die an Handel und Gewerbe interessierten Wirtschaftskreise besaßen seit 1861 eine gesamtdeutsche Vertretung im Deutschen Handelstag, dessen Mehrheit für den preußisch-französischen Vertrag eintrat; dagegen stimmten die Österreicher, die meisten Bayern und Württemberger, zunächst auch Sachsen, woraus sich ein klares Bild von der Verschiedenheit der wirtschaftlichen Orientierung ergibt. Wirtschaftliche Interessen dominierten niemals ausschließlich in der liberalen Nationalbewegung, aber sie bildeten deutlich ein unterstützendes Moment. So hatten die Freihändler eine Mehrheit im Deutschen Nationalverein von 1859, der als gesamtdeutsche Agitationsbewegung eine nationale Reform unter Führung Preußens forderte, wenn dies auch nicht offen bekannt wurde und unter dem Eindruck des Verfassungskonflikts zurücktrat. Während der Schleswig-Holstein-Krise schien es, als könnten der tiefe Zwiespalt der Nationalpartei und die Spaltung in eine großdeutsche und kleindeutsche Richtung überwunden werden, aber diese Illusion zerstob sehr bald. Denn die preußischen Erfolge im Krieg von 1864 und in der Wirtschaftspolitik lösten einen anderen Zwiespalt aus: Unter den preußischen Liberalen erhoben sich Stimmen, welche die Annexion nicht nur als ein Mittel zur Lösung der Schleswig-Holstein-Frage, sondern der deutschen Frage forderten. Dafür ist vor allem der Historiker Heinrich von Treitschke Zeuge, der nachdrücklich auf das Beispiel Piemonts und die Herstellung der italienischen Einheit durch die Ausbreitung des italienischen Führungsstaates hingewiesen hat, ohne daraus allerdings den unbedingten Schluß einer auch für Deutschland vorbildlichen Lösung zu ziehen. In beiden Ländern sei jedoch »ein rauher Militärstaat an der Grenze der Kern und Ausgangspunkt einer modernen Staatsbildung, einer realen Gruppierung der Parteien«. Moderne Staatsbildung – damit war der auf militärischen und bürokratischen Grundlagen ruhende Nationalstaat gemeint, der von einem Machtstaat geführt wurde. Der Weg von der deutschen Revolution von 1848 bis zu diesem Punkt erscheint lang, aber es wird leicht übersehen, daß schon die Achtundvierziger den nationalen Machtstaat gewollt hatten: »Die Bahn der Macht«, hatte der Historiker Friedrich Christoph Dahlmann in der Frankfurter Nationalversammlung gesagt, »ist die einzige, die den gärenden Freiheitstrieb befriedigen und sättigen wird, der sich bisher selbst nicht erkannt hat. Deutschland muß als solches endlich in die Reihe der politischen Großmächte des Weltteils eintreten«. Hier ist die Nähe zu Bismarck deutlich, ja mehr noch die Nähe zu der nachbismarckischen Ära der Weltpolitik.

Für die Verwandlung der deutschen Frage in eine Frage der Macht- und Mächtepolitik wie auch für die Gleichsetzung preußischer und deutscher Interessen, gab es manche Ansätze im nationalen

Liberalismus; konsequent zu Ende geführt wurde diese Politik der Macht nur mit den Mitteln des preußischen Staates selbst, mit »Blut und Eisen«, wie Bismarcks berühmte provozierende Formel lautete, oder, ins Wirtschaftspolitische gewendet, mit »Eisen und Stahl« (J. M. Keynes). Aber welches konkrete Ziel verfolgte Bismarck nach den Entscheidungen von 1864? War er gewillt, es über eine endgültige Lösung der Schleswig-Holstein-Frage im Sinne voller preußischer Annexion ohne Zeitverlust und überhaupt zum Konflikt mit Österreich kommen zu lassen, um damit die preußische Vorherrschaft in Deutschland zu schaffen? Konnte er unabhängig und als Herr seiner Entschlüsse handeln? Blieb er nicht gebunden an das System, das er vertrat, an die Solidarität der konservativen Mächte, die für König Wilhelm I. noch eine selbstverständliche Gegebenheit war, an die Bedingungen und Bedingtheiten durch die europäische Mächteordnung, die umzustoßen er nicht gewillt war? Als gebieterische Notwendigkeit ergab sich aus all dem, einen militärischen Zusammenstoß solange wie möglich zu vermeiden, ihn mindestens hinauszuschieben und Krieg erst zu führen, wenn alle anderen Mittel erschöpft waren. Schon in der Olmütz-Rede hatte Bismarck seine Kriegsphilosophie vorgetragen und den Staatsmann verflucht, der sich in dieser Zeit nicht nach einem Grund zum Krieg umsehe, der auch nach dem Krieg noch stichhaltig sei.

So ist die Zeit zwischen dem Wiener Frieden und dem Kriegsausbruch von 1866 von wachsenden Spannungen zwischen den deutschen Mächten erfüllt, aber auch von vielen Versuchen, diese Spannungen durch Kompromisse und Provisorien zu mildern, den Willen zum Ausgleich trotz zunehmender Entfremdung zwischen Wien und Berlin aufrechtzuerhalten. Im August 1864 kam es zwischen dem österreichischen Außenminister Johann Bernhard von Rechberg und dem preußischen Ministerpräsidenten zum Vertragsentwurf von Schönbrunn, der ein großes Kompensationsgeschäft, eine Festlegung von Interessengebieten, vorsah, in dem Preußen zusagte, die Wiedereroberung der Lombardei durch Österreich zu unterstützen, und dafür den Verzicht Österreichs auf Schleswig-Holstein einhandelte. Ein Vertrag im Stil alter Kabinettspolitik, der schon wegen des fortgeschrittenen Standes der nationalstaatlichen Entwicklung in Italien keine Aussicht auf Verwirklichung hatte; zudem verweigerte Wilhelm I. seine Zustimmung. Genau ein Jahr später, im August 1865, als die Kriegsgefahr bereits erheblich gestiegen war, wurde in der Gasteiner Konvention die Verwaltung der Herzogtümer geteilt und Österreich Holstein, Preußen Schleswig zugewiesen; Preußen erlangte dazu wichtige militärische Vorteile in Holstein, die diesen von preußischen Truppen eingeschlossenen Besitz für die Österreicher noch problematischer machten. Daß es hier noch echte Chancen für einen friedlichen Dualismus gab, ist kaum anzunehmen; das Abkommen war im besten Falle ein kriegsaufschiebendes Moratorium. Ihm folgten bis in die unmittelbare Nähe des Kriegsausbruchs weitere Vermittlungsversuche, in denen sich Sonderinteressen wie die der Fürsten Thurn und Taxis an dem Postregal, politische Geschäftigkeit, universalistische Ideologien, schließlich einfach der Horror vor einem Krieg, der für das gesamtnationale Bewußtsein, namentlich in Süddeutschland, als Bruderkrieg galt, verwoben. Der Krieg wurde unvermeidlich, als Preußen den Einsatz vervielfachte und am 8. April 1866 beim Bundestag einen Antrag einbrachte, »eine aus direkten Wahlen und allgemeinem Stimmrecht der ganzen Nation hervorgehende Versammlung einzuberufen, um die Vorlagen der deutschen Regierungen über eine Reform der Bundesverfassung entgegenzunehmen und zu beraten«.

Dies war die Proklamierung der Revolution von oben, »die große deutsche Revolution von 1866« der preußischen Regierung und Armee, wie Jacob Burckhardt sie genannt hat. Dieser Revolution fiel der Deutsche Bund zum Opfer, die letzte gesamtdeutsche Organisation, die in ihrer Ausdehnung das alte Reich fortgesetzt hatte um den Preis seiner

Verwandlung in einen Bund souveräner Staaten und zweier Großmächte. Der Krieg von 1866 war in seiner rechtlichen Form eine Bundesexekutive gegen ein Glied des Deutschen Bundes, das diesen rechtswidrig für ›erloschen‹ erklärt hatte, tatsächlich ein konventioneller Staatenkrieg, ein Kabinettskrieg, der gegen die öffentliche Meinung in Deutschland geführt wurde – nach einem Wort Helmuth von Moltkes »um ein ideales Gut – Machtstellung«. Stand hinter diesem Krieg auch nicht das Pathos der nationalen Bewegung wie in Italien 1859, so doch die rationale Nüchternheit einer überlegenen Strategie und der Einsatz der neuen technischen Mittel des Jahrhunderts wie der Eisenbahnen und des Zündnadelgewehrs. Nach dem strategischen Konzept Moltkes vollzog sich der konzentrische Einmarsch der preußischen Armeen in Böhmen; in der Umfassungsschlacht bei Königgrätz am 3. Juli wurden die Österreicher unter Ludwig von Benedek geschlagen. Zwar gelang die völlige Vernichtung der österreichischen Armee nicht, aber der Erfolg war kein ›ordinärer Sieg‹, sondern eine die Zukunft Europas bestimmende Entscheidung, hinter der die Ereignisse auf den anderen Kriegsschauplätzen, in West- und Mitteldeutschland sowie in Oberitalien, weit zurücktraten.

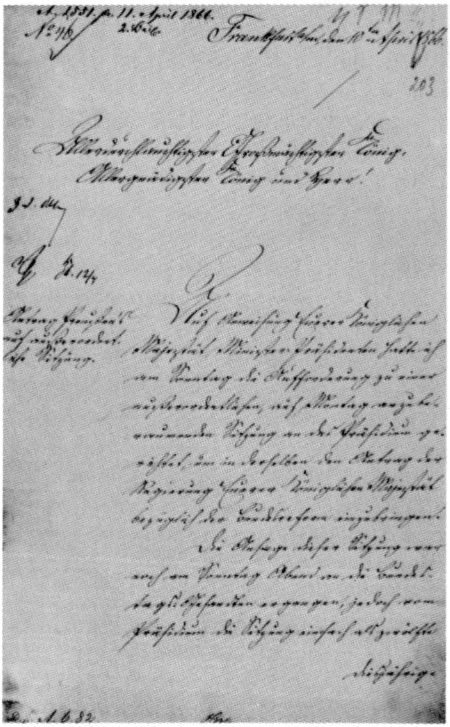

Preußens Antrag auf Einberufung einer aus direkten Wahlen und allgemeinem Stimmrecht der ganzen Nation hervorgehenden Versammlung zwecks einer Reform der Bundesverfassung
Bericht des preußischen Gesandten am Bundestag zu Frankfurt am Main, Karl Friedrich von Savignys, an den König vom 10. April 1866
Berlin, Geheimes Staatsarchiv Preußischer Kulturbesitz

Die mitteleuropäische Krise von 1866

Es ist zu fragen, ob sich das Spannungsfeld, das die mitteleuropäischen Kernstaaten mit Ausläufern bis Nordschleswig und Mittelitalien umfaßt, in die Gesamtkonstellation der europäischen Mächtepolitik einordnen läßt. Hatten die Ereignisse, die sich in diesem Raum abspielten, weltgeschichtlichen Rang, und wie reagierten die Weltmächte England und Rußland, deren Interessen weit über Europa hinausgriffen, darauf? Ihr Blick war von Mitteleuropa stärker abgewandt als vorher und nachher, ja es war geradezu eine der historischen Voraussetzungen für die deutsche Nationalstaatsbildung, daß England und Rußland den Schwerpunkt ihrer Politik aus Europa hinaus verlagert hatten. England stand schon während des dänischen Krieges unter dem Druck des nordamerikanischen Bürgerkrieges, in dem es zwar mit einiger Anstrengung Neutralität bewahrt, jedoch die konföderierten Staaten als kriegführende Partei anerkannt hatte, und in dem es vom wirtschaftlichen Interesse am Baumwolle liefernden Süden und von Sympathien für den sklavenfeindlichen Norden hin- und hergerissen wurde. Die Rücksichten auf die gefahrvolle Entwicklung jenseits des Atlantik trugen erheblich dazu bei, daß England vor einem militärischen Eingreifen zugunsten Dänemarks zurückschreckte. Das Ende des Sezessionskrieges fiel in das Jahr 1865, in dem Palmerston starb und mit ihm der Staatsmann ausschied, der die außenpolitischen Interessen des britischen Weltreiches in Europa um die Mitte des Jahrhunderts am nachdrücklichsten vertreten hatte. Erst als im Dezember 1868 William Ewart Gladstone Premierminister in einem Whig-Kabinett wurde, kam wieder für ein halbes Jahrzehnt eine ähnlich herausragende Figur, wenngleich ganz anderen Zuschnitts, an die Spitze der englischen Politik, mit starken Neigungen für die innere Politik. Ihm gegenüber trat Benjamin Disraeli als Führer der Tories, vorübergehend Premierminister im Jahr 1868. Bis zur Ablösung Gladstones durch Disraeli im Jahr 1874 blieben die Einwirkungen Englands auf die europäische Politik »auf ein Minimum reduziert« (K. Kluxen). England trat in die Ära großer innerer Reformen, an deren Anfang die zweite große Wahlreform, der Representation of the People Act von 1867, stand. Aber es war auch dabei, sein Weltreich im Geist kolonialer Selbstverwaltung auszubauen, was die Aufmerksamkeit vom europäischen Kontinent ablenkte. Der Beginn wurde mit den nordamerikanischen Besitzungen in Kanada gemacht, wo bereits seit 1840 für beide Teilgebiete, das französische und das englische, eine gemeinsame Volksvertretung mit voller Kontrolle über die Regierung bestand. Im Jahr 1867 wurde die Federation of British North America gebildet, die seither als autonomes Dominion mit »responsible government« galt; ihre Grenze zu den USA war längst entmilitarisiert, aber die Anziehungskraft der wiederhergestellten Union nach dem Bürgerkrieg ließ gerade in dem benachbarten Kanada alle Rücksichten auf Loyalität gegenüber dem britischen Mutterland geboten erscheinen.

›Die Ver-Uneinigten Staaten‹
Lithographie im ›Punch‹ vom Jahr 1856
London, Punch Library

Eine ähnliche Verbindung von inneren Reformen und dem Ausbau eines imperialen Großraums schuf in Rußland die Voraussetzungen für ein Desinteresse an der europäischen Politik. Hier bildete die Aufhebung der Leibeigenschaft im Jahr 1861 einen tiefen Einschnitt in der sozialen und politischen Entwicklung, nicht weniger als die Expansion in asiatische Gebiete. Beides war eng mit dem Ausgang des Krim-Krieges verknüpft. Er hatte den Verlust der dominierenden Stellung des Zarenreiches, die seit 1849 sichtbar geworden war, mit sich gebracht und einen schweren Rückschlag aller Bestrebungen, den russischen Einfluß auf den Balkan und an die Meerengen auszudehnen. Aber die Großreichexistenz Rußlands blieb unangetastet, so daß weiterhin die Freiheit in der Wahl anderer Schwerpunkte der Ausdehnung bestand, zu der vor allem auch der voll einsetzende Bevölkerungsdruck namentlich in den Südgebieten nötigte. Das Zarenreich stieß jetzt mit seinen Erwerbungen in Zentralasien und im Fernen Osten an den Pazifik und an die Grenzen Afghanistans und damit in die Nähe Indiens vor. Mit dem Vertrag von Peking im Jahr 1860 erwarb es von China das gesamte Gebiet nördlich des Amur und den Landzipfel zwischen Amur-Ussuri und der pazifischen Küste, wo im gleichen Jahr der Hafen Wladiwostok angelegt wurde. Gerade während des Krim-Krieges wurde die Grenze in die muslimischen Chanate Chiwa, Buchara und Kokand vorgeschoben, und in den sechziger Jahren entstand das russische Gouvernement Turkestan zwischen Kaspischem Meer und Amu Darjan, neben dem die Chanate Chiwa und Buchara als russische Protektorate bestehen blieben. Die gewaltigen territorialen Veränderungen lassen sich nicht mit europäischen Ausmaßen vergleichen, zumal sie mit einem bald einsetzenden Vordringen russischer Bevölkerung verbunden waren. Wenn Rußland trotzdem nach wie vor an seinen westlichen Grenzen am empfindlichsten blieb, so hängt das damit zusammen, daß es seine Herrschaft in Asien nur als europäische Macht, gestützt auf europäische Technik, auf europäisches Kapital, auf europäische Kultur aufrechterhalten konnte – eine Einsicht, die sich mehr in seinem politischen Handeln als etwa in seinem politischen Denken nachweisen läßt.

Am unmittelbarsten betroffen vom Aufstieg Preußen-Deutschlands war Frankreich, das Zweite Empire Napoleons III., dessen außenpolitische Ziele der Mitwelt und der Nachwelt viele Rätsel aufgaben. Sie müssen aus den politischen Lebensbedingungen des bonapartistischen Regimes, aus der Natur des Kaisers und aus den Traditionen, in die er sich gestellt sah, verstanden werden. Das auf Usurpation und plebiszitärer Sanktion beruhende Regime brauchte zu seiner inneren Stabilisierung in höherem Grade äußere Erfolge als die alten Monarchien; es konnte sie nur auf Wegen suchen, die den Erwartungen der das Regime tragenden Schichten entsprachen und der allgemeinen europäischen Konstellation angepaßt waren. Frankreichs Größe, vielleicht seine Hegemonie in Europa, konnte nicht mit napoleonischen, das heißt militärischen Mitteln errichtet werden, für die dem Erben des großen Napoleon auch die Fähigkeiten fehlten, sondern mit einer Diplomatie, die Verschlagenheit, unter Umständen sogar eine Dosis Gewalt nicht verschmähte, die das System der europäischen Mächte wohl veränderte, aber nicht eigentlich umstürzte und dabei immer den Vorteil Frankreichs im Auge behielt. Keiner der Staatsmänner hat so sehr geglaubt, zu seinem Nutzen das hergebrachte Instrument der Staatenkongresse verwenden zu können wie Napoleon III., ganz anders als Bismarck, der in seiner deutschen Politik bis 1870 Kongressen auswich oder sie zu beschränken suchte und die zweiseitige Diplomatie und Kriegführung vorzog. In Napoleons Geheimdiplomatie steckte andererseits immer noch ein konspiratives Element, das dem ehemaligen Mitglied des Geheimbundes der Carbonari geläufig war. Er war in seiner Außenpolitik ein Ideologe, der das Nationalitätsprinzip nicht bloß als Vorwand für eine nationalegoistische Politik verwandte. Doch die nationale Idee als europäischer Ordnungsge-

›Die Diplomatie im Zweiten Empire Napoleons III.‹
Lithographie von Honoré Daumier für den ›Charivari‹ vom 21. Juni 1866
Paris, Bibliothèque Nationale

danke blieb stets den französischen Interessen untergeordnet, und dieses Interesse ließ ihn nach einem durch Frankreich geführten Gleichgewichtssystem verlangen. Alle Widersprüche seiner Politik sind im Verlauf der italienischen Krise von 1859 zutage getreten, in der er am Ende die Zügel nicht mehr voll in der Hand behielt. Am Modell seiner italienischen Politik mit ihrer Kombination von Hilfeleistung für die italienische Nationalitätsidee und von Forderung nach territorialen Kompensationen hat weniger Napoleon selbst festgehalten, als daß es die Zeitgenossen, vor allem die deutschen, seinen späteren Zielen und Handlungen unterstellten. Er war mehr der Gefangene seines Rufes als seiner tatsächlichen Absichten. Seine Rhein-Politik war weder die der großen Revolution und seines Oheims noch die Richelieus; sie kam am ehesten der Talleyrands gleich.

Mit diesem Frankreich Napoleons III. hatte es Bismarck seit seinen Anfängen zu tun; er folgte nicht den Ratschlägen seiner konservativen Parteifreunde, das Verhältnis zum Empire dem ›Prinzip‹ des Kampfes gegen die Revolution unterzuordnen. Das bonapartistische Frankreich war für ihn nicht tabu; er wollte sich immer die Möglichkeit einer näheren Beziehung zu ihm offenhalten, »weil man nicht Schach spielen kann, wenn einem sechzehn Felder von vierundsechzig von Haus aus verboten sind«. Bis 1864 bestand keine Nötigung zu einer solchen Beziehung. Je unvermeidbarer die Auseinandersetzung mit Österreich aber wurde, desto notwendiger wurde die Klarstellung des Verhältnisses zu Frankreich. Napoleon vom Eingreifen zugunsten Österreichs abzuhalten, wurde die Voraussetzung für jeden weiteren Schritt in der deutschen Politik. Doch war die Neutralität Frankreichs ohne schwere Opfer, ohne territoriale Kompensationen im Rhein-Gebiet zu erlangen? Wenn man Napoleon weitgehende Ziele im Sinne der klassischen französischen Rhein-Politik unterstellte, mußte damit gerechnet werden. Aber Bismarck selbst bewertete die Politik seines Gegenspielers in Paris, dem er taktisch weit überlegen war, anders und konnte sich dabei auf Gespräche mit dem Kaiser in zurückliegender Zeit berufen. Allerdings unterschätzte er wohl die Hartnäckigkeit Napoleons und seine Geschicklichkeit, sich wechselnden Lagen anzupassen, sowie den Zwang zum Handeln, in dem sich der Usurpator in seinem Land befand.

In einem überlegenen diplomatischen Spiel, in dem Bismarck alle Möglichkeiten der Verlockung und Versagung einsetzte, ist es ihm schließlich gelungen, die Neutralität Frankreichs zu erreichen, ohne sich zu einer Gegenleistung zu verpflichten. Er ließ den Kaiser bis zuletzt im unklaren über seine Bereitschaft zu gebietsmäßigen Abtretungen. Napoleon wagte seine Forderungen nicht offen zu formulieren, aber daß er solche zu stellen beabsichtigte, steht wohl außer Zweifel, mindestens nach den Grenzen von 1814 mit dem Saar-Gebiet und Landau, dann wohl, in der Furcht vor einer Ablehnung durch den preußischen Minister, mehr und mehr nach Luxemburg und möglicherweise auch nach Belgien. Erst zuletzt, als die Entscheidung bei Königgrätz schon gefallen war, sprach er offen von der bayerischen Pfalz und dem linksrheinischen Hessen. Aber jetzt hätte es sich ohnedies nicht mehr um ein Tauschgeschäft mit gleichen Einsätzen gehandelt, sondern nur noch um eine spärliche Abfindung für den Verlust an Macht und Einfluß, den die errungene Hegemoniestellung Preußens in Deutschland mittlerweile bedeutete. Auch die österreichischen Zusagen in einem förmlichen Neutralitätsabkommen vom 12. Juni 1866 erwiesen sich nun als wertlos: Danach leistete Österreich Verzicht auf Venedig, selbst im Falle militärischer Erfolge, und nahm die französische Forderung an, eine territoriale Ausdehnung in Deutschland nur so weit zuzulassen, als dadurch das europäische Gleichgewicht nicht gestört würde. Freilich war darin das Zugeständnis enthalten, gegen eine Vergrößerung der Mittelstaaten und die Bildung eines »neuen deutschen unabhängigen Staates« im Rheinland keine Einwendungen zu erheben. Damit schien das Ziel der Mitbestimmung Frankreichs in Deutschland und der Schaffung eines starken Trias-Deutschland mit bedeutendem Einfluß am Rhein durch Österreich erreicht, von dem Napoleon militärisch mindestens Gleichwertigkeit mit Preußen erwartete.

Gelang es Bismarck, Frankreich zu neutralisieren, so ging er in Italien einen Schritt weiter: Mit dem noch unfertigen italienischen Nationalstaat schloß er am 8. April 1866 ein auf drei Monate befristetes Offensiv- und Defensivbündnis, das Italien an die preußische Kriegspolitik kettete und die italienische und die deutsche Nationalpolitik für einen Augenblick in dem Kampf gegen Österreich zusammenführte, das im Norden und im Süden in sehr verschiedener Weise einer radikalen nationalstaatlichen Lösung entgegenstand. Mit dem Vertrag vom 8. April, der auf den Tag genau mit dem Bundesreformantrag Preußens zusammenfiel, war der konservative preußische Staatsmann in den Sog nationalrevolutionärer Politik geraten, die ihn sogar die Entfesselung nationaler Aufstände in Böhmen, in Ungarn erwägen ließ. Noch die norddeutschen Annexionen von Hannover, Nassau, Kurhessen, Frankfurt und Schleswig-Holstein nach dem Sieg über Österreich müssen in diesem Zusammenhang gesehen werden. Sie waren unvereinbar mit jedem Legitimitätsdenken und auch in den Augen des bundesstaatlich gesinnten Liberalismus mehr eine Belastung als eine Förderung des nationalen Einigungsprozesses. Trotzdem gehören sie untrennbar dazu; sie waren nicht mehr nur preußische Gebietserwerbungen wie die von Schlesien und Westpreußen im 18. Jahrhundert.

Die von oben gesteuerte Revolution des Jahres 1866 war eine rein militärisch-politisch-diplomatische Aktion, in der anders als im italienischen

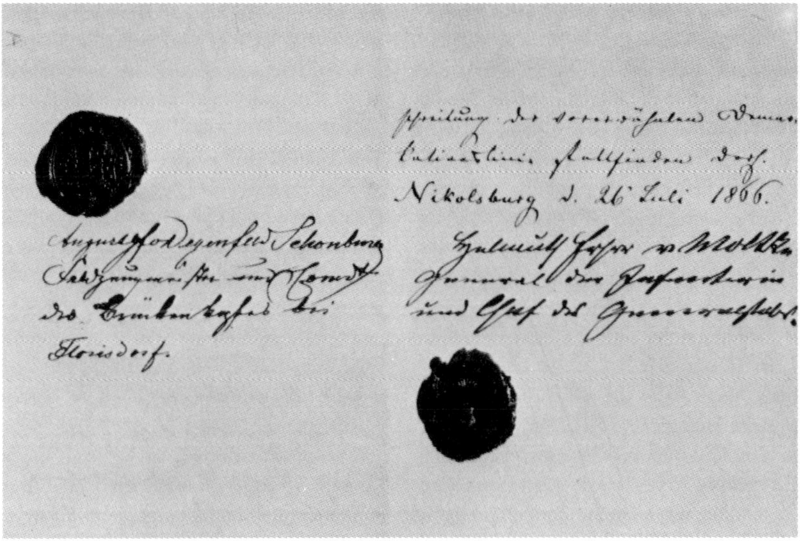

Der Vorfriede von Nikolsburg am 26. Juli 1866:
Schlußseite des Waffenstillstandsvertrages
zwischen dem österreichischen und dem preußischen Armeekommando
nach der Entscheidungsschlacht bei Königgrätz
in der für Österreich bestimmten Ausfertigung
Wien, Haus-, Hof- und Staatsarchiv, Allgemeine Urkundenreihe

Risorgimento die Nation in ihrer Gespaltenheit nur eine passive Rolle spielte. Auch die Folgerungen aus dem militärischen Sieg, die am 26. Juli 1866 im Vorfrieden von Nikolsburg und am 23. August im Friedensvertrag von Prag gezogen wurden, waren ganz in die Hand des engsten Kreises der führenden Politiker gelegt. Diese Verträge waren vom preußischen Sieger diktiert, aber dieser war nicht frei in seinen Entschlüssen. Jede Veränderung in der Mitte Europas war in eminenter Weise ein europäisches Problem; der Rückzug Österreichs aus Italien, wo es Venetien abtreten mußte, und aus dem engeren Deutschland, dessen »neue Gestaltung . . . ohne Beteiligung des Österreichischen Kaiserstaats« vor sich gehen sollte, sowie die Ausdehnung Preußens in Norddeutschland waren in keinem Falle nur Ereignisse der deutschen Politik; ihre europäischen Auswirkungen waren unabsehbar. Österreichs Machteinbuße in Deutschland mußte in Österreich selbst das Gleichgewicht der Nationalitäten ins Schwanken bringen und den Schwerpunkt nach dem Südosten verschieben. Die deutsche Politik Preußens zielte auf die Verwandlung Deutschlands aus einem Bereich der Neutralisierung von Machtinteressen der deutschen Groß- und Mittelstaaten, wie ihn noch der Deutsche Bund dargestellt hatte, in ein machtstaatliches Aktionszentrum, das notwendigerweise, gesteigert durch Industrialisierung und Bevölkerungsdruck, über sich hinaus wirken mußte.

Dem leitenden preußischen Staatsmann standen solche Konsequenzen nach dem Sieg von Königgrätz sicher noch nicht vor Augen, aber er schreckte vor den am nächsten liegenden Folgen zurück:

vor einer völligen Zerstörung des Mächtesystems, auf dessen Existenz jede Politik im Mächte-Europa beruhte, und vor einer zu frühen Erfüllung der nationalstaatlichen Politik über den Main hinaus, die Frankreich auf den Plan gerufen hätte. So setzte er in dramatischen Auseinandersetzungen mit seinem König im Hauptquartier in Nikolsburg die Schonung Österreichs durch und beschränkte die ›nationale Reorganisation‹ Deutschlands auf den Norden, legte aber in geheimen Schutz- und Trutzverträgen mit den süddeutschen Staaten bereits die Fundamente für eine Einbeziehung Süddeutschlands. Damit vermied er die offene Herausforderung Napoleons, der jetzt ohnedies vor den Trümmern seiner europäischen Politik stand und Mühe hatte, diese zu rechtfertigen, und behielt doch in der Substanz das kleindeutsch-preußische Programm bei. Napoleon mußte der Ausdehnung Preußens in Norddeutschland zustimmen, ja er hat in diesem Punkt die preußischen Bedingungen an Österreich als französische an Preußen für seine Friedensvermittlung dem preußischen Botschafter Robert von der Goltz in die Feder diktiert. Die widersprüchlichen und gewundenen Bestimmungen, die der Prager Friedensvertrag für die süddeutschen Staaten fand – sie sollten in einem »Verein« zusammentreten, »dessen nationale Verbindung mit dem Norddeutschen Bunde der näheren Verständigung zwischen beiden vorbehalten bleibt und der eine internationale unabhängige Existenz haben wird« –, zeigen ebenso die Handschrift Napoleons, blieben jedoch ein vergeblicher Versuch, etwas von dem lockeren Charakter des Deutschen Bundes für Süddeutschland zu retten und dieses gleichzeitig österreichischem und französischem Einfluß offen zu halten. Die Umgestaltung der politischen Struktur Mitteleuropas erzeugte Kettenreaktionen in den benachbarten Ländern. In Frankreich wurde Außenminister Edouard Drouyn de l'Huys, der die österreichische Linie der französischen Außenpolitik repräsentierte und zuletzt noch das Programm der territorialen Entschädigungen gegenüber Preußen vertreten hatte, gestürzt. Der Kaiser, der schon um 1860 eine allmähliche Liberalisierung des Regimes und seine Wandlung zum Empire liberal eingeleitet hatte, verfolgte ein Jahr nach der diplomatischen Schlappe von 1866 noch einmal den Plan eines begrenzten Gebietserwerbs in Luxemburg, wich aber vor dem Einspruch Bismarcks zurück und ließ die Neutralisierung des Großherzogtums durch einen Kongreß der Großmächte in London zu. Preußen zog seine Besatzungstruppen, die in der ehemaligen Bundesfestung stationiert waren, zurück. Neutralisierungen von Konfliktherden waren ein Mittel zur Beilegung politischer Konkurrenzkämpfe im Mächtesystem, das schon in der belgischen Frage Erfolg gehabt hatte.

Das preußisch-französische und im weiteren Sinne das deutsch-französische Verhältnis waren spätestens seit der Luxemburger Krise von 1867 auf dauernde Spannung eingestellt. Sie war ein Ergebnis der im Jahr von Sadowa, wie in Frankreich Königgrätz genannt wurde, nur halb gelösten deutschen Frage. Das preußisch-deutsche Machtsystem hatte inzwischen deutliche Konturen, aber noch keine endgültige Form. In Norddeutschland entstand mit dem Norddeutschen Bund unter dem Präsidium des Königs von Preußen ein Bundesstaat mit ungleichen Partnern: dem durch die Annexionen vergrößerten Preußen und den übriggebliebenen nord- und mitteldeutschen Mittel- und Kleinstaaten, unter denen nur Sachsen ein stärkeres Gewicht hatte. Die bundesstaatliche Form war auf die süddeutschen Staaten ausgerichtet, für deren Eintritt der letzte Artikel der Bundesverfassung die staatsrechtlichen Voraussetzungen bot. Mit der Schaffung des Reichstages, der nach dem allgemeinen Wahlrecht gewählt wird, des Bundesrates als legislatorischen und zugleich exekutiven Organs, mit der Einrichtung des Amts des Bundeskanzlers als des einzigen Ministers, der die »Verantwortlichkeit« in einem nicht näher bezeichneten Sinne übernimmt, waren bereits die Grundentscheidungen der kommenden Reichsverfassung von 1870 gefallen. Im Norddeutschen

Konstituierenden Reichstag nahm der Liberalismus auf das von Bismarck aufgeworfene Verfassungskonzept einen auf einige Punkte beschränkten Einfluß. Die ›konstitutionelle Monarchie‹ erschien hier als Staatsform nicht eigentlich sui generis, sondern als Kompromiß verschiedener Elemente, durch den die ›parlamentarische Monarchie‹ aufgehalten wurde.

Der Norddeutsche Bund war auf den Norden Deutschlands beschränkt. Er stellt das einzige historische Gebilde dar, das Norddeutschland und nur dieses allein umfaßt hat. Die Südstaaten – Bayern, Württemberg, Baden und der Südteil von Hessen – waren souveräne Staaten, deren Vereinigung in keiner Form zustande kam und die auch die Erwartungen nicht erfüllten, eine Brückenfunktion zwischen dem Norden und Österreich zu übernehmen. Sie waren vielmehr von Anfang an fest an den Norden gebunden, mit dem sie jetzt erst wirtschaftlich verknüpft und in den sie mili-

No. 24. Bevölkerungs-Uebersicht. 9

Laufende Nummer.	Bezeichnung der Vereinsstaaten und Vereinsgebietstheile.	Civil-Bevölkerung männliche. Köpfe	Civil-Bevölkerung weibliche. Köpfe	Civil-Bevölkerung zusammen. Köpfe	Militair-Bevölkerung Militair-Personen. Köpfe	Militair-Bevölkerung Angehörige derselben männliche. Köpfe	Militair-Bevölkerung Angehörige derselben weibliche. Köpfe	Militair-Bevölkerung zusammen. Köpfe	Gesammt-Bevölkerung. Köpfe
5.	Großherzogthum Hessen südlich vom Main.								
	1. Provinz Starkenburg	165,772	170,946	336,718	.	.	.	.	336,718
	2. „ Rheinhessen, ausschließlich der Gemeinden Kastel und Kostheim	111,305	116,948	228,253	.	.	.	.	228,253
	Summa V.	277,077	287,894	564,971	.	.	.	.	564,971
	Wiederholung.								
	A. Länder und Gebietstheile, welche am 1. Jan. 1868 zum Zollverein gehörten.								
I.	Norddeutscher Bund	.	.	28,362,027	.	.	.	342,594	28,704,621
	Außerdem: Luxemburg	.	.	198,462	.	.	.	1,496	199,958
II.	Bayern	.	.	4,714,762	.	.	.	115,772	4,830,534
III.	Württemberg	.	.	1,778,396	.	.	.	.	1,778,396
IV.	Baden	.	.	1,433,525	.	.	.	.	1,433,525
V.	Großherzogthum Hessen südlich vom Main	.	.	564,971	.	.	.	.	564,971
	Ueberhaupt A.	.	.	37,052,143	.	.	.	459,862	37,512,005

Übersicht über die Bevölkerung sämtlicher zum Deutschen Zollverein gehörender Staaten nach der Zählung vom 3. Dezember 1867
Statistische Veröffentlichung des Zentralbüros des Deutschen Zollvereins vom 28. Juni 1869
Berlin, Geheimes Staatsarchiv Preußischer Kulturbesitz

Teile der Münchener ›Bavaria‹ in der Erzgießerei
Gemälde von Wilhelm von Kaulbach, 1854
München, Bayerische Staatsgemäldesammlungen

tärpolitisch eingegliedert wurden. Aus den Schutz- und Trutzbündnissen folgte die Übernahme der preußischen Heeresordnungen gegen die heftigsten Widerstände seitens der breiten ländlichen Massen, namentlich in Bayern. Aus der Erneuerung und Verfestigung des Zollvereins folgte die kapitalmäßige und handelspolitische Verknüpfung mit Preußen. Die neuen Zollvereinsverträge ergänzten die bisherige lockere Zollgemeinschaft durch politische Institutionen wie Zollbundesrat und Zollparlament. Dem wirtschaftlichen Kleindeutschland, dem nun alle Staaten außer den Hansestädten Hamburg und Bremen angehörten und dem im Deutschen Bund keine gleichgerichtete politische Organisation entsprach, fiel jetzt eine Funktion in einer politischen Ordnung zu.

Allerdings lehnte sich der Süden dagegen noch einmal auf. In den Wahlen zum Zollparlament im Frühjahr 1868 wurde die liberale Nationalpartei, für die das Zollparlament nur ein Sprungbrett für weitergehende politische Ziele sein sollte, empfindlich geschlagen; denn die Mehrheit der süddeutschen Abgeordneten bestand aus Gegnern der kleindeutschen Politik. Sieger wurde nicht das konservative Großdeutschtum alter Art, sondern eine kleinbürgerlich-bäuerliche Protestbewegung gegen den von Norddeutschland aus aufgebauten preußisch-protestantisch geführten Nationalstaat, in der sich populäre katholische und partikularische Strömungen in Bayern, nationaldemokratische in Württemberg vereinigten, um den Kampf gegen preußische Militärgesetze, Gewerbefreiheit und Freihandel zu führen. Sie brachten 1869 den liberal-konservativen Ministerpräsidenten Chlodwig Fürst zu Hohenlohe in Bayern zu Fall und suchten den Ausbau des Zollvereins zu blockieren. Hier trat zum letzten Mal der Widerstand gegen eine nationalstaatliche Politik zutage, der sich gegen das Bündnis des nationalliberalen Bürgertums mit der preußischen Militärmonarchie richtete und von dem Bündnis süddeutscher Partikularstaatlichkeit mit einer noch überwiegend agrarisch-handwerklichen Bevölkerung getragen wurde.

Strukturveränderungen hat die Entscheidung von 1866 vornehmlich auch in der habsburgischen Monarchie bewirkt, in der der Einfluß der Deutschen, soweit er über Armee und Bürokratie hin-

Kampagne für die Vollendung des Domes zu Köln – ein Zeichen des neuerwachten Nationalbewußtseins
Plakat für die Kölner Dombau-Lotterie, um 1865
Köln, Stadtmuseum, Graphische Sammlung

Ungarns Unabhängigkeitsbestrebungen unter Ludwig von Kossuth
Lithographie aus Wien, 1849
München, Sammlung Dr. Günter Böhmer

ausging, durch den Verlust der gesamtdeutschen Basis lebensgefährlich verletzt wurde. Nicht nur eine Teilung des alten Bundes-Deutschland fand statt, sondern auch eine Teilung der Monarchie. Unter ihren Ländern besaß Ungarn die älteste und stärkste staatliche Tradition, die in der Periode des unitarischen Reformabsolutismus nach der ungarischen Revolution von 1849 ausgeschaltet werden sollte, jedoch auf die Dauer nicht eingedämmt werden konnte. Die Verhandlungen über den Ausgleich mit Ungarn hatten längst vor der Katastrophe von 1866 begonnen, ihr Ergebnis stand aber eindeutig im Zeichen des Rückschlags der deutschen Politik Wiens. In den Ausgleichsgesetzen von 1867 wurde zuerst Ungarn als Königreich wiederhergestellt und dann sein Verhältnis zum Gesamtstaat und zur anderen Reichshälfte geregelt. Die ›Doppelmonarchie‹ bestand seither aus zwei Reichsteilen von ungleicher Qualität.

Während als Folge der mitteleuropäischen Krise von 1866 im Donau-Raum ein gesamtstaatliches System aufgespalten wurde, machte die von Berlin ausgehende Intensivierung einer nationalen Staatsmacht Fortschritte. Ihre innere Voraussetzung wurde durch das Bündnis der preußischen Staatsführung mit der nationalen Partei in Nord- und teilweise schon in Süddeutschland geschaffen. Durch das Indemnitätsgesetz für die in den Jahren von 1862 bis 1865 ohne gesetzliches Budget getätigten Staatsausgaben räumte Bismarck die Hindernisse des Verfassungskonflikts aus dem Weg; die neue National-liberale Partei im Konstituierenden Norddeutschen Reichstag unterstützte seine deutsche Politik, wirkte an der Verfassungsschöpfung in beschränktem Maße mit und fand sich mit ihm in den Grundprinzipien liberaler Wirtschaftspolitik. Dieser ›Sündenfall des deutschen Liberalismus‹ war sicher ein Stück Kapitulation vor dem Erfolg, aber im Grunde eine letzte Bestätigung der im Liberalismus lebendigen idealistischen Staatsgesinnung und seines Drangs zur Teilnahme an der Macht – eine Erwartung, die sehr bald enttäuscht wurde. Cavours Zusammenwirken mit der Nationalpartei in Italien beruhte auf Gesinnungsgemeinschaft, Bismarcks Kooperation mit dem deutschen Nationalliberalismus basierte auf einer Mischung von Hoffnungen und Mißverständnissen und nur zum Teil auf Übereinstimmung in der deutschen Politik. Auch der preußische Konservativismus durchlief einen ähnlichen Verwandlungsprozeß. Ähnlich wie ein Teil der Liberalen schwenkte ein Teil der Konservativen in der Freikonservativen Partei auf Bismarcks Politik ein, unter ihnen besonders die an der industriellen Entwicklung beteiligten schlesischen Magnaten und in der Diplomatie wirkenden Aristokraten. Das Gros des preußischen Konservativismus, der Bismarcks Bündnis mit den Liberalen, mit dem Nationalismus und mit der Revolution bekämpfte, fand sich erst Jahre nach der Reichsgründung mit den neuen Tatsachen ab. Eine überraschend geringe Widerstandskraft zeigte das alte, hauptsächlich in Süddeutschland und in den Mittelstaaten beheimatete Großdeutschtum. Seine bürgerlich-aristokratischen Gruppen verloren mit dem Ausscheiden Österreichs ihren Bezugspunkt; im katholisch-konfessionellen Lager bahnte sich eine neue Parteibildung an. Die bayerische Patriotenpartei muß als eine partikularistische Reaktion auf die in die Isolierung geratene bayerische Politik verstanden werden. Nur in kleinbürgerlichen Schichten und zum Teil auch in der Arbeiterschaft, in der Deutschen Partei Württembergs und der sächsischen Volkspartei, Nachläufern der demokratischen Linken von 1848/49, hielt sich der Gedanke einer großdeutschen Republik; er setzte sich allerdings nicht einmal in den sozialistischen Organisationen der Arbeiterbewegung fort, die in den sechziger Jahren entstanden.

Die Folgen der Krise von 1866

Die Jahre zwischen 1867 und 1870 waren in jeder Hinsicht eine Phase unabgeschlossener politischer Prozesse: Der provisorische Bau des Norddeutschen Bundes, die ungeklärte Stellung der Südstaaten, die Umbildung der habsburgischen Monarchie sowie die innere und äußere Lage des Empire Napoleons drängten auf Bewegung und Veränderung; sie stellten keine Ruhepunkte dar. Die Spannungen dauerten an, da keine der drei beteiligten Mächte durch den Ausgang der Krise zufriedengestellt war. Doch überwog vordergründig das Bild der politischen Stagnation in der zweiten Hälfte der sechziger Jahre bei einer Beschleunigung des industriellen und wirtschaftlichen Wachstums und einem auffallenden Reichtum des kulturellen Lebens und der geistigen und künstlerischen Produktion in den meisten europäischen Ländern. Zuweilen schien es, als habe die preußisch-deutsche Politik Bismarcks die Initiative verloren, die sie seit 1864 in Europa besaß. In der Luxemburger Krise von 1867, die verursacht war durch Verhandlungen des niederländischen Königs Wilhelm III. mit Napoleon über den Verkauf des Großherzogtums Luxemburg, trat noch einmal im Nachklang das französische Verlangen nach territorialer Erweiterung hervor. Obwohl die deutsche Öffentlichkeit darauf vehement empfindlich reagierte, schreckte Bismarck vor dem offenen Konflikt angesichts der unfertigen Verhältnisse in Nord- und Süddeutschland zurück. Napoleon gab seinen Plan auf, machte aber in seiner Politik eine Kehrtwendung, indem er die Linie der Verhandlungen mit Preußen verließ. Die Rückschläge seiner Politik in Mitteleuropa und Mittelamerika, wo das Unternehmen einer französischen Festsetzung in Mexiko scheiterte, schwächten seine innenpolitische Stellung und zwangen ihn, ein weiteres Anwachsen der preußischen Macht zu verhindern. So folgte jetzt eine Politik der Bündnisversuche gegen Preußen. Sie gipfelte im Mai 1869 im Entwurf eines Dreibundes zwischen Frankreich, Österreich und Italien, dem ersten Anlauf zu einer Umfassung des Machtzentrums in Mitteleuropa. Dieser Dreibund kam nicht zum Abschluß, da die gemeinsamen Interessen der verhandelnden Mächte gegenüber Preußen nicht stark genug waren, um ihre eigenen politischen Divergenzen zu überspielen. So war der diplomatische Aufmarsch gegen Preußen gescheitert, ehe die politischen Spannungen in einen militärischen Konflikt umschlugen. Bismarck war darüber nur unzureichend unterrichtet, bezog aber die Möglichkeit einer feindlichen Koalition in seine Kalkulationen ein, die ständig von der Gesamtsituation in Europa ausgingen und darauf gerichtet waren, die politische Lage sich nicht verhärten zu lassen. Dabei kam ihm die Gunst der Stunde ebenso zugute wie bereits 1866: England war auf seine innere Politik und die Reorganisation seines Empire konzentriert und hielt sich von einer Intervention auf dem Kontinent fern; Österreich konnte gegen die Zustimmung der Deutschen und der Magyaren keine Aktion gegen Preußen riskieren und aktivierte unter dem neuen Außenminister Friedrich von Beust, dem früheren sächsischen Ministerpräsidenten, seine gegen Rußland gerichtete Balkan-Politik; Rußland suchte seine Rückkehr in die europäische Politik durch feste Abmachungen mit Preußen zu sichern; Preußen sah wohl in seinem Zusammengehen mit dem Zarenreich eine ›politische Naturnotwendigkeit‹, wich aber schriftlichen Fixierungen eines Bündnisses aus.

Steuerte Bismarck im Sommer 1870 mit vollem Bewußtsein und klarer Absicht auf einen militärischen Konflikt zu? Träfe dies zu, müßte auch der Nachweis möglich sein, daß er den Anlaß zum Krieg selbst geschaffen, mindestens selbst das über Krieg und Frieden entscheidende Ereignis aus ihm gemacht hat. Die Zusammenhänge sind aber weitaus verwickelter. Es gibt Zeugnisse dafür, daß er den Moment für ein Vorantreiben der deutschen Frage, in welcher Form auch immer, noch nicht für gekommen sah, angesichts vieler namentlich innerdeutscher Widerstände. Auf der anderen Seite war in den äußeren Beziehungen eine Art Schwebezustand zwischen Frankreich und Preußen-Norddeutschland eingetreten. Das Frankreich Napoleons, das 1870 in die letzte Phase des Empire eintrat, hatte die politische Niederlage von 1866 nicht verarbeitet. Seine Regierung und seine öffentliche Meinung sahen in einer weiteren Machtausdehnung Preußens eine untragbare Belastung für die führende Stellung Frankreichs in Europa; das populäre Schlagwort von der ›Rache für Sadowa‹ drückte eine Tendenz aus, die weitergehende Ziele ins Auge fassen lassen konnte. Preußen dagegen hatte 1866 einen politischen Zustand geschaffen, der keine statische Ruhe zuließ. Es war geradezu gedrängt, darüber hinauszugehen und die Brücke über die Main-Linie auszubauen. Aber gerade hier stieß es auf den Widerstand Frankreichs. In dieser Gesamtkonstellation lag die größere Dynamik in Berlin, während Paris seine Kräfte für den Status quo in der Defensive mobilisierte. Für die Erklärung der Ereignisse in der Julikrise 1870 und ihrer Vorgeschichte ist mit dieser Analyse aber keineswegs eine hinreichende Grundlage geschaffen; denn Krise wie Vorgeschichte stehen in mancher Hinsicht konträr zu der Gesamtsituation.

Die schon seit 1869 und dann seit dem Frühjahr 1870 erörterte Kandidatur des Erbprinzen Leopold aus dem süddeutschen katholischen Haus Hohenzollern-Sigmaringen für den seit 1868 vakanten spanischen Thron schien zunächst ein politisches Problem von sekundärer Bedeutung zu sein. Die Benennung von Dynasten für Throne in vorwiegend neuen Staaten war im 19. Jahrhundert ein Ausdruck fortdauernder Internationalität im mehr und mehr nationalstaatlichen Europa, jedoch immer mit politischen Opportunitätsgesichtspunkten verbunden. Das traf auch für Spanien zu, wenngleich während der dortigen Wirren seit dem Sturz des bourbonischen Königshauses im Herbst

1868 eine ganze Reihe von Kandidaten genannt worden war und mit der Nominierung des katholischen Sigmaringer Hohenzollern bei dessen durchaus nicht engen Beziehungen zum preußischen Königshaus keineswegs eine besondere politische Absicht, etwa eine Herausforderung Frankreichs, verbunden war. Bei der politischen Reizbarkeit, die sich in Spannungszeiten einzustellen pflegt, war das Echo auf diese Kandidatur von Anfang an in Frankreich ungünstig, und der Vorwurf einer preußischen Intrige lag nahe. Es ist aber bis heute kein Beweis dafür erbracht worden, daß Bismarck bei der Aufstellung der Kandidatur selbst seine Hände im Spiel hatte. Erst nachdem der spanische Marschall Juan Prim, auf den die Initiative zurückging, im Februar 1870 den preußischen König von einem amtlichen Schritt in Sigmaringen informiert hatte, wurde die Kandidatur für Bismarck ein Mittel, der französischen Politik Schwierigkeiten zu bereiten und eine Mine gegen die österreichisch-französischen Bündnisverhandlungen zu legen. Diese Absicht verlangte nach der Taktik, die spanische Kandidatur nach außen zu verleugnen und als rein dynastisches Problem erscheinen zu lassen. An dieser Verschleierung hat Bismarck noch in ›Gedanken und Erinnerungen‹ festgehalten. Tatsächlich war er von einem bestimmten Moment an die treibende Kraft. Er überwand die Zurückhaltung der Hohenzollern in Sigmaringen und Berlin und führte die Wiederaufnahme der Verhandlungen nach ihrem bereits vollzogenen Abbruch durch die Sigmaringer Familie herbei.

Marschall Juan Prim,
die Schlüsselfigur bei der Wahl des Erbprinzen
Leopold von Hohenzollern-Sigmaringen
für den spanischen Thron
Aus dem Gemälde von Henri Regnault, 1869
Paris, Musée du Louvre

Nachdem die Kandidatur in Madrid bekannt wurde und am 3. Juli 1870 die »spanische Bombe platzte«, gingen der französische Kaiser und seine Minister zum Gegenschlag über. Sie zielten wohl von vornherein darauf, eine volle Demütigung Preußens herbeizuführen. Schon die Erklärung des Außenministers, des Herzogs von Gramont, vor der Kammer am 6. Juli ließ eigentlich keine versöhnliche Lösung der Krise mehr zu; in ihr wurde das entscheidungsschwere Wort von der Veränderung des gegenwärtigen Gleichgewichts gesprochen, indem eine fremde Macht »einen ihrer Prinzen auf den Thron Karls V. setzt«. Der Verzicht des Sigmaringer Fürsten Karl Anton für seinen Sohn am 12. Juli genügte dann der französischen Politik nicht mehr, da sie die Mitverantwortung der preußischen Regierung festlegen wollte. So kam es zu dem verhängnisvollen Gespräch des französischen Botschafters Vincent von Benedetti mit Wilhelm I. auf der Kurpromenade in Bad Ems am 13. Juli, in dem vom König von Preußen eine bindende Garantie für den Verzicht ›auch in Zukunft‹ verlangt wurde. Den Bericht darüber hat Bismarck gekürzt und, in dieser Kürzung den Kern der Mitteilung aus Ems über die unzumutbare neue Forderung in provozierender Form hervor-

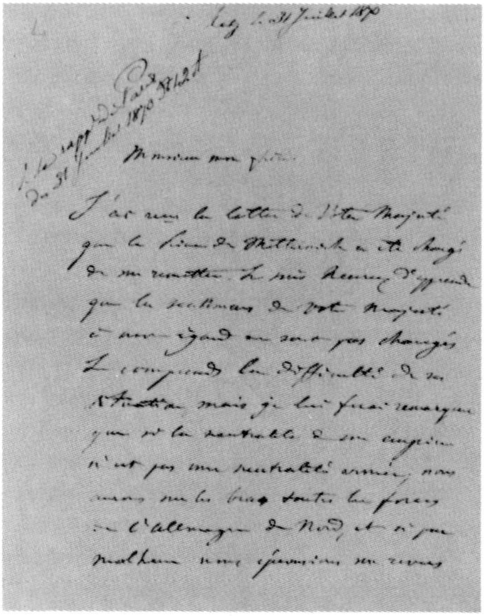

Metz le 31 Juillet 1870

Monsieur mon frère

J'ai reçu la lettre de Votre Majesté que le Prince de Metternich a été chargé de me remettre. Je suis heureux d'apprendre que les sentiments de Votre Majesté à mon égard ne sont pas changés. Je comprends les difficultés de sa situation mais je lui ferai remarquer que si la neutralité de son empire n'est pas une neutralité armée, nous aurons sur les bras toutes les forces de l'Allemagne du Nord, et si par malheur nous éprouvions un revers

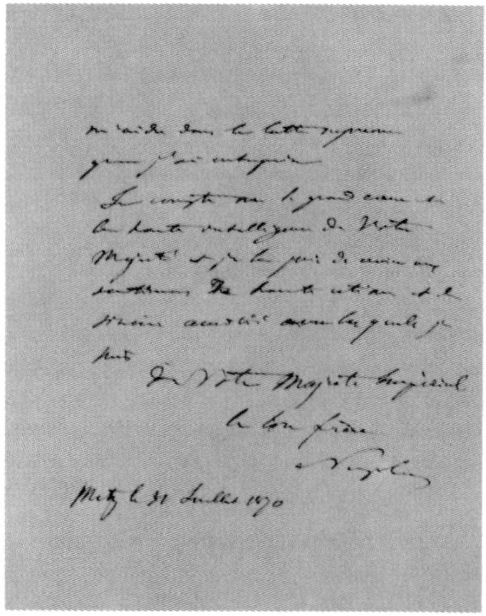

[illegible]

Je compte sur le grand cœur et la haute intelligence de Votre Majesté [illegible]

De Votre Majesté Impériale le bon frère

Napoléon

Metz le 31 Juillet 1870

Frankreichs Ersuchen um Unterstützung durch Österreich und Italien im Krieg gegen Preußen zur Vermeidung der für Europa »verhängnisvollen Folgen« im Falle eines preußischen Sieges
Zwei Seiten eines Schreibens Napoleons III. an Kaiser Franz Joseph I. vom 31. Juli 1870
Wien, Haus-, Hof- und Staatsarchiv, Politisches Archiv IX, Kart. 96

treten lassend, veröffentlicht und durch diese Redaktion aus der dynastischen Frage der spanischen Thronkandidatur eine Frage der national-deutschen Politik gemacht, die den Casus belli auch für die deutschen Südstaaten herstellte. Der nun ausbrechende Deutsch-Französische Krieg, der für die europäische Geschichte bis zum Ersten Weltkrieg den Grund legen sollte, war das Ergebnis einer Situation mit verkehrten Fronten: Die in der Defensive stehende französische Partei wurde im entscheidenden Stadium politisch offensiv und drängte Preußen, die weitaus dynamischere Macht, in die Defensive, um es dadurch zum Angriff herauszufordern.

Der Krieg von 1870/71 und seine europäischen Folgen

Der Deutsch-Französische Krieg wird auf deutscher Seite militärisch durch die beherrschende Gestalt Helmuth von Moltkes bestimmt, dem die Führungskraft der französischen Armeen unter Napoleon selbst und den Marschällen François Bazaine und Patrice de MacMahon unterlegen war. Die Strategie der Umfassung und Vernichtung führte in der ersten Phase zu den Umfassungsschlachten bei Metz und am 2. September 1870 bei Sedan, wo MacMahon, zum Entsatz von Metz vorstoßend, in die Umklammerung der deutschen Armeen geriet, die ihm den Durchbruch nach Metz und den Rückzug nach Sedan abschnitten. Sedan war das klassische Beispiel der Moltkeschen Vernichtungsstrategie, die sich aus der Anwen-

Die Schlacht bei Sedan am 2. September 1870
Kattundruck auf einem Schnupftuch, 1870
Hamburg, Museum für Kunst und Gewerbe

dung moderner Mittel bei der Bewegung des Heeres auf die Strategie des älteren Napoleon und auf die Kriegstheorie des frühen 19. Jahrhunderts ergab. Die Schlacht brachte keinen halben Sieg, sondern hatte die Qualität einer großen und politischen Entscheidung: Aus ihr folgte der Sturz des Kaisers, der unter den Gefangenen war. Der Krieg trat nun in eine neue Phase ein. Frankreich führte ihn im Zeichen einer nationalen Volkserhebung unter dem Gouvernement de la défense nationale fort, das mit den von Léon Gambetta aufgebotenen Massenheeren zeitweilig der deutschen Armee die Initiative entriß. In dieser Phase stand die Belagerung des seit dem 19. September eingeschlossenen Paris im Zentrum der Kriegsereignisse. Die durch eine Levée en masse zusammengebrachten, schnell ausgebildeten Armeen Gambettas versuchten von verschiedenen Ausgangspunkten, von Amiens, von der Loire her vergeblich die Hauptstadt zu entsetzen. Die Belagerung von Paris wurde zum Brennpunkt nicht nur der militärischen, sondern vor allem der politischen Probleme des Krieges. Mit dem Ende des Kaiserreiches schlugen die Sympathien bei den neutralen Mächten, namentlich in England, zuungunsten der preußisch-deutschen Kriegspartei um, und es verstärkte sich die Gefahr wenn nicht ihrer militärischen, so doch politischen Intervention. Bismarck drängte auf die rasche Niederkämpfung der Festung Paris und verlangte ihre Beschießung durch Artillerie; die Heerführung unter Moltke hielt den Beschuß für unwirksam und setzte auf Aushungerung. Der Konflikt über diese Frage zwischen Moltke und Bismarck erweiterte sich zu einem grundsätzlichen Konflikt zwischen Heerführung und politischer Kriegführung. Von beiden in ihrem Werk und in der Rationalität ihres Handelns vielfach verbundenen Männern stand Moltke dem nationalen Denken der Zeit näher: Er neigte dazu, das militärische Prinzip der Vernichtung der feindlichen Streitkräfte ins Politische zu übersetzen und nur einen ›Exterminationskrieg‹ als Grundlage des dauerhaften Friedens gelten zu lassen. Solcher Vorstellung stand Bismarck in den Bedingtheiten und Beschränkungen der politischen Gesamtsituation während des Krieges fern. So erreichte der Streit

Helmuth von Moltke und sein Generalstab vor dem seit 19. September 1870 eingeschlossenen Paris
Gemälde von Anton von Werner, 1873
Kiel, Kunsthalle

Die Verteidigung von Paris im Zeichen der Volkserhebung Léon Gambettas im September 1870
Stich nach einer Zeichnung von Léopold Flameng
in Victor Hugos 1872 in Paris erschienenem Werk ›L'année terrible‹
Berlin, Privatsammlung

zwischen Kriegführung und Politik schließlich in den Auseinandersetzungen über die Kapitulationsbedingungen für Paris seinen Höhepunkt, wobei der König sich für die politische Führung und ihre Forderungen entschied: nicht die Stadt Paris, sondern nur die Forts der äußeren Befestigungslinien sollten übergeben werden.

Die Frage von Waffenstillstand und Frieden war von Anfang an eine Frage nach dem zukünftigen inneren Regime in Frankreich, nachdem die Niederlage von Sedan eine Erhebung in Paris zur Wiederherstellung der Republik ausgelöst hatte. Hier verschränkten sich die Entscheidungen in beiden Lagern; die Wiederherstellung des Friedens wurde ein Problem der inneren Struktur Frankreichs. Bismarck war an einem friedenswilligen Partner interessiert und schloß Napoleon nicht von vornherein aus. In Frankreich waren es republikanisch-demokratische Kräfte, die zur Fortsetzung des Krieges bis zum äußersten, »à outrance«, aufriefen wie Léon Gambetta. Aber nicht der extreme »Nationalismus der Linken« setzte sich im Gouvernement de la défense nationale durch, sondern der Realismus der Führer der republikanischen Opposition im Empire, der Realismus Jules Favres und Adolphe Thiers'. Frankreich ersuchte um Waffenstillstand, währenddessen im ganzen Land, auch im Elsaß, Wahlen zu einer Nationalversammlung stattfanden, aus denen eine monarchistische Mehrheit von Legitimisten und Orléanisten hervorging. Thiers, zum Ministerpräsidenten gewählt, führte zusammen mit Favre in Versailles Friedensverhandlungen mit Bismarck. Die deutsche und die französische Geschichte dieses Jahrhunderts verlief nicht in Parallelen wie die deutsche und die italienische, sondern in großen Kontrasten: Was für die eine Seite nach dem Geist der Zeit als Höhepunkt der Nationalgeschichte emp-

Deutschlands Schatten über Paris zur Zeit der Verhandlungen Adolphe Thiers' mit Otto von Bismarck
Stich nach einer Zeichnung von Daniel Vierge
in Victor Hugos 1872 in Paris erschienenem Werk ›L'année terrible‹
Berlin, Privatsammlung

funden wurde, war für die andere ein Moment des nationalen Zusammenbruchs. Versailles, das Schloß aus dem großen Zeitalter Ludwigs XIV., ist dabei zum Symbol dieses deutsch-französischen Antagonismus geworden. Das gilt schon für das 17. Jahrhundert und erst recht für 1871, als nacheinander die Kaiserproklamation Wilhelms I., der im allgemeinen Bewußtsein sichtbarste Akt der Reichsgründung und der Abschluß des Präliminarfriedens am gleichen Ort stattfanden, wo dann 1919 der Friede unterzeichnet wurde.

Thiers stand bei seinen Verhandlungen mit Bismarck keine Waffe mehr zur Verfügung außer der Möglichkeit, die Sorge seines Kontrahenten vor einer Intervention der Neutralen taktisch auszunutzen. Damit erreichte er ein Minimum von Konzessionen: die Erhaltung der Festung Belfort für Frankreich und die Herabsetzung der Kriegsentschädigung von sechs auf fünf Milliarden Francs. Dies war auch der Inhalt des am 10. Mai 1871 geschlossenen Definitivfriedens von Frankfurt. Die zukünftige Gestalt Deutschlands war kein Gegenstand des Friedensvertrages, wenn sie auch auf deutscher Seite das Hauptziel des Krieges gewesen ist. – Das Elsaß und Teile von Lothringen einschließlich Metz gingen verloren. Dies war das sinnbildliche territoriale Opfer für die Niederlage, durch das Frankreich aufs tiefste in seinem Selbstbewußtsein verletzt wurde. Die Legitimität seines Anspruchs auf die erst zwei Jahrhunderte zuvor französisch gewordenen, von einer in der Mehrheit deutschsprechenden Bevölkerung besiedelten Gebiete gründete es auf einen politisch, nicht ethnisch verstandenen Willen der Elsässer, Franzosen zu bleiben, und auf das Recht, am Rhein anwesend zu sein. Die deutschen Forderungen dagegen gingen von einer sprachlich und historisch bestimmten Nationsidee aus, die diese Landschaften als deutschen Kulturraum und als dem Reich abhanden gekommene Gebiete verlangte. Zwei Vorstellungen von Nation stießen in dieser Entscheidungsstunde des europäischen Nationalismus zusammen, von denen die eine die andere ausschloß. Ihr Gegensatz war ein Verhängnis für die europäische Geschichte des nächsten halben Jahrhunderts, und es muß gefragt werden, ob es sich hier um eine unabwendbare Entscheidung gehandelt hat. Haben strategische Erwägungen oder ökonomische Interessen sie fordern lassen? War Bismarck der Verantwortliche, war er es, der die öffentliche Meinung in Deutschland auf die Bahn der Annexionsforderung wies, wie man gemeint hat, oder handelte es sich um eine spontane Bewegung, die Bismarck nur von einem bestimmten Moment ab für seine Zwecke nutzte, indem er »dem rennenden Pferd noch die Sporen gegeben« hat (J. Haller)? Alle Indizien sprechen für das zweite. Die Annexionsforderung ist wohl zuerst in Süddeutschland hervorgetreten, wo sich nationalemotionale und sicherheitspolitische Motive verbanden. Bismarck erkannte in ihr ein Mittel, die Stimmung im Süden endgültig für seine Politik zu gewinnen, und sprach schon in seinen Runderlassen vom 13. und 16. September 1870 hinsichtlich der deutschen Friedensbedingungen von den »materiellen Bürgschaften«: Er sieht sie in besseren Grenzen und im Besitz der Festungen, »mit denen Frankreich uns bedroht«. Die Abstinenz Bismarcks in dieser Frage und sein vermeintliches widerwilliges Nachgeben gegenüber den strategischen Forderungen der Generäle sind ebenso Legende wie seine alleinige Initiative in einer Sache, die sich aus der expandierenden Tendenz der von den deutschen Siegen berauschten Nationalbewegung ergab. Nur wenige haben die Gefahren für die Sicherheitspolitik des Deutschen Reiches erkannt, die eine politische Demütigung Frankreichs über die harte Tatsache der Niederlage hinaus zur

Die großdeutsche universalistische Idee von 1871: Kaiser und Reich
Kunstblatt nach einem Gemälde von Ferdinand Keller
Berlin, Privatsammlung

Folge haben mußte; die Deutschen folgten dem Beispiel fast aller europäischen Nationalbewegungen vorher und nachher, die ihrer Integrationskraft alles zutrauten und sich sehr selten den Forderungen einer ›Staatsräson‹ fügten.

Der deutsche Nationalstaat von 1871 trug den ehrwürdigen und historisch geprägten Namen des Reiches mit dem Kaiser an der Spitze. Sollte dies nur als unverbindliche Reminiszenz in einem historisch denkenden Jahrhundert gelten oder stand dahinter die Absicht, in die Tradition der deutschen Geschichte einzutreten und bewußt an sie anzuknüpfen, ja sie erst zu erfüllen? Wenn man sich an den großen Gelehrtenstreit erinnert, der zwischen den Historikern Julius von Ficker und Heinrich von Sybel wenige Jahre zuvor über das mittelalterliche Kaiserreich und seine geschichtliche Bedeutung ausgefochten worden war, so mußte es wie eine Paradoxie erscheinen, daß die auf den Nationalstaat eingeschworenen Liberalen wie Sybel, die im alten Reich nur einen Irrweg der deutschen Geschichte erkennen wollten, jetzt aus ihm ihre Symbolbegriffe entlehnten und daran mitwirkten, ein neues Reich mit einem neuen Kaisertum zu schaffen. Sie waren in der Tat von einem tiefen Unbehagen erfüllt und sich bewußt, in die Gefahr zu geraten, mit den Namen ›Kaiser‹ und ›Reich‹ ein Stück großdeutscher-universalistischer Tradition zu übernehmen. Sie fürchteten »den Prunk und das Zeremoniell, das sich daran hängen wird«; der Titel »ruft alle Irrwege unserer Nation ins Gedächtnis« (M. Duncker). Und doch entzogen sie sich nicht dem Bedürfnis nach einer historischen Legitimation der nationalen Staatsgründung. Der ihnen nahestehende preußische Kronprinz streckte sogar Fühler nach Wien aus, um die Insignien des alten Reiches für das neue zurückzuholen. Aber die historische Anknüpfung sollte zugleich eine innere Distanzierung sein, der nationale Gehalt der Reichsidee an die Stelle des universalen treten. Diese Problematik einer historischen Kontinuität, die berufen und gleichzeitig verleugnet werden sollte, ist bis in die offiziellen Deklarationen zu spüren, in denen das neue Reich und sein Kaisertum verkündet wurde. So enthält der Text der Proklamation Wilhelms I. an das deutsche Volk wohl den Hinweis auf die Erneuerung der »seit mehr denn sechzig Jahren ruhenden deutschen Kaiserwürde«, aber ein rechtlicher Zusammenhang sollte damit nicht behauptet werden; das verboten schon die Folge der Kontinuitätsbrüche seit 1806 und die großen Territorialveränderungen, die die habsburgischen Länder draußen ließen und im Norden und Osten über das alte Reichsgebiet hinausgriffen. Während der Historiker Heinrich von Treitschke die Formel vom alten Reich als der zerfallenden und vom neuen als der werdenden nationalen Monarchie fand, begnügte sich Bismarck mit der moralischen Funktion eines »werbenden Elementes für Einheit und Zivilisation« in einem föderalen System. Das entsprach wohl der Situation von 1871, aber die Entwicklung wuchs bald darüber hinaus: Der nationale und föderalistische Reichsgedanke wandelte sich allmählich zum imperialen und wurde ein ideologisches Instrument für eine ›Weltpolitik‹, in der jetzt der neue Begriff ›Weltreich‹ auftauchte, in allen Schattierungen, vom kulturellen bis zum politischen Expansionismus. Vom Kaiserreich als Nationalstaat entfernte man sich damit immer mehr.

Es liegt nahe, hier einen Vergleich mit dem Risorgimento-Nationalismus in Italien zu ziehen. Zu seinen geistigen Grundlagen gehörte zweifellos die italienische Kulturbewegung seit dem Rinascimento mit ihren Auswirkungen auf Nationalsprache, Nationalliteratur und Nationalbewußtsein – Dante und Petrarca waren allen Italienern der Bildungsschicht gegenwärtig und zählten zu den wenigen verbindenden Elementen eines gesamtitalienischen Bewußtseins im Norden und Süden –, aber die politische Tradition reichte nur bis zum Königreich Italiens unter Napoleon I. zurück. Gelegentlich erschien zwar die Idee eines ›Dritten Rom‹, doch der Rückgriff auf das römische Impero war erst eine Verirrung des Faschis-

Die Zerstörung der Colonne Vendôme durch die Pariser Commune am 16. Mai 1871
Stich nach einer Zeichnung von Daniel Vierge
in Victor Hugos 1872 in Paris erschienenem Werk ›L'année terrible‹
Berlin, Privatsammlung

mus. In stärkerem Maße als die deutsche Nationalbewegung bewahrte sich die italienische die Einheit von politischer Idee und Kultur.

Der Krieg brachte in Deutschland und in Frankreich eine nationale Reorganisation recht unterschiedlicher Art in Gang. Frankreich erlebte nach der Erschütterung durch Krieg und Frieden mehrere Phasen der Entwicklung, bis nach Jahren ein inneres Gleichgewicht hergestellt war. Es handelte sich nicht nur um einen Regimewechsel, sondern um eine nationale Existenzkrise. Sie wurde durch die militärische Niederlage von Sedan ausgelöst und begann mit der Revolution vom 4. September 1870 in Paris, die das bonapartistische System beseitigte. Die daraus hervorgehende Regierung der nationalen Verteidigung krankte an dem inneren Widerspruch ihrer Politik, die, zur militärischen Verteidigung auf längere Sicht unfähig und, durch den Ausgang der Wahlen zur Nationalversammlung in ihrer Widerstandskraft geschwächt, immer deutlicher auf die Kapitulation vor dem auswärtigen Gegner zusteuerte. Als die Nationalversammlung den Präliminarfrieden mit großer Mehrheit angenommen hatte, entlud sich am 18. März 1871 der Widerstand gegen die Capitulards in der Hauptstadt Paris in einem Aufstand, der von der bürgerlichen und proletarischen Linken, von Jakobinern, Blanquisten und Anarchisten, getragen wurde. Dieser ebenso sozialrevolutionäre wie nationalistische Aufstand der Commune setzte die revolutionäre Tradition von Paris fort und wurde von Marx und später von Lenin zum Modell proletarischer Machterhebung stilisiert. In der von deutschen Truppen umzingelten Stadt wurde die Regierung der Commune nach zwei Monaten in blutigen Straßenkämpfen niedergezwungen, die alle Maßstäbe dieses Jahrhunderts sprengten und im Mai in brutaler Verfolgung der Aufständischen durch die Armee und die Gerichte der Nationalversammlung enden sollten. Der proletarische Sozialismus wurde auf diese Weise mit sehr viel radikaleren Mitteln von der politischen Bildfläche verdrängt als nachher mit dem Sozialistengesetz in Deutschland. Doch auch der französische Nationalismus hatte dabei eine Niederlage erlitten; seine Antriebe sind von der bürgerlichen Linken und der Rechten mit der Formel weitergetragen worden, immer an das, was getan werden müsse, zu denken, jedoch nie davon zu sprechen. Der Commune-Aufstand war nur ein Zwischenspiel in einer Jahre dauernden Staatskrise Frankreichs, während derer die Restauration der Monarchie zuletzt vordergründig an der Frage des Flaggensymbols und der Wiedereinführung des Lilienbanners statt der Trikolore, tatsächlich an der sozialen und politischen Heterogenität der monarchistischen Gruppen gescheitert ist. Die Lois fondamentales von 1875 gaben dem republikanischen Nationalstaat eine dauerhafte Verfassung, welche die Herrschaft der Mittelschichten in der Nation une et indivisible garantierte.

Die gleichzeitigen Ereignisse in Deutschland wirken wie ein Spiegelbild der französischen Entwicklung: Dominierte in Frankreich die nationale Desintegration bis zum Extrem des Bürgerkrieges, so hatte der militärische Sieg in Deutschland eine integrierende Wirkung. Der kleindeutsche Nationalstaat wurde auf den französischen Schlachtfeldern eines Krieges vollendet, der dem Typus des Nationalkrieges zugehört, zwar kein nationaler Befreiungskrieg, aber ein nationaler Einigungskrieg gewesen ist. Die gemeinsamen deutschen Siege in Frankreich ermöglichten die Gründung eines auch die süddeutschen Staaten einschließenden Bundes. Sie taten dies außenpolitisch, indem sie den potentiellen Gegner Frankreich ausschalteten, innerhalb der deutschen Politik, weil erst seit Sedan die süddeutschen Staaten sich bereit zeigten, über ihren Beitritt zum Norddeutschen Bund zu sprechen. In zähen Verhandlungen im Oktober und November 1870, in denen es Bismarck gelang, die süddeutschen Delegationen zu trennen, wurden Verträge auf der Basis der unveränderten Annahme der Norddeutschen Bundesverfassung und vereinbarter Sonderrechte für Bayern und Württemberg geschlossen. Der National-

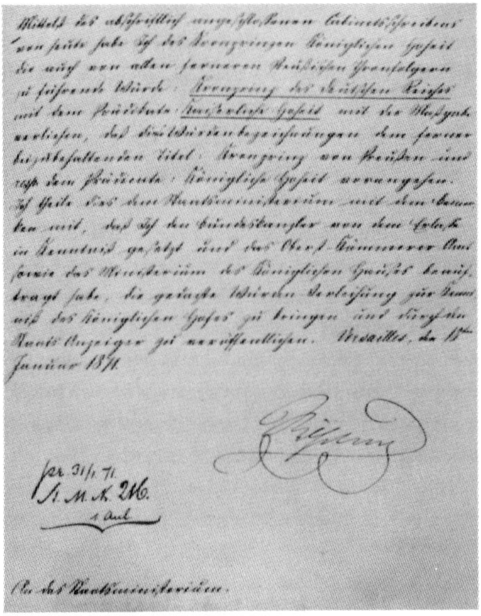

Anweisung zur Titulatur des Kronprinzen
durch Wilhelm I. nach dessen Proklamation
zum Deutschen Kaiser
in Versailles am 18. Januar 1871
Schreiben des Kaisers vom 18. Januar 1871
Berlin, Geheimes Staatsarchiv
Preußischer Kulturbesitz

staat blieb auch im letzten Stadium seiner Entstehung ein Geschöpf der Diplomatie, ein Bündnis der Fürsten und Freien Städte. An seine Spitze trat der König von Preußen als ›Deutscher Kaiser‹ – nicht als ›Kaiser der Deutschen‹ –, dessen Proklamation am 18. Januar 1871 im Spiegelsaal des Versailler Schlosses vor Fürsten und Fürstendienern, Militärs und Diplomaten, aber ohne gewählte Vertreter des deutschen Volkes stattfand. Der nationale Bundesstaat unter preußischer Führung war geschaffen; das Vermächtnis der Revolution von 1848/49 schien eingelöst; die Mehrheit der Nation sah in ihm die Erfüllung der deutschen Geschichte. Aber die Bruchlinien des neuen Reichsbaues waren im Aufschwung der starken nationalen Emotionen des Sieges nur überdeckt, die erhoffte nationale Harmonie stellte sich nicht ein; vielmehr wurde der nationale Staat der Ort eines mühsamen, langsamen Integrationsprozesses, der von gesellschaftlichen, geistigen, konfessionellen und wirtschaftlichen Spannungen ständig irritiert wurde.

Der Untergang des Kaiserreiches Napoleons III. war ein europäisches Ereignis über die unmittelbar betroffenen Nationen hinaus. Alle Ordnungen, an denen Frankreich als Garant oder Mitgarant beteiligt war, mußten revidiert werden. Italien, das bereits 1866 nach einem unglücklich verlaufenen Feldzug aus der Hand Napoleons Venetien entgegengenommen hatte, aber das Trentino wieder herausgeben mußte, kam jetzt in den Besitz von Rom, das schon vorher zur Hauptstadt des neuen Königreiches erklärt worden war. Rom und der Kirchenstaat waren eine Exklave auf der politisch geeinten Halbinsel geblieben; seine Unabhängigkeit wurde von französischen Truppen geschützt, mit denen Napoleon sich die Sympathien der klerikalen Partei in Frankreich erkaufte. Zuletzt im September 1864 sagte er unter dem Druck der italienischen Nationalbewegung den Abzug seiner Truppen binnen zwei Jahren zu; formell erfüllte er dieses Versprechen, duldete aber die Bildung einer französischen Legion, in die die Offiziere und Mannschaften des Besatzungskorps aufgenommen wurden. Nach den Machtverschiebungen von 1866 wurde der Kirchenstaat durch die von der italienischen Regierung kaum im Zaum gehaltenen Freischaren Garibaldis bedrängt, denen reguläre französische Truppen bei Mentana Anfang November 1867 eine Niederlage beibrachten. Rom, wo 1869/70 das erste Vatikanische Konzil tagte und der Papst seine Stellung über der Kirche durch das Unfehlbarkeitsdogma sanktionierte, war längst zu einer Belastung für die Politik Napoleons geworden, als am 20. September 1870 italienische Truppen an der Porta Pia in die Stadt einrückten. Zuvor hatte die italienische Regierung bei der provisorischen Regierung in Paris das Abkommen von 1864 gekündigt. Durch eine Volksabstimmung wurde der Anschluß Roms an das Königreich vollzogen, und ein Jahr später wurden Regierung und Parlament in die erklärte Hauptstadt verlegt. In ganz Europa wurde dieses Ereignis, das im Schatten von Sedan stand, mit zwiespältigen Gefühlen aufgenommen. Theodor Mommsen fragte einen italienischen Staatsmann: »Was wollt Ihr in Rom? Das beunruhigt uns alle. In Rom kann man nicht ohne kosmopolitische Ziele sein.« Richard Cobden dagegen, Repräsentant eines modernen industriellen und kommerziellen Zeitalters, sagte, auf die majestätischen Trümmer des alten Rom vom Monte Mario hinabblickend: »Alles das ist heute zu gar nichts mehr nutz.« Weder das eine noch das andere Wort war der Zukunft Roms angemessen: Italien wurde nach Vollendung seiner staatlichen Einigung weder eine universale noch eine im europäischen System unbeachtliche Macht; es hielt sich unter den großen Mächten als mittlerer Staat, belastet durch die Ungunst seiner Grenzen und den divergierenden Entwicklungsstand seiner Regionen, aber auch durch das Bewußtsein, ein Stück Italia irredenta außerhalb seiner Grenzen lassen zu müssen.

Die Wirkungen der 1870 eingeleiteten Machtveränderungen reichten noch in andere Bezirke Europas. Rußland, der informelle Verbündete der preußischen Macht, seit dem Ausgang des Krim-Krieges seiner europäischen Vormachtstellung beraubt, entledigte sich wenige Wochen nach Sedan, am 31. Oktober, der Fesseln der sogenannten Pontus-Klausel des Pariser Vertrags von 1856 und kündigte einseitig die seine Souveränität einschränkenden Bestimmungen über die ›Neutralisierung‹ des Schwarzen Meeres. England brachte sich als vermittelnde Macht ins Spiel und machte diese Kündigung zum Gegenstand eines europäischen Kongresses, der vom Januar bis März 1871, in den kritischen Wochen der preußisch-französi-

Vertreter des Adels und der Diplomatie bei der Ehrenbezeigung vor Alexander II. im Februar 1856, einen Monat vor Abschluß des Pariser Friedens
Lithographie aus Moskau, 1856

schen Friedensverhandlungen, in London tagte und die russische Kündigung, aber auch die Schließung der Meerengen vertraglich bekräftigte. Damit wurde Rußland seine Rückwendung nach Europa ermöglicht und die Meerengenfrage wieder auf die Tagesordnung gesetzt. Kommende Konflikte kündigten sich an. In dem Augenblick, in dem der Balkan erneut in den Mittelpunkt der Politik der Großmächte rückte, wurden dort auch die verwickelten Nationalitätenfragen wieder akut, für die 1856 nur sehr vorläufige Lösungen gefunden worden waren.

Das Nationalitätsprinzip, das in Italien und in Deutschland gesiegt hatte, tat es in beiden Fällen ohne Bruch des europäischen Mächtesystems; dieses wurde nur modifiziert, nicht zerstört. Allerdings traten erhebliche Form- und Stilverwandlungen ein. Das Deutsche Reich, so sehr sein Machtkern in Preußen erhalten blieb, sprach jetzt im Namen der deutschen Nation oder Deutschlands – ein Wort, das zwar nicht im Staatsnamen, aber an einzelnen Stellen der Verfassung verwendet wird. Soziale Differenzierungen von West nach Ost und Nord nach Süd verschwanden so wenig wie landschaftliche und einzelstaatliche Besonderheiten, aber das nationale Bewußtsein eines ›Reichsvolkes‹, das auch die Klassenunterschiede beeinflußte, wuchs selbst gegenüber den außerhalb des Reiches verbliebenen Deutschen. Im nationalen Einheitsstaat Italien waren die verfassungsmäßigen Voraussetzungen für eine einheitliche Nation günstiger, obwohl das Gefälle, namentlich der Sozialverfassung, vom Norden nach dem zurückgebliebenen Mezzogiorno weit größer gewesen ist. Der nach außen gerichtete Irredentismus ging von einer italienischen Nation aus, die im Innern noch nicht verwirklicht war. Die Nationalisierung als Zeittendenz beschränkte sich nicht auf die Völker, die ihre staatliche Einheit noch schaffen mußten, sondern erfaßte auch Staaten, die mit ihrer Macht ihre fehlende Homogenität erzwingen wollten; sie war letztlich die Folge eines innerstaatlichen Nationalismus. Diese Tendenz findet sich vornehmlich im zaristischen Rußland, in dem der großrussische Nationalismus, teilweise gemischt mit panslawistischen Ideen, seit den sechziger Jahren eine rigorose Russifizierungspolitik betrieb, von der alle nichtrussischen Völker im europäischen Rußland betroffen waren. An erster Stelle standen die Polen, die nach dem mißglückten Aufstand von 1863 – der auch im Zusammenhang mit der nationalitären Tendenz dieser Zeit stand – die letzten Reste ihrer Sonderstellung im russischen Reich verloren und deren Land zum ›Weichsel-Gebiet‹ degradiert wurde. Alle Formen der administrativen, kulturellen und religiösen Unterdrückung, über die eine etatistische Nationalisierungspolitik verfügt, wurden hier angewendet. Dieselben Prinzipien galten in der Ukraine, wo durch einen Ukas des Zaren vom 30. Mai 1876 der Gebrauch des ›kleinrussischen Dialektes‹, das heißt der ukrainischen Sprache, verboten wurde. In der gleichen Zeit unterlagen in den baltischen Provinzen die Deutschen dem Druck der Russifizierung, der bis an das Ende des Jahrhunderts zunahm. So verweigerte Alexander III. die Bestätigung der autonomistischen baltischen Privilegien. In Finnland wurde die Verfassung des autonomen Großherzogtums im Jahr 1899 in aller Form für ungültig erklärt. Die hinter solchen Maßnahmen stehenden Ziele umriß der russische Publizist Michail Katkow 1867 mit den Worten: »Rußland braucht einen einheitlichen Staat und eine starke russische Nationalität. Schaffen wir eine solche Nationalität auf der Basis einer allen Bewohnern gemeinsamen Sprache, eines gemeinsamen Glaubens und des slawischen Mir. Alles, was uns entgegenstehen wird, stürzen wir um!«

Nicht anders als die Russen verfuhren die Magyaren in der ungarischen Reichshälfte der habsburgischen Monarchie. Im multinationalen Staat wurde nationale Assimilierung der nichtmagyarischen Nationen durch staatliche Zwangsmaßnahmen und gesellschaftlichen Druck vorgenommen. Die Methoden glichen den russischen und erstreckten sich insbesondere auf das Schulwesen.

Schulexamen
Gemälde von Albert Anker, 1862
Bern, Kunstmuseum

Das Nationalitätengesetz von 1868 erklärte Ungarn zum ›einheitlichen Nationalstaat‹ und seine Bevölkerung, die zur Hälfte aus nationalen Minderheiten bestand, zur ›einheitlichen ungarischen politischen Nation‹. An den Volksschulen wurde seit 1868 und rigoroser noch seit 1879 das Magyarische als Pflichtfach eingeführt, und danach wurden sogar die Kindergärten zur Einführung des magyarischen Sprachunterrichts gezwungen. Fast noch wirksamer war der gesellschaftliche Druck, der den sozialen Aufstieg an die Magyarisierung von Sprache und Namen band und die Nationalitäten nahezu gänzlich vom politischen Leben ausschloß; ihr Anteil an der Verwaltung betrug nur zehn Prozent, im Parlament sogar nur fünf Prozent.

Der innerstaatliche Nationalismus in Rußland, in Ungarn und in den östlichen Provinzen Preußen-Deutschlands wurde von staatlichen Bürokratien getragen, wiewohl er überall auch eine gesellschaftliche Bewegung war, eine Form der gesellschaftlichen Assimilation, durch die der Adel und die bürgerlichen Schichten und zum Teil sogar das Bauerntum aus dem Staatsvolk in die ›Nation‹ verwandelt werden sollten. Er setzte alle für staatliche Macht verfügbaren Mittel, die Schule, die Armee, aber auch die Möglichkeiten eines gesellschaftlichen Konformismus ein. Er mobilisierte Gegenkräfte, unter denen die nationale Selbsthilfe in wirtschaftlichen Organisationen namentlich bei den Polen in Preußen, im »polnischen Gemeinwesen, im polnischen Staat«, und die Kirchen ihre Rolle spielten. Das Ergebnis war darum zwiespältig. Großen Erfolgen wie in Ungarn standen gestärkte Abwehrkräfte gegenüber, die nach revolutionären Entladungen drängten und diese auch herbeiführten, so in Rußland 1904/05. Von den Großreichen blieben wohl das Zarenreich und die Habsburger Monarchie bis zu ihrem Ende Herren der Lage, während in der weit schwächeren Türkei die Abbröckelung nationaler Teilstaaten, an deren Eingang die griechische Revolution gestanden hatte, weiterging. Ihre Entwicklung vollzog sich in Abhängigkeit von der Politik der Großmächte, jedenfalls immer dann, wenn nationale Bewegungen bis zu einer bestimmten Schwelle gekommen waren, an der international wirksame Entscheidungen notwendig wurden. Rumänien ist dafür ein gutes Beispiel. Sein staatlicher Kern, die beiden formell unter türkischer Oberhoheit stehenden Donau-Fürstentümer, Moldau und Walachei, waren im 19. Jahrhundert lange unter russischen Einfluß, ja unter russische Besetzung geraten. Im Pariser Kongreß von 1856 wurde aber ihre Selbständigkeit in staatlicher Trennung und unter fortdauernder türkischer Suzeränität hergestellt. Die 1859 erfolgte Wahl eines gemeinsamen Fürsten, Alexander Cuza, brachte ihre Vereinigung unter dem Namen Rumänien im Jahr 1861, zum Zeitpunkt der Proklamation des Königreiches Italien. Fünf Jahre nach dem Scheitern Cuzas wurde ein hohenzollernscher Prinz aus der süddeutschen Linie, Prinz Karl, zum König gewählt. Erst nach der großen Balkan-Krise von 1877/78 erlangte Rumänien auf dem Berliner Kongreß volle Unabhängigkeit neben Serbien und Montenegro. Das Grundmuster des Versuchs nationaler Integration durch einen ausländischen Herrscher, für das vor Rumänien schon Belgien und Griechenland und später Bulgarien und Albanien Beispiele sind, war eine Form der internationalen Anerkennung und Garantie in einem Zeitalter, in dem die Monarchie noch überwiegend als Ausdruck der Zugehörigkeit zur europäischen Staatengesellschaft galt. Mit der Rolle ausländischer Fürsten in einem nationalstaatlichen System wurden besondere Probleme aufgeworfen, die mit wenigen Ausnahmen im Sinne nationaler Anpassung der fremden Dynastie gelöst werden konnten.

Europa war nach 1870 vom Prinzip politischer Souveränität auf nationalstaatlicher Basis bestimmt. Doch das traf nicht für alle Regionen des Kontinents zu. Das zaristische Rußland paßte nicht in dieses Schema, so sehr sich die nationalistischen Kräfte in seiner Bürokratie und in seiner Intelligenz bemühten, es diesem Leitbild ähnlich zu machen. Die österreichisch-ungarische Doppelmonarchie blieb ein der nationalstaatlichen Normalität widersprechendes Gebilde und wurde auch als solches namentlich in Westeuropa empfunden. Die Schweiz als ein Staat mit mehrsprachiger Bevölkerung schwankte in ihrem Selbstverständnis zwischen der Vorstellung der Vorwegnahme europäischer Übernationalität und der Paradoxie einer übernationalen Nation. Die großen westlichen Staaten waren wie England durch ihre globalen

Karl I. von Rumänien
mit seinem Großneffen, dem späteren Karl II.
Photographie von einem Unbekannten

Reichsbildungen dem engen kontinentalen Nationalstaatsbegriff längst entwachsen, oder sie waren wie Frankreich im Begriff, es zu tun. Auch Deutschland folgte auf dem Weg vom europäischen Nationalstaat zum ›Weltreich‹, allerdings ohne einen mit den westlichen Nationen vergleichbaren Erfolg. Im Europa des ausgehenden Jahrhunderts wirkte die nationale Frage nur noch beim italienischen Irredentismus, auf dem Balkan, in Irland und untergründig in Ostmitteleuropa in die große Politik hinein und wurde von den Problemen des Imperialismus und den großen gesellschaftlichen Konflikten zurückgedrängt. Sie trat erst dann wieder beherrschend hervor, als die multinationalen Großreiche am Ende des Ersten Weltkrieges zusammenbrachen und das Prinzip des nationalen Selbstbestimmungsrechts in ganz anderer Weise denn bisher als demokratisches Prinzip verkündet wurde. Jetzt brach die für das 19. Jahrhundert charakteristische Verknüpfung nationalitärer Politik mit staatlicher Mächtepolitik zusammen; die neuen Nationalstaaten seit 1919 fügten sich nicht in ein altes System, sondern erhielten ihre Funktion in einem neuen.

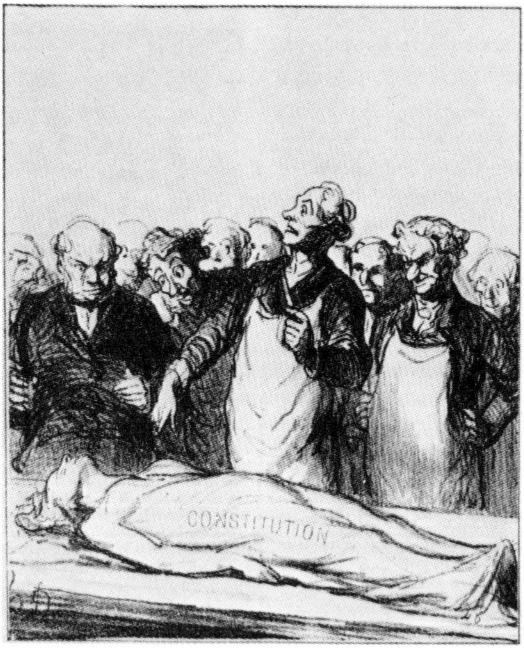

Demonstration der französischen parlamentarischen Verfassungsstruktur im Jahr 1869
Lithographie von Honoré Daumier für den ›Charivari‹ vom 27. August 1869
Düsseldorf, Kunsthandel

Politische Konstitutionen und Institutionen in Europa um 1870

Für den inneren Ausbau der europäischen Staaten sind die Jahrzehnte zwischen 1859 und 1878 von grundlegender Bedeutung gewesen. Verfestigung der Staatsapparate, Liberalisierung der Regierungsformen und Demokratisierung des Wahlrechts standen mit Ausnahme des zaristischen Rußland zur Debatte, wurden in Angriff genommen oder zum Teil schon erheblich vorangetrieben. Die gesellschaftlichen Wandlungen, die mit der fortschreitenden Industrialisierung Hand in Hand gingen, zwangen zur Veränderung der Regierungssysteme, an denen neue Schichten teilhaben wollten. Die in die Verantwortung drängenden politischen Kräfte sammelten sich in politischen Parteien, deren Organisation durch das erweiterte Wahlrecht und die größer werdende Zahl der an einer Wahl beteiligten Bürger verstärkt und in ihrem Wirkungsradius erweitert wurde. Es gab nun in allen großen und in den meisten kleineren Staaten Parlamente mit sehr unterschiedlicher Kompetenz. Ihre Stellung wurde auch gedanklich durchleuchtet und zu einer Theorie des parlamentarischen Regimes entwickelt: So schrieb 1868 Anatol Prévost-Paradol ›La France nouvelle‹ und 1867 Walter Bagehot ›The English constitution‹. Prévost-Paradol hielt die beiden Grundprinzipien einer parlamentarischen Regierung, Parlamentssouveränität und Ministerverantwortlichkeit, nicht nur in einer Monarchie, wie es bis dahin die Regel war, für möglich, sondern auch in einer Republik und nahm damit schon die Dritte französische Republik vorweg. Bagehot analysierte das System des Party government, wie es sich in England jetzt voll ausbildete.

Doch Europa war im ausgehenden 19. Jahrhundert immer noch eine monarchisch geprägte Welt. Die Höfe bildeten die großen gesellschaftlichen Mittelpunkte, an denen Ehrenstellungen mit politischer Wirkung vergeben wurden, wobei zwar der Adel dominierte, aber auch bürgerliche Parlamentarier eine Plattform fanden, um ihr Ansehen zu erhöhen. In den konstitutionell wie in den parlamentarisch regierten Staaten übten die Monarchen noch wichtige politische Funktionen aus, in einigen, beispielsweise in Schweden, behielten sie den Vorsitz im Regierungskabinett. Im neuen Deutschen Reich war der leitende Staatsmann an das Vertrauen des Kaisers gebunden. In Großbritannien besaß die Krone das unbestrittene Recht, dem Parlament den Chef der Regierung vorzuschlagen, wenn es sich auch als politisch unmöglich herausstellte, dies gegen den Willen der Mehrheit des Parlaments zu tun. Besonders eindrucksvoll war die Rolle der Monarchen im Verkehr der Staaten untereinander. Monarchenbesuche und -konferenzen waren nach wie vor ein politisches Instrument. Bei den drei Kaiserreichen – Deutschland, Österreich-Ungarn, Rußland – gingen die

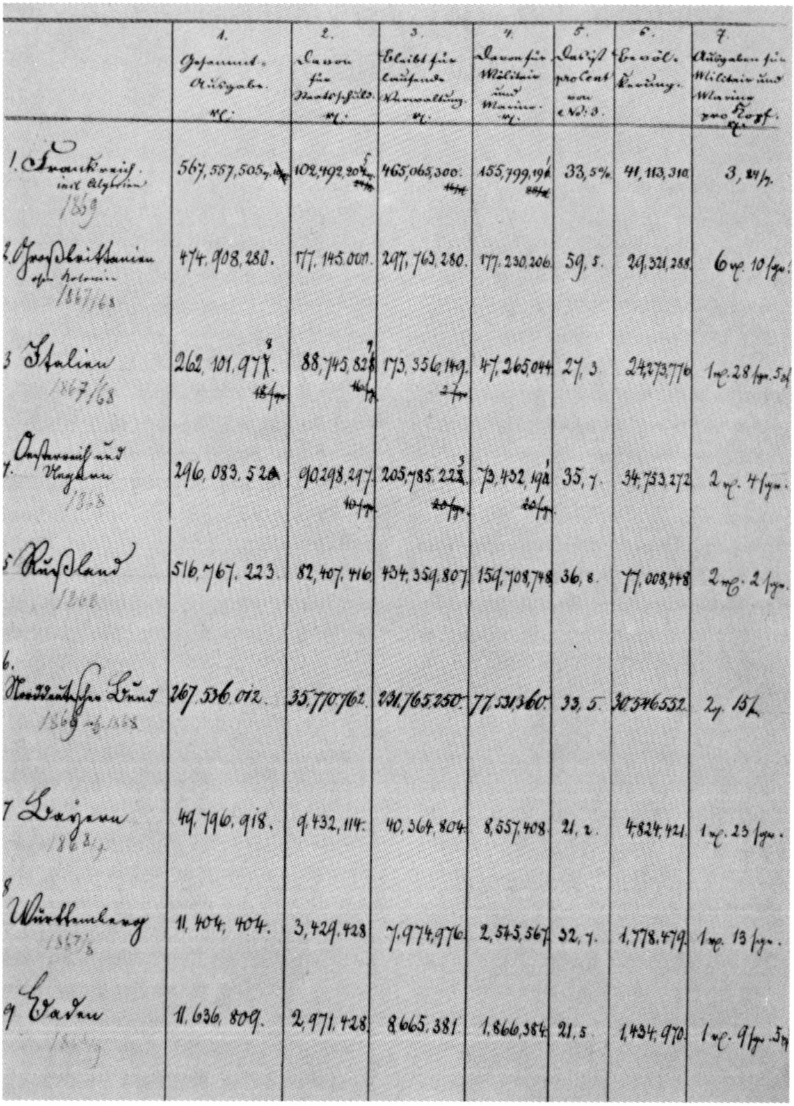

	1. Gesammt-Ausgabe Th.	2. Davon für Staatsschulden Th.	3. Bleibt für laufende Verwaltung Th.	4. Davon für Militair und Marine Th.	5. Das ist procent von No. 3.	6. Bevölkerung.	7. Ausgaben für Militair und Marine pro Kopf Th.
1. Frankreich incl. Algerien 1869	567,557,505	102,492,205	465,065,300.	155,799,191	33,5%	41,113,310	3, 24 /g.
2. Grossbrittanien ohne Kolonien 1867/68	474. 908, 280.	177. 145.000.	297, 763, 280.	177. 230, 206.	59, 5.	29,321,288	6 Th. 10 /gr.
3 Italien 1867/68	262. 101. 978.	88,745, 829	173, 356, 149.	47, 265 044	27, 3	24273776	1 Th. 28 /gr. 5 pf
4. Oesterreich und Ungarn 1868	296, 083. 520	90298,297.	205,785. 223.	73,432, 191	35, 7.	34,753,272	2 Th. 4 /gr.
5 Russland 1868	516, 767. 223.	82, 407. 416	434, 359,807	159,708,748	36, 8.	77,008,448	2 Th. 2 /gr.
6. Norddeutscher Bund 1869 u. 1868	267.536.012.	35,770762.	231,765,250.	77,531,360.	33, 5.	30546552.	2 Th. 15 /gr.
7 Bayern 1868/9	49. 796. 918.	9.432,114.	40,364, 804	8,557,408	21, 2.	4,824,421	1 Th. 23 /gr.
8 Württemberg 1867/8	11, 404, 404.	3,429.428	7.974,976	2,545,567	32, 7.	1,778.479	1 Th. 13 /gr.
9 Baden 1868/9	11. 636, 809.	2,971.428	8665.381	1,866,384	21, 5	1,434, 970	1 Th. 9 /gr. 5 pf

Übersicht über die Ausgaben für Staatsschuld, Verwaltung, Militär und Marine
in Frankreich, England, Italien, Österreich-Ungarn, Rußland,
den Ländern des Norddeutschen Bundes, Bayern, Württemberg und Baden in den Jahren 1868/69
Tabelle mit Umrechnung der Währungen auf Taler Preußisch Courant vom 2. Mai 1869
Berlin, Geheimes Staatsarchiv Preußischer Kulturbesitz

Monarchen noch vertragliche Verpflichtungen für ihre Staaten ein. Dynastische Heiraten besaßen nicht mehr die Bedeutung wie in den vergangenen Jahrhunderten, als mit ihnen Besitz- und Erbansprüche verbunden worden waren, aber sie entbehrten nicht ganz des politischen Charakters, wofür die Heirat des preußischen Kronprinzen Friedrich Wilhelm mit der Tochter der englischen Königin Viktoria im Jahr 1858 ein Beispiel ist. Auf jeden Fall bezeugen sie die Fortexistenz einer gesamteuropäischen Familie der Hocharistokratie, deren Einfluß auf die nationaldemokratisch geprägten Staaten allerdings immer schwächer wurde. Auch die Verpflanzung von Angehörigen meist deutscher Fürstenhäuser in neue Staaten wie Belgien, Griechenland oder Rumänien sollte wohl eine Art internationaler Garantie begründen, wenngleich dadurch die Nationalisierung der neuen Dynastien nicht verhindert werden konnte. In Rußland herrschte ein System des monarchischen Absolutismus, das im letzten Drittel des 19. Jahrhunderts noch nicht ernsthaft gefährdet war. Die österreichisch-ungarische Doppelmonarchie wurde seit 1848 von Verfassungskämpfen und Verfassungskonflikten erschüttert, in denen sich die Person des Monarchen als entscheidender Integrationsfaktor erwies. Es war ›die Monarchie‹ par excellence in Europa, wenn auch die Stellung des Kaisers in ihr weit weniger autokratisch gewesen ist als in Rußland. – In Frankreich wurde die Wiedereinführung der Monarchie nach dem Untergang des Empire zum zentralen politischen Problem. Trotz erheblicher Chancen ist ihre Restauration schließlich gescheitert. So konstituierte sich Frankreich als die einzige Republik unter den europäischen Großstaaten, nachdem in Spanien 1875 das Königtum wiederhergestellt worden war.

Verfassungspolitisch schlug sich das Problem der Demokratisierung in der Frage nach dem Wahlrecht nieder. Hier war Frankreich bereits in der großen Revolution und dann wieder 1848 mit der Einführung des allgemeinen und gleichen Wahlrechts – der Männer – vorangegangen, aber dasselbe Frankreich demonstrierte im Zweiten Empire die Möglichkeit, das allgemeine Wahlrecht zur Waffe eines autoritären und diktatorischen Regimes werden zu lassen. In Deutschland versuchte eine konservative Regierung es im gleichen Sinne zum Instrument ihrer Politik zu machen. Der bürgerliche Liberalismus hatte in der französischen Julimonarchie mit einem durch einen Wahlzensus eingeschränkten Wahlrecht und in den fünfziger Jahren in Preußen mit einem allgemeinen, aber ungleichen Wahlrecht seinen Einfluß erweitern können und widersetzte sich der Einführung plebiszitärer Wahlformen. Er benutzte dabei in Deutschland wie in England in den Debatten über die Wahlreform am Ende der sechziger Jahre fast die gleichen Argumente: Bei einer Erweiterung des Kreises der Wahlberechtigten drohe ›permanente Revolution‹ und die ›Diktatur der Demokratie‹.

Es kennzeichnet die Zeit der aufsteigenden Industriewirtschaft seit den fünfziger Jahren, daß zwar politische Spannungen zwischen den Staaten durch Kriege mit einem bis dahin unbekannten Höchstmaß an technischen Mitteln entschieden wurden – in den wenigen Jahren zwischen 1854 und 1871 fanden in Europa nicht weniger als fünf statt –, daß es aber, abgesehen von dem lokalen Aufstand der Commune in Paris im Frühjahr 1871, nirgends zu revolutionären Entladungen gekommen ist. Innerstaatliche Krisen, in denen Konflikte zwischen gesellschaftlichen Gruppen die Regel waren wie der preußische Verfassungskonflikt der Jahre 1860 bis 1866 oder die Wahlrechtskämpfe in England, wurden immer durch einen Kompromiß beendet, der die bestehende Ordnung mit einigen Veränderungen bestätigt hat. Das Bürgertum zielte auf eine Partizipation an der Macht, nicht auf deren Umsturz.

Die Entstehung neuer Staaten oder die territoriale Ausweitung bestehender Staaten bewirkten regelmäßig einen wesentlichen Strukturwandel und als dessen Folge eine Veränderung des verfassungspolitischen Systems. So wuchs Preußen in den Norddeutschen Bund und das Deutsche Reich hinein und veränderte dadurch seine politische und verfassungsmäßige Form. In Italien dehnte sich der Geltungsbereich des piemontesischen Statuto auf ganz Italien aus. In Frankreich folgten einander innere Systemwechsel, die in ihrem Ergebnis eine neue Staatsform ins Leben riefen. Überall wurde um Verfassungen gerungen, in denen sich die jeweiligen Machtverhältnisse niederschlugen und mit denen die politische Kontinuität rechtlich sanktioniert werden sollte. Von den Erschütterungen in der Mitte Europas gingen dabei Ausstrahlungen auf andere Länder aus, die ihre Verfassungen überprüften und modifizierten: so 1867 auf Österreich-Ungarn, 1874 auf die Schweiz, 1876 auf die Türkei, die eine Reform ihrer Verfassung in liberaler Richtung versuchte, und im selben Jahr auf Spanien. Diese Verfassungsrevisionen resultierten im einzelnen aus recht unterschiedlichen innenpolitischen und gesellschaftlichen Konstellationen, doch insgesamt sind sie Anzeichen eines allgemeinen Bedürfnisses nach Neuorientierung.

Vom Kaiserreich Napoleons III. zur Dritten Republik

Frankreich erlebte den Krieg mitten in einem Wandlungsprozeß seines Kaiserreiches. Das Empire Napoleons III., als nachrevolutionäre Schöpfung aus einer eigentümlichen Mischung diktatorisch-autoritärer und plebiszitärer Elemente entstanden, entwickelte ein Regime gleichzeitig ›repressiver und progressiver Natur‹, in dem die freie Meinung weithin unterdrückt, die Opposition durch Verfolgungen geschwächt oder ins Exil getrieben wurde. Seine Stützen waren Kirche und Armee, das Bauerntum und Kleinbürgertum der Provinz, aber auch Teile der Arbeiterschaft und andererseits des Adels, während die Intelligenz sich zurückhielt oder offenen Widerstand leistete. Neben Ansätzen zu Sozialpolitik im Interesse der unteren Schichten standen die Förderung der Industrie und eine entschiedene Freihandelspolitik. Dieses eklektische, nirgends konsequente System wurde bei allen wichtigen Entscheidungen durch die Akklamation der Wählermassen abgesichert. Vom Staatsstreich im Dezember 1851 bis zu der Bestätigung liberaler Verfassungsreformen im Frühjahr 1870 wandte sich Napoleon immer wieder an das französische Volk, demgegenüber er sich bis zuletzt verantwortlich fühlte, und gab so seiner usurpatorischen Herrschaft eine plebiszitäre Legitimation neben der von seinem großen Vorgänger geborgten charismatischen. Seit 1860, noch auf der Höhe auch außenpolitischer Erfolge, entschiedener dann in den Jahren der Rückschläge der internationalen Politik des Kaiserreiches, wurde das autoritäre Regime zugunsten stärkerer Mitbestimmung des Parlaments umgebaut. Zuletzt wurde die ›Verfassung von 1870‹ verkündet, die Ernest Lavisse als eine Kombination der parlamentarischen Monarchie mit den Fragmenten des Regimes von 1852 bezeichnet hat. Der Kaiser blieb der Chef der Exekutive, neben dem kein Ministerpräsident amtierte. Die Minister waren ihm weiterhin verantwortlich, während er selbst die verfassunggebende Gewalt durch den Appell an das Volk ausübte, sich also die plebiszitäre Grundlage des Regimes erhielt. Es ist ein offenes Problem, ob es gelungen wäre, auf dieser Basis, die von vielen liberalen Oppositionellen nach wie vor abgelehnt wurde, das System zu festigen. Dagegen spricht, daß ihm die Kontrolle über die Öffentlichkeit, auch über die ihn bisher unterstützenden Gruppen, zu entgleiten drohte. Die Bereitschaft zum Krieg und die Hoffnung auf einen militärischen Erfolg müssen als Bestandteile einer Politik gewertet werden, die durch äußere Erfolge und damit durch das Erwecken nationaler Emotionen innenpolitisch wieder Boden zu gewinnen suchte. Insofern gehört der Krieg in den Zusammenhang der inneren Entwicklung, und die Frage danach, was ohne ihn geschehen wäre, stellt sich eigentlich nicht.

Innenpolitisch war es Napoleon zuletzt gelungen, einen Teil des oppositionellen Tiers parti, in dem sich verschiedene Oppositionsgruppen ohne

Absetzung der Dynastie Bonaparte durch die Nationalversammlung in Bordeaux im März 1871: Victor Hugo bei einer Rede in Anlehnung an seine Gedichtsammlung gegen Napoleon III. Lithographie nach einer Zeichnung von Gustave Staal für ›La Chronique Illustrée‹ vom 12. März 1871 Paris, Bibliothèque Nationale spezifische soziale Zuordnung zusammengefunden hatten, zur Mitarbeit an sich zu binden, und damit die Grundlagen des Bonapartismus zu verbreitern. Auf diese Weise wurde die Parteistruktur gegen Ende des Empire noch unübersichtlicher als sie vorher war. Von Parteien zu sprechen geht schon zu weit; es handelte sich um politische Richtungen, die über individuelle Repräsentanten im Parlament und über Honoratiorenkomitees in den Arrondissements verfügten und ein Spiegelbild der französischen Geschichte des Jahrhunderts, weniger eine soziale Gruppierung darstellten. So gehörten zu den Anhängern der Monarchie bourbonische Legitimisten, Orléanisten und Bonapartisten, Anhänger der drei monarchischen Systeme Frankreichs seit der Restauration von 1814. Von ihnen hatten die Orléanisten manche liberalen Überzeugungen mit den gemäßigten Republikanern gemeinsam; auf ihrem Zusammenwirken beruhte später die Entstehung der Dritten Republik. Bei den Wahlen zur Nationalversammlung 1871 überwogen die Monarchisten aller Schattierungen, was dazu führte, daß jetzt das Problem der Wiederherstellung der Monarchie zur zentralen Frage der französischen Politik zwischen 1871 und 1875 wurde. Daß keine neue Monarchie entstand, hing nicht nur von der Halsstarrigkeit des bourbonischen Prätendenten, des Grafen von Chambord, ab, der um keinen Preis die Trikolore annehmen wollte, sondern war letzten Endes eine Folge der völlig divergierenden Vorstellungen von der politischen Zukunft Frankreichs, die die verschiedenen monarchistischen Gruppen vertraten, und auch ihrer unterschiedlichen sozialen Zusammensetzung. Selbst der Adel war seit 1830 bis in die Zeit des Empire gespalten in den alten Adel und den Neuadel.

Die Nationalversammlung begründete zunächst ein Übergangsregime, das von dem betagten Historiker Adolphe Thiers geführt wurde, der schon zwischen 1836 und 1848 dreimal Ministerpräsident gewesen war. Die Stellung, die er gleichsam in einem politischen Vakuum einnahm, wurde als Prinzipat bezeichnet: Er gab sich als überparteilicher Staatschef, war aber ebenso aktiver Regierungschef und hat Wesentliches zu der raschen Erholung Frankreichs nach dem Krieg, zu der vorzeitigen Abzahlung der Kriegskontribution und zum Abzug der deutschen Besatzungstruppen beigetragen. Doch eine Entscheidung über die endgültige Staatsform konnte er nicht herbeiführen. Als der monarchistisch gesinnte Marschall MacMahon 1873 sein Nachfolger wurde, schien die große Stunde der Monarchie gekommen zu sein, aber in Wirklichkeit ging die Entwicklung weiter in Richtung auf ein parlamentarisches Regime, gleich unter welcher Staatsform. MacMahon beschränkte sich mehr auf die Funktion eines Staatschefs und überließ die eigentliche Regierung dem

Adolphe Thiers
Photographie von Disderi & Cie.

Vizepräsidenten des Ministerrates. Das Entscheidende war, daß jetzt die verfassungsrechtlichen Grundlagen für ein neues politisches System gelegt wurden. Die drei Lois constitutionelles des Jahres 1875 stellten eine neue Verfassung dar, wenn man auch das Wort ›Constitution‹ selbst noch vermied. Die Dritte Republik war damit begründet, allerdings mit der denkbar knappsten Mehrheit von einer Stimme und starken Konzessionen an das orleanistisch gesinnte Bürgertum. Die Verfassungsgesetze legten die Kompetenzen des auf sieben Jahre gewählten Präsidenten der Republik, der beiden Kammern – Senat und Abgeordnetenkammer – und des Ministerrates sowie ihre Beziehungen untereinander fest. Dabei fällt die starke Stellung des Präsidenten auf, dem die Kompetenzen des Monarchen zugelegt waren, einschließlich des Rechts der Kammerauflösung, allerdings nur in Übereinstimmung mit dem Senat und mit der Einschränkung seiner Verantwortlichkeit auf den Fall des Hochverrats. Er erscheint hier als eine Art republikanischer Monarch, dem ein plebiszitäres Gegengewicht gegen das Parlament zur Verfügung stand. Verantwortlich vor den Kammern waren die Minister, und zwar kollektiv wie individuell.

Das hat später der Dritten Republik die Stabilität der Kammerherrschaft und die Instabilität der Ministerkabinette verschafft. Das neue präsidialparlamentarische Zwittersystem sollte aber nicht die letzte Lösung sein; denn MacMahon hatte die Hoffnung auf die Wiedererrichtung der Monarchie nicht aufgegeben. Als er nach einem Wahlsieg der Linken im Oktober 1877 durch seinen politischen Kurs in Konflikt mit der Kammer geriet und diese, nach der verfassungsrechtlichen Ordnung von 1875 völlig legitim, auflösen wollte, wirkte dies wie ein monarchistischer Staatsstreich und als Wiederholung bonapartistischer Methoden. Er wurde von der Kammer in seine Schranken verwiesen und mußte ausdrücklich anerkennen, daß die Verfassung von 1875 die République parlementaire begründet hatte. Im Jahr 1879 trat er vorzeitig von seinem Amt zurück. Damit war sowohl das Ende des Monarchismus und mit ihm des politischen Einflusses von seiten des Adels als auch der Beginn der Parlamentsherrschaft ohne Gegengewicht gekommen. Der Präsident behielt im wesentlichen nur repräsentative Funktionen. Politischen Krisen ließ sich nicht durch Parlamentsauflösung, sondern allein durch Kabinettswechsel begegnen. Nach sechzig Jahren und mindestens fünf Umbrüchen war ein verfassungsrechtlicher Zustand erreicht, bei dem den verschiedenen Kräften in der führenden Schicht der französischen Gesellschaft, nicht aber den breiten Schichten des Volkes Bewegungsfreiheit und die Möglichkeit zu politischer Mitbestimmung verschafft wurden. Die Republik ist trotz mehrerer Krisen, in denen ihr inneres Gleichgewicht aufs äußerste bedroht war und der Bonapartismus als Rettung staatlicher Autorität erschien – in der Boulanger-Krise von 1887 bis 1889 und in der Dreyfus-Krise von 1894 bis 1899 –, von dem 1875 und 1877 geschaffenen System bis zur Katastrophe von 1940 nicht mehr abgewichen. Auf den Unterbau des parlamentarischen Systems, die politischen Gruppierungen und Parteien, wirkte weniger die Verfassung als das Wahlrecht, das zunächst und mit einigen Abänderungen auch auf die Dauer durch das Einerwahlsystem in den kleinen Einheiten der Arrondissements die Députés, Abgeordneten, auf die lokalen Honoratioren angewiesen sein ließ und die Ausbildung regionaler und nationaler Parteiorganisationen erschwerte. Frankreich wurde daher das Land mit den offenen Parteibildungen, die außerhalb des Parlaments wenig verfestigt waren und sich mehr auf Parlamentsfraktionen konzentrierten. Ihr Honoratiorencharakter blieb ihnen daher lange erhalten und mit ihm der Einfluß der Provinz: Die Advokaten als im Recht gebildete, freiberuflich tätige und daher unabhängige Männer bildeten das Rückgrat der neuen mittel- und kleinbürgerlichen Führungsschicht, die nach dem republikanischen Sieg von 1879 zum Zuge kam. Sie war nicht auf Programme und Reformen festge-

›Triumph der Republik‹
Denkmal von Aimé Jules Dalou, 1899, auf der Place de la Nation in Paris

legt und ging unter dem Namen ›Opportunisten‹ in die Geschichte ein.

Verfassungen sind immer im vorhinein gesetzte Normen für das politische Leben, das diese erfüllen muß und ihnen nicht selten andere Schwerpunkte gibt, als sie die Verfassungsschöpfer im Auge gehabt hatten. So ist die Vorherrschaft der Kammer, wie sie in der Dritten Republik sich etablierte, nicht eigentlich das Ziel der Verfassungsordnung von 1875 gewesen; denn in ihr sollte die Präsidialgewalt ein Gegengewicht bilden – ein Anspruch, den sie nach 1877 nicht mehr erfüllen konnte und dem auch die Auswahl der Kandidaten für dieses Amt nur noch sehr selten gerecht wurde. Für Europa war es ein Ereignis, daß sich einer seiner Großstaaten als Republik konstituierte im gleichen Moment, als im Nachbarstaat Deutschland eine machtvolle Monarchie geschaffen wurde. Daraus haben sich weniger ideologische Spannungen ergeben, als man erwarten konnte. Freilich war die preußisch-deutsche Militärmonarchie, so wie man sie sah, auch dem Durchschnittsfranzosen verdächtig, ja verhaßt, aber die offiziellen Beziehungen, selbst im Zeichen einer Dauerspannung, waren doch eher von territorialen und machtpolitischen Fragen bestimmt als von ideologischen Systemunterschieden. Der ›Revanchismus‹, wo es ihn gab, fand seine Nahrung in den Grenzproblemen an den Vogesen und am Rhein und wurde später durch die Kolonialrivalität in Marokko verstärkt. Auf der deutschen Seite war anfangs die Einstellung gegenüber der Staatsform Frankreichs viel mehr von Interessengesichtspunkten als durch ideologische Sympathien für den Monarchismus bestimmt, wenigstens bei Bismarck. Dieser ging davon aus – und dies war sogar der Grund eines Zerwürfnisses mit dem deutschen Botschafter in Paris, Harry von Arnim –, daß ein republikanisches Frankreich weniger bündnisfähig sein würde als ein monarchisches – eine Annahme, die doch weit mehr einem Wunschdenken als der Wirklichkeit entsprach. Die französische Republik ist keine zwei Jahrzehnte nach ihrer Geburt der wichtigste kontinentale Verbündete des Zarenreiches geworden. 1914 erklang beim Besuch des französischen Präsidenten Raymond Poincaré in Petersburg die ›Marseillaise‹. Als Republik überwand Frankreich seine Niederlage von 1870 und stieg zu einer der führenden Kolonialmächte auf. Freilich konnte es demographisch, wirtschaftlich, industriell mit seinem östlichen Nachbarn nicht Schritt halten; doch es ist kaum anzunehmen, daß dies unter einer Monarchie, die sicher noch weit mehr zur Erhaltung agrarischer Strukturen beigetragen hätte, anders gewesen wäre.

Vom Preußen-Deutschland zum Deutschen Kaiserreich

Im gleichen Zeitraum, in dem das französische Kaiserreich unterging, wurde das deutsche begründet. Dies kann innerhalb der europäischen Geschichte nicht einfach als reziproker Vorgang verstanden werden, bei dem die politischen Systeme ausgetauscht worden sind. Bei manchen Ähnlichkeiten war die politische, gesellschaftliche und verfassungsmäßige Struktur in Deutschland eine ganz andere als in Frankreich. Das Deutsche Reich wurde durch die preußische Monarchie geschaffen, setzte diese jedoch nicht einfach fort, sondern kam durch einen Kompromiß mit der nationalbürgerlichen Bewegung zustande. Es knüpfte an deren bundesstaatliche Ideen an, verwirklichte aber ihre Verfassungskonzeption nur unvollständig. Zwei historische Voraussetzungen müssen hierbei berücksichtigt werden: die gescheiterte Nationalstaatsgründung von 1848/49 und der in Preußen ausgetragene Konflikt zwischen bürgerlichem Liberalismus und der durch den König repräsentierten Macht des Beamten- und Militärstaates. Die Revolution von 1848 hatte ein Programm aufgestellt, das zwar unerfüllt blieb, aber, wie sich herausstellen sollte, nicht mehr von der Tagesordnung verschwand. Hinter die Positionen des nationalen Bundesstaates, eines nationalen Parlaments mit allgemeinem Wahlrecht, ja selbst hinter die nationalen Symbolbegriffe wie Kaiser und Reich konnte keine Politik mehr zurückgehen, sollte sie die Chance des Erfolgs nicht verspielen. Auch die Konsolidierung des monarchischen Systems hing davon ab, was Bismarck sehr früh erkannt hat. Selbst der mit der Revolution beginnende gesellschaftliche Emanzipationsprozeß konnte nicht verhindert, nur verlangsamt und eingeschränkt werden. Mindestens in der liberalen Phase der Reichsgründungspolitik von 1867 bis 1879 ging er weiter und erfaßte auch die süddeutschen Staaten. Demgegenüber sind die negativen Wirkungen der bürgerlichen Niederlage von 1849 unbestritten: Resignation und Schwächebewußtsein sind für weite Kreise des Bürgertums ein Jahrzehnt lang bestimmend geblieben. Im ganzen aber wurden manche politischen Handlungsmotive wie die Neigung zur Kooperation mit den herrschenden Gewalten in den Monarchien, den großen und kleinen, verstärkt, die Initiativen auf das wirtschaftliche Feld abgelenkt und die Antriebe zur intellektuellen Reflexion und wissenschaftlich-

Bearbeitung der Urwähler
Zeichnung von Ludwig Löffler, 1848
Berlin, Märkisches Museum

künstlerischen Produktion gefördert. Im einzelnen sind diese Mutationen des bürgerlichen Bewußtseins zwischen 1849 und 1859 schwer zu bestimmen.

Die nationalen und die konstitutionellen Fragen waren in der deutschen Geschichte des 19. Jahrhunderts eigentümlich verschränkt. Ganz anders als in Italien, wo die konstitutionelle Bewegung sich vorwiegend auf einen Teilstaat, auf Piemont-Sardinien, konzentrierte, trat das Verfassungsproblem, das heißt die Forderung des bürgerlichen Liberalismus nach Mitwirkung im Rahmen verbriefter Verfassungen, in allen partikularen Staaten in Erscheinung. Die beiden politischen Ziele, nationale Einheit und liberale Freiheit, waren in der Vormärzzeit nicht nur korrespondierende Ziele, sondern sehr oft auch Alternativen. Nach dem Fiasko eines gesamtnationalen Parlaments verlagerte sich der Schwerpunkt des politischen Interesses wieder in die Einzelstaaten; ihre Liberalisierung erschien erneut als Vorbedingung für eine nationale Politik. In diesem Zeichen standen der Regierungsantritt Franz von Roggenbachs und seines Ministeriums der Neuen Ära in Baden im April 1860 und die Verfassungsexperimente in Österreich, vor allem das Februarpatent von 1861, das auf den bis zur Obstruktion gesteigerten Widerstand der gesamten ungarischen Nation stieß, dem sich die slawischen Völker anschlossen. Österreich hatte damit seinen Verfassungskonflikt, aber dessen Wurzeln lagen im Nationalitätenproblem und nicht in einer konstitutionellen Frage ›normalen‹ Typs.

Das unterscheidet die Lage in der Donau-Monarchie von der in Preußen, wo recht eigentlich die Entscheidungsschlacht um das künftige Verhältnis der politischen Gewalten und mittelbar auch der gesellschaftlichen Gruppen geschlagen wurde. Der Konflikt entzündete sich an der Heeresreform, die König Wilhelm I. von Preußen und sein Kriegsminister Albrecht von Roon nach den Erfahrungen, die die preußische Führung bei der Mobilmachung im Krieg von 1859 gemacht hatte, einleiten. Diese Reform, zusammengefaßt in dem Ent-

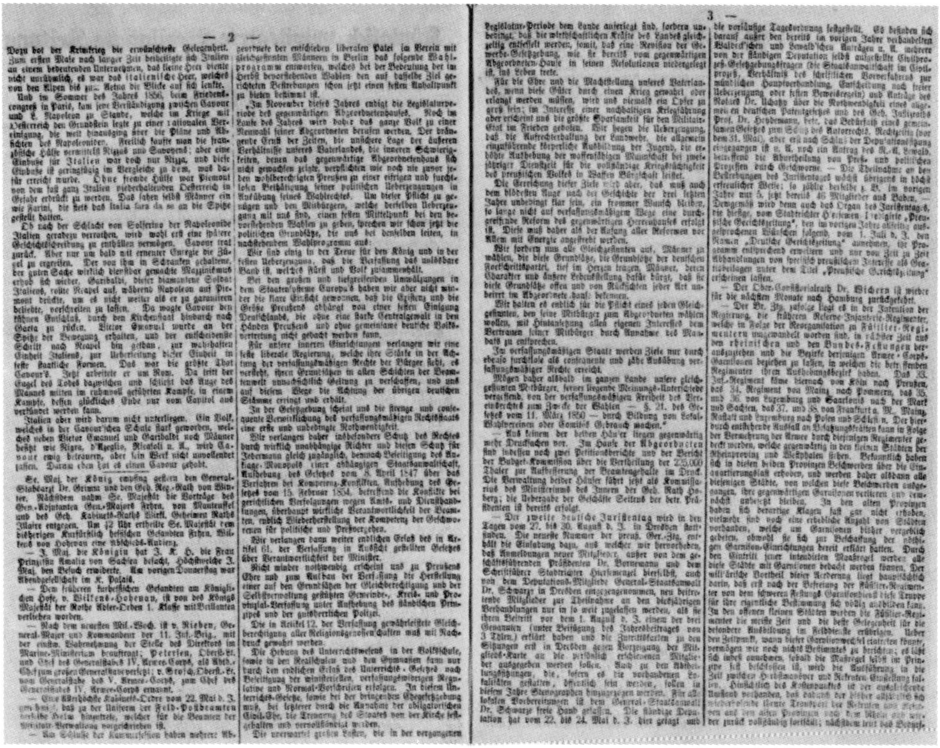

Aktions- und Grundsatzprogramm der Deutschen Fortschrittspartei
Veröffentlichung des Wahlprogramms in der ›Vossischen Zeitung‹ vom 9. Juni 1861
Berlin, Ullstein GmbH, Textarchiv

wurf eines Gesetzes ›betreffend die Verpflichtung zum Kriegsdienst‹, der dem Abgeordnetenhaus im Februar 1860 vorgelegt wurde, zielte in ihrem Kern auf eine Erhöhung der Präsenzstärke der Armee, auf die gesetzliche Wiedereinführung der dreijährigen Dienstzeit, die schon im Wehrgesetz von 1814 festgelegt gewesen war, und auf eine erhebliche Schwächung der Stellung der Landwehr, des ›Bürgerheeres‹, neben der ›Königsarmee‹ der Linie. Militärtechnische, militärpolitische und innen- wie außenpolitische Ziele waren zu einem Programm verbunden, dessen Durchführung den Konflikt zwischen den Organen der Verfassung, zwischen der altpreußischen Militärmonarchie und dem in der Parlamentsmehrheit repräsentierten Bürgertum verursachte. Stand es dem Parlament zu, nicht nur über die Mittel für die Heeresreform, sondern auch über ihre Verwendung zu entscheiden? Oder gehörte der Inhalt der Reform zum Ermessensbereich der Kommandogewalt des Königs, die einem von den Organen der Verfassung zu beschließenden Gesetz überhaupt nicht unterlag? In letzter Zuspitzung wollten die Berater des Königs in einer vom Abgeordnetenhaus mitgetragenen gesetzlichen Regelung die Verwandlung der königlichen Armee in eine Parlamentsarmee sehen. Sie stießen damit über den unmittelbaren Anlaß hinaus auf die grundsätzlichen Probleme der Verfassung vor. Vielleicht hätte sich ein Übereinkommen über wesentliche Punkte der Heeresreorganisation finden lassen, nachdem das Abgeordnetenhaus zweimal, 1860 und 1861, einem Provisorium zugestimmt hatte, das die Verwendung der bewilligten Mittel der Regierung überließ. Doch der Streit wurde von beiden Seiten durch das Aufwerfen von Prinzipienfragen verschärft und ließ sich dadurch, daß der König unnachgiebig auf der dreijährigen Dienstzeit beharrte, nicht mehr schlichten. Die liberale und die demokratische Opposition schlossen sich im Juni 1861 zur Deutschen Fortschrittspartei zusammen, der ersten parlamentarischen Partei in der deutschen Geschichte, die mit einem geschlossenen Programm, ›Aktions- und Grundsatzprogramm‹, hervortrat. Sie siegte in den Wahlen vom Frühjahr 1862 mit überwältigender Mehrheit. Ihr Ziel, den Sturz des Ministeriums zu erreichen, gelang jedoch nicht; vielmehr traten die letzten aus der Neuen Ära noch verbliebenen liberalkonservativen Minister zurück, und es wurde eine neue rein konservative Regierung gebildet. Der Etat für das Jahr 1863 kam nach den Bestimmungen der Verfassung, welche die Übereinstimmung des Königs und beider Kammern verlangte, nicht zustande. An diesem Punkt entstand ein Konflikt über die Auslegung der Verfassung. Von konservativen Kreisen wurde die Theorie entwickelt, daß bei einer Nichtverabschiedung des Etats auf gesetzliche Weise die Regierung das Recht habe, die Verwaltung auf Grund des letzten gesetzlich festgelegten Etats weiterzuführen. Es bestehe eine Lücke in der Verfassung, die nichts darüber aussage, was zu geschehen habe, wenn die drei für die Gesetzgebung zuständigen Organe nicht übereinstimmten. Der König war entschlossen abzudanken, wenn sich kein Ministerium auf dieser Basis bereit fand zu regieren. Dies war der Augenblick, in dem Otto von Bismarck berufen wurde.

Zweifellos lief die Absicht der radikalkonservativen Kreise darauf hinaus, mittels der Lückentheorie die Verfassung überhaupt umzustürzen und das Parlament auf die Dauer auszuschalten. Man würde die konstitutionelle Entwicklung in Preußen-Deutschland freilich mißverstehen, wenn man sie von dieser extremen Position aus sähe. Weder war auf der Seite der Liberalen eine Entschlossenheit zur Revolution vorhanden, noch wollte Bismarck die volle Restauration der absoluten Macht der Krone. Seine deutsche Politik in den nächsten Jahren war auch ein Mittel, um die Voraussetzung für einen Kompromiß zu schaffen, der verfassungspolitisch durch das Indemnitätsgesetz vom 14. September 1866 hergestellt wurde. Hierin wurde für die Budgets der Jahre 1862 bis 1865 bestimmt, »daß es rücksichtlich der Verantwortlichkeit der Staatsregierung so gehalten werden soll, wie wenn die Verwaltung in der erwähnten Zeit auf Grund gesetzlich festgestellter und rechtzeitig publizierter Staatshaushalts-Etats geführt worden wäre«. Damit war das Mitwirkungsrecht des Parlaments grundsätzlich anerkannt, aber gleichzeitig das außerkonstitutionelle Handeln der Regierung nachträglich sanktioniert.

Im Zeichen dieses Kompromisses stand die weitere Entwicklung, vornehmlich die Verfassungsschöpfung des Norddeutschen Bundes und des Deutschen Reiches. Der Geltungsbereich der preußischen Verfassung wurde allerdings nicht einfach auf den Zusammenschluß der anderen Staaten ausgedehnt, wie es beim Statuto in Italien gewesen war, sondern es wurde eine neue Form gesucht, in die auch einige neue Elemente einflossen. Am wichtigsten war die Verknüpfung der bundesstaatlichen Struktur mit dem durch Preußen vertretenen hegemonialen Prinzip. Unter »Anlehnung an das Hergebrachte«, das heißt an den alten Bundestag des Deutschen Bundes, wurde der Bundesrat als das Organ der verbündeten Staaten, als Zentralbehörde der Verfassung, geschaffen, die sowohl exekutive wie legislative Funktionen haben sollte. Die preußische hegemoniale Stellung war verankert in der Funktion des preußischen Königs, zu-

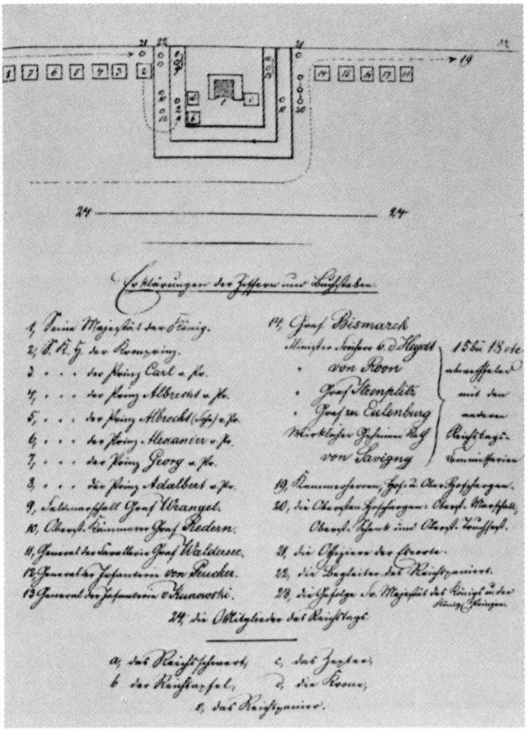

Platzanordnung für die feierliche Eröffnung des Reichstages des Norddeutschen Bundes
am 24. Februar 1867 im Weißen Saal des Berliner Schlosses
zur Entgegennahme der Thronrede des Königs
Skizze eines Zeremonienmeisters vom 23. Februar 1867
Berlin, Geheimes Staatsarchiv Preußischer Kulturbesitz

nächst als Inhaber des Präsidiums, später im Reich als Deutscher Kaiser, in dessen Recht auf Ernennung des Bundes- beziehungsweise Reichskanzlers und in der Verfügung über die Zahl von Stimmen, die für die Verhinderung von Verfassungsänderungen genügten. In Militärangelegenheiten, Zollangelegenheiten und indirekten Steuern gab zudem die »Stimme des Präsidiums den Ausschlag, wenn sie sich für die Aufrechterhaltung der bestehenden Einrichtungen ausspricht«. Die preußische Hegemonie im norddeutschen, später deutschen Bundesstaat war mehr als ein verfassungsjuristisches Problem, wenn man in Rechnung stellt, daß Preußen durch seinen politischen Charakter, sein Wahlrecht, seine soziale Machtverteilung zugunsten der ländlichen Aristokratie und der militärischen Hierarchie ein spezifisches System darstellte, von dem das Reich abhängig wurde, wenn es auch nie ganz in ihm aufging. Dagegen bestand von Anfang an die Barriere der föderativen Strukturelemente. Sie waren verfassungspolitisch bereits im Norddeutschen Bund eingebaut, obwohl

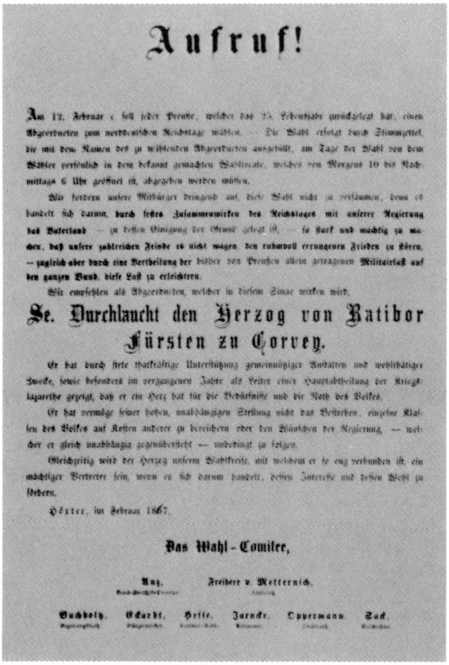

Aufruf!

Am 12. Februar c. soll jeder Preuße, welcher das 25. Lebensjahr zurückgelegt hat, einen Abgeordneten zum norddeutschen Reichstage wählen. — Die Wahl erfolgt durch Stimmzettel, die mit dem Namen des zu wählenden Abgeordneten ausgefüllt, am Tage der Wahl von dem Wähler persönlich in dem bekannt gemachten Wahllocale, welches von Morgens 10 bis Nachmittags 6 Uhr geöffnet ist, abgegeben werden müssen.

Wir fordern unsere Mitbürger dringend auf, diese Wahl nicht zu versäumen, denn es handelt sich darum, **durch festes Zusammenwirken des Reichstages mit unserer Regierung das Vaterland** — zu dessen Einigung der Grund gelegt ist, — **so stark und mächtig zu machen, daß unsere zahlreichen Feinde es nicht wagen, den ruhmvoll errungenen Frieden zu stören, — zugleich aber durch eine Vertheilung der** bisher von Preußen allein getragenen **Militairlast auf den ganzen Bund, diese Last zu erleichtern.**

Wir empfehlen als Abgeordneten, welcher in diesem Sinne wirken wird,

Se. Durchlaucht den Herzog von Ratibor
Fürsten zu Corvey.

Er hat durch stete thatkräftige Unterstützung gemeinnütziger Anstalten und wohlthätiger Zwecke, sowie besonders im vergangenen Jahre als Leiter einer Hauptabtheilung der Kriegslazarethe gezeigt, daß er ein Herz hat für die Bedürfnisse und die Noth des Volkes.

Er hat vermöge seiner hohen, unabhängigen Stellung nicht das Bestreben, einzelne Klassen des Volkes auf Kosten anderer zu bereichern oder den Wünschen der Regierung, — welcher er gleich unabhängig gegenübersteht — unbedingt zu folgen.

Gleichzeitig wird der Herzog unserm Wahlkreise, mit welchem er so eng verbunden ist, ein mächtiger Vertreter sein, wenn es sich darum handelt, dessen Interesse und dessen Wohl zu fördern.

Höxter, im Februar 1867.

Das Wahl-Comitee,

Kuz. Freiherr v. Metternich.

Buchholz. Eckardt. Hesse. Jarncke. Oppermann. Sack.

Aufruf zur Abgeordnetenwahl für den Reichstag
des Norddeutschen Bundes
Maueranschlag aus Höxter, Februar 1867
Hamburg, Privatsammlung

das reale Gewicht der nord- und mitteldeutschen Mittel- und Kleinstaaten gering war. Erst in der Verfassung des Deutschen Reiches traten sie stärker hervor, nun vor allem in bestimmten Sonderrechten namentlich für Bayern, aber auch in der Festlegung des den Königreichen Bayern, Württemberg und Sachsen faktisch zukommenden Vetorechts gegen Verfassungsänderungen im Bundesrat. Die Spannung zwischen hegemonialen und föderativen Elementen, in der Verfassung festgehalten, unterscheidet das neue Deutsche Reich von den nationalen Einheitsstaaten, insbesondere von Italien und Frankreich. Allerdings ist sie nie in dem Maße hervorgetreten, wie das Bismarck in seiner Einschätzung vor allem der süddeutschen partikularstaatlichen Traditionen erwartet hatte. Vielmehr habe, so sagte er im Alter, der »Fraktionenpartikularismus« den »geographischen Partikularismus« abgelöst. In die oberen Schichten der Träger der Reichspolitik sind mehr und mehr auch nichtpreußische Kräfte eingedrungen; hier bildete sich eine weitgehende Homogenität der politischen Leitbilder und der sozialen Rangordnung, in der das preußische Vorbild nicht allein den Ausschlag gab, obgleich es weithin dominierte.

Ein weiterer wesentlicher Faktor der Verfassungsordnung von 1867 und 1871 war die Einführung des allgemeinen, gleichen, direkten und geheimen Wahlrechts der Männer über fünfundzwanzig Jahre. Man hat den bonapartistischen Einfluß auf diese schon in frühen Entwürfen Bismarcks vorbereitete Entscheidung feststellen wollen, ohne daß er sich präzis belegen läßt. Eher nachweisbar, wenigstens für Bismarck, ist eine Motivierung, die aus der Kampfstellung gegen das liberale Bürgertum im Verfassungskonflikt und seine Erfolge mittels des Dreiklassenwahlrechts sowie gegen das auf plebiszitäre Wahlformen allergisch reagierende Österreich erwachsen ist. Hatte Bismarck Hoffnungen auf eine konservative Grundhaltung der agrarischen Mittel- und Unterschichten Ostdeutschlands gesetzt, so erwies sich das als trügerisch. Die fortschreitende Industrialisierung, aber auch die großen Weltanschauungskonflikte mit dem Katholizismus und die Klassengegensätze mit der sozialistischen Arbeiterpartei im neuen Reich gaben Massenparteien Auftrieb, die keineswegs zur Akklamation bereit waren, sondern im allgemeinen Wahlrecht die Chance fanden, ihre Anhänger zu Abwehr und Angriff aufzubieten. So blieb der bonapartistische Effekt der plebiszitären Sanktion des Systems, sollte ihn Bismarck je erwartet haben, aus. Dazu kam noch eine andere verfassungspolitische Regelung, deren Wirkungen für die Geschichte des Deutschen Kaiserreiches von größter Bedeutung waren. Das nach dem allgemeinen Wahlrecht gewählte Parlament, der Reichstag des Norddeutschen Bundes und

Eine Sitzung des deutschen Reichstages in Berlin im Jahr 1874
Holzschnitt nach einer Zeichnung von Hermann Lüders, 1874
Berlin, Privatsammlung

dann des Deutschen Reiches, wurde ein auf legislative Funktion beschränktes Organ, die es mit dem Bundesrat teilte. Die verfassungspolitische Zuständigkeit erstreckte sich auf weite Gebiete der Zoll-, Handels-, Verkehrs- und Rechtspolitik. Die Nachwirkungen des preußischen Verfassungskonflikts zeigten sich in den Auseinandersetzungen über das Militärwesen, das Bismarck ganz der parlamentarischen Kontrolle entziehen wollte, für das aber dann zunächst eine Übergangsregelung bis zum 31. Dezember 1871 gefunden wurde. Nach ihr wurde die Friedenspräsenzstärke des Bundesheeres auf ein Prozent der Bevölkerung von 1867 festgelegt und dafür eine Kopfquote ausgeworfen. Dieser Kompromiß wurde noch einmal verlängert und im Jahr 1874 im sogenannten Septenat für sieben Jahre der Militäretat bei einer Heeresstärke von vierhundertundeintausend Mann festgeschrieben. Die Fraktionen des linken Liberalismus griffen in den Debatten über das Septenat noch einmal auf die über zehn Jahre zurückliegenden Auseinandersetzungen im Verfassungskonflikt zurück, deren grundsätzliche Bedeutung jetzt unter veränderten Verhältnissen erneut sichtbar wurde. In dem Streit zwischen parlamentarischem Anspruch auf volles Budgetrecht und außerkonstitutioneller Kommandogewalt des Königs ist niemals eine eindeutige Lösung, sondern immer nur ein Aufschub der Entscheidung gefunden worden.

Das gilt auch in einer anderen Hinsicht. In

den Verfassungsberatungen des Konstituierenden Norddeutschen Reichstages vertraten die liberalen Fraktionen, auch die neue Nationalliberale Partei, die sich unter dem Eindruck der Ereignisse des Jahres 1866 aus der Fortschrittspartei entwickelt hatte, die Forderung nach verantwortlichen Ministern als Kernpunkt des parlamentarischen Systems. Es war die gleiche Forderung, vor die sich in denselben Jahren Napoleon III. gestellt sah. Bismarck lehnte ein kollegiales Ministerium mit verantwortlichen Ressortministern als unvereinbar mit der bundesstaatlichen Ordnung ab, legte aber kein Veto ein, als durch die Annahme eines Antrags des nationalliberalen Abgeordneten Rudolf von Bennigsen die »Verantwortlichkeit« des Bundeskanzlers »für alle Anordnungen und Verfügungen des Bundespräsidiums« vom Reichstag beschlossen wurde. Es ist umstritten, ob erst damit die Umwandlung der Stellung des Bundeskanzlers von einem ausführenden Organ zum Mittelpunkt der Regierung erreicht wurde oder ob Bismarck von Anfang an selbst auf diese Lösung hingearbeitet hat. Jedenfalls war mit der Einführung der Verantwortlichkeit das Ziel des liberalen Antrags nur halb erreicht, da der Satz, der eine Präzisierung der Art der Verantwortlichkeit durch gesetzliche Regelung verlangte, der Ablehnung verfiel. Verantwortlichkeit konnte jetzt als im weitesten Sinne moralisch-politisch vor jeder Öffentlichkeit verstanden werden, wenn auch niemand daran zweifeln konnte, daß in erster Linie die des Parlaments gemeint war. Doch es gab keinerlei Sanktion für den Fall, daß der Reichstag Entscheidungen und Maßnahmen des Kanzlers ablehnte und ihm das Vertrauen entzog. Die Konsequenzen, die daraus im parlamentarischen System folgten, brauchten nicht gezogen zu werden. In der Geschichte des Kaiserreiches wurden alle Kanzler durch den Kaiser berufen und von ihm entlassen, wenn sie sein Vertrauen nicht mehr besaßen. Aber fast nie war der Reichstag bei Entlassungen ganz ohne mittelbaren Einfluß, bei Berufungen dagegen hielt sich der Kaiser an seine eigene Entscheidung, beschränkte sich auf die Kreise der obersten Bürokratie und des hohen Adels und schloß die Parteiführer aus. Ihre Ernennung war ohnedies durch die Inkompatibilität zwischen Mitgliedschaft im Bundesrat und Reichstag außerordentlich erschwert.

Wenn es das Wesen des parlamentarischen Systems nach dem englischen Muster ausmacht, daß als Regierungschef in der Regel der Führer der Mehrheitspartei gewählt wird, dann war das deutsche System des ›Konstitutionalismus‹ weit davon entfernt. Aber keineswegs stand es im damaligen Europa ganz isoliert da: In Italien lief die Praxis parlamentarischer Politik erst langsam an; in anderen kleineren Ländern wie in den Niederlanden und in Skandinavien vollzog sich der Übergang in mehreren Phasen, am frühesten in den Niederlanden – seit 1867 –, am spätesten in Schweden – 1917 –, wo auch die heftigsten Debatten über den Parlamentarismus mit manchen Hinweisen auf das Vorbild des deutschen Konstitutionalismus vorausgegangen waren. Aus diesen Ähnlichkeiten innerhalb der europäischen Staaten lassen sich verschiedene Schlüsse ziehen. Einmal ergibt sich daraus keine Bestätigung für die in der Ära des Kaiserreiches vertretene These, daß der Konstitutionalismus ein spezifisches deutsches Verfassungssystem darstelle, das nur aus den Gegebenheiten der deutschen Geschichte erwachsen konnte und diesen Gegebenheiten angemessen sei. Das Beispiel mehrerer europäischer Länder zeigt andererseits, daß in ihnen der Konstitutionalismus mit seinen beiden Polen, der Monarchie und der Volkssouveränität, eine Übergangsform zum vollen Parlamentarismus gewesen ist. Es ist daher zu fragen, ob dies auch für Deutschland zutrifft. Unstreitig entsprach das konstitutionelle System, wie es hier zwischen 1866 und 1871 ausgebildet wurde, den Machtverhältnissen bei der Gründung des Reiches; es stellte einen Verfassungskompromiß dar, der schon im Indemnitätsgesetz von 1866 angedeutet war. Es entsprach der Tatsache, daß weder die absolute Königsherrschaft mit ihrer aristokratisch-junkerlichen und militärischen Komponente noch die reine Parlamentsherrschaft als Interessenvertretung des Bürgertums möglich war, sondern nur eine sehr labile und ungefestigte Kombination beider. Dieses System war funktionsfähig, solange es über ein gesellschaftliches und politisches Fundament verfügte, was spätestens seit 1890 fragwürdig geworden war. Im Jahr 1877, als Bismarck mit dem nationalliberalen Parteiführer Rudolf von Bennigsen über dessen Eintritt in das preußische Ministerium verhandelte – fast gleichzeitig mit der MacMahon-Krise in Frankreich –, fühlte sich Bismarck noch stark genug, die Forderung nach Aufnahme weiterer liberaler Politiker in das Kabinett und damit eine engere Bindung an die stärkste Parlamentspartei abzulehnen. Dreißig Jahre später war die Abhängigkeit der ›Reichsregierung‹ – des Reichskanzlers und der Reichsstaatssekretäre – vom Reichstag und seinen Parlamentsmehrheiten sehr gewachsen, ohne daß die Parteien unmittelbar an der Regierung beteiligt wurden. Es blieb ihr Schicksal, daß sie von der Regierung ferngehalten wurden und als Rekrutierungsbasis für den Regierungsapparat, von wenigen Ausnahmen abgesehen, ausschieden. Das Charakteristische der deutschen Entwicklung wurde zunächst das Nebeneinander und Gegeneinander einer durch das Wahlrecht beschleunigten Demokratisierung des Parlaments von unten und einer den Parlamentarismus bekämpfenden Regierungspraxis und Staatstheorie von oben.

Der deutsche Konstitutionalismus oder Reichskonstitutionalismus, wie er auch genannt wurde, läßt sich nicht ideologisch als eine durch den deutschen Nationalcharakter bedingte Regierungsweise glorifizieren. Er ist eine durch die historischen Umstände bedingte und auf sie begrenzte Erscheinung, die ihre Parallelen in anderen europäischen Staaten hat. Ohne daß man ihn einfach als ein transitorisches System bewerten kann, war er eine Einrichtung auf Zeit, deren Ablösung durch den gesellschaftlichen Wandel und nicht zuletzt durch die Reflexwirkung des allgemeinen Wahlrechts zur historischen Notwendigkeit geworden wäre, hätte das Regime überdauern sollen. Das Fehlen der Zweiparteienstruktur nach englischem Vorbild und ein von Anfang an sich durchsetzender Parteienpluralismus hätten bei früherer Parlamentarisierung voraussichtlich eine Instabilität der Regierungen wie im Frankreich der Dritten Republik geschaffen, aber nicht ohne weiteres eine Instabilität des Regierungssystems selbst, dessen Fundamente in einer sich ausbreitenden Reichsverwaltung durchaus krisenfest waren.

Die deutschen Parteien in der Epoche der Reichsgründung und nachher trugen das Erbe der älteren Entwicklungsgeschichte der deutschen Führungsschichten in sich und bewahrten etwas vom Charakter geschlossener Landeskirchen mit strenger Orthodoxie: »Der Anspruch«, allein selig zu machen, »lebt aus der kirchlichen in der weltlichen Parteigeschichte Deutschlands nach« (H. Rothfels), im Unterschied zum englischen Parteisystem, dem sowohl die Gesellschaftsformen des Klubwesens als später die Methoden der konfessionellen Sekten, namentlich der Methodisten mit ihrer großangelegten Werbungs- und Missionspraxis, vorhergegangen sind, und zum italienischen Parteisystem, für das die Geheimbünde ein Erfahrungswert waren. In ihren Anfängen reichten die deutschen Parteien so gut wie alle in die Vormärzzeit, vor allem aber in die Revolution von 1848/49 zurück. Aber ohne daß die Kontinuität ganz abriß, wurde ihre politische und soziale Gestalt erst voll in einer zweiten Phase durch die großen politischen und sozialen Umwälzungen und Entscheidungen der sechziger Jahre geprägt. Die Einführung des allgemeinen, gleichen, direkten und geheimen Wahlrechts bewirkte wesentliche Veränderungen und begünstigte die Ausbreitung auf nationaler Ebene. Die Ausschließung der Parteien von einer Mitwirkung bei Regierungsbildungen verstärkte den Drang zu unfruchtbarer theoretischer Diskussion und verwandelte die Alternative von Regierungen und Oppositionsparteien in den unüberbrückbaren Gegensatz von

Der Sozialistenprozeß in Leipzig im März 1872:
Wilhelm Liebknecht, Adolf Hepner und Ferdinand August Bebel vor dem Schwurgericht
Holzschnitt nach einer Zeichnung von Friedrich Waibler, 1872
Berlin, Privatsammlung

Gouvernementalismus und Antigouvernementalismus.

In den großen Entscheidungsmomenten der nationalen Geschichte lag die politische Initiative fast regelmäßig bei den parlamentarischen Parteigremien, nicht bei den Organisationen im Lande. Das gilt für alle Neugründungen, außer denen der Sozialisten. So wuchs aus dem preußischen Verfassungskonflikt die erste liberale Partei im vollen Sinne des Worts hervor: die Deutsche Fortschrittspartei von 1861 als Parlamentspartei. Die Ereignisse des Jahres 1866 führten zur Konstituierung der Nationalliberalen Partei, zuerst der ›Neuen Fraktion der Nationalen Partei‹, zur Abspaltung einer Freikonservativen Fraktionspartei von der Konservativen und zu den Anfängen der Zentrumspartei als Sammelpunkt der katholischen, großdeutschen, partikularistischen Gruppen. Politische Organisationen der Arbeiterbewegung formierten sich im Widerstreit gegen den herrschenden Wirtschaftsliberalismus und die fortschreitende Industrialisierung, aber auch in Fortsetzung der radikalen Demokratie im Allgemeinen Deutschen Arbeiterverein Ferdinand Lassalles von 1863 und dann in der sich dem Einfluß der Lehre von Karl Marx öffnenden Sozialdemokratischen Arbeiterpartei von 1869, die beide erst 1875 im Gothaer Programm eine Basis für ihren organisatorischen Zusammenschluß fanden. Die Grundrichtungen des deutschen Parteiwesens – die beiden Flügel des Liberalismus, der nationalliberale und der liberaldemokratische, die trotz mancher Fluktuationen und Umgruppierungen untereinander sich nie wieder vereinigt haben, und der Konservatismus, ebenfalls mit zwei als Parteien organisierten Richtungen, der seit 1876 bestehenden

Deutschkonservativen Partei und der Freikonservativen oder Reichspartei, sowie das Zentrum, seit 1870 als politische Partei des Katholizismus, und die Sozialdemokratie – standen damit fest und gaben der deutschen Politik der nächsten Jahrzehnte bei allen Schwankungen das Gepräge.

Diese Parteien unterschieden sich in ihren Organisationsformen und ihrem Organisationsgrad, nach ihrer sozialen Struktur und nach Bedeutung der Programmatik für ihr Handeln, sosehr sie alle durch die Einführung des allgemeinen und vor allem des direkten Wahlrechts berührt wurden. Die Konservativen waren am wenigsten Partei im engeren Sinne; ihr Rückgrat war die Monarchie, die Bürokratie und die militärisch-feudale Gesellschaft mit ihren ständischen Korporationen. Sie vertraten das monarchische Prinzip und waren gleichzeitig agrarische Interessenpartei, namentlich, als sie sich seit 1893 auf den Bund der Landwirte stützen konnten. In den liberalen Parteien war eine lockere Organisationsform vorherrschend; sie kamen dem Typus der bürgerlichen Honoratiorenpartei im Übergang zur »organisierten Bürgerpartei« (E. R. Huber) am nächsten, wenn sie auch schon den professionellen Parteipolitiker kannten, der Politik als Beruf betrieb. Sie verstanden sich gern als die Partei des Ganzen, der Nation oder mindestens als die echten Sachwalter parlamentarischer Opposition. Später freilich hat sie ihre Spaltung um die Möglichkeit gebracht, solche Ansprüche zu verfechten. Den Weg zur sozialen Interessenvertretung sind sie nie bis zur letzten Konsequenz zu Ende gegangen, obwohl sie auch nach ihrer Spaltung das Bürgertum in seinen verschiedenen Schichtungen repräsentierten. Das Zentrum stellte im Parteiensystem einen Sonderfall dar; es blieb Weltanschauungspartei ohne Beschränkung auf einen bestimmten gesellschaftlichen Wirkungsraum, selbst einen sozialen Pluralismus verkörpernd. Es erhob aber nicht den Anspruch wie der Liberalismus, das Ganze zu vertreten, sondern lediglich eine bestimmte, weltanschaulich gebundene Minderheit, wiewohl es sich nie offen zum konfessionellen Prinzip bekannte. Der Organisationsgrad des Zentrums war schwach entwickelt; ihm genügten subsidiäre Organisationen, wie sie die Kirche und ihre Gliederungen selbst boten, später, seit 1890, der Volksverein für das katholische Deutschland. Die Zentrumspartei war eine organisatorisch unterentwikkelte Massenpartei, anders als die Sozialdemokratie, die den Wandel der Weltanschauungsparteien zu Interessenparteien nicht mitzumachen brauchte, weil sie die Wahrnehmung der Interessen der Arbeiterschaft durch Klassenkampf und im Klassenkampf selbst zum Ziel erhob. Auch nach der Vereinigung der beiden Richtungen im Jahr 1875 blieben die Sozialisten im Reichstag eine nur mit wenigen Abgeordneten vertretene Minderheitsgruppe, die in der Verfolgung durch das »Gesetz zur Bekämpfung der gemeingefährlichen Bestrebungen der Sozialdemokratie« teilweise in den Untergrund und das Exil getrieben wurde, obschon ihr die Teilnahme an Wahlen nicht versagt war. Der Aufschwung zur Massenpartei setzte schon vor der 1890 erfolgten Aufhebung des Sozialistengesetzes ein. Die Partei wurde jetzt für das Proletariat mehr als eine Wahlorganisation, nämlich eine alle Bereiche des täglichen Lebens integrierende Lebensform mit einer Art Subkultur in bewußtem Gegensatz zu einer bürgerlichen Welt, von der sie sich jedoch nie ganz lösen konnte. Zwischen Revolution und Reform ging sie einen Mittelweg parlamentarischer Obstruktion und Opposition, gelegentlich auch schon beschränkter Kooperation. In ihren Anfängen, die mit der Reichsgründungszeit zusammenfallen, war sie eine noch fast unbeachtete Gruppe, bis die innenpolitischen Spannungen in der zweiten Hälfte der siebziger Jahre die Aufmerksamkeit auf sie lenkten.

Verfassungspolitische Wandlungen in Großbritannien

In allen europäischen Großstaaten machten sich seit der Mitte des 19. Jahrhunderts fundamentale verfassungspolitische Probleme bemerkbar, die sich aus den gesellschaftlichen Veränderungen, nationalen Staatsbildungsprozessen und innerstaatlichen Umbrüchen ergaben. Es ging überall um das Verhältnis der obersten staatlichen Gewalten zueinander, um die politische Mitbestimmung breiterer Schichten der nationalen Gesellschaften, wie sie sich besonders im Wahlrecht ausdrückte, um die politischen Organisationsformen dieser mitbestimmenden Schichten in Komitees und Parteien. Auch Großbritannien machte hier keine Ausnahme. Es unterschied sich aber von den kontinentalen Staaten in einer Reihe von wesentlichen Punkten. So vollzog sich der politische Wandel, der dem gesellschaftlichen folgte, nicht in Erschütterungen, die das staatliche Gesamtsystem von Grund auf veränderten, sondern in einer Folge politischer Entscheidungen, die immer nur Teilschritte verwirklichten und auf Kompromissen beruhten. In keinem Falle sind direkte Einflüsse von außen durch zwischenstaatliche Konflikte und Kriege nachzuweisen, höchstens mittelbare Wirkungen wie in dem europäischen Revolutionsjahr 1830/31 oder während des amerikanischen Bürgerkrieges. Aus Teilschritten folgten jeweils im voraus schwer kalkulierbare Entwicklungen, die von ›The leap in the dark‹, von dem ›Sprung ins Dunkle‹, sprechen ließen.

Der Angelpunkt für die großen Wandlungen im britischen Regierungssystem waren die Veränderungen des Wahlrechts, die in dem halben Jahrhundert zwischen 1832 und 1884 vorgenommen wurden. Durch sie wurden immer breitere Schichten zur Wahl zugelassen. Damit erreichte man eine soziale Verbreiterung der Wählerbasis. Außerdem wurde die Verteilung der Parlamentssitze an die durch die Industrialisierung veränderte lokale und regionale Bevölkerungsstruktur angepaßt. Systematische Grundsätze wie der des allgemeinen Wahlrechts wurden dabei nicht angewendet; es handelte sich immer um Entscheidungen von Fall zu Fall, bei denen das Wahlrecht niemals als allgemeines Bürgerrecht verstanden wurde und seine traditionelle Bindung an das Eigentum behielt. Die ›Große Reform‹ von 1832 hob einen beachtlichen Teil der meist im Süden Englands gelegenen Sitze in den Rotten boroughs, den verfallenen Orten, auf und schlug sie den Orten und Grafschaften mit wachsender Bevölkerung, namentlich in Mittelengland, zu. Die Unterscheidung von Boroughs und Counties, Stadt und Land, blieb bei der neuen Fixierung der Wahlberechtigten erhalten, was lange eine Eigentümlichkeit der englischen Verfassungsentwicklung im 19. Jahrhundert gewesen ist. In den Boroughs wurde zuerst 1832 das Wahlrecht an die Voraussetzung eines Haus- und Grundbesitzes mit einem jährlichen Miet- oder Pachtwert von zehn Pfund gebunden, in den Counties ergab sich eine Erweiterung dadurch, daß außer den wahlberechtigten Grundbesitzern, den Freeholders, auch verschiedene Kategorien von Landpächtern mit unterschiedlich hoher Jahresrente zugelassen wurden. Die Zahl der Wahlberechtigten stieg dadurch von Fünfhunderttausend auf über Siebenhunderttausend, das heißt von 5 auf 7,1 Prozent der Einwohner über zwanzig Jahre. Damit wurde das Monopol der grundbesitzenden Aristokratie etwas eingeschränkt, und die Besitzer mobilen Eigentums wurden in das Wahlrecht einbezogen; neben die Aristokratie trat die plutokratische Oberklasse, doch die Masse des Volkes, mit Ausnahme eines Teils des hausbesitzenden Klein- und Mittelbürgertums, blieb ausgeschlossen. Die Stellung des Parlaments wurde durch die Reform von 1832 nicht wesentlich verändert. Es war wie schon vorher der Exponent der gesellschaftlichen Oberschicht, die sich nur auf die Higher middle class der Städte erweiterte – »der staatsorganisatorische Ausdruck der sozialen Macht der führenden Schichten«. Immer noch dominierte in ihm das Landed gentry. Doch war es gerade die weit-

Allegorie auf das englische Klein- und Mittelbürgertum
Gemälde ›Arbeit‹ von Ford Madox Brown, 1852–1865
Manchester, City Art Gallery

gehende soziale Homogenität des Parlaments, welche die politischen Abgrenzungen der Fraktionen in zunehmendem Maße verschwinden ließ, so vor allem, als die Tories sich 1846 in der Schutzzollfrage spalteten. Diese innerparlamentarische Desorganisation machte die Regierungsbildung unsicher und schwächte die Regierung, zumal da das Instrument der Parlamentsauflösung zur Krisenbewältigung noch nicht eingespielt war. Dies alles ließ die Souveränität des Parlaments als Institution stärker hervortreten als zuvor und nachher.

In dieser Zeit unbeständiger Parlamentsgruppierungen wurde die Forderung nach weiterer Ausdehnung des Wahlrechts in der Öffentlichkeit mit wachsendem Nachdruck erhoben. Die Massenbewegung der Chartisten verlangte bereits 1838 in der ›People's Charter‹ allgemeines Wahlrecht ohne jeden Besitzzensus, scheiterte jedoch. Die fünfziger Jahre waren erfüllt mit Entwürfen für eine Herabsetzung der Besitzkriterien, aber Palmerston und seine Gefolgschaft unter den Whigs stellten sich dagegen. Nach seinem Tod scheiterte eine Vorlage des Whig-Ministeriums unter John Russell von 1866 an dem Widerstand der um Robert Lowe gescharten Gegner einer Reform, die mit ähnlichen Argumenten operierten wie fast gleichzeitig ein großer Teil der Nationalliberalen im Norddeutschen Reichstag. Es erinnert an Bismarck, daß es der Führer der Konservativen, Benjamin Disraeli, war, der in einem taktischen

John Russell und Benjamin Disraeli
Zeichnung von Richard Doyle, vermutlich um 1852
London, British Museum

Schachzug gegen die Whigs den zweiten Schritt der Reform, den ›Representation of the People Act‹ von 1867, durchsetzte. Danach wurde in den Boroughs das Wahlrecht über die Hausbesitzer auf die Mieter mit einer Jahresmiete von zehn Pfund ausgedehnt. Die Trennung von Stadt und Land wurde beibehalten, aber der Ertragszensus in den Counties auf fünf Pfund ermäßigt. Die Zahl der Wahlberechtigten stieg damit auf 2,23 Millionen; in den Grafschaften betrug die Steigerung fünfundvierzig Prozent, in den Boroughs dagegen einhundertvierunddreißig Prozent. Das Ungleichgewicht zwischen ländlicher und städtischer Vertretung blieb also erhalten, obwohl durch die Neuverteilung der Wahlbezirke, die Redistribution, die Industriestädte auf Kosten der kleinen Boroughs mehr Sitze erhielten. Erst Gladstone hat in einem dritten Akt von 1884 das Wahlrecht der Counties dem Hausbesitzer- und Mieterwahlrecht der Städte angeglichen. Landarbeiter und Industriearbeiter, soweit sie über einen selbständigen Haushalt verfügten, waren jetzt einbezogen. Die ›Redistribution Bill‹ von 1884 stellte die Gleichmäßigkeit des Wahlsystems und seine Anpassung an Bevölkerungsverschiebungen in anderer Weise her, indem sie, von wenigen Ausnahmen abgesehen, Einmannwahlkreise mit annähernd gleicher Wählerzahl festlegte. Der ›Ballot Act‹ von 1872 hatte vorher schon die geheime Stimmabgabe eingeführt, die den politischen Druck auf Abhängige erheblich minderte.

Wahlrechtsformen haben stets Rückwirkungen auf Verfassungs- und Gesellschaftspolitik, da sie selbst ein Stück Verfassungs- und Gesellschaftspolitik sind. Dafür ist Frankreich ein klassisches Beispiel, aber in England ist der Zusammenhang fast noch deutlicher. Die Annäherung an das allgemeine Wahlrecht, das erst voll 1918 und für die Frauen 1928 eingeführt wurde, trug entscheidend dazu bei, die britische Verfassungspolitik auf bestimmte Grundregeln festzulegen, die zwar nicht verbrieft wurden, von denen aber fast nie mehr abgewichen wurde. Die Demokratisierung des Wahlrechts brachte ein plebiszitäres Element ein, da jetzt das Wahlvolk neben Parlament und Regierung trat und die Macht der Parteiregierung, die die Führungsgruppe der Parlamentspartei darstellte, verstärkte, sie andererseits unmittelbar von der Zustimmung der Wähler abhängig machte. Seit 1867 wurde es zur üblichen Praxis, daß ein Kabinett und an seiner Spitze der Premierminister auf eine Niederlage im Unterhaus mit dessen Auflösung reagierte und zurücktrat. So handelten Disraeli im Dezember 1868 und Gladstone im Februar 1874. Der Appell an das Wahlvolk wurde zu einem wesentlichen Bestandteil des englischen Verfassungswesens. In demselben Jahrzehnt, in dem in Frankreich dem Präsidenten das Recht zur Parlamentsauflösung bestritten wurde und damit die Kammer Herr über die Regierung wurde, bildete sich in England ein plebiszitär gesteuertes parlamentarisches System aus.

Dazu kam noch etwas anderes: Das demokratische Wahlrecht ließ überall parteipolitische Formen der Organisation der Wählermassen entstehen. Das galt am wenigsten für Frankreich, eher schon in Deutschland und am eindrucksvollsten in Großbritannien. Die englischen Parteien haben verschiedene Wurzeln, die alle aus der britischen gesellschaftlichen und politischen Tradition erwachsen sind. Am Anfang standen, schon in den dreißiger Jahren, parlamentarische Klubs wie der 1832 gegründete konservative Carlton Club und der 1836 ins Leben gerufene liberale Reformklub. Beide suchten bereits über das Parlament hinaus Einfluß auf die lokalen Komitees zu gewinnen, die sich als Registrierungs-Vereine, Registration Associations, formierten. Ihre Funktionen entstanden aus einer durch das Reformgesetz von 1832 vorgeschriebenen Registrierungspflicht der Wahlberechtigten, die von den Parteien zu massiver Stimmenwerbung und -fälschung ausgenutzt wurde. Seit den sechziger Jahren, zum Teil noch vor der zweiten Reform, bildeten sich noch sehr lokkere zentrale Organisationen der beiden großen Parteien wie 1861 die Liberal Central Association und 1870 das Conservative Central Office, die beide eine Art Zentralbüro für Wahlangelegenheiten darstellten, aber nicht eigentlich schon eine ausgebildete außerparlamentarische Parteiorganisation. Diese kam überall da zustande, wo in das britische politische Leben die seit Jahrzehnten sich aktivierenden Massenbewegungen der Single-issue-movements einströmten. Die Voraussetzung dafür war die Erweiterung des Wählerkreises auf breite Schichten auch der Arbeiterschaft, wie sie durch die Reform von 1867 ermöglicht wurde. Dieser Vorgang läßt sich für einen Ort genau verfolgen, für Birmingham, wo in der Birmingham Liberal Association seit 1867 auch Arbeiter Mitglieder werden konnten. Gladstone führte die in London gegründete National Reform League ebenfalls nach Birmingham und veranstaltete Massendemonstrationen mit enormen Teilnehmerzah-

Eine Massenversammlung englischer Antipapisten in der Exeter Hall
gegen die verstärkten Bestrebungen der katholischen Kirche im Jahr 1850
Zeichnung von Richard Doyle für den ›Punch‹
Cambridge, University Library

len. Die Tradition der Klubs wurde jetzt durchbrochen durch die Methoden der Sektenmissionen, vor allem der Methodisten. Das Ergebnis war eine neuartige Form der politischen Wahlpropaganda und Wahlstrategie, für die der aus Amerika stammende Begriff des Caucus gebräuchlich wurde. Seine Feuerprobe bestand er in Birmingham während der Wahlen von 1868, als es dem General Committee der Association durch Steuerung und Lenkung des Wahlvorgangs gelang, drei Abgeordnete für Birmingham durchzubringen. Der Birmingham Radical Caucus hat dann mit seiner Organisation und seiner Wahltaktik die weitere liberale Parteiorganisation bestimmt, die in der Liberal National Association von 1877 als gesamtstaatlicher Parteiformation gipfelte.

Seither war die englische liberale Partei die bestorganisierte liberale Partei Europas. Die Konservativen waren zeitlich schon vorausgegangen; sie hatten unter Disraeli zwei Jahre nach der Wahlniederlage von 1868 das Central Conservative Office begründet, das die National Union of Conservative and Constitutional Associations stützen sollte. Auch hier war das Ziel eine Verknüpfung honoratiorenmäßiger und massendemokratischer Kampfmittel. Die unbestrittene Führerpersönlichkeit der konservativen Partei, die nicht aristokratische Klassenpartei bleiben, sondern Nationalpartei werden und zu einer Tory-Demokratie vorstoßen wollte, war Benjamin Disraeli, dem auf liberaler Seite Gladstone gegenüberstand. Diese beiden Männer wurden für die britische Innen- und Außenpolitik in allen ihren Widersprüchen und Gegensätzen typisch. Sie repräsentierten zudem den Antagonismus zweier großer Gruppen in einem Zweiparteiensystem, das in England vom Ende der sechziger bis zur zweiten Hälfte der achtziger Jahre auf dem Höhepunkt stand und dem britischen System trotz mancher zeitweiliger Irritationen auch später noch das Gepräge gab. Seine Durchsetzungskraft beruhte wesentlich auf dem einfachen Mehrheitswahlrecht, das wegen seiner Minderheitenfeindlichkeit gerade

William Ewart Gladstone
Gemälde von George Frederick Watts, 1858
London, National Portrait Gallery

von englischen Autoren wie John Stuart Mill heftig angegriffen worden ist, aber eben die Regierungsfähigkeit des englischen parlamentarischen Systems ermöglicht hat. Es war allerdings keineswegs unerschütterlich: Parteisezessionen wie die der Liberalen in der irischen Home-Rule-Frage und Parteigründungen regionalen Charakters wie die irische Parlamentspartei haben es zeitweise sehr gefährdet und seine Funktionsfähigkeit aufgehoben. Seine ernsteste Bedrohung schien mit dem Aufkommen der Labour Party um die Jahrhundertwende gegeben zu sein; sie wurde aber dadurch abgewendet, daß die Labour Party die Liberale Partei schließlich aus ihrer Position im Parlament verdrängte. – Von den Systemen der europäischen Verfassungspolitik hat zweifellos der englische Parlamentarismus mit seiner Zweiparteienstruktur die stärkste Anziehungskraft auf andere Länder ausgeübt, obwohl sein Vorbild nirgends erreicht wurde. Wirkungen auf Spanien seit der bourbonischen Restauration in der Mitte der siebziger Jahre mit einem rotierenden Wechsel liberal-konservativer und liberaler Parteiregierungen sind nicht zu verkennen. Aber hier wie in den Staaten des Balkan fehlte der plebiszitäre Grundzug von Parteien und Wahlen, die von oben gesteuert wurden. Typisch für Spanien war ein besonderes System der Wahlmanipulation mit Hilfe von Caciques, Häuptlingen, die massive Beeinflussung im Interesse der gerade dominierenden Partei ausübten.

Verfassungsstrukturen in den übrigen europäischen Staaten

In Italien schien es zuerst, als würde sich ein parlamentarisches System mit zwei antagonistischen Parteien bilden, doch es stellte sich auf die Dauer heraus, daß dafür die gesellschaftlichen und verfassungspolitischen Voraussetzungen fehlten. Im piemontesischen Statuto, auf den die Verfassung des Königreiches Italien zurückging, war ein parlamentarisches Regime gar nicht eindeutig eingeführt; es hat sich aber daraus entwickelt. Dabei waren die Festlegung der Ministerverantwortlichkeit, wenn sie auch nicht eindeutig politisch-parlamentarisch gemeint war, und die Vereinbarkeit zwischen Ministeramt und Abgeordnetenmandat hilfreich. So trat bereits im Sommer 1848 ein Kabinett nach einer Abstimmungsniederlage im Parlament zurück. Das entscheidende Problem für das neue Italien war die Bildung von regierungsfähigen Parteigruppen im Parlament, welche die Regierung tragen und ablösen konnten. Dies hatte schon Cavour versucht, der ›Animatore del parlamentarismo‹, und bis zu einem gewissen Grad ist es auch gelungen, zwei große Parteikomplexe aus sehr heterogenen Gruppen, die Destra und die Sinistra, zu schaffen. Allerdings waren beide nur sehr lockere Gebilde, ohne eine feste soziale und politische Grundlage. Die Rechte stützte sich vor allem auf das liberale Bürgertum des Nordens, fand dagegen wenig Rückhalt beim konservativen Adel und schon gar nicht bei der Kirche und beim Klerus, von denen sie der große Konflikt des Königreiches mit der Kurie trennte. Das Wahlrecht schränkte die Zahl der Wahlberechtigten außerordentlich ein: Nur 1,89 Prozent im Jahr 1861, 1,98 Prozent im Jahr 1871 und 2,18 Prozent im Jahr 1880 waren wegen des Bildungszensus zur Wahl zugelassen, der die Qualifikation des Lesen- und Schreibenkönnens verlangte; im Jahr 1871 gab es noch 68,8 Prozent Analphabeten. So war die soziale Basis der Parteien sehr schmal, was auch für die Sinistra galt. Sie war im März 1876 nach dem Sturz der Rechten zur Regierung gekommen – ein entscheidendes Datum in der Geschichte des jungen Königreiches, aber eigentlich kein wirklicher Einschnitt. Auch die Linke setzte sich aus sehr heterogenen Elementen zusammen; sie war nicht nur von mazzinianischen Demokraten bestimmt. Ihre soziale Basis war breiter, obwohl das neue Regime nur sehr zögernd – erst 1882 – und unzureichend das Wahlrecht erweiterte. Sehr bald löste sich das traditionelle System einer Links- und einer Rechtspartei auf, und es entstand das für Italien charakteristische Phänomen des ›Trasformismo‹, eines Wechsels und ständigen Gleitens der Parteibildungen, die sich zumeist um einzelne Führer kristallisierten. Benedetto Croce hat die Beschränkung dieser Entwicklung auf Italien bezweifelt, aber unzweifelhaft hat Italien damit eine eigenartige Zwischenstellung zwischen England und Frankreich erreicht.

Die verfassungspolitische Struktur der west- und mitteleuropäischen Staaten umfaßte sowohl parlamentarische als auch konstitutionelle Elemente, die je nach den historischen Bedingungen und gesellschaftlichen Schichtungen unterschiedlich verteilt waren. Je weiter man nach dem östlichen Europa vordringt, desto weniger gilt dieses Schema. Das zaristische Rußland beharrte in seinem starren Absolutismus, der seit dem Regierungsantritt des Zaren Nikolaus I. ohne ernstliche Anfechtungen geblieben war. Freilich brachte die große sozialpolitische Umwälzung, wie sie die Aufhebung der Leibeigenschaft vom 19. Februar 1861 bedeutete, eine Bewegung, die auch das politische System nicht unberührt ließ. »Die Diskus-

Burlaken beim Treideln an der Wolga
Gemälde von Ilja Repin, 1873
Leningrad, Staatliches Russisches Museum

sion über das Thema Freiheit war nun einmal in Gang gekommen und griff auch auf das Gebiet der politischen Freiheiten über« (G. Stökl). Die bürgerlichen und intellektuellen Anhänger liberaler Ideen, die den Staat nach dem Muster westlicher politischer Vorstellungen umbauen wollten, hatten dabei kaum eine Erfolgschance. Im Adel als der einflußreichsten Schicht des zaristischen Reiches gab es ebenfalls Ansätze zu einer ständischen Opposition gegen den unkontrollierten Bürokratismus in der Staatsverwaltung. Was dabei herauskam, war eine stärkere Beteiligung von Adel, Städtern und Bauern mit einem Übergewicht des Adels in der lokalen Selbstverwaltung durch die Installierung der sogenannten Zemstwos, der ständischen Gremien in den Kreisen und Gouvernements, die gewisse öffentliche Funktionen im regionalen Bereich übernahmen, wie sie etwa den Provinzialständen im Preußen der Vormärzzeit entsprachen. Allerdings erstreckte sich ihre Einrichtung niemals auf das ganze Reich. Das Projekt, aus diesen Zemstwos eine Beratungskörperschaft der Regierung hervorgehen zu lassen, das zu Anfang der achtziger Jahre bestand, wurde nie verwirklicht. Der Absolutismus des Zarenreiches vermochte sich nicht organisch von selbst zu reformieren, sondern trieb revolutionären Entwicklungen zu, die sich erstmals im Jahr 1905 entluden. Das System des »Scheinkonstitutionalismus«, wie es Max Weber genannt hat, das danach eingeführt wurde, konnte den Sprung in immer radikalere Veränderungen nicht aufhalten. Rußland war an der Ausbildung des konstitutionellen Systems in Europa theoretisch und praktisch kaum beteiligt, hingegen sehr wohl an Entwürfen für einen radikalen Umsturz der politischen und gesellschaftlichen Ordnung sowie an den Praktiken eines Polizeistaates mit einem perfekten Überwachungssy-

Der Dorfrat
Aquarellierte Zeichnung von Miklós Barabás, 1845
Budapest, Magyar Nemzeti Galéria

stem durch die Geheimpolizei und durch drakonische Strafmaßnahmen, zu denen die Verbannung unliebsamer Personen nach Sibirien gehörte.

Unter den europäischen Kaiserreichen nahm die österreichisch-ungarische Monarchie eine besondere Stellung ein, da sich in ihr die gesellschaftlichen Bewegungen der Zeit mit den nationalitären ständig überkreuzten, so daß alle Probleme sozialer Schichtung zugleich auch Probleme nationaler Differenzierung sein oder durch diese in ihrer Wirkung aufgehoben werden konnten. Wenn etwa in Frankreich die Einheit des Staates die Einheit der politischen Nation voraussetzte, so trieb im multinationalen habsburgischen Reich jeder Versuch, die Einheit des Staates zu forcieren, den Widerstand der Teile hervor. Diese Teile waren zunächst nicht die Nationen als ethnische Größen, sondern die ›historischen Länder‹, die sich des historischen Rechts als Waffe um ihre nationale Selbstbehauptung bedienten. Mit dem größten Nachdruck geschah dies von seiten der Ungarn, deren ›Reich der Stefanskrone‹ gegenüber allen anderen Teilgebieten eine Sonderstellung als selbständige Monarchie mit der ständigen Drohung, die volle Unabhängigkeit in Anspruch zu nehmen, besaß. Als dies 1848/49 tatsächlich geschah, wurden die alten Rechte als verwirkt erklärt. Das ungarische Problem blieb seitdem die Kernfrage der inneren Struktur der Donau-Monarchie. Den Ungarn folgten die Tschechen mit der Forderung, das ›böhmische Staatsrecht‹ wiederherzustellen und den ›Ländern der Wenzelskrone‹ dieselbe Stellung zu gewähren, wie sie Ungarn verlangte. In der Epoche des Neoabsolutismus wurden nach und nach die verschiedenen Möglichkeiten einer Reichsverfassung im Vielvölkerstaat durchgespielt: eine rigorose, zentralistisch-absolutistische ohne konstitutionelle Elemente im ersten Jahrzehnt nach der Revolution, eine mehr föderalistische mit starker Autonomie der Länder im Oktoberdiplom von 1860, eine konstitutionell-zentralistische im Patent vom 15. Februar 1861. Dieses schuf ein mitbeschließendes Reichsparlament, den Reichsrat aus zwei Kammern, deren eine, das Abgeordnetenhaus, aus Mitgliedern bestand, die von den Landtagen gewählt werden sollten. Auf die Sonderstellung Ungarns wurde dadurch Rücksicht genommen, daß bei den lediglich die österreichischen Erbländer betreffenden Fragen ein ›engerer‹ Reichsrat, ohne die Abgeordneten Ungarns, vorgesehen war. Doch genügte diese Klausel den Ungarn nicht. Sie sahen ihre Selbständigkeit bedroht, boykottierten zusammen mit den Vertretern der slawischen Nationen den Reichsrat und entfesselten eine die ganze Nation vom Hochadel bis zum Bauerntum umfassende Widerstandsbewegung bis zum Steuerstreik. Der Reichsrat schmolz auf ein Rumpfparlament zusammen, in dem die liberale deutsche Verfassungspartei die Stütze des liberalen Ministeriums von Anton von Schmerling wurde.

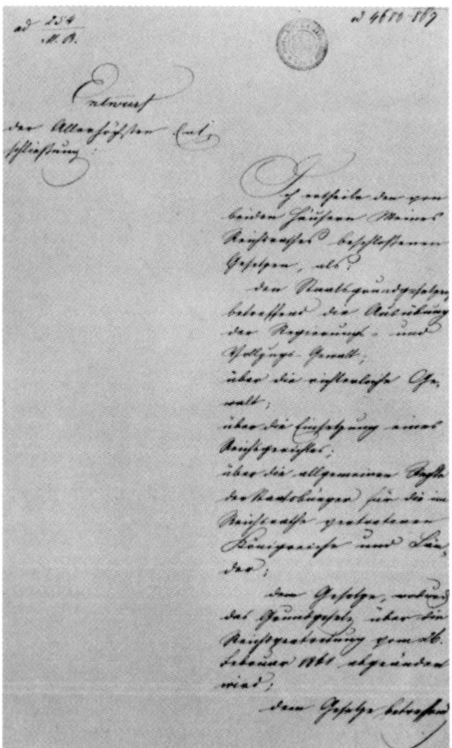

Die Staatsgrundgesetze für Österreich-Ungarn von 1867
Die am 21. Dezember 1867 erfolgte Paraphierung
des Resolutionsentwurfes
von Friedrich Ferdinand von Beust
Wien, Haus-, Hof- und Staatsarchiv

Österreich führte seine risikoreiche Außenpolitik in der Ära der Bundesreformpläne von 1863 und des dänischen Krieges im Jahr 1864 ebenso im Zeichen eines Verfassungskonflikts wie Preußen, und in beiden Staaten wurde dieser durch den Krieg von 1866 beendet. Dem preußischen Indemnitätsgesetz entsprachen die österreichisch-ungarischen Ausgleichsgesetze vom Frühjahr 1867, die nach der Sistierung des Februarpatents schon 1865 die innere Krise lösten. Gewinner waren eindeutig die Ungarn, die nach der politischen Ausschaltung der Deutschen die einzigen Verhandlungspartner der Krone waren und ihre wesentlichen Forderungen durchzusetzen vermochten. Das Königreich Ungarn wurde wiederhergestellt und traf Vereinbarungen mit dem Kaiser auf der Grundlage der Pragmatischen Sanktion von 1713, also eines dynastischen Hausgesetzes. Für beide durch eine gemeinsame dynastische Spitze verbundene Reichsteile – das Königreich Ungarn und die ›cisleithanische‹ Hälfte, die bis 1916 keinen eigenen Namen führte außer den der ›im Reichsrat vertretenen Königreiche und Länder‹ – wurden die auswärtige Politik, das Kriegswesen und das Finanzwesen als gemeinsame Angelegenheiten mit eigenen Ministerien erklärt, die getrennt tagenden Ausschüssen aus dem cisleithanischen und dem ungarischen Reichstag, den sogenannten Delegationen, verantwortlich waren. Das Königreich Ungarn hatte in diesem System den Vorteil einer eigenen Staatspersönlichkeit mit einem relativ gut funktionierenden Zusammenspiel von Regierung und Parlament, in dem die Ober- und Mittelschichten durch die Mittelpartei Franz Deáks vertreten waren. Die nationalen Minderheiten wurden im einheitlichen Nationalstaat Ungarn zurückgedrängt, nur Kroatien erhielt seine Sonderstellung bestätigt. In der westlichen Reichshälfte war jede Politik durch die divergierenden Interessen der deutschen und der nichtdeutschen Länder belastet. Tschechische Abgeordnete lehnten in einer Deklaration vom August 1868 die Neuordnung des Ausgleichs und die vorausgehenden Staatsgrundgesetze ab und verlangten für die Länder der Wenzelskrone das Recht, sich einen eigenen König zu wählen. Spätere Versuche, einen Ausgleich mit Böhmen durch die zwischen den politischen Führern der Tschechen und dem Handelsminister Albert Schäffle 1871 vereinbarten Fundamentalartikel ähnlich wie mit Ungarn in einem trialistischen System zu schaffen, scheiterten am Widerstand der Deutschen und Magyaren. Galizien erhielt 1871 einen autonomen Status, aber keine mit der ungarischen vergleichbare Stellung, so wenig wie die böhmischen Länder. Die Donau-Monarchie verharrte in der ihr im ›Ausgleich‹ von 1867 gegebenen Form bis zu ihrem Untergang.

Zu der nationalen Zerrissenheit des österreichisch-cisleithanischen Nationalitätenstaates kamen die Schwierigkeiten, den komplizierten Apparat des Doppelstaates zu handhaben. Man hat diesen auf die Formel gebracht, daß hier zwei konstitutionelle Staatsgebilde durch ein System absoluter Prärogative der Krone überschichtet waren, da in den entscheidenden Fragen der Außen- und Wehrpolitik die Delegationen nur eine formelle Kontrolle ausübten und die tatsächliche Macht beim Kaiser lag. Insofern stand die Donau-Monarchie trotz ihrer konstitutionellen Elemente, die in Ungarn stärker ausgebildet waren als in der westlichen Reichshälfte, einem absoluten monarchischen Regime näher als etwa Preußen-Deutschland. Die Monarchie oder besser ihr Monarch war aber ihr stärkster Integrationsfaktor, zumal er in einem Mann wie Kaiser Franz Joseph für Jahrzehnte eine imponierende Personifizierung besaß. Die Entwicklung eines ›normalen‹ parlamentarisch-konstitutionellen Regimes nach westlichem Vorbild war im Gesamtstaat wegen der Haltung der Ungarn von vornherein ausgeschlossen. In beiden Reichshälften standen ihm die Hemmungen entgegen, die eine Erweiterung des Wahlrechts auf Grund der Nationalitätenprobleme verzögerten. In Cisleithanien wurde ein allgemeines Wahlrecht erst 1907 eingeführt, in Ungarn bis zum Ersten Weltkrieg überhaupt nicht. Die Doppelmonarchie Österreich-Ungarn läßt sich in kein staatsrechtliches Schema einfügen; selbst ihre staatliche Organisation als dualistisch zu bezeichnen, trifft nicht ganz die tatsächliche Lage, die weitaus komplizierter gewesen ist. Für die These, daß alles Verfassungsleben auf Kompromissen beruht, ist Österreich-Ungarn das klassische historische Beispiel.

Politische Ordnungen im geschichtlichen Wandel

Wirtschaft und Gesellschaft

Die Umwälzungen in den äußeren Lebensverhältnissen der Menschen, die durch das Bündnis von Technik und Wissenschaft verursacht wurden, setzten sich im letzten Viertel des 19. Jahrhunderts mit immer größerer, fast atemberaubender Geschwindigkeit fort. Drei ineinandergreifende Entwicklungen lassen sich feststellen: Es veränderten sich die Werkstoffe; ganz neue Bereiche wurden der industriellen Produktion erschlossen; die Schwerpunkte der neuen Industrien verlagerten sich und die industrielle Revolution breitete sich von Westeuropa über Mitteleuropa bereits in Ansätzen nach Südeuropa und Osteuropa aus. In der vorausgegangenen Phase war der Übergang zum Eisen als wichtigstem Werkstoff im Maschinenbau, Schiffsbau, bei der Eisenbahn und zu mineralischen Brennstoffen ein bedeutsamer Einschnitt gewesen. Ihm folgte nun die Ersetzung des Eisens durch den Stahl, zu dessen Herstellung und Verbesserung eine Reihe neuer Verfahren, zuletzt das nach Sidney Gilchrist Thomas benannte Thomas-Verfahren, beigetragen hatten. Es ermöglichte die Verhüttung phosphorhaltiger Erze und senkte die Produktionskosten um achtzig bis neunzig Prozent. Im Jahr 1879 wurde mit seiner industriellen Anwendung begonnen. Einen ungeheuren Aufschwung erlebte die chemische Industrie, bei dem sich das Zusammenwirken von Wissenschaft und Technik, von Labor und Fabrik, in bisher nicht gekanntem Maße bewährte. An ihrem Beginn stand die Erfindung synthetischer Farbstoffe, die in England und Deutschland gelungen war, so das Anilin anstelle des Indigo durch Adolf von Baeyer im Jahr 1880, das gegen Ende des Jahrhunderts industriell hergestellt wurde und den Naturfarbstoff verdrängte. Damit setzte der Siegeszug der chemischen Industrie ein als eines neuen, in seinen technischen Anforderungen außerordentlich aufwendigen Industriezweigs. Eine weitere, in ihren Wirkungen unabsehbare Umwälzung vollzog sich in dem Augenblick, in dem die Elektrizität als Energie eingeführt wurde. Sie eroberte sich ihren Platz zuerst für die Erzeugung von Licht, nachdem die Glühlampe erfunden worden war. In den beiden letzten Jahrzehnten des 19. Jahrhunderts stieg die Nachfrage nach elektrischem Strom so an, daß mit dem Ausbau der Stromerzeugung in großem Umfang begonnen wurde. Es entstanden öffentliche Elektrizitätswerke, zuerst 1881 in England und 1882 in Italien. 1891 schuf Oskar von Miller zusammen mit der schweizerischen Firma Brown & Boveri die technischen Voraussetzungen dafür, daß Strom über größere Entfernungen übertragen werden konnte. Strom ließ sich nun in der Nähe der Energiequelle – Wasserkraft oder Kohle – erzeugen und an seinen Verwendungsort transpor-

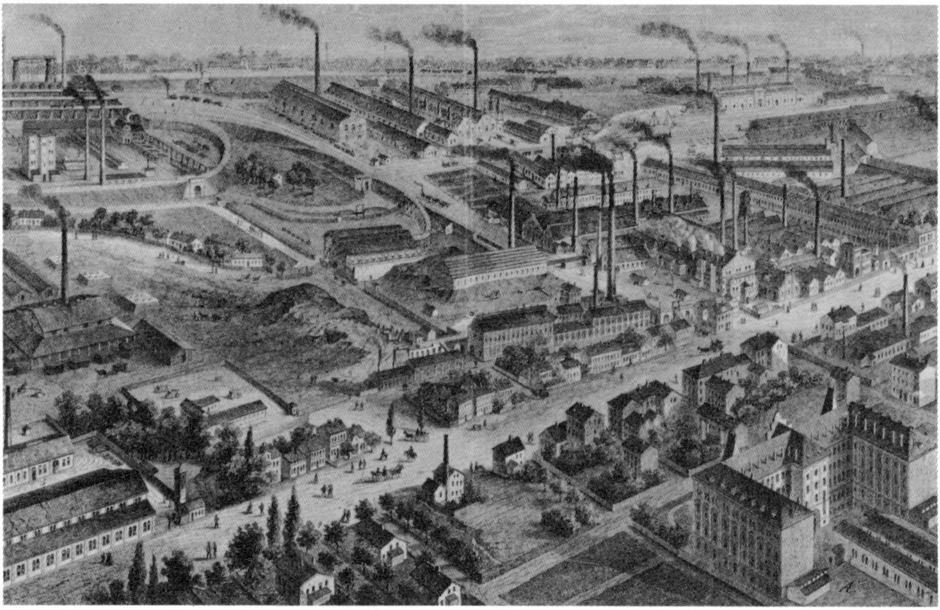

Die Fabrik des Bochumer Vereins für Bergbau und Gußstahlfabrikation im Jahr 1875
Holzschnitt nach einer Zeichnung von Adolf Eltzner
Berlin, Privatsammlung

tieren. Die Elektrizitätswirtschaft ermöglichte nicht nur die Produktion einer außerordentlich verbilligten Energie für industrielle Fertigungen verschiedener Art, für die man sie nach und nach einzusetzen begann, sondern sie rief auch selbst eine eigene Industrie zur Herstellung elektrischer Geräte, Maschinen, Leitungssysteme hervor. Von dem Endziel einer völligen Elektrifizierung der Industrie, der Haushalte, der Beleuchtung war man freilich bis in die letzten Vorkriegsjahre noch weit entfernt. Noch in keinem Land verfügten alle Orte über elektrisches Licht, aber eine unaufhaltsame Entwicklung war in Gang gekommen. Ähnliches galt für die Entwicklung des Verbrennungsmotors und des Kraftwagens. Sie führte vor dem Ersten Weltkrieg in Europa noch nicht zu einem großen Industriezweig mit Massenanfertigung, wie er seit 1908 durch Henry Ford in Amerika bekannt ist. Aber die Grundlagen wurden gelegt: 1885/86 konstruierten unabhängig voneinander Gottlieb Daimler zusammen mit Wilhelm Maybach und Carl Benz den modernen Kraftwagen in noch primitiver Gestalt, jedoch schon mit der Kombination von Fahrgestell und Motor. Diese Konstruktion stieß zuerst in Frankreich auf Interesse. In den Jahren 1900/01 wurde aber dann in Deutschland in der Daimler-Motoren-Gesellschaft der Kraftwagen ›Mercedes‹ gebaut, den man als das erste moderne Automobil bezeichnen kann.

Mit der neuen Phase der industriellen Revolution, die noch längst nicht an ihrem Schlußpunkt angelangt war, vielmehr als ein fortschreitender Prozeß mit einem noch unbekannten Ziel erschien, war eine ständige Ausbreitung und zugleich regio-

Marcel Deprez' Versuch der elektrischen Kraftübertragung von 1,1 Kilowatt bei 1400 Volt auf 57 Kilometer im Jahr 1882
Holzschnitt nach einer Zeichnung von Emile Tournois
Paris, Bibliothèque Nationale

nale und nationale Umschichtung des Industriesystems verbunden. Der Schwerpunkt der neuen Industriezweige und zum Teil auch der alten verschob sich von England auf den Kontinent, vor allen anderen Ländern nach Deutschland. Wenn Stahl und Eisen die Eckpfeiler der Schwerindustrie waren, so mußten in ihren Produktionsziffern am ehesten die Anzeichen für die Leistungskraft und die Dynamik einer Wirtschaft gesehen werden. Im Reichsgründungsjahr 1871 produzierte Deutschland nur 143000 Tonnen Rohstahl gegenüber England mit 394000 Tonnen. In den folgenden zwanzig Jahren schob sich die deutsche Stahlerzeugung immer näher an die englische heran und überholte sie im Jahr 1893 mit 3,034 Millionen Tonnen bei 2,997 Millionen der englischen Produktion. Bis 1913 war der Abstand noch weit größer geworden. In der Roheisenerzeugung war die deutsche Überlegenheit erst im Jahr 1906 mit 10,833 Millionen Tonnen gegenüber 10,347 Millionen in Großbritannien hergestellt. Auch hier vergrößerte sich die Distanz bis zum letzten Vorkriegsjahr noch erheblich: 1913 erreichte die deutsche Produktion 16,761 Millionen Tonnen gegenüber der englischen von 10,425 Millionen. In der elektrischen Energieerzeugung als einem neuen Feld der industriellen Entwicklung besaß Deutschland von vornherein eine Überlegenheit: Hier stand es im Jahr 1900, dem ersten Jahr, über das genaue Zahlen vorliegen, mit 1,30 Millionen Kilowattstunden weit vor England mit 0,4 Millionen und vor Frankreich mit 0,34 Millionen. Es produzierte also mehr als diese beiden westeuropäischen Industriemächte zusammen. Im letzten Vorkriegsjahr blieb der Vorsprung um nicht ganz das Doppelte erhalten: 8 Millionen gegenüber 2,5 Millionen in Großbritannien und 1,8 in Frankreich. Im übrigen befand sich Deutschland vor Ausbruch des Weltkrieges an der Spitze des Exports von Elektrogeräten in der Welt. 1910 stand es trotz seines eigenen immer noch steigenden Bedarfs als Exportland von Eisen und Stahl mit Abstand vor England und hatte zum Teil schon auf den Märkten in Südamerika und in den Dominions Fuß gefaßt. Noch spektakulärer waren die Erfolge der deutschen chemischen Industrie, die ihren Anteil am Weltmarkt bis zu neunzig Prozent steigern konnte und damit fast ein Monopol errungen hatte, neben dem nur die kleine Schweiz einen nennenswerten Beitrag lieferte. Für diesen Sprung nach vorne gab es nach dem Urteil des amerikanischen Wirtschaftshistorikers David S. Landes »in seiner technischen Virtuosität und seinem aggressiven unternehmerischen Geist keine Parallelen. Er bildete die größte Leistung des deutschen Kaiserreiches«. Damit war unzweifelhaft ein weit über alle bloß ökonomischen Kategorien hinausgehendes Politikum geschaffen, und die Frage muß gestellt werden, ob die deutsch-englische Wirtschaftsrivalität, die seit dem Erscheinen des Buches von Ernest Edwin Williams »Made in Germany« im Jahr 1890 eine Alarmstimmung in Großbritannien erzeugte, aus den Ursachen für die deutsch-englische Entfremdung ausgeklammert werden kann. Es bedeutet

Versuch der Anwendung des elektrischen Lichts im Krieg auf dem Gelände der Elektro-Ausstellung in Wien im Jahr 1884
Holzschnitt nach einer Zeichnung von Theodor Breidwiser in ›Illustrirte Welt‹, 1884
Berlin, Staatliche Museen Preußischer Kulturbesitz, Kunstbibliothek

nicht etwa, »materielle Überlegungen als Ursachen des Ersten Weltkrieges auszuscheiden« (D. S. Landes), wenn man bei vorsichtiger Abwägung das Motiv der Wirtschaftsrivalität oder des »Handelsneids« zwar nicht völlig vernachlässigt, es aber nur im Zusammenhang einer ebensowohl politischen wie militärischen Rivalität gelten läßt. Wirtschaftsrivalität bestand auch zwischen England und den USA, ohne daß sie politische Konsequenzen hatte. Es war vielmehr das Syndrom eines allgemeinen sowohl politisch-militärischen als auch industriell-kommerziellen Antagonismus, der die deutsch-englischen Beziehungen vergiftete.

Noch schwieriger ist es zu entscheiden, wo die Gründe für die dynamische Entwicklung der deutschen Industrie zu suchen sind. Man wollte sie in einem besonders effektiven Ausbildungssystem erkennen, dessen Überlegenheit der deutsche Chemiker Wilhelm Ostwald in der theoretischen Orientierung der deutschen Wissenschaft sah: Der junge künftige Techniker in England denke zu praktisch, um Chemie in abstrakter Gestalt zu studieren. Englische Wissenschaftler und Staatsmänner stimmten dem zu; so hat Archibald Lord Rosebery, früherer Premierminister, im Jahr 1896 den steigenden Wettbewerb Deutschlands in der Gründlichkeit der deutschen Wissenschaft und in der größeren Bildung der deutschen Industriellen gesehen. Die Untersuchungen einer 1882 eingesetzten Royal Commission on Technical Instruction kamen zu ähnlichen Resultaten. Auch Hinweise auf die Organisationsfähigkeiten einer militärisch geschulten Nation oder auf beträchtliche staatliche Initiativen fehlten nicht, wurden aber bemerkenswerterweise von englischen Zeitgenossen weniger ins Feld geführt als von nachlebenden Beurteilern.

Zu dem Expansionsdrang des Industriesystems gehörte es, daß es mit seiner ungeheuren Dynamik immer weiter in die noch fast ausschließlich agrarischen Länder im Süden und Osten vorzudringen strebte, auch wenn es hier auf Grenzen stieß, die in Kapitalarmut, in der sozialen Struktur, dem Bildungsstand der Bevölkerung oder in Rohstoffmangel bestanden. So lag in Italien trotz mancher Anstrengungen auf schwerindustriellem Gebiet der Durchbruch der industriellen Revolution erst in den letzten Jahren des 19. Jahrhunderts und in der Ära Giovanni Giolittis seit 1903. Der Anteil der durch starke staatliche Subventionen geförderten industriellen Produktion stieg zwischen 1895 und 1914 von 19,6 Prozent auf 25 Prozent, während in derselben Zeit die landwirtschaftliche Erzeugung von 49,4 Prozent auf 43 Prozent zurückging. Die Maschinen- und Metallindustrie vergrößerte dabei ihren Anteil im Verhältnis zu den älteren Industriezweigen wie Textilindustrie und Lebensmittelindustrie besonders stark. Die Waffenindustrie hatte in Turin ihren Mittelpunkt. Schon 1899 begründete Giovanni Agnelli die Autofabrik ›Fiat‹ in Turin, die zu einer Weltfirma aufsteigen sollte, ebenso wie das im Jahr 1908 von Camillo Olivetti ins Leben gerufene Werk für Büromaschinen in Ivrea. Italiens Industrialisierung wurde erheblich beeinträchtigt und verzögert durch das Fehlen von Grundstoffen wie Eisen und Kohle. Der Kohlemangel förderte die frühzeitige Entwicklung von elektrischem Strom, der durch Wasserkraft erzeugt wurde: Im Jahr 1914 produzierte Italien bereits 2,575 Millionen Kilowattstunden, davon 2,325 Millionen durch Wasserkraft. Es übertraf damit Frankreich und kam nahe an England heran. Schwerwiegende Probleme entstanden durch die Konzentration der italienischen Industrie in der Po-Ebene und in Oberitalien, wodurch sich die Distanz zum zurückgebliebenen Süden vergrößerte. Die ›Questione meridionale‹, der Rückstand des Südens, wurde dadurch immer mehr zu einer schweren Belastung der italienischen Politik.

Anders als Italien waren Spanien und in höherem Grade Rußland mit Rohstoffen reich gesegnet. Sie brachten darum bessere Voraussetzungen für die Entwicklung der Industrie mit. Doch die Nutzung der Rohstoffe war in beiden Ländern lange vernachlässigt worden. In Spanien steigerten ausländische Gesellschaften seit den siebziger Jah-

Petroleumquellen bei Baku am Kaspischen Meer
Holzschnitt eines Unbekannten, 1885/86
Berlin, Privatsammlung

ren die Eisenerzgewinnung in den baskischen Provinzen und die Ausbeutung der Kupferminen in Rio Tinto, so daß Spanien um 1900 zum größten Kupferproduzenten Europas wurde. Die russischen Kohlebergwerke im Donez-Gebiet waren veraltet und die Eisenerzgruben von Krivoj Rog bedurften einer neuen Erschließung. Hierfür geschah in den neunziger Jahren des 19. Jahrhunderts manches, seitdem unter dem Finanzminister Sergej Witte ausländisches Kapital nach Rußland einströmte, das den Aufbau der Schwerindustrie und den Ausbau des Eisenbahnsystems, allem voran der sibirischen Bahn, ermöglichte. Fast dreihundert ausländische Kapitalgesellschaften, französische, belgische, deutsche, wurden in Rußland tätig. Im Bergbau betrug der Anteil ausländischen Kapitals siebzig Prozent, in der Metallindustrie zweiundvierzig Prozent. Rußland war gleichzeitig Objekt wie Subjekt der kapitalistischen Wirtschaft. Der gewaltige Versuch der Industrialisierung in einem riesigen Entwicklungsland machte fast stürmische Fortschritte. Die russische Gesamtproduktion von Eisen und Stahl wurde zwischen 1860 und 1900 mehr als verzehnfacht. Witte – nicht erst Lenin – hat die Anfänge der russischen Industrialisierung gesetzt. Aber aufs ganze gesehen und in den Maßstäben, die von den großen Dimensionen des Reiches gesetzt wurden, waren die Resultate noch bescheiden. Die industriellen Impulse führten zu inselartigen Schwerpunkten wie der Textilindustrie um Moskau, in Lodz und Narwa und der Schwerindustrie im ukrainischen Kohle- und Erzgebiet, der

Erdölförderung um Baku. Noch blieb das Transportsystem weithin ungenügend, und die sozialen Mißstände in der Arbeiterschaft erinnerten an frühkapitalistische Verhältnisse in England, ohne daß etwas zu ihrer Beseitigung getan wurde.

Die Ausbreitung und die Steigerung der industriellen Produktion in Europa war nur die eine Seite des wirtschaftlichen Konjunkturaufschwungs, der bereits seit der Mitte des 19. Jahrhunderts zu verzeichnen war. Die erste Anlaufphase reichte bis zum Jahr 1873, in dem ein Konjunkturabschwung erfolgte, für den sich der nicht unmißverständliche Name ›Große Depression‹ durchgesetzt hat. Ein tiefer Einbruch wie durch die Weltwirtschaftskrise von 1929 war mit ihm nicht verbunden; die langfristige Aufwärtsbewegung der industriellen Erzeugung wurde nur verlangsamt und ihre Wachstumsrate vermindert, aber eine rückläufige Tendenz läßt sich nicht feststellen. Die Reallöhne stiegen, während das Preisniveau sowohl für industrielle Waren als auch für Agrarprodukte verfiel. Seit 1896 setzte ein neuer Aufschwung ein, der mit Schwankungen bis zum Ausbruch des Weltkrieges anhielt. Man hat der Großen Depression entscheidende Einwirkungen auf die Bewußtseinslage der Öffentlichkeit besonders in Deutschland zugeschrieben und Unruhe, das Aufkommen von aggressiven Tendenzen, einen sich verschärfenden Antisemitismus auf sie zurückgeführt. Sicher nachzuweisen ist aber lediglich ein Kurswechsel der Wirtschaftspolitik, die im Jahr 1879 zuerst in Deutschland zu einem zunächst gemäßigten System des Schutzzolls überging. Die ersten Tarife hielten sich durchschnittlich bei fünf bis zehn Prozent des Warenwerts, bezogen aber nicht nur industrielle Produkte, sondern auch Getreide ein. Großagrarische und schwerindustrielle Interessen schlossen sich in einem ›Solidarprotektionismus‹ zusammen, der die Innenpolitik des Reiches in den achtziger Jahren grundlegend beeinflußte. Die große Zeit des Freihandels ging zu Ende, die mehr war als ein rein ökonomisches System, nämlich das geistige und politische Klima, in dem sich die große Aufschwungphase der europäischen Wirtschaft entfalten konnte. Als die Krise einsetzte, wurde der Konkurrenzkampf zwischen den produzierenden und Handel treibenden Nationen verschärft und die entstehende Weltwirtschaft in ein System konkurrierender Nationalwirtschaften mit Staatsintervention und staatlichem Protektionismus verwandelt. Es entstand das, was später als ›organisierter Kapitalismus‹ bezeichnet wurde (R. Hilferding).

Bis zum Ende des Jahrhunderts waren Österreich-Ungarn, Rußland, Rumänien, Griechenland, Portugal, Spanien, die Schweiz und Schweden mit der Einführung von Schutzzöllen Deutschland gefolgt. Frankreich kündigte im Jahr 1892 alle bestehenden Handelsverträge und legte in neuen Abkommen Zölle auf Industriewaren in einer Mindesthöhe von sieben bis acht Prozent, auf landwirtschaftliche Erzeugnisse mit fünf bis zwanzig Prozent fest. Die Tarife wurden bis 1910 weiter gesteigert. Nur Großbritannien, die Niederlande und Dänemark hielten gegen manche inneren Widerstände am Freihandel fest. Wie sich die Volkswirtschaften gegeneinander abschlossen, so begannen auch die einzelnen Wirtschaftszweige Organisationsformen zur Einschränkung des Wettbewerbs zu entwickeln. Es wurden Kartelle mit zum Teil weitreichenden Wirkungsmöglichkeiten zur Regulierung von Preisen und Produktion begründet, voran in Deutschland, wo nach zeitgenössischen Quellen allein zwischen 1887 und 1890 dreihundertachtundachtzig Kartellzusammenschlüsse festgestellt wurden. Für 1912 wurden rund sechshundert Kartelle geschätzt. Das bedeutendste deutsche Kartell, das Rheinisch-Westfälische Kohlensyndikat, entstand 1893. Im Jahr 1904 schlossen sich die großen Farbenproduzenten auf Anregung von Carl Duisberg zu einer ›Interessengemeinschaft‹ – I.G. – zusammen. In Frankreich war die Neigung zur Kartellbildung geringer, doch auch hier gab es einige ähnliche Organisationen wie das bereits 1864 gegründete schwerindustrielle ›Comité des Forges‹. Überall handelte es sich aber erst um Anfänge, die viel später, nach dem Ersten Weltkrieg, als der Kampf um Absatzmärkte weit erbitterter geworden war, zu noch festeren organisatorischen Verbindungen ausgebaut wurden.

Die fortschreitende Industrialisierung der europäischen Gesellschaften brachte erhebliche soziale Umschichtungen mit sich, die gegen Ende des Jahrhunderts deutlich ins Licht traten. Das Wachstum der Städte ging trotz der seit den achtziger Jahren enorm ansteigenden Auswandererzahlen beschleunigt weiter und dehnte sich auch räumlich aus. 1870/71 gab es in Europa neunzehn Städte mit über einer Viertelmillion Einwohnern, davon sieben mit mehr als einer halben Million. Vierzig Jahre später, 1910/11, waren es mit sechsundfünfzig Städten mit einer Viertelmillion fast dreimal soviel und mit neunundzwanzig Städten mit mehr als einer halben Million fast viermal soviel. Unter ihnen fanden sich nicht nur Industriestädte, sondern auch Verwaltungs- und Regierungszentren, Handelsmetropolen. Gleichzeitig ging in den hochindustrialisierten Ländern wie Deutschland und Großbritannien der Anteil der in der Land- und Forstwirtschaft Beschäftigten und ihrer Angehörigen anhaltend zurück: 1882 betrug er in Deutschland 42,5 Prozent, 1907 nur noch 28,6 Prozent; in Großbritannien sank er zwischen 1901 und 1911 von 13 Prozent auf 11,1 Prozent. Dagegen stieg der Anteil der Industriebevölkerung in Deutschland von 1886 bis 1907 von 39,5 Prozent auf 42,8 Prozent; in Großbritannien lauten die entsprechenden Zahlen für 1901 und 1911: 44,8 Prozent und 44,1 Prozent. Nennt man daneben die Anteile des sogenannten tertiären Sektors, das heißt von Handel, Verkehr und Dienstleistungen, so ergibt sich

Zugehörige des ›neuen Mittelstandes‹ im Londoner Pferde-Omnibus
Gemälde von George William Joy, 1895
London Museum

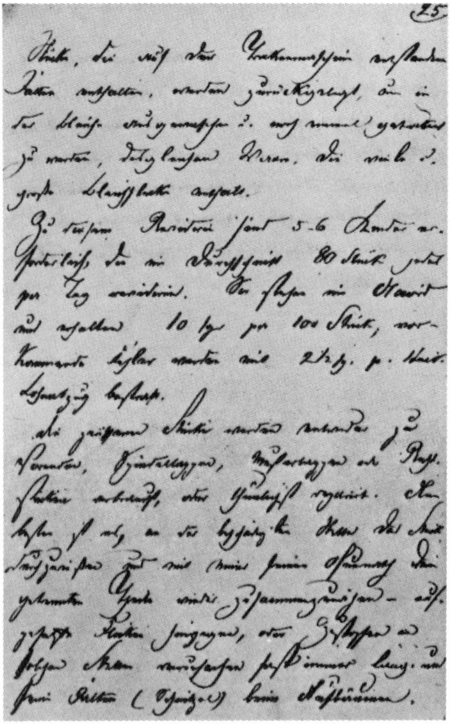

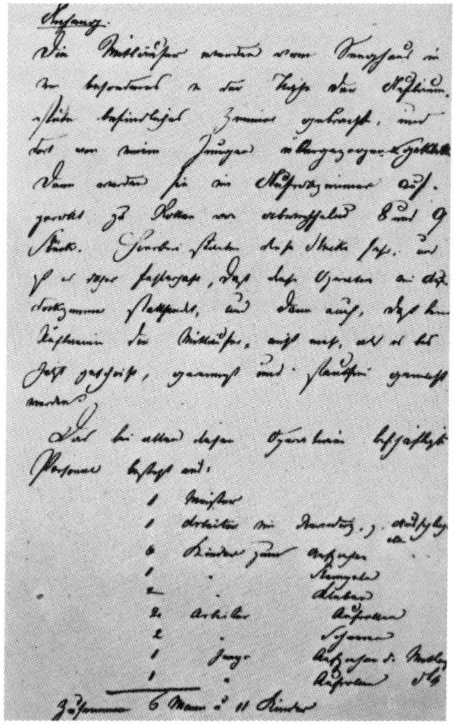

Ein Dokument für die Kinderarbeit um die Mitte des 19. Jahrhunderts:
zwei Seiten in dem handschriftlich geführten Journal
der Fabrik der Luisenthaler Aktiengesellschaft für Spinnerei, Weberei und Druckerei
mit Eintragungen über die täglichen Vorkommnisse, Lehren und Erfahrungen bei der Fabrikation, 1858/59
München, Deutsches Museum

ein zweiter Kreis überwiegend städtischer Bevölkerung mit 22 Prozent und 28,6 Prozent für Deutschland in den Jahren 1882 und 1907 und 22,1 Prozent und 23,1 Prozent für Großbritannien in den Jahren 1901 und 1911. Hinter diesen Zahlen verbergen sich gesellschaftliche Veränderungen großen Ausmaßes. In den Städten wuchs nicht nur die Arbeiterschaft, das Proletariat, das nach der Marxschen Lehre alle ›expropriierten‹ Klassen bis auf wenige Großkapitalisten aufsaugen sollte, sondern eine breite Schicht eines ›neuen Mittelstandes‹, in dem die Angestellten als eine sich von den Arbeitern absetzende Gruppe eine immer größere Rolle spielten. Sie haben ihre Zahl in Deutschland zwischen 1882 und 1907 etwa vervierfacht. Was hier in Bewegung geriet, leitete nur Entwicklungen ein, die im Ersten Weltkrieg und nach 1918 voll in Erscheinung traten. In den industriellen Führungsschichten trat der Typ des Unternehmers hervor, der Züge einer ›kapitalistischen Aristokratie‹, einer ›Aristocratie bourgeoise‹ trug und zum Teil auch nobilitiert wurde wie Werner Siemens und Karl Ferdinand Stumm und die Nachkommen August Borsigs und Friedrich Krupps.

Die Begründer von Weltfirmen hatten sich meist aus kleinsten Verhältnissen emporgearbeitet. Freilich ging die Zeit der persönlichen Unternehmerfirmen bald zu Ende, und es setzte überall ihre Umwandlung in Kapitalgesellschaften ein, die eine neue Phase der Industriepolitik noch vor dem Weltkrieg einleiteten.

Die Arbeiterfrage war das eigentlich soziale Problem des Jahrhunderts. Sie hatte sehr verschiedene Aspekte: Sie war ein ökonomisches und zugleich moralisches Problem, soweit es sich um Lebensbedingungen, Arbeitszeit und Arbeitslohn handelte. Sie war ein politisches Problem, soweit es um die Gleichstellung der Arbeiterschaft hinsichtlich des Wahlrechts, um die Vereinigungsfreiheit, das hieß das Koalitionsrecht und das Streikrecht, ging. Und eben dies alles machte sie auch zu einem rechtlichen, ja verfassungsrechtlichen Problem. In den Anfängen der Industrialisierung gab es keine Regeln für die Arbeitsdauer in den Fabriken; die wöchentliche Arbeitszeit überschritt in einigen Ländern achtzig Stunden. Für Frauen- und Kinderarbeit wurden relativ früh gesetzliche Beschränkungen eingeführt, so in Großbritannien unter dem Impuls der großen Reformära in einer ganzen Reihe von Gesetzesakten zwischen 1833 und 1844, mit denen zuletzt die Arbeitszeit für Frauen auf zwölf und für Kinder auf sechseinhalb Stunden begrenzt wurde. In Frankreich setzte ein Gesetz von 1841 die Arbeitsdauer für Kinder zwischen acht und zwölf Jahren auf acht Stunden fest. In Preußen wurde erst im Jahr 1878 die Fabrikarbeit für Kin-

Konservenmacherinnen
Gemälde von Max Liebermann, 1879
Leipzig, Museum der bildenden Künste

der unter zwölf Jahren verboten und auch die Frauenarbeit begrenzt. In Italien erging 1886 ein ähnliches Gesetz. Doch die Einhaltung dieser Bestimmungen war in vielen Fällen zweifelhaft; die eingesetzten Fabrikinspektoren setzten sich nicht durch. Die Chartisten hatten schon in den vierziger Jahren den zehnstündigen Arbeitstag gefordert. Seit den sechziger Jahren verlangten Arbeiterkongresse in Genf und Paris den Acht-Stunden-Tag, der seither das politische Ziel der Gewerkschaften blieb. Bis zu seiner Einführung nach dem Ersten Weltkrieg gelang es nur schrittweise, die Arbeitszeit zu verkürzen. Vor 1914 wurde in den meisten Industrieländern neun bis zehn Stunden lang gearbeitet, in Rußland noch länger.

Die Nominallöhne sind in der Vor-Weltkriegszeit kontinuierlich, wenn auch nur in kleinen Schritten, gestiegen. Wieweit es sich um eine Steigerung der Reallöhne handelte, ist ebenso umstritten wie die Entwicklung in den einzelnen Ländern. Der Erfolg von Lohnkämpfen hing sehr von der Einsatzfähigkeit der gewerkschaftlichen Organisationen der Arbeiter ab. Solche gab es, dem entwickelten Stand der Industrialisierung entsprechend, am längsten in England, wo schon 1825 das Koalitions- und Streikverbot aufgehoben und kollektive Tarifverhandlungen zugelassen wurden. Aber erst seit den sechziger Jahren fanden Gewerkschaften ihre endgültige organisatorische Form als ›Trade Councils‹ der einzelnen Berufsverbände, die sich 1868 im Trade Union Congress eine gemeinsame Plattform für jährliche Zusammenkünfte schufen. In den Jahren 1871 bis 1876 wurde die Trade-Union-Bewegung gesetzlich sanktioniert, und 1874 hatte der Trade Union Congress bereits über eine Million Mitglieder. Die frühzeitige organisatorische Konzentration machte die britische Gewerkschaftsbewegung zur mächtigsten Waffe der Arbeiterschaft und zum Kristallisationspunkt auch der politischen Arbeiterbewegung, die sonst fast überall mit den Gewerkschaften konkurrierte. Aus dem im Jahr 1900 geschaffenen Labour Representation Committee, dessen Kern die Trade Unions gewesen sind, ging die Labour Party hervor. In Deutschland, wo die Koalitionsfreiheit am Ende der sechziger Jahre eingeführt wurde, kamen die Gewerkschaften, anders als in England, im Gefolge der politischen Arbeiterbewegung zu Macht und Einfluß. Sie erlitten in der Zeit des Sozialistengesetzes von 1878 bis 1890 einen schweren Rückschlag, blühten aber dann rasch wieder auf. Den gewaltigen Vorsprung der in enger Verbindung mit der Sozialdemokratie stehenden Freien Gewerkschaften konnten die anderen ›Richtungsgewerkschaften‹, die christlichen und die liberalen Hirsch-Dunckerschen Gewerkvereine, nicht aufholen. Ähnlich wie die Trade Unions erhielten die Freien Gewerkschaften 1890 in der Generalkommission der Gewerkschaften Deutschlands eine zentrale Organisation von großer Durchschlagskraft. Ihre Mitgliederzahlen stiegen auf über eine Million im Jahr 1904 und auf 2,525 Millionen im Jahr 1913. Obwohl sie bewußt an sozialpolitischen Zielsetzungen festhielten und den »organisierten Klassenkampf« zwecks »Verbesserung der Arbeits- und Lebensbedingungen der Arbeiter« proklamierten, war ihr personeller und politischer Einfluß auf die Sozialdemokratische Partei so stark, daß sie für deren Richtung in dem Streit über den Revisionismus mehr durch ihre pragmatische Haltung als durch theoretische Überlegungen mitbestimmend gewesen sind. – In Frankreich stand die gewerkschaftliche Bewegung seit ihren Anfängen in starker Berührung mit dem Anarcho-Syndikalismus, der den Streik nicht nur als Mittel des Arbeitskampfes, sondern den Generalstreik als revolutionäre Waffe verwenden wollte. Die 1895 begründete Confédération Générale du Travail – CGT – hielt bis an die Schwelle des Weltkrieges an diesem Programm fest.

Solange die Wirtschaftspolitik der Staaten im Zeichen liberaler Grundsätze stand, ergriffen die Regierungen nur sehr selten und lediglich zur Verhütung der krassesten Mißstände Initiativen, um die soziale Lage der Arbeiterschaft zu verbessern. In Preußen-Deutschland konnte man allerdings

Ausschreitungen beim Eisenbahnerstreik in Schottland Anfang Januar 1891
Holzschnitt in ›The Illustrated London News‹ vom 17. Januar 1891
Berlin, Staatliche Museen Preußischer Kulturbesitz, Kunstbibliothek

immer noch auf die ältere Tradition des sozialreformerischen Patriarchalismus zurückgreifen, als das Bündnis mit den Liberalen zerbrach und Bismarck den Kurs in der Wirtschaftspolitik während der großen Wirtschaftskrise korrigierte. Repressive Bekämpfung des Sozialismus allein, wie sie durch das ›Gesetz gegen die gemeingefährlichen Bestrebungen der Sozialdemokratie‹ vom 21. Oktober 1878 eingeleitet wurde, genügte Bismarck nicht; er glaubte, der Sozialdemokratie durch eine positive Sozialgesetzgebung den Wind aus den Segeln nehmen zu können. Im Zusammenhang dieses strategischen Konzepts stand der Vorstoß in ein völliges Neuland für die politische Vorstellungswelt der Zeit durch eine Gesetzgebung über die Sozialversicherung. Ihre geistigen Wurzeln waren in den Ideen eines konservativ-christlichen Fürsorgestaates zu suchen, auf dessen Leistungen bei der Bauernbefreiung sich Bismarck immer wieder berief. Anregungen, die vom Bonapartismus Napoleons III. ausgingen, sind nicht auszuschließen, lagen aber zu weit zurück, um noch den Ausschlag zu geben. Dazu kamen ständestaatliche Vorstellungen, nach denen aus den Berufsgenossenschaften als den Trägern der Unfallversicherung und der Krankenkassen Organe für nationale Vertretungskörperschaften auf berufsständischer Basis entwickelt werden sollten. Solche prinzipiellen Gesichtspunkte sind allerdings im parlamentarischen Kampf bald untergegangen, in dem die Regierung mit dem Widerstand des bürgerlichen Liberalismus gegen jeden Eingriff des Staates in die Sozialverfassung und mit seinem Beharren auf der Idee der sozialen Selbsthilfe fertig werden mußte. Ein Unfallversicherungsgesetz konnte erst nach dreimaligem Anlauf und nach mehrjährigen Verhandlungen im Juli 1884 verabschiedet werden. Das in seiner allgemeinen Bedeutung weitergehende Gesetz über die Krankenkassen wurde bereits im Juni 1883 verkündet. Es sicherte den erkrankten Arbeitern freie ärztliche Behandlung und für den entgangenen Lohn ein Krankengeld zu. Die Kosten hatten Arbeitgeber und Arbeitnehmer je zur Hälfte zu tragen. Im Jahr 1886 wurden diese beiden Versicherungsgesetze auch auf landwirtschaftliche Arbeiter ausgedehnt. In den Organisationen der

Armen- und Altersfürsorge zu Ausgang des 19. Jahrhunderts: Altmännerhaus in Lübeck
Gemälde von Gotthard Kuehl, 1886
Lübeck, Behnhaus, Dauerleihgabe der Staatlichen Museen Preußischer Kulturbesitz

Krankenversicherung, die von örtlichen Krankenkassen getragen wurde, erhielt die sozialdemokratische Führungsschicht zum ersten Mal ein Betätigungsfeld für aktive Mitwirkung an öffentlichen Aufgaben; sie wurden ein Mittel einer ungewollten Integration. Erst in die Regierungszeit des jungen Kaisers Wilhelm II. fiel die parlamentarische Entscheidung über das letzte große Versicherungswerk, die Alters- und Invalidenversicherung im Juni 1889. Etwa zwölf Millionen Arbeiter mit einem Einkommen unter zweitausend Mark kamen in den Genuß einer Alterssicherung, die allerdings erst mit dem siebzigsten Lebensjahr begann. Bei niedrigen eigenen Beiträgen des Versicherten beteiligte sich das Reich an der Finanzierung mit einem festen Beitrag zu jeder Rente.

Im großen historischen Zusammenhang begann mit der Bismarckschen Sozialreform, die im Jahr 1911 mit einer einheitlichen Reichsversicherungsordnung ihren vorläufigen Abschluß fand, der Wandel des Staates vom Hoheitsstaat zum modernen Sozialstaat. Ihr bahnbrechender Charakter ist jedoch nicht sofort und überall erkannt worden; dem stand auch die verhängnisvolle Verkoppelung mit einer politischen Ausnahmegesetzgebung im Wege. Immerhin hat das deutsche Beispiel schon bald Schule gemacht: Mehrere Länder beschlossen zunächst Unfallversicherungsgesetze, so England 1887 durch den Workmen's Compensation Act. In Dänemark wurden 1891 ein Gesetz über die Altersversorgung aller über sechzig Jahre alten Bürger und ein Krankenhausgesetz beschlossen. Auch Schweden folgte im Jahr 1913 mit einer allgemeinen Volks-Altersversicherung. Den Durchbruch zu umfassenderen Regelungen in einem Großstaat vollzog dann David Lloyd George als britischer Schatzkanzler im ersten liberalen Kabinett Herbert Henry Asquith nach persönlichem Studium der Verhältnisse in Deutschland mit einer im Sommer 1911 eingeführten staatlichen Krankenversicherung, dem National Insurance Act, der schon deutlich auf einen sozialen Ausgleich zielte, »der auf die Dauer die kapitalistische Konkurrenzgesellschaft in eine sozialpolitisch geprägte Wohlfahrtsgesellschaft verwandeln« wollte (K. Kluxen). Längst war aber die Arbeiterfrage dem Stadium entwachsen, in dem sie als ein Objekt staatlicher Betreuungspolitik behandelt werden konnte. Die Arbeiterschaft war unter der Führung sozialistischer Parteien eine politische Macht geworden, die durch Reform oder Revolution selbst über den Staat bestimmen wollte, in dem sie lebte.

Große soziale Probleme wurden nicht nur durch die Industrialisierung und alle ihre Konsequenzen, sondern auch durch die Anpassung von Agrarwirtschaft und Agrargesellschaft an das neue industrielle und städtische Zeitalter gestellt. Die ländliche Gesellschaft war von einem sozialen Ausgleich ebenso weit entfernt wie die städtisch-industrielle; ihre soziale Spannweite reichte vom Latifundienbesitzer in Rußland, im ostelbischen Preußen und in Süditalien bis zum besitzlosen Landarbeiter oder auf das Existenzminimum herabgedrückten Kleinpächter. Freie Bauern mit mittleren Besitzgrößen gab es fast nur in weiten Teilen Norddeutschlands und in den nordeuropäischen Ländern; in Großbritannien befanden sich vor 1914 neunzig Prozent des Nutzlandes in der Hand von Pächtern. Das brauchte durchaus nicht immer mit bedrückenden Lebensverhältnissen verbunden zu sein, war aber in manchen Ländern wie in Italien mit seinem Großpachtsystem und den ausbeuterischen Methoden der die abwesenden Gutsherren vertretenden Verwalter der eigentliche Krebsschaden einer ruinösen Agrarverfassung. Es gab auch Länder, in denen die soziale Abhängigkeit der Pächter von ihren Pachtherren eine Form der nationalen Unterdrückung war, so vor allem in Irland, wo das Pachtsystem langsam abgebaut wurde. Landarbeiter und Pächter, ja selbst Bauern hatten es infolge ihrer besonderen Lebensbedingungen im allgemeinen nicht vermocht, ihre Interessen selbst zu vertreten. Die Sachwalter der Agrarpolitik waren vorwiegend die Großgrundbesitzer; sie dominierten in Preußen-Deutschland im ›Bund der Landwirte‹, in dem einzelne bäuerliche Organisa-

Landarbeiter beim Ackern in den Abruzzen
Gemälde ›An die Schaufel!‹ von Arnoldo Ferraguti, 1891
Pallanza, Museo del Paesaggio di Verbania

tionen aufgingen. Dadurch entstanden manche Interessenverzerrungen, beispielsweise in der für die ganze Agrarwirtschaft entscheidenden Frage der Schutzzölle. Die in den siebziger Jahren ausgebrochene Agrarkrise, die einen starken Preisrückgang für landwirtschaftliche Produkte hervorrief, war nicht bloß durch die Konjunkturschwankungen verursacht, die zu der allgemeinen Wirtschaftskrise geführt hatten, sondern hatte ihre besonderen Gründe darin, daß Europa in zunehmendem Maße wegen der verbilligten Kosten für Schiffstransporte mit Weizen aus Amerika überschwemmt wurde und sogar Fleischprodukte aus Argentinien, Australien und Neuseeland an den europäischen Verbraucher gelangten. Die Regierungen fast aller europäischen Staaten reagierten darauf mit Zollbarrieren und staatlicher Interventionspolitik, was namentlich im Interesse des Großgrundbesitzes lag. Die Landwirtschaft ist seither nie mehr aus dem System staatlich geschützter Preise entlassen worden, das nicht nur ökonomisch, sondern meist auch mit einem ideellen nationalen Interesse begründet wurde.

England, das schon seit der Aufhebung der Kornzölle seine Grenzen dem ausländischen Getreide geöffnet hatte, nahm einen weitgehenden Verfall seiner Agrarproduktion, Verödung der Dörfer sowie Abwanderung der Pächter und Landwirte in die Industriestädte oder Auswanderung nach Übersee in Kauf und schränkte den Getreideanbau ein. Die Getreideanbaufläche betrug bei Ausbruch des Weltkrieges nur noch die Hälfte derjenigen zu Beginn der siebziger Jahre: 1871 hatte die Anbaufläche für Weizen einen Umfang von 3572000 Morgen, 1913 war sie auf 1756000 geschrumpft. Die Britische Insel blieb mit ihrer Ernährung auf den Weltmarkt angewiesen und glaubte, sich dies als Beherrscherin der Seewege erlauben zu können. Erst während des Weltkrieges wurde die heimische Agrarproduktion wieder gesteigert. Zwei kleinere Länder mit bäuerlicher Struktur, Dänemark und die Niederlande, die ebenfalls am Freihandel festhielten, zogen aus der veränderten weltwirtschaftlichen Lage andere Konsequenzen. Sie paßten ihre agrarische Erzeugung an marktwirtschaftliche Bedingungen an, indem sie vom Getreideanbau abgingen und sich auf die hochwertigen Produkte der Milchwirtschaft, des Gartenbaus, der Fleischproduktion und der Geflügelzucht für den Export umstellten. Sozialgeschichtlich wurde dadurch der Typus des Bauern im traditionellen Sinne durch den des Landwirts abgelöst, der nach ökonomischen Maßstäben für den ›Markt‹ produzierte.

Anders als in der ersten Hälfte des 19. Jahrhunderts und nach dem Ende des Ersten Weltkrieges, als die Agrargeschichte durch große Umwälzungen gekennzeichnet wurde, waren die Jahrzehnte vor dem Weltkrieg eine Ära langsamer, fast unauffälliger Veränderungen in der Agrarpolitik. Die agrarische Welt befand sich im Rückzug. Millionen auf dem Lande geborener Menschen verließen ihre Heimat, um in die Industriestädte oder ins überseeische Ausland abzuwandern. Die große Krise der ländlichen Welt hielt unvermindert an; sie wurde aber in ihren Wirkungen eingedämmt durch Staatshilfe und Staatsintervention und sie wurde verschleiert durch die dominierende politische Rolle, die der grundbesitzende Adel in vielen Ländern spielte. Nur in einem Land, in Rußland, kam es zu umstürzenden Ereignissen, da hier noch ein ungeheurer Rückstand in der ländlichen Verfassung und in der Rechtsstellung der Bauern bestand. Die Bereitschaft zu sozialen Reformen war in der Stimmung nach der Niederlage im Krim-Krieg in weiten Kreisen der russischen Öffentlichkeit, auch am Hofe des jungen Zaren Alexander II., gewachsen. Slawophile, liberale Gruppen, aber auch Adelskreise der westlichen Gouvernements stimmten in dem Willen überein, »die Frage der Fragen, das Übel der Übel«, die Leibeigenschaft zu lösen. Seit 1857 tagte ein Geheimkomitee für die Bauernangelegenheiten und suchte im Widerstreit der Meinungen einen Weg zu finden. Erst mit dem in einem kaiserlichen Manifest verkündeten ›Statut über die aus der Leibeigenschaft entlassenen Bauern‹ vom 19. Februar 1861 fiel die Entscheidung: Es war nicht bloß ein bedeutendes Ereignis der Agrargeschichte, sondern es hatte mit den Entwicklungen, die es einleitete, den Fragen, die es offenließ, Auswirkungen bis in die Oktoberrevolution des Jahres 1917. Durch das Manifest erhielten elf Millionen Seelen männlichen Geschlechts, zusammen mit ihren weiblichen Angehörigen mehr als die doppelte Zahl, persönliche Freiheit, ohne gleichzeitig Landeigentümer zu werden. Vielmehr ging der vom Adel abgetretene Grundbesitz an die Dorfgemeinde – Mir – über, die die Verteilung der Anteile – Peredal – an die einzelnen Bauern in gewissen Zeitabständen neu regelte. Es entstand also kein dauerndes Eigentum; grundsätzlich blieb der Kollektivbesitz bestehen. Das Mir-System, das die Slawophilen als eine besondere slawische Institution und die Sozialisten als eine Urform kommunistischer Gesellschaftsverfassung feierten, war vornehmlich ein Instrument des Staates, dem die Gemeinde für das Steueraufkommen haftete. Der Landhunger des einzelnen Bauern wurde nicht gestillt; er mußte für eine meist zu kleine Bodenparzelle weiterhin Frondienste leisten bis zum Loskauf des vom Staat vorgestreckten Kaufpreises innerhalb von neunundvierzig Jahren – ein Verfahren, das ihn finanziell außerordentlich belastete. Schon deshalb konnten die Bauern von der Möglichkeit, Land hinzuzuerwerben, keinen Gebrauch machen, so daß die in bäuerlichem Besitz befindliche Anbaufläche bis zum Revolutionsjahr 1905 nur unerheblich wuchs, ja im Verhältnis zum Wachstum der ländlichen Bevölkerung sogar zurückging. So befriedigte die Reform niemanden, weder den Adel, der zu erheblichen Landabtretungen gezwungen wurde, noch die liberalen Reformer, am wenigsten die Bauern. Das russische Land wurde um die Jahrhundertwende ein Herd gärender Unruhe, die dann zur Entladung in der Revolution von 1905 führte.

Die erste russische Revolution war eine Erhebung der Arbeiter, der Nationalitäten, aber nicht zuletzt der Bauern, die im Sommer und Herbst dieses Jahres in zweiundsechzig Kreisen Innerrußlands, der Westgebiete und der baltischen Provin-

Verhaftung eines Propagandisten
Zeichnung von Ilja Repin, 1879
Leningrad, Staatliches Russisches Museum

zen zum Aufstand schritten. Sie schlugen an verschiedenen Stellen in oft unkoordinierten, spontanen Aktionen von brutaler Gewaltsamkeit gegen Gutsherren und Gutsbesitz los, getrieben von dem dunklen Drang nach Aneignung des Gutslandes. Doch es kam auch zu organisierten Unternehmungen. So forderte ein Bauernkongreß im November 1905 die Nationalisierung des gesamten Bodens zugunsten derer, die ihn selbst bearbeiteten. Schließlich wurde die bäuerliche Revolution von der Staatsmacht noch einmal niedergeworfen. Aber man kann nicht sagen, daß sie erfolglos geblieben ist. Die Bauernfrage in Rußland trat in ihr letztes Stadium, als Ministerpräsident Pjotr Stolypin bereits im unmittelbaren Anschluß an die Revolution durch eine Verordnung im November 1906 eine neue Phase einleitete, die von der Duma mit den Agrargesetzen von 1910 und 1911 sanktioniert wurde. Die Stolypinsche Agrarreform zielte jetzt nach den Erfahrungen der vorausgegangenen Jahrzehnte und dem Scheitern des Mir-Systems auf die Schaffung von selbständigen, wirtschaftlich lebensfähigen Einzelhöfen. Der Mir wurde aufgelöst, die Bauern wurden auf eigene Füße gestellt und die Schulden aus dem Freikauf gestrichen; bäuerlicher Besitz wurde durch Flurbereinigung abgerundet und neues Land in Sibirien und Zentralasien zur Verfügung gestellt. So sind bis 1916 in ganz Rußland etwa sieben Millionen Bauernfamilien auf eigenen Boden umgesiedelt worden. Das Bauernland nahm von 160,9 Desjatinen auf 170,5 Millionen zu, der Adelsbesitz verminderte sich von 49,8 Millionen auf 39,6 Millionen Desjatinen. Rußland schien vor dem Ausbruch des Weltkrieges auf dem Weg, eines seiner brennendsten Sozialprobleme aus der Welt zu schaffen.

Krisen und Konflikte

Die beiden Jahrzehnte vor dem Ausbruch des Ersten Weltkrieges sind in den meisten europäischen Staaten, namentlich in den großen, gekennzeichnet von inneren Spannungen, Krisen und Konflikten zwischen den Verfassungsorganen, den gesellschaftlichen Schichten, zwischen Staat und Kirche, den Parlamenten und den Regierungen, der Armee und den zivilen Staatsorganen. Das Wort von der ›permanenten Staatskrise‹, die man dem Deutschen Reich nachgesagt hat (H. U. Wehler), verdeckt den allgemeinen Charakter, den diese Krise besaß; es traf mutatis mutandis für fast alle Glieder der europäischen Staatengesellschaft zu. In Wahrheit handelte es sich um ein europäisches Phänomen, dessen Ursprünge nicht leicht zu bestimmen sind. Benedetto Croce hat mit dem Blick vor allem auf Italien von dem »Streit zwischen Konservatismus und Revolution« gesprochen, was in vieler Hinsicht erhellend ist, aber nicht ausreicht, um die Vielgestaltigkeit der Krisen im Europa um die Jahrhundertwende zu erfassen. Es war unter anderem der seine Kompetenzen ausweitende moderne Staat, der Krisen erzeugte, indem er den Wirkungsbereich außerstaatlicher Korporationen, insbesondere der Kirche, einengte, und ihnen jahrhundertelang betreute Bereiche wie die Schule aus der Hand nahm. Er konnte sich dabei mit vehementen laizistischen und antiklerikalen Tendenzen, mit einem liberalen Protestantismus oder einfach mit nüchternem politischen Pragmatismus verbünden. Wirkte so der Staat auf die Gesellschaft, so gingen umgekehrt von den gesellschaftlichen Bewegungen Wirkungen auf den Staat aus. Politische Institutionen und Verfassungsorgane, die Bastionen der Macht von traditionellen Führungsschichten darstellten, wurden durch Volkssouveränität und Demokratisierung in Frage gestellt. Gleichfalls aus demokratischen Wurzeln erwuchsen die Ansprüche nationaler Minderheiten auf Selbstbestimmung und bedrohten in Irland, in Österreich-Ungarn, in Rußland gesamtstaatliche Verbindungen. Die ernsteste Krise aber entstand durch den Angriff sozialistischer Parteien und Bewegungen in ihren verschiedenen Spielarten auf den bürgerlichen Staat. Wo die einen noch auf seine Umgestaltung zielten, bereiteten andere bereits seinen Untergang vor. Die sozialistische Arbeiterbewegung verstand sich als internationale Bewegung und überschritt schon deshalb alle nationalen Grenzen; dennoch erhielt sich in ihrer Ausprägung, ihrem taktischen Vorgehen, teilweise sogar in ihrer Ideologie ihr nationaler Charakter. Die Verklammerung nationaler und europäischer Geschichtsabläufe, die im Ancien régime durch den europäischen Adel hergestellt worden war und die im Zeitalter des bürgerlichen Nationalismus aufgebrochen wurde, sollte jetzt im Zeichen eines pro-

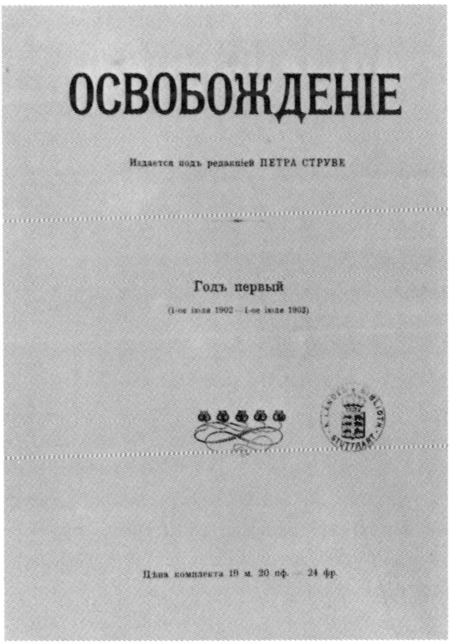
ОСВОБОЖДЕНІЕ

Издается подъ редакціей ПЕТРА СТРУВЕ

Годъ первый

Цѣна комплекта 19 м. 20 пф. — 24 фр.

Titelseite des 1902 in Stuttgart begründeten Sprachorgans des Sojus oswoboshdenija
Stuttgart, Württembergische Landesbibliothek

letarischen Internationalismus erneuert werden. In den Jahrzehnten zwischen 1890 und 1918 wurde darüber entschieden, ob und wieweit dieses Programm erfüllbar war.

Unter allen innerstaatlichen Krisen der Vorkriegszeit, denen in den fünf Großmächten nachgegangen werden soll, ist die russische Revolution von 1905/06 die ernsteste und lebensgefährlichste gewesen. Sie war ein vielschichtiger Vorgang und nur darin einheitlich, daß sie alle gegen das autokratische System gerichteten Bewegungen gleichzeitig mobilisierte: das städtische Proletariat, die unruhigen Bauern, die Nationalitäten, die liberale Bewegung. Da war zuerst die sogenannte Semstwo-Bewegung, in der sich der liberale Adel eine Plattform für eine vom zaristischen System gerade noch geduldete politische Aktivität geschaffen hatte. Sie zielte auf ein liberales freiheitliches System, auf eine konstitutionelle Monarchie mit parlamentarischen Organen. Der geheime ›Bund der Befreiung‹ – Sojus oswoboshdenija – war ihr Mittelpunkt; er hatte ein publizistisches Sprachrohr in der im Jahr 1902 in Stuttgart begründeten Zeitschrift ›Die Befreiung‹. Man kann hier von einer russischen Spielart des Liberalismus sprechen, der wie der westliche Liberalismus auch einen radikalen Flügel hatte. In ihm dominierte nicht der Adel, sondern die bürgerliche Intelligenzija – ein im Jahr 1860 in die russische Sprache eingeführter Begriff, der auch ein spezifisch russisches Phänomen bezeichnete, nämlich eine auf sich gestellte oppositionelle Gruppe ohne soziale Bindungen und von starkem doktrinären Charakter. Der russische Liberalismus strebte nach einer Reform des russischen Staates, in dem er aus den geringen Ansätzen von Selbstverwaltung und freiheitlichen Korporationen eine konstitutionell-parlamentarische Monarchie entwickeln wollte. Kurzfristig gesehen hatte er damit Erfolg: Nachdem der Zar im Juni 1905 eine Delegation liberaler Kreise empfangen hatte, wurde von dem Innenminister Aleksandr Bulygin zum ersten Mal ein Verfassungsentwurf mit einer beratenden Versammlung, der Duma, vorgelegt, der aber liberalen Vorstellungen in keiner Weise gerecht wurde.

Doch die Ereignisse, die sich auf dieser Ebene vollzogen, können nicht getrennt von den revolutionären Vorgängen unter den Massen und auf der Straße dargestellt werden. Bereits am 9. Januar 1905 war mit einer großen Streikbewegung ein revolutionärer Prozeß in Gang gekommen, der durch unheilvolle Verstrickungen, rigorose und überstürzte Maßnahmen der Staatsorgane in gefährliche Bahnen gelenkt wurde. Als sich demonstrierende Massen unter dem zwielichtigen Priester Georgij Gapon in Petersburg zum Winterpalais bewegten, wurden sie von der Schloßwache zusammengeschossen. Damit entfesselte das zaristische Regime, das zu immer rigoroseren Maßnahmen überging, eigentlich erst die Revolution als eine Folge von Gewaltaktionen und Streiks, die nun das ganze Land erfüllten. Die Niederlage im koreanischen Krieg trug dazu bei, die Autorität des zaristischen Regimes weiter zu erschüttern. Der am 5. September 1905 geschlossene Friede von Portsmouth mit Japan gab der revolutionären Bewegung erneut Auftrieb. An ihr beteiligten sich jetzt alle radikalen Gruppen, die Bolschewiki unter Trotzkij und dem aus Genf zurückgekehrten Lenin und die Sozialrevolutionäre. In Petersburg wurde am 26. Oktober ein erster Arbeiter-Sowjet gebildet. Im Oktober erreichte die Streikbewegung in einem das ganze Land lähmenden Generalstreik ihren Höhepunkt.

Daß es der Regierung gelang, in dieser chaotischen Situation noch einmal die Bewegung aufzufangen, ist nur dem Umstand zuzuschreiben, daß die Revolution nicht einheitlich gelenkt war, sondern sich in einem Nebeneinander und Durcheinander einzelner Aktionen erschöpfte. Sie war mehr dem Typus einer spontanen Aufstandsbewegung älterer Zeiten vergleichbar als der kalkulierten Revolution vom Oktober 1917. So brachte sie in ihrem Ergebnis einen sehr befristeten Sieg der konstitutionellen Bewegung, deren Forderungen durch das Manifest des Zaren vom 30. Oktober er-

Die Ereignisse vor dem Winterpalais in Petersburg am 9. Januar, dem ›Blutsonntag‹, 1905

füllt wurden. Dieses verkündete die Gewährung der bürgerlichen Rechte und Freiheiten, des allgemeinen Wahlrechts und der Einrichtung einer parlamentarischen Vertretung, der Duma, mit dem alleinigen Recht der Gesetzgebung, aber nicht der parlamentarischen Verantwortlichkeit der Regierung, die erstmals als Ministerkabinett unter einem Ministerpräsidenten – 1905/06 Sergej Witte – konstituiert wurde.

Die Revolution kehrte zur ›Mitte‹ zurück, deren politische Forderungen an ihrem Anfang gestanden hatten. Sie darum als die unumgängliche bürgerliche Vorstufe der proletarischen Revolution zu bezeichnen, ginge zu weit. Sie war in ihrem fast anarchischen Verlauf eine Probe auf den Zustand der russischen Gesellschaft mit ihren sich gegenseitig noch die Waage haltenden Kräften. Rußland bekam jetzt ein Parlament, dessen Rolle um so fragwürdiger war, je mehr das allgemeine Wahlrecht nach mehrfacher Auflösung der Duma eingeengt wurde. Es bildeten sich Parteien mit den konstitutionellen Demokraten – Kadetten – im Zentrum, aber das konstitutionelle System blieb durch beträchtliche Rechte, die dem Zaren und der Ersten Kammer, dem Staatsrat, vorbehalten waren, beschränkt. Es war ein Übergangsregime mit allen Schwächen, die einem solchen anhaften mußten, bei ständiger Tendenz zum Rückschritt, aber auch mit bedeutenden Reformansätzen wie der Stolypinschen Agrarreform. Max Weber hat von einem ›Scheinkonstitutionalismus‹ gesprochen – ein Urteil, das der historischen Situation sicher nicht voll gerecht wird, jedoch die ephemere Bedeutung der russischen Verfassung zwischen 1905 und 1917, zwischen Selbstherrschaft und proletarischer Diktatur, charakterisiert.

Die russische Revolution von 1905 setzte die Maßstäbe für revolutionäre Krisen in der Vor-Weltkriegszeit. Gemessen an ihr traten alle innerstaatlichen Konflikte dieser Epoche, so bedrohlich sie gewesen sein mochten, an Bedeutung zurück; entweder beschränkten sie sich auf Teilbereiche des öffentlichen Lebens oder es fehlte ihnen die Massenbasis oder sie waren, wie man es von der sozialistischen Revolution sagen kann, erst eine Möglichkeit, noch keine Wirklichkeit. Neben der russischen Staatskrise von 1905 gab es Verfassungskrisen auch in anderen Ländern. Die Dreyfus-Affäre von 1894 bis 1900 war eine Krise der französischen Gesellschaft, die sich fast zur Staatskrise ausweitete. Der Historiker Albert Sorel hat sogar von der ›Révolution Dreyfusienne‹ gesprochen und damit die politischen Wirkungen einer Affäre bezeichnen wollen, die – von einem kleinen Anlaß ausgehend – immer weitere Kreise zog, um schließlich die gesamte französische Öffentlichkeit, ganz besonders in der Hauptstadt, in Mitleidenschaft zu ziehen. Der Auslöser war die Verurteilung des elsässisch-jüdischen Hauptmanns Alfred Dreyfus im Dezember 1894 zu Degradierung und lebenslänglicher Verbannung auf die Teufelsinseln wegen der von vornherein fragwürdigen Beschuldigung, militärische Informationen an die Deutsche Botschaft gegeben zu haben. Als Beweis-

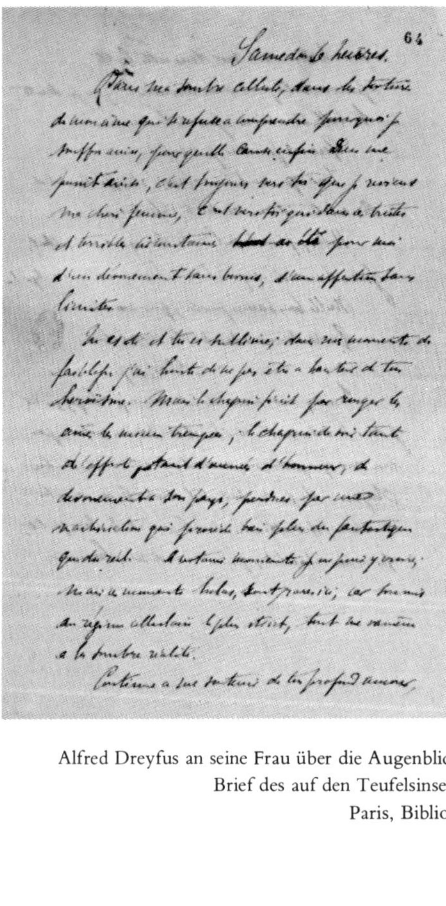

64

Samedi 5 heures.

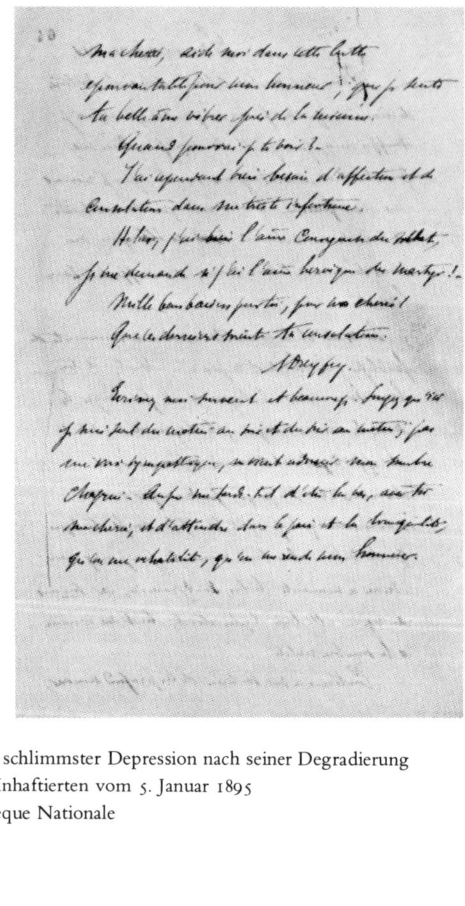

A Dreyfus

Alfred Dreyfus an seine Frau über die Augenblicke schlimmster Depression nach seiner Degradierung
Brief des auf den Teufelsinseln Inhaftierten vom 5. Januar 1895
Paris, Bibliothèque Nationale

stück für die Schuld von Dreyfus galt ein Zettel, ›Bordereau‹, als dessen Autor im Sommer 1896 ein Major Walsin Esterházy durch den Chef des Nachrichtendienstes, Oberst Georges Picquart, nachgewiesen werden konnte. Picquart wurde von seinem Vorgesetzten Schweigen befohlen; als er sich weigerte, wurde er nach Tunesien versetzt, später sogar vorläufig aus der Armee entlassen. Der erste Ankläger von Dreyfus, Oberst Henry, der später Selbstmord beging, suchte durch Fälschungen die Schuld von Dreyfus zu erhärten. Am 11. Januar 1898 erfolgte durch ein Kriegsgericht ein Freispruch Esterházys. Offensichtlich setzten die militärischen Behörden alles daran, die Angelegenheit nicht abermals aufzurollen und zur Affäre werden zu lassen. Die Motive hierfür konnten nicht restlos geklärt werden; zum Teil wurden noch in der späteren Geschichtsschreibung phantastische Motivierungen dafür gesucht. – Diese im einzelnen undurchschaubaren, fast mysteriösen Vorgänge spielten sich hinter den Kulissen ab. Dennoch drang so viel davon durch, daß Georges Clemenceau, der selbst durch einen vorausgehenden Skandal um die Finanzierung des Panama-Kanals schwer kompromittiert war, die Gelegenheit sah, alles ans Licht der Öffentlichkeit zu bringen. Am 13. Januar 1898, zwei Tage nach dem Freispruch Esterházys, veröffentlichte er in seiner Zeitung ›L'Aurore‹ einen offenen Brief des Schriftstellers Emile Zola unter dem Aufsehen erregenden Titel ›J'accuse‹. Darin wurden die schwersten Vorwürfe gegen die Militärbehörden erhoben. Diese konnten einer Revision des gegen Dreyfus gefällten Urteils nicht mehr aus dem Wege gehen. Im September 1899 wurde Dreyfus von einem Kriegsgericht in Rennes zwar nicht freigesprochen, aber »angesichts mildernder Umstände« zu zehn Jahren Festungshaft verurteilt und anschließend vom Präsidenten der Republik begnadigt. Erst im Sommer 1906 hob der Kassationshof das unhaltbare Urteil von Rennes auf, und Dreyfus wurde wieder in die Armee aufgenommen.

Inzwischen hatte sich die politische Bewegung in Frankreich längst von dem persönlichen Fall des Hauptmanns Alfred Dreyfus gelöst. Dieser war ein Testfall zur Offenlegung der in der französischen Gesellschaft wirksamen Kräfte geworden und gleichzeitig der Moment, in dem die entscheidende Weichenstellung für das zukünftige Schicksal der französischen Republik vorgenommen wurde. Hinter den beiden Parteien der Dreyfusards und Anti-Dreyfusards, der Revisionisten und Antirevisionisten, sammelten sich die verschiedenen Richtungen der französischen Innenpolitik, die jetzt in eine große Machtprobe zwischen den Anhängern von ›Staatsautorität‹ und denen von Menschenrechten eintraten. Auf der einen Seite stand die Armee und neben ihr die konservative Rechte, die Monarchisten, das gehobene Bürgertum und der Klerus, aber auch Mitglieder der Académie française. Sie sahen die staatliche Autorität, die Einheit der Nation gefährdet, wenn die Armee angetastet wurde. Aber von Anfang an war auch ein vehementer Antisemitismus in der ›Affäre‹ wirksam, für den Frankreich ein fruchtbarer Boden gewesen ist, nachdem das Werk Edouard Drumonts ›La France juive‹ vom Jahr 1886 seine Wirkung getan hatte. Der ›Verrat‹ des jüdischen Hauptmanns Dreyfus erschien dann nur als ein Teilstück der Machenschaften eines ›Syndicat juive‹, dem der Staat ausgeliefert sei und gegen den sich zur Wehr zu setzen höherer Gerechtigkeit diene als die Rücksicht auf das formale Recht eines einzelnen. Der Ausgang des Dreyfus-Prozesses kam für die alte Rechte mit ihren verschiedenen Lagern einer verlorenen Schlacht gleich, aber aus ihren Trümmern bildete sich eine neue Rechte, der ›integrale‹ Nationalismus. Aus ihm ging die Action Française hervor, in der man eine Präfiguration des Faschismus gesehen hat. Der neue Nationalismus war antiliberal, antisemitisch, antiparlamentarisch. Für ihn schlossen sich Parlamentarismus, Freimaurerei, Judentum, alles, was zu 1789 gehörte, zu einem großen Komplex der Kräfte zusammen, denen Frankreich seinen Abstieg verdankte. Maurice Barrès hat zuerst in der Ligue de la Patrie Française von 1899 eine geistige Front gegen diese Kräfte errichten wollen; er schrieb im Jahr 1902 das Glaubensbekenntnis des neuen Nationalismus, die ›Scènes et doctrines du nationalisme‹, in denen er das Frankreich der Vergangenheit, der Erde und der Toten, gegen die Déracinés, die Entwurzelten, aufrief.

War dies der eine Strang, der aus der Dreyfus-Affäre herausführte, so stand auf der Gegenseite die politisch viel bedeutsamere Sammlung der Republikaner, der Intellektuellen, welche die Verteidigung der individualistischen Freiheiten, die »Vervollkommnung der großen Revolution von 1789« (G. Clemenceau), proklamierten. Sie gründeten im Jahr 1898 die Ligue pour la Défense des Droits de l'Homme et du Citoyen und gaben dem französischen Republikanismus neue Impulse. Als die eigentlichen Sieger entließ die Dreyfus-Krise die ›Radikalen‹, die sich 1901 als Parti Républicain radical et radical-socialiste, als die Partei des Kleinbürgertums, der linken Mitte, des entschiedenen Antiklerikalismus, formierten. Sie waren offen nach links zu den Sozialisten und zogen die rechten Republikaner zu sich herüber. Frankreich ohne die Radikale Partei »ist unvorstellbar«, hieß es in einer ihrer programmatischen Kundgebungen. »Sie ist in der moralischen Physiognomie unseres Landes das, was unsere Weiden und Weinberge in der physischen sind.« – Der Zusammenstoß der beiden Frankreichs in der Dreyfus-Krise, der in einigen Momenten nahe an einen Bürgerkrieg heranführte, endete mit einer Reinigung der politischen Szene: Das Schicksal der alten Rechten und des Monarchismus war besiegelt; der neue Nationalismus formierte sein Programm, blieb aber ohne breitere Gefolgschaft. Die dominierende Kraft der Dritten Republik wurde der bürgerliche Radikalismus, der wohl eine stabile soziale und politische Grundlage des Parlamentarismus abgab, jedoch kein stabiles Regierungssystem schaffen konnte. Frankreich wurde das Land ständiger Regierungskrisen, ohne daß durch sie das parlamentarische Regime in Frage gestellt wurde.

Auch in Großbritannien braute sich ein Konflikt zwischen den Kräften der Beharrung und der Bewegung zusammen, die durch die beiden Häuser des Parlaments, des House of Lords und des House of Commons, repräsentiert waren. Das Unterhaus begann nach den Wahlreformen, infolge des erweiterten Wahlrechts seine Struktur zu verändern; es war längst nicht mehr nur die Vertretung von Gentry und besitzendem Bürgertum, denn im radikalen Flügel der Liberalen Partei und in der Labour Party saßen auch Repräsentanten der Lower middle classes und der Arbeiterschaft. Im Oberhaus dagegen hatten die Erb-Pairs des alten Adels das Übergewicht. Sie standen den Konservativen nahe, hielten aber Distanz zu der Politik der ›Tory-Demokratie‹ und blockierten die Reformpolitik des Unterhauses, zuletzt bei der Einbringung der zweiten ›Home Rule Bill‹ für Irland von 1893. Dadurch wurde der Keim einer Verfassungskrise gelegt, die im Jahr 1909 ausbrach und bis 1911 andauerte. Ausgelöst wurde sie durch die Reformpolitik des liberalen Ministeriums unter Herbert Henry Asquith, in der David Lloyd George als Chancellor of the Exchequer die größte Initiative entfaltete. Er trat für die Einführung einer Einkommenssteuer mit starker Progression ein, um durch erhöhte Steuereinnahmen sein ›Volksbudget‹ finanzieren zu können, in dem Ausgaben für ein umfassendes sozialpolitisches Programm vorgesehen waren. Als die Peers des Oberhauses gegen das Budget ihr Veto einlegten, kam es im Jahr 1910 zu zweimaligen Neuwahlen, die von den Liberalen mit der Parole »The lords versus the people« geführt wurden. Das neugewählte Unterhaus tat nun den entscheidenden Schritt und beschloß den ›Parliament Act‹, dem die Lords nur unter der Drohung eines Peer-Schubs ihre Zustimmung gaben. Nach diesem am 18. August 1911 in Kraft getretenen Gesetz verlor das House of Lords seine Funktion als Gesetzgebungsorgan: Finanzgesetze – Money Bills – sollten in Zukunft vom Oberhaus weder abgelehnt noch abgeändert werden können, bei anderen Gesetzen wurde ein Veto der Lords unwirksam, wenn sie in drei aufeinanderfolgenden Sessionen vom House of Commons angenommen worden waren. Der institutionalisierte Einfluß des Adels war damit gebrochen und die Konsequenz aus den gewandelten gesellschaftlichen Verhältnissen in einer der wichtigsten Verfassungsfragen gezogen.

Die parlamentarischen Mehrheitsverhältnisse im Unterhaus ließen die Liberalen auf die Unterstützung der irischen Parlamentspartei angewiesen sein, um den Parliament Act durchzubringen. Die irischen Nationalisten gingen das Bündnis mit den Liberalen ein in der Erwartung, auf diesem Wege die schon zweimal in der Vergangenheit gescheiterte Gewährung von Home Rule für Irland zu erreichen. Damit wurde die Verfassungsfrage mit

›Die gefährdete englische Krone‹
während der Verfassungskrise im Jahr 1910
Zeichnung von Bernhard Partridge
für den ›Punch‹ vom 6. April 1910
London, Punch Library

der irischen Frage verknüpft, dem explosivsten politischen Problem der englischen Geschichte im 19. Jahrhundert, das noch bis zum heutigen Tage nachwirkt. Das Verhältnis Irlands zu England war im Jahr 1801 durch die erzwungene Union einer von den Iren niemals akzeptierten Lösung zugeführt worden. Die Forderung nach Repeal, nach dem Widerruf der Union, wurde bis in die Mitte des Jahrhunderts, in Massenbewegungen, politischen Verhandlungen, zuletzt noch 1867 mit radikal-revolutionären Mitteln erhoben, als der Geheimbund der Fenier einen Aufstandsversuch unternahm. Danach trat ein deutlicher Wechsel in der politischen Strategie der Iren ein: Auf das Jahr 1869 lassen sich die Anfänge einer national-irischen Parlamentspartei datieren, die jetzt den Hauptanteil am politischen Kampf übernahm. Sie besaß in dem Jahrzehnt von 1880 bis 1890 in Charles Stewart Parnell einen bedeutenden Führer, durchbrach das traditionelle Zweiparteiensystem im Unterhaus und wurde für die Bildung einer regierungsfähigen Mehrheit ausschlaggebend. Ihre Forderungen trugen zur Spaltung der Liberalen Partei bei und wurden über Jahrzehnte hinweg zu einem beherrschenden Thema der britischen Politik. An die Stelle des Repeal-Programms trat nun die Home-Rule-Idee, die über die Lösung des irischen Problems hinaus den Schlüssel für die Neuordnung des Vereinigten Königreiches und für die Umwandlung seiner unionistischen Struktur in eine föderalistische bilden sollte. Home Rule wurde verstanden als die Restituierung des Rechts des irischen Volkes »to manage their own affairs« – eine Forderung, die einen weiten Spielraum zwischen Selbstbestimmung und Selbstverwaltung ließ. Zu dieser Politik gehörten umfassende Agrarreformen, vor allem die Überführung des Bodens aus der Hand der anglo-irischen Großgrundbesitzer an die irischen Pächter. Die Partei beherrschte mit Virtuosität die Regeln des parlamentarischen Spiels, war aber zudem an der Organisation von Massenbewegungen mit neuartigen Kampfmethoden beteiligt, zu denen die völlige politische und wirtschaftliche Ächtung mißliebiger Grundbesitzer durch ›Boykott‹ gehörte – ein Verfahren, das nach seinem ersten Opfer, einem Captain Charles Boycott in der Grafschaft Mayo, benannt war.

Die Politik der irischen Parlamentspartei begann in einem Augenblick, in dem radikale irische Gruppen in Großbritannien und in Irland selbst mit politischen Morden und Sprengstoffanschlägen bürgerkriegähnliche Zustände herbeigeführt hatten. Die britische Regierung ging 1882 mit drastischen Ausnahmegesetzen – Coercive Acts – gegen die Rebellion in Irland vor, aber Gladstone wollte ähnlich wie Bismarck in der Sozialistenfrage dem Widerstand auch durch positive Maßnahmen das Rückgrat brechen. Er gab den irischen Pächtern in einem Landgesetz, dem zweiten, Schutz vor Kündigung, Garantie für angemessene Pachten und freien Handel. Parnell, vorübergehend in Haft genommen, antwortete mit dem Aufruf zum Rentenstreik, dem in ganz Irland Folge geleistet wurde. Als Gladstone im Februar 1886 zum dritten Mal Premierminister wurde, hatte er bereits in geheimen Absprachen eine Verständigung mit Parnell erzielt; er brachte im März 1886 die erste ›Home Rule Bill‹ ein. Sie sah eine dem irischen Parlament verantwortliche Exekutive vor, von deren Kompetenz nur Verteidigung, Außenpolitik und Zollfragen ausgenommen sein sollten. Im Parlament von Westminster sollten irische Abgeordnete nicht mehr vertreten sein, was von der Mehrheit des Unterhauses als der Anfang einer Sezession angesehen wurde; das Gesetz verfiel der Ablehnung, da ein erheblicher Teil der Liberalen, die später sogenannten Unionisten, dagegen stimmten. Der Ausgang der daraufhin ausgeschriebenen Neuwahlen brachte den Gegnern von Home Rule eine klare Mehrheit, die deutlich machte, daß die englische öffentliche Meinung hinter ihnen stand. Als Gladstone 1892 noch einmal zur Regierung kam, unternahm er den zweiten Vorstoß für Irlands Home Rule. Der Gesetzentwurf passierte am 1. September 1893 das Unterhaus, wurde aber vom House of Lords abgelehnt. Dieses zweite Scheitern der irischen Politik brachte das Ende der politischen Laufbahn Gladstones, der in der Durchsetzung von Home Rule für Irland eine ihm aufgetragene geschichtliche Mission gesehen hatte. Doch blieb die irische Frage eine offene Wunde der britischen Politik. Großbritannien, erfinderisch und elastisch in der Lösung der Verfassungsfragen seines Empire, vermochte nicht, den Brandherd unmittelbar vor seinen Toren auszulöschen.

Um 1910/11 wurde es von mehreren Bewegungen gleichzeitig erschüttert, die sich zu einer großen inneren Krise verbanden: Streiks von bis dahin ungewöhnlicher Dauer und Verbreitung, die im August 1911 in einem Generalstreik kulminierten, die militante Suffragettenbewegung für die Erlangung des Frauenwahlrechts, die Verfassungskrise, die durch die Haltung des Oberhauses ausgelöst wurde, standen neben der wiederaufflammenden irischen Frage, zu deren Lösung im April 1912 die dritte ›Home Rule Bill‹ im Unterhaus eingebracht wurde. Ihr war die Annahme des Parliament Act und damit die Ausschaltung der Lords vorhergegangen. – Die Irish Home Rule Bill von 1912 ging wiederum auf eine liberale Regierung, das Kabinett Asquith, zurück und beruhte auf einer Verständigung mit der irischen Nationalpartei, deren Geschicke jetzt der Nachfolger Parnells, John Edward Redmond, lenkte. Der Entwurf schloß sich an die früheren Vorlagen an und durchlief nach dem Parlamentsgesetz von 1911 in drei Sessionen das Unterhaus. Damit war der Einspruch des House of Lords ausgeschaltet; das Gesetz hätte in Kraft treten können. Indessen war damit die Entscheidung noch nicht gefallen. Es zeigte sich, daß die irische Frage, die schon in der Vergangenheit wie eine Hydra immer wieder ihr Haupt erhob, nicht mehr auf der Ebene des Parlaments und mit den Kräften einer parlamentarischen Partei entschieden werden konnte. Ulster, der mehrheitlich von protestantischen Engländern bewohnte Teil der Irischen Insel, lehnte die Unterstellung unter ein irisches Parlament ab und begann, die Freiwilligentruppe der Ulster Volunteers zu organisieren, die am 9. April 1912 bei einer Demonstration in Belfast mit achtzigtausend Mitgliedern aufmarschierte. Die radikale nationalistische Organisation der Iren, Sinn Fèin, proklamierte von der anderen Seite den Widerstand gegen das ihrer Forderung nach voller Unabhängigkeit nicht genügende Home-Rule-Gesetz. Sie fand die Unterstützung der irischen Arbeiter, die in die Bewegung der Irisch Volunteers einströmten. Noch wenige Tage vor Kriegsausbruch versuchten diese, sich gewaltsam Waffen anzueignen und stießen dabei mit britischen Truppen zusammen. Ein Bürgerkrieg drohte auszubrechen, als die letzten Verständigungsversuche über Ulster gescheitert waren. Die Krise wurde jedoch abgeschnitten durch die Juli-Ereignisse von 1914. Das Home-Rule-Gesetz wurde suspendiert, Großbritannien ging in den Krieg mit einer ungelösten Staatskrise, die ein Nationalitätenkonflikt und zugleich ein Verfassungskonflikt gewesen ist. Im Osteraufstand von 1916 in Dublin schlug sie in die Revolution um.

Die Auswirkungen des britisch-irischen Nationalitätenstreits standen in keinem Verhältnis zu seiner regionalen Begrenzung. Daß ein marginales Problem den ganzen Staat in Mitleidenschaft zog, ließ sich aus historischen Gründen, aus religiös-konfessionellen Reaktionen und sozialen Interessen, aber auch aus der Empfindlichkeit gegenüber einem Nachbarn herleiten, der das strategische Sicherheitsgefühl auf der britischen Insel beunruhigen konnte. Ein zentrales Problem des britischen Gemeinwesens war die Nationalitätenfrage mindestens in ihren europäischen Dimensionen nicht. Dies wird besonders deutlich, wenn man dasjenige europäische Staatswesen dagegenstellt, dessen Existenz aus lauter Nationalitätenproblemen bestand,

Anti-Home-Rule-Demonstration in Belfast im Frühjahr 1912:
der konservative Parteiführer Bonar Law bei einer Ansprache

die niemals in befriedigender Form gelöst worden sind. In Österreich-Ungarn nahm die Nationalitätenfrage die Form einer permanenten Verfassungskrise an, unter deren Schatten zu leben, diesem Staat in dem letzten halben Jahrhundert seines Bestehens aufgegeben war. Sie war permanent in einem ganz grundsätzlichen Sinne: Das Daseinsrecht eines multinationalen Staates als anachronistisches Relikt einer vornationalen Vergangenheit wurde von vielen Zeitgenossen bestritten, und nur wenige haben in ihm den Vorläufer übernationaler Zukunftsformen gesehen. Eine immense Literatur war damit beschäftigt, der paradox erscheinenden Existenz dieses Reiches systematische Grundlagen zu geben. Aus ihr ragt die Schrift des österreichischen Sozialisten Karl Renner ›Der Kampf der österreichischen Nationen um den Staat‹ von 1902 hervor, die neben dem Gesamtreich und seinen historischen Ländern als dritte Kategorie Nationen als Personalverbände einführen wollte, wie das bereits der Reichstag zu Kremsier 1848 getan hatte. Aber zu großen Strukturveränderungen konnte sich das Habsburger-Reich nicht mehr aufraffen; es kam über die dualistische Neuordnung von 1867 nicht hinaus, verwirklichte Reformen in Teilstükken und einzelnen Regionen wie den ›mährischen Ausgleich‹ von 1905 und befand sich in einer Dauerkrise, die sich von Zeit zu Zeit in akuten Zuspitzungen verdichtete. Im multinationalen Staat wurde der Streit zwischen den Nationalitäten vordergründig als Sprachenstreit geführt, obwohl sich gerade hier Nationen als alle Klassen integrierende Gesellschaftskörper herausgebildet hatten und selbst die Sozialdemokratische Arbeiterpartei sich zu einer Föderation nationaler Parteien entwickelte. Die Sprache war nicht nur das Symbol äußerer und innerer Selbstbehauptung, sie war auch das Mittel zur Durchsetzung sozialer Forderungen und politischen Einflusses. In allen Grenzräumen der westlichen Reichshälfte, in Südtirol, Kärnten, in der Steiermark, in Dalmatien und Galizien, war der Kampf um die Sprache ein Kampf um nationale Geltung, in einigen Fällen, so in den südslawischen und italienischsprachigen Gebieten, zugleich ein Ausdruck irredentistischer Bestrebungen. Die assimilatorische Tendenz war in Ungarn noch ausgeprägter und weit rücksichtsloser als in Cisleithanien mit seiner relativen Sprachtoleranz. Aus dem Sprachenkampf ergab sich der Kampf um Schule und Bildungswesen und schließlich um die verfassungsrechtliche Stellung der Nationalitäten. Dieses Junktim von Sprachen- und Verfassungsstreit war bei derjenigen Nationalität am eindeutigsten, die als einzige ganz der Monarchie zugehörte, der tschechischen, und, mit einem starken historischen und sozialen Selbstbewußtsein ausgestattet, ihre Rechte unter Berufung auf das ›böhmische Staatsrecht‹ und ihre zahlenmäßige Überlegenheit in Böhmen und Mähren einklagte. Konflikte brachen immer dann aus, wenn die österreichische Regierung einen föderalistischen Kurs steuern wollte und Forderungen der Tschechen entgegenkam, die seit dem Ausgleich von 1867 die Wahlen zum Reichsrat boykottierten. Dies geschah zuerst im Jahr 1871, als nach Bildung des Ministeriums unter Karl Siegmund Graf von Hohenwart und Albert Schäffle in Prag bei der Eröffnung des böhmischen Landtags die ›Fundamentalartikel‹ verkündet wurden, welche die volle Gleichberechtigung Böhmens mit Cisleithanien und Ungarn samt der Gleichstellung der beiden Landessprachen als Amtssprachen enthielten. Dieser Versuch einer Föderalisierung des Reiches scheiterte am Widerstand der beiden an der Aufrechterhaltung des dualistischen Systems interessierten Nationen: der Deutschen und der Ungarn.

Der zweite Vorstoß wurde unter dem Ministerium Eduard Graf von Taaffes unternommen, dem es gelungen war, die Tschechen in den Reichsrat zurückzuholen; er ließ ihnen dafür durch den Justizminister Karl von Stremayr Zusagen machen. Stremayr löste diese durch die im April 1880 erlassenen Sprachverordnungen ein, nach denen auch in den deutschsprachigen Landesteilen Böhmens jeder Aktenvorgang in der in einer Eingabe gebrauchten Sprache behandelt werden mußte. Da-

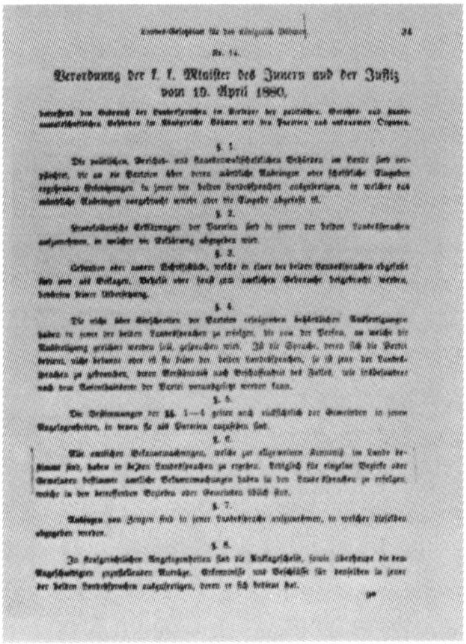

Verordnung der k. k. Minister des Innern und der Justiz vom 19. April 1880,

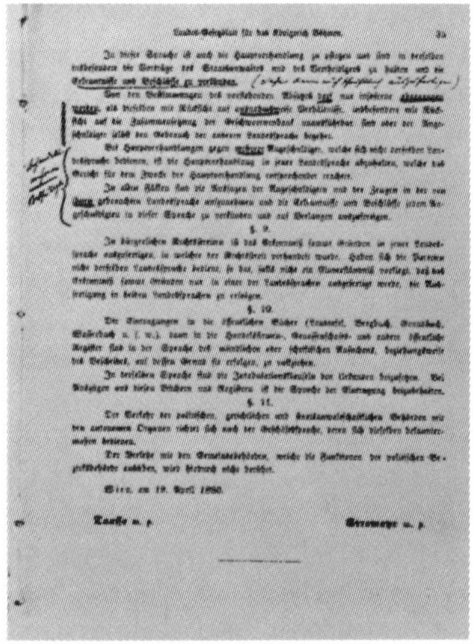

Wien, am 19. April 1880.

Taaffe m. p. Stremayr m. p.

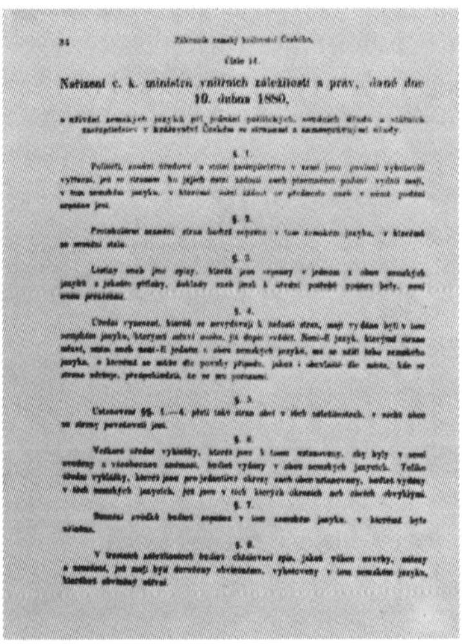

Nařízení c. k. ministra vnitřních záležitostí a práv, dané dne 19. dubna 1880,

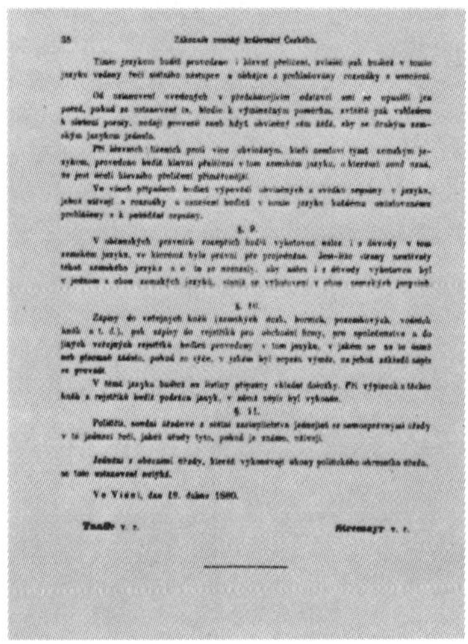

Ve Vídni, dne 19. dubna 1880.

Taaffe v. r. Stremayr v. r.

Sprachenverordnung für Böhmen
Erlaß Karl von Stremayrs vom 19. April 1880 in doppelsprachiger Fassung im Landesgesetzblatt von Böhmen
Wien, Allgemeines Verwaltungsarchiv

mit war die faktische Gleichstellung der beiden böhmischen Landessprachen hergestellt, was zweifellos ein Erfolg der Tschechen war, denen die Regierung 1882 schließlich noch durch die Teilung der Prager Universität in eine deutsche und eine tschechische Hochschule entgegenkam. Diese Entscheidungen wurden von den Deutschen erbittert bekämpft, die an ihrer Vorrangstellung als nationalem Besitzstand festhielten und nun den Antrag stellten, das Deutsche zur alleinigen Staatssprache zu erklären. Auf deutscher wie tschechischer Seite drangen radikalere Kräfte, die Alldeutschen Georg von Schönerers und die Jungtschechische Partei, vor. Der Sprachenstreit verschärfte sich, und von Taaffe im Jahr 1890 eingeleitete deutsch-tschechische Ausgleichsverhandlungen verliefen im Sande. In Prag kam es 1893 zu schweren Ausschreitungen. Taaffe wurde nach der Einbringung einer Vorlage über die Einführung des allgemeinen Wahlrechts durch die Deutsch-Liberalen gestürzt, die davon eine Majorisierung durch die nichtdeutschen Mehrheiten befürchteten. Die nationale Frage wirkte somit unmittelbar auf den Fortgang der verfassungsrechtlichen Entwicklung in der Monarchie.

In ein drittes Stadium trat der deutsch-tschechische Konflikt, als der neue Ministerpräsident, der polnische Graf Kasimir Felix Badeni, im April 1897 Sprachverordnungen für das Königreich Böhmen erließ, nach denen für alle Verwaltungs- und Gerichtsbehörden sowie für ihre Beamten Doppelsprachigkeit obligatorisch wurde. Diese über die Verordnungen Taaffes nur um einen kleinen Schritt hinausgehenden Bestimmungen lösten im österreichischen Reichsrat und in der deutschen Öffentlichkeit einen Sturm aus. Die Deutschen im Reichsrat mit allen ihren Parteien, den Deutsch-Liberalen, den Sozialdemokraten und zuletzt auch den Christlich-Sozialen trieben offene Obstruktionspolitik, unterstützt von Straßendemonstrationen in Wien und Graz. Aus dem Sprachenstreit war eine Staatskrise geworden. Badeni reichte seine Demission ein. Der Reichsrat wurde am 12. Juni 1898 vertagt und blieb es bis zum Jahr 1900. Die Regierung amtierte mit dem Notverordnungsrecht nach Paragraph 14 der Verfassung – ein Mittel, das von jetzt an wiederholt und von den nachfolgenden Regierungen zuletzt seit dem März 1914 angewandt wurde. Als der Krieg ausbrach, war Österreich das einzige der großen kriegführenden Länder, in dem das Parlament von allen Entscheidungen ausgeschlossen war. Das politische System der Gesamtmonarchie befand sich in einem aufs höchste angespannten Zustand: In Ungarn drängten die von der Unabhängigkeitspartei geführten radikalen Kräfte auf eine Lockerung, ja auf völlige Umwandlung des staatsrechtlichen Verhältnisses zu Österreich im Sinne einer reinen Personalunion. Der ungarische Teilstaat war seinerseits in einen schweren Konflikt mit Kroatien verwickelt, das seit 1868 als autonomes Königreich innerhalb Ungarns bestand. Als die nationalistische Opposition im kroatischen Landtag seit der Annexionskrise von 1908 in die Nähe der von Serbien gestützten südslawischen Bewegung zu geraten schien, wurde im April 1912 die kroatische Verfassung suspendiert. Die Krise der österreichisch-ungarischen Monarchie hatte damit genau das Gebiet erreicht, innerhalb dessen der Ursprung des Ersten Weltkrieges lag.

Nahm das Deutsche Reich neben den anderen großen Mächten Europas eine Sonderstellung ein? War es der Staat mit der größten inneren Labilität, der stärksten Krisenanfälligkeit, dessen politischer Bestand letztlich nur im Zeichen einer permanenten Verfassungskrise durch permanente Staatsstreichdrohung erhalten werden konnte? Läßt sich sein Verfassungssystem überhaupt zutreffend als Konstitutionalismus bezeichnen, also als eine durch eine Verfassung und die von ihr geschaffenen Organe beschränkte Monarchie? Handelte es sich nicht vielmehr um eine verschleierte Form von Absolutismus, um ›Scheinkonstitutionalismus‹ oder gar um ›pseudokonstitutionellen Semi-Absolutismus‹ (H. U. Wehler)? Sicher würde eine isolierte Behandlung Deutschlands zu erheblichen Fehlschlüssen führen. Man sollte sogar in Erwägung ziehen, ob das deutsche System nicht bloß eine Variante der politisch-gesellschaftlichen Grundkonstellation darstellte, die als Stufe der europäischen politisch-sozialen Entwicklung im 19. Jahrhundert erscheint. Dann ließen sich die nationalen Entwicklungen von dieser gemeinsamen europäischen Grundkonstellation her begreifen. Bei einem solchen Vergleich fällt der Blick zuerst auf das zaristische Rußland, bei dem man einerseits manche Züge der preußisch-deutschen Entwicklung in extremer Steigerung vorfindet, andererseits den immensen Abstand in der sozialen Struktur, dem Grad der Industrialisierung, der organisatorischen Rückständigkeit bemerkt. Dies galt auch für das nachrevolutionäre Rußland seit 1905, für das Max Weber das Wort vom ›Scheinkonstitutionalismus‹ geprägt hat, das sich sicher nicht auf Deutschland übertragen läßt. Mit der österreichisch-ungarischen Monarchie existierten ebenfalls Gemeinsamkeiten nur auf Teilgebieten. In ihr hatte der kaiserliche Absolutismus in einem grundsätzlich konstitutionellen System eine besondere Funktion als Integrationsmittel in einem Staatswesen, das weniger durch soziale als durch nationale Desintegration gefährdet war. ›Strukturelle Demokratiefeindschaft‹, die man auch dem Deutschen Reich nachgesagt hat, rührte hier von der Furcht vor eben dieser nationalen Desintegration her; darum fiel auch die Entscheidung für das allgemeine Wahlrecht sehr spät, im Jahr 1906. Trotzdem bleiben unverkennbare Ähnlichkeiten der beiden Kaiserreiche, die auf eine gemeinsame Vergangenheit zurückgingen, namentlich in der aristokratischen Struktur der Führungsschichten, obwohl sie in Österreich-Ungarn weit mehr und weit früher von bürgerlichen Elementen durchdrungen waren als in Preußen-Deutschland.

Die westlichen Mächte Frankreich und Großbritannien hielten einen unverkennbaren zeitlichen Vorsprung in der politischen Entwicklung und der industriellen Modernisierung. Bei Großbritannien hatte sich dieser in einem langen allmählichen Prozeß herausgebildet, in Frankreich resultierte er aus einer Folge vehementer Erschütterungen, als deren letzte man die Révolution Dreyfusienne ansehen kann. In beiden Ländern bildete sich eine widerstandsfähige Staatsordnung aus, die zwar nicht krisenfest war, in der aber ein relativer Ausgleich von politischer und gesellschaftlicher Verfassung erreicht wurde. Eben dieser Ausgleich war es, der im deutschen Nationalstaat immer umstritten blieb. Anders als die westeuropäischen Nationen erlebten die Deutschen die politisch-nationale und die industrielle Revolution gleichzeitig, ohne daß die beiden Ereignisse voll aufeinander abgestimmt waren. Dennoch war das neue Reich nicht einfach eine gegen den Geist der Zeit gerichtete Schöpfung. Als nationaler Großstaat mit Parlament und allgemeinem Wahlrecht, als wirtschaftlicher Großraum ohne Zollschranken und mit einheitlicher Währung und einheitlichem Recht schuf das neue Reich unerläßliche Voraussetzungen für seinen Aufstieg zur führenden Industriemacht Europas. Von einem völlig hinter der Zeit zurückgebliebenen Staatswesen hätte man einen solchen Aufstieg nicht erwarten können. Freilich waren in ihm auch ganz andere Kräfte lebendig, ja dominierend: die militärstaatliche Struktur Preußens und dessen junkerlich-aristokratische Führungsschicht, die mit ihren agrarischen Interessen und ihren politischen Leitbildern weit entfernt war von der bürgerlich-nationalen Lebenswelt. Obwohl es sehr bald zu einer Verbündung agrarischer und großindustrieller Wirtschaftspolitik in der ›Großen Depression‹, aber auch zu einem stetigen Vordringen einer ›industriellen Aristokratie‹ in der Gesellschaft des Kaiserreiches kam, verlor der Adel nie seine in vielen Bereichen abgesicherten Privilegien.

Die Hegemonie Preußens im nationalen Bundesstaat war bis zum Ende des Kaiserreiches eine unantastbare verfassungsrechtliche, politische und gesellschaftliche Realität, so unübersehbar das Eindringen Süddeutscher in die Führungsstellen des Reiches gewesen ist: Von acht Reichskanzlern ka-

Das in der Bismarck-Ära ab 1884 von Paul Wallot errichtete Reichstagsgebäude in Berlin
Vorder- und Rückseite einer Medaille von Wilhelm Mayer auf die Einweihung des Gebäudes im Jahr 1894
Berlin-Museum

men drei aus süddeutschen Staaten, zwei waren ehemalige bayerische Ministerpräsidenten. Über die vierzehn Stimmen, die im Bundesrat für einen Einspruch gegen eine Verfassungsänderung benötigt wurden, verfügten auch die nichtpreußischen Königreiche. Es ist eine unumstößliche Wahrheit, daß das Reich durch eine Entscheidung von oben zustande gekommen ist, allerdings nicht ohne einen formalen Zustimmungsakt der Volksvertretungen. Aber als zwanzig Jahre nach seiner Gründung vor dem Sturz Bismarcks zum ersten Mal die Möglichkeit seiner ›Auflösung‹ durch einen Staatsstreich erörtert wurde, stellte es sich als unhaltbar heraus, von der juristischen Denkfigur eines durch die Fürsten geschlossenen Bundes auszugehen und den Fürsten die Chance einzuräumen, den Reichstag lahmzulegen oder gar das Reichsbündnis zu kündigen und ein neues zu schließen. Solche im März 1890 von Bismarck ventilierten Überlegungen, gleich wie ernst sie genommen werden müssen, sind noch zweimal, jedesmal im Zusammenhang mit Auseinandersetzungen über das Vorgehen gegen ›Umsturzparteien‹, aufgetaucht: vom Kaiser selbst in der Ära Caprivi im September 1894 vorgebracht und in der Zeit der Kanzlerschaft des Fürsten Hohenlohe nach dem Scheitern der ›Umsturzvorlage‹ im Mai 1895, als wiederum mit außergesetzlichem Vorgehen gedroht wurde. Maßnahmen, die in diese Richtung zielen, sind in keinem dieser Fälle tatsächlich getroffen worden, und es dürfte kein Zufall sein, daß später der Staatsstreichgedanke aus der Diskussion so gut wie ganz verschwunden ist. Die Reichsverfassung hatte Mängel, doch der Bestand des Reiches war durch sie nicht gefährdet; seine Kohäsionskraft als Nationalstaat war trotz aller gesellschaftlichen Zerklüftungen nicht geringer als die der westlichen Nationen. Die Reichsführung allerdings litt unter erheblicher Schwäche, bei aller forcierter verbaler Kraftakte namentlich des Kaisers. Ihre Fähigkeit, die verschiedenen Zentren des Staatslebens zu koordinieren, war gering, so daß vornehmlich die Marinepolitik und die Außenpolitik getrennte Wege gingen und sich gegenseitig blockierten.

Diese Führungsschwäche des Reiches trat in dem Augenblick ein, in dem die übermächtige Persönlichkeit des ersten Reichskanzlers ausschied und unter seinen Nachfolgern sich keiner fand, der das von Bismarck hinterlassene Machtvakuum auszufüllen imstande war. Der Kaiser, dem dadurch eine Schlüsselstellung hätte zufallen können, vermochte weder dem eigenen Anspruch zu genügen, ein ›persönliches Regiment‹ im absolutistischen Stile zu führen, noch die Erwartungen zu erfüllen, die an ein national-plebiszitäres Kaisertum gestellt wurden. Hierdurch entstand ein Bruch im Verfassungssystem des Reiches, der niemals mehr gekittet wurde. Dazu kam eine Reihe anderer Belastungen. Bismarck hatte bei der Einführung des allgemeinen Wahlrechts auf die konservative Gesinnung der breiten ländlichen Wählermassen gesetzt, aber die Verbreitung des Wahlkörpers kam den neuen Massenparteien zugute, dem katholischen Zentrum und sehr früh auch der Sozialdemokratischen Arbeiterpartei. Die Struktur der Parteien begann sich zu verändern – ein Vorgang, der die Diskrepanz zwischen ihrer demokratischen Legitimation und ihrer beschränkten politischen Funktion in der Reichspolitik immer deutlicher machte. Versteht man die Parteien als die Nahtstelle von politischer und gesellschaftlicher Verfassung, dann war nur über sie eine Integration der gesellschaftlichen Kräfte in die Reichspolitik möglich. Aber Parteien und Parlamente, so wenig ihre Rolle bei der Mitwirkung an der Gesetzgebung unterschätzt werden darf, waren anders als in den westeuropäischen Staaten nicht die Auslesegremien für politische Führungsstellen im Reich; ihre großen Talente lagen, von wenigen Ausnahmen abgesehen, brach und waren von den Entscheidungszentren ausgeschaltet. Sie wurden dadurch in die Haltung entweder opportunistischer Anpassung oder reiner Negation und verbaler Opposition gedrängt. Dies war nicht zuletzt eine Folge der dem deutschen Konstitutionalismus eigentümlichen Form der Teilung der Gewalten: Der Reichskanzler und die Reichsregierung, die es im juristischen Sinne nicht gab, waren nicht an das Vertrauen des Reichstages gebunden. Sämtliche Reichskanzler, Bismarck eingeschlossen, waren aus einer Beamten- oder Diplomatenkarriere aufgestiegen. Bei ihrer Berufung wurden die Fraktionen des Reichstages erst in der letzten Phase des Weltkrieges konsultiert. Trotzdem blieben sie an feste Mehrheiten in den Reichstagen gebunden, um den Reichshaushalt und alle Gesetzgebungsakte einschließlich der großen Reformgesetze der achtziger Jahre oder des Reichsvereinsgesetzes von 1908 verabschieden zu können. Verloren sie diesen Rückhalt, wie dies schon bei Bismarck durch die Wahlen vom Februar 1890 der Fall gewesen ist, dann war jedesmal eine politisch ins Gewicht fallende Voraussetzung für ihren Rücktritt geschaffen. – Die Inkongruenzen des deutschen Verfassungslebens lagen auf der Hand, und sie hätten dazu zwingen müssen, ihre Ursachen zu beseitigen, insbesondere den Zugang zu den hohen Reichsämtern für die Parteien zu öffnen und die Reichsregierung an das Vertrauen des Reichstages zu binden. Dies hätte einen Fortschritt auf dem Weg zu einer Anpassung der politischen an die gesellschaftliche Verfassung bedeutet.

Die hier aufgezeigten Probleme sind in einer Krise offengelegt worden, die keine Lösung brachte, aber die Situation erhellte. Am 28. Oktober 1908 veröffentlichte die Londoner Zeitung ›Daily Telegraph‹ ein langes Interview des deutschen Kaisers mit dem britischen Offizier Edward Stuart-Wortley, das eine ganze Serie erstaunlicher, ja ungeheuerlicher Behauptungen und Feststellungen enthielt: über das deutsch-englische Verhältnis; die persönliche freundschaftliche Gesinnung Wilhelms II. für England, die vom deutschen Volk nicht geteilt werde; über seine Haltung während des Buren-Krieges; über die Aufgabe der deutschen Flotte, »für alle Eventualitäten im Fernen Osten gerüstet« zu sein. Diese Äußerungen waren eine fatale Mischung von Renommiersucht und Anbiederei, sicher völlig ungeeignet, in England Sympathien für Deutschland zu erwecken. In

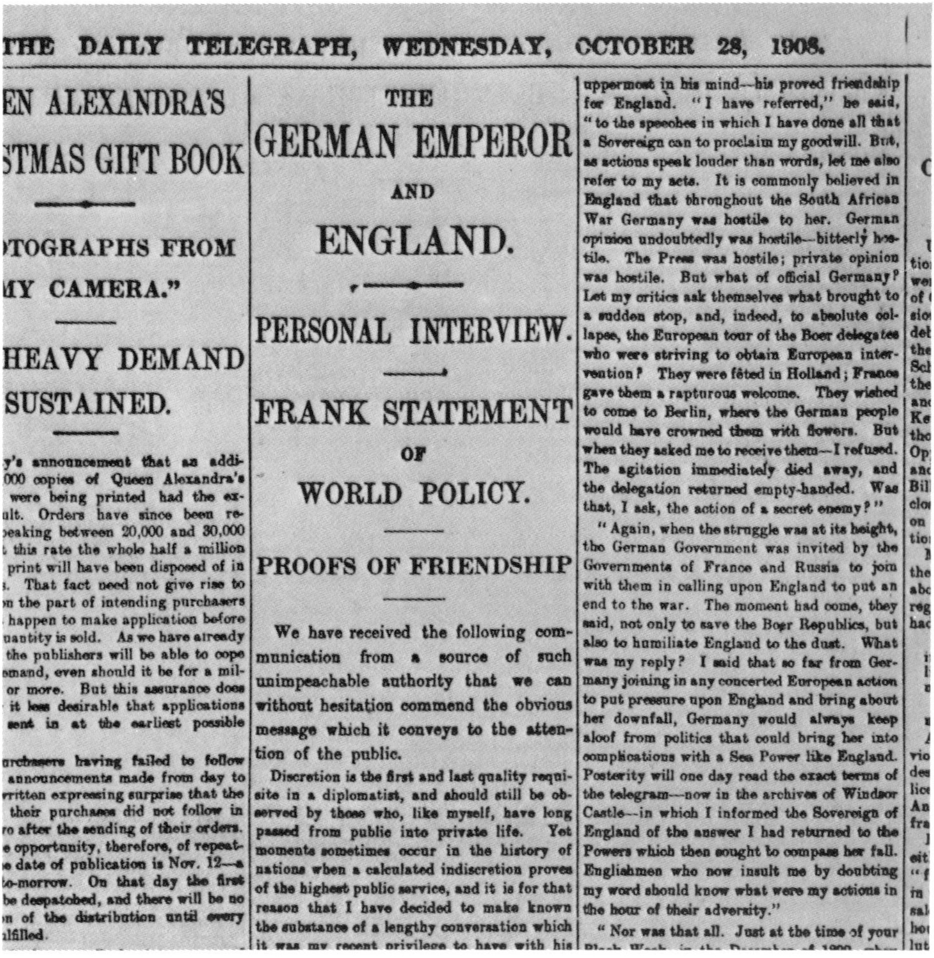

THE DAILY TELEGRAPH, WEDNESDAY, OCTOBER 28, 1908.

EN ALEXANDRA'S
STMAS GIFT BOOK

TOGRAPHS FROM
MY CAMERA."

HEAVY DEMAND
SUSTAINED.

y's announcement that an addi-
000 copies of Queen Alexandra's
were being printed had the ex-
ult. Orders have since been re-
peaking between 20,000 and 30,000
this rate the whole half a million
print will have been disposed of in
. That fact need not give rise to
n the part of intending purchasers
happen to make application before
uantity is sold. As we have already
the publishers will be able to cope
emand, even should it be for a mil-
or more. But this assurance does
it less desirable that applications
sent in at the earliest possible

urchasers having failed to follow
announcements made from day to
ritten expressing surprise that the
their purchases did not follow in
o after the sending of their orders.
e opportunity, therefore, of repeat-
e date of publication is Nov. 12—a
to-morrow. On that day the first
be despatched, and there will be no
n of the distribution until every
lfilled.

THE
GERMAN EMPEROR
AND
ENGLAND.

PERSONAL INTERVIEW.

FRANK STATEMENT
OF
WORLD POLICY.

PROOFS OF FRIENDSHIP

We have received the following communication from a source of such unimpeachable authority that we can without hesitation commend the obvious message which it conveys to the attention of the public.

Discretion is the first and last quality requisite in a diplomatist, and should still be observed by those who, like myself, have long passed from public into private life. Yet moments sometimes occur in the history of nations when a calculated indiscretion proves of the highest public service, and it is for that reason that I have decided to make known the substance of a lengthy conversation which it was my recent privilege to have with his

uppermost in his mind—his proved friendship for England. "I have referred," he said, "to the speeches in which I have done all that a Sovereign can to proclaim my goodwill. But, as actions speak louder than words, let me also refer to my acts. It is commonly believed in England that throughout the South African War Germany was hostile to her. German opinion undoubtedly was hostile—bitterly hostile. The Press was hostile; private opinion was hostile. But what of official Germany? Let my critics ask themselves what brought to a sudden stop, and, indeed, to absolute collapse, the European tour of the Boer delegates who were striving to obtain European intervention? They were fêted in Holland; France gave them a rapturous welcome. They wished to come to Berlin, where the German people would have crowned them with flowers. But when they asked me to receive them—I refused. The agitation immediately died away, and the delegation returned empty-handed. Was that, I ask, the action of a secret enemy?"

"Again, when the struggle was at its height, the German Government was invited by the Governments of France and Russia to join with them in calling upon England to put an end to the war. The moment had come, they said, not only to save the Boer Republics, but also to humiliate England to the dust. What was my reply? I said that so far from Germany joining in any concerted European action to put pressure upon England and bring about her downfall, Germany would always keep aloof from politics that could bring her into complications with a Sea Power like England. Posterity will one day read the exact terms of the telegram—now in the archives of Windsor Castle—in which I informed the Sovereign of England of the answer I had returned to the Powers which then sought to compass her fall. Englishmen who now insult me by doubting my word should know what were my actions in the hour of their adversity."

"Nor was that all. Just at the time of your

Abdruck des Interviews Wilhelms II. mit Stuart-Wortley im ›Daily Telegraph‹ vom 28. Oktober 1908
London, British Library, Newspaper Library

Deutschland mußte sie tiefstes Erschrecken über das politische Weltbild des Monarchen hervorrufen. Die entscheidende Frage war, wie es zu einer solchen Veröffentlichung kommen konnte und ob ihr der die politische Verantwortung tragende Reichskanzler zugestimmt hatte. Aus einer Erklärung der halbamtlichen ›Norddeutschen Allgemeinen Zeitung‹ ging hervor, daß der Kaiser das Manuskript seines Interviews an den Reichskanzler, den Fürsten Bülow, zur Prüfung übersandt hatte. Dieser habe es an das Auswärtige Amt weitergegeben, um es dort sorgfältig prüfen zu lassen, ohne es selbst gelesen zu haben. Von seinem Inhalt habe er erst durch die Veröffentlichung in der englischen Zeitung Kenntnis genommen. Der Kanzler »betrachte sich . . . für den Vorgang allein verantwortlich und decke die ihm unterstellten Ressorts und Beamten«; er habe gleichzeitig sein Abschiedsgesuch eingereicht, dem der Kaiser keine Folge gegeben habe.

Diese Erklärung sollte offensichtlich der politischen Rechtfertigung Bülows dienen. Aber konnte sie das wirklich, wenn ihn anstelle des Vorwurfs, die politische Brisanz der kaiserlichen Erklärungen nicht durchschaut zu haben, der nicht minder gewichtige Tadel treffen mußte, als verantwortlicher Leiter der Politik im höchsten Maße fahrlässig gehandelt zu haben? Der Kaiser schien wohl aus dem Spiel gebracht zu sein; er hatte sich verfassungsgemäß korrekt verhalten, und es war fast eine tragische Ironie zu nennen, daß gegen ihn die massive Anklage des ›persönlichen Regiments‹ gerade jetzt unverdient von der öffentlichen Meinung und von den Parteien erhoben wurde. Allerdings ließ sich das nur von der ›Tatsache der Veröffentlichung‹ und nicht von den ›veröffentlichten Tatsachen‹, dem Inhalt des Interviews, sagen. Die Erregung abzuwiegeln, von der die deutsche Öffentlichkeit erfaßt wurde, war nicht mehr möglich; denn in dem Interview und dem Verhalten der Beteiligten wurde kein Einzelereignis gesehen, sondern die letzte Bestätigung für eine schon fortgeschrittene Krise des politischen Systems. Mit einem Mal stand das ganze Verfassungssystem des Reiches, der Kaiser, der Kanzler, die Stellung des Reichstages, zur Debatte; freilich von vornherein nicht in dem Sinne, daß eine Revolution, ein Umsturz der politischen Verhältnisse, drohte. Mit den Worten Jacob Burckhardts handelte es sich nur um einen »stürmischen Moment, keine wahre Krise«. Den Höhepunkt bildeten die Sitzungen des Reichstages am 10./11. November 1908, in denen wie nie zuvor in der Geschichte des Kaiserreiches die Person des Kaisers und das kaiserliche Amt im Mittelpunkt einer parlamentarischen Debatte standen und die verfassungspolitischen Mißstände ungeschminkt beim Namen genannt wurden. Obwohl die Rolle Bülows zweideutig war, entlud sich der Sturm vor allem gegen den Kaiser, von dem ein liberaler Abgeordneter sagte, er habe sich selbst dagegen verwahrt, ein Schattenkaiser zu sein, er dürfe jedoch auch kein Sonnenkönig sein. Aber zu mehr als rhetorischen Entrüstungen konnte sich der Reichstag nicht aufraffen. Er versäumte die große Chance, durch ein einhelliges und mutiges Eintreten aller Fraktionen für die Einhaltung der konstitutionellen Spielregeln seinen eigenen Einfluß nicht nur zu sichern, sondern auszudehnen, dem Reichskanzler sein Mißtrauen auszusprechen und damit die Parlamentarisierung der Reichsverfassung voranzutreiben. So standen am Ende der Krise nicht Reformen der Verfassung, die von linksliberaler Seite gefordert wurden, wohl aber ein, allerdings kurz befristeter taktischer Erfolg des Reichskanzlers und eine Zusage des Kaisers, »die Stetigkeit der Politik des Reiches und die Wahrung der verfassungsmäßigen Verantwortlichkeit zu sichern«. Die Verfassungskrise wurde nicht zur Staatskrise, sondern in einem dilatorischen Formelkompromiß aufgehoben. In der Öffentlichkeit war das Ansehen von Parlament, Reichskanzler und in erster Linie des Kaisers geschwächt, über den Max Weber in jenen Tagen schrieb: »Der deutsche Kaiser ist der ›Schattenkaiser‹, nicht der englische König – von historischer Warte aus gesehen.« Ein solcher Satz wirkt gespenstisch, wenn man bedenkt, daß sich alles fast genau auf den Tag zehn Jahre vor dem Sturz der Monarchie im November 1918 ereignet hat.

Staat und Kirche

Eine der großen Kontroversen des 19. Jahrhunderts war der Konflikt zwischen Staat und Kirche, vornehmlich der katholischen Kirche. Seine Ursprünge lagen auf der einen Seite in den Wandlungen, die der Staat als Institution, als Autorität, als Träger öffentlicher Funktionen gegenüber den gesellschaftlichen Kräften und dem gesamten Bereich der Kultur durchlief, wie sie Jacob Burckhardt in dem Kapitel seiner ›Weltgeschichtlichen Betrachtungen‹ über die sechs Bedingtheiten von Staat, Kultur und Religion dargestellt hat. Der Staat gerate, heißt es hier, seit der Französischen Revolution unter die stärkste Herrschaft der Reflexion, der philosophischen Abstraktion. Es entstehe die paradox erscheinende Situation, daß die Staatsform immer diskutabler und zugleich ihr Machtumfang immer größer werde. »Je gründlicher das heilige Recht des Staates (seine frühere Willkür über Leben und Eigentum) erlischt, desto weiter breitet man ihm sein profanes Recht aus.« Er begebe sich in den Dienst einer von Grund auf säkularisierten Kultur und dringe in Bereiche ein, die bisher die Kirche als ihre geheiligte Domäne angesehen habe. Staat und säkularisierte Kultur verbünden sich, und »die Kirche . . . erscheint nur noch als irrationales Element«. Wissenschaft als höchste Form der Rationalität steht in der zweiten Welle der Aufklärung im Zentrum des Denkens; sie bricht sogar in die Theologie ein und will dem Sozialismus als ›wissenschaftlichem‹ Sozialismus seine Überzeugungskraft verleihen. Auguste Comte spricht ihr im dritten – positivistischen – Stadium der Kultur nach dem theologischen und metaphysischen Zeitalter die entscheidende Rolle zu. Sie beansprucht für sich die Funktion, die bis dahin das Dogma der Kirche ausgeübt hatte, nämlich die einer allgemein-geistigen Existenzsicherung (H. Blumenberg). – Aus dem Bündnis von Staat und Aufklärung ergab sich der Vorrang der Freiheit des Individuums, der Menschenrechte, der Unabhängigkeit von jeder Zwangsdoktrin. Aber die Aufgabe des Staates konnte auch im Geiste der deutschen idealistischen Philosophie als Verwirklichung der sittlichen Idee aufgefaßt werden; dann entstand ein Staatsidealismus, der dem staatlichen Gebot den höchsten moralischen Anspruch verlieh, den sonst die Kirche erhoben hatte. Es wurde noch angereichert, sobald es sich mit dem Gedanken erfüllte, den Willen der Nation zu verkörpern. Die Entwicklung zum nationalen Staat wurde dann als Fortschritt auf dem Wege zur sittlichen Freiheit des einzelnen verstanden. War damit der Staat in den Dienst entweder der Aufklärung oder des Idealismus getreten, so erfüllte er alle ideellen und materiellen Bereiche, die bis dahin ein Reservat der Kirche gewesen waren: Schule und Erziehung, Fürsorge und Wohlfahrt. Es sind die Bereiche, die der moderne Staat ohnedies schon, unabhängig von seiner ideologischen Richtung, durch den Ausbau seiner Organe, seiner Bürokratie und Finanzverwaltung für sich einzunehmen versuchte.

In dreifacher Form sah sich damit die Kirche vom Staat bedrängt. Während sich diese Auseinandersetzung in den Staatskirchen des Protestantismus unter dem Leitwort des Bündnisses von Thron und Altar als ein interner Vorgang abspielte, höchstens in England von den Liberalen das ›Disestablishment‹, die Entstaatlichung der anglikanischen Kirche, gefordert wurde, war die katholische Kirche als überstaatliche Autorität in anderer Weise davon betroffen. Sie stand vor der Wahl, einen Modus vivendi mit der modernen Welt zu finden oder ihr den Kampf anzusagen. Papst Pius IX. wählte gegen die Warnungen führender Katholiken wie Charles Forbes de Montalembert in Frankreich und Ignaz von Döllinger in Deutschland den zweiten Weg und faßte in provozierender Form im ›Syllabus errorum‹ vom 8. Dezember 1864 achtzig Irrlehren der Zeit zusammen. Als zu verwerfende Sätze wurden aufgeführt und mit dem Bann belegt: nicht nur wissenschaftliche und theologische Lehrmeinungen, sondern auch ›Irrtümer über die Kirche und deren Rechte‹, über die Staatsgesellschaft in ihren Beziehungen zur Kirche, über Ehe und modernen Liberalismus. Es war die geschlossenste Kampfansage an das moderne Zeitalter, die von dem Oberhaupt der katholischen Kirche je formuliert worden ist, und sie umfaßte zudem Fragen von höchster politischer Bedeutung wie die Bildung vom Papst unabhängiger Nationalkirchen, die Trennung von Kirche und Staat und schließlich die Abschaffung der weltlichen Herrschaft des Papstes im Kirchenstaat. Es war ein

Das Erste Vatikanische Konzil unter Vorsitz Pius' IX.
Wandgemälde von Alessandro Mantovani und anderen, 1869/70,
in einer Loggia des Apostolischen Palastes

Restaurationsversuch der Kirche, entstanden aus der »autoritären Defensive gegen Rationalismus und Liberalismus« (R. Lill), die nun durch die Einberufung des Ersten Vatikanischen Konzils am 8. Dezember 1869 auf ihren Höhepunkt geführt werden sollte. Das Konzil beschloß gegen eine zahlenmäßig schwache, aber aktive Minderheit das Dogma von der Unfehlbarkeit – Infallibilitas – des Papstes, wenn er ›ex cathedra‹, das heißt in Ausübung seines Amtes, ›als Hirt und Lehrer aller Christen‹ spricht. Es ist bedeutsam für den zeitgeschichtlichen Zusammenhang, in dem dieses den kurialen Zentralismus und das papalistische System auf die Spitze treibende Dogma stand, daß das Konzil vom Papst ›sine die‹ – ohne festes Datum – vertagt werden mußte, als Rom am 20. September 1870 von italienischen Truppen eingenommen worden war. Den Verlust der letzten Positionen seiner weltlichen Macht beantwortete der Papst mit dem Anspruch auf höchste spirituelle Autorität. Die Bischöfe der das neue Dogma zunächst ablehnenden Minorität unterwarfen sich ihm ausnahmslos, aber der von Ignaz von Döllinger geführte theologische Protest in den deutschsprachigen Ländern ging weiter; er endete mit der Begründung der Altkatholischen Kirche, zu der sich nur eine relativ kleine Zahl von Anhängern bekannte.

Die römischen Ereignisse des Jahres 1870 waren der weltgeschichtliche Hintergrund, nicht überall der Anlaß der großen Konflikte, in die die katholische Kirche in mehreren europäischen Staaten verwickelt wurde. Am unmittelbarsten war das Verhältnis zu Italien betroffen. Für das junge Königreich war der Papst nicht nur das Oberhaupt der Kirche, sondern zugleich der Beherrscher eines Teils des Nationalstaates und seiner Hauptstadt. Cavour hatte mit seiner Parole ›Libera chiesa in libero stato‹ eine Lösung für diese Doppelbeziehung finden wollen, indem er der Kirche völlige Unabhängigkeit vom Staat anbot und damit eine Chance für die Erhöhung ihres moralischen Ansehens, dafür aber die völlig freie Verfügung des Nationalstaates über ganz Italien einhandeln wollte. Angesichts der Bedrohung der päpstlichen Souveränität über den Kirchenstaat verhärtete sich die Haltung des Papstes. Der italienische Staat ging daraufhin einseitig vor und suchte im ersten Jahrzehnt seines Bestehens durch eine scharfe antiklerikale Gesetzgebung den kirchlichen Einfluß im öffentlichen Leben zurückzudrängen: 1863 wurde die konfessionslose Schule eingeführt, 1866 die Zivilehe. Liberale Emanzipationsideen und nationalstaatlicher Idealismus hielten sich dabei die Waage.

In diese Entwicklung fiel die Besitznahme Roms. Es entstand für Italien und für das Papsttum die ›Questione Romana‹. Rom war die Hauptstadt Italiens geworden. Was aber geschah mit Rom als der Residenz des Papstes und der Kurie? Es war durchaus im Geiste Cavours, wenn die italienische Regierung das großzügige Angebot des Garantiegesetzes – ›Legge della guarentigia‹ – vom 13. Mai 1871 machte, womit dem Papst als ›Sommo pontifice‹ Heiligkeit und Unverletzbarkeit, die Rolle eines Souveräns und volle Freiheit, die sämtlichen Funktionen seines geistlichen Amtes auszuüben, der Besitz der apostolischen Paläste, freier Verkehr mit der ganzen katholischen Welt, ohne Einmischung der italienischen Regierung, zuerkannt und eine Dotation in einer Höhe gewährt wurde, die dem bisherigen römischen Budget entsprach. Dazu kam der Verzicht des Staates auf seine Rechte gegenüber der Kirche, so auf die Mitwirkung bei der Bestallung der Bischöfe, mit Ausnahme des Rechts der Bestätigung und Billigung kirchlicher Ernennungen und Verfügungen. Pius IX., der die ›Usurpatoren‹ exkommuniziert hatte, wies diese Regelung mit Protest zurück, bezeichnete sich als den ›Gefangenen des Vatikans‹ und legte den Grund für einen über ein halbes Jahrhundert andauernden unversöhnlichen Gegensatz zwischen dem italienischen Nationalstaat und dem Heiligen Stuhl, dessen Inhaber nicht von der Forderung einer effektiven territorialen Souveränität abrückten. Im Jahr 1874 wurde den italienischen Katholiken durch das päpstliche ›Non expedit‹ verwehrt, an Wahlen zum italienischen Parlament ›ni eletti ni elettori‹ teilzunehmen, und dieses Verbot wurde 1886 verschärft. Erst durch eine Enzyklika von 1905 wurde es aufgehoben, nachdem die politische Abstinenz des italienischen Katholizismus sich als eine Begünstigung der Sozialisten zu erweisen drohte. Die kirchenfeindliche Gesetzgebung der italienischen Regierungen ging namentlich nach der Regierungsübernahme der liberalen Linken verstärkt weiter. Doch der liberale Staat mit seinen antiklerikalen Führungsschichten konnte die Macht der Kirche über die breiten Volksmassen nicht brechen. Darum wich er einem offenen Konflikt aus. Der Katholizismus besaß bis zum Ersten Weltkrieg keine geschlossene parlamentarische Vertretung, aber er schuf sich in der Opera dei Congressi mit anderen sozialpolitischen Organisationen bereits eine breite Massenbasis. Ihre Tätigkeit erhielt durch die päpstliche Enzyklika ›Rerum novarum‹ von 1891 Zustimmung und Auftrieb.

Die römische Frage und der Konflikt mit dem Papsttum lasteten als schwere innen- und außenpolitische Hypothek auf dem italienischen Nationalstaat, aber dieser wurde dadurch in seinem inneren Zusammenhalt nicht erschüttert, wie das bei den Ereignissen des sogenannten Kulturkampfes in Deutschland der Fall gewesen ist. Im jungen Deutschen Reich war der Konflikt mit der katholischen Kirche im Unterschied zu Italien nicht voraussehbar; er brach vielmehr wie ein plötzliches Gewitter herein, dessen Entstehung im einzelnen bis heute etwas Rätselhaftes behalten hat. Mit unheimlicher Schnelligkeit entwickelte sich hier ein heftiger Kampf zu einer inneren Krise der kaum staatlich geeinten Nation. Es mußte überraschen, daß Bismarck mit größter Leidenschaft sich engagierte, ja geradezu die Initiative ergriff. Dabei ist der zeitgeschichtliche Zusammenhang zu berücksichtigen: Sowohl das Erste Vatikanische Konzil und seine Auswirkungen auf die Stellung der römischen Kirche unter den staatlichen Mächten als auch das Sicherheitsbedürfnis des jungen Deutschen Reiches und dessen unfertige innere Verfassung wirkten zusammen, um bei Bismarck Mißtrauen und Befürchtungen zu erzeugen, die von einer völligen Verkennung der Realitäten ausgingen. Das auslösende Moment waren die von ihm nicht erwarteten Aktivitäten, welche die neugegründete Zentrumspartei gleich nach der Reichsgründung entwickelte. Ihr Eingreifen in die ›Adreßdebatte‹ des ersten Reichstages deutete auf die Absicht, dem Reich eine Intervention zugunsten des von Italien bedrängten Papstes offenzuhalten. Ihr Einsatz für die Aufnahme der kirchenrechtlichen Artikel aus der preußischen Verfassung in die Reichsverfassung ließ weitreichende kirchenpolitische Tendenzen vermuten. Bismarck sprach geradezu von einer ›Mobilmachung der Partei gegen den Staat‹, was der Situation sicher nicht entsprach. Die Heftigkeit seiner Reaktionen war aber auch eine Antwort darauf, daß ihm im ›Zentrum‹ Bestrebungen einer parlamentarischen Politik begegneten, die eine Konsequenz des allgemeinen Wahlrechts gewesen sind und mit denen er nicht gerechnet hatte. Er befürchtete wohl, daß eine katholische Partei der Kristallisationskern für Verbindungen zwischen den dem neuen Reich widerstrebenden Gruppen – Polen, Welfen und der partikularistischen bayerischen Patriotenpartei – und katholischen Staaten und Mächten in Europa werden und den Anschluß an klerikale Bewegungen in Frankreich und Österreich finden könnte. Hier war der Ansatzpunkt zu einer außenpolitische und innenpolitische Erwägungen zusammenfassenden, gesamtpolitischen Staatsräson, die zwar von zweifellos irrigen Voraussetzungen ausging, jedoch konsequent an der Linie einer an der Macht orientierten, unideologischen Staatspolitik festhielt, die Bismarck in der Mitte zwischen Konservativen und Liberalen seit 1862 verfolgt hatte. In

Karikatur in der ›Jugend‹ vom 28. April 1904
Berlin, Staatliche Museen Preußischer Kulturbesitz, Kunstbibliothek

seinen öffentlichen Erklärungen wurde der protestantische Kern seines Denkens allerdings zusehends deutlicher: so in der häufigen Beschwörung des mittelalterlichen Kampfes zwischen Königtum und Priestertum, der Erinnerung an ›Canossa‹, an die Tendenz der Päpste, die Unterwerfung der weltlichen Macht unter die geistliche herbeiführen zu wollen – in dem Augenblick, in dem die geistliche Macht sozusagen auf sich selbst zurückgeworfen war. Es war nicht eigentlich der säkularisierte Staat im Sinne der Aufklärung, dessen Rechte Bismarck verfocht, sondern eher die lutherische weltliche Obrigkeit, welche die geistliche Obrigkeit in ihre Schranken verwies. Doch in den praktischen Auswirkungen zeigten sich nur geringe Unterschiede. Das Besondere der deutschen Lage bei Ausbruch des Konflikts bestand darin, daß die politischen Entscheidungen des führenden Staatsmannes eine ihm wesensfremde Bewegung des ›Kulturkampfes‹ – das Wort wurde durch eine Rede Rudolf Virchows im Preußischen Abgeordnetenhaus am 17. Januar 1873 populär – auslöste, in der ein kirchen- und religionsfeindlicher Vulgärliberalismus alle Register entfaltete, aber zugleich der ›idealistische Staatsprotestantismus‹ der führenden nationalliberalen Partei sich geltend machte. Während jener Religion und Kirche unter dem Begriff des Aberglaubens subsumierte, sah dieser im Kampf gegen die Positionen der übernationalen Kirche nur eine Fortsetzung des Ringens um den souveränen nationalen Staat, die geistige Vollendung der Einheitsbewegung, des Sieges des durch Preußen repräsentierten reformatorischen Prinzips in einem ›evangelischen Kaisertum‹.

Der Kulturkampf, dessen Schauplätze neben Preußen das Reich und einzelne Bundesstaaten wie Baden und Bayern gewesen sind, begann mit Einzelmaßnahmen: so mit dem als Zusatz zum Strafgesetzbuch von Bayern nach italienischem Vorbild im Bundesrat beantragten Paragraphen gegen Mißbrauch der Kanzel zu politischen Zwecken am 10. Dezember 1871; dem Jesuitengesetz vom 4. Juli 1872, das den Jesuitenorden vom gesamten Reichsgebiet ausschloß; dem Schulaufsichtsgesetz vom 11. März 1872, welches dem Staat die Aufsicht über alle öffentlichen und privaten Schulen und das alleinige Recht zur Ernennung der Schulinspektoren übertrug. Zu einem geschlossenen System wurde die Kulturkampfgesetzgebung in Preußen, nachdem mit Adalbert Falk ein liberaler Jurist von doktrinärem Staatsidealismus und unbegrenztem Glauben an die Kraft von Gesetzen das Amt des Kultusministers angetreten hatte. Die Bahn für die Beschneidung der Rechte der katholischen Kirche wurde freigemacht durch die Einschränkung der Verfassungsgarantien für die Autonomie der Kirchen in den Artikeln 15 und 18 der revidierten Preußischen Verfassung von 1850. Die preußischen Maigesetze von 1873 unterstellten die Kirche und ihre Angehörigen einer lückenlosen Aufsicht des Staates. Die Geistlichen mußten sich einer wissenschaftlichen Staatsprüfung, dem sogenannten Kulturexamen, unterziehen; für jeden Kandidaten zu einem geistlichen Amt mußte Anzeige an den zuständigen Oberpräsidenten erstattet werden, der Einspruch erheben konnte. Die geistlichen Anstalten wurden staatlicher Aufsicht unterstellt, die kirchliche Straf- und Zuchtgewalt wurde auf religiöse Strafmittel eingeschränkt und der Kirchenaustritt erleichtert. Tief in das bürgerliche Leben griff die Einführung der Zivilehe ein, die für Preußen im März 1874, für das gesamte Reichsgebiet durch ein Gesetz vom 6. Februar 1875 verfügt wurde.

Durch ihren rigorosen Charakter und ihre Systematik ging die Gesetzgebung über die Grenzen dessen hinaus, was bis dahin in anderen europäischen Ländern versucht worden war. Aber im Vergleich zur laizistischen Gesetzgebung in Frankreich zu Anfang des 20. Jahrhunderts war die Reaktion der Kirche und der katholischen Bevölkerung wesentlich härter, ja unerbittlicher; die intransigente Haltung des Papstes trug zur Verschärfung erheblich bei. Die Kirche verweigerte die Erfüllung der gesetzlichen Vorschriften und rief zum passiven Widerstand auf. Damit war der Konflikt unausweichlich. Keine einzige Anzeige über Kandidaten für geistliche Ämter wurde erstattet, kein katholischer Priester legte das Kulturexamen ab. Die staatlichen Behörden gingen deshalb zu Repressiv- und Strafmaßnahmen über: Sie sperrten die Staatszuschüsse an die katholische Kirche, sie leiteten Strafverfahren gegen Bischöfe und gesetzwidrig bestellte Geistliche ein; ein Expatriierungsgesetz vom Mai 1874 gab die Handhabe für Ausweisungen. Die Strafgesetze wurden rücksichtslos angewandt: Im Jahr 1876 übte kein Bischof in Preußen mehr sein Amt aus. Aber die Solidarität der Gemeinden mit dem Klerus blieb unerschüttert, ja sie wurde gestärkt. Die staatliche Politik stieß zunehmend auf eine politische Gegenbewegung: Das Zentrum verdoppelte fast seine Stimmenzahl in den Reichstagswahlen von 1874 und stieg bis 1881 zur stärksten Fraktion im Reichstag auf. In dieser gefährlichen Lage suchte Bismarck das Steuer herumzuwerfen und den Kampf abzubrechen, der für seine Gesamtpolitik sowohl im Innern als auch für die auswärtigen Beziehungen zu einer untragbaren Belastung zu werden drohte. Die Niederlage der Monarchisten in Frankreich entkräftete den vordergründigen Verdacht einer möglichen katholischen Blockbildung, und der Annäherung an Österreich stand der Konflikt direkt im Wege. Der Kurswechsel in der Wirtschafts- und Finanzpolitik machte das Zentrum im Reichstag unentbehrlich. Die Vorbereitung für einen Abbau des Konflikts wurde Bismarck erleichtert, als im Jahr 1878 auf den altersstarren Pius IX. Papst Leo XIII. folgte, der sich in seiner vorsichtigen Verhandlungsbereitschaft mit dem Reichskanzler traf. Bismarck gelang es, das Zentrum zu überspielen und aus den Verhandlungen auszuschalten – zur gleichen Zeit, als er es in der parlamentarischen Politik an sich heranzuziehen wußte. So wurde der Kulturkampf in mehreren Etappen bis zum Jahr 1886 abgebaut. Das Reich und Preußen gaben die am weitesten gehenden Kampfgesetze preis, während die Kurie schließlich in den Fragen der Anzeigepflicht und des Einspruchsrechts des Staates bei der Besetzung der Pfarreien nachgab. Was übrig blieb, die Zivilehe und die staatliche Schulaufsicht, entsprach außer dem erst 1903 aufgehobenen Jesuitengesetz den Bedürfnissen des modernen, religiös neutralen Verwaltungsstaates. – Die aufklärerischen Gruppen des Liberalismus und der liberale Protestantismus haben Bismarck den Abbruch des Kulturkampfes indessen ebensowenig verziehen wie die preußischen Konservativen und die evangelische Orthodoxie dessen Entfesselung. Für Bismarck war nach dem Fiasko einer verfehlten Politik das Entscheidende, einen Modus vivendi zu finden und eine »Jagd hinter wilden Gänsen, die nie zum Ziele führt«, zu beenden. Doch ließen sich die inneren Verheerungen, die durch die Krise angerichtet worden waren, nicht mit einem Federstrich beseitigen. Es war ein Verhängnis, daß das Problem der konfessionellen Spaltung Deutschlands in einem Augenblick aufgeworfen wurde, in dem nach dem Akt der nationalen Staatsbildung, des ›State building‹, eine Politik des inneren Ausgleichs und der Versöhnung das ›Nation building‹ ermöglichen sollte. Gemessen an den sozialen Konflikten, die sich in der Industriegesellschaft zusammenbrauten, mochte der konfessionelle Konflikt wie ein Residuum der Vergangenheit anmuten. Tatsächlich aber erwiesen sich die religiösen Kräfte und die kirchlichen Bindungen als höchst lebendige Phänomene.

Der große Konflikt zwischen Staat und römischer Kirche muß immer in seinem gesamteuropäischen Zusammenhang gesehen werden; nur dann treten seine nationalen Varianten deutlich hervor. In jedem europäischen Land mit katholischer Bevölkerung kam es zu kirchenpolitischen Auseinandersetzungen. In Österreich-Ungarn führte die deutsch-liberale Verfassungspartei einen erbitterten Kampf gegen das Konkordat von 1855, das der katholischen Kirche einen absoluten Vorrang vor allen Konfessionen, die alleinige Rechtsprechung in der Ehegesetzgebung und die Kontrolle über die Volksschulen einräumte. Obwohl es nicht gelang, die Aufhebung des Konkordats durchzusetzen, wurden am Ende der sechziger Jahre einige Milderungen wie das staatliche Aufsichtsrecht über die Schule erreicht. Die obligatorische Zivilehe wurde zwar in Ungarn eingeführt, in Cisleithanien aber scheiterte sie am Widerspruch des Kaisers. In der Schweiz rief das Vatikanum Konflikte in einigen Kantonen hervor, die dann in der Mitte der siebziger Jahre wieder beigelegt wurden. Frankreich wurde schließlich das klassische Beispiel für einen vorwiegend politisch begründeten Zusammenstoß des an den Ideen von 1789 orientierten laizistischen, antiklerikalen Republikanismus und der von der Kirche und vom hohen Klerus geförderten monarchischen Restauration. Und es war außerdem das Beispiel für die radikalste Lösung des Kirchenkonflikts durch die völlige Trennung von Kirche und Staat, der später, 1911, nur noch Portugal gefolgt ist. Der Anfang dazu wurde in der ersten Konsolidierungsphase der Republik nach 1880 mit der Schulgesetzgebung des Erziehungsministers Jules Ferry gemacht, unter dem im Jahr 1886 ein Rahmengesetz für den obligatorischen, kostenlosen und weltlichen Unterricht beschlossen wurde. Es setzte sich nach einem Wort Ferrys das Ziel, »d'organiser l'humanité sans dieu et sans roi«. Damit waren als die beiden untrennbar verbundenen Fundamente der Schule Laizismus und Republikanismus festgelegt. Den Orden wurde der Unterricht in staatlichen Schulen untersagt. Die Problematik dieser schulpolitischen Entscheidungen lag indessen darin, daß sich jetzt staatliche Schulen von laizistischem und demokratischem Charakter und ›private‹, das heißt kirchliche, Schulen mit konservativ-katholischen und antirepublikanischen Prinzipien gegenüberstanden und der große, Frankreich spaltende Gegensatz sich auf zwei nebeneinander bestehende Schulsysteme übertrug. Darin trat erst nach dem Sieg des Republikanismus und der Linken in der Dreyfus-Krise und nach dem Zwischenspiel eines von Papst Leo XIII. geförderten Ausgleichsversuchs zwischen französischen Katholiken und der französischen Republik im sogenannten Ralliement eine Änderung ein. Die Wendung zeichnete sich bereits seit 1901 ab, als die Zulassung religiöser Orden Ausnahmebedingungen unterworfen und nicht legal anerkannten Orden der Unterricht an Schulen unmöglich gemacht wurde. Im Juli 1904 wurde Mitgliedern religiöser Orden überhaupt jede Lehrtätigkeit untersagt. Damit war das nichtstaatliche Schulwesen ins Mark getroffen und der Dualismus zweier nebeneinander bestehender Unterrichtssysteme aufgehoben.

Doch war dies alles nur der Auftakt zur völligen Trennung von Staat und Kirche. Den äußeren Anlaß für diese letzte Konsequenz aus der bisherigen republikanisch-antiklerikalen und laizistischen Politik gab ein protokollarischer Konflikt wegen eines unterlassenen Besuchs des französischen Präsidenten Emile Loubet beim Papst anläßlich einer Begegnung des französischen Staatsoberhauptes mit König Viktor Emanuel III. in Rom im Jahr 1903. Der darauf erfolgte Abbruch der diplomatischen Beziehungen zwischen Frankreich und dem Vatikan im Juli 1904 führte nach langen Beratungen im Parlament am 9. Dezember 1905 zur offiziellen Kündigung des Konkordats von 1801 und zur Trennung von Kirche und Staat, der seine Zahlungen an die Kirche und die Geistlichen einstellte, aber allen Bürgern, gleich welcher Konfession, Religionsfreiheit garantierte. Als die staatlichen Organe dazu übergingen, in die vom Staat als Eigentum beanspruchten Kirchen Kommissare zur Aufnahme des Inventars zu entsenden, leisteten die Gläubigen – namentlich in den Kleinstädten und auf dem Lande – Widerstand. Es kam zu blutigen Zusammenstößen und einer wachsenden Erregung der ländlichen Bevölkerung, die erst langsam abklang, als die französische Regierung unter dem Ministerpräsidenten Clemenceau die Anwendung der Gesetze von 1905 abschwächte. Am Grundgesetz der Trennung wurde festgehalten, das auch die von staatlicher Kontrolle freie Betätigung der Kirche bedeutete. Der französische Katholizismus sank damit nicht zu völliger Bedeutungslosigkeit herab, obwohl ihm die sozialpolitische Aktivität der italienischen Katholiken in der Ära des ›Non expedit‹ fehlte. Der integrale Nationalismus und die Action française erhielten wohl Zulauf und Zustimmung aus Kreisen der Kirche, die sich jedoch nie mit ihm ganz identifizierte und die Tür zur Zusammenarbeit offenließ. Die seit Jahrhunderten dominierende kirchliche Richtung des Gallikanismus, die den nationalen Charakter der katholischen Kirche in Frankreich geprägt hat, machte jetzt ultramontanen Tendenzen und der Orientierung an Rom Platz.

Arbeiterbewegung und Sozialismus

Die größte Herausforderung an die bestehenden politischen und gesellschaftlichen Ordnungen, an die Werte, auf die sich diese beriefen, und die Rechte, die daraus abgeleitet wurden, stellte die Bewegung des Sozialismus dar, mit dem die Klasse der Industriearbeiter ihren Anspruch auf eine Veränderung der Welt anmeldete. Unter dem Begriff ›Sozialismus‹ wurde sehr Verschiedenartiges auf einen Nenner gebracht. Der Sozialismus hatte viele Gesichter und eine lange Ahnenreihe, für die sich manche Kronzeugen bis in die Antike zurück finden ließen. Seit dem Anfang des 19. Jahrhunderts verdichtete sich deren Zahl; mit den Frühsozialisten erschien eine ganze Gruppe, die das Bild einer sozialistischen Gesellschaft entwarf. Aber was in einer Reihe großer Konzeptionen an sozialistischen Programmen in der Frühzeit des 19. Jahrhunderts vorgelegt wurde, zum Beispiel von Claude Henry de Saint-Simon oder von Charles Fourier, und was schon regelrechte Schulen entstehen ließ, unterschied sich ganz wesentlich von dem Lehrgebäude des Marxismus, wie es am Ende dieses Jahrhunderts in seinen entscheidenden Thesen feststand. Die Verfasser des ›Kommunistischen Manifests‹ von 1848, Karl Marx und Friedrich Engels, haben in ihren Vorläufern ›utopische Sozialisten‹ gesehen, denen sie ihren ›wissenschaftlichen Sozialismus‹ entgegenstellten.

Karl Marx
Photographie von einem Unbekannten

Sozialismus ist zunächst ein Gebilde der Theorie, die zum Teil älter ist als die in ihr vorausgesetzten sozialen und politischen Phänomene. Die später zum Dogma erhobene Einheit von Theorie und Praxis gab es im frühen Sozialismus noch nicht. Für eine sozialistische Praxis war das soziale und ökonomische Substrat, die fortgeschrittene Industriegesellschaft und das Proletariat, nur in Anfängen vorhanden. Die Väter der sozialistischen Theorien waren auch keine Arbeiter: Saint-Simon, Fourier, Karl Marx, Friedrich Engels waren aristokratischer oder bürgerlicher Abkunft, Pierre Joseph Proudhon kam als Sohn eines Handwerkers aus kleinbürgerlichen Kreisen. Selbst die mächtigste Gestalt des späteren Marxismus, Wladimir Iljitsch Lenin, hatte einen zum höheren Beamten arrivierten Vater. Ohne die geistige Hilfe bürgerlicher Ideologen hätte die Arbeiterklasse kaum zur

Deutung ihrer weltgeschichtlichen Rolle gefunden. So gab Marx im ›Kommunistischen Manifest‹ sich selbst eine Rechtfertigung: »In Zeiten endlich, wo der Klassenkampf sich der Entscheidung nähert, nimmt der Auflösungsprozeß innerhalb der herrschenden Klasse, innerhalb der ganzen alten Gesellschaft, einen so heftigen, so grellen Charakter an, daß ein kleiner Teil der herrschenden Klasse sich von ihr lossagt und sich der revolutionären Klasse anschließt, der Klasse, welche die Zukunft in ihren Händen trägt. Wie daher früher ein Teil des Adels zur Bourgeoisie überging, so geht jetzt ein Teil der Bourgeoisie zum Proletariat über, und namentlich ein Teil der Bourgeoisideologen, welche zum theoretischen Verständnis der ganzen geschichtlichen Bewegung sich hinaufgearbeitet haben.«

Die sozialistische Bewegung, so schroff sie den Bruch mit der feudalen und bürgerlichen Welt formulierte, knüpfte doch in ihren theoretischen Begründungen an deren politische Philosophie an; sie setzte die Französische Revolution von 1789 fort und rückte von ihren Parolen die der Gleichheit an die erste Stelle. Das menschheitliche Ziel, das die Revolution verfolgt hatte, erschien jetzt als Programm der Internationalität des proletarischen Sozialismus. In der Tat war der Sozialismus in weit höherem Grade, als es die bürgerliche liberale Bewegung je gewesen ist, ein internationales Phänomen, das sich auf gleiche Lebensbedingungen des Proletariats, gleichartige Formen der Abhängigkeit und der Unterdrückung zurückführen ließ, aber auch vom Charakter einer internationalisierten, zum großen Teil im Exil operierenden Führungsgruppe bestimmt war. Internationalität des politischen Kampfes der Arbeiterklasse war das Ziel der am 28. September 1864 in London begründeten Internationalen Arbeiter-Assoziation, der ersten Internationale, in der sich die unterschiedlichsten Richtungen, Gruppen und Nationalitäten, Anhänger Fouriers, Proudhons, Louis Auguste Blanquis, Michail Bakunins, Mazzinis, zusammenfanden. Karl Marx wurde als Vertreter der deutschen Arbeiterbewegung in das leitende Komitee gewählt. Diese erste Arbeiterorganisation war aber nichts anderes als eine Vereinigung selbständiger und auf ihre Selbständigkeit pochender Gruppen, die stark voneinander abweichende Meinungen vertraten und heterogene Ziele verfolgten, hinter denen sich auch nationale Gegensätzlichkeiten verbargen. Obschon derartige nationale Differenzen in den sozialistischen Führungsgremien, namentlich wenn diese vorwiegend im Exil agierten, zurücktreten mochten, war in den Massen der Anhängerschaften der Einfluß nationaler Solidaritätsgefühle nicht unbeträchtlich. Die Spannung zwischen internationalistischer Zielsetzung und nationaler Gebundenheit der politischen Organisationen, Parteien und Gewerkschaften begleitet die sozialistische Bewegung durch ihre Geschichte bis zum heutigen Bekenntnis zum ›nationalen Weg zum Kommunismus‹.

Seit der Mitte des 19. Jahrhunderts war die sozialistische Arbeiterbewegung an dem Punkt angelangt, wo sie allmählich die Kraft entwickelte, eine politische Macht zu werden. Weder Saint-Simon noch Fourier noch die kleineren sozialistischen Theoretiker der Frühzeit vermochten sozialistische Ideen und Programme als ernsthafte Mitspieler auf der Bühne der europäischen Politik einzuführen. Sie waren Vorläufer mit kleinen Gefolgschaften am Rande der Gesellschaft. Erst im Revolutionsjahr 1848 erschien die sozialistische Bewegung in Frankreich bereits mit großem Einsatz, in Deutschland und Österreich immerhin in der zweiten Linie. Weltgeschichtlich noch bedeutsamer ist, daß um diese Zeit der Sozialismus in das Stadium eintrat, in dem die seine Zukunft bestimmenden theoretischen Grundsätze sich ausbildeten: Das ›Kommunistische Manifest‹, wenige Tage vor dem Ausbruch der Februarrevolution in Paris als gemeinschaftliches Werk von Karl Marx und Friedrich Engels erschienen, setzte den Anfang der marxistischen Theorie mit den meisten ihrer Thesen. Proudhon hatte schon 1845 sein Werk ›Système des contradictions économiques ou la philosophie de la misère‹ veröffentlicht und ließ im Jahr 1851 die ›Idée générale de la Révolution au XIXe siècle‹ folgen. Damit waren die Grundlagen der anarchistischen Richtung des Sozialismus gelegt, der einzigen, die im weiteren Verlauf sich neben der marxistischen zu behaupten vermochte. Die englische Variante eines humanitär und ethisch begründeten sozialreformerischen Sozialismus, die als dritte Kraft genannt werden muß, ging weniger auf ein theoretisches Konzept als auf pragmatische Handlungsgrundsätze zurück. Durch nichts ist Proudhon so bekannt geworden wie durch seine provozierende Antwort auf die Frage: Was ist Eigentum? »Eigentum ist Diebstahl« – »C'est le vol.« Schon dieses Wort machte ihn zum Sozialisten, wenngleich er einschränkend gemeint hat, Eigentum als bloßes Verfügen über eine Sache sei Diebstahl. Eigentum dagegen als Ergebnis der Arbeit und der daraus resultierenden Nutznießung der »guten Dinge von Brauchbarkeit«: »C'est la liberté.« Freiheit ist der zentrale Begriff von Proudhons Sozialismus. Sie wird durch nichts so sehr bedroht wie durch Autorität, sei es durch die der Kirche oder durch die des Staates. Die Gesellschaft und die freie Assoziation ihrer Gruppen und Verbände machen Autorität überflüssig und verbinden »Ordnung mit Anarchie«. Aus dieser Idee der Herrschaftslosigkeit entwickelte Proudhon seine Vorstellungen vom Föderalismus als Verteilung der Funktionen in einem System freier Bündnisse.

Arbeiter beim Verlassen einer Fabrik
Gemälde von Bart van der Leck, 1910
Rotterdam, Museum Boymans van Beuningen

Übertrug man diese Gedanken auf die Industriegesellschaft, dann ergab sich das ursprüngliche anarchistische Programm, nach dem die Arbeiter in den Werkstätten, ohne übergeordnete politische Institutionen, die Produktionsmittel selber übernehmen sollten. Die Gewerkschaften, die Syndikate wurden so Träger auch der revolutionären Aktionen des Proletariats. Damit war die Idee des Syndikalismus geboren, die in den romanischen Ländern sehr bald eine große Anhängerschaft finden sollte. Anarchismus und Syndikalismus gingen ein Bündnis ein, dessen wirksamstes Kampfmittel der politische Streik, der Generalstreik, wurde. Den ›Mythos‹ des Generalstreiks hat später, im Jahr 1908, in seinen ›Réflexions sur la violence‹ ein Nachfolger Proudhons, Georges Sorel, verkündet.

Das ging weit über die Intentionen eines Mannes wie Proudhon hinaus, der Gewalt nur bejahte, soweit sie in einer freien Gesellschaft die friedliche Kooperation aller herstellte. Karl Marx hat ihn deshalb als ›wissenschaftlichen Interpreten der französischen Kleinbourgeoisie‹ verspottet. Daß Gewalt als reine Macht der Zerstörung verwandt und dem Anarchismus damit eine ganz andere Stoßkraft verliehen wurde, ist das Werk des Russen Bakunin, des ›Don Quijote der Revolution‹, der die Zerstörung als eine ›schaffende Lust‹ pries. In ihm war die Revolution zu einer unheimlichen Naturgewalt geworden. Er wollte die Internationale zu einem ›revolutionären Generalstab‹ weniger verschworener, ihm ergebener Männer umgestalten, was den schärfsten Widerspruch von Marx herausforderte. Mit ihm griff der militante Anarchismus nach Westeuropa über, der in Rußland seine Wurzeln in einem radikalen Nihilismus hatte. Als Bakunin 1869 in Genf mit dem zweiundzwanzigjährigen Sergej Gennadewitsch Netschajew zusammentraf, erhielt sein revolutionärer Aktivismus einen terroristischen Einschlag. Netschajew verfaßte mit Bakunin zusammen einen ›Revolutionären Katechismus‹, eine Art nihilistisch-revolutionäre Ordensregel, Ausgeburt einer ›Pseudomorphose‹ der russischen Religiosität (F. Stepun), die die Revolution zum Selbstzweck erhob. Hier hieß es: »Der Revolutionär ist ein geweihter Mensch. Er ist erbarmungslos gegen den Staat im allgemeinen und für die ganze zivilisierte Klasse der Gesellschaft, und er darf ebensowenig Gnade für sich erwarten. Zwischen ihm und der Gesellschaft herrscht ein Kampf auf Leben und Tod, offen und versteckt, aber ohne Ende und ohne Versöhnung. Er muß sich an die Folterung gewöhnen.« Solche Bekenntnisse waren noch vor dem Bruch von Bakunin mit Marx geschrieben, der sich wenige Jahre später auf dem Kongreß der Internationale vom September 1872 ereignete und zum Ausschluß von Bakunin führte. Die anarchistischen Gruppen hatten dort die »völlige Vernichtung des Staates als der Verkörperung der politischen Macht« anstelle von politischen Aktionen der Arbeiterklasse im Kampf um die politische Macht des Staates und der Bildung zentralistischer Arbeiterparteien verlangt. So sicher Lenin in diesem Streit auf der Seite der Gegner der Anarchisten gestanden hätte, so unverkennbar ist es, daß Revolutionäre vom Stil und mit dem Programm Bakunins zu den Ahnen seiner Revolutionslehre und seiner Theorie von der Partei als einem Zusammenschluß von Berufsrevolutionären gehörten.

Der Anarchismus in seiner syndikalistischen und terroristischen Spielart war im Europa des späten 19. Jahrhunderts eine reale Macht und eine gefährliche Bedrohung der staatlichen Ordnung. Das zeigte sich zuerst in Italien. Hier war die konspirative und aktionistische Tradition der Geheimbünde nie ganz abgerissen. Mazzinis Parole ›Pensiero e azione‹ war im jungen Königreich zuerst noch das Signal demokratisch-revolutionärer Tendenzen und der sozialen Proteste namentlich auf dem Land gewesen; aber Mazzinis Stern verblaßte. In der Agrarkrise der frühen siebziger Jahre lebte diese Bewegung wieder auf: Als Bakunin im Jahr 1874 nach Italien kam, liefen ihm die enttäuschten Anhänger Mazzinis zu. Ein Aufstandsversuch in Bologna, der die letzte revolutionäre Aktion gewesen

Die Ermordung des Narzissus Martinez Izquierdo, Bischofs von Madrid, am 18. April 1886
Holzschnitt von E. A. Tilly, 1886
Berlin, Privatsammlung

ist, an der Bakunin teilgenommen hat, scheiterte, aber der italienische Sozialismus stand noch fast zwei Jahrzehnte im Zeichen des Anarchismus, bis er in den Marxismus einmündete. In Spanien hatte die anarchistische Bewegung eine noch weit längere Lebensdauer; sie war über sechs Jahrzehnte eine politische Kraft mit bedeutendem Einfluß auf das industrielle und ländliche Proletariat. Ein Anarchismus mit Zügen einer gnadenlosen Brutalität ist hier geradezu ein Element des politischen Lebens geworden, das wiederholt zu furchtbaren Entladungen ohne klare revolutionäre Ziele führte wie in der Semana trágica des Juli 1909, als nach der Hinrichtung des Anarchisten Francisco Ferrer Guardia in einem spontanen Aufstand in Barcelona Dutzende von Kirchen und Klöstern in Flammen aufgingen und zahlreiche Mönche und Nonnen ermordet wurden. Fanatismus und Grausamkeit dieser Ereignisse wirken wie Vorboten des Bürgerkrieges in den dreißiger Jahren des 20. Jahrhunderts. Im Unterschied zu Spanien waren in Frankreich anarchistische Tendenzen überwiegend in der

Form des Anarcho-Syndikalismus wirksam. Im Land Proudhons blieben dessen Ideen von föderativen Zusammenschlüssen gewerkschaftlicher Organisationen als Vorform einer künftigen Gesellschaftsordnung lebendig. Die ›Bourses du travail‹, wie sie seit den achtziger Jahren, zuerst in Paris, als Arbeitsvermittlungs- und Bildungszentren entstanden, lassen sich unmittelbar auf Anregungen Proudhons zurückführen, der in seinen Schriften die Aktionen kleiner Gruppen für die Zusammenarbeit im wirtschaftlichen und sozialen Alltag gefordert hatte.

Das Janus-Haupt des Anarchismus wird sichtbar, wenn man auf die Verhängnisse blickt, in die er Europa gestürzt hat. Es war seine Verstrickung in den Terrorismus, von der seine stärksten Wirkungen ausgingen. Die europäische Oberschicht war dem anarchistischen Terror ausgesetzt. Staatsoberhäupter monarchischer und republikanischer Staaten, Regierungschefs und Angehörige dynastischer Familien sind ihm zum Opfer gefallen: Zar Alexander II. im Jahr 1881, König Umberto I. von Italien im Jahr 1900, König Karl von Portugal 1908, der französische Staatspräsident Sadi Carnot im Jahr 1894, die spanischen Ministerpräsidenten Antonio Cánovas und José Canalejas 1894 und 1912, Kaiserin Elisabeth von Österreich 1898. Sie alle starben unter den Kugeln oder Bomben anarchistischer Attentäter, manche nach mehreren vorangegangenen mißglückten Anschlägen. Im Jahr 1878 folgten rasch aufeinander Attentate auf Kaiser Wilhelm I., König Alfons XII. von Spanien und König Umberto I. von Italien. Es entstand der Eindruck einer anarchistischen Weltverschwörung. So wenig diese in Wirklichkeit existierte, verbreitete sich doch im Bewußtsein der Zeit und vieler ihrer führenden Staatsmänner die verhängnisvolle Gleichsetzung von Anarchismus und Sozialismus. Sie ließ gegen die Sozialisten losschlagen, ohne daß erkannt wurde, wieweit beide Bewegungen sich voneinander entfernt hatten. Die Vermutung einer Weltgefahr von seiten des Anarcho-Nihilismus war der Hintergrund, auf dem Bismarck die Verfolgung der deutschen Sozialisten einleitete. Das Stichwort hatte ihm der deutsche Sozialistenführer August Bebel gegeben, der während der ersten Reichstagssession im Mai 1871 den Kampf der Commune in Paris als ein »kleines Vorpostengefecht« bezeichnet und der Gewißheit Ausdruck verliehen hatte, »daß die Hauptsache in Europa uns noch bevorsteht, und daß, ehe wenige Jahrzehnte vergehen, der Schlachtruf des Pariser Proletariats ›Krieg den Palästen, Friede den Hütten, Tod und Not dem Müßiggang‹ der Schlachtruf des gesamten europäischen Proletariats sein wird«. Seitdem habe er, sagte Bismarck bei der übereilten Durchpeitschung des ›Gesetzes gegen die gemeingefährlichen Bestrebungen der Sozialdemokratie‹ im Reichstag, in den sozialdemokratischen Elementen einen Feind erkannt, gegen den der Staat und die Gesellschaft sich im Stande der Notwehr befänden. Kann man auch den taktischen Zweck solcher und anderer Äußerungen nicht überhören, so besteht doch kein Zweifel, daß Bismarck an eine unmittelbare revolutionäre Bedrohung geglaubt hat, vielleicht mehr noch als Metternich zu Beginn des Jahrhunderts. Der anarchistische Terrorismus hat, fragt man nach seinen historischen Wirkungen, die zeitgenössischen Staats- und Gesellschaftssysteme zutiefst erschreckt, aber letztlich nicht ihre Erschütterung herbeigeführt. Die Reaktionen, die er auslöste, schlugen auf den Sozialismus zurück, der über sein revolutionäres Konzept noch keine volle Klarheit besaß, wohl kaum besitzen konnte, da die Vieldeutigkeit des Marxschen Revolutionsbegriffs mehrere Deutungen zuließ.

Das bedeutendste Ereignis der Geschichte der europäischen Arbeiterbewegung des 19. Jahrhunderts war die Schaffung einer umfassenden Theorie des Sozialismus durch Marx und Engels und ihre Nachfolger sowie die Sammlung der Arbeiterparteien im Zeichen dieser Theorie. Der Marxismus, der in der Mitte des Jahrhunderts eine noch wenig beachtete Sekte gewesen ist, deren Programm erst in groben Umrissen feststand, entwickelte sich bis

›Szene aus dem geistigen Kampf gegen die Sozialdemokratie‹
Karikatur im ›Wahren Jacob‹ vom 25. Oktober 1890
Berlin, Geheimes Staatsarchiv Preußischer Kulturbesitz

zur Jahrhundertwende zur stärksten Kraft innerhalb der sozialistischen Bewegung. Am klarsten ist dies in Deutschland zu verfolgen. Hier begann die politische Organisierung der Arbeiterbewegung mit der Begründung des Allgemeinen Deutschen Arbeitervereins durch Ferdinand Lassalle im Jahr 1863. Lassalle war von den analytischen Ideen Marx' nicht unberührt, zog jedoch aus seinen Prämissen ganz andere Schlüsse: In seinem Programm spielte der Staat als Promotor der sozialen Revolution eine vorrangige Rolle. Der Staat sollte den von Arbeitern zu bildenden Produktivgenossenschaften durch Kredite helfen, er sollte durch das allgemeine Wahlrecht die politische Gleichberechtigung der Arbeiter herstellen und diese in die nationale Gesellschaft des ›freien Volksstaates‹ integrieren. Als im Jahr 1869 in Eisenach eine Sozialdemokratische Arbeiterpartei entstand, begann sich eine von Marx und der Londoner Internationale beeinflußte, aber keineswegs schon eindeutig marxistische Richtung, die aus der großdeutschen Demokratie kam, zu organisieren. Die Lassalleaner konnten nach dem frühen Tod Lassalles und nach der kleindeutschen Entscheidung von 1866 bis 1871 ihre Selbständigkeit nicht behaupten; sie schlossen sich 1875 mit den von Wilhelm Liebknecht und August Bebel geführten Eisenacher Sozialdemokraten in Gotha zur Sozialistischen Arbeiterpartei Deutschlands zusammen. Das in Gotha beschlossene Programm war ein von Marx heftig kritisierter Kompromiß der beiden Richtungen, der viele Residuen des ›engsten nationalen Standpunkts‹ enthielt, mit dem nach dem Urteil von Marx Lassalle die Arbeiterfrage behandelte, und dennoch bereits den ›internationalen Charakter‹ der Arbeiterbewegung betonte. Erst seit dem Erfurter Programm von 1891, das den Neubeginn nach der Verfolgungsära des Sozialistengesetzes einleitete, übernahm die Partei in den prinzipiellen Fragen die Grundthesen von Marx und Engels. Sie fühlte sich jetzt als marxistische Partei; die inneren Konflikte, vor denen sie stand, waren innermarxistische Auseinandersetzungen und bewegten sich zwischen alternativen Möglichkeiten, die sich aus der Interpretation von Marx ergaben.

Das Vorbild der deutschen Sozialdemokratie wirkte über die deutschen Grenzen hinaus. Es fand Nachahmung in den skandinavischen Ländern, obwohl sich hier in organisatorischer Hinsicht für die enge Verbindung von Gewerkschaften und sozialdemokratischen Parteien sehr bald auch englische Einflüsse geltend machten. Immerhin bezogen die sozialdemokratischen Parteien in Skandinavien ihre ideologischen Grundsätze vom deutschen Marxismus. In Schweden diente das Gothaer Programm bis 1897 als ideologische Basis; es wurde 1907 einer Revision unterzogen, die dem Erfurter Programm von 1891 entsprach und den revisionistischen wie den revolutionären Weg offenließ. Auch in Dänemark ging man vom Gothaer Programm aus und schloß sich den Organisationsprinzipien der deutschen sozialdemokratischen Partei an, indem man eine enge Verbindung von Partei und Gewerkschaften vermied. Mit Österreich war die Verbindung noch enger: Die Auseinandersetzung zwischen den Anhängern von Lassalle und denen von Marx setzte sich im österreichischen Sozialismus fort. Österreichische und deutsche Sozialisten wechselten zwischen beiden Ländern: Wilhelm Liebknecht trat schon 1869 in Wien in einer großen Volksversammlung auf, Karl Kautsky und später Rudolf Hilferding siedelten nach Deutschland über und kamen zu bedeutendem Einfluß in der deutschen Sozialdemokratie. Die für die Konstituierung einer einheitlichen, marxistisch orientierten österreichischen Sozialdemokratischen Partei im Jahr 1888/89 entscheidende Persönlichkeit, Victor Adler, hatte durch unmittelbaren persönlichen Kontakt mit Friedrich Engels zum Marxismus gefunden. Nicht die Rezeption der allgemeinen marxistischen Grundsätze war das Problem des Austromarxismus, sondern die Schwierigkeit, eine den Internationalismus programmatisch vertretende Partei in ihrer internen Struktur als übernationale Partei zusammenzuhalten. Bereits 1893 bildete sich eine selbständige

›Der vierte Stand‹
Gemälde von Giuseppe Pelizza da Volpedo, 1902
Mailand, Galleria d'Arte Moderna

tschechische Partei, und 1897 löste sich die Gesamtpartei in sechs nationale Organisationen auf, die mehr und mehr eigene Wege gingen.

In Italien war der Ausgangspunkt sozialistischer Organisationsformen anarcho-syndikalistisch. Die Tendenz zum Marxismus verstärkte sich langsam nach dem Zusammenbruch der anarchistischen Aufstände. Dabei waren Theoretiker von hohem Rang wie der Philosoph Antonio Labriola führend, der vom deutschen Idealismus kam, einst Lehrer Benedetto Croces gewesen war und sich nach dem Urteil von Engels zum ›strikten Marxisten‹ entwickelte. Die 1892 gegründete Sozialistische Partei, seit 1895 unter dem Namen ›Partito Socialista Italiana‹, formulierte ihr Programm auf marxistischer Grundlage, war aber innerlich stark zerklüftet und von der Abspaltung der immer noch sehr aktiven Syndikalisten bedroht, auf die Georges Sorel eine belebende Anziehungskraft ausübte. Trotz eines unbestrittenen Synkretismus der Parteiideologie und Parteipraxis, wofür ein Mann wie Benito Mussolini typisch ist, ist der Marxismus für den italienischen Sozialismus auf die Dauer entscheidend geblieben.

Bei den französischen Sozialisten sind die Anfänge der politischen Organisation noch verwirrender. Nach der Amnestierung der verurteilten und verbannten Communards im Jahr 1879 kehrten Sozialisten von sehr unterschiedlicher geistiger und politischer Provenienz ins politische Leben zurück. Es gab Anhänger Proudhons und des in jakobinischer Tradition stehenden Blanqui, selbstverständlich Marxisten und Syndikalisten. Während zweier Jahrzehnte war die französische Arbeiterbewegung in mindestens fünf verschiedene Richtungen gespalten, unter denen zunächst nur eine, der von Jules Guesde im Jahr 1879 in Marseille begründete Parti Ouvrier Français, nahe Verbindungen zu Marx und Engels hatte und etwa dieselbe Linie wie die deutsche Sozialdemokratie verfolgte. Von ihm spaltete sich 1882 eine revisionistische Gruppe um Paul Brousse ab, die sich mit Zielen begnügen wollte, die im Bereich des Möglichen lagen; man nannte sie deshalb ›Possibilisten‹. Ihr Reformismus ähnelte etwa den Ideen, die wenig später in Deutschland von Eduard Bernstein vorgetragen wurden. 1890 kam es zum Bruch mit einer linken, syndikalistischen Gruppe, die für gewaltsame Streikaktionen eintrat. Auch die Blanquisten regten sich wieder. Der politische Individualismus der Franzosen, dem straffe Parteibildungen widerstrebten, brachte unabhängige Sozialisten ins Parlament, unter denen sich bedeutende Namen, zum Beispiel René Viviani, Aristide Briand, Alexandre Millerand und Jean Jaurès, befanden. Millerand trat 1899 in das von der linken bürgerlichen Mitte gebildete Kabinett Waldeck-Rousseau ein und erregte als erster Sozialist in einer bürgerlichen Regierung weit über Frankreich hinaus größtes Aufsehen. Sowohl die Blanquisten als auch die marxistisch orientierten Guesdisten verwarfen den ›Ministerialismus‹ als Mittel sozialistischer Politik. Trotz etlicher beträchtlicher Wahlerfolge wurde die sozialistische Position im französischen Parlament wie im Land durch die parteipolitische Zersplitterung erheblich geschwächt. Sie blieb in labiler Verfassung, als sich 1901 und 1902 zwei Parteien, eine mit marxistischer Doktrin um Jules Guesde, der Parti Sozialiste de France, und eine mehr reformistische, den Parlamentarismus bejahende Partei, der Parti Socialiste Français, gegenübertraten. Ihre stärkste Kraft war der um eine reformistische Grundlinie bemühte, nicht internationalistisch, sondern die nationale Idee der ›Patrie‹ bejahende Historiker und Journalist Jean Jaurès, wohl die bedeutendste Erscheinung des französischen Vorkriegssozialismus. Das Problem der Spaltung der französischen Sozialisten war längst kein rein innerfranzösisches Problem mehr; es beunruhigte die in der 1889 begründeten zweiten Internationale zusammengeschlossenen Parteien, die auf dem Kongreß in Amsterdam im August 1904 darüber berieten. Durch ein taktisches Manöver erzwang die Internationale eine Einigung der beiden französischen Rivalen, die sich im Jahr 1905 zur Section Française de l'Internationale Ouvrière zusammenschlossen. Damit hatte Guesde über Jaurès, die marxistische über die reformistische Richtung, gesiegt. So wenig der Marxismus dadurch eine Monopolstellung in Frankreich erlangte, so sehr blieb er das einzige Prinzip, in dessen Zeichen eine Sammlung der diffusen Kräfte des französischen Sozialismus möglich war.

Revolutionäre Traditionen im eigenen Land standen in noch höherem Grade als in Frankreich in Rußland der Rezeption des Marxismus im Wege. Aus Rußland waren dem terroristischen Anarchismus in Europa Kräfte zugeströmt. Ihr amoralischer Nihilismus war in der Bodenlosigkeit der Existenz der Intelligenzija entstanden, die ohne Hoffnung auf Veränderung das herrschende System radikal zerstören wollte. Nicht die ganze Intelligenzija verfiel in diese geistige Desperado-Gesinnung; denn viele suchten ihr Heil in der Hinwendung zu den Urkräften des russischen Volkes, dessen kommunistische Urverfassung man in der Dorfverfassung des Mir zu entdecken glaubte. Der Aufbruch ins Land unter Verzicht auf Besitz und Erbe und in allen Formen der ›sozialen Askese‹ war eine eigentümliche, mit solcher fast religiösen Intensität nur in Rußland auftretende Bewegung, die ihren größten literarischen Verkünder in Lew Tolstoj fand.

Aus diesem »Narodnishestwo« entwickelte sich aber nicht nur eine Art Agrarsozialismus, der in der 1901 gegründeten Partei der Sozialrevolutionäre seine Fortsetzung fand, sondern auch ein Bündnis mit dem Anarchismus, das aus Philanthropen Terroristen werden ließ (G. Stökl). Solche Tendenzen erschwerten den Zugang zum marxistischen Programm mit seinem ökonomischen Determinismus und seinem Prozeßdenken. Spontaneität und ›subjektive Methode‹ waren Begriffe, die in russischen revolutionären Kreisen groß geschrieben wurden. Dazu kam eine eigentümliche theoretische Unsicherheit gegenüber dem Fundamentalartikel des Marxismus, der die proletarische Revolution an das Stadium eines fortgeschrittenen

Wladimir Iljitsch Lenin
Photographie von einem Unbekannten, 1891

Kapitalismus knüpfte. Mußte die revolutionäre Entwicklung in Rußland erst noch dieses Stadium abwarten, oder konnte die russische Revolution unmittelbar an die ›urkommunistischen‹ Elemente der russischen Agrarverfassung anknüpfen? Diese Frage legte die durch ihren sensationellen Freispruch in einem politischen Mordprozeß bekannt gewordene Wera Sassulitsch im Februar 1881 in einem Brief Marx vor, der darauf nur eine sehr verklausulierte Antwort zu geben wußte. Die ersten russischen Marxisten, unter denen Georgij Walentinowitsch Plechanow als strenger, an Engels orientierter Theoretiker herausragte, bildeten anfangs nur kleine Zirkel, entweder in der Emigration oder im Land selbst, so die ›Petersburger Gruppe der Befreiung der Arbeit‹, mit der Lenin noch unter dem Namen Wladimir Iljitsch Uljanow in den neunziger Jahren in Berührung kam. Die Gruppe flog auf, Lenin wurde nach Sibirien verbannt. Als im März 1898 eine Sozialdemokratische Arbeiterpartei in Rußland gegründet wurde, befand er sich noch in der sibirischen Verbannung; er trat aber im folgenden Jahr der Partei bei und nahm bald den stärksten Einfluß auf sie. Daß die Partei marxistisch sein würde, stand außer Zweifel; denn Lenin hatte sich seit seiner Marx-Lektüre 1888/89 dem Marxismus völlig zugewandt. Doch er ließ bald erkennen, daß er der marxistischen Lehre seinen eigenen Stempel aufdrücken wollte. Die Geschichte des russischen Marxismus begann an dem Punkt, an dem sie historisch bedeutsam wurde, nicht mit einer einfachen Rezeption einer sakrosankten Lehre, sondern mit ihrer Fortbildung, die ohne vormarxistische russische Überlieferungen nicht möglich gewesen wäre.

Der Marxismus hatte in Europa zwischen 1870 und 1905 einen Siegeszug ohnegleichen angetreten. Zwar war es ihm nicht gelungen, sich in allen Ländern eine alleinbestimmende Stellung in der Arbeiterbewegung zu verschaffen – gerade in Großbritannien, dem Mutterland der industriellen Revolution, blieb der Reformsozialismus der Labour Party fast ganz von ihm unberührt –, aber der Durchbruch zur stärksten politischen Kraft war ihm geglückt. Dieser in vieler Hinsicht einzigartige Vorgang war, abgesehen von Rußland, nicht dem Einfluß mächtiger politischer Führer zu verdanken – die Gründerväter Marx und Engels hielten sich im Exil abseits vom politischen Alltag –, auch weniger einer besonderen Organisationsfähigkeit, von der man eigentlich nur in Deutschland sprechen kann, als vielmehr der Durchschlagskraft einer geschlossenen politischen Konzeption. Da sie noch nicht die doktrinäre Starrheit, die sie später als offizielle Partei- und Staatsideologie annehmen sollte, besaß, ließ sie gerade durch ihre Mehrdeutigkeit unterschiedlichen Richtungen Raum. Sie hob untergründige Stimmungen und Gefühle ins Bewußtsein und formte sie durch die Objektivierung subjektiver Momente zu einer politischen Kraft. Es gab gewiß eine Fülle objektiver Voraussetzungen für das Entstehen von Klassenbewußtsein, die Georg Lukács in den Rang einer Manifestation des objektiven Geistes erheben

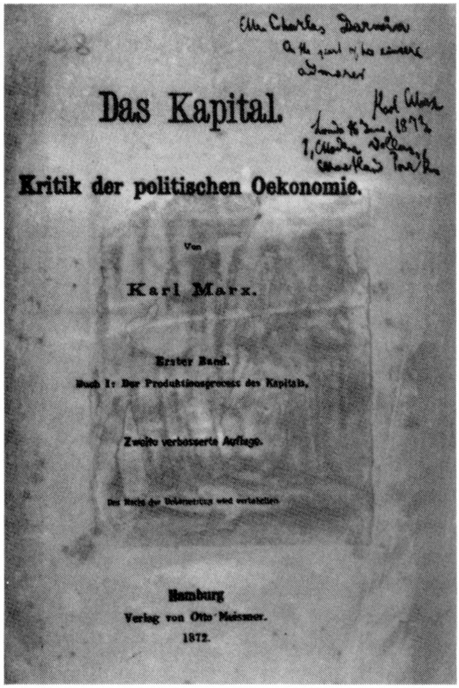
Das Kapital.
Kritik der politischen Oekonomie.
Von
Karl Marx.
Erster Band.
Buch I: Der Produktionsprocess des Kapitals.
Zweite verbesserte Auflage.
Hamburg
Verlag von Otto Meissner.
1872.

Karl Marx' Darlegung der Entwicklungstendenzen im ›modernen kapitalistischen‹ Jahrhundert
Titelseite eines Exemplars der zweiten, 1872 in Hamburg erschienenen Auflage des ersten Bandes mit Widmung an Charles Darwin vom 16. Juni 1873
Downe, Orpington, Royal College of Surgeons of England, Down House

wollte, aber es ist fraglich, ob ohne die marxistische Lehre Klassenbewußtsein und Klassenkampf die Bedeutung erlangt hätten, die sie seither im politischen Selbstbewußtsein des Proletariats einnahmen. Von den Grundthesen der von Karl Marx und Friedrich Engels und ihren Nachfolgern erarbeiteten Lehre sind nicht alle politisch wichtig geworden; das verbot allein der hohe Grad wissenschaftlicher Abstraktion, den Werke wie das ›Kapital‹ von Marx besaßen. Engels hatte die stärkere Gabe, verwickelte Argumentationen faßlich und anschaulich vorzutragen, ohne daß das Wort ›Popularisieren‹ am Platz wäre. Die wissenschaftliche Sprache und Methode übten im Zeitalter eines unbegrenzten Glaubens an die Möglichkeit wissenschaftlicher Welterklärung eine ungemeine Faszinationskraft auch auf die Massen der Arbeiterschaft aus, obgleich sie die gedanklichen Prozesse in den Schriften von Marx und Engels nicht selbst mitzuvollziehen vermochten. Aus der scheinbar vollständigen Verleugnung aller utopisch-chiliastischen Momente und aus der unwiderlegbaren Folgerichtigkeit, die aus der wissenschaftlichen Diagnose und Prognose der gesellschaftlichen Entwicklung abgeleitet werden sollte, entstand ein fatalistisches Pathos, so daß Eduard Bernstein den marxistischen Materialisten einen ›Calvinisten ohne Gott‹ nennen konnte. Wie in den meisten fatalistischen Religionen wurden die Willensimpulse durch den ehernen Determinismus der Erwartungen auf das sozialistische Endziel nicht gedämpft, vielmehr in hohem Maße mobilisiert. Erst in der zweiten marxistischen Generation schwächten sie sich zum Teil ab, worauf Lenins revolutionärer Voluntarismus mit äußerster Schärfe reagierte.

Das Lehrgebäude, das Marx und Engels geschaffen haben, besteht sowohl aus analytischen als auch programmatisch-prognostischen Sätzen, wobei diese in der Regel aus jenen abgeleitet sind. Als analytische Sätze kann man die vom dialektischen Ablauf des Geschichtsprozesses, von der ökonomischen Struktur der Gesellschaft als der realen Basis, welcher bestimmte gesellschaftliche Bewußtseinsformen entsprechen, bezeichnen. Oder auch die Grundthesen der ökonomischen Theorie wie die Lehre vom Mehrwert und seiner Verwandlung in Profit, von der Konzentration und der Akkumulation des Kapitals. Programmatisch-prognostisch und zugleich analytisch ist die These von der Geschichte als Geschichte von Klassenkämpfen. Rein prognostischen Charakter hat die Theorie vom unvermeidlichen Zusammenbruch des Kapitalismus, die Lehre vom Absterben des Staates und von der klassenlosen Gesellschaft als Endziel der Geschichte. In ersten Formulierungen finden sich die meisten dieser Sätze bereits im ›Kommunistischen Manifest‹ von 1848. Die großen theoretischen Grundlegungen sind in der ›Kritik der politischen Ökonomie‹ von 1859 und im ›Kapital‹ enthalten, dessen ersten Band Marx 1867 veröffentlicht hat. Der zweite und dritte folgten, von Engels nach dem Tod von Marx herausgegeben, 1885 und 1894. Unter den Schriften von Engels sind ›Herrn Eugen Dührings Umwälzung der Wissenschaft‹ von 1878 und die daraus genommenen Teile mit dem kennzeichnenden Titel ›Die Entwicklung des Sozialismus von der Utopie zur Wissenschaft‹ von 1880 sowie ›Der Ursprung der Familie, des Privateigentums und des Staates‹ von 1884 wesentliche Beiträge für die Systematisierung der Lehren von Marx zum Marxismus gewesen.

Über das Endziel der sozialistischen Politik haben Marx und Engels sich nur in allgemeinen Sätzen geäußert. Dagegen ist die Frage des Weges zum Sozialismus das eigentliche Feld der Kontroversen und Gegensätze geblieben, aus denen sich Sezessionen und Spaltungen entwickelten, so daß die unter der Flagge des Marxismus hergestellte Einheit der sozialistischen Bewegung in vielen Fällen wieder zerbrach. Der Ausgangspunkt dieses marxistischen Schismas, von dem viele sozialistische Parteien ständig bedroht waren oder das sich in ihnen tatsächlich vollzog, lag bereits in der doppelsinnigen Bedeutung, die der Begriff ›Revolution‹ bei Marx selbst, schon im ›Kommunistischen Manifest‹, besaß. Marx verwandte ihn einerseits als Bezeichnung für einen allgemeinen Bewegungsvorgang des Geschichtsprozesses, gewissermaßen für ein geschichtsimmanentes Phänomen wie die ›Empörung der modernen Produktionskräfte gegen die modernen Produktionsverhältnisse‹, andererseits für eine gewaltsame Aktion. Diese Aktion konnte in einem eingeschränkten Sinn lediglich dazu dienen, die Geburtswehen abzukürzen und zu mildern, wenn das ökonomische Bewegungsgesetz der modernen Gesellschaft zu neuen Entwicklungsstadien führt, sie konnte aber ebenso den ›Zusammenstoß Mann gegen Mann‹ meinen. Marx selbst unterlag Schwankungen in der Auffassung über Revolution und ging wohl in der Zeit zwischen 1848 bis 1850 von größeren revolutionären Erwartungen aus als in den späteren Jahren, in denen sich bei ihm die Einsicht durchsetzte, daß die Revolution einen langwierigen Prozeß darstellen werde. Engels ist ihm dabei gefolgt; er hat noch kurz vor seinem Tod im Jahr 1895, im Vorwort zu der Neuausgabe der ›Klassenkämpfe in Frankreich‹ von Marx, der Revolution ›durch einfache Überrumpelung‹ eine Absage erteilt und sich zu ›langer ausdauernder Arbeit‹, zu Propaganda und parlamentarischer Tätigkeit, bekannt. Damit war das Prinzip einer ›evolutionären Revolution‹ zum Leitbild erhoben, wenn es auch niemals unbestritten blieb.

Was sich in solchen Schwankungen der revolutionären Theorie an der Spitze abspielte, wirkte sich in vergrößertem Maßstab auf Taktik und Strategie der marxistischen Parteien aus, die durch den Streit über die richtige Methode der Revolution vor eine Zerreißprobe gestellt wurden. Dies läßt sich am Beispiel der deutschen und der russischen Sozialdemokratie am eindrucksvollsten nachweisen. Die deutschen Sozialdemokraten, die sehr zu Unrecht in Verdacht revolutionär-terroristischer Politik geraten waren, bewegten sich stets auf dem schmalen Grat zwischen einem ›rein formalen Radikalismus‹ oder revolutionärem Verbalismus und tatsächlicher parlamentarischer Oppositionspolitik, die nicht einmal alle Mittel der Obstruktion ausschöpfte. Von dieser Linie ließ sie sich auch nicht durch das Ausnahmerecht des Sozialistengesetzes abbringen. In der Verfolgungszeit wurde wohl der Solidaritätsgedanke innerhalb der Arbeiterschaft und damit das Klassenbewußtsein und der Klassenkampfgedanke gestärkt, aber letzten Endes nicht der Wille zu einer revolutionären Aktion. Die bereits unter dem Sozialistengesetz anhebenden Erfolge in den Reichstagswahlen spra-

›Gegen den Kapitalteufel‹
Flugblatt der SPD zum 1. Mai 1891
Berlin, Märkisches Museum

August Bebel mit Familie und Parteifreunden im Züricher Gasthaus ›Zum Löwen‹
(Von links: Bebels Schwiegersohn Dr. Simon mit Frau Frieda, Clara Zetkin, Friedrich Engels, Julie Bebel, August Bebel, Ernst Schaffer, Regine Bernstein, Eduard Bernstein)

chen eher dafür, die auf Gewinnung der parlamentarischen Mehrheit zielende Politik fortzusetzen. Darin wurde die Partei unter anderem durch die Autorität von Engels bestärkt, der die von Wahl zu Wahl steigende Stimmen- und Abgeordnetenzahl als Indiz für das ›mathematisch berechenbare Herannahen des Sozialismus‹ wertete. Auch die Erfolge gewerkschaftlicher Politik verfehlten ihren Eindruck nicht. Es mußte sich die Frage aufdrängen, ob der Weg zum sozialistischen Endziel durch eine Revolution erreicht werden konnte und was unter Revolution verstanden werden mußte. Das Zitieren von Marx konnte dabei nicht immer hilfreich sein, aber man konnte sich auf ihn berufen, wenn man den Prozeßcharakter der Revolution hervorhob; die Begründungen dafür gingen allerdings oft über Marx hinaus und bezogen andere geistige Tendenzen der Zeit wie die Evolutionstheorie von Darwin mit ein. Die ›Geschichte als Revolution in Permanenz‹, wie es Karl Liebknecht formuliert hat, konnte mehr bedeuten als die ›Empörung der modernen Produktionskräfte gegen die modernen Produktionsverhältnisse‹ und zu unspezifischer Allgemeinheit verblassen. Als Eduard Bernstein mit seiner 1899 erschienenen Schrift ›Die Voraussetzungen des Sozialismus und die Aufgaben der Sozialdemokratie‹ der Bewegung des Revisionismus den Anstoß gab, konnte er das ›sogenannte Recht auf Revolution‹ als ein ›rein spekulatives Recht‹, als ein ›ungeschriebenes und unvorschreibbares Recht‹, als eine Art vorgesellschaftliches Naturrecht, bezeichnen. Es werde nicht dadurch berührt, daß man sich auf den Boden der Reform stellt, so wenig »wie das Recht der Notwehr dadurch aufgehoben wird, daß wir Gesetze zur Regelung unserer persönlichen und Eigentumsstreitigkeiten schaffen«. Doch die Partei hat dann nicht den letzten Schritt gewagt und sich den Revisionismus mit allen seinen Konsequenzen, vor allem mit dem Abschwören eines revolutionären Endziels und dem Einlenken auf dem Feld der Sozialpolitik, nie offiziell zu eigen gemacht, so sehr sie in ihrem praktischen Handeln nach seinem Konzept verfuhr. Auf dem Dresdner Parteitag 1903 wurde er ausdrücklich in Acht und Bann getan. Die Gründe für diese von August Bebel gesteuerte Taktik lagen wohl in erster Linie darin, daß die Parteiführung glaubte, nur durch das formale Festhalten an dem traditionellen Kernbegriff ›Revolution‹ die Einheit der Partei aufrechterhalten zu können. Der Blick auf andere Länder mußte darauf aufmerksam machen, welche Sprengkraft der Gegensatz zwischen Reformismus und Revolutionarismus besaß. Der Fall Millerand beschäftigte die Sozialisten aller Länder. In Frankreich hatten sich gerade 1901 und 1902 zwei sozialistische Parteiblöcke gebildet, und in Italien drohte ständig das Auseinanderbrechen der Partei.

Freilich hat sehr bald ein anderes Ereignis außerhalb Deutschlands die Gegensätze in der deutschen Sozialdemokratie aufs äußerste verschärft und den Streit über die richtigen Mittel sozialdemokratischer Politik fast bis zum Bruch zwischen einem radikalen linken Flügel und der reformistischen Mehrheit gesteigert. Die russische Revolution von 1905, von der Rosa Luxemburg gesagt hat, sie sei eine »Mahnung an die Kleingläubigen und zaghaften Rechenmeister in unseren eigenen Reihen«, löste eine große Diskussion über den Massenstreik zur Erkämpfung politischer Rechte aus. In ihr wurden sogar Stimmen laut, die ganz im Sinne anarchistischer Anschauungen im Generalstreik das einzige Mittel ›des wirklichen revolutionären Klassenkampfes‹ erkennen wollten. Die Diskussion zog sich über Jahre hin und führte auch dazu, daß Straßendemonstrationen für die Wahlrechtsreform in Preußen stattfanden. Rosa Luxemburg trat als die Vorkämpferin für die Mobilisierung der Massen durch spontane Streiks auf, aus denen revolutionäre Aktionen hervorgehen sollten. Einen entscheidenden Durchbruch erzielte sie damit nicht. Die sozialdemokratische Partei blieb auf der durch ihre Tradition vorgezeichneten Linie eines ›revolutionären Attentismus‹ (D. Groh).

Die russische Sozialdemokratie operierte unter völlig anderen Bedingungen als die deutsche. Sie stand unter ständigem Ausnahmerecht; ihre Führer lebten in der Verbannung, im Exil oder unter schärfster polizeistaatlicher Überwachung. Aber sie besaß in Lenin eine Persönlichkeit, die ein Aktionskonzept für die Bedingungen des Ausnahmezustands theoretisch entwickelte und in der Praxis verwirklichte. Für Lenin bestand in keinem Augenblick ein Zweifel daran, daß die Revolution Aktion sein müsse und nicht im Abwarten der geschichtlichen Entwicklung bestehen könne, wie die ›Ökonomisten‹ meinten. Aus den Bruchstükken der Marxschen Revolutionsidee entwickelte er ein zusammenhängendes System von dem in Aktionen verlaufenden revolutionären Prozeß der ›Diktatur des Proletariats‹ und der dazu notwendigen Instrumente. So forderte er in ›Was tun?‹ von 1902 mit allen Einzelheiten die Organisation einer Elitepartei, die auf der »Konzentrierung aller konspirativen Funktionen in den Händen einer möglichst geringen Zahl von Berufsrevolutionären« aufgebaut sein sollte, und griff damit auf alte Vorbilder der russischen Anarchisten zurück. Dieses Konzept versuchte er auf dem Kongreß der Sozialdemokratischen Partei im Sommer 1903, der in Brüssel eröffnet und dann nach London verlegt wurde, durchzusetzen; nur durch Zufall gelang es ihm, dafür eine Mehrheit zu erlangen. Die Spaltung der Partei in Bolschewiki und Menschewiki war eingeleitet. Zwischen den älteren Marxisten und dem Führer der Bolschewiki entbrannte ein erbarmungsloser Kampf um die Macht über die Partei.

Die Macht über die Partei sollte jedoch nur die Vorstufe der Macht über den Staat sein. Das Programm für diesen zweiten Akt der Machtergreifung gab Lenin wenige Wochen vor der Oktoberrevolution, im August 1917, in dem klassischen Dokument seiner Strategie der kalkulierten Revolution, der Schrift ›Staat und Revolution‹, bekannt. Sie berief sich auf Marx, setzte aber ganz neue Schwerpunkte. Sie okkupierte den Staatsgedanken für die sozialistische Revolution und beschränkte die Lehre vom Absterben des Staates auf den bürgerlichen Staat. »Der Staat, das heißt das als herrschende Klasse organisierte Proletariat«, war jetzt zu lesen, »diese Theorie von Marx hängt unzertrennlich mit seiner ganzen Lehre von der revolutionären Rolle des Proletariats in der Geschichte zusammen. Die Vollendung dieser Rolle ist die proletarische Diktatur, die politische Herrschaft des Proletariats.« Das Wort von der ›Diktatur des Proletariats‹ erscheint in diesem Zusammenhang als ›die Formulierung einer der bedeutsamsten und wichtigsten Ideen des Marxismus in der Frage des Staates‹. Die Staatsmacht als ›zentralisierte Organisation der Macht‹, als ›Organisation der Gewalt‹, wurde das Mittel, um die proletarische Revolution zu ermöglichen. Damit erreichte die marxistische Revolutionslehre ihre radikalste Form und zugleich ihren konkretesten Inhalt.

Europäische Mächtepolitik nach 1871

Macht, Mächte, Mächte-Europa

Das Wort ›Macht‹ bezeichnet sowohl die Fähigkeit, Menschen und Dinge zu beeinflussen, über sie zu verfügen, wie den politischen Träger einer solchen Fähigkeit. Politische Mächte sind Staaten im modernen Sinne, die großen Mächte sind die Großstaaten des europäischen Systems, wie sie sich seit dem 18. Jahrhundert herausgebildet haben. Die politische Sprache des 19. Jahrhunderts hat dieses Wort noch ohne Skrupel gebraucht; erst im 20. Jahrhundert trat es zurück und wurde vorwiegend durch ›Nationen‹ ersetzt, so schon in der Bezeichnung ›League of Nations‹, Völkerbund, nicht Staatenbund und ›United Nations‹. Unter ›Mächten‹ haben wir daher in erster Linie Phänomene des 19. Jahrhunderts zu verstehen, eine besondere Form von Staaten, so wie sie Leopold von Ranke in seinem Essay über die Großen Mächte geschildert hat: als »energische Gewalten«, in denen »der Umfang der Besitzungen, die Macht der Truppen, die Größe des Schatzes und ein gewisser Anteil an der allgemeinen Kultur« von Wert sind, dazu noch die »moralische Kraft der Nationalität«. In dieser aphoristischen Beschreibung sind bereits die Elemente einer präziseren Definition enthalten, die auf eine relative Allgemeinheit zielt, aber sich nicht von den besonderen geschichtlichen Bedingungen lösen kann, wie sie im 19. Jahrhundert bestanden haben. Welches sind die Elemente, die eine Macht im historischen Sinne als Träger staatlicher Gewalt bestimmen lassen? Hans Joachim Morgenthau nennt deren acht: Geographie, natürliche Hilfsquellen, industrielle Leistungsfähigkeit, Stand der militärischen Ausbildung, Bevölkerung, Nationalcharakter, nationale Moral, Qualität der Diplomaten – eine Liste begrifflich sich überschneidender Kategorien, die Raymond Aron in seinem großen Werk über ›Frieden und Krieg‹ auf drei reduziert: Umwelt, Hilfsquellen, kollektive Aktionsfähigkeit. Unter ›Umwelt‹ soll die geographische Lage eines Staates mit allen ihren Komponenten verstanden werden; unter ›Hilfsquellen‹ verstehe man sowohl die zahlenmäßige Größe der Bevölkerung als auch die verfügbaren natürlichen Hilfsquellen eines Landes wie Rohstoffe, Ernährungsbasis, Wirtschaftskraft, Transportwege; unter ›kollektiver Aktionsfähigkeit‹ seien »die Organisation der Armee, die Disziplin der Kämpfer, die Qualität der zivilen und militärischen Führung im Krieg und im Frieden, die Solidarität der Bürger angesichts einer Machtprobe, angesichts von Glück und Unglück« zusammengefaßt.

Wenn es sich hier um die ›Determinanten der Macht in allen Jahrhunderten und unter allen Bedingungen des Wettstreits zwischen politischen Einheiten‹ handeln soll, so ist danach zu fragen, wie sich dies unter den Bedingungen des späten

19. Jahrhunderts ansieht. So wenig es möglich ist, von eindeutig quantitativen Messungen einer Macht auszugehen, so können doch Richtzahlen verwendet werden, vor allem für die Bevölkerungsgröße und das Bevölkerungswachstum. Die europäische Bevölkerung insgesamt befand sich zwischen 1870 und 1914 noch im Stadium einer enormen Zunahme, die nicht mehr auf ein Ansteigen der Geburtenziffer, sondern darauf zurückzuführen ist, daß die Sterbezahlen rascher fielen als die Geburtenzahlen; der Höhepunkt des Geburtenüberschusses folgte in der Regel den höchsten Geburtenziffern zeitlich nach. Europas Bevölkerung wuchs von einhundertsiebenundachtzig Millionen um 1800 auf zweihundertvierundsiebzig Millionen bis 1850, auf vierhundertdreiundzwanzig Millionen bis 1900 und auf vierhundertachtundsechzig Millionen bis 1913. An diesem Wachstum waren die einzelnen Staaten in verschieden hohem Grad beteiligt, am geringsten Frankreich, dessen Bevölkerung zwischen 1871 und 1911 von 36,14 Millionen auf 40 Millionen ansteigt. Hier stößt man sogleich in politische Zusammenhänge vor: Das Zurückbleiben Frankreichs in seiner demographischen Entwicklung veranlaßte die französische Politik, im Wettbewerb der Mächte die militärischen Reserven des Landes in stärkstem Maße auszuschöpfen und dadurch schon in den siebziger Jahren einen Rüstungswettlauf mit seinem kontinentalen Nachbarn Deutschland auszulösen. Die Bevölkerung Großbritanniens, ohne Irland, wuchs zwischen 1870 und 1910 von 26,2 Millionen im Jahr 1870 auf 40,8 Millionen im Jahr 1910. Diese Steigerung wurde von Deutschland übertroffen, dessen Volkszahl zwischen 1875 – 42,7 Millionen – und 1910 – 64,9 Millionen – trotz erheblicher Verluste durch Auswanderungen sich um die Hälfte vermehrte. Italien – 1870: 26,65 Millionen; 1910: 34,67 Millionen – und Österreich-Ungarn – 1870: 37,5 Millionen; 1910: 51,35 Millionen – lagen etwas darunter. Wesentliche Gewichtsveränderungen sind durch diese Entwicklung im Verhältnis der europäischen Mächte zueinander nicht eingetreten. Nur das Bevölkerungswachstum des europäischen Rußland von 72,2 Millionen im Jahr 1867 auf 142 Millionen im Jahr 1914 zeigt eine zahlenmäßige Verschiebung auf die Seite der slawischen Völker an.

Wichtig ist, daß die Veränderungen der territorialen Grenzen der Staaten zwischen 1870 und 1914 in Europa selbst relativ geringfügig gewesen sind. Die Ausdehnung Preußens 1866 und die territorialen Erwerbungen von 1871 in Elsaß-Lothringen waren die letzten großen Gebietsveränderungen vor dem Ausbruch des Ersten Weltkrieges. Österreich-Ungarns Erwerbung von Bosnien und der Herzegowina – 1878/1908 – erschien dagegen unauffällig. Englands Festsetzung auf Zypern im Jahr 1878 und Deutschlands Gewinn von Helgoland im Jahr 1890 fielen weniger quantitativ als qualitativ-strategisch ins Gewicht. Territoriale Expansionen fanden jetzt fast ausnahmslos außerhalb Europas statt: In den Großreichsgründungen in Afrika und Asien vollzog sich der Übergang von einer kontinental-europäischen Großmachtpolitik alten Stils zu einer imperialistischen Weltmachtpolitik mit formellen Kolonialerwerbungen und informellen Einflußgebieten. Im Jahr 1870 war die Qualität einer Großmacht, lediglich abgesehen von Großbritannien, noch nicht abhängig von einem außereuropäischen Kolonialbesitz; dreißig Jahre später erforderte es das Prestige einer Großmacht, daß sie in der ganzen Welt politisch, militärisch, ökonomisch und mit territorialem Besitz anwesend war.

Was die geographische Lage der europäischen Mächte anlangt, so ist Großbritannien als Insel am meisten begünstigt. Bei dem damaligen Stand der technischen Entwicklung sowohl der Waffen als auch der Transportmittel war es so gut wie unangreifbar. Solange es durch seine Flottenüberlegenheit und durch ein ausgebautes System von Stützpunkten namentlich zur Sicherung des Seewegs nach Indien die Weltmeere beherrschte, war seine Versorgung mit Nahrungsmitteln und mit Rohstoffen zur Entwicklung seiner Industrie eben-

Überprüfung der territorialen Grenzen
Karikatur im ›Kladderadatsch‹ vom 23. März 1884
Berlin, Staatliche Museen Preußischer Kulturbesitz, Kunstbibliothek

so gesichert wie sein auf Freihandel gegründeter Güteraustausch mit der ganzen Welt. Sein Interesse an einem ausgeglichenen Machtsystem auf dem Kontinent war wesentlich von seiner Weltmacht- und Welthandelspolitik bestimmt; es schloß engere und langdauernde Verpflichtungen mit bindendem Charakter aus, jedoch nicht das Eingehen begrenzter Abkommen, wie sie seit 1904 mit Frankreich, seit 1907 mit Rußland bestanden. Die Entwicklung des Deutschen Reiches von einer Macht mit militärischem Übergewicht auf dem Kontinent, aber vorsichtiger Beschränkung dieser Macht auf das Ziel, den erreichten Status quo zu erhalten, zu einer Macht mit weltpolitischem Anspruch und höchsten flottenpolitischen Ambitionen brachte es mit sich, daß die gleichgewichtspolitische Eindämmung sich nach einer Übergangsperiode ausschließlich gegen Deutschland – nicht wie vorher gegen Rußland – richtete.

Die Lage Rußlands als europäischer Randmacht mit einem fast unbegrenzten asiatischen Hinterland hatte kaum geringere Vorteile als die Insellage Englands, obwohl dies im allgemeinen bis hinein in das Denken der Generalstäbe nicht hinreichend lebendig war, wie die periphere Verwundbarkeit des Zarenreiches zuerst im Krim-Krieg und 1904/05 im koreanischen Krieg zeigen sollte. Rußlands Vorteil, der große Raum, hatte gleichzeitig den Nachteil, daß die Kommunikationswege in Krieg und Frieden lang und schwierig waren, was die wirtschaftliche und militärische Lage komplizierte. Auch eine Strategie, die auf dem Einsatz gewaltiger Menschenmassen, der russischen ›Dampfwalze‹ beruhte, wurde dadurch behindert. – Dagegen hat Frankreichs Lage den Vorzug, daß es sich im Süden und Westen an das Meer anlehnt. Dieser Vorzug galt, solange die politischen Verbindungen zu England ungestört waren oder eine starke französische Flottenmacht entwickelt wurde. Der Zwang zu einer sowohl kontinentalen als auch maritimen Militärmacht resultierte aus der geographischen Situation eines Landes, das am westlichen Rand Europas eine halb maritime Stellung einnahm. Der Verlust der östlichen Provinzen am Oberrhein mit der Festung Metz schwächte die französische Verteidigungskraft gegenüber Deutschland, das nun eine bedrohliche Stellung auf dem Vogesenkamm einnahm, obwohl es später seine Strategie auf ganz anderen Voraussetzungen, wie dem Durchmarsch durch Belgien, aufbaute. Nicht übersehen werden kann die Schmälerung der Rohstoffbasis Frankreichs durch den Verlust der lothringischen Minette.

Unstreitig waren unter geographischen Gesichtspunkten Deutschland und Italien die am meisten gefährdeten Staaten Europas. Italien blieb immer von der Vormacht im Mittelmeer abhängig, damals von der britischen Seemacht, die dieses Binnenmeer beherrschte. Bei seinen Versuchen, nach Afrika und auf den Balkan auszugreifen, stieß Italien zudem mit Frankreich und Österreich zusammen, die es vor die Alternative eines bündnispolitischen Ausgleichs oder des offenen Konflikts stellten. Das Problem der deutschen Großmacht in Europa lag in der durch seine Lage geschaffenen Nötigung, mit allen Mitteln einen Zusammenschluß seiner Nachbarn zu verhindern, was nur Bismarck unter Aufbietung höchster diplomatischer Kunst gelungen ist. Der Versuch, die Stellung des Reiches durch eine weitere Expansion oder durch eine nochmalige Schwächung Frankreichs entscheidend zu verbessern, scheiterte daran, daß eben dadurch die Nachbarn Deutschlands sich als Gegner zusammenfanden. Der Ausgriff in die Weltpolitik seit der Jahrhundertwende erwies sich letztlich als ein erfolgloser Versuch, weil er auf weltpolitischer Ebene ebenfalls den Zusammenschluß der Mächte gegen das Reich herbeiführte. Das Problem des ›Alpdrucks der Bündnisse‹ wurde das Grundproblem der Reichspolitik; seine Lösung hätte von der deutschen Politik nicht nur den Rückzug aus den weltpolitischen Rivalitäten, sondern auch den Ausgleich mit Frankreich verlangt, der nur durch die Rückgabe von Elsaß-Lothringen möglich gewesen wäre. In seiner geographischen Lage war Deutschland als stärkste europäische Militärmacht zugleich die anfälligste Macht des Kontinents.

Es ist auffällig, wie sehr die Stärke einer politischen Macht in den Jahrzehnten des industriellen Konjunkturaufschwungs noch an militärischen, nicht an wirtschaftlichen Maßstäben gemessen wurde. Ganz offensichtlich war politische Macht auch damals nicht ohne weiteres mit wirtschaftlicher Macht identisch. Der industriell rückständigste Großstaat, Rußland, nahm noch zu Beginn der großen kontinental-europäischen Konjunkturphase während der fünfziger Jahre eine hegemoniale Stellung ein; seine militärische Widerstandskraft auf der Krim gegen die industriell fortgeschrittenen westeuropäischen Staaten war hartnäckiger, als erwartet werden konnte. Die militärischen Konflikte auf dem Kontinent zwischen 1866 und 1871 vollzogen sich ohne spürbare oder mittelbare Teilnahme Großbritanniens, obwohl dieses um 1870 die Hälfte des in der ganzen Welt hergestellten Roheisens, das heißt viermal soviel wie Deutschland und mehr als fünfmal soviel wie Frankreich, produzierte (D. S. Landes). Sicher ist die von England ausgeübte Seeherrschaft ohne seine industrielle Überlegenheit nicht denkbar, aber in den militärischen Überlegungen der kontinentalen Staatsmänner fand dies wenig Berücksichtigung. Diese Vernachlässigung wirtschaftlicher Erwägungen ist um so verwunderlicher, als die Schlagkraft der Armee schon weitgehend von der Anwendung technischer Neuerungen abhing. Immerhin gab es eine große Rüstungsindustrie, die technische Erfindungen verwertete, wie die Firma Krupp in Essen, wo die 1860 in der preußischen Armee eingeführten Hinterladergeschütze hergestellt wurden. Krupp rückte nach und nach zum größten Rüstungsbetrieb des Kontinents auf. In

›Black Country‹ in der Stadtgrafschaft Wolverhampton, wichtiges Zentrum der englischen Eisenindustrie nordwestlich von Birmingham
Holzschnitt in ›The Illustrated London News‹ vom 8. Dezember 1866
Berlin, Staatliche Museen Preußischer Kulturbesitz, Kunstbibliothek

Österreich wurden mit Übernahme einer 1859 ins Leben gerufenen Maschinenfabrik im Jahr 1866 die Skoda-Werke begründet, in England die Rüstungswerke von William George Armstrong, in Frankreich schon früher, 1836, Le Creusot-Schneider. Eine Reihe umwälzender Veränderungen der Waffentechnik unter dem Einfluß der technischen Revolution begann das Kriegsbild zu verwandeln. Der Einsatz der Eisenbahnen ermöglichte den raschen Transport von Massenheeren; dies hat der preußische Generalstab unter Helmuth von Moltke bereits in den Kriegen von 1866 und 1870/71 mit größtem Erfolg bewiesen. Das Zündnadelgewehr, von Johann Nikolaus Dreyse erfunden und seit 1841 in der preußischen Armee im Gebrauch, begründete die Überlegenheit der preußischen Truppen in dem Krieg gegen Österreich 1866. In den achtziger Jahren setzte die Entwicklung automatischer Waffen ein, wie des Maschinengewehrs, dessen Vorläufer die von den Franzosen 1870/71 anfänglich mit Erfolg verwendete Mitrailleuse gewesen ist.

So einschneidende Wirkungen dies alles haben mußte, so ist gegen Ende des 19. Jahrhunderts immer noch die numerische Stärke der Armeen das eigentliche Richtmaß für militärische Stärke eines Staates gewesen. Diese hing sowohl von der Einwohnerzahl und der Altersstruktur einer Nation

Hinterladergeschütze der Firma Krupp im firmeneigenen Pavillon auf der Wiener Weltausstellung 1873
Holzschnitt nach einer Zeichnung von Theodor Breidwiser in ›Illustrirte Welt‹, 1874
Berlin, Staatliche Museen Preußischer Kulturbesitz, Kunstbibliothek

als auch von der militärischen Organisation, der Form der Aushebung von Reserven, ab. Preußen hatte seit den militärischen Reformen um 1860 mit der Anwendung der allgemeinen Wehrpflicht Ernst gemacht und die organisatorischen Voraussetzungen dafür geschaffen, daß das zahlenmäßige Wachstum der Jahrgänge sich in einem steigenden Wachstum der Armee niederschlug, wenngleich dies auf die Dauer nicht durchgehalten werden konnte. Die süddeutschen Staaten mußten sich nach 1866 dem preußischen System anpassen und die damit verbundenen radikalen Eingriffe in das soziale Leben akzeptieren. Nach den Erfolgen der deutschen Armeen im Krieg gegen Frankreich folgten mit Ausnahme Englands die europäischen Großmächte, indem sie ihre Konskriptionssysteme mit Loskauf und Gestellung von Ersatzmännern bei der Ableistung der Wehrpflicht durch die Einführung der allgemeinen Wehrpflicht ersetzten: zuerst Österreich nach dem verlorenen Krieg von 1866 im November 1868, dann das geschlagene Frankreich im Mai 1872, schließlich Rußland im Januar 1874. Von einem Rüstungswettlauf in Form ständiger Vergrößerung der Armeen kann man zunächst nur zwischen Deutschland und Frankreich sprechen; Rußland folgte erst später. Im Jahr 1872 standen die deutschen und die französischen Streitkräfte ungefähr gleich: bei etwas über vierhunderttausend Mann; der Gleichstand konnte bis 1893 bei rund fünfhunderttausend Mann ungefähr gehalten werden, wobei Frankreich auf Grund seiner geringeren Bevölkerungszahl die größten Anstrengungen machen und ohne Rücksichten alle Wehrpflichtigen heranziehen mußte. Es führte im Jahr 1913 die dreijährige Dienstzeit wieder ein und verlegte die Einberufung vom einundzwanzigsten auf das zwanzigste Lebensjahr. Mit 58,4 Wehrpflichtigen auf je tausend Männer zwischen einundzwanzig und sechzig Jahren stand es um 1900 an der Spitze, vor Deutschland mit 48, Rußland mit 43,6, Österreich-Ungarn mit 34 und Italien mit 30,2. Seit den achtziger Jahren des 19. Jahrhunderts erhöhte sich die Heerespräsenzstärke in den meisten europäischen Staaten in immer schnellerem Tempo. Selbst die Stärke der aus Freiwilligen bestehenden englischen Territorialarmee war bis 1909 auf etwa zweihundertsiebzigtausend Mann gestiegen. Die seit dem Ende der achtziger Jahre einsetzende forcierte Flottenrüstung folgte eigenen Gesetzen; mit ihr wurde ein neues Stadium der Politik der europäischen Mächte erreicht. – Hinter diesen Entwicklungen verbirgt sich eine fortschreitende Militarisierung der Politik, wobei Macht nur noch nach militärischen Größen bemessen wurde. Die historische Voraussetzung dafür haben die Kontinentalmächte Preußen-Deutschland und Frankreich geschaffen, für welche die Armee eine jeweils eigene, aber in beiden Fällen bedeutsame Rolle gespielt hat. Das Militär als wichtigster Repräsentant staatlicher Autorität ist im öffentlichen Leben Deutschlands sehr viel stärker hervorgetreten als in Frankreich; nur in Rußland findet man ähnliche Verhältnisse, aber hier ist die Kluft zwischen einer auf militärischer Hierarchie aufgebauten Oberschicht und der Masse des Volkes größer gewesen als in Deutschland.

Wenn Raymond Aron von ›kollektiver Aktionsfähigkeit‹ als Element einer großen Macht spricht, so kann darunter sehr Verschiedenartiges verstanden werden: zweckmäßige Organisationsstruktur eines Staatswesens, gesunde Finanzen, aber nicht zuletzt loyale Staatsgesinnung und Fähigkeit zur Überwindung innerer sozialer und politischer Spannungen. Damit gerät man in einen Bereich, der sich nicht mehr quantitativ messen läßt. Es liegt in der Natur äußerer Staatenbeziehungen, daß Mächte bestrebt sind, nach außen als Einheit zu erscheinen und das Ganze zu vertreten, selbst wenn in ihnen nur der Wille der jeweils führenden Schichten zum Ausdruck kommt. Im Grunde stellt jedes auf Sicherheit und Erhaltung gerichtete außenpolitische Staatshandeln, gleich welcher Staats- und Gesellschaftssysteme, einen stabilisierenden Faktor für dieses System dar, und jede außenpolitische Katastrophe hat innere Wirkungen, die bis zum totalen Umsturz gehen kön-

Englands forcierte Flottenrüstung zum Zweck territorialer Erwerbungen
Karikatur von Albert Robida, 1884
Berlin, Staatliche Museen Preußischer Kulturbesitz, Kunstbibliothek

nen. Jede äußere Krise legt die inneren Bruchlinien einer politischen Einheit bloß; umgekehrt ist die Versuchung für politische Führungsschichten und ihre Sachwalter groß, durch außenpolitische Erfolge eine brüchige Ordnung zu stützen, ohne daß dies immer der einzige Zweck außenpolitischen Handelns zu sein braucht. Bismarcks Initiativen in der auswärtigen Politik und in der deutschen Frage seit 1863 dienten zweifellos dazu, aus dem inneren Konflikt in Preußen einen Ausweg zu finden, erwuchsen aber unabhängig davon aus Zielvorstellungen, die ihren Wert in sich hatten und längst vorher herangereift waren. Sicher beherrschte der Reichskanzler auch später virtuos und skrupellos die Kunst, seine Außenpolitik in den Dienst innenpolitischer Ziele zu stellen, so wenn er in der großen Krise von 1887, in der ein Zweifrontenkrieg als Möglichkeit drohte, die Angst als Mittel zur Herbeiführung einer ihm gefügigen parlamentarischen Mehrheit schürte und die tatsächlichen Gefahren rhetorisch übersteigerte. Aber auch da war Außenpolitik nicht allein ein Mittel zum Zweck. Sehr viel problematischer ist der Wirkungszusammenhang zwischen innerer und äußerer Politik bei Napoleon III. gewesen, der außenpolitische Aktionen wie sein Eingreifen in Mexiko unter einem Legitimierungszwang seiner Position und seines Regimes unternahm und gerade dadurch seine Herrschaft untergrub.

Noch fast ein Jahrzehnt über das Entscheidungsjahr 1870 hinaus hielten sich die politischen Ziele der kontinentalen europäischen Mächte in den Grenzen, die einerseits durch Machtvorstellungen traditioneller Interessenpolitik und andererseits durch das Nationalitätsprinzip bestimmt wurden. Großbritannien mit seiner auf globale Seeherrschaft und Welthandel gerichteten Ausbreitung sprengte diesen Rahmen, ebenso Rußland durch sein Vordringen in Asien nach der Niederlage im Krim-Krieg. Doch seit den achtziger Jahren nahm die Tendenz zu, Machtveränderungen nicht mehr nur durch relativ begrenzte Korrekturen auf dem Kontinent vorzunehmen, sondern auch in die von europäischer Herrschaft unberührten Räume, namentlich in Afrika und Asien, auszugreifen. Wiewohl damit alte Traditionen der europäischen Geschichte seit den Entdeckungen fortgesetzt und intensiviert wurden, handelte es sich doch um etwas qualitativ Neues: Imperialistische Expansion in ihren verschiedenen Formen, den politischen, ökonomischen oder finanziellen, wurde als integraler Bestandteil eines Großmachtstatus begriffen, von dem sich keine Macht ausschließen zu können glaubte.

Es bleibt noch die Frage, in welchem System die Mächte Europas handelten, wodurch sie miteinander verbunden, aneinander gebunden waren. Seit den Ereignissen zwischen 1859 und 1871 war das Nationalitätsprinzip mehr und mehr zum Vehikel der Begründung von Großstaaten geworden, die an die Seite älterer Mächte traten oder wie das neue Deutsche Reich nur eine Erweiterung einer älteren Macht waren. Europa blieb ein Europa der Mächte, unter deren Schutzmantel sich die großen Nationen bargen, während von den kleineren Nationen in Osteuropa erst wenige eine eigene staatliche Existenz durchsetzen konnten. Mächte-Europa war nach der napoleonischen Ära wiederbe-

Das Problem des Imperialismus:
»Spätere Frage an die Idealisten: ›Wo wart ihr denn, als man die Welt sich teilte?‹«
Karikatur im ›Kladderadatsch‹ vom 20. Juli 1884
Berlin, Staatliche Museen Preußischer Kulturbesitz, Kunstbibliothek

gründet worden mit dem Ziel, ein Ordnungsfaktor gegen die Revolution, gegen die nationalen und sozialen Bewegungen der Völker, zu sein. Es verkörperte damit eine Form der europäischen Solidarität und eines konservativen europäischen Rechts, das durch regelmäßige Kongresse institutionell gesichert werden sollte. Von dieser Vorstellung einer überstaatlichen Rechtsmacht war im Laufe des Jahrhunderts vieles verlorengegangen und einem immer unbeschränkteren Souveränitätsdenken zum Opfer gefallen, das Ausdruck zunehmender staatlicher Konzentration gewesen ist. Dennoch blieb unter den Mächten die Idee eines gemeinschaftlichen Systems gleicher Partner erhalten, das sich vor allem im Gedanken eines Ius publicum Europaeum, eines europäischen Rechts, niedergeschlagen hat. Was unter diesem Recht zu verstehen war, ist niemals klar definiert worden; man kann am ehesten von den rechtlichen und prozessualen Spielregeln sprechen, die sich im europäischen Staatenverkehr und, von ihm ausgehend, in der europäisch beeinflußten Welt herausgebildet haben. »Das europäische Völkerrecht«, heißt es in einer Darstellung des Völkerrechts von 1870, »ist . . . in der Gegenwart das Völkerrecht schlechthin, das gemeine Weltrecht der Kulturstaaten, die rechtliche Verkehrsordnung der in geschichtlich gewordener Kulturgemeinschaft lebenden Nationen.« Das europäische Völkerrecht beanspruchte damit, das Völkerrecht der zivilisierten Welt zu sein. Dahinter stand der noch ungebrochene Wille der Europäer, die Welt in ihrem Sinne zu beeinflussen, ja sie zu beherrschen. Im Rahmen des allgemeinen Säkularisierungsprozesses bedeutete dies, daß da, wo ursprünglich von ›christlichen Nationen‹ gesprochen wurde, es nun ›zivilisierte Nationen‹ hieß. So wurde es möglich, nichtchristliche Völker in die Gemeinschaft des europäischen Völkerrechts aufzunehmen. Dies ist erstmals formell im Pariser Frieden von 1856 geschehen, durch den dem Osmanischen Reich eingeräumt wurde, teilzuhaben an den Vorzügen des europäischen öffentlichen Rechts und des »europäischen Konzerts« – eine Formel, mit der die Anerkennung eines Staates als gleichberechtigter Völkerrechtspersönlichkeit gemeint war. Allerdings war darin nicht die Aufhebung der sogenannten Kapitulationen, das heißt der Konsulargerichtsbarkeit der Mächte auf dem Boden des Osmanischen Reiches, enthalten, welche die stärkste Hypothek auf seiner Souveränität ausmachten.

Freilich sind über das Verständnis Europas als einer solidarischen Rechtsgemeinschaft sehr abweichende Meinungen verbreitet gewesen. Zwei führende Staatsmänner der Zeit, William Ewart Gladstone und Otto von Bismarck, markieren die gegensätzlichsten Positionen. Bismarck verwendete zwar in seiner diplomatischen Sprache das Wort ›Europa‹ als Abbreviatur für die Gesamtheit der europäischen Staaten, aber er leugnete von seinen politischen Anfängen an, daß ›Europa‹ ein höheres Rechtsprinzip ihnen gegenüber verkörpere; das europäische Recht werde ausschließlich durch »europäische Traktate« geschaffen. In der großen Orient-Krise der siebziger Jahre wollte er in der Berufung auf Europa sogar bloß den Versuch einer »Spiegelfechterei« erkennen: »Ich habe das Wort ›Europa‹ immer im Munde derjenigen Politiker gefunden, die von anderen Mächten etwas verlangten, was sie in eigenem Namen nicht zu fordern wagten.« Für europäische Streitigkeiten existiere kein »kompetenter Gerichtshof«; sie könnten nur durch den Interessenausgleich der Mächte untereinander beigelegt werden, also nach den Regeln der Gleichgewichtspolitik, die sich auch bei Verhandlungen auf Kongressen befolgen ließen. Davon machte Bismarck in der zweiten Phase seiner Außenpolitik nach der Reichsgründung ausgiebigeren Gebrauch; denn mittlerweile war Deutschland nicht mehr nur Objekt europäischer Vereinbarungen, sondern nahm selbst bestimmenden Einfluß und spielte wie in Berlin 1878 den Mittler oder Makler. Wenn Bismarck vom ›Konzert‹ oder vom ›diplomatischen Areopag von Europa‹ sprach, meinte er etwas wesentlich anderes als sein britischer Gegenspieler Gladstone,

›Das europäische Konzert‹
Holzschnitt nach einer Zeichnung von Albert Robida auf dem Titelblatt von ›La Caricature‹ vom 1. Juli 1882
Berlin, Staatliche Museen Preußischer Kulturbesitz, Kunstbibliothek

der darunter eine wirkliche kollektive Aktionsgemeinschaft verstand, berufen, Gerechtigkeit, Frieden und Freiheit durch gemeinsames Handeln zu schaffen. Dies bezog er in erster Linie auf die Türkei, deren Völkern nach den Greueln in Armenien und Bulgarien durch eine ›Concerted intervention‹ Freiheit unter europäischer Garantie geschenkt werden müsse. Tatsächlich war damit das Gegenteil der bisherigen britischen Politik, namentlich der Benjamin Disraelis, gefordert, nämlich die Auflösung des Osmanischen Reiches, dessen Erhaltung immer eines der fundamentalen Prinzipien Englands gewesen ist. Gladstones Vertrauen in das Concert of Europe blieb nicht unerschüttert; er erkannte schließlich sogar seine Wirkungslosigkeit. Dennoch gab er seine Überzeugung nicht preis, daß der Fortschritt der internationalen Moralität unaufhaltsam auf die Überwindung des nationalen Egoismus zugehe. Nur war in diesem Glauben stets auch ein Stück britischen Interesses eingeschlossen.

Staatensystem und Gleichgewicht

Europäische Politik nach 1871 war nicht anders als vor den mitteleuropäischen Nationalstaatsgründungen europäische Mächtepolitik in dem Regelkreis, der sich seit 1815 herausgebildet hatte. Innerhalb der führenden Gruppe der fünf – mit Italien waren es jetzt sechs – großen Mächte verschoben sich die Gewichte: Frankreich verlor die führende Rolle, die es zwischen 1856 und 1866 gespielt hatte, blieb aber ein wichtiger Faktor in der kontinentalen Politik; Rußland schickte sich an, sich wieder Europa zuzuwenden, und verschaffte sich freie Hand im Schwarzen Meer; Österreich-Ungarn orientierte sich neu, indem es sich mit der veränderten Lage in Mitteleuropa abfand und erste Schritte tat, um seine Aktivität auf den Balkanraum zu richten; das Deutsche Reich benötigte fast ein Jahrzehnt, bis seine neue Stellung in Europa von den anderen Mächten akzeptiert und das Mißtrauen in seine expansive Dynamik abgebaut war; Großbritannien war mehr denn je an der Aufrechterhaltung eines gleichgewichtigen Mächtesystems auf dem Kontinent interessiert, um seine imperialen Ziele im Mittelmeer, auf dem Seeweg nach Indien, in Afrika und auf den Weltmeeren ungestört verfolgen zu können. Für Großbritannien und Rußland und bald auch für Frankreich behielt Europa bis in die achtziger Jahre die Funktion eines Regulators der Weltpolitik, solange die politischen, ökonomischen und finanziellen Machtzentren der Welt auf europäischem Boden lagen. Die kleineren Staaten fügten sich in das System, das von der Kollektivhegemonie der Großen mit wechselndem Schwerpunkt auf dem Kontinent geführt wurde, indem sie Anlehnung suchten, in Abhängigkeit gerieten oder wie die Schweiz, Luxemburg und Belgien den Status der Neutralität einnahmen. Es gab noch kaum ideologische Gegensätze, die zur Ursache von Konflikten werden konnten, obwohl die Spannweite der Staatsformen und politischen Mentalitäten beträchtlich war. Bestimmend waren Machtrivalitäten. Sie wurzelten in territorialen Fragen wie der elsässischen, in Forderungen nach nationaler Selbstbestimmung und in konkurrierenden Ansprüchen auf Einflußgebiete, so im Balkanraum, und machten sich im Laufe der Zeit mehr und mehr als welt- und kolonialpolitische Aspirationen sowie als ökonomische Rivalitäten bemerkbar.

Das europäische Staatensystem hatte seit seinen Anfängen in der frühen Neuzeit eine antagonistische Struktur: Bündnissen standen in aller Regel Gegenbündnisse gegenüber. Namentlich kleinere Staaten sahen sich Werbungen und Abwerbungen von mehreren Seiten ausgesetzt; wechselten große Staaten ihre Bündnispartner, kam es zu einem Umsturz der Bündnisse, mit dem eine Verschiebung des Gleichgewichts verbunden sein konnte. In den siebziger Jahren bildeten sich zunächst noch keine klaren und dauerhaften Bündnisstrukturen heraus; dies geschah erst seit 1878/79 mit dem Aufbau des Bündnissystems Bismarcks, dem noch kein Gegensystem entsprach, solange Frankreich isoliert blieb. Nach wie vor wurde durch das Deutsche Reich auch das Aufbrechen der Gegensätze zwischen Rußland und Österreich überbrückt, in eingeschränktem Maße sogar der Weltgegensatz zwischen Rußland und Großbritannien. Erst nach der russisch-französischen Annäherung seit 1892 entwickelte sich ein gegen die Mittelmächte gerichtetes Bündnis, demgegenüber das Reich durch den Ausgriff in die Weltpolitik seinen Bewegungsspielraum wiederzugewinnen hoffte, aber eben dadurch seine Existenz riskierte. Allen Mächten war gemeinsam, daß sie in den siebziger Jahren alternative Möglichkeiten ihrer Politik besaßen und daß sie nach manchen Schwankungen bis zum Ende des Jahrzehnts Entscheidungen trafen, die für lange Zeit ihren Kurs bestimmten.

Dies gilt auch für das Deutsche Reich, das mit dem Frieden von Frankfurt nach drei Kriegen seine Ziele erreicht zu haben schien, das aber zunächst bei seinen Nachbarn den Eindruck einer unfertigen, ungesättigten Macht hervorrief. Man erwartete von ihm eine weitere Ausdehnung auf

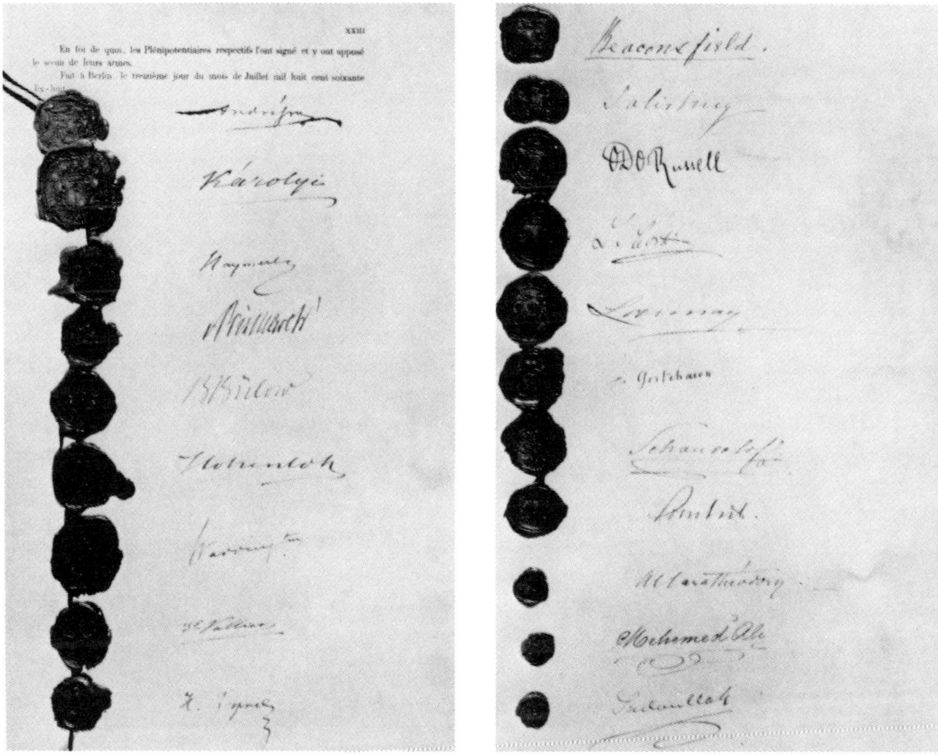

Das Vertragswerk des Berliner Kongresses über die Ordnung der orientalischen Verhältnisse vom 13. Juli 1878
Schlußseiten des Vertrages zwischen Österreich-Ungarn, Deutschland, Frankreich, England, Italien, Rußland und der Türkei in der für Österreich-Ungarn bestimmten Ausfertigung
Wien, Haus-, Hof- und Staatsarchiv, Allgemeine Urkundenreihe

Grund der Dynamik des Nationalitätsprinzips und nationalirredentische Aspirationen in Österreich und möglicherweise in den baltischen Ländern oder einfach einen uferlosen Expansionismus napoleonischer Art. Noch waren die Schwächen seiner Position nicht deutlich hervorgetreten: seine Kleinräumigkeit, im weltpolitischen Maßstab gesehen, die Anfälligkeit seiner geographischen Lage im Zentrum des Kontinents, die wohl die Voraussetzungen für einen beherrschenden Rang, aber ebensogut für seine Umklammerung und Eindämmung zu enthalten schien. Deutschland war zur stärksten Militärmacht Europas aufgestiegen und sollte bald die führende Wirtschaftsmacht des Kontinents werden. Doch es war insofern nicht im vollen Besitz der Hegemonie, als es allein den anderen Großmächten, wenn diese zusammenhielten, nicht gewachsen war. Immerhin besaß es die Möglichkeit, sich als Führungsmacht einer Staatenkoalition ein Übergewicht zu sichern. Solange das Reich allerdings ohne feste Bindungen auf sich gestellt war wie in den siebziger Jahren, konnte

Rache für Sadowa und Sedan:
die vorwärtsstürmenden napoleonischen Armeen im Traum schlafender französischer Soldaten
Gemälde von Edouard Detaille, 1885
Paris, Musée de l'Armée

es höchstens versuchen, den Mediator zu spielen, eine Rolle, der Bismarck auf dem Berliner Kongreß von 1878 auch folgte. Dies war der Moment einer qualitativen Änderung seiner Politik. Er hatte in der Phase der nationalen Einigungspolitik eine außenpolitische Strategie befolgt, die darauf hinauslief, Gegner nacheinander einzeln auszuschalten und dabei die Neutralität dritter Mächte – so Rußlands und Frankreichs – sicherzustellen, ohne daß diese auf festen Verträgen beruhte. Das konnte in der neuen Phase der internationalen Entwicklung nach 1871 nicht einfach fortgesetzt werden, weil es mittlerweile nicht mehr nur um befristetes Zusammenspiel während kurzer Kriege ging, sondern um die Herstellung längerfristiger Konstellationen in Perioden relativer Ruhe, in denen es galt, Kriege nicht vorzubereiten, vielmehr zu vermeiden. Bündnispolitische Partnerschaften und Verträge waren jetzt weniger für den Ernstfall gedacht; sie standen in einem verwickelten System politischen und militärischen Gleichgewichts, das Sicherheiten durch gleichsam abstrakte Machtverteilung schaffen sollte. Bismarck brachte dies auf die mathematische Formel: Solange das unsichere Mächtegleichgewicht unter fünf Mächten besteht, gelte die Regel: versuche einer unter drei Partnern gegenüber zweien zu sein.

Doch bedurfte es noch einiger Grunderfahrungen des Reichskanzlers, bis es zu solchen Entscheidungen kommen konnte. Dazu gehörte die sogenannte Krieg-in-Sicht-Krise von 1875. Ihr Anlaß war Frankreichs rasche Wiederkehr als Militärmacht. Sie wurde bereits durch die Einführung der allgemeinen Wehrpflicht während der deutschen Okkupation eingeleitet und durch ein Kadergesetz von 1875 fortgesetzt, das neue Formationen um den Preis der Verkleinerung der alten bereitstellen sollte. Der deutsche Generalstab und die deutschen Politiker reagierten nervös darauf. Bei Bismarck verband sich mit der Vorstellung von einem wachsenden französischen Revanchewillen die Sorge vor einer neuen Kaunitzschen Koalition im Zeichen des Kulturkampfes, einschließlich der Kurie und der ›zentrifugalen Kräfte im Reich selbst‹. Zunächst durch versteckte Präventivkriegsdrohungen an verschiedenen Stellen, vor allem aber mit pressepolitischen Manövern wie dem aufsehenerregenden Artikel des der Reichskanzlei nahestehenden Constantin Rössler in der Berliner ›Post‹ versuchte Bismarck, das eben durch die Verfassungsgesetze politisch stabilisierte Frankreich einzuschüchtern, in der Hoffnung, dafür auch die moralische Unterstützung anderer Mächte zu bekommen. Ernsthafte Kriegsabsichten kann man ihm nicht unterstellen, aber die Wirkung schlug ins Gegenteil um: Deutschland drohte in gefährliche Isolierung zu geraten, als die englische Diplomatie einen Kollektivschritt der Mächte in Berlin für Friedensvermittlung anregte und der russische Staatskanzler Fürst Gortschakow bei einem Besuch in Berlin mit der provozierenden Feststellung auftrat, den Frieden gerettet zu haben. Bismarck mußte sich in seiner Besorgnis vor der potentiellen Gefahr für das Reich bestätigt sehen, daß zwei oder drei seiner Nachbarn sich zusammenschlössen, falls eine weitere Schwächung Frankreichs herbeigeführt werden sollte. Die prekäre Lage des Reiches wurde blitzartig erhellt. Der deutsche Reichskanzler war gewarnt, durch offene Hegemonialpolitik das Machtgleichgewicht in Europa zu erschüttern. Die Determiniertheit der Reichspolitik innerhalb des europäischen Systems bestätigte sich erneut, als im Anschluß an Aufstände auf dem Balkan, in der Herzegowina und in Mazedonien eine russische Intervention in einem serbisch-türkischen Krieg ausgelöst wurde. Der dritte türkisch-russische Krieg in diesem Jahrhundert endete mit dem vollständigen Sieg Rußlands und dem Friedensdiktat von San Stefano im März 1878, in dem Rußland mit Serbien, Montenegro, Rumänien und einem bis zur Ägäis reichenden Großbulgarien ein System von Klientel-

Die russische Intervention und Expansion auf dem Balkan
Karikatur in den ›Berliner Wespen‹ vom 20. Juli 1877
Berlin, Staatliche Museen
Preußischer Kulturbesitz, Kunstbibliothek

staaten auf dem Balkan schuf. Der russische Druck auf die Ausgänge des Schwarzen Meeres war damit enorm gesteigert, England an einer seiner empfindlichsten Stellen im Mittelmeer herausgefordert, Österreichs Expansionsdrang auf dem Balkan blockiert. Das europäische Gleichgewichtssystem, das eben noch dem großen Verwandlungsprozeß in Mitteleuropa standgehalten hatte, drohte in einem offenen Konflikt zusammenzubrechen.

Dies war die Entscheidungsstunde der europäischen Politik Bismarcks. Stand das neue Reich bis dahin unter dem Verdacht, der potentielle Friedensstörer zu sein, und war Bismarck damit an die Stelle Napoleons III. gerückt, so erteilte er nunmehr jeder Art von Angriffskrieg eine Absage. Er konnte dies, da er von einer deutschen Abstinenz auf dem Balkan und im Nahen Orient ausging, wie es der preußischen Tradition entsprach, und da er nach einem vielzitierten Wort »die gesunden Knochen eines einzigen pommerschen Musketiers« nicht durch eine unmittelbare Verwicklung in einen Balkan-Konflikt riskieren wollte. So versagte er sich allen russischen Wünschen nach aktiver Hilfe und beharrte auf einer Haltung der wohlwollenden Neutralität, die allerdings Rußland auf die Schonung der Donau-Monarchie »in ihrem Bestande als europäische Macht oder in ihrer Unabhängigkeit« festlegte. Als der Vorschlag zu einer europäischen Konferenz eine Brücke baute, um den Weltkonflikt zwischen den Flügelmächten England und Rußland sowie den kontinentalen Konflikt zwischen Österreich-Ungarn und Rußland zu verhindern, fiel dem deutschen Reichskanzler die Rolle des Leiters des nach Berlin einberufenen Kongresses zu, die ihn die deutsche Position in einer europäischen Krise überdenken ließ. Er fand das Bild vom »ehrlichen Makler, der das Geschäft wirklich zustande bringen will«, und sah die Gelegenheit, seine Politik von dem Verdacht zu reinigen, einen »napoleonischen Weg« gehen zu wollen, »um wenn nicht der Schiedsrichter, auch nur der Schulmeister Europas« zu sein, wie er es in der großen Rede am 19. Februar 1878 formuliert hat, was wohl heißen sollte: eine politische Intervention mit dem Ziel einer offenen Hegemonie zu erstreben. Es war der Moment, in dem sich die »Interessengemeinschaft zwischen der deutschen Sicherheit in der Mitte Europas und dem Frieden Europas« (H. Oncken) herausstellen sollte. Freilich ging es hier um Interessen, nicht um Gesinnungen. In einem Diktat aus dem Sommer 1877 umschrieb der Reichskanzler seine Politik als die »nicht irgendeines Ländererwerbs, sondern einer politischen Gesamtsituation . . ., in welcher alle Mächte außer Frankreich unser bedürfen und von Koalitionen gegen uns durch ihre Beziehungen zueinander nach Möglichkeit abgehalten werden«. Es war die Politik einer territorial saturierten Macht, die eine führende Stellung insofern beanspruchte, als alle anderen Mächte in ihrem Handlungsspielraum von ihr eingeschränkt werden sollten und die einzige Gegenmacht streng isoliert blieb. In dieses abstrakte Schema läßt sich die Fülle der konkreten Entscheidungen einfügen, von denen der Lauf der Bismarckschen Bündnispolitik zwischen 1878 und 1890 bestimmt wurde. Es war kein statisches, sondern ein höchst flexibles Konzept, das auf ständig wechselnde Lagen eingestellt werden mußte und bei dem auch die Gegenwirkungen seitens anderer Staaten einzubeziehen waren. Aus noch vergleichsweise unverbindlichen Annäherungen, wie es die Militärkonventionen zwischen den drei Kaisern der konservativen Großreiche vom Jahr 1873 gewesen waren, wurden feste Bündnisse, zuerst zu zweien, dann zu dreien und schließlich, um Haaresbreite einander überschreitend, wieder zu zweien.

Den Ausgangspunkt der weiteren Entwicklungen bildeten die Ergebnisse des Berliner Kongresses, auf dem die Repräsentanten der europäischen Mächte, neben Bismarck Fürst Gortschakow, Lord Beaconsfield (Disraeli) und Julius Graf Andrássy zum letzten Mal unter sich waren. Die Gefahr eines großen Krieges wurde durch Lösungen auf-

Der Berliner Kongreß im Jahr 1878
Gemälde von Anton von Werner, 1881
Ehemals Berlin, Rotes Rathaus

gehoben, deren Kompromißcharakter augenscheinlich war und die meist in zweiseitigen Verhandlungen erzielt wurden. Rußland konnte die Gewinne von San Stefano nicht ungeschmälert aufrechterhalten; alle Entscheidungen gingen zu seinen Lasten. So fiel die Begründung eines unter russischem Einfluß stehenden Großbulgarien bis zur Ägäis dem entschiedenen britischen Widerstand zum Opfer. Bulgarien wurde in zwei Teilstaaten mit verschiedenem politischen Status zerschlagen: das autonome und tributpflichtige Fürstentum unter der Suzeränität des Sultans und die unmittelbar dem Osmanischen Reich unterstehende, mit administrativer Autonomie ausgestattete Provinz Ost-Rumelien. Ein fragwürdiger Kompromiß von geringer Lebensdauer, der die politischen Kräfte der bulgarischen Nationalbewegung unterschätzte und mißachtete, im gleichen Augenblick, in dem Rumänien, Serbien und Montenegro ihre Souveränität erhielten. Die Kontrahenten Rußlands, Österreich und England, sicherten sich ihre Vorteile in dem großen politischen Geschäft: Österreich-Ungarn durch die Besetzung Bosniens und der Herzegowina, des slawischen Hinterlandes von Dalmatien, die ein Dauergeschenk für die Monarchie werden sollten, England, schon vor der Hauptkonferenz, durch die Okkupation der strategisch wichtigen Insel Zypern.

Dem Berliner Kongreß von 1878 war nicht die Aufgabe einer Gesamtordnung Europas gestellt wie dem Wiener Kongreß von 1815; er setzte vielmehr das Werk des Pariser Kongresses von 1856 fort und beschränkte sich auf die Lösung besonders akuter Streitfragen an der Südostflanke Europas. Aber seine Wirkungen reichten weiter, bis in die festere Strukturierung der gleitenden Machtverhältnisse, die sich aus den Teilentscheidungen der Konferenz von 1878 ergaben. Es entstanden nun Bündnisse und Bündnissysteme mit traditionellen gleichgewichtspolitischen Zielen, kaum noch berührt von ideologischen Elementen, wenngleich diese gelegentlich in Vertragstexten durchschimmerten. Die Initiative lag bei dem neuen Deutschland unter Bismarck, das sich am Ende der siebziger Jahre sowohl in ernste innere, die Konsolidierung des Reiches bedrohende Spannungen als auch vor große außenpolitische Entscheidungen gestellt sah. Daß innere und äußere Politik als einheitlicher Prozeß verstanden werden müsse oder sogar von einem Primat der inneren Politik im Sinne eines ›Solidarprotektionismus‹ der führenden Schichten und der Gesellschafts- und Machtstruktur des preußisch-deutschen Staates gesprochen werden könne, hat man neuerdings als These vertreten. Es muß aber bei Bismarck davon ausgegangen werden, daß seine Außenpolitik in erster Linie pragmatische Sicherheitspolitik eines als innere Einheit aufgefaßten Staates, nicht jedoch nach außen projizierte Gesellschaftspolitik gewesen ist, was den Einfluß innerer Interessengesichtspunkte auf die Behandlung der auswärtigen Beziehungen nicht ausschließt. Diese Sicherheitspolitik, solange sie sich auf die europäische Landkarte beschränkte, stand bisweilen im Kontrast zu Klasseninteressen und -ideologien. Das war etwa bei Bismarcks Abneigung der Fall, eine Restauration der Monarchie in Frankreich zu unterstützen. Bei der Option zwischen Österreich-Ungarn und Rußland spielten innenpolitische Erwägungen kaum eine Rolle, so sehr Bismarck deutsch-nationale Argumente für seine Annäherung an Österreich ins Spiel zu bringen versuchte. Der Zwang zu einer Option und damit zur Auflösung des alten Drei-Kaiser-Verhältnisses wurde durch die heftigen Reaktionen auf die Eindämmung der russischen Balkan-Expansion geschaffen, die der Zar und seine Berater Deutschland zur Last legten. Im sogenannten Ohrfeigenbrief Alexanders II. an Wilhelm I. vom 15. August 1879 fand der russische Zorn spektakulären Ausdruck. Bismarck schloß daraus auf eine zunehmende substantielle Veränderung des Klimas, in dem sich die deutsch-russischen Beziehungen seit Jahrzehnten entwickelt hatten; ihre dynastischen Grundlagen wurden brüchig, und hinter der Fassade monarchischer Solidarität drängten die Kräfte des aufsteigenden panslawistischen Nationalismus herauf, der die kleinen slawischen Völker vor allem auf dem Balkan in den Dienst großrussischer Machtinteressen stellte. In dieser Lage entschied sich Bismarck, ein Bündnis mit dem österreichisch-ungarischen Kaiserstaat zu suchen, das ihm eine festere Position gegenüber dem Zarenreich verschaffen sollte. Es war zunächst der Versuch einer Überbrückung, der den Druck auf Rußland verstärken und es eben dadurch zum Einlenken bereiter machen sollte.

Diese Politik war das persönliche Werk des Reichskanzlers. Um ihre Durchsetzung hat er mit dem Kaiser in erbitterten Auseinandersetzungen gerungen. Wie bei den Entscheidungen von Nikolsburg offenbarte sich dabei der Gegensatz zwischen einer dynastisch-monarchischen Prinzipienpolitik und einer auf staatlichen Sicherheits- und Machtinteressen aufbauenden Politik. In Denkschriften von großartigem Duktus, die in die Reihe der herausragenden europäischen Staatsschriften des 19. Jahrhunderts gehören, »Glanzstücke einer advokatorischen Beweisführung« (E. Eyck), zog er alle Register politischer Überredungskunst, nicht zuletzt mit der auf nationale Emotionen zielenden Erinnerung an den deutschen Charakter Österreichs. Es bleibt offen, ob dahinter auch die Konzeption einer dauerhaften Politik stand, die auf die Wiederherstellung der politischen Einheit Mitteleuropas zielte, die 1866 zerbrochen war. Bismarck schlug eine deutsch-österreichische Allianz nicht nur von rein völkerrechtlicher Qualität vor, sondern als ein »öffentliches verfassungsmäßiges Bündnis« mit Zustimmung der konstitutionellen Faktoren beider Länder und mit der Absicht, es durch »pragmatische Einrich-

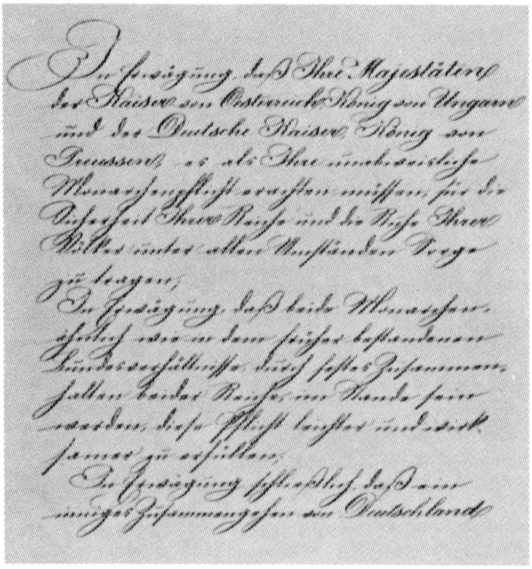

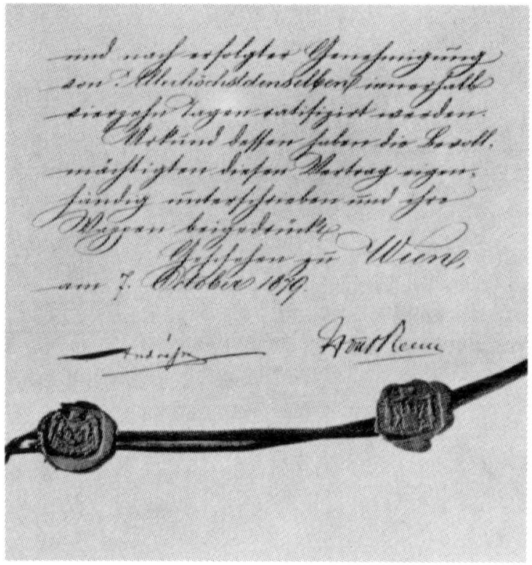

Der Bündnisvertrag zwischen Österreich-Ungarn und dem Deutschen Reich vom 7. Oktober 1879
Zwei Seiten des Unterhändlerinstruments
in der für Österreich-Ungarn bestimmten Ausfertigung des Vertrages
Wien, Haus-, Hof- und Staatsarchiv, Allgemeine Urkundenreihe

tungen, sei es auf Zollgebiet, sei es auf anderem Gebiet, zu befestigen«. Dieser Plan vereinigte in sich verschiedene Möglichkeiten: Er ließ sich als Vollendung nationaldeutscher Politik etwa im Sinne der Idee vom engeren und weiteren Bund auffassen, wie sie in Frankfurt 1848 und noch im Unionsplan des Freiherrn von Radowitz 1850 vertreten worden war; er ließ sich in den Zusammenhang einer neuen, auf die Schaffung wirtschaftlicher Großräume ausgerichteten Politik stellen, wie sie der innen- und wirtschaftspolitischen Wende von 1878/79 entsprach; und er ließ sich äußerstenfalls als bloßer taktischer Schachzug verstehen mit dem Ziel, den diplomatischen Verhandlungsspielraum zu erkunden. Bismarcks politische Entscheidungen und Entwürfe erlaubten in der Regel unterschiedliche Interpretationen. Indessen konnte das Projekt nicht weiter verfolgt werden, da es auf den Widerspruch des österreichisch-ungarischen Verhandlungspartners stieß. – Julius Graf Andrássy widersetzte sich auch sonst mit Erfolg den deutschen Forderungen. Der am 7. Oktober 1879 geschlossene Zweibund sah eine Bündnisverpflichtung der beiden Partner nur für den ausdrücklichen Fall eines russischen Angriffes vor, während bei einem Angriff seitens einer anderen Macht lediglich »mindestens eine wohlwollende neutrale Haltung« vereinbart wurde. Das Reich verfehlte damit das Ziel, automatische Hilfe bei einem Angriff Frankreichs zu erhalten. Nur wenn eine angreifende Macht von Rußland unterstützt würde, sollte eine Verpflichtung zu gegenseitigem Beistand »mit voller Heeresmacht« eintreten. Bismarck begnügte sich mit dieser Fassung, weil er die Wahrscheinlichkeit eines russischen Angriffs ohne Unterstützung Frankreichs ausschloß.

Der deutsch-österreichische Zweibund war der Kristallisationskern eines sich um Zentraleuropa gruppierenden Bündnissystems, dessen weiterer Ausbau alternative Möglichkeiten zu enthalten schien. Mit jedem neuen Schritt, den Deutschland über Mitteleuropa hinaus tat, drohte es in den Bannkreis des Weltgegensatzes England-Rußland zu geraten; er mußte daher vorsichtig abgewogen werden, wenn das Reich seine Absicht, in der Hinterhand zu bleiben, beibehalten wollte. Solange ein Konflikt mit Rußland nicht ausgeschlossen werden konnte, mußte auch eine grundsätzlich neue Bündniskonstellation ins Auge gefaßt und der Anschluß Englands an den Zweibund erwogen werden. Bismarck griff diesen Gedanken auf und ließ in London vorfühlen, ohne dann die Verhandlungen fortzuführen. England konnte ihm keine klare Antwort auf die Frage geben, wie es sich bei einem russischen Angriff auf die Mittelmächte verhalten würde. Britisches Gleichgewichtsdenken und kontinentales Bündnisdenken standen sich unvereinbar gegenüber. Vielmehr trat jetzt das ein, was der Reichskanzler in seine Berechnungen als sicheren Faktor bereits einbezogen hatte: Die deutsch-österreichische Verbindung trieb die russische Führung, obschon sie nicht über den Vertrag selbst unterrichtet wurde, zur erneuten Annäherung an die zentraleuropäischen Kaisermächte. Diese Wendung wurde durch einen personellen Wechsel erleichtert: Aleksandr von Gortschakow, einer der großen europäischen Rivalen Bismarcks neben den Engländern Gladstone und Disraeli, wurde durch Nikolaj von Giers abgelöst, der die panslawistischen Einflüsse auf die russische Politik einschränkte.

Der Drei-Kaiser-Vertrag vom 18. Juni 1881 kann als ein Zweckbündnis von Partnern bezeichnet werden, die sich gegenseitig von einer kriegerischen Intervention abhalten wollten. Seine entscheidende Bestimmung verpflichtete die Kontrahenten zu wohlwollender Neutralität, falls einer von ihnen mit einer vierten Macht in einen Konflikt geriet; das bedeutete russische Neutralität im Falle eines deutsch-französischen Konflikts und deutsche und österreichische Neutralität im Falle eines russisch-englischen Konflikts. Für die intrikaten Probleme der Meerengen und des Balkan wurden Kompromißformeln gefunden, die isolierte Handlungen eines Partners ohne vorherige Verständigung mit den anderen verhindern sollten. Die Schließung der Meerengen, seit dem Meerengenvertrag von 1841 ein Fundamentalartikel der europäischen Politik, wurde jetzt als ein auch die Türkei verpflichtender Grundsatz verstanden, von dem sie nicht abweichen durfte, ohne sich selbst in Kriegszustand mit den drei Mächten zu versetzen. Eine Überwindung der tiefgehenden Gegensätze zwischen Österreich und Rußland, den beiden Mächten mit einer dynamischen Balkan-Politik, gelang nicht, höchstens eine vorläufige Überbrückung. Aber eben auf die damit gegebene Möglichkeit einer kontrollierenden Funktion kam es Bismarck an. Betrachtet man dieses letzte Stadium der Beziehungen zwischen den Mächten der ehemaligen Heiligen Allianz, die am Eingang des Jahrhunderts gestanden hatte, dann wird man der fortschreitenden Aufzehrung der gemeinsamen ideologischen Grundsätze dieser Staatenbeziehung gewahr. Sie war in ihrer letzten Form keine den Kontinent regulierende Allianz mehr, sondern lediglich ein Interessenbündnis, das auf die drei Teilnehmer selbst und ihr Verhältnis zueinander bezogen war. Daß der Vertrag – wie auch der erst 1888 bekanntgegebene Zweibund von 1879 – ein Geheimvertrag geblieben ist, zeigt wesentliche atmosphärische Veränderungen an: Die Kaisermächte von 1881 waren nicht mehr mit den Monarchien von 1815 identisch. Deutschland war aus dem Bund der preußischen Monarchie mit der deutschen bürgerlichen Nationalbewegung erwachsen; das zaristische Rußland geriet unter den zunehmenden Druck eines panslawistisch gefärbten russischen Nationalismus mehr bürgerlicher als aristokratischer Observanz; Österreich suchte das verlorene Terrain in Deutschland durch Aktivierung seiner Balkan-Interessen wettzumachen. In allen Staaten, namentlich in Rußland, hätte ein offener Vertrag auf Widerstände in der Öffentlichkeit treffen müssen. Der Vertrag von 1881 war ein Spiel mit abstrakten Größen: »Nur eine Fort-

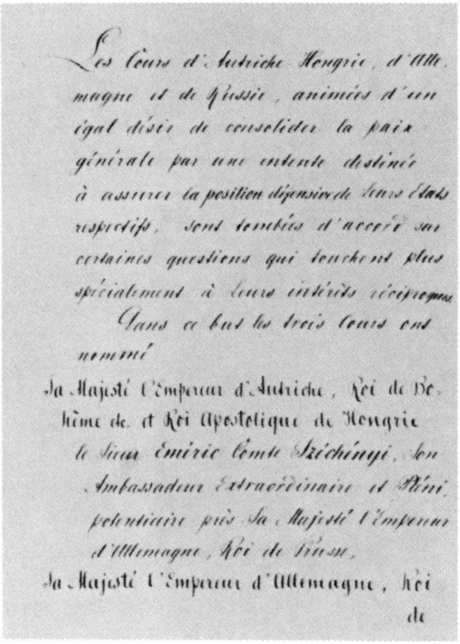
Les Cours d'Autriche-Hongrie, d'Allemagne et de Russie, animées d'un égal désir de consolider la paix générale par une entente destinée à assurer la position défensive de leurs États respectifs, sont tombées d'accord sur certaines questions qui touchent plus spécialement à leurs intérêts réciproques.

Dans ce but les trois Cours ont nommé:

Sa Majesté l'Empereur d'Autriche, Roi de Bohême etc. et Roi Apostolique de Hongrie le Sieur Emeric Comte Széchényi, Son Ambassadeur Extraordinaire et Plénipotentiaire près Sa Majesté l'Empereur d'Allemagne, Roi de Prusse,

Sa Majesté l'Empereur d'Allemagne, Roi de

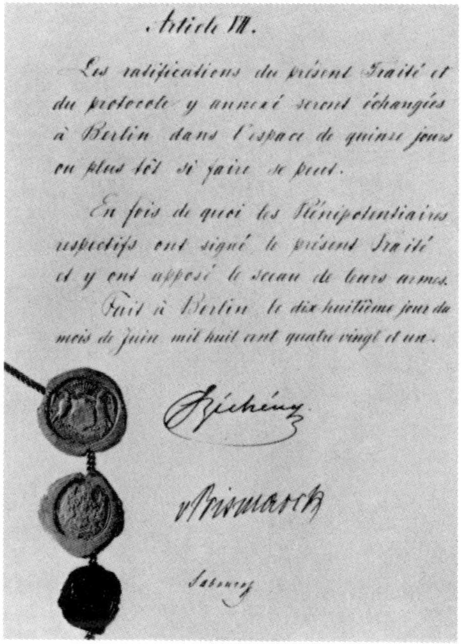
Article VII.

Les ratifications du présent Traité et du protocole y annexé seront échangées à Berlin dans l'espace de quinze jours ou plus tôt si faire se peut.

En foi de quoi les Plénipotentiaires respectifs ont signé le présent Traité et y ont apposé le sceau de leurs armes.

Fait à Berlin le dix-huitième jour du mois de juin mil huit cent quatre vingt et un.

Széchényi

v. Bismarck

Saburof

Das Zweckbündnis der Mächte der ehemaligen Heiligen Allianz: der Drei-Kaiser-Vertrag vom 18. Juni 1881
Zwei Seiten der für Österreich-Ungarn bestimmten Ratifikationsurkunden vom 23. Juni 1881
Wien, Haus-, Hof- und Staatsarchiv, Allgemeine Urkundenreihe

dauer des allgemeinen Friedens, so daß der Bündnisfall gar nicht eintrat, konnte der Sinn dieser Allianzpolitik sein« (A. Hillgruber). War aber damit nicht ein Punkt erreicht, wo die Diplomatie ihren Rückhalt an den allgemeinen Interessen verlor, die sie zu vertreten vorgab? Solange sie einen unabhängigen Spielraum im inneren System der Mächte behielt und keiner Kontrolle durch parlamentarische Institutionen unterlag, mochte das noch hingehen, aber ihr Wirkungsgrad war auf jeden Fall begrenzt und reduzierte sich auf das ständige Bemühen, durch ein Operieren am Rande des Krieges, durch Checks und Balances, über die in schmalen Führungsschichten verhandelt wurde, den Frieden zu erhalten.

Die hegemoniale Struktur der Reichspolitik manifestierte sich nicht in direkten Abhängigkeiten und Trabantenstellungen, sondern in konzentrischen Kreisen von Bündnisbeziehungen, in deren Mitte der Zweibund und dann der Drei-Kaiser-Vertrag standen. In einem weiteren Kreis trat dazu der 1882 geschlossene Dreibund mit Österreich-Ungarn und Italien; auch er bezog zwei Bundesgenossen mit höchst konträren Interessen ein, die nur durch die kontrollierende Funktion des Reiches überbrückt werden konnten. Italien war der schwächste der Partner im Bismarckschen System; seine Stellung war ebenso ungesichert, wie seine Ziele undurchsichtig blieben. Die Verdrängung aus dem afrikanischen Vorfeld der Halbinsel in Tunis durch Frankreich trieb das Königreich auf die Seite der Mittelmächte, aber es konnte bei die-

Der 1882 geschlossene Dreibund zwischen Deutschland, Österreich-Ungarn und Italien
Stich nach dem sogenannten Friedensschild von Hermann Dürrich, 1894
Berlin, Reichstagsausstellung

sen weder eine Garantie für sein Staatsgebiet einschließlich des durch die päpstliche Frage belasteten Rom noch ein Hilfsversprechen für ein aktives Vorgehen im Mittelmeer oder auf dem Balkan erreichen – Mängel, welche die italienische Kritik von jeher herausgefordert haben. Die Beistandsverpflichtung der drei Mächte schützte es nur bei einem französischen Angriff; eine Bündnishilfe Italiens gegen die die italienischen Küsten gefährdende Mittelmeer-Seemacht England blieb dabei ausdrücklich ausgeschlossen. Bismarck hat den Dreibund-Vertrag in erster Linie als eine zusätzliche Sicherung des österreichischen Verbündeten gegen italienische Ansprüche auf die »unerlösten Gebiete« im habsburgischen Reich, die Italia irredenta, angesehen und geglaubt, daß die österreichische Südflanke bei einem Konflikt mit Rußland damit gesichert sein werde. Der bis 1912 viermal erneuerte Vertrag verlor aber in dem Maße an politischer Bedeutung, in dem Italien seine Beziehungen zu Frankreich verbesserte und der deutsch-englische Antagonismus die europäische Politik zu beherrschen begann.

Versucht man die europäische Mächteordnung zu Beginn der achtziger Jahre als Ganzes zu analysieren, so erscheinen die Bismarckschen Verträge in ihren drei konzentrischen Kreisen als ihr Zentrum. Sie bildeten einen der Dynamik der politischen Entwicklung ausgesetzten Komplex, aus dem kein Glied herausgenommen werden konnte. Von ihm ging eine erhebliche Anziehungskraft auf dritte Staaten aus, die sich in einem weiteren Radius daran anschlossen: so zuerst Serbien, das seit 1881 in einer Art Vasallität von Österreich-Ungarn abhängig geworden war; Rumänien, das 1883 mit Österreich ein Bündnisverhältnis einging, dem Deutschland unmittelbar darauf und Italien fünf Jahre später beitrat. In vertragslosen, aber in der Spache der Diplomatie freundschaftlichen Beziehungen zum Reich standen an der Peripherie des von Zentraleuropa geführten Systems Staaten wie Spanien, die Türkei oder auch Schweden. Nur Frankreich wurde außerhalb der auf einer latenten Hegemonie des Reiches beruhenden Ordnung der Bündnisse und Verträge gehalten. Dieses europäische Gesamtsystem in der Zeit um 1882/83 stellte den Höhepunkt einer in den traditionellen Vorstellungen des 19. Jahrhunderts denkenden Diplomatie dar, die auf der Balancierung von Machtverhältnissen durch Beistands- und Neutralitätsverpflichtungen beruhte und Europa als Mächte-Europa, nicht als solidarische Rechtsgemeinschaft verstand. Bismarck glaubte in diesem Moment sagen zu dürfen, die auswärtige Politik mache ihm keine einzige schlaflose Nacht mehr; die Sache sei seit zehn Jahren so aufgezogen, daß sie von selbst gehe. Mit solcher Äußerung sah er allerdings am transitorischen Charakter der internationalen Staatenbeziehungen vorbei; denn gesellschaftliche Wandlungen in den europäischen Nationen schufen sowohl neue Interessen, die Berücksichtigung forderten, als auch Veränderungen des politischen Denkens oder einfach die fortschreitende Öffnung der Welt für die europäische politische und wirtschaftliche Expansion.

Das »komplizierteste Bündnissystem, das Europa jemals in Friedenszeiten kannte« (W. Langer), war schon durch die Befristung seiner Verträge nicht auf Dauer eingestellt; es war ein System von Aushilfen, um den allgemeinen Krieg zu vermeiden. Zwei Grundsätze traten in ihm hervor: Potentielle Konflikte sollten durch die Bindung von Gegnern in einem Vertrag unter der Kontrolle einer dritten Macht verhindert werden; Spannungen im kontinentaleuropäischen Raum sollten an die Peripherie verlagert werden. Hier bot die Entwicklung seit 1882 neue Chancen. Je mehr sich die europäischen Mächte in einen Wettlauf um die Beherrschung der außereuropäischen Welt stürzten, desto größer wurde zunächst der Spielraum der Diplomatie. Dies war sicher nur eine, obschon nicht unbeachtliche Nebenwirkung der gewaltigen Expansionsbewegung der europäischen Mächte, die wir unter dem Begriff des Imperialismus zusammenfassen. Welche Möglichkeiten sich daraus für die europäische Politik ergaben, erwies sich

Eine Sitzung der Kongo-Konferenz in Berlin unter dem Vorsitz Bismarcks im Jahr 1884
Holzschnitt nach einer Zeichnung von Hermann Lüders, 1884

zuerst in der ägyptischen Krise, als die Engländer im Sommer 1882 in Ägypten zur Sicherung der Interessen der europäischen Gläubiger militärisch intervenierten und sich in Kämpfe im Sudan verwickelten. Die Spannungen, die daraus mit Frankreich entstanden, strebte Bismarck für eine größere Bewegungsfreiheit seiner Politik zu nutzen, ja er machte jetzt den Versuch einer Annäherung an Frankreich, mit der Absicht, zwar keine grundlegende Wendung im Verhältnis der beiden europäischen Hauptmächte herbeizuführen, wohl aber Frankreichs Interesse von seiner Ostgrenze nach Afrika abzulenken, ähnlich dem Plan, den schon Gottfried Wilhelm Leibniz in seinem ›Consilium Aegyptiacum‹ gegenüber Ludwig XIV. verfolgt hatte. Es schien dies geradezu die Probe aufs Exempel für die Grundgegebenheit der europäischen Politik zu sein, daß sich kontinentale Gegensätze ohne Krieg austragen ließen, solange die Mächte in offene Räume ausgreifen konnten. Der Angelpunkt einer solchen Politik war Ägypten, wo England bei seinem Versuch, seine Stellung international zu legalisieren und die drückende ägyptische Schuldenlast abzuwälzen, auf die von Deutschland unterstützte französische Opposition stieß.

Der Einsatz einer deutsch-französischen Kooperation vergrößerte sich, als um das Schicksal des Kongo-Beckens gerungen wurde und die beiden Kontinentalmächte auf der in Berlin tagenden Kongo-Konferenz, die vom November 1884 bis

Februar 1885 stattfand, zusammenwirkten, um für dieses Gebiet den Zugriff Englands zu verhindern und die Grundsätze allgemeiner Handelsfreiheit und Neutralität durchzusetzen. Die Episode der deutsch-französischen ›Kolonialehe‹ trug nicht zur Veränderung der politischen Konstellationen in Europa bei; sie war auf französischer Seite an den Ministerpräsidenten Jules Ferry gebunden und endete mit dessen Sturz durch Georges Clemenceau. Europa ging 1885 in die nächste große Krise, ohne daß sich an seiner politischen Grundstruktur wesentliches geändert hatte, es sei denn, daß der deutsch-französische Gegensatz in das Stadium einer psychologischen Verschärfung eintrat, je mehr sich der Einfluß eines radikalen Nationalismus der Linken verstärkte und der Gedanke der Revanche in der Öffentlichkeit von Männern wie Paul Déroulède und seiner Ligue des Patriotes verkündet wurde. General Georges Ernest Boulanger wurde von dieser Woge bis an die Schwelle des Staatsstreichs emporgetragen. Déroulède reiste nach Rußland und fand dort Sympathien für ein Bündnis mit Frankreich, das panslawistische Publizisten wie Michail Katkow propagierten. Bei zunehmenden internationalen Spannungen gediehen überall nationalistische Emotionen, auch im Deutschland Bismarcks und bei diesem mitunter selbst. Als im September 1885 wiederum eine Krise vom Balkan aus heraufzog und in Ostrumelien die Vereinigung mit Bulgarien verkündet wurde, schien Europa in das Sturmtief eines großen Konfliktes zu steuern: Serbien, Schützling Österreichs, geriet mit dem vordringenden Bulgarien, unsicherem Schützling Rußlands, in einen Krieg. Die so im Balkan engagierten beiden Mächte, Partner des Drei-Kaiser-Vertrages, vermochten die nationalen Bewegungen ihrer Trabanten nicht mehr voll zu steuern und näherten sich der offenen Konfrontation, die Bismarck mit allen erdenklichen Mitteln zu verhindern suchte. Aber die Meisterung der Krise von 1887 erforderte ein höheres Maß an diplomatischer Kunst als die Schlichtung aller Krisen vorher; denn sie war nicht auf den Balkan lokalisiert, sondern brach an mehreren Stellen zugleich auf: zwischen Österreich und Rußland sowie an den Vogesen und am Rhein, als der französische Revanchismus in General Boulanger einen entschlossenen Verfechter fand; im Südwesten Europas zwischen Italien und Frankreich, als im Winter 1887/88 beide Staaten einen erbitterten, die italienische Produktion und ihre kapitalmäßigen Grundlagen schwer bedrohenden Wirtschaftskrieg führten. Diese doppelte und dreifache Krise setzte die dramatischen Akzente der Jahre 1887/88. Daß es nicht zum äußersten kam, war dem gemeinsamen Interesse der Führungskreise in den europäischen Staaten an der Erhaltung des Friedens zu verdanken. Die Diplomatie der Kompromisse, geschmäht und bekämpft in vielen Lagern,

Kriegsgerüchte im Jahr 1887
Zeichnung von Sir John Tenniel
für den ›Punch‹ vom 5. Februar 1887
London, Punch Library

unverrückbar festgehalten vom deutschen Reichskanzler, siegte über die nationalistischen Bewegungen in den großen und kleinen Staaten in einem auf schmalem Grat ausgeführten Balanceakt. Frankreich fiel nicht in die Hand Boulangers. Für den Thron des nun vereinigten Bulgarien wurde mit Ferdinand von Sachsen-Coburg ein auch von Rußland akzeptierter Monarch gefunden.

Bismarcks letzter Beitrag zur Organisation des europäischen Systems war die Umsetzung dieses Balanceakts in vertragsmäßige Formen, wobei ihm die zufällige Tatsache zugute kam, daß der Drei-Kaiser-Vertrag und der Dreibund im Jahr 1887 abliefen. Da der Drei-Kaiser-Vertrag durch die Ereignisse des Jahres 1887 innerlich zerbrochen war und seine Verlängerung unmöglich zu sein schien, verschoben sich die Gewichte auf den Dreibund, dessen Erneuerung jedoch infolge der allgemeinen Erschütterung der Stabilität und des Vertrauens große Schwierigkeiten bereitete und nur in überaus komplizierten Formen verwirklicht werden konnte. Österreich wollte dem Wunsch Italiens nach einer Besserstellung im Bündnis nur mit Bedenken nachkommen. Deshalb wurden dem erneuerten Gesamtvertrag je ein Sondervertrag Italiens mit Österreich und mit Deutschland angeschlossen: Österreich setzte das Prinzip der Kompensation bei Ausdehnung auf dem Balkan durch, und Deutschland gestand den Bündnisfall zu, wenn Italien mit Frankreich in Nordafrika in Krieg geraten sollte, um seine Stellung im Mittelmeer gegenüber der französischen Macht zu halten. Dies war das einzige Mal, daß Bismarck bereit schien, außerhalb des unmittelbaren Interessengebietes über rein defensive Verpflichtungen hinauszugehen. Ein Widerspruch, der sich auflöst, wenn man den eigentümlichen Charakter seines Vertragssystems in Rechnung stellt: Es war darauf angelegt, den vorgesehenen Bündnisfall von vornherein durch seine Gesamtpolitik auszuschließen. Dies geschah im Mittelmeerraum dadurch, daß es einerseits England näher an den Dreibund heranzog, andererseits England und Italien zu einer gemeinsamen Garantieerklärung ihres Besitzstandes und ihrer Interessengebiete zusammenführte. Damit war Italien gegen Frankreich durch die stärkste Mittelmeer-Seemacht gedeckt und das Eintreten des Bündnisfalls für das Reich fast ausgeschlossen. Der englische Vorbehalt im ersten Dreibundvertrag war damit gegenstandslos geworden, und Italien sah sich weit enger an die Dreibund-Mächte gebunden. Die dadurch geschaffene politische Konstellation wurde im Dezember 1887 zu einem Orient- oder Mittelmeer-Dreibund zwischen Italien, Österreich und England ausgestaltet, in dem diese Mächte die Unabhängigkeit und Integrität der Türkei garantierten und sich über den Grundsatz verständigten, die Meerengen gegen jeden fremden Einfluß zu verteidigen. Auf diesem Umweg wurde die Balance zwischen den beiden Weltmächten mit dem kontinentalen Gleichgewichtssystem verknüpft.

Dies war ein kunstvolles, wenn nicht künstliches System, das Ergebnis eines im höchsten Maße abstrakten Machtdenkens, dessen einziges Ziel die Vermeidung eines Krieges gewesen ist. Nicht weniger kunstvoll erscheint die Einfügung Rußlands in diese Vertragsorganisation nach dem Zusammenbruch des Drei-Kaiser-Vertrages durch den sogenannten Rückversicherungsvertrag vom 18. Juni 1887. Bismarck ließ in ihm den Drei-Kaiser-Vertrag in seinen wesentlichen Bestimmungen gewissermaßen als Torso bestehen, indem er ihn auf die beiden Mächte Deutschland und Rußland reduzierte. So blieb die Neutralitätsverpflichtung der Kontrahenten bei einem Krieg mit einer weiteren Großmacht erhalten, falls diese Angreifer sein sollte, nicht aber, wenn Rußland oder Deutschland als angreifende Macht einen Krieg auslösten. Deutschland war damit gegen die russische Unterstützung eines französischen Angriffs geschützt, seine Verpflichtungen Österreich gegenüber, soweit sie aus der Beistandsklausel des Zweibund-Vertrages bei einem russischen Angriff gegen die Donau-Monarchie erwuchsen, waren formell unberührt. Dafür fiel ihm angesichts eines russisch-österreichischen Konflikts letzten Endes die Bestimmung des Angreifers zu. Dieses »Spiel mit fünf Kugeln«, zum Beispiel die im »ganz geheimen Zusatzprotokoll« vom Reich eingegangene Verpflichtung, dem Zaren bei seinem Griff nach den Meerengen »moralische und diplomatische Unterstützung« zu gewähren, lag hart am Rande des mit anderen Verpflichtungen noch zu Vereinbarenden. Seine realen Wirkungen sind von vornherein äußerst begrenzt gewesen, nicht zuletzt wegen des streng gewahrten Geheimnisses um den Vertrag. Er konnte in seiner Bewertung entweder bis zum Maximum eines die Existenz des Deutschen Reiches sicherstellenden Entscheidungsakts hochgelobt und in seiner Nicht-Erneuerung als das Schicksalsdatum der deutschen Geschichte verstanden oder auf das Minimum eines unzulänglichen Notbehelfs heruntergespielt werden. Sicher war er die letzte, bereits brüchig gewordene Verwirklichung des Grundmotivs aller Bismarckschen Politik: der Verhinderung einer Koalition zwischen den Nachbarmächten des Reiches im Westen und Osten. Die Entfremdung zwischen Deutschland und Rußland konnte auf die Dauer durch ihn nicht aufgehalten werden. Sie hatte tiefe strukturelle, namentlich wirtschaftspolitische Gründe, die die deutsche Politik gleichzeitig mit dem Vertragsabschluß zu Kampfmaßnahmen wie dem Lombard-Verbot für russische Papiere veranlaßte. Die Absicht, Rußland damit zu umfassenderen politischen Verabredungen geneigt zu machen, schlug fehl und führte dazu, daß Frankreich mit seinen Krediten für die russische Rüstung und den strategischen Bahnbau zum Zuge kam.

Die Diplomatie ist nicht die einzige Form der Beziehungen zwischen Völkern und Staaten, wie manche Geschichtsdarstellungen glauben lassen, auch nicht in den Epochen, in denen sie über eine Art Monopol, den Staatenverkehr zu regulieren, verfügt hat. Hinter ihrer Rationalität verbergen sich oft unberechenbare Leidenschaften oder massive ökonomische und gesellschaftliche Interessen, die es ihr schwermachen, die internationale Staatenbegegnung zu steuern. Doch es wäre falsch, die Bedeutung zu verkennen, die ihr für das Grundproblem aller internationalen Politik, die Entscheidung über Krieg und Frieden, namentlich in einer Zeit zukommt, die noch kein anderes Instrumentarium für Krisenbewältigung besessen hat. Selbst nach 1919, seitdem es solche Instrumentarien wie den Genfer Völkerbund gibt, bleibt die Welt auf das ›Crisis management‹ angewiesen als das einzige Mittel, zwischen den widerstreitenden Interessen selbständiger staatlicher Aktionsträger einen friedlichen Ausgleich herzustellen. Oder mit den Worten von Friedrich Gentz: als der einzige Zufluchtsort, »der uns bei der erwiesenen Unausführbarkeit aller anderen Pläne zur Friedensgarantie in unserer traurigen Hilflosigkeit noch übriggeblieben ist«.

Politik zwischen Staaten läßt sich wohl in strukturelle Zusammenhänge stellen, aber sie ist keine Auseinandersetzung lediglich von Strukturen, die Menschen nur als Marionetten agieren lassen. Ihre Träger und Vollstrecker sind Staatsmänner, die unter besonderen historischen, gesellschaftlichen, nationalen Bedingungen handeln und durch ihren Charakter, ihre Stellung, ihre Fähigkeiten auf diese Bedingungen gestaltend und verändernd einwirken. Wenn man die Persönlichkeiten an den außenpolitischen Leitstellen der Staaten im ausgehenden 19. Jahrhundert betrachtet, dann fällt – ganz abgesehen von den Repräsentanten der regierenden Herrscherhäuser – der starke Anteil von Männern aus den großen europäischen Adelsfamilien auf: Andrássy, Salisbury, Palmerston, Bismarck kamen aus Familien, die durch mehre Generationen ihre Namen bekanntgemacht haben. Dennoch war das bürgerliche Element im Vordringen, nicht nur im republikanischen Frankreich, auch in den monarchischen Staaten England und Italien. William Ewart Gladstone war der Sohn eines Großkaufmanns. Seinem großen Gegner, Benjamin Disraeli, ermöglichte zwar das offene britische System der aristokratischen Ergän-

Aleksandr von Gortschakow
Photographie von Ch. Bergamasco

Julius Graf Andrássy
Photographie von einem Unbekannten

zung den Aufstieg in die Lordschaft, doch seiner Herkunft nach stammte er aus einer von Venedig eingewanderten jüdischen Kaufmannsfamilie; er trat in jungen Jahren selbst erst zur anglikanischen Kirche über. In ihm erblickt man den unkonventionellen Aufstieg eines großen Talents, das sich selbst über alle Traditionen hinweg den Weg gebahnt hat. In Frankreich und Italien taten sich unter den führenden bürgerlichen Politikern, welche die auswärtigen Beziehungen beeinflußten, Advokaten immer deutlicher hervor. Zu ihnen gehörten der französische Ministerpräsident von 1883 bis 1885, Jules Ferry, und der Italiener Francesco Crispi, Ministerpräsident von 1887 bis 1891 und von 1893 bis 1896.

Nach seinem historischen Rang und seiner persönlichen Bedeutung ist Otto Fürst von Bismarck zweifellos die überragende Gestalt der Epoche: als Schöpfer neuer politischer Ordnungen in Europa und als ihr Erhalter, als virtuoser Gestalter diplomatischer Kunst mit einer eigentümlichen Mischung von Phantasie und Rationalität beim Erspüren politischer Möglichkeiten. Dieses Urteil ist nicht aus deutscher nationaler Befangenheit erwachsen – unter den Deutschen hatte er kaum weniger Gegner als Anhänger –, sondern entspricht der Auffassung jener vielen Zeitgenossen, die ihn als den großen europäischen Staatsmann anerkannten. Weit zurückhaltender beurteilt man den deutschen Innenpolitiker, dem eklatante Mißgriffe und Fehlschläge zuzurechnen sind. Für die Erhaltung des europäischen Systems in seiner äußeren und inneren Struktur hat Bismarck den entscheidenden Beitrag geleistet. Dies kann im positiven und im negativen Sinne verstanden werden: Denn Erhaltung war immer auch die Bewahrung von Elementen, die reif für ihre Überwindung gewesen wären. Wenn man aber den Ausbruch der angestauten Kräfte der Zerstörung im Ersten Weltkrieg als Maßstab nimmt, dann ist Friedenserhaltung für einige Jahrzehnte sicher als positiver Wert zu verstehen. Bismarcks Politik läßt sich in der hier behandelten Epoche deutlich in zwei Phasen trennen. Die erste Phase war die der Konstituierung des preußisch-deutschen Nationalstaates, in der Bismarck drei Kriege geführt hat und dem Verdacht ausgesetzt war, einen Weg unbegrenzter Machtausdehnung gehen zu wollen – im Sinne der Definition Josef Schumpeters vom Imperialismus als einer gewaltsamen Expansion ohne angebbare Grenze. Die zweite Phase war die der äußeren Konsolidierung und Sicherung des Reiches; in ihr ist Bismarck schließlich zum Garanten des Friedens aufgestiegen. Sein Sturz im Jahr 1890 hatte kaum außenpolitische Gründe, aber er wurde ein außenpolitisches Ereignis, weil er die Glaubwürdigkeit der deutschen Politik erschütterte. In diesen Zusammenhang gehört schon die Nicht-Erneuerung des Rückversicherungsvertrages, die als Signal gesamteuropäischer Veränderungen aufgefaßt wurde.

Auf der internationalen Bühne ist der Russe Aleksandr von Gortschakow sicher nicht der bedeutendste Mitspieler Bismarcks gewesen, aber derjenige, der sich mit ihm persönlich am stärksten als Konkurrent gemessen hat. Als russischer Außenminister und später Reichskanzler bestimmte er seit 1856 den Kurs der russischen Außenpolitik, ohne eigentliche große Linie, höchst wandlungsreich in seinen Prinzipien, von der Annäherung an den Westen bis zur Fortsetzung der traditionellen Freundschaft mit Preußen schwankend. Sein Gehilfe seit 1875 und Nachfolger seit 1882,

Robert Arthur Talbot, Lord of Salisbury
Photographie von Elliott & Fry

Francesco Crispi
Photographie von einem Unbekannten

Nikolaj von Giers, war stetiger in seinem Kurs, Gegner der Panslawisten, zuletzt jedoch der Mann, der die Annäherung an Frankreich vollzog. – Auf seiten Österreich-Ungarns ist Julius Graf Andrássy, ehemaliger ungarischer Revolutionär von 1848, mit Bismarck am stärksten verbunden gewesen. 1871 wurde er gemeinsamer Minister des Auswärtigen der Doppelmonarchie und leitete diese hinüber auf die Linie einer Verständigung mit dem neuen Deutschen Reich. Das deutsch-österreichische Bündnis von 1879, vor dessen Unterzeichnung er aus dem Amt schied, war großenteils sein Werk. – Großbritannien wurde in der Ära Bismarcks durch die beiden Antagonisten Benjamin Disraeli und William Ewart Gladstone repräsentiert. Disraeli eröffnete den Eintritt des britischen Reiches in die Politik des Imperialismus und gab ihr in seiner Kristallpalast-Rede von 1872 ein Programm. Gladstone, der in den Jahren von 1868 bis 1874 das Amt des Premierministers einnahm, verstand sich als »christlicher Staatsmann«, wurde der Anwalt großer innerer Reformen, vor allem der Lösung der irischen Frage. In den Jahren der Opposition richtete er leidenschaftliche Angriffe gegen die türkenfreundliche Politik Disraelis. Der Fortsetzer und Vollstrecker der imperialistischen Politik Disraelis wurde Robert Arthur Talbot Lord of Salisbury. Er zog die politischen Konsequenzen aus der britischen Weltreichspolitik durch die Wahrung der englischen ›Splendid isolation‹ und vermied engere Bindungen mit den Mächten des Kontinents. Auf die Gestaltung des deutsch-englischen Verhältnisses hat er den nachhaltigsten Einfluß geübt. – Von den italienischen Politikern ist Francesco Crispi, Sizilianer nach seiner Herkunft, Revolutionär von 1848 wie Andrássy, später zu Cavour bekehrter Demokrat, in der Spätphase der Bismarckschen Politik zum entschiedensten Befürworter der Dreibund-Politik geworden. Er leitete die erste imperialistische Ausbreitung Italiens ein und mußte, verantwortlich für die militärische Katastrophe in Abessinien im Jahr 1896, seinen Abschied nehmen. Unter den französischen Politikern der Zeit vermochte nach 1871 keiner auf die gesamteuropäische Politik einen nachhaltigen Einfluß zu gewinnen, der dem etwa Disraelis oder Bismarcks vergleichbar gewesen wäre, so sehr Frankreich von seinen Staatsmännern nach der Niederlage von 1870/71 wieder zu einer seinem Rang entsprechenden Stellung geführt wurde. Adolphe Thiers und Jules Favre schufen die Grundlagen des Wiederaufstiegs durch die rasche Erfüllung des Frankfurter Friedens. Léon Gambetta suchte als Ministerpräsident und Außenminister durch den Wiederaufbau der Armee und durch politische Kooperation mit England Frankreichs Position gegenüber Deutschland zu stärken. Jules Ferry sah in der Förderung kolonialer Expansion eine Möglichkeit, Kompensationen für die Verluste von 1871 zu schaffen und zugleich eine Entspannung gegenüber Deutschland herbeizuführen.

Europäische Politik im Zeitalter des Imperialismus

Begriffsbestimmung und Erscheinungsformen des Imperialismus

Niemals in der Geschichte des europäischen Staatensystems seit dem 16. Jahrhundert sind die außereuropäischen Räume, ihre Entdeckung, Beherrschung und Ausbeutung für die Bewegungen und Konstellationen der europäischen Staaten bedeutungslos gewesen. Die Verfügung über die neuentdeckten und eroberten Gebiete in den amerikanischen Kontinenten, in Ostindien und an den westafrikanischen Küsten verschlang nicht nur Kräfte und Menschen, sondern erschloß auch Rohstoffe, landwirtschaftliche Produkte, Edelmetalle, ja Arbeitskräfte in der den Menschen zur Ware degradierenden Sklaverei. Wenngleich Machtstellung und Hegemonialansprüche in Europa von überseeischer Herrschaft auch völkerrechtlich unterschieden wurden, ist eine Korrelation zwischen beiden nicht zu übersehen. Im 18. Jahrhundert fochten England und Frankreich in Nordamerika und Indien zugleich über ihr Machtgewicht in Europa. Ohne den Zustrom der südamerikanischen Edelmetalle wäre der Aufstieg der spanischen Weltmacht nicht zu denken. Die zeitweilige Großmachtstellung Hollands hing in nicht geringem Maße von der wirtschaftlichen Ausbeutung der ostindischen Gebiete ab. Der Abfall der Vereinigten Staaten von Amerika erschütterte, wenigstens vorübergehend, Großbritanniens Stellung in Europa. Trotzdem sind Kolonien noch kein Kriterium für einen Großmachtstatus. Ihre Funktionen waren in erster Linie ökonomische und dies in verschiedenster Weise. In der Regel waren es nicht die Staaten selbst, sondern Handelskompanien die als Träger kolonialistischer Politik bis zu unmittelbarer Territorialherrschaft mit allen ihren Elementen auftraten.

In der kontinuierlichen Ausdehnung des europäischen wirtschaftlichen, politischen und militärischen Einflusses erfolgte ein Bruch, als die nordamerikanischen Kolonien Großbritanniens ihre Unabhängigkeit vom Mutterland erkämpften und ihnen die Masse der mittel- und südamerikanischen Kolonien Spaniens und Portugals folgte. Die europäische Kolonialherrschaft wurde dadurch aus den meisten Teilen der westlichen Hemisphäre abgedrängt, diese aber blieb geöffnet für den wachsenden Zustrom der europäischen Auswanderung, des europäischen Kapitals und europäischer Güter. In anderen Weltteilen ging die Expansion der europäischen Mächte seit der Jahrhundertmitte unvermindert weiter. So stießen die Franzosen von der Küste Westafrikas aus ins Innere des Senegal-Gebiets vor und begannen mit der Durchdringung Indochinas. Die Engländer suchten ihre Herrschaft über Indien zu stabilisieren und besetzten Kashmir, den Punjāb und den Süden Birmas, zeitweise auch

Afghanistan. Aber dies alles waren noch keine Vorgänge, die im Zentrum der Politik standen; das änderte sich erst nach 1880, als die außereuropäische Expansion für die meisten europäischen Großmächte und einige kleinere Staaten ein erstrangiges Problem zu werden begann, weil sich das Interesse für die außereuropäische Welt nicht mehr nur auf kleine Gruppen von Kaufleuten, Militärs oder Gelehrten wie Geographen beschränkte, sondern größere Massen in Bewegung setzte und die Zielvorstellungen in den Staatskanzleien in wachsendem Maße bestimmte. Wir stehen damit am Eingang zur Epoche des Imperialismus.

Die Geschichte dieses Worts ist nicht ohne weiteres die Geschichte der Sache, um die es hierbei geht, aber an dem Wort lassen sich immerhin historische Verwandlungen, Irrungen und Verwirrungen ablesen. In der Geschichte sind Begriffe oft Vorgriffe auf realhistorische Entwicklungen, oft hinken sie solchen Entwicklungen nach: Staatsräson gab es, bevor das Wort dafür existierte, Imperialismus gab es als Begriff, bevor die modernen Erscheinungsformen dafür vorhanden waren. Vom lateinischen Wort ›Imperium‹ abgeleitet, das selbst die Wandlung von einer Befehlsvollmacht zur Bezeichnung des für diese geltenden Gebiets durchgemacht hat, erscheint der Begriff zuerst im Französischen als Bezeichnung für die Anhänger des Kaisertums Napoleons I. und seiner Dynastie, dann allgemein für eine dem Despotismus nahestehende Regierungsform. In dieser Bedeutung ist das Wort in die englische Sprache eingedrungen, in der es dann den Sinn einer Großreichspolitik erhielt, die das ›Empire‹ als gegliederte politische, wirtschaftliche und militärische Einheit bejahte und es durch Föderation und Expansion auszubauen bestrebt war. Die ›Imperialisten‹ standen damit im Gegensatz zu den Propagandisten des weltweiten Freihandels und des Abbaus der Präferenzzölle für die Kolonien. Das Eigentümliche daran ist, daß das imperialistische Bewußtsein sich in dem Augenblick auf alle europäischen Nationen ausbreitete, in dem das bis dahin gehaltene faktische Monopol des britischen Empire als weltumspannende Organisation verloren zu gehen drohte, das heißt in dem Moment, in dem alle oder die meisten Mächte die Bahnen einer Expansion in der Welt beschritten oder ihre alten Kolonialbesitzungen umformten.

Damit ist noch nicht ausreichend geklärt, was unter ›Imperialismus‹ tatsächlich verstanden werden muß. Ob ein politisch-territorialer Expansionismus, wie ihn die modernen Staaten seit langem als ihr Wachstumsprinzip vertraten, nur jetzt in globale Ausmaße vergrößert. Oder eine Form nationaler Integration der europäischen Großstaaten, die nach einer neuen Legitimierung ihrer bedrohten inneren Einheit suchten. Oder eine Umsetzung aufs höchste gesteigerter technischer und industrieller Möglichkeiten in politische Energie, eine Art Besitzergreifung der Welt durch die industrielle Revolution. Oder schließlich der Durchbruch ökonomischer Interessen, Exportinteressen an neuen Märkten, Kapitalinteressen an höheren Renditen, Interessen an der Ausbeutung billiger Rohstoffe, die als originäre Triebkraft imperialistischer Politik erscheinen und sich höchstens staatlicher Mittel für ihre eigenen Zwecke bedienen. Alle diese Begründungen für das historische Phänomen ›Imperialismus‹ sind gegeben worden, und sie treffen in jeweils bestimmten Fällen zu. Keine läßt sich jedoch generalisieren, da sie alle zusammen ein Syndrom bilden, dessen Faktoren im einzelnen verschiedenes Gewicht haben.

Es kommen eine Reihe von Gegebenheiten zusammen, die als historische Bedingungen für die Entstehung des Imperialismus angesehen werden können. Dazu gehört die nationalstaatliche Organisation der führenden Mächte, die nicht nur den äußeren Prozeß der staatlichen Einigung Deutschlands und Italiens einschloß, sondern auch die innere, nationaldemokratische Organisation parlamentarischer und konstitutioneller Staaten durch Wahlrechtsreformen und Ausbau der Parlamente. Sie verschaffte den bürgerlichen Schichten im höheren Maße Handlungsfreiheit, als sie bis dahin

›Das imperialistische Spiel für das Jahr 1879‹
Karikatur im ›Kladderadatsch‹ vom 29. Dezember 1878
Berlin, Staatliche Museen
Preußischer Kulturbesitz, Kunstbibliothek

besaßen, und verstärkte ihre Verbindungen zu den militärischen Führungsgruppen, die für jede expansionistische Politik unentbehrlich waren. Der nationale Großstaat schuf damit die inneren Voraussetzungen für einen in die Welt ausgreifenden Imperialismus, obschon die »absurden Diskrepanzen von Ursache und Wirkung« nicht übersehen werden dürfen, die darin bestanden haben, daß »eine auf Begrenztheit des Territoriums und eine mit dem Territorium gegebene homogene Bevölkerung«, wie es der Nationalstaat war, den Boden abgab für eine eben diese Grundlage zerstörende Ausdehnung (H. Arendt). In der Entwicklungsgeschichte des europäischen Nationalismus ist dieser Umschlag von nationaler und nationalistischer Mentalität in imperialistische ein bemerkenswertes Ereignis, das sich in allen großen Nationen verfolgen läßt. Die imperialistische Politik stützte sich überall auf imperialistische Bewegungen von größerer oder geringerer Massenwirkung, die alle an nationale Missions- und Prestigegedanken anknüpften. In England waren Schriftsteller wie John Robert Seeley und Charles Dilke, der der Bewegung mit dem Schlagwort ›Greater Britain‹ ein Ziel gab, ihre Verkünder. Die 1884 gegründete Imperial Federation League, eine Vereinigung aktiver Politiker, wirkte in der breiteren Öffentlichkeit für eine bessere Organisation des Empire, seine föderative Gliederung, aber auch seine Ausdehnung. Sie umfaßte Männer aus den beiden großen Parteien. Der bedeutendste Repräsentant einer imperialistischen Politik, Joseph Chamberlain, kam aus dem liberalen Lager.

In Deutschland ist die Herkunft der kolonialimperialistischen Bewegung aus dem bürgerlichen Nationalismus am deutlichsten, ja man kann sagen, daß sie seine Fortsetzung darstellt und Ausdruck der von der Nationalstaatsgründung nicht befriedigten nationalbürgerlichen Bildungsschichten gewesen ist, die von Wirtschaftskreisen unterstützt wurden. Carl Peters war der Prototyp dieser Fortentwicklung nationalistischer Gesinnung. Er wurde der Motor der deutschen Kolonialbewegung und trat selbst wie ein Konquistador der frühen Kolonialzeit in seinen abenteuerlichen Zügen im Osten Afrikas auf. Ihm schwebte die Begründung eines deutschen Kolonialreiches vor, das ein »breites Wirtschaftsgebiet auf der Erde« umfassen und »unabhängig von Dritten« sein sollte. Peters war auch an der 1891 erfolgten Begründung des Alldeutschen Verbands beteiligt, der in seiner politischen Bedeutung weniger als Exponent großdeutscher ›pangermanistischer‹ Politik auf dem europäischen Kontinent denn als Verfechter weltpolitischer Ziele erscheint. – In Frankreich war die Situation komplizierter: Die Breiten- und Tiefenwirkung einer Politik, die über die Stellung in Europa hinaus wies, war trotz alter Tradition schon im Ancien régime anfangs sehr viel geringer. Das Interesse an kolonialen Fragen beschränk-

Satire auf Carl Peters, den Motor der deutschen Kolonialbewegung
Karikatur im ›Wahren Jacob‹ vom 9. Februar 1889
Berlin, Geheimes Staatsarchiv Preußischer Kulturbesitz

te sich zunächst auf engere wissenschaftliche Zirkel, unter denen geographische Gesellschaften – ebenso wie in den kleineren Kolonialländern Portugal und den Niederlanden – eine besondere Rolle spielten. Die Niederlage von 1870 änderte daran einiges: Kolonialistische Expansion wurde nun als Ersatzmittel proklamiert, um die Wiederherstellung von Frankreichs Größe zu ermöglichen. Diese Ideologie stand hinter der Politik Jules Ferrys in den achtziger Jahren, aber ihre Kurzlebigkeit verriet, daß der kolonialistisch orientierte Nationalismus kein genügend starkes Gegengewicht gegen den kontinentalen Nationalismus bildete.

Dazu kommen Gesichtspunkte, die auf dem ökonomischen Feld liegen. Mit den nationalen Großstaaten entstanden wirtschaftliche Großräume, die zunächst noch nach dem englischen Vorbild für einen Güteraustausch in einem System eines allgemeinen Freihandels offen waren, sich aber bald voneinander abzukapseln begannen, um im weltwirtschaftlichen Konkurrenzkampf geschützt zu sein. Weltwirtschaft im Sinne des klassischen Liberalismus als ›Free trade imperialism‹ mit freiem Warenverkehr und einer den Weltfrieden gewährleistenden Weltwirtschaftsgesellschaft, die ohnedies mehr ein Programm als eine Realität war, verwandelte sich in ein System konkurrierender protektionistischer Nationalwirtschaften, die sich gegenseitig die Märkte und Rohstoffgebiete abjagten und bei denen sich wirtschaftlicher Wettbewerb und politischer Antagonismus miteinander verstrickten. Die Weltwirtschaftskrise seit 1873, die ›große Depression‹, verstärkte den Druck erheblich und trug dazu bei, nach neuen Möglichkeiten für die Ausweitung der Absatzmärkte Ausschau zu halten, da die inneren Märkte der industriell entwickelten Nationalstaaten sowie ihr gegenseitiger Güteraustausch schrumpften. Der wirtschaftliche Protektionismus erweckte Illusionen einer Rohstoffautarkie, die man mit Hilfe in Abhängigkeit gebrachter Kolonialgebiete zu erringen hoffte. Dies alles sind Argumente, die von der imperialistischen Bewegung verwendet worden sind. Hinzu kommt das Phänomen der Auswanderung. Sie war ein Symptom dafür, daß die aufsteigenden Industrienationen des Kontinents noch nicht die Kapazität besaßen, für ihren Bevölkerungszuwachs eine Existenzgrundlage zu schaffen. So erreichte die Auswanderung im Deutschen Reich in den achtziger Jahren ihren Höhepunkt: Von 1881 bis 1890 wanderten eine Million dreihundertzweiundvierzigtausend Menschen aus. In Italien betrug die Auswanderungsziffer noch 1913 fast achthundertfünfundsiebzigtausend. In den staatlich formierten Nationen wurde dies in viel höherem Grade als Verlust an ›nationaler Volkskraft‹ empfunden als früher; die Wirkungen einer objektiven Tatsache wurden dadurch subjektiv vervielfacht. Man suchte nach einer Möglichkeit, eine nationale Lösung zu finden, und forderte eigene Siedlungskolonien. Der Siedlungskolonialismus, der in Deutschland oft mit großer Lautstärke, jedoch ohne Erfolgschancen propagiert wurde, hatte auch in Italien mit seinem starken Bevölkerungsdruck Anhänger. In Frankreich mit seinem kaum ins Gewicht fallenden demographischen Wachstum spielte er ideologisch kaum eine Rolle, obwohl in Algier zahlreiche französische Siedler sich niederließen. Rußland gab in Zentralasien das Beispiel einer zugleich machtmäßigen wie demographischen Ausbreitung. Das englische Vorbild mit seinen großenteils vorindustriellen Siedlungskolonien in vielen Teilen der Welt wurde von keiner anderen europäischen Nation erreicht.

Zu den historischen Grenzbedingungen des Imperialismus gehört zudem die fortschreitende Erschließung der Welt durch Entdeckungen und Erkundungen der letzten unbekannten Regionen der Erde, durch die Beschleunigung und die größere Sicherheit des Land- und Seeverkehrs, durch die Erfindung raumübergreifender Kommunikationsmittel wie Telefon und Telegraf. In einer Reihe von Fällen gingen Entdeckungsreisen der kolonialen Besitzergreifung voraus. Henry Morton Stanley erkundete das Kongo-Gebiet vor der Begründung der Kongo-Kolonie. Gustav Nachtigal hißte 1884 als Forschungsreisender die deutsche Flagge in Togo. Die Züge mancher kolonialistischer Eroberer, wie das Vordringen des französischen Obersten Jean Baptiste Marchand an den oberen Nil oder das Unternehmen von Carl Peters in Ostafrika, unterschieden sich von Entdeckungsreisen nur durch das Fehlen wissenschaftlicher Absichten. Die an relativ kleine Räume gewöhnten Europäer erfaßte angesichts der Dimensionen anderer Erdteile eine Art Raumrausch. Daraus erwuchsen die großen imperialen Raumideen, wie die des britisch-südafrikanischen Politikers Cecil Rhodes: ›Vom Kap bis Kairo‹. Verbindungsstraßen und Seewege stellten das Gerippe großer Raumkonzeptionen dar. So wurde für England der Seeweg nach Indien ein Lebensnerv seines Weltreiches. Seine Sicherung durch flankierende Einflußgebiete und Stützpunkte – Gibraltar, Malta, Zypern, Suez, Aden – stand im Mittelpunkt seiner Reichspolitik. Der Versorgung der auf Energieerzeugung durch Kohle angewiesenen Schiffe dienten Kohlestationen und Reparaturwerften. Demgegenüber war die russische Expansion in Asien rein kontinentaler Natur; ihre wirtschaftlichen Nervenstränge waren die großen transkontinentalen Eisenbahnstrecken. Rußlands Stellung im Fernen Osten und in Zentralasien stand und fiel mit dem Ausbau eines interkontinentalen Eisenbahnnetzes, das sich nur mit

Eine Vorbedingung für den Imperialismus:
unterirdische Kabellegung des Reichstelegraphen von Berlin über Magdeburg und Hannover nach Köln
in Anwesenheit Heinrich von Stephans, des Organisators des Postwesens, im Jahr 1878
Gemälde von Hubert Ritzenhofen
München, Deutsches Museum

der Rolle des amerikanischen beim Vordringen nach dem Westen vergleichen läßt. Im Jahr 1880 begann der Bau der transkaspischen Eisenbahn, die 1898 Taschkent erreichte, und zwischen 1891 und 1905 wurde die transsibirische Eisenbahn mit westlichem, vor allem französischem Kapital gebaut, die 1905 an ihrem Endpunkt Wladiwostok anlangte.

Der Ausbreitung der Europäer über die Welt sind schon im Zeitalter der Entdeckungen hochentwickelte Kulturen wie die der Inkas und der Azteken zum Opfer gefallen, ohne daß dies aus der Überlegenheit der Eroberer in technischer und politisch-administrativer Hinsicht begründet werden kann. Fast vier Jahrhunderte später waren die meisten indigenen politischen und kulturellen Systeme und Regime, gleich welchen Typs und Alters, gegenüber der europäischen Invasion fast völlig unfähig zu einem erfolgreichen Widerstand. Das gilt in erster Linie für Afrika, wo nur das Kaiserreich Äthiopien sich dem Eindringen der italienischen Kolonialmacht zu erwehren vermocht hat. In Asien stießen die Europäer auf weit entwickeltere Staaten und Kulturen, deren Tradition und Geschichte zumeist älter waren als die europäischen. Hier kam es – von Indien abgesehen – lediglich in Randgebieten wie Indochina, Korea, Birma zu direkter Unterwerfung; die meisten asiatischen Länder, an der Spitze China und das Osmanische Reich, aber auch Persien und Afghanistan, behielten ihre formelle Selbständigkeit, wurden jedoch enormen Beschränkungen ihrer Unabhängigkeit und Souveränität unterworfen. Japan bildete die einzige Ausnahme einer Rezeption der westlichen

Zivilisation und erhielt damit seine politische Unabhängigkeit. Die Formen indirekter Unterwerfung durch ökonomische und finanzielle Mittel konzentrierten sich meist auf die Abtretung der Finanz- und Steuerhoheit an internationale Schuldenkommissionen der Gläubigermächte, so in Ägypten, im Osmanischen Reich, in China. Überall waren wirtschaftliche Rückständigkeit, technische Unterentwicklung und eine veraltete Staatsverwaltung die Ursachen für mangelnde Widerstandskraft. In den afrikanischen Gebieten fehlte es vielfach an den rudimentären Elementen einer über die Stammesgrenzen hinausgehenden politischen Organisation größerer Einheiten, obwohl solche früher existiert hatten. Der Imperialismus stieß in eine Situation, in der der immer größer werdende technologische, ökonomische und politisch-organisatorische Abstand zwischen den mitten im Prozeß der Industrialisierung stehenden europäischen Staaten und den alten Kulturvölkern Asiens sowie den afrikanischen indigenen Stammesbildungen wie eine Herausforderung zu einer Intervention wirkte. Diese konnte dann auch als missionarische Aufgabe im Dienst der Weltzivilisation oder gar der Heidenmission begründet werden. Noch glaubte man, nur geringe Widerstände der Autochthonen erwarten zu müssen, obwohl es bereits Erfahrungen mit Aufständen in Indien, in Ägypten und bei der Okkupation von Indochina gab.

Imperialismus als europäischer Vorgang ist ant-

Die Begegnung Henry Morton Stanleys mit dem in Ostafrika verschollen geglaubten David Livingstone in Udjidji am 28. Oktober 1871
Holzschnitt in der ›Illustrirten Zeitung‹ vom 7. September 1872
Berlin, Staatliche Museen Preußischer Kulturbesitz, Kunstbibliothek

agonistische Expansion. Solange England eine Art Monopol auf formelle und informelle Herrschaft in der Welt besaß, war diese noch nicht in ihrer historischen Bedeutsamkeit ins Bewußtsein getreten. Die Briten selbst empfanden sie als zufälliges Ergebnis einer nicht geplanten Politik, als »Millstones round the neck«. Erst die Beteiligung vieler Mächte hat das ›Zeitalter des Imperialismus‹ herbeigeführt. Der Machtwettbewerb ist es gewesen, der das Tempo, die Dynamik der imperialistischen Politik beschleunigt und das Spiel aller mit allen eröffnet hat, bei dem jeder auf der Lauer lag und selbst die verborgensten und wertlosesten Gebiete wie die Inseln im Pazifik sich anzueignen versuchte. Es wurde ein politischer Automatismus in Gang gesetzt, der in starkem Kontrast stand zu dem traditionellen, auf festen Regeln beruhenden politischen Handeln innerhalb des europäischen Staatensystems. Es liegt deshalb nahe, imperialistische Politik überall auf die gleichen Ursachen zurückzuführen, und die vornehmlich von den Gegnern entwickelte ältere Theorie des Imperialismus hat ein solches einheitliches, auf denselben Antrieben beruhendes, globales System als Ausgangsbasis benutzt. Das trifft bereits auf die liberalen englischen Kritiker Charles Conant und John Atkinson Hobson um die Jahrhundertwende zu, eindeutiger noch auf die von der zweiten Generation des Marxismus geschaffene Imperialismus-Theorie. Sie wurde von Rudolf Hilferding vertreten, der zuerst, im Jahr 1910, die These vom Imperialismus als der Wirtschaftspolitik des Finanzkapitals aufgestellt hat, das auf planmäßigen Kapitalexport drängt, weil die Gewinn- und Investitionschancen im Inneren stagnieren. Rosa Luxemburg hat 1913 die These vom Umschlag der Kapitalakkumulation in imperialistische Expansion weitergeführt bis zur Voraussage des Zusammenbruchs des Kapitalismus in dem Augenblick, in dem der Imperialismus den Untergang nichtkapitalistischer Kulturen besorgt und damit der Kapitalakkumulation den Boden unter den Füßen entzieht. Der Imperialismus sei, so lautet der Schluß, »ebenso eine geschichtliche Methode der Existenzverlängerung des Kapitals wie das sicherste Mittel, dessen Existenz auf kürzestem Wege objektiv ein Ziel zu setzen«. Der Theorie von der Identität des Imperialismus mit dem Kapitalismus, von dem jener nur die letzte Stufe darstelle, und von dem Untergang, den sich der Kapitalismus selbst bereite, ist dann von Lenin während des Ersten Weltkrieges zusammengefaßt und durch seine Schrift ›Der Imperialismus als höchstes Stadium des Kapitalismus‹ von 1917 zu kanonischer Geltung erhoben worden. Einer Überprüfung des Imperialismus der einzelnen Mächte hält sie nicht stand: Kapitalexporte und kapitalistische Expansionen gehen nur in seltenen Fällen in die gleiche Richtung; weder für Großbritannien noch für Frankreich läßt sich anderes beweisen. Vom Standpunkt wirtschaftlicher Rentabilität erfüllten die französischen und die deutschen Kolonien in keiner Weise Erwartungen, wie sie in der propagandistischen Literatur ausgesprochen worden sind; sie waren ökonomisch fast bedeutungslos, geradezu Gebilde eines politischen Luxus.

Einheitliche Motive für alle Staaten, die imperialistische Politik betrieben haben, lassen sich nicht finden, es sei denn eine allgemeine Konkurrenzangst und die Sorge, unter den Mächten im Weltmaßstab nicht mehr zu zählen, wenn man sich mit kontinentaleuropäischer Politik begnügte. Es lassen sich vielmehr je nach dem Vorrang der Antriebskräfte, die historisch nachgewiesen werden können, verschiedene Typen von Imperialismus unterscheiden. Um Wirtschaftsimperialismus ging es überall da, wo Handels- und Rohstoffinteressen im Vordergrund standen, was in erster Linie für Großbritannien zutraf, oder offene Ausbeutung auf dem Agrarsektor durch monopolistischen Anbauzwang vorherrschte wie schon bei den Holländern auf den Gewürzinseln und später im Kongo. Dazu gehörten einerseits alle Formen der Umstellung von Landwirtschaft auf den Export durch sogenannte Cash crops, andererseits auch politische Herrschaft, die sich auf Finanzkontrol-

Ein Zeugnis der deutschen ›Weltpolitik‹:
Stapellauf des Kreuzers ›Gneisenau‹ von der Werft der Aktiengesellschaft ›Weser‹ in Bremen
vor dem Ersten Weltkrieg

len beschränkte wie in China, im Osmanischen Reich, in Ägypten. Von Siedlungsimperialismus kann man für das späte 19. Jahrhundert lediglich beim ausgedehnten Vordringen in Zentralasien und Sibirien sprechen. Nationaler Prestige-Imperialismus läßt sich vor allem bei den zu spät gekommenen Mächten wie Deutschland und Italien feststellen. In Frankreich trat er als eine Art Substitution für die Einbuße an kontinentaleuropäischer Macht in Erscheinung; er näherte sich hier wie in Deutschland einem Machtstaatsimperialismus traditioneller Art, dessen atavistische Züge Josef Schumpeter in seiner gegen Lenin gerichteten Schrift ›Zur Soziologie der Imperialismen‹ hervorgehoben hat. Die Zuordnung der einzelnen nationalen Entwicklungen zu diesen Erscheinungsformen kann nur durch subtile Analyse der konkreten Vorgänge getroffen werden; in aller Regel wird man dann auf ein Mischungsverhältnis der Motive stoßen.

Die neuere Imperialismus-Deutung nach dem Zweiten Weltkrieg, die schon von dem Ende imperialistischer Politik ausgehen kann und den Prozeß der Dekolonisation und der Auflösung der Kolonialreiche gedanklich begleitet, sucht über das traditionelle Bild hinauszugehen. Sie ist im Prinzipiellen differenzierter und konkreter. Dort heißt es: »Unter Imperialismus wird . . . diejenige direkt-formelle und indirekt-informelle Herrschaft verstanden, welche die okzidentalen Industriestaaten unter dem Druck der Industrialisierung mit ihren spezifischen ökonomischen, sozialen und politischen Problemen und dank ihrer vielseitigen Überlegenheit über die weniger entwickelten Regionen der Erde ausgebreitet haben« (H. U. Wehler). Dazu kommen Unterschiede in zwei besonderen Punkten: Imperialistische Politik wird jetzt, das ist das eine, als Abwehr einer bürgerlich-aristokratischen Einheitsfront gegen die andrängende sozialistische Bewegung interpretiert. »Der Imperialismus war gleichsam ein höchst effizientes Instrument, um den stürmischen Prozeß der Demokratisierung der europäischen Gesellschaften wenigstens partiell abzubremsen«, oder mindestens ein »Produkt der gesellschaftlichen Spannungen und Konflikte«, die durch die Demokratisierung erzeugt wurden (W. J. Mommsen). Dieses Konzept geht von der Annahme aus, daß die be-

Ein Aspekt der Imperialismus-Theorie:
die zivilisatorische Mission Europas
Frontispiz in J. G. Woods 1876 in Hartford erschienenem Werk
›The uncivilized races of men in all countries of the world‹
Berlin, Privatsammlung

Europäisches Viertel in Hongkong um die Jahrhundertwende

stehende politische Ordnung nur unter den Bedingungen eines stetigen wirtschaftlichen Wachstums erhalten werden könne und dazu neue Märkte und Rohstoffe in Übersee benötigt würden.

Trotz gelegentlicher zeitgenössischer Äußerungen weitschauender Männer wie Max Weber, der in solchem Sinn dachte, ist doch im ganzen ein unmittelbarer kausaler Zusammenhang zwischen Revolutionsfurcht und Expansion in einem als Sozialimperialismus bezeichneten System nur schwer nachzuweisen: Keinesfalls hat die imperialistische Bewegung in einem Moment eingesetzt, in dem revolutionäre Erschütterungen in den europäischen Mächten allgemein erwartet werden konnten. Eine weitere These betont die Unterscheidung zwischen formellem und informellem Imperialismus, wobei der Begriff ›Imperialismus‹ von seiner Bindung an territoriale Herrschaft gelöst und auf andere Formen der Abhängigkeit wirtschaftlich und technisch rückständiger Gebiete von den europäischen Industrieländern ausgedehnt wird. Diese These verfügt bereits über eine ältere Tradition mit Bezeichnungen wie ›Dollarimperialismus‹. Ihre Herkunft aus der neomarxistischen Theorie von der Identität des Imperialismus mit dem Kapitalismus liegt auf der Hand. Sie ist in allen Fällen anwendbar, in denen etwa dauernde wirtschaftliche Abhängigkeit eines Landes mit politischen Sonderrechten einer Finanz- oder Wirtschaftsmacht verbunden ist, es also nicht um ausschließlich ökonomische Beziehungen ungleicher Partner geht, in denen der eine aus einer überlegenen Position handelt. Die Praxis der imperialistischen Politik hat dafür Varianten genug entwickelt. So ist an das System der Konsulargerichtsbarkeit im Osmanischen Reich zu denken, das unter dem Namen der Kapitulationen bekannt wurde. Nach dem Bankrott des Osmanischen Reiches im Jahr 1875 wurden die Dette Publique Ottomane als internationale Staatsschuldenverwaltung errichtet, an die seit 1881 alle türkischen Staatseinkünfte verpfändet waren. China, der zweite große formell selbständig gebliebene Staat, der unter den Einfluß der europäischen Mächte geriet, mußte politische Konzessionen in den sogenannten Ungleichen Verträgen machen.

Sie bildeten nicht nur die rechtsförmige Grundlage für verschleierte Annexionen in Form von Pachtverträgen, sondern begründeten auch das Sonderrecht der Exterritorialität für die eindringenden Europäer. So wurden in den großen Hafenstädten besondere europäische Stadtbezirke mit einem Sonderstatus für die Ausländer unter der Jurisdiktion der ausländischen Konsuln gebildet. In einzelnen Fällen, etwa beim International Settlement von Shanghai oder bei dem Gesandtschaftsviertel in Peking, wurde die Administration einer autonomen Stadt unter der gemeinsamen Regierung der Konsularvertreter mehrerer Großmächte errichtet. Die seit 1896 gebaute ostchinesische Bahn, die durch die unter Rußlands Einfluß stehende Manchurei führte, wurde zwar formell von einer russisch-chinesischen Bank betrieben, erhielt aber das Recht, ein eigenes Polizeikorps zu unterhalten. In allen diesen Fällen handelt es sich um ›informellen Imperialismus‹, obschon die Grenzen zur formellen Herrschaftsübernahme gleitend sind. Subsumierte man sämtliche aus einer überlegenen wirtschaftlichen Position heraus geschlossenen Verträge unter dem Begriff des ›informellen Imperialismus‹, so lösten sich die festen Umrisse dieses stets auch politische Herrschaftselemente mitumfassenden Begriffs auf.

Tendenzen und Triebkräfte

Seit den achtziger Jahren des 19. Jahrhunderts traten in das traditionelle System der europäischen Staatenpolitik neue Faktoren ein, die es in seiner Funktionsfähigkeit, seiner Gewichtsverteilung, seinem Ausdehnungsbereich umzugestalten begannen. Auf die Konzentrationsbewegung der Nationalstaaten folgte eine Expansionsbewegung, welche die Grenzen des Kontinents weit überschritt und die ganze Welt zu ihrem Schauplatz hatte. Die politischen Veränderungen waren dabei nur der Ausdruck geistiger Wandlungen, einer wachsenden gesellschaftlichen Mobilität, die immer größere Menschenmassen in viele Gebiete der Erde bewegte, einer immensen Erweiterung der wirtschaftlichen Märkte. Der technische Fortschritt mit seinen vielen Möglichkeiten, das Leben der Menschen zu erleichtern, erzeugte das Bewußtsein, daß alles machbar geworden sei, was noch Jahrzehnte zuvor wie unerfüllbare Träume erschienen war. Von der ungeheuren Aufgabe, die Welt zu beherrschen, ging eine starke Faszination aus, die nicht bloß berechnende Machtmenschen und ökonomische Spekulanten, um die Rendite ihrer Kapitalien besorgte Finanziers, Kaufleute und Produzenten ergriff, sondern auch einfach die großen Abenteurer. Hannah Arendt hat von den »tragischen Don Quichottes imperialistischer Abenteuer« gesprochen und Rudyard Kipling als den Kronzeugen für die imperialistische Legende benannt, deren Resultat der »imperialistische Charakter« gewesen sei, »die einzige authentische politische Charakterbildung der Moderne«. In Anlehnung an einen Gedanken Schumpeters hat sie den Imperialismus als »Expansion um der Expansion willen« beschrieben. Aber dies allein genügt wohl nicht zum Verständnis dieses historischen Phänomens. Das Lebensgefühl des Imperialismus war das gleiche Lebensgefühl, aus dem die großen Erfindungen und der Optimismus einer unbegrenzten technischen Verbesserung erwachsen sind, manchmal von Zweifeln und Skepsis begleitet, zuweilen nicht frei von moralischen und rechtlichen Skrupeln. Es war verwandt mit den fragwürdigen Konsequenzen, die für die soziale Wirklichkeit, für das Überleben der Völker in einem immer härter werdenden Daseinskampf, aus der Evolutionslehre Charles Darwins gezogen wurden. ›The survival of the fittest‹ sollte nicht nur in der Natur, sondern auch im Zusammenleben der Menschen, der Völker und Staaten gelten. Der Pluralismus der Nationen, der ein Grundgesetz der europäischen Geschichte war, erhielt durch die Theorie vom Sozialdarwinismus eine neue Begründung, mit der der alte Rahmen des Gleichgewichtsdenkens gesprengt wurde. Der Machtbegriff des alten europäischen Systems war

Zur Stärkung der Angriffs- und Verteidigungskraft der deutschen Nation:
eine ›Arminia‹-Aktie von 1889
München, Privatsammlung

immer auf Vorstellungen der Angriffs- und Verteidigungskraft im militärischen Sinne gegründet gewesen, zugleich aber als eine geistige Energie verstanden worden. Leopold von Ranke hat sogar von seiner ›real-geistigen‹ Qualität gesprochen. Das Kennzeichen des neuen, jetzt sich etablierenden Machtbegriffs war eine vitale Potenz; Macht war dann ein organisches Prinzip, so wie es der Schwede Rudolf Kjellen in seiner 1914 erschienenen Schrift über die Großmächte der Gegenwart dargestellt hat. Darin steckte manche Anregung durch die Lebensphilosophie, neben dem Darwinismus auch ein Stück Gefolgschaft für Friedrich Nietzsche und Henri Bergson. An die Stelle der Rationalität und Berechenbarkeit ist viel Irrationalismus getreten.

Obwohl sich solche Stimmungen nicht bei allen in der ›Großen Politik‹ Handelnden unmittelbar nachweisen lassen, durchdrangen sie osmotisch die ganze Zeit. Die Diplomatie und die Zentren der äußeren Politik waren noch fast ganz in der Hand der aristokratischen Familien, die in einer überlieferten Begriffswelt dachten, ihre Entscheidungen auf persönliche Beziehungen dynastischer und höfischer Art aufbauen wollten und die Veränderung der Welt um sich oft nicht bemerkten. Selbst auf Bismarck in seiner Spätzeit trifft das zu, namentlich für sein Verhältnis zu Rußland, wenngleich er als einer der wenigen imstande gewesen ist, Machtbeziehungen auf abstrakte Formeln von reiner Rationalität zu bringen. Unter den großen Bewegern an der Spitze, auch in der imperialistischen Epoche, sind Männer aristokratischer Herkunft und Lebensführung zu nennen: Robert Arthur Talbot Lord of Salisbury und Sir Edward Grey in Großbritannien; Bernhard Ernst Graf und seit 1905 Fürst von Bülow in Deutschland, der Repräsentant der deutschen Weltpolitik; Wladimir

Graf Lambsdorff in Rußland; Alois Freiherr von Aehrenthal und Leopold Graf Berchtold in Österreich. Nur in Frankreich, der bürgerlichen Republik, lag die Führung bei bürgerlichen Politikern, unter denen der Außenminister Théophile Delcassé als die entschiedenste, energischste Natur hervorragte. Die Monarchen verfügten noch über eine Fülle außenpolitischer Funktionen, insbesondere über die der internationalen Repräsentation. Mit Monarchenbesuchen wurde nach wie vor große Politik gemacht, aber die Fürsten handelten kaum mehr allein. Lediglich Wilhelm II. versuchte ein persönliches Regiment zu führen und außenpolitische Entscheidungen zu treffen oder mindestens Einfluß auf diese zu nehmen. Mit ihm ist aber kein anderer Dynast zu vergleichen, auch Eduard VII. von Großbritannien nicht. – In der Ära der großen Ausbreitung, des imperialistischen Wettbewerbs und des Wettrüstens gewannen die großen Militärpolitiker, die fast ausnahmslos dem Adel entstammten, einen meist über ihr Ressort hinausgehenden Einfluß; sie bestimmten in weitem Umfang die Politik mit. Das gilt in besonderem Maße für die Protagonisten der deutschen und britischen Flottenrüstung, den Staatssekretär der Marine Alfred von Tirpitz und seinen Kontrahenten auf britischer Seite John Arbuthnot Lord Fisher, für die Generalstabschefs Alfred Graf Waldersee in Deutschland und Franz Graf Conrad von Hötzendorff in Österreich-Ungarn und den britischen Kriegsminister Richard Burdon Viscount of Haldane.

Als besonderer Typus präsentierte sich der Kolonialpolitiker in den Kolonien selbst, aber auch in den Zentralen der Kolonialmächte. Kolonialpolitik verselbständigte sich und wurde in eigenen Regierungsämtern betrieben: in Großbritannien schon 1854, in Frankreich in verschiedenen Etappen seit 1887; in Deutschland wurde erst eine Kolonialabteilung im Auswärtigen Amt geschaffen, ehe man 1907 ein eigenes Reichskolonialamt einrichtete. Die Leiter der zentralen Kolonialbehörden entstammten in der Regel nicht den alten Führungsschichten; sie waren bürgerlicher Abkunft und verbrachten ihre Lehrjahre in der Wirtschaft, der Geschäftswelt oder in der Publizistik. Die größte Gestalt in dieser Reihe war der Engländer Joseph Chamberlain, Fabrikant und erfolgreicher Bürgermeister von Birmingham, liberaler Abgeordneter und Handelsminister, in den entscheidenden Jahren von 1895 bis 1903 Leiter des britischen Colonial Office. Er gewann den Sudan für das Empire, verleibte ihm die Burenstaaten ein und führte den Zusammenschluß der australischen Kolonien herbei. Während Chamberlain als Kolonialpolitiker Weltpolitik im globalen Maßstab betrieb, war Eugène Etienne, Franzose aus Algier, Kolonialpropagandist und Kolonialfachmann, der unbestrittene Verfechter der Kolonialpolitik in der französischen Öffentlichkeit. Er leitete von 1887 bis 1892 das Unterstaatssekretariat für Kolonien, das erst seit 1894 zu einem eigenen Kolonialministerium erhoben wurde. Bernhard Dernburg, von 1907 bis 1910 der erste Leiter des deutschen Reichskolonialamtes, als Bankier aufgestiegen, gab der

Joseph Chamberlain
Photographie von einem Unbekannten

deutschen Kolonialpolitik nach ihrer ernstesten Krise eine neue Richtung und entwickelte das Programm einer kaufmännisch orientierten, rationalen oder ›wissenschaftlichen‹ Kolonialpolitik, ohne daß er es zu Ende führen konnte. Die Administratoren in den europäischen Kolonien selbst reichten vom Typus der Konquistadoren wie Cecil Rhodes, Marschall Hubert Lyautey, Hochkommissar

Cecil Rhodes
Photographie von W. & D. Downey

in Marokko, bedeutendster Prokonsul Frankreichs, oder Herbert Earl of Kitchener, Eroberer des Sudans, bis zu Frederick Lugard, der in seinen Schriften und in seiner Tätigkeit als Gouverneur von Nordnigeria die Grundsätze des ›Indirect Rule‹ für die Kolonialverwaltung entwickelte, eines kolonialen Verwaltungssystems, das für bestimmte Bereiche des britischen Empire charakteristisch werden sollte. Nirgendwo sonst haben sich Traditionen, Ausbildungssysteme und Karrieren des Kolonialbeamtentums so klar herausgebildet wie in England. Das Kolonialbeamtentum reichte in seinen Spitzen bis zum Amt der Vizekönige von Indien; sie wurden allerdings meistens ohne besondere Qualifikation und selten im Zuge einer politischen Laufbahn von der englisch-schottischen Aristokratie gestellt.

Der Sprung von einer auf Europa beschränkten oder mindestens von Europa aus gedachten Politik in die Dimensionen der Weltpolitik wurde nicht von heute auf morgen vorgenommen, er war vielmehr das Ergebnis einer seit langem im Gang befindlichen Entwicklung. Sie wurde zuerst in England sichtbar, das seine europäische Politik längst seinen Weltinteressen untergeordnet hatte. Handelte es sich hierbei um einen qualitativen Sprung? Trat als Ergebnis an die Stelle des europäischen Staatensystems ein Weltstaatensystem mit einer gleichgewichtspolitischen Funktion? Oder näherte man sich diesem? In der imperialistischen Literatur ist die Frage im allgemeinen bejaht worden. Man zog daraus, vornehmlich in Deutschland, falsche Schlüsse auf einen Entscheidungsspielraum, wie ihn im europäischen System die Macht besaß, die das Zünglein an der Waage bildete. Eindeutige Regeln haben sich nicht herausbilden können, bevor die Weltpolitik in die Katastrophe des Ersten Weltkrieges geführt wurde. Das europäische Völkerrecht galt als Weltvölkerrecht weiter, wurde jedoch auf die ›zivilisierten‹ Völker eingeschränkt. In dem Maße, in dem das Schachbrett der internationalen Politik sich vergrößerte, vermehrten sich die Mitspieler, und die Berechenbarkeit der Schachzüge wurde aufs äußerste erschwert. Im einzelnen waren die Entscheidungen der Mächte auf dem weltpolitischen Spielfeld nicht festgelegt; sie konnten von heute auf morgen wechseln. So war das englisch-französische Verhältnis im Verlauf der imperialistischen Ausbreitung beider Mächte ständigen Schwankungen unterworfen. Ganz unübersichtlich wurde die Entwicklung, seitdem außereuropäische Mächte wie die USA und Japan in das Spiel eintraten. Was die Mächte schließlich wieder in ein relativ konstantes System zurückführte, war die Orientierung an der europäischen Politik. Der Versuch Deutschlands, zur Weltmacht aufzusteigen, zwang sie infolge objek-

Japans Auseinandersetzung mit der europäischen Technologie aus Anlaß der Wiener Weltausstellung 1873
Holzschnitt von Yoshifuji, 1873
Wien, Privatsammlung

tiver Gegebenheiten wie fundamentaler Fehlentscheidungen der deutschen Politik erneut zusammen. Europa war der Ausgangspunkt der Weltpolitik, es sollte am Ende der Brennpunkt sein, an dem sich ein allgemeiner Krieg entzündete. Insoweit blieb das alte Europa auch während der Tragödie seines Untergangs Mittelpunkt der Welt.

Im ausgehenden 19. Jahrhundert unterlagen die äußeren Staatenbeziehungen und ihre Steuerungsinstrumente einer sich immer klarer abzeichnenden Formverwandlung. Die auslösenden Elemente lassen sich deutlich erkennen. Da ist zunächst das Hervortreten wirtschaftlicher Interessen. Sie wirkten nicht einseitig als Stimulierung politischer und nationaler Rivalitäten, sondern verursachten auch eine ökonomische Verflechtung der Industriestaaten, deren Warenaustausch trotz wirtschaftlicher Spannungen zunahm. So war Deutschland vor dem Ersten Weltkrieg der beste Kunde Englands in Europa: Seine Einfuhr aus Großbritannien hat sich in der Zeit zunehmender Spannung zwischen 1880 und 1913 mehr als verdoppelt – 1880: dreihunderteinundfünfzig Millionen Mark, 1913: achthundertsechsundsiebzig Millionen –, seine Ausfuhr dorthin mehr als verdreifacht – 1880: vierhundertachtunddreißig Millionen Mark, 1913: eintausendvierhundertachtunddreißig Millionen. Der Kapitalfluß für Auslandsinvestitionen lief überwiegend nach Rentabilitätsgesichtspunkten und war keineswegs immer politisch beeinflußt, wie vor allem die britischen Investitionen nach den USA und Lateinamerika bezeugen. Daneben gab es wirtschaftliche Vorgänge, mit denen politische Tendenzen eindeutig verbunden waren, beispielsweise die französischen Kapitalanlagen in Rußland oder die Zollkriege zwischen Italien und Frankreich in den neunziger Jahren und zwischen Serbien und Österreich in den Jahren 1906 bis 1911. Charakteristisch für die Zeit war es auch, daß in der Öffentlichkeit ständig Produktionszahlen verglichen, Absatz- und Exportprobleme diskutiert wurden. Damit wurde ein psychologisches Klima erzeugt, in dem ein Phänomen wie der deutsch-englische ›Handelsneid‹ entstand, dem allerdings kein entscheidender Einfluß auf die Verschlechterung der deutsch-englischen Beziehungen zugemessen werden kann. Finanz-, Wirtschafts- und Staatsinteressen waren indessen keineswegs identisch; sie klafften sogar oft weit auseinander, obwohl die Mächte durch wirtschaftliche Einflußnahmen in außereuropäische Bereiche sehr schnell in politische Engagements und Konflikte verstrickt werden konnten. Hierbei stößt man auf die Aktivität von Unternehmern und Banken, die an den zentralen Leitstellen der Staaten sich gegenüber den politischen Führungsschichten im allgemeinen zurückhielten, aber bei manchen Entscheidungen wie beim Bau der Bagdad-Bahn oder in der Marokko-Krise wesentliche Einflüsse ausübten.

Bemerkenswert ist weiterhin ein steigender Einfluß der Öffentlichkeit, ihrer Organe und Exponenten auf die auswärtige Politik. Diese unterlag verfassungsrechtlich nur in Großbritannien der formellen Zustimmung des Parlaments. In Frankreich war solche Zustimmung lediglich erforderlich für Friedensverträge, Handelsverträge und Verträge, welche die Finanzen des Staates in Anspruch nahmen. In Deutschland gab es überhaupt keine parlamentarische Zuständigkeit, so sehr die Leiter der auswärtigen Politik, voran Bismarck, den Reichstag zum Forum für außenpolitische Erklärungen zu machen pflegten. Aber die Beteiligung der Öffentlichkeit war ganz anderer Art: Die äußere Politik geriet in den Sog von Massenbewegungen, meist mit nationalistischer, kaum schon internationalistischer oder gar sozialrevolutionärer Tendenz, die dem außenpolitischen Handeln Richtung wiesen oder Grenzen setzten. So erklärten britische Staatsmänner um die Jahrhundertwende, daß die öffentliche Meinung in England den Abschluß eines Bündnisses mit den Mächten des Dreibundes unmöglich gemacht hätte. Im Jahr 1887 gelang es Bismarck der zum Krieg treibenden Emotionen nur dadurch Herr zu werden, daß er selbst sich nationalistischer Parolen gleichsam zur Abwiegelung in seinen Reden bediente. Hinter solchen Entwicklungen stand ein ›Strukturwandel‹ dessen, was unter Öffentlichkeit und öffentlicher Meinung verstanden werden kann. Das 19. Jahrhundert war zunächst durch eine auf das politisch bewußte Besitz- und Bildungsbürgertum und auf die konservativen Oberschichten zielende Publizistik charakterisiert. Diese erweiterte dann mit breiterem Wahlrecht und festeren Parteiorganisationen ihren Einflußbereich durch Richtungs- und Parteizeitungen. Am Ende des Jahrhunderts entstanden die Massenzeitungen mit enormen Auflagenziffern und die Pressekonzerne als Großunternehmen. England ging voran: Die Brüder Harmsworth begründeten den wohl mächtigsten Presseverlag Europas und ließen seit 1896 die ›Daily Mail‹ erscheinen, deren Auflage 1901 schon die Millionenzahl überschritt. In Deutschland brachten die Pressekonzerne der Verlage Mosse, Ullstein und Scherl zwischen 1871 und 1900 ein Dutzend Tageszeitungen mit zum Teil hohen Auflagen heraus. Massenzeitungen waren darauf angelegt, Massenstimmungen zu erzeugen, die in kritischen Momenten ihre Wirkungen auch auf die offizielle Politik nicht verfehlten. Sicher hatten führende Zeitungen mit geringeren Auflagen wie die ›Times‹ in London einen weit höheren Informationsstand, so daß sie unmittelbareren Einfluß auf die politischen Entscheidungszentren erzielten. Es wurde auch immer mehr üblich, daß Regierungen selbst die öffentliche Meinung zu beeinflussen suchten, indem sie die von ihnen subventionierten Zeitungen zu ihrem offiziösen Sprachrohr machten, wofür in der Ära Bismarck die ›Norddeutsche Allgemeine Zeitung‹ ein frühes Beispiel ist. So entstand ein eigentümlicher Spannungszustand zwischen einer auswärtigen Politik, die mehr denn je mit Geheimverträgen arbeitete, um sich vor unliebsamen Einwirkungen der öffentlichen Meinung abzuschirmen, und einer Öffentlichkeit, die oft ein leidenschaftliches Interesse an außenpolitischen Fragen nahm, ohne,

Satz und Rotationsdruck einer illustrierten Zeitung
Holzschnitt in ›The Illustrated London News‹ vom 30. August 1879
Berlin, Staatliche Museen Preußischer Kulturbesitz, Kunstbibliothek

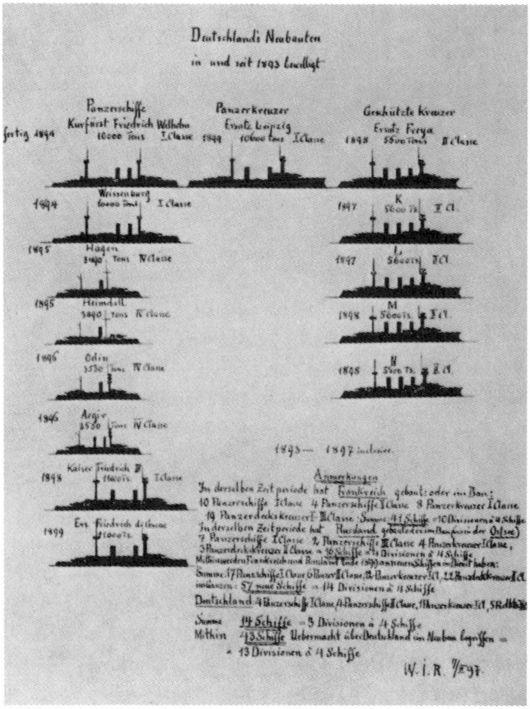

Staatliche Rivalitäten im Flottenausbau zwischen 1893 und 1897
Eigenhändige Marinetabelle Kaiser Wilhelms II. von 1897
Berlin, Staatliche Museen Preußischer Kulturbesitz, Kunstbibliothek

mangels ausreichender Information, richtig über sie urteilen zu können.

Alle Fragen der Macht verändern ihre Qualität, sobald sie zu Prestigefragen werden, die mit Massenemotionen aufgeheizt sind. Wenn Bismarck eine Unterscheidung zwischen Interessenpolitik und Prestigepolitik machte, so hatte er diese Veränderung im Auge. Am deutlichsten wird dies, wenn es sich um militärische Probleme handelt. Das Wettrüsten, das die Jahrzehnte vor dem Ausbruch des Ersten Weltkrieges kennzeichnet, kann nicht als eine für sich stehende Erscheinung angesehen werden; es lief dem ökonomischen und technischen Wettlauf parallel und hing in mancher Hinsicht mit ihm zusammen: Denn erst die wachsenden Produktionsziffern von Kohle und Stahl ermöglichten die Vermehrung und Perfektionierung der Rüstung und ihre Anpassung an die Fortschritte der Technik. Das läßt sich vor allem bei der Flottenrüstung verfolgen, die ein Ausdruck der fortschreitenden Technisierung und zugleich der globalen Ausweitung des Machtdenkens in der Ära des Imperialismus gewesen ist. Ihr lag eine neue Theorie von der Seemacht zugrunde, die als die adäquate Basis für Weltmacht galt. Diese Theorie des Navalismus trug der amerikanische Admiral Alfred Thayer Mahan in seinen vielgelesenen Büchern vor, deren Wirkung auch bei Alfred von

Tirpitz, dem Schöpfer der deutschen Hochseeflotte, nachzuweisen ist. Wohl wurde politische Macht auf dem Kontinent nach wie vor und mehr denn je durch die zahlenmäßige Stärke von Landarmeen definiert, deren Steigerung zuletzt, zwischen 1912 und 1914, in atemberaubendem Tempo vor sich ging – österreichisch-ungarisches Wehrgesetz von 1912, russische Heeresreorganisation von 1913/14, deutsche Wehrvorlage vom Juli 1913, Wiedereinführung der dreijährigen Dienstzeit in Frankreich im August 1913 –, aber Ausdruck von Weltmacht waren die großen Flotten, deren Ausbau nicht nur von Deutschland und England, sondern in Europa auch von Frankreich, Rußland, Österreich-Ungarn und Italien, außerhalb Europas von Japan und den USA vorgenommen oder geplant wurde. Die Hauptrivalen waren England und Deutschland, seitdem Deutschland im Jahr 1898 den Bau einer Hochseeflotte begonnen hatte und ihn mit den Flottennovellen von 1900, 1906, 1908, 1912 unter großer Zustimmung der Öffentlichkeit und mit erheblichen Mehrheiten im Reichstag fortsetzte. Seit 1907 wurde England durch diese Entwicklung beunruhigt. Es suchte unbedingt den ›Two power standard‹, das heißt den Grundsatz, daß die britische Flotte der Größe der beiden nächst großen Flotten entsprechen müsse, festzuhalten und wollte schließlich für das Bautempo das Verhältnis ›two keels to one‹ retten. Zu verbindlichen Vereinbarungen kam es aber nicht. Flottenstärken ließen sich genauer berechnen als die Stärke von Landstreitkräften, und sie wurden viel ausschließlicher von ihrer technischen Ausstattung bestimmt. Sie deuten eine Entwicklung an, an deren Ende die nukleare Bewaffnung stehen sollte, welche die Macht mit mathematischer Genauigkeit nach ihren Zerstörungsgraden bemißt. Zu der quantitativen Steigerung kam die qualitative, wie an dem zuerst von England praktizierten Übergang zu modernsten Großkampfschiffen mit schwerer Artillerie, den sogenannten Dreadnoughts, zu sehen ist. Außerdem waren Seestreitkräfte ein sichtbares nationales Machtsymbol, so daß ihnen eine irrationale Bedeutung zukam: Sie dienten der nationalen Integration, oder was man darunter verstand. Das gilt in hohem Maße von der deutschen Flotte. Ihre Schöpfung wurde von Tirpitz zwar mit dem Risikogedanken begründet, Deutschland müsse eine Flotte von solcher Stärke haben, daß selbst für die größte Flotte ein Krieg mit ihm ein hohes Risiko für die eigene Überlegenheit in sich schließe. Aber dieses Kalkül erwies sich im Krieg als verfehlt und stand in der öffentlichen Meinung hinter der Funktion zurück, Weltmacht zu demonstrieren. Es läßt sich daher beim Flottenbau von einem Primat der Weltpolitik sprechen, mehr als von einem Primat der Innenpolitik, wie es geschehen ist, so wenig das damalige Interesse der Schwerindustrie an den Aufträgen für den Flottenbau zu bestreiten ist.

Rüsten, noch dazu Rüsten im ständigen Wettbewerb mehrerer Mächte ist Folge zunehmender Spannung, wachsenden Mißtrauens und hat von einem bestimmten Moment an die Tendenz, sich zu verselbständigen. Die Politik verliert die Kontrolle, ja sogar ihre Autonomie; sie wird abhängig von militärtechnischen Kalkulationen, von strategischen Konzeptionen, insbesondere wenn Rüstungsmaßnahmen parlamentarisch und publizistisch mit größtem Aufwand vorbereitet und durchgeführt werden müssen. Es tritt dann ein Effekt ein, den man als Militarisierung der Politik bezeichnen kann: Die Ultima ratio, der Krieg, rückt immer näher; denn strategische und rüstungspolitische Argumente erhalten Vorrang vor der Suche nach politischen Lösungen. Politisch einflußreiche Militärs wie Alfred von Waldersee in Deutschland und Conrad von Hötzendorff in Österreich vertraten offen die Forderung nach dem Präventivkrieg. General Boulanger strebte nach der Macht, um die Politik der Revanche zu betreiben. Bündnisse sollten nicht mehr nur abschrecken, sondern realen militärischen Beistand für den Kriegsfall sichern. Formelle Bündnisse und informelle Beistandsverpflichtungen verfestigten sich. Anstelle einer für Wandlungen noch immer offenen Struktur der Staatenbeziehungen trat die Polarisierung starrer Blöcke. Die alten Instrumentarien zur Krisenbewältigung innerhalb des Staatensystems, wie sie Konferenzen und Kongresse dargestellt hatten, wurden untauglich. Zum letzten Mal wurde während der ersten Marokko-Krise in der Konferenz von Algeciras 1906 darauf zurückgegriffen, und im Verlauf der Balkan-Kriege 1912/13 trat wenigstens noch eine Konferenz der Botschafter in London zusammen. Lediglich durch zweiseitige Verhandlungen und durch diplomatische Intervention von seiten einer Macht in einem Konflikt zwischen dritten Mächten ließ sich der Friede mühsam aufrechterhalten. Dies war der verhängnisvolle Lauf der europäischen Geschichte nach der Jahrhundertwende.

Wenngleich eine Stimmung des Kriegsfatalismus, der Kriegsbereitschaft, weniger des Kriegswillens, das Denken der Militärs, so mancher Politiker und einer breiter werdenden öffentlichen Meinung beherrscht hat, so sind auch gegenläufige Tendenzen festzustellen. In einem im Oktober 1913 abgeschlossenen Buch, das unter dem Pseudonym J. J. Ruedorffer erschienen ist, hat der dem deutschen Reichskanzler Theobald von Bethmann Hollweg nahestehende Kurt von Riezler die ›Grundzüge der Weltpolitik der Gegenwart‹ zu analysieren versucht; er kam dabei, kurz vor Ausbruch des Weltkrieges, zu Ergebnissen, die der zunehmenden Hektik des Rüstens und der Kriegsangst zu widersprechen schienen. Er bewegte sich ganz auf den Bahnen des Machtdenkens und rechtfertigte die Weltpolitik damit, daß sie jedem der europäischen Staaten die Möglichkeit einer überseeischen, sei es wirtschaftlichen, sei es politischen Expansion, und damit Europa »eine gewisse Ruhe« gebe. Er stellte einen ursächlichen Zusammenhang zwischen kolonialer Expansion und Stagnation der europäischen Frage her, die als ein »Gewebe von Gegensätzen« zu verstehen sei. Wohl würden sich, wenn die Expansionsbewegung räumlich an ihrem Ende angelangt, das heißt der Expansionsraum erschöpft sein werde, die »politischen Expansionsgelüste der Großmächte, ohne die Möglichkeit eines Parallelismus« direkt gegenüberstehen. Aber würde daraus in näherer oder fernerer Zukunft eine neue Ära von Kriegen hervorgehen? Riezler hielt das für unwahrscheinlich, nicht weil er an die Übermacht der kosmopolitischen über die nationalen Tendenzen glaubte, sondern weil eine »allgemeine Interessenverflechtung die Nationen und Staaten so ineinander verkettet haben wird, daß gegen eine gewaltsame Form von Austragung von Gegensätzen das nationale Interesse selbst aufstehen« werde. Das würde zwar nicht das Aufhören der nationalen Kämpfe, sondern nur die Ausschaltung des Krieges »als einer gleichsam veralteten Kampfform« bedeuten, da das Risiko stärker gewachsen sei als der Nutzen. Diese Analyse, in einem Moment ausgesprochen, den kein volles Jahr vom Kriegsausbruch trennte, ist in mancher Hinsicht bedeutsam, hauptsächlich weil sie von einem Mann stammt, der den Schalthebeln der großen Politik nahestand. Sie hat eben deshalb erhebliches Aufsehen erregt und, wie man gemeint hat, »eine völlig irreführende, friedens- und hoffnungsselige Atmosphäre« erzeugt, die nur die Kehrseite einer wachsenden Kriegsangst gewesen sei. Sie kam damit manchen Stimmungen in der deutschen Öffentlichkeit entgegen, zumal sie auch in anderen Schriften vorherrschte, etwa in Hans Plehns Buch ›Weltpolitik und kein Krieg‹. Wohl schien sie sich auf eine Reihe unwiderlegbarer Tatsachen gründen zu können, nur verführte sie dazu, aus der Diagnose eine falsche Prognose zu entwickeln, weil sie einen weit überhöhten Wirkungsgrad bestimmter Erscheinungen auf die politischen Entscheidungen ansetzte.

Eine unübersehbare Tatsache war sicherlich der technisch-administrative und völkerrechtliche Internationalismus, der in der Zeit der unbeschränkten Durchsetzung eines machtpolitisch aufgeladenen Souveränitätsbegriffs im zwischenstaatlichen Verkehr ein Netz internationaler Vereinbarungen herstellte. Sie wurden erzwungen durch die ökonomischen Verflechtungen der Völker, die zwischenstaatliche Ausdehnung von Verkehr und Transport seit dem Ausbau des Eisenbahnsystems oder der Erfindung von Telegraf und Telefon. So stand am Eingang dieser Vereinbarungen die Gründung des Weltpostvereins im Jahr 1874, dem bis 1897 alle ›zivilisierten‹ Länder beitraten. Ein Welttelegrafenvertrag war als älteste internationale Verwaltungsgemeinschaft schon 1865 begründet und 1875 in St. Petersburg erneuert worden. Die rechtlichen Sicherungen des die Grenzen überschreitenden Eisenbahnverkehrs, die Normierung der Spurweiten und der Fahrzeuge folgten seit 1886 zögernd und führten erst im Jahr 1923 zu verbindlichen Vereinbarungen über die internationale Rechtsordnung der Eisenbahnen. Die notwendige rechtliche Basis, die Einheitlichkeit des metrischen Systems zu sichern, wurde 1875 durch die Internationale Meterkonvention geschaffen. Weiter gingen schon die in der Berner Übereinkunft 1886 begonnenen Verpflichtungen für den Schutz der Urheberrechte an geistigen und künstlerischen Hervorbringungen, die Sicherung der Staatengemeinschaft gegen die Verbreitung von Seuchen wie Cholera und Pest – Begründung des Internationalen Gesundheitsamtes in Paris im Jahr 1909 – und die ersten Vereinbarungen auf dem Gebiet des Arbeiterschutzes wie das 1906 fixierte Verbot der Nachtarbeit von Arbeiterinnen. Bei den letzten Abkommen wird man bereits weniger technisch-pragmatische und rechtspolitische als humanitäre Motive annehmen können. Diese dominierten in der aus den USA nach Europa vordringenden Friedensbewegung. Sie griff in ihren Forderungen unmittelbar in die Staatenpolitik ein, indem sie das Programm einer Streitschlichtung durch Schiedsgerichte oder durch einen ständigen

Montieren einer Lokomotive in der Fabrik von Wiener Neustadt
Zeichnung von Hugo Charlemont, 1885
Wien, Österreichische Nationalbibliothek

Schiedsgerichtshof oder einen Völkerbund zur Garantie eines dauernden Friedens aufstellte.

Seit 1848 wurden internationale Kongresse der in verschiedenen Ländern gebildeten Friedensgesellschaften, sogenannte Weltfriedenskongresse, veranstaltet. Sie waren bis in den Anfang der siebziger Jahre noch einflußlos, hielten sich abseits von der großen Politik und erschienen getragen von einem philanthropisch und humanitär gesinnten Pazifismus. Einen Einbruch in die offiziellen Kreise der Völkerrechtswissenschaft stellten dann 1873 das Institut de Droit International und die International Law Association dar, die erste Versuche unternahmen, das Völkerrecht durch rechtlich fixierte Schiedsgerichtsverfahren fortzuentwickeln. Waren dies Vorstöße, um Wege zur Vermeidung von Kriegen zu finden, so erbrachte die Realität blutiger Auseinandersetzungen wie des Krim-Krieges und des italienischen Krieges von 1859 den Durchbruch zu rechtlich geregeltem Schutz für die im Krieg Verwundeten. Der Initiator war der Genfer Philanthrop Henri Dunant, der seine Erfahrungen in der Schlacht von Solferino in einer aufsehenerregenden Schrift kundtat, 1863 den Anstoß zur Begründung des Internationalen Komitees vom Roten Kreuz gab, und damit auf das Genfer Abkommen zur Linderung des Loses der im Felddienst verwundeten Militärpersonen hinführte, das im Jahr 1864 von sechzehn Staaten geschlossen und in einer Konvention von 1906 erweitert wurde.

Auch hier handelte es sich nur um einen Aspekt aus dem umfassenden Komplex des Rechts im Krieg oder der Verrechtlichung des Krieges, dessen völkerrechtliche Qualität infolge der zunehmenden Aushöhlung des Völkerrechts, wegen der Ausdehnung des Souveränitätsanspruchs der Staaten, aber auch angesichts neuer Waffen und die Unterschiede zwischen Kombattanten und Nicht-Kombattanten verwischender Kampfformen in Vergessenheit zu geraten drohte. Dem sollte eine Konferenz Einhalt gebieten, die vom russischen Zaren Nikolaus II. durch seinen Außenminister vorgeschlagen wurde und vom Mai bis Juli 1899 in Den Haag tagte. Ihr folgte acht Jahre später, vom Juni bis Oktober 1907, eine zweite Haager Konferenz. Diese beiden Friedenskonferenzen stellen den ersten großen Versuch in der modernen Geschichte dar, Völkerrecht zu kodifizieren und rechtliche Regelungen für Abrüstung, Streitschlichtung und Normen des Landkrieges zu schaffen – ein ungewöhnliches und, wie es scheint, unzeitgemäßes Unternehmen, dem nicht alle der sechsundzwanzig teilnehmenden Staaten, darunter sämtliche europäische Mächte, die nötige politische Aufmerksamkeit schenkten, wie die Auswahl ihrer Vertreter verrät. – Die Konferenzen von 1899 und 1907 unterscheiden sich von den normalen Staatenkongressen nicht nur durch den starken Einfluß völkerrechtlicher Experten, sondern auch durch das Fehlen eines konkreten politischen Streitfalls sowie durch die Konzentration auf Aufgaben von prinzipieller Bedeutung, von denen allerdings nur wenige gelöst worden sind. Das Abrüstungsproblem blieb inmitten der Atmosphäre gesteigerter Rüstungsanstrengungen aller Mächte unerledigt und wurde mit einer unverbindlichen Resolution über die Beschränkung der Militärkosten beiseite geschoben. In den beiden Grundfragen, der obligatorischen Schiedsgerichtsbarkeit und der Errichtung eines permanenten Gerichtshofes, standen sich die Anhänger einer vorwiegend von Deutschland vertretenen kontinentalen Völkerrechtsdoktrin uneingeschränkter nationaler Souveränität und die Verfechter des angelsächsisch-amerikanischen Konzepts schiedsgerichtlicher Lösungen von Streitfällen ziemlich unversöhnlich gegenüber, so daß schließlich auf der zweiten Konferenz nur die Errichtung einer Cour Permanente d'Arbitrage gelang, die weder die Kriterien der Dauerhaftigkeit erfüllte noch obligatorischen Charakter hatte.

Das bedeutsamste Ergebnis der Konferenzen war die Kodifikation des Landkriegsrechts: die sogenannte Haager Landkriegsordnung; die ihr entsprechende Seerechtsdeklaration vom 26. Fe-

›Der labile Frieden‹
Karikatur im ›Kladderadatsch‹ vom 27. Oktober 1889
Berlin, Staatliche Museen Preußischer Kulturbesitz, Kunstbibliothek

bruar 1909 ist nie ratifiziert worden. Die Landkriegsdeklaration erfüllte den Anspruch auf eine das gesamte Kriegsrecht umfassende Ordnung und hielt sich an die seit Beginn der Neuzeit geübte Praxis formeller, nicht inhaltlich-ethischer Rechtskategorien. Die Einhaltung von formalen Verfahrensregeln setzte sich damit gegenüber einem moralischen Rechtsdenken durch – eine Entscheidung, die schon gegen Ende des Ersten Weltkrieges unter dem Einfluß amerikanischer Vorstellungen wieder in Frage gestellt wurde. – Die Haager Friedenskonferenzen können als Zeugnis dafür verstanden werden, daß die Europäer nicht blind in ihr Verhängnis gegangen sind. Aber wenn man den Dingen auf den Grund geht, lassen sie erkennen, daß der rechtliche – wie der technisch-ökonomische – Internationalismus an Wirkungskraft einbüßte, je näher er der Sphäre der Machtkonflikte kam. Die Friedenskonferenzen von 1899 und 1907 lassen sich ebenso als Beweis dafür verwenden, daß gerade aus dem Willen, für alle Situationen im Krieg, von seinem Ausbruch bis zu seiner Beendigung, Rechtsnormen zu entwickeln, auf das Bewußtsein der Unvermeidlichkeit kriegerischer Konflikte geschlossen werden kann. So hat die Normierung des Kriegsrechts vor dem Ausbruch des Weltkrieges nicht nur zur Gewissensschärfung beigetragen, sondern in vielen Hinsichten die rechtliche Grundlage für das politische Handeln im bevorstehenden Krieg geschaffen.

Weltpolitik und kontinentale Politik

Europa befand sich beim Eintritt in die imperialistische Ära in einem Zustand mannigfacher Spannungen und Konflikte. Diese sind hauptsächlich im Bereich der gesellschaftlichen Bewegungen zu suchen. Infolge der Fortentwicklung der Industriegesellschaft und durch die Krise, die seit der Mitte der siebziger Jahre das sich ausbildende weltwirtschaftliche System erschütterte, wurde die soziale Frage der Industriearbeiterschaft in allen ihren Aspekten in den Mittelpunkt gerückt. Die internationalen Beziehungen der Staaten waren davon allerdings noch nicht unmittelbar betroffen, wenngleich bereits in den frühen siebziger Jahren der Gedanke internationaler Zusammenarbeit in der Bekämpfung sozialrevolutionärer Bewegungen in

Arbeiterunruhen in Mailand: Ausschreitungen bei einer Demonstration im April 1886
Holzschnitt in der ›Illustrirten Zeitung‹ vom 17. April 1886
Berlin, Staatliche Museen Preußischer Kulturbesitz, Kunstbibliothek

die Debatte geworfen wurde und in den Staatenbündnissen der konservativen Monarchien sozialkonservative Zielsetzungen enthalten waren. Neuerdings ist die These aufgestellt worden, daß die imperialistische Expansion als Instrument des Ausweichens vor sozialen Konflikten in der großen Wirtschaftskrise aufgefaßt werden muß und daher als Sozialimperialismus bezeichnet werden kann. »Neue Ziele am fernen Horizont« sollten »eine integrierende Wirkung zur Verdeckung schwerer sozialer und politischer Spannungen im Innern des Kaiserreichs« haben, wie vom Deutschland Bismarcks gesagt worden ist (H. U. Wehler). Damit wäre der Imperialismus direkt aus der inneren Krisensituation der europäischen Staaten hergeleitet und zwischen Weltpolitik und kontinentaler Politik ein ursächlicher Zusammenhang hergestellt. Zweifellos wird damit einiges, obwohl keineswegs alles erklärt; die Ausgangssituation in den einzelnen europäischen Staaten ist sicher jeweils sehr unterschiedlich gewesen.

Ähnliches gilt für die nationale Frage. Sie war seit dem Abschluß der nationalstaatlichen Bewegung in Deutschland und Italien und seit dem letzten polnischen Aufstand von 1863 aus der großen Politik zurückgetreten, wenn sie auch immer eine latente Bedrohung des europäischen Friedens blieb. Die Lösung Norwegens aus der Union mit Schweden im Jahr 1905 gab ein Beispiel dafür, daß sich ein nationales Problem ohne erhebliche internationale Erschütterungen entscheiden ließ und die Zustimmung der großen Mächte erhalten konnte.

Die irische Frage war formell ein inneres Problem des britischen Reiches, behielt aber stets auch außenpolitische Aspekte. Die nationalirredentistische Bewegung Italiens hatte von vornherein zwischenstaatliche Bedeutung und zog die äußeren Beziehungen des italienischen Staates in ständige Mitleidenschaft. Eine gefährliche Sprengkraft besaßen die unerfüllten nationalen Ansprüche der Völker auf dem Balkan, einmal weil sie in ihrer Ausdehnung sich fast überall überschnitten, zum anderen wegen der explosiven Mischung von nationalistischen Bewegungen und politischen Interessen der großen Mächte, durch die schließlich der Erste Weltkrieg ausgelöst wurde. Keine der Mächte war ernstlich bereit, ein Kriegsrisiko einzugehen, aber jede verfolgte in der Hinterhand Ziele, die über den Status quo hinausgingen: Frankreich dachte stets an die Rückgewinnung der 1871 verlorenen Provinzen; die deutsche Publizistik verkündete, mehr als es die offizielle Politik tat, ebenso vage wie uferlose Projekte eines kontinentalen Imperialismus, die sich freilich erst nach Kriegsausbruch zu einem regelrechten Programm verdichteten; der Balkan war das Spielfeld rivalisierender Interessen Rußlands, Österreich-Ungarns, aber auch Italiens. Die europäische Politik bot von sich aus Anlässe genug, um die Welt in Unruhe zu versetzen, als sie dazu überging, in die Welt auszugreifen. Das Instrumentarium der großen Politik für die Erhaltung des Friedens, das sie in einer langen Tradition entwickelt hatte, war in seiner Wirkungskraft weitgehend geschwächt. Die Verknüpfung der Staaten durch ein System von Verträgen, Beistandsverpflichtungen und Neutralitätszusagen besaß eine immer geringere gleichgewichtsichernde Funktion, ja es verstärkte sogar das Auseinanderfallen in einander gegenüberstehende Blöcke. Dies war die Situation, als die imperialistische Ära begann. Sie setzte die Spieler auf der europäischen Landkarte nicht matt, sondern löste einen Wechsel von aufeinanderfolgenden Wellen kontinentaler und kolonial-weltpolitischer Krisen aus.

Seit dem Beginn der achtziger Jahre, seit Englands militärischer Festsetzung in Ägypten 1882, zählt eine neue Epoche: Die anderen Teile der Welt zogen das Interesse der Mächte nicht nur gelegentlich auf sich, sondern rückten in den Mittelpunkt. An ihrer Erwerbung und Durchdringung maßen die europäischen Staaten ihre Macht, ihre Geltung in der Welt. In der ersten Phase stand der ›Scramble for Africa‹, an dem sich Großbritannien, Frankreich, Deutschland, Belgien und Italien beteiligten. Das Deutschland Bismarcks betrieb die koloniale

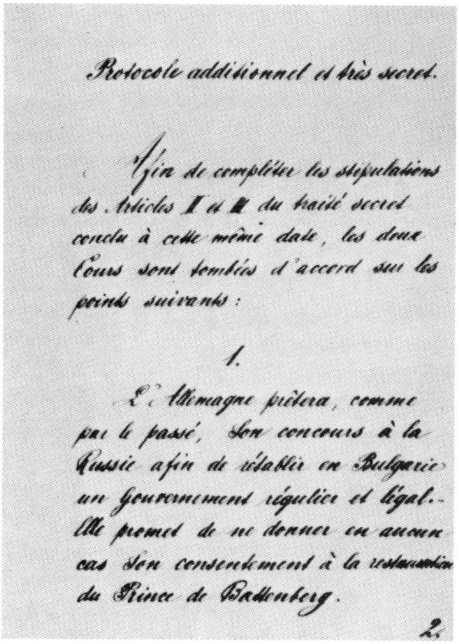

Protocole additionnel et très secret.

Afin de compléter les stipulations des Articles II et III du traité secret conclu à cette même date, les deux Cours sont tombées d'accord sur les points suivants:

1.

L'Allemagne prêtera, comme par le passé, son concours à la Russie afin de rétablir en Bulgarie un Gouvernement régulier et légal. Elle promet de ne donner en aucun cas son consentement à la restauration du Prince de Battenberg.

2.

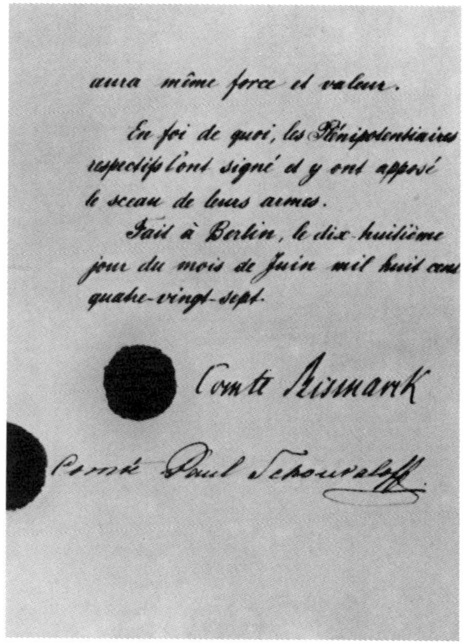

aura même force et valeur.

En foi de quoi, les Plénipotentiaires respectifs l'ont signé et y ont apposé le sceau de leurs armes.

Fait à Berlin, le dix-huitième jour du mois de Juin mil huit cent quatre-vingt-sept.

Comte Bismarck

Comte Paul Schouvaloff

Das ganz geheime Zusatzabkommen zum Rückversicherungsvertrag
zwischen Deutschland und Rußland vom 18. Juni 1887
Erste Seite und Unterschriftenseite des Dokuments
Bonn, Politisches Archiv des Auswärtigen Amtes

Expansion zwischen 1883 und 1885 an den Küsten West- und Ostafrikas vielleicht mit dem geringsten inneren Anteil. Bismarck verfolgte zunächst lediglich das Ziel der »Regierung kaufmännischer Gesellschaften, über denen nur die Aufsicht und der Schutz des Reiches und des Kaisers zu schweben hat«. Aber der zweite Schritt zu unmittelbarer Gebietshoheit des Reiches über sogenannte Schutzgebiete erwies sich bald als unvermeidlich in der Ära antagonistischer Expansion der Mächte, die sich untereinander Land und Herrschaft streitig machten. Frankreich breitete sich etwa zur gleichen Zeit in Nordafrika, in Indochina und in Ost- und Zentralafrika aus. Die beiden verfeindeten Kontinentalmächte führten in jenen Jahren ihre Kolonialehe und stellten sich auf der Kongo-Konferenz 1884/85 englischen Ansprüchen in den Weg.

Diese erste Welle kontinentaler Politik wurde unterbrochen durch eine Periode, in der wiederum europäische Konflikte in den Vordergrund rückten. Zwischen 1887 und 1890 ging es, wenn nicht um die Wiederherstellung eines kontinentalen Gleichgewichts, so doch um ein System von Aushilfen, um über akute Spannungszeiten hinwegzukommen, wozu man den Rückversicherungsvertrag von 1887 rechnen muß. Seine Nicht-Erneuerung im Jahr 1890 war noch nicht unbedingt als Signal eines Kurswechsels gedacht, obwohl die Nachfolger Bismarcks, Leo Graf von Caprivi und seine Umgebung, vor allem Friedrich von Holstein, aus verschiedenen Gründen einer Fortsetzung der bisherigen Rußland-Politik widerstrebten. In Rußland mußte aber der Eindruck einer Neuorientierung der deutschen Außenpolitik entstehen, da das Reich in unmittelbarer zeitlicher Nähe den Helgoland-Sansibar-Vertrag mit England schloß, durch den Deutschland die Insel in der Nordsee gegen einen Verzicht auf ostafrikanische Gebiete um die Insel Sansibar eintauschte. So kam am 17. April 1892 eine russisch-französische Militärkonvention zustande, die der Beginn eines ›Umsturzes der Bündnisse‹ gewesen ist. Im Dezember 1893 wurde sie zu einem politischen Vertrag ausgebaut, der die beiderseitige Beistandspflicht im Fall eines Angriffs der Dreibund-Mächte festlegte, ja sogar schon die Vertragspartner zu sofortigen gemeinsamen Maßnahmen verpflichtete, falls der Dreibund oder eine der an ihm beteiligten Mächte mobil machen sollte. Dieses Bündnis ließ zunächst manches offen; es wurde erst später dahin interpretiert, daß auch ein Konfliktfall auf dem Balkan, in den Rußland eingriff, als Casus foederis angesehen werden sollte. Im Jahr 1899 wurde als seine Aufgabe nicht nur die Aufrechterhaltung des Friedens, sondern sogar des Gleichgewichts zwischen den europäischen Mächten bezeichnet. Es war eine Allianz im traditionellen Stil der kontinental-europäischen Politik, allerdings mit einer in weltpolitische Zusammenhänge reichenden Wirkung, weil sie die Russen an ihrer Westgrenze bei ihrem Vordringen in Asien entlastete und zudem als Sicherung gegenüber England aufgefaßt werden konnte.

Für das Reich bedeutete das russisch-französische Bündnis in jeder seiner denkbaren Interpretationen das Ende des mühsamen Versuchs, den Zweifrontendruck zu verhindern, der Bismarck den ›Cauchemar des coalitions‹ bereitet hatte. Dieser Sicherheitsverlust konnte höchstens noch durch eine engere Bindung an England aufgewogen werden, sollte dieses sich dafür gewinnen lassen, Deutschland nicht nur als ›Festlandsdegen‹ gegen das Zarenreich in der globalen Auseinandersetzung zwischen ›Walfisch‹ und ›Bär‹ zu benutzen, sondern ihm und den Dreibund-Mächten verbindliche Beistandszusagen zu geben. – Der Prozeß der Zersetzung des zentraleuropäischen Bündnissystems schritt fort, nicht dadurch, daß Verträge offen zerstört, sondern indem sie ausgehöhlt wurden. Es hängt mit dem Scheitern von Italiens zweitem Anlauf, zur Kolonialmacht aufzusteigen, zusammen, wenn Italien nach der Katastrophe von Adua und dem Zusammenbruch der Abessinien-Politik Crispis im Jahr 1896, eine Korrektur an seiner Stellung im Dreibund vornahm. Es wandte sich wieder stärker der Adria-Politik, dem Balkan und der Irredentafrage zu und stieß damit unvermeidlich auf Österreich-Ungarn als Rivalen und Gegner. Die Adria und ihre Gegenküsten unter italienischen Einfluß zu bringen, war ein imperialistisches Programm im kleinen, wirtschaftlich und demographisch unrealistisch, aber historisch und kulturell legitimiert und ein geeignetes Ziel, von den inneren Problemen der Übervölkerung, des sozialen Gefälles von Norden nach Süden, des wirtschaftlichen Niedergangs abzulenken. In welchem Umfang Italien vorwiegend kapitalmäßig von Frankreich abhängig war, zeigte der Zollkrieg der neunziger Jahre, der die italienische Wirtschaft an den Rand des Erliegens brachte. Seine Beendigung war mit einer politischen Entscheidung verbunden, welche die Verpflichtungen des Dreibundes unmittelbar tangierte. Das geheime italienisch-französische Neutralitätsabkommen vom 1. November 1902 sah für den Fall einer französischen Kriegserklärung an eine dritte Macht, die durch eine unmittelbare Herausforderung ausgelöst werde, die Neutralität Italiens vor. Vergleichbar mit dem deutsch-russischen Rückversicherungsvertrag und seinem problematischen Verhältnis zum Zweibund geriet das Abkommen von 1902 beinahe in eine direkte Kollision mit den Dreibund-Verpflichtungen Italiens. Zudem waren die im zweiten Dreibund-Vertrag gegebenen Beistandszusagen bei einer italienischen Expansion in Nordafrika gegenstandslos geworden, da sich Italien schon im

September 1900 mit Frankreich über seine Ansprüche auf Tripolis verständigt hatte. Italien blieb zwar offener Partner des Dreibundes, der noch mehrfach, zuletzt 1913, erneuert worden ist, wurde aber eine Art stiller Teilhaber an der Mächteverbindung, die sich gegen die Mittelmächte gebildet hatte. Es verständigte sich außerdem 1909 im Vertrag von Racconigi mit Rußland über eine gemeinsame Haltung auf dem Balkan. Italien trieb klassische Balancepolitik, weniger aus weltpolitischen Interessen, an denen es nur in geringem Umfang teilhatte, als vielmehr aus der begrenzten Interessenpolitik einer Mittelmeer- und Adria-Macht. Im Schlepptau des italienischen Bündniswandels trat auch Rumänien spätestens seit 1913 aus seiner Rolle als assoziierter Dreibund-Partner heraus und bereitete damit ähnlich wie Italien die Umkehr seiner Politik während des Weltkrieges vor.

Die wachsende Isolierung des Deutschen Reiches ergab sich wie zwangsläufig aus der Auflösung seines eigenen Bündnissystems, von dem nur der Zweibund als fester Kern übrigblieb. Aber dieser hatte seine ursprüngliche Funktion als mitteleuropäischer Ordnungsversuch wie als Druckmittel auf Rußland verloren und wurde mehr und mehr ein Schutzinstrument des stärkeren für den schwächeren Partner. Damit vergrößerte sich die Gefahr einer politischen Abhängigkeit eben des Stärkeren von dem Schwächeren, was aus einem Sicherheitsfaktor einen Risikofaktor machte. Deutschland, unstreitig die stärkste europäische Kontinentalmacht, war zugleich die empfindlichste, verwundbarste, die den Nachteilen seiner geographischen Lage und der Schwächung seines Bündnissystems ausgesetzt war. Der Versuch, Weltmacht zu werden, mußte unter solchen Bedingungen mit größten Gefahren verbunden sein. Doch Weltpolitik zu treiben, konnte auch als Verlockung erscheinen, um aus den kleineuropäischen Risiken in die weltpolitischen Risiken auszubrechen – ein Konzept, das den politischen Entscheidungen der Wilhelminischen Ära unterschwellig zugrunde lag. Aber eben dieses Konzept hätte Augenmaß, Konsequenz und Flexibilität erfordert, Voraussetzungen also, die die unstete, zugleich alle potentiellen Gegner herausfordernde deutsche Politik nicht erfüllte. War die kontinentale Position Deutschlands durch die russisch-französische Allianz in ihrer Bewegungsfreiheit behindert, so setzte weltpolitische Aktivität ein Arrangement gleich welcher Art mit der britischen Welt- und Seemacht voraus. Darum muß in den deutsch-englischen Auseinandersetzungen um die Jahrhundertwende über eine Bündnismöglichkeit das entscheidende Ereignis der Vorkriegspolitik gesehen werden.

Es gab auf beiden Seiten Ansatzpunkte und Behinderungen dafür. England stand vor der Tatsache, mit der Konkurrenz und dem Widerstand Frankreichs in Afrika und Rußlands in Asien rechnen zu müssen. Rußland wurde nach seinem Vordringen in die zentralasiatischen Regionen als ernste Bedrohung der britischen Herrschaft in Indien empfunden. Deutschland in seiner ungedeckten Stellung in der Mitte Europas benötigte den Rückhalt Englands, um der schwindenden Kraft seines Bündnissystems wieder Leben einzuhauchen, Italiens maritime Bedrohung zu verhindern und Österreich-Ungarn auf dem Balkan indirekten Schutz gegen Rußland zu gewähren. Doch so manche Hindernisse ließen dieses Kalkül nicht ohne weiteres aufgehen. Seit den neunziger Jahren machten sich im beiderseitigen Verhältnis Verstimmungen und Gereiztheiten bemerkbar, deren Ursache namentlich in dem kolonialen Konkurrenzkampf lag, der in Süd- und Ostafrika ausgebrochen war. Es handelte sich um die zweite Welle des Kolonialismus. England verfolgte jetzt zielstrebig den Ausbau seines Herrschaftsbereichs in der Kap-Kolonie – seit 1884 Südafrikanische Republik – gegenüber den Buren-Staaten, von denen Transvaal durch seine Goldminen eine ungeheure Anziehungskraft auf Einwanderer ausübte. Cecil Rhodes, von 1890 bis 1897 Premierminister der Südafrikanischen Republik, war die treibende

Kraft, als im sogenannten Jameson Raid 1895 ein Trupp von etwa fünfhundert Mann durch ein überfallartiges Unternehmen die Transvaal-Republik mit Hilfe aufgewiegelter Uitlanders den Briten in die Hand spielen wollte. Er betrieb auch den großen Plan einer durchgehenden Landverbindung für das britische Afrika-Reich ›vom Kap bis Kairo‹. Im Zuge dieser Politik wurden die Gebiete nördlich und südlich des Sambesi, des späteren Rhodesien, von der britischen South Africa Company um 1889/90 in Besitz genommen. Von Norden her drangen die Briten in das nördlich von Deutsch-Ostafrika gelegene Uganda ein und versuchten im Jahr 1894 in einem Separatvertrag mit dem belgischen König Leopold II., dem Besitzer des Kongo-Staats, über einen Streifen im Hinterland des deutschen Ostafrika-Gebietes eine Landverbindung zwischen Rhodesien und Uganda herzustellen. Hier stellten sich Deutschland und Frankreich wie zehn Jahre zuvor in einer gemeinsamen kolonialpolitischen Aktion entgegen und erreichten die Aufhebung des Abkommens.

Dies alles muß man im Zusammenhang mit dem Vordringen Englands in den Sudan und dem dort sich anbahnenden Zusammenstoß mit den Franzosen sehen. In Deutschland verbreitete sich angesichts der bei einigen Rückschlägen doch erstaunlichen Fortschritte der britischen Ausbreitung eine Erbitterung, die erstmals Züge eines neuen Nationalismus mit einer gegen England gerichteten Tendenz trug. Dieser Nationalismus erwuchs nicht mehr aus kontinentalem Rivalitätsdenken, sondern aus der neuen Dimension eines weltpolitischen Anspruchs auf Mitbestimmung und aus der Enttäuschung darüber, daß solchem Anspruch nicht Genüge getan wurde. Hier lagen die Wurzeln der deutschen Buren-Begeisterung, die weniger positiv der Sympathie für ein als stammverwandt angesehenes Volk zuzurechnen ist als negativ dem Bewußtsein, hinter einem erfolgreiche-

Cecil Rhodes als Rattenfänger von Rhodesien
Zeichnung von Sir John Tenniel für den ›Punch‹ vom 10. Mai 1899
London, Punch Library

ren Gegner zurückstehen zu müssen. Wilhelm II. trug gewiß durch seine undisziplinierten Ausfälle zur Verschärfung der Lage bei, doch er ist darin ganz der Ausdruck seiner Zeit und seiner Nation. Auch der Glückwunsch an den Präsidenten der Buren-Republik Transvaal, Paulus Krüger, die Krüger-Depesche vom 3. Januar 1896 nach dem mißglückten Jameson Raid gab nur allgemeinen Stimmungen Ausdruck; sie war eine Fanfare, hinter der wenig Möglichkeiten einer Intervention standen, obwohl der Kaiser an Derartiges gedacht hatte und ihm nur seine Berater dies ausgeredet hatten. Die Wirkung der Krüger-Depesche, »einer der größten Mißgriffe in der Geschichte der modernen Diplomatie« (W. Langer), war in England ungewöhnlich stark. Die englische Presse reagierte in überaus heftiger Sprache und rollte das deutsch-englische Verhältnis in allen seinen Aspekten auf. Das ominöse Wort ›Germania est delenda‹ fiel in der ›Saturday Review‹ vom 1. Februar 1896. Das deutsch-englische Verhältnis schien bis ins Mark getroffen: Zwei nationalistische Massenpsychosen stießen aufeinander, die ersten dieses Ausmaßes, die das imperialistische Zeitalter hervorgerufen hatte. Ihre Nachwirkungen bildeten eine der Konstanten im deutsch-englischen Verhältnis.

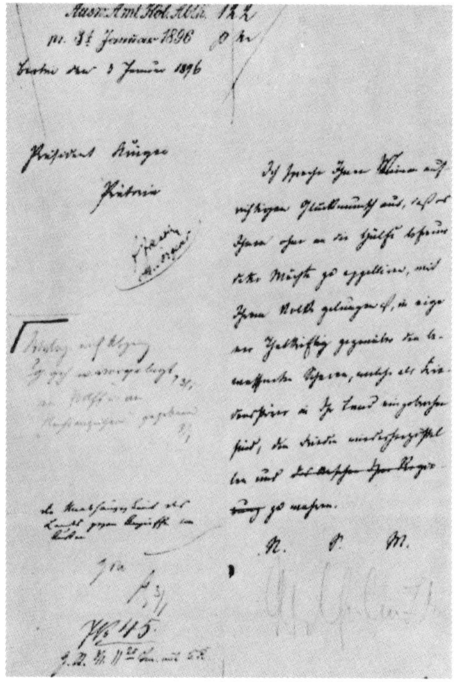

Die sogenannte Krüger-Depesche:
Telegramm Kaiser Wilhelms II. an Paulus Krüger,
den Präsidenten der Südafrikanischen Republik
Konzept von der Hand Paul Kaysers,
des Direktors der Kolonialabteilung
im Auswärtigen Amt, vom 3. Januar 1896
Bonn, Politisches Archiv des Auswärtigen Amtes

Die Beziehungen zwischen Völkern und Staaten bestehen aus einem Geflecht von Interessen, Emotionen, Erfahrungen und Vorurteilen. Der diplomatischen Kunst fällt, wenn sie Kunst sein will, die Aufgabe zu, aus dem Syndrom zwischenstaatlicher Beziehungen die Elemente sichtbar zu machen und herauszulösen, die ein gemeinsames Interesse zweier oder mehrerer Staaten begründen können. Das führt weit über Diplomatie im engsten Sinne des Worts hinaus. Dafür sind die deutsch-englischen Beziehungen um die Jahrhundertwende gleichsam der klassische Modellfall. Sie sind der Gegenstand einer umfangreichen historischen und politischen Literatur zwischen den Weltkriegen gewesen, die richtig erkannt hatte, daß es sich hier um eine Weichenstellung sowohl der europäischen Geschichte als auch der Weltgeschichte gehandelt hat. Das Interesse daran ist heute ein anderes: Einmal geht es um die Frage, ob im historischen Verlauf große Alternativen bestanden haben, ob sie überhaupt wahrgenommen worden sind; zum anderen erscheint das Problem, wieweit strukturelle, sogenannte objektive Gegebenheiten den Lauf der Dinge bestimmt haben oder ob er mehr von persönlichen Entscheidungen geformt worden ist.

Die deutsch-englischen Verhandlungen waren ein Vorgang, der sich in mehreren Phasen ab-

Kampf deutscher Marinetruppen am Ch'ien-mên in Peking während des Boxer-Aufstandes
Lithographie aus Neuruppin, 1900
Karlsruhe, Sammlung Lankheit

spielte, die schließlich doch eine Einheit bildeten. In der ersten Phase handelte es sich eindeutig um eine Initiative von englischer Seite. Die englische Politik geriet bei ihrem Vordringen in der Welt an verschiedenen Stellen auf Gegenkräfte und Widerstände: Der russische Druck in Zentralasien und im Fernen Osten, das drohende Aufeinanderprallen britischer und französischer Expansion im Sudan, die Zuspitzung der Beziehungen zu den Buren-Staaten – dies alles gestattete England nicht länger, »die bisherige traditionelle Politik der Isolierung aufrechtzuerhalten«, und ließ nach einem möglichen Rückhalt an dritten Mächten Ausschau halten. Es war der Kolonialminister Joseph Chamberlain, der die ersten Kontakte suchte, ohne daß er dabei von dem abwesenden Premierminister Lord Salisbury voll gedeckt war. Sie konnten als Bereitschaft Englands für einen Beitritt zur Tripelallianz gedeutet werden, zielten aber zunächst deutlich auf eine aktive deutsche Hilfe für England in einem erwarteten Konflikt mit Rußland im Norden Chinas wie auf die Sicherung der Neutralität Deutschlands in Südafrika. Ob dahinter ein ernsthafter Wille zu einer grundsätzlichen Wendung Englands stand, wurde und wird sehr verschieden bewertet. – Die deutsche Seite unter dem neuen Staatssekretär Bernhard von Bülow, dem späteren Reichskanzler, konnte sich nicht von der Besorgnis lösen, ein unberechenbares Risiko eingehen zu müssen, da bei einem Scheitern eines Vertrages in offenen Parlamentsverhandlungen Deutschland einem verstärkten Druck der russisch-französischen Allianz ausgesetzt worden wäre. Ein Grundmotiv der Bismarckschen Politik, nämlich die Regel, bei einem russisch-englischen Konflikt in der Hinterhand zu bleiben, wirkte hier nach, verband sich jedoch mit der namentlich von Holstein vertretenen Meinung, daß der Zwang der Entwicklung England zum Anschluß an Deutschland bringen werde, wenn nur Deutschland die Geduld nicht verliere und abwarten könne, bis England mit besseren Angeboten komme. Dies kann als das Grundmißverständnis der deutschen Außenpolitik bezeichnet werden, die ihrerseits durch ihre diffusen Aktivitäten überall in der Welt ihren Verhandlungsspielraum einengte. So war das Ergebnis der Kontakte von 1898 kein Abbruch, aber ein Aufschub von beiden Seiten, bei dem immerhin die Möglichkeit von Verabredungen über Einzelfragen statt eines Generalabkommens offen blieb – ein Verfahren, das die britische Politik auch gegenüber Partnern wie Frankreich und Rußland später anwenden sollte.

Aber eben solche Übereinkommen sind glücklos verlaufen; sie vergrößerten sogar die Entfremdung. Ein deutsch-englischer Vertrag über die portugiesischen Kolonien vom 30. August 1898, der als ein kaum verhüllter Teilungsvertrag bezeichnet werden muß, »als ein Meisterstück vertragsmäßiger Ordnung von kolonialen Begehrlichkeiten in dem Bereich eines ungefragten Dritten« (H. Oncken), der eigentlich gegen jede gute Sitte verstieß, wurde die Ursache großer Enttäuschung für Deutschland und mußte fast wie ein Düpierungsmanöver erscheinen, nachdem Großbritannien ein Jahr später, am 14. Oktober 1899, im Windsor-Vertrag seine Garantie für die territoriale Integrität Portugals einschließlich seiner Kolonien erneuerte. Deutschlands Hoffnungen auf die Erweiterung seines mittelafrikanischen Kolonialbesitzes wurden bitter enttäuscht. Ähnlich unbefriedigend waren die Erfahrungen, die beide Mächte mit einem Abkommen über eine gemeinsame Politik in China machten. In dem von Interessen und Einflüssen der imperialistischen Mächte durchsetzten chinesischen Reich hatte sich im Jahr 1900 der Geheimbund der Boxer, eine nationale Protestbewegung an der Scheide zwischen »primitiver Rebellion zur bewußten Revolution«, erhoben und wurde nach der Bedrohung des unter autonomer Verwaltung stehenden Gesandtschaftsviertels in Peking und nach der Ermordung des deutschen Gesandten Klemens von Ketteler von einer ausländischen Interventionsarmee sämtlicher Mächte niedergeworfen, deren Oberbefehl erst nach den entscheidenden Erfolgen der deutsche Generalfeldmarschall Alfred von Waldersee übernahm. Rußland benutzte die Lage, um im Norden Chinas dauernde strategische Vorteile zu erreichen, vor allem die Manchurei zusammen mit dem Recht auf den Bau einer Bahn in seine Hand zu bringen. Eine weitere Zerstückelung Chinas drohte. England sah dadurch seine kommerziellen Interessen bedroht und schloß mit Deutschland am 16. Oktober 1900 das Yang-tzu-Abkommen,

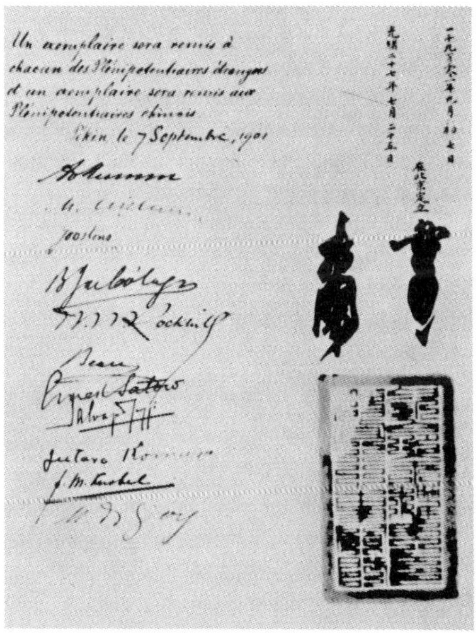
Un exemplaire sera remis à chacun des Plénipotentiaires étrangers et un exemplaire sera remis aux Plénipotentiaires chinois
Pékin le 7 Septembre, 1901

Der Friede von Peking am 17. September 1901
Schlußseite des Unterhändlerinstruments
in der für Deutschland bestimmten Ausfertigung
des Vertrages
Bonn, Politisches Archiv des Auswärtigen Amtes

in dem sich beide Staaten auf den Grundsatz der offenen Tür für alle Nationen in China und auf die Aufrechterhaltung des Territorialbestands des chinesischen Reiches verpflichteten. Sie nahmen eine beiderseitige Verständigung über etwaige Schritte in Aussicht, sollte eine andere Macht die chinesischen Wirren dazu benutzen, um unter irgendeiner Form sich territoriale Vorteile zu verschaffen. Dieser Vertrag war ähnlich wie das Kongo-Abkommen ein Versuch, ein umstrittenes Gebiet aus dem Bereich territorialer Ansprüche auszuklammern, richtete sich aber nach englischer Interpretation ganz konkret gegen die russischen Aspirationen – eine Auffassung, der die deutsche Politik entschieden widersprach. Auch hier standen sich die deutsche Absicht, sich aus dem russisch-englischen Weltgegensatz herauszuhalten, und das englische Ziel, sich eines Partners zur Eindämmung Rußlands zu bedienen, gegenüber. Eine Übereinstimmung darüber ließ sich nicht herstellen, und das Yang-tzu-Abkommen wurde bedeutungslos.

Trotz der ernüchternden Erfahrung, daß für eine deutsch-englische Zusammenarbeit der notwendige gemeinsame Grundkonsens fehlte, war dies noch nicht der letzte Akt in dem Drama der Bündnisverhandlungen zwischen London und Berlin. Der Erste Sekretär der Deutschen Botschaft in London, Hermann von Eckardstein, leitete neue Verhandlungen durch ein höchst eigenmächtiges Vorgehen ein, indem er das Angebot eines »auf längere Zeit berechneten Defensivarrangements zwischen England und Deutschland«, das in Wahrheit von ihm selbst kam, durch den englischen Außenminister Henry Lord of Lansdowne nach Berlin melden ließ. Beide Regierungen glaubten in der dadurch hervorgerufenen Verwirrung, von einem Bündnisvorschlag der anderen Seite ausgehen zu können. Die Verhandlungen fuhren sich bald an der namentlich von Holstein geltend gemachten Forderung nach »unmittelbaren, direkten Vorteilen für Deutschland« fest, unter denen zum Beispiel die Bereitschaft Englands verstanden wurde, den Casus foederis für alle Mächte des Dreibundes, nicht für Deutschland allein, im Fall eines zweiseitigen Angriffs eintreten zu lassen, das heißt konkret im Fall eines gleichzeitigen russischen und französischen Vorgehens. Der Premierminister Lord of Salisbury, schon immer einem Zusammengehen mit dem Deutschen Reich abgeneigt, zog daraus den lapidaren Schluß: »Dies ist der Vorschlag, England in die Schranken des Dreibundes einzubeziehen . . . die Verpflichtung, die Britischen Inseln gegen Frankreich verteidigen zu müssen.« Damit war an einer für England unerfüllbaren Forderung die Verhandlung über ein generelles Abkommen gescheitert – ein von der deutschen Politik kaum bedauertes, eher begrüßtes Ergebnis, das dem Wunsch Holsteins, England warten zu lassen, weit entgegenkam. Die Hoffnungen, für die Zukunft mit einem geneigteren England rechnen zu können, erfüllten sich indessen nicht. Für die Dauer war einer Entwicklung der Weg gebahnt, in deren Verlauf die englische Politik den Ausgleich mit seinem traditionellen Rivalen Rußland einer Verständigung mit seinem neuen Konkurrenten Deutschland vorzog. Dies bedeutete die zeitgemäße Anwendung des alten Konzepts der englischen Gleichgewichtspolitik: England stellte sich der jeweils stärksten Kontinentalmacht entgegen, sobald diese als Störung der kontinentalen Balance empfunden wurde. Auch die neue weltpolitische Mächtekonstellation ließ eine solche Störung für England nicht zu, zumal die stärkste Landmacht im Begriff war, als Seemacht auch die globalen Gleichgewichtsverhältnisse zu erschüttern. Aus weltpolitischen Erwägungen entschied sich die englische Politik noch im Jahr 1902 für ein Bündnis mit Japan.

Leopold von Ranke hat einmal gesagt: »Ich weiß nicht, ob man mit Recht so viel von gemachten Fehlern, versäumten Gelegenheiten, eingetretenen Vernachlässigungen reden darf, wie es geschieht. Alles entwickelte sich über die Köpfe der Beteiligten hin mit einer Notwendigkeit, welche etwas Unvermeidliches wie ein Fatum in sich trägt.« Die weltpolitische Entwicklung von der Jahrhundertwende bis zum Ausbruch des Ersten Weltkrieges könnte dazu verführen, diese Sätze wörtlich zu nehmen. Indessen sind sie nur anwendbar, wenn man Notwendigkeit als strukturelle Determinanten persönlicher Entscheidungen versteht und beide Elemente in ihrer Bedeutung für den Geschichtsverlauf würdigt. Notwendigkeit kann auch darin gesehen werden, daß sich das Scheitern denkbarer und nachweisbarer Alternativen nicht als Spiel der Zufälligkeiten, sondern als Konsequenz aus realen Gegebenheiten erweist. Diese Frage muß gestellt werden, wenn man die Entstehung des Systems zweier antagonistischer Blökke in der Vorkriegszeit betrachtet und die Möglichkeiten anderer Entwicklungen untersucht. In der Phantasie namentlich des deutschen Kaisers spielte, je mehr sich der Gegensatz der deutschen Politik zu England durchsetzte, der Gedanke eines europäischen Kontinentalbundes, gerichtet gegen das Übergewicht Englands in der Welt, eine große Rolle. Das konnte eine Rückwendung zu Rußland bedeuten, die sich schon am Ende der Kanzlerzeit Caprivis andeutete und im chinesisch-japanischen Krieg sowie im Frieden von Shimonoseki im Jahr 1895 zu gemeinsamen diplomatischen Schritten Deutschlands, Frankreichs und Rußlands gegen Japan führte. Auch die deutsch-französische Aktion gegen die Abmachungen Englands mit dem Kongo-Staat 1894 gehörte in diesen Zusammenhang. Der Gedanke hielt sich unter wechselnden politischen Konstellationen und wurde immer wieder hervorgeholt, wenn sich die Wege zwischen England und Deutschland kreuzten, bis zu dem zwischen dem Zaren und dem deutschen Kaiser vereinbarten Vertragsentwurf von Björkö vom 24. Juli 1905, der die Einbeziehung Frankreichs in ein deutsch-russisches Vertragssystem in Aussicht nahm. Wäre es jemals in Kraft getreten, hätte dies eine Umkehr der europäischen Gesamtsituation bedeuten müssen, für Deutschland wäre der Druck

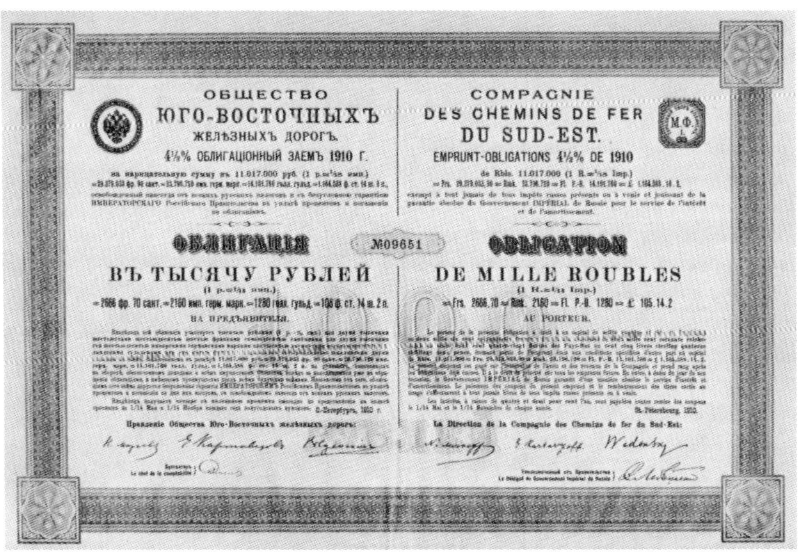
ОБЩЕСТВО
ЮГО-ВОСТОЧНЫХЪ
ЖЕЛѢЗНЫХЪ ДОРОГЪ.
4½% ОБЛИГАЦІОННЫЙ ЗАЕМЪ 1910 Г.
COMPAGNIE
DES CHEMINS DE FER
DU SUD-EST.
EMPRUNT-OBLIGATIONS 4½% DE 1910
ОБЛИГАЦІЯ
№09651
OBLIGATION
ВЪ ТЫСЯЧУ РУБЛЕЙ
DE MILLE ROUBLES

Zaren-Anleihe aus dem Jahr 1910 im Nennwert von tausend Goldmark
München, Sammlung Dr. Peter F. Koeppel

einer Zweifrontenbedrohung beseitigt und ein Höchstmaß von sicherheitspolitischer Abstützung erreicht worden. Aber der Entwurf, den die Berater des Kaisers sofort verwarfen, ging von imaginären Hypothesen aus und unterstellte, daß es ein gemeinsames Interesse aller kontinentalen Mächte an der Herstellung eines Gegengewichts gegen England gab – dies in einem Augenblick, in dem England und Frankreich bereits in der Entente cordiale ihre Interessen aufeinander abgestimmt hatten. Es gab für die deutsche Politik keinen Ausweg, der aus ihrer bedrängten Lage herausgeführt hätte.

In dem Wettlauf zwischen den Mächten, der vor und nach der Jahrhundertwende in eine zweite Phase der imperialistischen Ausbreitung eingetreten war, verlor Deutschland auch die nächsten Runden: Bündnispolitisch gelang ihm keine Absicherung; ein Bündnis mit England wurde auf die lange Bank geschoben, die Wiederherstellung der Verbindung zu Rußland auf der Basis traditioneller dynastischer Beziehungen war ein Anachronismus. Der Anteil an den Erwerbungen der imperialistischen Expansion blieb verschwindend gering: Für das Reich fiel nichts ab außer dem ›Pachtgebiet‹ und Flottenstützpunkt Kiao-chou am Gelben Meer, einigen pazifischen Inselgruppen anstelle der erstrebten Philippinen als mageren Anteil an der Beute aus dem Zusammenbruch des spanischen Kolonialbesitzes im Fernen Osten nach dem spanisch-amerikanischen Krieg von 1898 und schließlich, 1899, einem Teil der Samoa-Inseln. Deutschland sah sich damit mehr und mehr um die Früchte seiner Weltpolitik betrogen. Der daraus erwachsende Enttäuschungseffekt wirkte indessen auf die deutsche Politik nicht dämpfend, sondern eher ihre hektischen Neigungen stimulierend.

In ganz anderer Lage befand sich England. Es war weiterhin im vollen Ausbau seines Empire begriffen, ohne daß es deswegen in unheilbare Konflikte mit anderen Mächten geriet. Die Identität seiner nationalen und seiner weltpolitischen Interessen machte sich in der Form der Verträge geltend, mittels derer es sein Weltreich und zugleich seine Stellung in Europa sicherte: Es waren, mit Ausnahme des Bündnisvertrages mit Japan vom 30. Januar 1902, Abgrenzungs- und Ausgleichsverträge, die sich auf Kolonial- und Einflußgebiete bezogen, aber immer auch im Blick auf allgemeinpolitische und europäische Rückwirkungen vereinbart wurden. Das gilt zunächst von dem am 31. Mai 1902 geschlossenen Friedensvertrag mit den Buren-Staaten, der die Kapitulation der Buren besiegelte und den Grund für die Eingliederung ihrer Republiken in die südafrikanische Kolonie legte, die seit 1910 sich zur Südafrikanischen Union umbildete. Damit war die schwerste Gefahr für die Konsolidierung des britischen Südafrika-Reiches überwunden und eine Drohung für die britische Gesamtpolitik gebannt, die durch eine mögliche Intervention dritter Mächte auch in europäische Verwicklungen hineingezogen worden wäre. Konflikte an der Peripherie

Die Rivalen Samoas
Karikatur im ›Punch‹ vom 9. Februar 1889
London, Punch Library

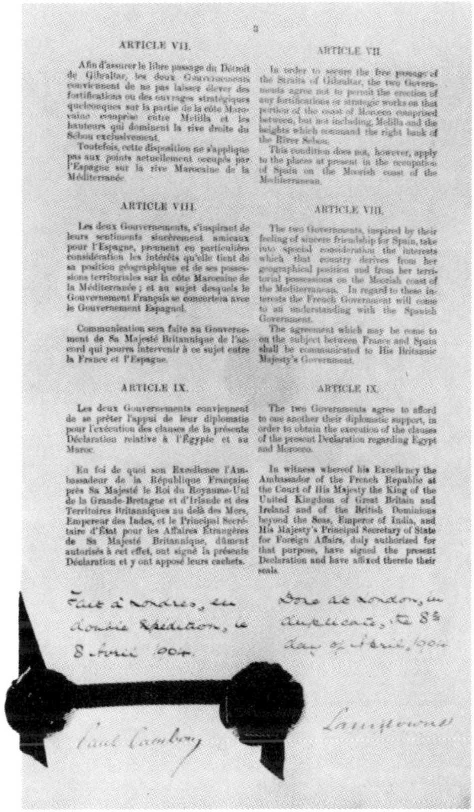

3

ARTICLE VII.

Afin d'assurer le libre passage du Détroit de Gibraltar, les deux Gouvernements conviennent de ne pas laisser élever des fortifications ou des ouvrages stratégiques quelconques sur la partie de la côte Marocaine comprise entre Melilla et les hauteurs qui dominent la rive droite du Sébou exclusivement.

Toutefois, cette disposition ne s'applique pas aux points actuellement occupés par l'Espagne sur la rive Marocaine de la Méditerranée.

ARTICLE VIII.

Les deux Gouvernements, s'inspirant de leurs sentiments sincèrement amicaux pour l'Espagne, prennent en particulière considération les intérêts qu'elle tient de sa position géographique et de ses possessions territoriales sur la côte Marocaine de la Méditerranée; et au sujet desquels le Gouvernement Français se concertera avec le Gouvernement Espagnol.

Communication sera faite au Gouvernement de Sa Majesté Britannique de l'accord qui pourra intervenir à ce sujet entre la France et l'Espagne.

ARTICLE IX.

Les deux Gouvernements conviennent de se prêter l'appui de leur diplomatie pour l'exécution des clauses de la présente Déclaration relative à l'Égypte et au Maroc.

En foi de quoi son Excellence l'Ambassadeur de la République Française près Sa Majesté le Roi du Royaume-Uni de la Grande-Bretagne et d'Irlande et des Territoires Britanniques au delà des Mers, Empereur des Indes, et le Principal Secrétaire d'État pour les Affaires Étrangères de Sa Majesté Britannique, dûment autorisés à cet effet, ont signé la présente Déclaration et y ont apposé leurs cachets.

ARTICLE VII.

In order to secure the free passage of the Straits of Gibraltar, the two Governments agree not to permit the erection of any fortifications or strategic works on that portion of the coast of Morocco comprised between, but not including, Melilla and the heights which command the right bank of the River Sebou.

This condition does not, however, apply to the places at present in the occupation of Spain on the Moorish coast of the Mediterranean.

ARTICLE VIII.

The two Governments, inspired by their feeling of sincere friendship for Spain, take into special consideration the interests which that country derives from her geographical position and from her territorial possessions on the Moorish coast of the Mediterranean. In regard to these interests the French Government will come to an understanding with the Spanish Government.

The agreement which may be come to on the subject between France and Spain shall be communicated to His Britannic Majesty's Government.

ARTICLE IX.

The two Governments agree to afford to one another their diplomatic support, in order to obtain the execution of the clauses of the present Declaration regarding Egypt and Morocco.

In witness whereof his Excellency the Ambassador of the French Republic at the Court of His Majesty the King of the United Kingdom of Great Britain and Ireland and of the British Dominions beyond the Seas, Emperor of India, and His Majesty's Principal Secretary of State for Foreign Affairs, duly authorized for that purpose, have signed the present Declaration and have affixed thereto their seals.

Paul Cambon

Lansdowne

Französisch-englisches Freundschaftsabkommen
für das Verhältnis zu Ägypten und Marokko
Schlußseite der Deklaration vom 8. April 1904
in der für Frankreich bestimmten Ausfertigung
Paris, Ministère des Affaires Etrangères

wirkten hier zum ersten Mal deutlich auf das europäische Zentrum zurück. Hierdurch unterschied sich das imperialistische Weltsystem von den Regeln, die im kleineuropäischen System gegolten hatten. Wurde die britische Politik dadurch an einer empfindlichen Nahtstelle der englischen Macht entlastet, so war schon früher, durch den Sudan-Vertrag vom 21. März 1899, der offene Zusammenstoß mit Frankreich nach der Zuspitzung in Faschoda vermieden worden.

Die Voraussetzungen dafür wurden durch die Abgrenzung der englischen Interessen im anglo-ägyptischen Sudan und der französischen in Französisch-Äquatorialafrika geschaffen. Die englisch-französische Entente cordiale vom 8. April 1904 fügte sich nahtlos an den Sudan-Vertrag an, ging aber noch über ihn hinaus, indem Frankreich den politischen Zustand Ägyptens, das hieß die britische Herrschaft, anerkannte, um dafür freie Hand in Marokko einzuhandeln. Auf diese Weise wurde einer der letzten von fremder Herrschaft freien Räume in Afrika, in dem auch Deutschland Interessen verfolgte, in ein großes politisches Kompensationsgeschäft einbezogen. England und Frankreich traten aus der Gefahrenzone kolonialpolitischer Rivalitäten heraus, und die Erledigung kolonialpolitischer Streitfragen öffnete den Weg auch für ihre Zusammenarbeit in Europa. Tatsächlich hatte England damit die Politik der Splendid isolation in der seinen Interessen angepaßten Form eines ›Einverständnisses‹, das keine verbindlichen Bündnisverpflichtungen enthielt, verlassen und eine politische Option vollzogen. Erst einige Jahre später, während der Spannungsphase der zweiten Marokko-Krise, wurde die Entente durch eine von Militärs abgeschlossene Konvention mit militärischem Inhalt erfüllt: Danach sagte England die Entsendung eines Expeditionskorps in Frankreich für den Fall kriegerischer Verwicklungen mit Deutschland zu. Am 22./23. November 1912 wurde diese Vereinbarung durch den Austausch beiderseitiger Hilfszusagen in einem Briefwechsel zwischen dem britischen Außenminister Edward Grey und dem französischen Botschafter Paul Cambon erweitert. Dieses ›political and naval agreement‹, das auch eine Verlagerung der französischen Flotte ins Mittelmeer einschloß, kann nur noch als ein militärisches Bündnis bezeichnet werden.

Noch hatte sich der Ring um Deutschland nicht geschlossen, solange der alle internationalen Beziehungen übergreifende Weltgegensatz zwischen

Die Kapitulation von Port Arthur nach sechsmonatiger Belagerung durch die Japaner
im Russisch-Japanischen Krieg
Lithographie aus Neuruppin, 1905
Karlsruhe, Sammlung Lankheit

Rußland und England fortbestand. Für die deutsche Diplomatie und ihren aus dem Hintergrund wirkenden politischen Strategen Friedrich von Holstein gehörte dieser Antagonismus zu den unaufhebbaren Bedingungen ihres Handelns, und doch ist zu fragen, ob dies noch in gleichem Maße den tatsächlichen Machtverhältnissen entsprach wie hauptsächlich in den siebziger Jahren. Rußland war, ähnlich wie ein halbes Jahrhundert vorher im Krim-Krieg, durch eine schwere militärische Niederlage im koreanischen Krieg mit Japan in der Tiefe getroffen. Seine inneren sozialen und nationalen Gegensätze brachen in einer ersten Revolutionswelle 1905/06 auf, die erschreckenden Mängel seines Militärsystems und seines Transportwesens traten zutage, die Vernichtung seiner Flotte in der Seeschlacht von Tsushima im Mai 1905 und die Dezimierung seiner Armeen schwächten seine äußere Stellung. Die russische Politik mußte Zeit gewinnen, um ihre Streitkräfte zu reorganisieren, aber auch, um eine Neuorientierung ihrer Ziele vorzunehmen. Das ungeheure Reich konnte mit großer Flexibilität seine Stoßrichtungen verändern. Nach der Niederlage von 1856 in Europa war es auf die Expansion in Asien ausgewichen. Die Niederlage in Korea verwies es auf die alten Zielpunkte an den Meerengen und auf den Balkan zurück. Für die politische Großwetterlage bedeutete dies, daß die Spannungsgebiete in Südosteuropa wieder in den Vordergrund rückten. Zunächst wirkten sich die Kräfteveränderungen dahin aus, daß sich die Lage in Zentralasien zu entspannen begann. Rußland und England verständigten sich über die Abgrenzung ihrer dortigen Interessengebiete; dem russischen Drängen, englisches Entgegenkommen für die Ansprüche auf Konstantinopel und die Meerengen zu erhalten, gab die britische Diplomatie dagegen nicht nach. Die russisch-englische Konvention vom 31. August 1907 glich formal der Entente cordiale und war ein Interessenausgleichsvertrag. Ihr Nutznießer war in erster Linie England, für das die Sicherheit Indiens mit politischen Mitteln Vorrang hatte. Die Aufteilung Persiens in eine nördliche russische, eine gemeinsame in der Mitte des Landes und eine englische Zone im Süden verfolgte den Zweck, ein Vordringen Rußlands an den Persischen Golf zu blockieren; für Afghanistan wurde die protektoratsähnliche Stellung der britischen Macht ohne das Recht auf Annexion garantiert, für Tibet das Prinzip der Nichteinmischung festgelegt. Sowenig dieses asiatische Abkommen in seiner Entstehung mit den Beziehungen beider Mächte zu Deutschland zu tun hatte, so sehr ist es in seinen Wirkungen in den Zusammenhang der gemeinsamen Gegnerschaft gegen das Deutsche Reich zu stellen, wenn auch, anders als bei der Entente cordiale, die spätere Festlegung militärischer Verpflichtungen nicht mehr zustande kam. Die mit französischer Unterstützung eingeleiteten russisch-englischen Marineverhandlungen wurden vor Kriegsausbruch nicht abgeschlossen. Von einem ›Dreiverband‹ kann daher vor dem Krieg nicht gesprochen werden, höchstens von einem aus einzelnen, voneinander unabhängigen Verträgen zusammengesetzten Staatenverhältnis, dessen Interessenlage in den großen politischen Fragen übereinstimmte.

Verträge und Abkommen sind Versuche, den gleitenden Wandel von Machtverhältnissen aufzuhalten und Mächte in ihrem Verhältnis zueinander auf bestimmte Verhaltensweisen festzulegen. Krisen, »Entwicklungsknoten«, wie sie Jacob Burckhardt genannt hat, entstehen dann, wenn der Wandel der Interessenlagen in so rasche Bewegung gerät, daß es zu plötzlichen Überkreuzungen der Interessen kommt, die nicht mehr ohne außerordentliche Mittel beseitigt werden können oder zu Entladungen führen. Das Jahrzehnt vor dem Ausbruch des Ersten Weltkrieges ist durch eine Folge internationaler Krisen gekennzeichnet, so daß man von einer Dauerkrise mit wechselnden Schwerpunkten sprechen kann. Während diese Schwerpunkte vorher weitab vom europäischen Kontinent, in Südafrika und Ostasien, lagen, rückten sie jetzt wieder näher an Europa heran. Nun griff der Geist der Bedenkenlosigkeit im Verschieben von Grenzen und Menschen, der sich in der kolonialen Politik ausgebreitet hatte, auf den Kontinent sichtbar über. Der nächste Krisenherd war Nordafrika,

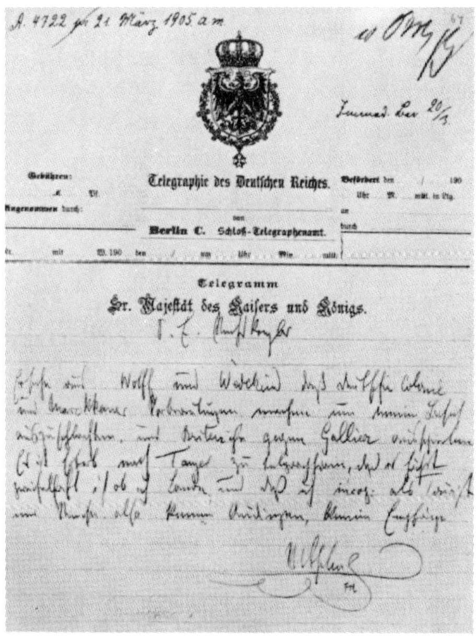
Telegraphie des Deutschen Reiches.
Berlin C. Schloß-Telegraphenamt.
Telegramm
Sr. Majestät des Kaisers und Königs.

Die Landung Wilhelms II. in Tanger
Telegramm des Kaisers an Bernhard von Bülow
vom 21. März 1905
Berlin, Geheimes Staatsarchiv
Preußischer Kulturbesitz

Der deutsche ›Panther‹ vor Agadir am 1. Juli 1911
Pressebild in ›L'Illustration‹
vom 16. September 1911

wo sich die letzten noch nicht der europäischen Herrschaft unterworfenen Gebiete – Marokko und Tripolis – befanden.

Am Beginn dieser in den Krieg hineinführenden Periode stand die erste Marokko-Krise, die durch die demonstrative Landung Kaiser Wilhelms II. in der marokkanischen Hafenstadt Tanger am 21. März 1905 ausgelöst wurde. Dieser von Bülow und Holstein inszenierte Akt sollte Frankreich bei seinem Vordringen in Marokko behindern, die Souveränität des Sultans von Marokko in Erscheinung treten lassen und der Forderung nach einer Politik der offenen Tür und des freien Handels für alle in Marokko Nachdruck verleihen. Um Frankreich zu demütigen, schien der Augenblick der Lähmung seines russischen Bundesgenossen durch den Krieg in Ostasien günstiger als irgendeiner zuvor; von Drohungen mit militärischen Schritten erhoffte man sich Erfolg, ohne zu den Waffen greifen zu müssen – eine Rechnung, die zunächst aufzugehen schien. Frankreich steckte seine Pläne in Marokko zurück, und Außenminister Delcassé, der Träger der Annäherungspolitik an England, wurde zum Rücktritt gezwungen. Aber um das Maß vollzumachen, bestand die deutsche Regierung zur Regelung der marokkanischen Verhältnisse auf der Einberufung einer Konferenz, die der französischen Politik den begrenzten Nutzen ihrer Verbindung mit England demonstrieren sollte. Die Franzosen würden dem Gedanken einer Annäherung an Deutschland, notierte Holstein damals, erst nähertreten, wenn sie einsähen, daß die englische Freundschaft nicht genügte, um Deutschlands Zustimmung zur französischen Besitznahme von Marokko zu erlangen, sondern daß Deutschland um seiner selbst willen geliebt sein wolle.

Solche Überlegungen gingen in die Irre. Auf der Konferenz von Algeciras, die vom Januar bis März 1906 stattfand, sah sich Deutschland bei seinem Versuch, das Prinzip der offenen Tür für Marokko und damit seine eigenen wirtschaftlichen Interessen durchzusetzen, isoliert; es wurde nur von seinem österreichischen Bundesgenossen, nicht einmal von Italien, unterstützt. Zwar blieb formell die Souveränität des Sultans erhalten, doch Frankreich und Spanien – in seiner marokkanischen Interessensphäre – bauten schrittweise ihren Einfluß aus. Weniger dieses Ergebnis als die politische Konstellation auf der Konferenz, namentlich die Festigung der englisch-französischen Beziehungen, hätte ein Sturmzeichen für die Reichspolitik sein müssen. Nach der zweiten Marokko-Krise, die von Deutschland wiederum durch eine militärische Demonstration, die Entsendung des Kanonenboots ›Panther‹ nach Agadir, am 1. Juli 1911 eingeleitet wurde, mußte das Reich Frankreich den Weg in Marokko völlig freigeben: Im März 1912 errichtete Frankreich sein Protektorat über das Reich des Sultans. Das einzige politische Ergebnis für die von Staatssekretär Alfred von Kiderlen-Wächter geleitete deutsche Politik waren territoriale Kompensationen im Bereich des Französischen Kongo, die der deutschen Kolonie Kamerun zugute kamen. Nachdem sich Italien unter dem Eindruck der Kongo-Krise im Jahr 1911 Tripolis und der Cirenaica bemächtigt hatte und darüber in einen auf die Ägäis übergreifenden Krieg mit der Türkei geraten war, befanden sich die nordafrikanischen Küsten des Mittelmeeres lückenlos in der Hand europäischer Mächte. An selbständigen Staaten hielten sich auf dem Kontinent Afrika nur noch Äthiopien und das mit amerikanischer Initiative entstandene Liberia. Ägypten stand unter der De-facto-Herrschaft Großbritanniens, die erst nach Beginn des Krieges 1914 in ein Protektorat verwandelt wurde. Unter der die Territorialherrschaft verschleiernden Rechtsform des Protektorats legte Frankreich seine Hand auf Marokko und Tunis. Algerien galt als Teil des Mutterlandes, als ›Partie intégrale du territoire national‹. Die imperialistische Expansion war an ihrem Ende angelangt: Die großen Staatsgebilde mit alter Kultur in Asien, China und das Osmanische Reich, hatten weite Randgebiete verloren; vor der völligen Aufteilung bewahrte sie der Antagonismus der sich gegenseitig blockierenden Mächte.

Die Verschiebung von Konflikten an die Peripherie war längst kein Instrument der Krisenbewältigung mehr; eher wurden von der Peripherie her Krisen in das Zentrum getragen. Jetzt, da sich überall in den neuen kolonialen Herrschaftsbereichen Tendenzen der Abgrenzung durchgesetzt hatten und dadurch eine Art Waffenstillstand in der imperialistischen Expansion eingetreten war, erhöhte sich wieder die Krisenanfälligkeit des europäischen Zentrums. Völlige Ruhe war hier in den Staatenbeziehungen auch nach der großen Balkan-Krise am Ende der achtziger Jahre nicht eingetreten. Die innere Lage in den Staaten des Balkan blieb politisch und wirtschaftlich labil. Nationalitäre Bewegungen trugen die Unruhe über die einzelstaatlichen Grenzen hinaus und gefährdeten vor allem Österreich-Ungarn und die europäische Türkei. Im Jahr 1896 erhob sich Kreta mit griechischer Unterstützung gegen die osmanische Herrschaft. Ein Krieg zwischen Griechenland und der Türkei endete mit einer griechischen Niederlage. Kreta erlangte nur ein Autonomiestatut unter türkischer Oberhoheit, wurde aber 1908, im Jahr der bosnischen Annexionskrise, mit Griechenland vereinigt. Solche Teilentscheidungen über die sich gegenseitig oft überschneidenden nationalen Ansprüche änderten nichts an der labilen Verfassung des südöstlichen Europa, wo die nur noch fiktiven türkischen Souveränitätsansprüche vom Konkurrenzkampf rivalisierender Nationalstaaten abgelöst wurden. Das Wort von der Balkanisierung Europas hat hier seinen Ursprung. Brisant wurden solche Auseinandersetzungen immer nur dann, wenn sich mit den kleinstaatlichen Rivalitäten solche der Großmächte zu einer hochexplosiven Mischung der Interessen und Spannungen verbanden, die schon seit dem ausgehenden 19. Jahrhundert bestand und sich jetzt erneuerte.

Die erste Krise, die sich daraus entwickelte,

Alois von Aehrenthal
Photographie von einem Unbekannten, 1909

wurde durch das Vorgehen Österreich-Ungarns ausgelöst, das im Oktober 1908 die seit dem Berliner Kongreß okkupierten Gebiete Bosnien und Herzegowina annektierte. Hinter diesem Akt standen sowohl innenpolitische Erwägungen wie der Gedanke der Begründung eines südslawischen Reichsteils in einem trialistischen System als auch das Bedürfnis, in dem allgemeinen Wettlauf um territoriale Erwerbungen nicht zu kurz zu kommen. Das Vorgehen war völkerrechtlich eindeutig ein Verstoß gegen die geltenden Verträge, vor allem gegen die Kongreßbeschlüsse von 1878, gegen die Verpflichtungen aus dem Dreibund Italien gegenüber, mit dem Veränderungen des Status quo auf dem Balkan abgestimmt werden mußten. Der Außenminister der Monarchie, Alois von Aehrenthal, hatte sich lediglich der Zustimmung des russischen Außenministers Aleksandr Iswolskij versichert, diesem allerdings Zusagen gemacht, die russische Forderung nach Öffnung der Meerengen für Kriegsschiffe bei England zu unterstützen. Damit war eine unerfüllbare Hoffnung erweckt und eine begrenzte lokale Gleichgewichtsverschiebung auf dem Balkan mit einer weltpolitischen Frage ersten Ranges verkoppelt worden. Als Kompensation verfügte Aehrenthal die Räumung des von österreichischen Truppen besetzten Sandschaks von Novibazar, eines zwischen Montenegro und Serbien keilförmig hineinragenden Landstrichs, der noch kurz zuvor als Basis für einen nach Griechenland gerichteten Bahnbau vorgesehen worden war. Aehrenthals brüskes Vorgehen forderte dann aber heftige Reaktionen in Rußland und noch heftigere in Serbien heraus, dessen Ziele einer politischen Einigung der Südslawen durch den österreichischen Schritt durchkreuzt wurden. Nur der äußerste Druck des Reiches, das sich jetzt zur ›Nibelungentreue‹ gegenüber seinem letzten zuverlässigen Bundesgenossen aufgefordert sah, konnte den Frieden retten und Rußland zur Annahme der Annexion zwingen. Auf dem Boden des annektierten Gebiets lag die Stadt Sarajewo, in der wenige Jahre später die verhängnisvollen Schüsse fallen sollten, die den Ersten Weltkrieg entfesselten.

Die Krise von 1908/09 ist eine Episode geblieben. Doch sieht man sie näher an, so entdeckt man, daß sie die meisten Elemente der Julikrise von 1914 bereits enthält: den Gegensatz zwischen dem Nationalismus der südslawischen Völker, voran Serbiens, und der multinationalen habsburgischen Monarchie, der in Österreich bereits die Neigung zu einer begrenzten militärischen Präventivaktion entstehen ließ; die Gefahr, daß ein solches Unternehmen den Krieg mit Rußland auslösen könnte; die Verstrickung Deutschlands in den russisch-österreichischen Gegensatz und seine geradezu ausschlaggebende Rolle für die Aufrechterhaltung des Friedens; die weltpolitische Gegnerschaft Englands und Deutschlands, die im Hintergrund jeder lokalen Krise stand und ihr erst Gewicht verlieh; im Zusammenhang damit das Verhältnis von kleinem und großem, lokalem und allgemeinem Krieg, das alle Kalkulationen genau wie fünf Jahre später beherrschte. Außerdem muß an die Mischung von diplomatischem Kalkül und nationalem Prestigedenken erinnert werden, die mit verschiedener Verteilung sowohl bei großen als auch kleinen Mächten festgestellt werden kann und die jede Krisenbewältigung von Fall zu Fall schwerer machte.

Der Annexionsakt Österreichs, so wenig er an den tatsächlichen Machtverhältnissen änderte, löste eine Kettenreaktion aus. Die Aufteilung der Erbschaft des ›kranken Mannes am Bosporus‹ wurde akut in dem Augenblick, in dem in der Türkei die revolutionäre Bewegung der Jungtürken, organisiert im ›Ottomanischen Komitee für Einheit und Fortschritt‹, dem Druck von außen durch eine liberale Reform im Innern begegnen wollte. Im Anschluß an das österreichische Vorgehen erklärte Bulgarien seine volle Souveränität und löste sich endgültig von der Türkei. Der Griff Italiens nach den letzten nordafrikanischen Gebieten unter türkischer Hoheit im Herbst 1911 war der zweite Schritt. Ihm folgte der militärische Stoß von seiten Serbiens, Bulgariens, Griechenlands und Montenegros, der im Oktober 1912, kurz vor dem Friedensschluß der Pforte mit Italien, geführt wurde und rasch zum militärischen Zusammenbruch der türkischen Armee führte. Schon stand die Eroberung Konstantinopels durch die Bulgaren in Aussicht. Dies war weniger ein imperialistischer Krieg

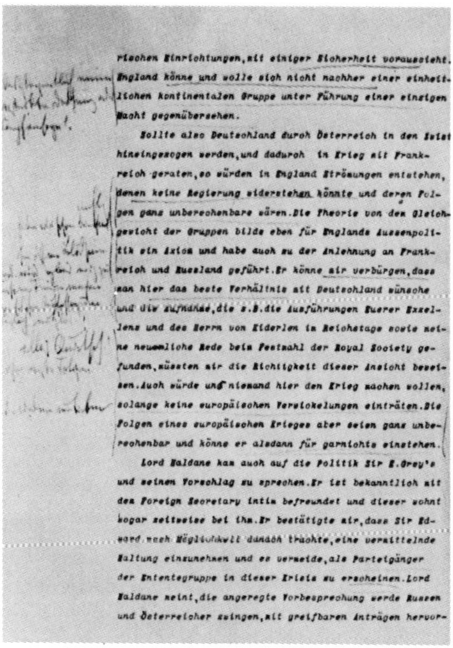

rischen Einrichtungen, mit einiger Sicherheit voraussieht. England könne und wolle sich nicht nachher einer einheitlichen kontinentalen Gruppe unter Führung einer einzigen Macht gegenübersehen.

Sollte also Deutschland durch Oesterreich in den Zwist hineingezogen werden, und dadurch in Krieg mit Frankreich geraten, so würden in England Strömungen entstehen, denen keine Regierung widerstehen könnte und deren Folgen ganz unberechenbare wären. Die Theorie von dem Gleichgewicht der Gruppen bilde eben für Englands Aussenpolitik ein Axiom und habe auch zu der Anlehnung an Frankreich und Russland geführt. Er könne mir verbürgen, dass man hier das beste Verhältnis mit Deutschland wünsche und die Aufnahme, die z.B. die Ausführungen Euerer Exzellenz und des Herrn von Kiderlen im Reichstage sowie meine neuerliche Rede beim Festmahl der Royal Society gefunden, müssten wir die Richtigkeit dieser Ansicht beweisen. Auch würde uns niemand hier den Krieg machen wollen, solange keine europäischen Verwickelungen einträten. Die Folgen eines europäischen Krieges aber seien ganz unberechenbar und könne er alsdann für garnichts einstehen.

Lord Haldane kam auch auf die Politik Sir E. Grey's und seinen Vorschlag zu sprechen. Er ist bekanntlich mit dem Foreign Secretary intim befreundet und dieser wohnt sogar zeitweise bei ihm. Er bestätigte mir, dass Sir Edward nach Möglichkeit danach trachte, eine vermittelnde Haltung einzunehmen und es vermeide, als Parteigänger der Ententegruppe in dieser Krisis zu erscheinen. Lord Haldane meint, die angeregte Vorbesprechung werde Russen und Oesterreicher zwingen, mit greifbaren Anträgen hervor-

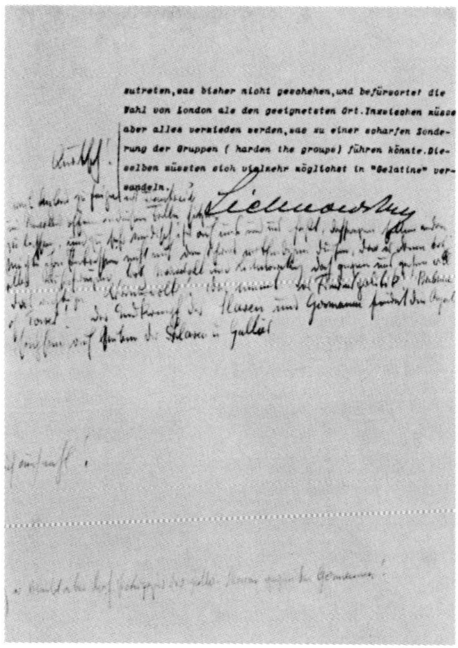

zutreten, was bisher nicht geschehen, und befürwortet die Wahl von London als den geeignetsten Ort. Inzwischen müsse aber alles vermieden werden, was zu einer scharfen Sonderung der Gruppen (harden the groups) führen könnte. Dieselben müssten sich vielmehr möglichst in "Gelatine" verwandeln.

Die politische Lage Ende des Jahres 1912
Bericht des Fürsten Lichnowsky, des deutschen Botschafters in London, vom 3. Dezember 1912 über sein Gespräch mit Lord Haldane
Schreiben an Theobald von Bethmann Hollweg mit Randbemerkungen Kaiser Wilhelms II.
Bonn, Politisches Archiv des Auswärtigen Amtes

als ein nationaler Befreiungskrieg, obwohl sich nicht ausmachen ließ, wieweit die nationalen Ansprüche jeweils reichten. Die Großmächte hielten sich in diesem offenen Konflikt, der den Balkan zum Brennpunkt der europäischen Spannungen machte, zunächst zurück, da für jede von ihnen die Interessenlage zu verwickelt war, um die Entscheidung für ein unmittelbares Eingreifen treffen zu können. Auch Rußland versuchte eher, die Balkan-Staaten, von denen sich Serbien und Bulgarien unter russischem Patronat zu einem Balkan-Bund zusammengeschlossen hatten, von einer militärischen Aktion zurückzuhalten, da es seine Ziele am Bosporus besser durch eigene Initiativen zu erreichen hoffte. Aber unweigerlich wurden die Mächte in den Strudel der Ereignisse hineingerissen: Die Forderung Serbiens nach einem Hafen an der Adria brachten Österreich und Rußland gegeneinander, die beide militärische Vorbereitungen trafen.

In dieser den europäischen Frieden unmittelbar gefährdenden Situation wurden zum letzten Mal die Zusammenarbeit Deutschlands und Englands und die von beiden erwirkte Einsetzung der Londoner Botschafterkonferenz als Instrument der Krisenbewältigung zu einem Mittel der Friedenserhaltung. Im Londoner Frieden vom 30. Mai 1913 mußte die Türkei auf ihre europäischen Territorien einschließlich Adrianopels verzichten und wurde auf einen schmalen Brückenkopf zurückgedrängt. Der serbische Zugang zur Adria wurde verhindert, dafür ein selbständiger Staat Albanien errichtet, dessen Grenzen von den Großmächten festgelegt werden sollten. Die letzte der Nationalstaatsgründungen vor Ausbruch des Weltkrieges war, was fast als eine Ironie der Geschichte angesehen werden kann, damit ausschließlich ein Geschöpf der großen Mächte und nicht der nationalen Selbstbestimmung, die ohnehin bei den verwickelten Nationalitätenverhältnissen dieser Regionen sich in einem Teufelskreis bewegen mußte. Ein Ausgleich der Interessen der gegen die Türkei vereinten Staaten des Balkan gelang nicht; denn unmittelbar nach dem Friedensschluß gerieten die Sieger in einen weiteren Krieg im Streit um die Beute. Die Ergebnisse dieses zweiten Balkan-Krieges, in dem Bulgarien der Angreifer und schließlich der Besiegte war, brachten erhebliche Gebietskorrekturen vor allem auf Kosten Bulgariens zugunsten Serbiens in Nordmazedonien, Griechenlands in Südmazedonien mit dem wichtigen Hafen Saloniki; die Türkei erhielt Adrianopel zurück, Rumänien gewann die Süddobrudscha. Damit wurde die Machtverteilung innerhalb eines multipolaren Systems mit wechselnden Fronten und Partnern nicht stabilisiert, aber es wurden die großen Mächte herausgefordert, in ihm Positionen innerhalb ihres großen bipolaren Bündnissystems aufzubauen. Der Angelpunkt war Serbien, das als Zentrum einer nationalirredentistischen großserbischen Bewegung immer mehr als der Gegner der habsburgischen Monarchie hervortrat und ausschließlich Rückhalt an Rußland suchte. Dies veranlaßte Österreich, sich in Bulgarien eine Gegenfront zu schaffen, während Deutschland »eine Koalition der konservativen Monarchien Rumäniens, Griechenlands und der Türkei ›als Bollwerk gegen das Slawentum‹ anstrebte« (W. J. Mommsen). Zuverlässige Grundlagen für eine stabile Politik gab es in diesem turbulenten Spiel der Kräfte nicht, und es bedurfte nur eines Auslösers, der aus der Vielzahl der kleinen Krisen die große Krise werden ließ.

Typen der kolonialen Herrschaft

Die koloniale Ausbreitung der europäischen Völker war 1914 auf einem Höhepunkt angelangt. Das gilt allerdings nur, wenn man Kolonisation als politisch-machtmäßige Expansion, nicht als Ausbreitung europäischer Menschen, der europäischen Zivilisation und europäischer Lebensformen versteht. Diese war viel älter und hatte schon manche Sternstunden, aber auch Rückschläge durchlaufen. In einer ersten Welle des Antikolonialismus hatten sich die Kolonien auf dem amerikanischen Kontinent in ihrer Mehrzahl von ihren Mutterländern Großbritannien, Spanien, Portugal und Frankreich gelöst und bildeten eine eigene Staatengruppe in der Welt, die sich politisch von Europa emanzipierte, jedoch wirtschaftlich und kulturell mit ihm verbunden blieb. Unter unmittelbarer Herrschaft europäischer Staaten oder mindestens in indirekter Abhängigkeit von ihnen standen vor Kriegsausbruch 55,7 Millionen Quadratkilometer und 540,8 Millionen Einwohner. Zu Beginn des 19. Jahrhunderts waren 55 Prozent der Erdoberfläche von Europa und von Staaten, die aus europäischen Kolonien hervorgegangen sind, abhängig. Dieser Anteil stieg bis 1878 auf 67 Prozent, bis 1914 auf 84,4 Prozent.

Der Begriff ›Imperium‹ als Herrschaftsbereich, der über ein Kernland hinausgreift, hat sich in erster Linie am Beispiel des Imperium Romanum orientiert, das die Reichsbildung eines einzigen Staates bezeichnet. In diesem Sinne ist das europäische Kolonialsystem etwas strukturell anderes: die Summe der Kolonien, Schutzgebiete, Protektorate einer Staatengesellschaft. Das britische Empire kam dem römischen Groß-Imperium in seiner Ausdehnung und seiner dominierenden Rolle am nächsten, obwohl es sich nach Entstehung und Aufbau völlig von ihm unterschied. Die Größenordnungen der nationalen europäischen Territorien um das Jahr 1914 standen zu den jeweiligen Kolonialgebieten in einem krassen Mißverhältnis. Das trifft für alle Großmächte des europäischen Systems, mehr noch für die kleinen Staaten mit Kolonialbesitz wie Belgien, die Niederlande und Portugal zu. Bei Rußland als einem sich über Europa und Asien erstreckenden Großstaat ging das nationale Territorium unmittelbar in neu kolonisierte Gebiete über, so daß es sich von diesen nicht genau trennen läßt. Die Disproportionen der Größen verdeutlichen den historischen Charakter des europäischen Kolonialterritoriums. Großbritannien, nicht nur hinsichtlich seines Umfangs voranstehend und nahezu in allen Weltgegenden vertreten, repräsentierte alle Zeitalter des europäischen Kolonialismus. Zu dem ältesten Kolonialbesitz, aus dem 1776 bis 1783 mit den Vereinigten Staaten von Amerika ein Hauptstück herausgebrochen war, gehörten Indien, wenn auch formell in der Hand der Ostindischen Kompanie, ein Teil der Westindischen Inseln und Stützpunkte wie Sankt Helena und Gibraltar; dazu traten in dem Jahrhundert vor der imperialistischen Ära westafrikanische Gebiete, die Kap-Kolonie, im Osten Ceylon, die Malaien-Staaten, schließlich Australien und Neuseeland. Damit waren die Umrisse eines die ganze Erde umfassenden Reiches schon erkennbar, eines Reiches, das deutlich seinen maritimen Charakter zeigte. Da, wo es in kontinentale Bereiche hineinragte wie in Indien oder in den gewaltigen Räumen der bei England verbliebenen nordamerikanischen Kolonien, dem späteren Kanada, selbst in Australien und Neuseeland, war die Beherrschung der Küsten das Primäre. Bei dem Scramble for Africa, der im Zentrum der imperialistischen Epoche stand, entwickelte Großbritannien auch große kontinentale Eroberungsziele, ohne sie ganz zu erreichen. – Im Gegensatz zu Großbritannien bestand das französische Kolonialreich nur aus geringen Resten des älteren Kolonialismus aus der Zeit des Ancien régime wie den Kleinen Antillen oder den Fischerinseln vor Neufundland. Die große Masse des französischen Kolonialreiches wurde im 19. Jahrhundert erworben, angefangen mit dem 1830 besetzten Algier bis zu der bereits um 1858 beginnenden militärischen Durchdringung Indochinas, die 1887 mit der Schaffung der Union Indochinoise abgeschlossen war, und dem Vordringen von den westafrikanischen Küstengebieten, Senegal und Elfenbeinküste, nach dem Innern Zentralafrikas. Auch hier lagen die Anfänge fast überall vor der großen imperialistischen Welle. Frankreichs koloniale Expansion ist damit zeitlich geschlossener als die britische gewesen; sie weist auch deshalb weniger Variationen auf und ist typenmäßig eingeschränkter.

Der Kolonialbesitz Portugals und Spaniens war der Rest einer historisch großen Epoche. Beide

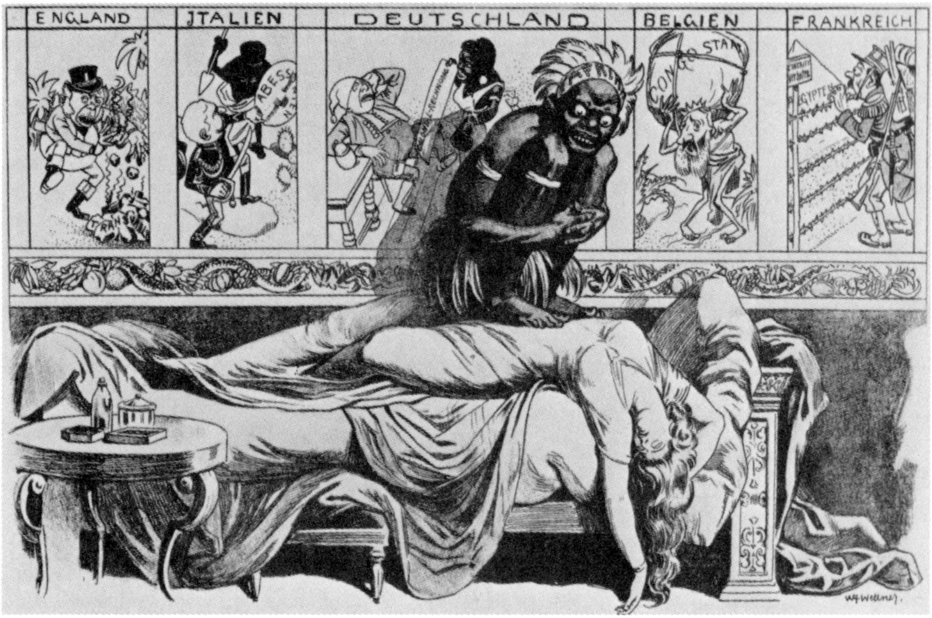

Afrika als Alp für das ruhende Europa
Lithographie nach einer Zeichnung von K. A. Wellner in den ›Lustigen Blättern‹ Nr. 13 von 1896
Berlin, Staatliche Museen Preußischer Kulturbesitz, Kunstbibliothek

Länder befanden sich längst in einem ständigen Schrumpfungsprozeß, der dem Untergang ihrer alten wirtschaftlichen und politischen Weltstellung entsprach. Portugal hatte zu Beginn des 19. Jahrhunderts Brasilien verloren und von seinen ostindischen Besitzungen schon früh gegen die Holländer nur Bruchstücke wie Timor sich erhalten können. Der afrikanische Besitz in Mozambique und Angola bestand mehr aus Ansprüchen, als daß er auf einer tatsächlichen politischen Präsenz beruhte. Dennoch konnten im Zuge des Machtwettbewerbs, sozusagen im Windschatten der großen Politik und unter ständiger Besitzgefährdung, noch halbwegs klare Umrisse von Kolonialterritorien hergestellt werden. Daß Portugal als industriell zurückgebliebener Staat die letzte afrikanische Kolonialmacht gewesen ist, die der Dekolonisationsbewegung in höchst gewaltsamer Form weichen mußte, mutet wie eine Ironie der Geschichte an. Spanien verlor nach dem Untergang seines amerikanischen Kolonialreiches erst im Krieg mit Nordamerika 1898 seine letzten wesentlichen Besitzungen auf Kuba und den Philippinen; es wurde in dieser Zeit der Ausbreitungen als die eigentliche sinkende Kolonialmacht empfunden, an deren Katastrophe sich die anderen Mächte zu bereichern suchten. Niederländisch-Indien war die Erbschaft der Ostindischen Kompanie, die zu Beginn des 17. Jahrhunderts auf den Gewürzinseln ein Monopol für ihren Handel errichtet hatte. Nach der napoleonischen Ära erhielten die Holländer die von den Briten übernommenen Gebiete wieder zurück. Auch hier wurde aus einem historischen Kern erst im Zuge der neuen kolonia-

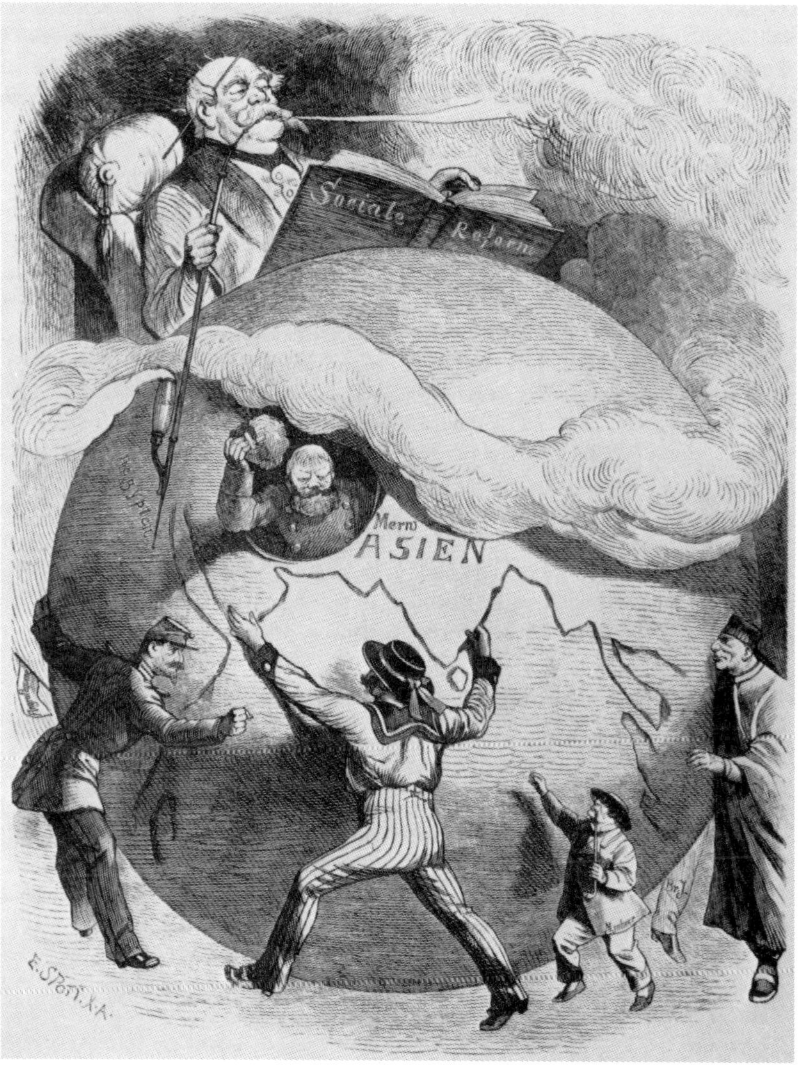

Die Südsee als Mittelmeer der Zukunft
Karikatur im ›Kladderadatsch‹ vom 13. Juli 1884
Berlin, Staatliche Museen Preußischer Kulturbesitz, Kunstbibliothek

listischen Tendenzen etwas entwickelt, was moderne Kolonialherrschaft genannt werden kann.

Neue Kolonialmächte, die ihre Erwerbungen ausschließlich in der Zeit nach 1880 machten, waren nur das Deutsche Reich, Italien und Belgien, – Staaten, die ihre politische Existenz selbst erst dem 19. Jahrhundert verdankten. Italien konnte sich am ehesten auf Überlieferungen seiner eigenen Geschichte im Mittelmeerraum und in der Adria berufen, war aber am wenigsten von Glück begünstigt. In Deutschland war der Kolonialismus als Bewegung ein Symptom mangelnder Befriedigung des nationalen Bildungsbürgertums über die Grenzen und die Rolle des deutschen Nationalstaates, was Bismarck veranlaßte, ihn als Mittel in seine innere Integrationspolitik einzusetzen. Auf historische Vorbilder konnte dabei nicht zurückgegriffen werden; die Erwartung auf den Nationalstaat als Weltmacht lag in der Zukunft. Daß der kleine Industriestaat Belgien auf das räumlich ausgedehnte, über einen ungewöhnlichen Reichtum auch an Bodenschätzen verfügende Kongo-Becken die Hand legen konnte, ist eine der Überraschungen, auf die man in der Geschichte stets gefaßt sein muß. Immerhin war dieses Belgien eine Generation lang eine Art europäischer Musterstaat gewesen, nicht nur wegen seiner Verfassung und seiner politischen Freiheit, sondern auch wegen seines fortgeschrittenen wirtschaftlich-industriellen Entwicklungsstandes. Noch ganz aus solchen Antrieben erwuchs die Neigung des belgischen Königs Leopold II. für kolonialistische Experimente; die Kolonie verdankte ihm ihre Begründung. Vom Abenteuerlichen der Entstehung bis zur späteren skandalösen hemmungslosen Ausbeutung war hier kein weiter Schritt.

Allen Expansionen in der Geschichte scheint etwas Zufälliges, Nichtberechnetes, zugrunde zu liegen. Die Eroberungszüge Alexanders des Großen sind wohl im großen Zusammenhang der griechischen Geschichte zu sehen, aber sie gingen in ihren Wirkungen über alles Vorhersehbare hinaus. Das britische Reich kann damit insofern nicht verglichen werden, als es nicht in einem einzigen gewaltigen Akt entstanden ist, sondern in einem sich über Jahrhunderte erstreckenden langsamen Prozeß. Aber daß in diesem sich Planmäßigkeit und Absicht verbargen, haben viele Engländer gerade im 19. Jahrhundert bezweifelt. Kein Geringerer als der Schriftsteller, der als einer der Begründer des Mythos von der britischen Weltmacht gelten kann, John Robert Seeley, hat in seinen berühmten Vorlesungen über die Ausbreitung Englands davon gesprochen, daß es fast den Eindruck mache, als hätten die Engländer die halbe Welt in einem Zustand von Geistesabwesenheit erobert und bevölkert. Dies muß sicher als Übertreibung einiger richtiger Beobachtungen angesehen werden; denn unleugbar drückt sich in dem Vorgang der Entstehung des Empire eine historische Logik aus: Sie lag in einer sehr pragmatischen Umsetzung der Bedürfnisse eines auf Handel und Seefahrt angewiesenen Inselvolkes in ein sich über Generationen hinziehendes kommerzielles und politisches Handeln, bei dem sich ein Schritt aus dem anderen ergab. Die Versorgung durch einen anfangs der Seeräuberei gleichkommenden Handel, die daraus erwachsende Beherrschung der Seewege und ihre Verteidigung gegen alle Bedroher, die allmählich einsetzende Erschließung der Länder ›beyond the seas‹ für die Auswanderung, um den heimischen Bevölkerungsdruck zu mindern, am Ende die Dienstbarmachung der halben Welt für den Export nicht bloß von Menschen, sondern auch von Waren und schließlich von Kapital – das alles kam zusammen, um das in der modernen europäischen Geschichte einzigartige Gebilde des britischen Empire zu schaffen, das immer noch als eine der imponierendsten politischen Leistungen Europas gelten kann.

Es ließ in seinem Aufbau alle Stadien seines historischen Werdegangs erkennen. Seine sehr heterogenen Bestandteile waren jeweils Ergebnisse einer oder mehrerer geschichtlichen Konstellationen. Man kann verschiedenartige Gebietskomplexe im Empire vor dem Ersten Weltkrieg unterscheiden und sie verschiedenen zeitlichen Etappen zuordnen. Was es an Typen kolonialer Herrschaft im Zeitalter des Imperialismus gegeben hat, läßt sich ganz allgemein mit einigen Variationen an ihnen darstellen. Da waren zunächst die vorwiegend oder fast ausschließlich von Weißen bewohnten oder von einer starken weißen Minderheit beherrschten Siedlungskolonien: Kanada, Australien, Neuseeland, Südafrikanische Union. Diese erhielten den Status der sogenannten Dominions – ein Begriff, der auf der Imperial Conference von 1907 als Bezeichnung für die ›self governing parts of the Empire‹ in die politische Sprache eingeführt wurde. Sie erlangten seit den sechziger Jahren des 19. Jahrhunderts, seit dem großen Reformministerium Gladstone, nach und nach Selbstverwaltung mit ›responsible government‹, das heißt mit einer einem eigenen Parlament verantwortlichen Regierung – eine Entwicklung, die in Kanada als dem den abtrünnigen USA am nächsten benachbarten Dominion einsetzte. Während des Ersten Weltkrieges wurde die Gewährung des Dominion-Status an Indien, das erste nichtweiße Territorium, als Ziel verkündet. Diese Glieder des Empire waren wiederum in sich selbst föderativ geordnet und entstanden aus dem Zusammenschluß einzelner Teilkolonien: so das Dominion of Canada durch den British North America Act im

Die Okkupation Zyperns durch die Engländer am 11. Juli 1878:
griechische Geistliche bei der Flaggenweihe in Nicosia
Holzschnitt in ›The Illustrated London News‹ vom 21. September 1878
Berlin, Staatliche Museen Preußischer Kulturbesitz, Kunstbibliothek

Jahr 1867 aus den British American Colonies, unter denen sich auch das französischsprachige Quebec befand; 1900 das Commonwealth of Australia; 1910 nach den auf beiden Seiten mit größter Härte geführten Auseinandersetzungen zwischen Briten und Buren die Union of South Africa auf Grund der Vereinigung der ehemaligen Kap-Kolonie mit den unterworfenen Buren-Republiken Transvaal und Oranje-Freistaat. Die Dominions waren autonome Reichsglieder, die nach außen noch keine Selbständigkeit besaßen. Erst durch ihre Teilnahme am Weltkrieg und an der Friedenskonferenz in Paris kamen sie dem völkerrechtlichen Status unabhängiger Staaten näher. Jede Diskussion über die Umgestaltung des Empire bezog sich vor 1918 fast ausschließlich auf diese Gruppe der von Weißen bewohnten oder beherrschten Siedlungskolonien, sieht man von Indien ab. Die sogenannten Imperialisten, das heißt die Befürworter eines föderativen Ausbaus des Empire, gingen auch von den Dominions als den Eckpfeilern einer Neuordnung aus, die in bundesstaatlichen Verfassungsformen, mit Verteilung der Verteidigungslasten und einem System von Zollpräferenzen, wenn nicht einer Zollunion, gedacht war. Davon ist nur weniges verwirklicht worden; denn für ein bundesstaatliches System waren die geographischen Bedingungen der über die ganze Welt verteilten Reichsteile und ihre divergierenden wirtschaftlichen, politischen und strategischen Interessen extrem ungünstig. Deshalb entwickelten die Dominions ein zu starkes Einzelleben, das sich bei der Fortdauer ungeklärter Zuständigkeiten besser entfalten konnte als in einem verfaßten Bundesstaat. Außer einzeln ausgehandelter Zollsenkungen, der Einrichtung ständiger Reichskonferenzen, die zuerst ›Colonial Conferences‹, seit 1907 ›Imperial Conferences‹ genannt wurden, und der Einrichtung des Committee of Imperial Defence im Jahr 1902 zeigte der föderative Ausbau bis zum Weltkrieg keine Ergebnisse. Immerhin tauchte der Begriff ›Commonwealth‹ als Bezeichnung für die Verbindung von Freiheit und Einheit im Empire schon in den achtziger Jahren und dann nachdrücklich während des Ersten Weltkrieges auf.

Bei all diesen Diskussionen standen die Siedlungskolonien mit weißer Bevölkerung im Mittelpunkt. Auch in den Dominions selbst erschienen die Spannungen zwischen den nationalen Gruppen unter den weißen Kolonisten wichtiger als ihr Verhältnis zu der eingeborenen Bevölkerung, etwa die Beziehungen zwischen englischsprachigen Kanadiern und Frankokanadiern oder die erbitterten Auseinandersetzungen zwischen Briten und Buren in Südafrika. Daß sich gerade in Südafrika die überwältigende Mehrheit der Bevölkerung aus indigenen Schwarzen zusammensetzte, trat mindestens bewußtseinsmäßig hinter diesen Gegensätzen zurück. In Kanada und Australien waren die Autochthonen zahlenmäßig und soziokulturell zur Bedeutungslosigkeit hinabgedrückt. Lediglich in Neuseeland wurden die einheimischen Maoris bereits seit 1840 relativ gleichgestellt. Das Problem der Selbstverwaltung von Territorien mit nichtweißen Einwohnern stellte sich zuerst in Indien, aber erst während des Ersten Weltkrieges, nachdem vorher Parallelen zwischen der britischen Herrschaft in Indien und den Dominions immer abgelehnt worden waren. Indien – ohne die etwa sechshundert Fürstentümer – war nach dem großen Aufstand von 1857 voll an die britische Krone übergegangen, nachdem es mehrere Jahrhunderte von der Ostindischen Kompanie regiert worden war. Seit 1876 Kaiserreich, unterstand es ab 1867 einem Vizekönig, der in Zusammenarbeit mit dem Indien-Minister in London eine fast unbeschränkte Regierungsgewalt ausübte. In die unter ihm wirkende Zentralregierung des Executive Council wurde 1909 zum ersten Mal ein Inder aufgenommen, nachdem die Befugnisse eines Zentralparlaments schon 1892 erweitert worden waren. In dieses wurde allerdings nicht direkt gewählt; die Kandidaten konnten nur von Körperschaften wie Handelskammern und Stadträten benannt werden. Indien wurde als Besitz Englands angesehen und als solcher verwaltet. Dabei stützte sich die britische

Proklamation der Königin Viktoria zur Kaiserin von Indien in Delhi am 1. Januar 1877
Holzschnitt in ›The Illustrated London News‹ vom Januar 1877
London, British Museum

Herrschaft auf das kleine Korps der etwa tausend Beamten des Indian Civil Service, zu dem schon wegen des schwierigen Prüfungsverfahrens in London nur wenige Inder Zugang hatten. Eine andere Stütze der britischen Macht war die indische Armee, die 1885 aus dreiundsiebzigtausend Briten, gegenüber einhundertvierundfünfzigtausend Indern bestand. Nur aus dem Offizierskorps blieben die Inder bis zum Ersten Weltkrieg ausgeschlossen. Das britische Herrschaftssystem in Indien ist schwer präzis zu charakterisieren: Es enthielt in dem hier zu behandelnden Zeitraum wenig Elemente, die auf eine Tendenz zur Gewährung von Selbstregierung deuten. Andererseits waren die Mittel der Herrschaft zahlenmäßig erstaunlich gering. Die Regierung eines Riesenreiches durch eine minimale Zahl von Angehörigen der Kolonialmacht läßt erkennen, daß in das System auf der unteren Verwaltungsstufe Elemente der indirekten Herrschaft eingebaut waren.

In den anderen Kolonialmächten gab es etwas den britischen Dominions Vergleichbares vor 1914 nicht. Wenn es sicher auch eine nachträgliche ideologische Umdeutung ist, das ganze britische Kolonialsystem auf die Entwicklung zur Autonomie hin zu interpretieren, so unterschied es sich doch in vieler Hinsicht von seinem stärksten Konkurrenten Frankreich. Den britischen Siedlungskolonien, die zu Dominions entwickelt wurden, am nächsten stand, abgesehen von den kleinen »Vieilles colonies« in Westindien, Algerien, wo die französische Kolonisation sehr bald nach der Eroberung im Jahr 1830 begonnen wurde und im ganzen 19. Jahrhundert rasche Fortschritte machte. In der Verfassung von 1848 wurde Algerien als ›Partie intégrale du territoire français‹ bezeichnet, was im Prinzip eine volle Integration in das Mutterland zu bedeuten schien. Tatsächlich wurden aber keineswegs alle Konsequenzen daraus gezogen. So erhielten zwar die französischen Ko-

Die Sicherstellung des Nordufers vom unteren Kongo für die Franzosen durch Pierre de Brazza, den späteren Generalkommissar der französischen Kongo-Kolonie: der Afrika-Forscher mit Eingeborenen und Angehörigen der französischen Marine
Holzschnitt in ›L'Illustration‹ vom 8. Juli 1882
Berlin, Staatliche Museen Preußischer Kulturbesitz, Kunstbibliothek

lonisten das französische Bürgerrecht, doch die einheimischen arabischen Muselmanen waren nur Sujets unter dem Statut des Indigénat von 1881 und blieben es in der ganzen Dritten Republik. Volle Integration des Landes bedeutete, daß die Verwaltung unmittelbar den Ressorts in Paris unterstand. Pläne, Algerien eine Art Autonomie zu gewähren, sind gelegentlich von Algerienfranzosen vertreten worden, hatten aber bei den Grundtendenzen der französischen Kolonialpolitik keine Aussicht auf Verwirklichung. Diese Grundtendenzen zielten nicht auf Autonomie und Selbstverwaltung, sondern auf Assimilation, »wobei sich Frankreich als Träger des humanitär-republikanischen Credo und einer Zivilisation verstand, die nicht national bedingt, sondern potentiell allgemeingültig war und durch Erziehung, Rechtswesen und kulturelle Prägungskraft Menschen anderer Herkunft assimilierte und in die nationale Gemeinschaft integrierte« (R. v. Albertini). Freilich schreckte man bei dem ungeheuren kulturellen, zivilisatorischen und wirtschaftlichen Abstand davor zurück, Assimilation weiter denn als Einbeziehung der Kolonialterritorien in West- und Äquatorialafrika in die kulturelle, sprachliche, rechtliche Gemeinschaft mit Frankreich zu verstehen. Eine politische Gleichstellung der eingeborenen Bevölkerung fand nicht statt. Als sich die ersten großen Schwierigkeiten einer assimilatorischen Kolonialpolitik herausstellten, begann man von den bisherigen Prinzipien abzurücken und suchte Assimilation durch den weniger anspruchsvollen Begriff der Association zu ersetzen. In einer programmatischen Schrift von Jules Harmand vom Jahr 1910 wurde ausdrücklich der Gedanke aufgegeben, volle Gleichheit herstellen zu wollen, die niemals möglich sein werde; man müsse nur »une certaine équivalence ou compensation de services réciproques« schaffen, also ein Gleichgewicht der Dienste und Leistungen. Der Übergang zur Association änderte im Grunde nichts, er führte höchstens zu größeren Kompetenzen der Kolonialadministration, insbesondere der Gouverneure von Westafrika, Äquatorialafrika und Indochina. Indessen kann eine starke Leistungsfähigkeit des französischen Systems bei der Verbreitung der französischen Sprache, des französischen Rechts mit dem Code Civil und zum Teil auch des Erziehungswesens nicht geleugnet werden. Die Auswirkungen auf die Sozialordnung der Kolonialvölker und die Wirtschaft der Kolonien unterschieden sich wenig vom britischen System.

Viele Jahre ist der Gegensatz zwischen der französischen Assimilations- und Integrationskonzeption einer France de cent millions und des zur Doktrin erhobenen Indirect Rule der Briten sehr betont worden, während man heute eher geneigt ist, die Praxis beider Kolonialmächte als ähnlich zu bewerten. Immerhin bleibt eine Differenz zwischen dem autoritären Stil Frankreichs, seiner zentralistisch-bürokratischen Tendenz und der im allgemeinen mehr auf Beteiligung der einheimischen Bevölkerung bedachten britischen Verwaltung. Das System des Indirect Rule wurde von der britischen Kolonialverwaltung zuerst bewußt in Westafrika, insbesondere in Nordnigeria, entwickelt; der Gouverneur Frederick Lugard hat es später in mehreren Schriften theoretisch begründet und es aus den Verpflichtungen der Trusteeship, der Treuhandschaft, gegenüber den anvertrauten, noch nicht zivilisatorisch entwickelten Völkern abgeleitet. Koloniale Herrschaft sollte auf die Spitze und einen kleinen für Beratung wirkenden Verwaltungsstab beschränkt bleiben, während die einheimischen Emire und Stammeshäuptlinge unter Anleitung selber regieren sollten. Dabei hoffte man, daß die Struktur der bestehenden Gesellschaft sich von innen heraus modernisieren und mit den Anforderungen moderner Zivilisation in Einklang gebracht werden könnte. Ein solches Konzept ist in der Vorkriegszeit noch nicht voll ausgebildet gewesen; es kam erst in den zwanziger Jahren theoretisch und praktisch zum Tragen. Dann zeigte sich aber deutlich, daß es in seiner Wirkung auf die Zusammenarbeit der Kolonialherren mit den alten eingeborenen Führungsschichten hinauslief und deren Stellung stabilisierte, während die inzwischen heranwachsende afrikanische Intelligenz – die ihre Entstehung ebenfalls westlichen Einflüssen verdankte – davon ausgeschlossen blieb und in wachsende Opposition gegen die Kollaboration mit der Kolonialmacht geriet. Daß es die einzige Absicht gerade der kolonialistischen Reformer gewesen sei, die eigene Herrschaft »durch die künstliche Konservierung des Stammessystems zu verlängern«, und daß die Doktrin der indirekten Herrschaft deshalb nichts anderes als eine »Stabilisierungsideologie« darstellte, wird aus dem Kreis der Reformer selbst wohl mit Recht bestritten (M. Perham).

Eine besondere Form der indirekten Herrschaft bildete das völkerrechtliche Institut des Protektorats, dessen sich sowohl die Engländer als auch die Franzosen bedienten. Im weiteren Sinne wollten sämtliche Kolonialmächte Schutzstaaten sein, die mit wehrlosen Eingeborenenstämmen und ihren Häuptlingen Schutzverträge schlossen, die de facto Unterwerfungsverträge waren. Auch die deutschen Kolonien hatten den Status von Schutzgebieten. Es bestand jedoch ein Unterschied zwischen Protektoraten über politisch entwickeltere Gebilde und den Protected States, wie sie von den Briten in Nigeria oder Betschuanaland in Südafrika genannt wurden. Die Übergänge zu echten Protektoratsverträgen waren gleitend. Bei den Federated Malay Staaten ist die Protektoratsform nur eine verhüllte Kolonialherrschaft über eine sehr komplizierte und unregelmäßige Verknüpfung einheimischer Staaten. In Ägypten wurde erst 1914 nach der Kriegserklärung der Türkei das

Proklamation Süd-Ost-Neu-Guineas zum britischen Protektorat in Port Moresby am 6. November 1884
Holzschnitt in ›The Illustrated London News‹ vom 17. Januar 1885
Berlin, Privatsammlung

bis dahin bestehende verschleierte Protektorat in einer einseitigen Erklärung aufgehoben und sowohl die Souveränität des Osmanischen Reiches als auch die Herrschaft des Khediven beseitigt – ein Zustand, der dann 1922 durch die Proklamation der Unabhängigkeit Ägyptens aufgehoben wurde. In manchen Fällen spielten außenpolitische Erwägungen bei dem Verzicht auf volle Annexion und der Errichtung von Protektoraten ineinander, zum Beispiel 1912 bei den französischen Protektoraten in Marokko und 1881 in Tunesien, weniger 1884 in Indochina, wo es sich lediglich um eine Tarnung der direkten Herrschaft handelte. Die Franzosen hatten schon aus ihrer kontinentalen Geschichte eine besondere Fähigkeit entwickelt, für politische Abhängigkeiten rechtliche Formeln zu finden, wobei ihnen ihre legistische Tradition und ihre Verwurzelung im römischen Recht zugute kamen. An der Effektivität und Härte ihrer Machtausübung in den Kolonialgebieten änderte sich dadurch nichts. Sie verwendeten gerade das französische Recht als Waffe für die Behauptung ihrer Vorrangstellung.

Man muß immer davon ausgehen, daß die Probleme der Kolonialherrschaft, die letzten Endes zur Dekolonisation hinführten, vor dem Ersten Weltkrieg noch nicht mit der Schärfe gesehen und erkannt worden sind, wie sich das nach dem Ende der kolonialistischen Periode heute tun läßt. Das gilt sowohl für die Kolonialherrn als auch für die Kolonisierten, für die schon die Heranziehung zum Kriegsdienst in den Heeren der Kolonialmächte während des Weltkrieges eine Wende einleitete. Oft verführte auch die Kürze der kolonialen Ära dazu, im Kolonialismus bloß eine ephemere Erscheinung zu sehen. Die deutsche Kolonialherrschaft dauerte etwa drei Jahrzehnte, die italienische in Libyen fast genau so lange; daneben gab es jahrhundertealte Abhängigkeitsverhältnisse, die durch ihre Dauer weit stärker in die soziale und wirtschaftliche Struktur eingegriffen haben. Doch der Grad der Effektivität ist nicht immer an die zeitlichen Fristen gebunden.

Schon zu Beginn der großen Expansionsphasen, in den achtziger Jahren, wurden erhebliche Zweifel an der ökonomischen Nützlichkeit kolonialer Erwerbungen geäußert: so von Clemenceau, dem Gegner Ferrys und seiner Kolonialpolitik in einer Kammerrede vom 30. Juli 1883 und von Matthias Erzberger im Deutschen Reichstag, als er 1900 für Kürzungen der Kolonialausgaben eintrat. Die Argumente waren alt; bereits im 18. Jahrhundert sind sie von Josiah Tucker, Jeremy Bentham und Adam Smith vorgebracht worden. Die sogenannten Little Englanders im 19. Jahrhundert schlossen sich ihnen an. Solche Bedenken erwiesen sich im nachhinein als voll berechtigt. So stieg der Gesamthandel Frankreichs mit allen seinen Kolonien und Protektoraten nie über 10 Prozent des französischen Außenhandelsvolumens. Im Jahr 1913 betrug er rund 3,2 Millionen Francs und war geringer als der Handel mit Großbritannien, der sich auf 3,5 Milliarden belief. Für Großbritannien waren die Zahlen etwas günstiger, wenn man die Dominions miteinbezieht. Danach gingen 1882: 34,5 Prozent, 1892: 33 Prozent, 1902: 39 Prozent, 1910: 30 Prozent des englischen Exports in die Empire-Länder. Die Importzahlen lagen darunter: 1892: 23 Prozent, 1902: 19 Prozent, 1910: 25 Prozent. Die neuen Kolonien waren daran allerdings nur zu ganz geringem Teil beteiligt: 1910 belief sich ihr Anteil auf 3,4 Prozent. Für den deutschen Außenhandel lag der Anteil der Kolonien bloß bei 0,5 Prozent. Im Hinblick auf die Ableitung der imperialistischen Expansion aus dem Zwang zum Kapitalexport sind die für diesen errechneten Zahlen von Interesse: Hier waren die Dinge überall sehr im Fluß und von der wirtschaftlichen Konjunktur abhängig, aber die Tendenz war insofern einheitlich, als die Kolonien eine ganz geringe Rolle spielen. Ihre Anteile lagen für Frankreich bei 5,3 Prozent im Jahr 1900 und bei 8,8 Prozent im Jahr 1914. In England war das Bild etwas anders: Hier waren die Empire-Länder tatsächlich ein gefragtes Ziel für Kapitalinvestitionen. Um die Jahrhundertwende dürfte die Gesamtsumme der englischen Investitionen im Empire größer gewesen sein als die in anderen Ländern. Nach dem Buren-Krieg setzte sich eine gegenläufige Tendenz durch: Im Jahr 1909 lag der Anteil der USA bei 55 Prozent, der Anteil des Empire wurde für 1913 auf 47 Prozent beziffert. Wesentlich ist aber, daß in die nach 1880 erworbenen Kolonien in den Jahren 1905 bis 1914 durchschnittlich nur etwa 5 Prozent der britischen Gesamtinvestitionen gingen; ein Zusammenhang zwischen Kapitalexport und Kolonialpolitik läßt sich also nicht feststellen. Für die deutschen Kolonien bezifferten sich die Investitionen bis 1914 noch nicht auf eine Milliarde Mark gegenüber zwanzig Milliarden deutscher Auslandsanleihen. Auch die demographische Entlastungsfunktion, die in der kolonialistischen Propaganda namentlich Deutschlands stark hervorgehoben wurde, trat, abgesehen von England, in kaum nennenswertem Umfang ein. Im Jahr 1913 wurden in den deutschen Afrika-Kolonien nicht mehr als 24 000 Deutsche gezählt bei einer Auswanderungsquote von 2,49 Millionen in der Zeit von 1871 bis 1901 und etwa 35 000 Deutschen, die sich in den verschiedenen Teilen der Südafrikanischen Union aufhielten. Die starke Auswanderung aus Großbritannien, die zu über 40 Prozent aus Irland kam, richtete sich überwiegend nach den USA. In der Zeit von 1853 bis 1891 zogen von den rund 7,99 Millionen britischen Auswanderern 66,4 Prozent nach den USA und nur 10,3 Prozent nach Kanada, 10,9 Prozent nach Australien, 4,4 Prozent nach anderen Ländern. Für Frankreich war, bedenkt man sein geringes Bevölkerungswachstum, die Auswanderung keine Lebensfrage, eher mußte sie durch vermehrte Einwanderung kompensiert werden. Nur die privilegierten Lebensbedingungen in Algerien bildeten einen Anreiz: Hier lebten im Jahr 1906 über 380 000 Franzosen. Zentralafrika kam als Einwanderungsgebiet so gut wie nicht in Betracht.

Ob sich die politischen und finanziellen Investitionen der Kolonialmächte von ihrem Interessenstandpunkt aus gelohnt haben, ist eine Frage, die sich sicher nicht generell beantworten läßt. Eine quantitative Aufrechnung ginge auch an der Tatsache vorbei, daß sich politische Interessen- und Prestigevorteile nicht bemessen lassen. Hier bewegt man sich im Bereich der Hypothesen und Mutmaßungen. Sicher ist nur, daß die der Imperialismustheorie englischer Liberaler wie Hobson oder der Neomarxisten zugrunde liegenden Annahmen einer Identität kapitalistischer, speziell finanzkapitalistischer und imperialistischer, aber auch kolonialistischer Politik selten zutreffen. Nun geht die heutige Diskussion über Nutzen oder Schaden des Kolonialismus, die im Zeichen der Dekolonisation und der ihr vorausgehenden Bewegungen steht, nicht mehr um die Interessen der Kolonialmächte, sondern vorwiegend um die der kolonisierten Völker. Wieweit war koloniale Herrschaft einfache wirtschaftliche Ausbeutung? Wieweit hat sie die Modernisierung, also die techno-

Ein Auswandererschiff
Zeichnung von Knut Ekwall, um 1882
Berlin, Privatsammlung

Sklaventransport im Sudan: der Gnadenschuß
Holzschnitt im neunten Heft von ›Das Buch für Alle‹, 1885
Berlin, Privatsammlung

logische und zivilisatorische Entwicklung der unentwickelten und der unterentwickelten Völker verzögert oder gar verhindert? Schließlich handelt es sich auch um die Frage der moralischen Rechtfertigung von Herrschaftsformen der Europäer, die ihren eigenen Vorstellungen von demokratischer Gleichheit, Recht auf Selbstbestimmung diametral widersprechen. Man bewegt sich damit auf dem Feld welthistorischer Kontroversen, die im politischen Streit selten ohne leidenschaftliche Emotionen ausgefochten werden. Engagierte Kolonialreformer haben mit Nachdruck auf die Rolle der britischen Öffentlichkeit in der Bekämpfung der Sklaverei im 19. Jahrhundert hingewiesen, die vorher »eines der größten und augenfälligsten Verbrechen« gewesen sei, das auf das Schuldkonto des Imperialismus komme (M. Perham). Mit der Bekämpfung der Sklaverei wurde später geradezu die Aufteilung Afrikas in der Brüsseler Generalakte vom 2. Juli 1890 begründet. Ausbeutung und Unterdrückung in anderen Formen waren damit nicht aus der Welt geschafft; es gab die skandalösesten Beispiele dafür, etwa im belgischen Kongo. Nationale Widerstands- und Emanzipationsbewegungen lassen sich von Anfang an verfolgen als primäre Bewegungen gegen die Besitznahme, als sekundäre gegen schon etablierte Kolonialherrschaften und schließlich im 20. Jahrhundert als nationale Befreiungsbewegungen, die zur Beseitigung der Kolonialherrschaft führten.

Die modernen Sozial- und Wirtschaftswissenschaften, am Schicksal der ehemaligen Kolonialvölker besonders interessiert, haben subtile Untersuchungen über die ökonomische Gesamtbilanz des Kolonialismus vorgelegt. Bei ihnen finden sich die verschiedensten Thesen, unter anderen die sogenannte Interdependenz-Theorie, die davon ausgeht, daß die nicht geleugnete Integration der Kolonialländer in die Weltwirtschaft nicht wirtschaftliche Entwicklung, sondern Unterentwicklung produziert habe. Es sei zu einem Growth without development gekommen, Wachstum habe zwar stattgefunden, aber die Entwicklungsfähigkeit sei durch die ökonomische Ausrichtung auf die Bedürfnisse der Kolonialmächte blockiert worden. Das war ein Erbe des Merkantilismus, wie es in dem ›Pacte Colonial‹ in Frankreich aus dem 17. Jahrhundert erscheint, der die Wirtschaft der Kolonien völlig dem Mutterland unterordnete. Er galt bis 1861 ziemlich uneingeschränkt und wurde dann in der Freihandelsära etwas gelockert. Nach einer anderen These hätten die Rohstoffproduzenten wegen der divergierenden Lohn- und Preisentwicklung immer weniger Industrieprodukte für ihre Exporte erhalten und seien dadurch einem Development of underdevelopment ausgesetzt gewesen – eine Theorie, die der marxistischen Lehre von der relativen Verelendung des Proletariats entspricht. Schließlich hat man von einem ›Drain of wealth‹, einem Abfluß des Wohlstands, durch Entziehung der in den Kolonien erzielten Gewinne in die Kolonialmächte gesprochen, wie er sich zuerst in der in Indien und Indonesien entstandenen Bereicherung der merkantilistischen Ära gezeigt hatte und später etwa im Kongo sich wiederholen sollte.

Letztlich führen diese Thesen zu der entscheidenden Frage, welche historische Bedeutung der kolonialen Epoche für die Zukunft der Kolonialvölker zukommt. Einfache quantitative Verrechnungen geraten ins Leere; mindestens müßten die Aufwendungen der Kolonialherren für die verkehrsmäßige Erschließung durch Eisenbahnbauten in Ländern wie Indien und für den Anschluß an den Weltverkehr, die Fortschritte der Hygiene und des allerdings variierenden und letztlich unbefriedigenden Bildungswesens in eine Bilanzierung aller auch damit verbundenen Nachteile einbezogen werden. Es kann nicht bewiesen, aber auch nicht einfach bestritten werden, daß die ehemaligen Kolonialländer ohne die Zwischenstufe der Kolonialzeit den Anschluß an die moderne Welt aus eigener Kraft nicht gefunden hätten. Das Beispiel Japan scheint ein Sonderfall zu sein. In der neuesten Würdigung der kolonialistischen Epoche ist Rudolf von Albertini zu dem Ergebnis gekommen, daß »die Kolonialzeit für die Kolonisierten eine Phase der Modernisierung« bedeutet habe – trotz aller zerstörerischen und diskriminierenden Aspekte der kolonialen Herrschaft. Alle Gesichtspunkte, die in der darüber weltweit geführten Diskussion vorgebracht worden sind, lassen sich bereits in der Zeit vor 1914 auffinden, da sich das System der europäischen Kolonialherrschaft, das ein wichtiger Bestandteil der europäischen Geschichte ist, damals im Stadium seiner vollen, durch Gegenkräfte kaum eingeschränkten Entfaltung befand.

Bildung und Kultur vor dem Ersten Weltkrieg

Die europäische Kultur um die Wende vom 19. zum 20. Jahrhundert war keine Kultur kleiner Eliten mehr, aber auch noch keine Massenkultur. Sie wurde getragen von den immer breiter werdenden und sich differenzierenden Mittelschichten, deren Kern das Bürgertum gewesen ist. Bürgerlicher Herkunft war die überwiegende Zahl der schöpferischen Gelehrten, Künstler und Schriftsteller dieser Epoche. Während in Paris, der ›Hauptstadt des 19. Jahrhunderts‹, sowohl das kulturelle als auch das politische Leben bürgerlichen Charakter besaß, selbst da, wo die sozialkritische Literatur antibürgerliche Züge annahm, behielten in den großen Metropolen der europäischen Monarchien die Fürsten und Höfe ihre Bedeutung für eine traditionelle Kulturpflege im gesellschaftlichen Leben, in den Theatern und Museen. Dennoch trat fürstliches Mäzenatentum in wachsendem Maße hinter staat-

Vielfalt in Londons Theaterwelt an der Wende zum 20. Jahrhundert
Plakatwand vor dem Theatergebäude ›Alhambra‹ am Leicester Square
Photographie von Tom Bright, 1899

Stil der Gründerjahre
Das Atelier Hans Makarts in der Gußhausstraße in Wien
Aquarell von Rudolf Alt, 1885
Wien, Historisches Museum

licher Betreuung durch Bürokraten und Parlamente zurück. Für unkonventionelle Kunstrichtungen und junge Bewegungen bildeten sich bereits neue Formen aus: Das Hoftheater erlebte eine letzte Blütezeit an einzelnen Residenzen wie in München und in Meiningen unter Herzog Georg, aber der Schwerpunkt ›moderner‹ Bühnenkunst verlagerte sich auf freie Vereinigungen, die sich bewußt gegen den herkömmlichen Theaterbetrieb wandten. Ihr Vorbild wurde das 1887 gegründete Théâtre Libre von André Antoine in Paris, an dem sich in Berlin die Freie Bühne von 1889 orientierte. Ähnliche Unternehmungen in fast allen europäischen Theaterzentren folgten. In der bildenden Kunst entsprachen solchen Tendenzen die Künstlervereinigungen der ›Sezessionen‹, die sich gegen offiziöse und offizielle Organisationen wie die Kunstakademien stellten, zuerst 1892 die Münchener Secession und wenige Jahre später, 1897, die Wiener Secession, die einer der Mittelpunkte für den europäischen ›Jugendstil‹ wurde. Der Übergang zu neuen Stilen wurde von nun an fast regelmäßig durch freie Künstlervereinigungen vollzogen wie in der Dresdner ›Brücke‹ von 1905 oder im ›Blauen Reiter‹ in München von 1911.

Eine Domäne staatlicher Kulturpolitik wurden die Elementarschulen, die überall – mit Ausnahme Englands – dem kirchlichen Einfluß entzogen wurden. In einer Zeit, in der die Mittel der Informationsverbreitung sich fast ausschließlich auf das gedruckte Wort konzentrierten, wurde die Kenntnis von Lesen und Schreiben eine unentbehrliche Voraussetzung für die Selbstbehauptung des einzelnen an seinem Arbeitsplatz, im täglichen Leben und bei der Vertretung seiner sozialen und politischen Interessen. In einigen Ländern, so in Italien, war das Wahlrecht an Elementarkenntnisse im Lesen und Schreiben geknüpft. In allen Staaten lassen sich für das ausgehende Jahrhundert ernsthafte Bestrebungen verfolgen, die allgemeine Schulpflicht effektiver zu machen und die Grundlage für die Organisation von Volksschulen und ihre Finanzierung zu schaffen. Trotzdem konnte das Analphabetentum nur langsam mit Erfolg abgebaut werden. Am niedrigsten lag seine Quote in den skandinavischen Ländern, in Deutschland und in der Schweiz. Legt man die Rekrutierungsstatistiken zugrunde, so ergibt sich, daß in Deutschland auf zehntausend zum Militärdienst Ausgehobene im Jahr 1890 einundfünfzig Analphabeten fielen, im Jahr 1912 nur noch einer. In der Schweiz sank die Zahl von einhundertachtzig im Jahr 1885 auf

Expressionistische Deutung eines Festzuges
zu Ehren des österreichischen Kaisers
Entwurf von Oskar Kokoschka
zu einem nicht ausgeführten Plakat, 1908
Wien, Historisches Museum

neun im Jahr 1904. Dem standen die höchsten Quoten in Rußland mit 7342 im Jahr 1885 und 6110 im Jahr 1895 gegenüber, in Serbien bei deutlich abnehmender Tendenz 8293 im Jahr 1878 und 5592 im Jahr 1904. Aber auch Italien erreichte bei ebenfalls fallenden Zahlen mit 4722 im Jahr 1884 und 3072 im Jahr 1903 noch Anteile zwischen fünfzig und dreißig Prozent. Diese Zahlen spiegeln nicht unmittelbar den Anteil einzelner Nationen an kulturellen Höchstleistungen wider, doch sie zeigen an, wie groß der Abstand zwischen den schmalen Bildungsschichten und der Masse der Bevölkerung ohne Elementarbildung gewesen ist.

Für die entwickelteren Staaten und ihre gewaltig gestiegenen Bedürfnisse an Beamten, Lehrern, aber auch an Ingenieuren standen der Ausbau des sekundären Schulwesens und seine Anpassung an die gewandelten Verhältnisse der fortgeschrittenen Industriegesellschaft im letzten Viertel des 19. Jahrhunderts im Vordergrund. Auf diesem Gebiet waren in den meisten Ländern die Fundamente zu Beginn des 19. Jahrhunderts, zum Teil noch früher, gelegt worden, in Frankreich in der Ära Napoleons I. und in Preußen in der Reformzeit. Für das französische Lycée, das 1802 durch ein Dekret Napoleons I. eingerichtet worden war, bildeten Latein und Mathematik die beiden Hauptsäulen, während das von der Bildungsidee des Neuhumanismus geprägte Gymnasium in Preußen und den anderen deutschen Staaten sich auf die klassischen Sprachen konzentrierte. Die Monopolstellung, die beide Schulformen für den Zugang zur Universität besaßen, war seit der Mitte des Jahrhunderts heftig umstritten. Die Forderung nach einer auf die ›Realien‹, die Naturwissenschaften und technischen Fächer, gerichteten Schulbildung wurde immer heftiger erhoben und führte in Frankreich bereits 1852 zur Trennung in einen klassischen und einen realistischen Lehrgang mit dem Anschluß je eines Bakkalaureats ›és lettres‹ und ›és sciences‹. Durch die Schulreform von Jules Ferry wurde der Realunterricht ohne Latein, das ›Enseignement secondaire moderne‹, eingeführt. In Deutschland beherrschten die Auseinandersetzungen zwischen Humanismus und Realismus, hinter denen sich auch soziale Spannungen zwischen dem Bildungsbürgertum und neu aufsteigenden Schichten verbargen, die schulpolitische Diskussion der letzten Jahrzehnte des 19. Jahrhunderts vollständig; erst um 1900 wurden die drei Schultypen, das Gymnasium, das Realgymnasium und die Oberrealschule, als gleichberechtigt für den Zugang zu den Hochschulen anerkannt. In beiden Ländern war damit auf ähnliche Weise die Frage der Heranbildung des Nachwuchses für Technik und Naturwissenschaft gelöst, besser als in Großbritannien und in Italien. In dem Streit um humanistische oder realistische Schulformen haben allerdings zahlreiche Naturwissenschaftler dem humanistischen Gymnasium den Vorzug gegeben. Außerdem ist es unleugbar, daß Absolventen der Gymnasien und der Universitäten in der Industrie ein höheres soziales Prestige genossen.

Was sich im sekundären Schulbereich abspielte, setzte sich im Hochschulsektor fort. Das humanistische Gymnasium und die Humboldtsche Universität gehörten als die beiden Stufen eines einheitlichen Bildungssystems zusammen, das wie das College-System der alten englischen Universitäten kaum Raum für die modernen Naturwissenschaften ließ. Die Naturwissenschaften hatten in Frankreich schon in der Revolutionszeit durch die Begründung der Pariser Ecole Polytechnique ein Zentrum der Ausbildung und zum Teil der Forschung gefunden, das stark auf die erste Generation der großen deutschen Naturwissenschaft – Alexander von Humboldt, Justus Liebig – gewirkt hat. Das französische Vorbild und das des 1855 eröffneten Eidgenössischen Polytechnikums in Zürich wirkten in verschiedenen deutschen Staaten, zuerst im badischen Karlsruhe, auf die Begründung Polytechnischer Schulen. Sie erreichten spät, im Jahr 1899, unter dem Namen ›Technische Hochschule‹ die Anerkennung als den Universitäten völlig gleichgestellte akademische Einrichtungen mit Promotionsrecht und Rektoratsverfassung,

Die neue Technische Hochschule in Braunschweig
Holzschnitt in der ›Illustrirten Zeitung‹ vom 20. Oktober 1877
Berlin, Staatliche Museen Preußischer Kulturbesitz, Kunstbibliothek

fast gleichzeitig auch in Österreich. Sie überholten damit ihr französisches Vorbild, die Ecole Polytechnique, die hinter dem Status der deutschen Universität zurückblieb, wie überhaupt in Frankreich die Hochschulen in weit höherem Grade als in Deutschland staatlicher Reglementierung unterworfen wurden. Das jahrzehntelange Ringen der Technischen Hochschulen um ihre Rangerhöhung und ihr schließlicher Erfolg, den nicht zuletzt Kaiser Wilhelm II. durch sein reges Interesse an technischen Problemen ermöglicht hat, sind das bedeutsamste hochschulpolitische Problem im Deutschland des ausgehenden 19. Jahrhunderts gewesen. Mit ihrer Anerkennung als akademische Korporation sind die deutschen Technischen Hochschulen die wichtigsten Träger des auf die technischen Fächer übertragenen deutschen akademischen Ausbildungssystems geworden.

Das System, das in den Reichstagsdebatten vom Mai 1871 über die Gründung der Straßburger Universität in Gegensatz gestellt wurde zu den ›höheren Abrichtungsanstalten Frankreichs‹, war sicher einer der wesentlichen Faktoren für den hohen, die anderen Länder überragenden wissenschaftlichen Standard Deutschlands in der Ära des Kaiserreiches. Die durch Wilhelm von Humboldt begründete ›Einheit von Forschung und Lehre‹ war das Kernstück des deutschen Hochschulsystems in der Zeit des Hochstands der deutschen Wissenschaft. Sie erbrachte auf mehrfache Weise einen ansehnlichen Ertrag für die Heranbildung einer breiten Schicht in praktischen und theoretischen Berufen tätiger Personen, die über Sachverstand und methodisch geschultes Denken verfügten. Dies wurde einmal durch die unmittelbare Übermittlung wissenschaftlicher Forschungsergebnisse in Vorlesungen und Übungen seitens der Hochschullehrer ermöglicht, dann aber auch durch die Einführung seminaristischer Methoden, mit denen die Studierenden frühzeitig zu selbständiger Forschungsarbeit angeleitet wurden. Dieses System fand nicht nur Verbreitung in den deutschsprachigen Ländern, es hatte Ausstrahlungen bis in die USA und deren Universitäten. Es hat die in es gesetzten Erwartungen gerade um die Jahrhundertwende erfüllt, als der Forschungsbetrieb die Dimensionen der ›Großwissenschaft‹ anzunehmen begann (Th. Mommsen). Ein amerikanischer Forscher hat die These aufgestellt, daß sich in der Wissenschaftsentwicklung seit dem 17. Jahrhundert verschiedene ›Weltzentren‹ gefolgt seien, in denen sich der wissenschaftliche Fortschritt konzentriert habe. Deutschland habe sich im 19. Jahrhundert zu einem solchen Zentrum entwickelt (J. Ben-David).

Die Bildungs- und Erziehungssysteme der europäischen Nationen ergaben mit den wissenschaftlichen Hilfseinrichtungen der Bibliotheken, deren Bestände in dieser Epoche enorm vermehrt wurden, den Mutterboden, aus dem sich das geistige und kulturelle Leben nährte. Dieses befand sich in ständiger Wechselwirkung mit den politischen und sozialen Kräften der Zeit: Es wurde von ihnen beeinflußt und wirkte auf sie zurück. Das kann von der nationalen Idee gesagt werden, die im 19. Jahrhundert große politische Umgestaltungen verursachte, ursprünglich jedoch als ein geistig-kulturelles Prinzip verstanden worden ist. Der politische Nationalstaat legitimierte sich aus dem Geist einer Nation und wollte nationaler Kulturstaat werden. Solchem Anspruch waren aber in der Realität erhebliche Grenzen gesetzt. Am nächsten kam ihm noch Italien, wo das geistig-kulturelle Geschehen in weitaus engerem Kontakt mit dem nationalstaatlichen Leben stand, als es im deutschen Nationalstaat nach 1871 der Fall gewesen ist. So waren die großen ›geistigen Diktaturen‹ von Männern wie Giosuè Carducci und Benedetto Croce eine charakteristische Erscheinung seit der Einigung Italiens (F. Valsecchi). Unter der Führung von Croce wurde die in anderen Nationen eintretende Entfremdung der Intelligenz von der politischen Nation und die Verkehrung ihres Verhältnisses in das einer reinen Verneinung aufgefangen und in eine Beziehung der schöpferischen Kritik verwandelt. Selbst der extreme italienische Nationalismus verleugnete nicht seine Herkunft aus den italienischen Kultur- und Literaturströmungen seit dem Risorgimento, wofür Gabriele d'Annunzio ein Beispiel ist. – In Deutschland kann man von einem gespaltenen Verhältnis zwischen Geist und Staat sprechen. Die historische Leistung des deutschen Nationalstaates ist unzweifelhaft darin zu sehen, daß er die Heimstätte für eine pragmatische, wissenschaftlich-technische Kultur geworden ist, während er die humanistische und ästhetische Kultur, die bei der Begründung der Nationalidee Pate gestanden hatte, nicht zu bewahren vermochte. Freilich barg das nahe Verhältnis zwischen Nationalstaat und Wissenschaft, wie es zum Beispiel bei der Begründung der neuen Universität in Straßburg in Erscheinung trat, die Gefahr von Verzerrungen und Verfremdungen des wissenschaftlichen Lebens in sich, das seinem Wesen nach auf Überschreitung nationaler Grenzen angelegt war. In einer Akademierede von 1878 über das Nationalgefühl gab der Berliner Physiologe Emil Du Bois-Reymond seiner Sorge vor einem »wissenschaftlichen Chauvinismus« Ausdruck, der gehässiger sei als der politische. Er hoffte, daß die deutschen Gelehrten, die sich bisher davon freigehalten hätten, auch in Zukunft sich nicht »durch die gegenwärtige Welle des Nationalgefühls in Europa« in ihren geistigen Gewohnheiten beirren ließen. Aber war auf die Dauer die Verbindung von wissenschaftlichem Kosmopolitismus und nationalstaatlichem Patriotismus, die Du Bois-Reymond vertrat, aufrechtzuerhalten? Die Tendenz zur Nationalisierung der Wissenschaft, ja zur Schaffung von ›Nationalwissenschaften‹ ist bei den europäischen Völkern bis zum Ersten Weltkrieg und noch darüber hinaus zu verfolgen. Sie läßt sich an den zahlreichen Universitätsgründungen erkennen, die im Gefolge von Nationalbewegungen und Nationalstaatsgründungen erfolgt sind: so in Bukarest 1864, in Belgrad 1874, in Agram 1874, in Sofia 1888, in Dublin 1909. Auch die Teilung der Prager Universität in eine deutsche und eine böhmische, tschechischsprachige Hochschule im Jahr 1882 gehört in diesen Zusammenhang.

Selbst die Naturwissenschaften blieben von der Nationalisierungstendenz nicht verschont. Als der Theologe und Wissenschaftsorganisator Adolf von

Harnack in einer großen Denkschrift vom 21. November 1909 die Argumente für die Begründung der Kaiser-Wilhelm-Gesellschaft vortrug, fand diese Tendenz ihren deutlichen Niederschlag: Das Zurückbleiben Deutschlands auf dem Gebiet der Naturforschung, das er damals feststellte, wurde als »nationalpolitisch verhängnisvoll« bezeichnet, »weil, anders als früher, heutzutage bei dem außerordentlich gesteigerten Nationalgefühl jedem wissenschaftlichen Forschungsergebnis ein nationaler Stempel aufgedrückt wird ... Die Völker legen eben Wert darauf, jedem neuen Wissenschaftsfortschritt gleichsam das Ursprungszeugnis mit auf den Weg zu geben ... Wissen sie doch, daß nichts so sehr geeignet ist, für ein Volk auf der ganzen Welt zu werben und es als den führenden Kulturträger erscheinen zu lassen, als die Erweiterung des menschlichen Wissens und die Erschließung neuer Quellen für die Arbeit und Gesundheit der gegenwärtigen und künftigen Generationen ... Deshalb hat die Führung auf dem Gebiet der Naturwissenschaften nicht mehr nur einen ideellen, sondern sie hat auch einen eminenten nationalen und politischen Wert.« Wissenschaft und Forschung wurden damit als ein Element des Wettstreits verstanden, in dem sich die Völker Europas auch auf allen anderen Gebieten befanden und der schließlich die Form einer Selbstzerfleischung annahm. Daraus konnte sehr oft der von Du Bois-Reymond gebrandmarkte wissenschaftliche Chauvinismus erwachsen, namentlich in Fächern, die nationalem Denken gegenüber so offen waren wie die Geschichte. In den Naturwissenschaften blieb diese Gefahr durch die überall gültigen methodischen Prinzipien und Normen und durch einen nie unterbrochenen internationalen Austausch der Forschungsergebnisse im allgemeinen gebannt.

Das Verhältnis des Nationalstaates zur ästhetischen und literarischen Kultur war in anderer Hinsicht von Problemen belastet. Es ist auffallend, daß viele der großen Leistungen der deutschen Kunst außerhalb des engeren reichsdeutschen Raumes geschaffen worden sind. Aus der Reichsgründungszeit können hier Namen wie Gottfried Keller, Conrad Ferdinand Meyer, Adalbert Stifter, Anton Bruckner genannt werden. Um die Jahrhundertwende wuchs Wien zu einem selbständigen geistigen Zentrum von europäischem Rang heran, von dem starke Impulse für die fortschreitende Entwicklung in den verschiedensten Kulturbereichen ausgingen: In Wien führte Gustav Mahler die klassische Tradition der großen Symphonien an ihr Ende; hier wurden durch Arnold Schönberg und seine Schüler die Grundlagen der neuen Musik gelegt; in Wien entstand durch Sigmund Freud das Lehrgebäude der Psychoanalyse; hier bildeten sich neue philosophische Schulen wie die des Neopositivismus durch Ernst Mach. Auch die Literatur nahm eine eigentümliche Gestalt an, die ohne den europäisch-universalen Charakter der Habsburger-Monarchie nicht denkbar gewesen wäre. Deren Unzeitgemäßheit und Todesverfallenheit wirkte auf das literarische Werk so verschiedener Schriftsteller wie Arthur Schnitzler, Hugo von Hofmannsthal, Robert Musil, Hermann Broch.

In zwei Männern von säkularer Bedeutung, Friedrich Nietzsche und Richard Wagner, bahnte sich das beginnende Schisma von Deutschem Reich und deutscher Kultur unmittelbar nach der Reichsgründung am eindrucksvollsten an. In seiner ersten ›Unzeitgemäßen Betrachtung‹ über ›David Strauß, der Bekenner und Schriftsteller‹, die Nietzsche 1873 verfaßt hat, schrieb er die bitteren Sätze über den ›Irrtum der öffentlichen Meinung und aller öffentlich Meinenden‹, daß auch die deutsche Kultur in dem letzten mit Frankreich geführten Krieg gesiegt habe. »Dieser Wahn ist höchst verderblich ..., weil er imstande ist, unseren Sieg in eine völlige Niederlage zu verwandeln: in die Niederlage, ja die Exstirpation des deutschen Geistes zugunsten des Deutschen Reiches.« Später, als seine Vorstellungen von dem werdenden, alles Maß überschreitenden ›Übermenschen‹ und von der wahren ›großen Politik‹ im Zeitalter des heraufkommenden Nihilismus schärfer geworden waren, ging der Philosoph noch weiter; er eröffnete einen

Die Leipziger Aufführung von Richard Wagners ›Ring‹ im Jahr 1878
in den Kostümen und in der Dekoration der Bayreuther Inszenierung von 1876
Photographie, 1878

Verzweiflungskampf gegen das Reich, das der Verwirklichung großer Politik als Ausgeburt des ›Nationalitätenwahnsinns‹ und der ›Vaterländerei‹ im Wege stehe und nur der ›Verewigung der Kleinstaaterei‹ diene. Freilich war dies nur der Monolog eines Philosophen, der in der eisigen Luft seines einsamen Geisterkampfes noch wenig Beachtung in der Öffentlichkeit fand. Eine weit größere Resonanz hatte der ›Fall Wagner‹. Am 21. Juni 1871, kurz nach der Vollendung des ›Siegfried‹, notierte Cosima Wagner in ihrem Tagebuch, sie glaube an »eine unerhörte Blüte des Deutschen Reiches, denn daß das Nibelungenwerk zusammenfällt mit den deutschen Siegen, ist kein Zufall . . .«. Dies sollte sich als gewaltiges Mißverständnis herausstellen. Der ehemalige Revolutionär Richard Wagner, der die Verwirklichung der neuen Kunst von der Revolution erhofft hatte, begrüßte die Reichsschöpfung Bismarcks anfänglich enthusiastisch; von ihr glaubte er die neue Kraft ausgehen zu sehen, »gegen welche die französische Zivilisation für immer erbleicht«, die ästhetische Kultur der Deutschen, gipfelnd im musikalischen Gesamtkunstwerk und im nationalen Theater. Doch am Ende des ersten Jahrzehnts der Geschichte des jungen Nationalstaates empfand er die Umwelt des Reiches als stillos-banal; es werde ihm »sonderbar zu Mute«, und im Anklang an Nietzsche schrieb er: »Wehe uns und der Welt, wenn diesmal das Volk gerettet wäre, aber der deutsche Geist aus der Welt schwände!« Die Distanz der Wagnerschen Kunst von der nationalpolitischen Bewegung hatte sich seit der größten Annäherung in den ›Meistersingern von Nürnberg‹ von 1867 bis zum ›Parsifal‹ von 1882 ständig vergrößert. Die Errichtung des Festspielhauses in Bayreuth, wohl das glanzvollste und originellste kulturpolitische Ereignis der siebziger Jahre, vollzog sich ohne die erhoffte und erbetene materielle und moralische Unterstützung der Reichsleitung. Der Versuch einer Weihestätte für das neue Musikdrama stand nicht in Harmonie mit der Reichsschöpfung, die geistige Verwandtschaft zwischen beiden verflüchtigte sich bald zu einem unwirklichen Traum. Wagner aber wuchs als geschichtliche Erscheinung über seine nationaldeutsche Rolle hinaus in den Rang eines Umgestalters der abendländischen Musik, verherrlicht und befeindet, mit einer ungeheuren Anziehungskraft auf gegensätzliche Naturen unter seinen Zeitgenossen wie Bernhard Shaw und Charles Baudelaire. Dies war eine bemerkenswerte Tatsache auch insofern, als in der Musik sonst fast überall in Europa der Einklang mit der nationalen Kultur fortbestand und der Geist des nationalen Risorgimento am ungebrochensten in ihr fortwirkte. Die slawischen Völker, namentlich die Russen und die Tschechen, gingen hier voran: Sie behandelten nationale Stoffe in ihren Opern, griffen volkstümliche Elemente auf, ohne den Zusammenhang mit der großen abendländischen Musik zu verlieren, und legten nationale Bekenntnisse ab. So nannte der Tscheche Bedřich Smetana den Zyklus seiner sechs sinfonischen Dichtungen von 1875 ›Mein Vaterland‹. Modest Petrowitsch Mussorgskij wandte sich in der Volksoper ›Boris Godunow‹ von 1874 unter bewußtem Verzicht auf die ›zivilisiert-europäische Tradition‹ den Ursprüngen der russischen Volksmusik zu. Am höchsten wurde die nationale Funktion der Musik in Italien gewertet: Giuseppe Verdi, seit 1861 auf Wunsch Cavours für einige Jahre sogar Mitglied der italienischen Abgeordnetenkammer, entwickelte die italienische Oper zum weltgültigen Ausdruck des italienischen Nationalgeistes. Sein Name mit den Initialen von Vittorio Emmanuele Re d'Italia wurde geradezu zu einem Symbol des Risorgimento. Es war das nationale Pathos, weniger die nationale Folklore, die in ihm ihre Triumphe feierte.

Nationales Pathos war aus der Literatur der Zeit ganz entschwunden. In ihrem Zentrum standen die gesellschaftlichen Probleme, die im Innern der Völker aufgebrochen waren und die in der großen Romankunst der Russen, Franzosen und Skandinavier aufgegriffen wurden. Die Russen eröffneten diese Reihe: Fast gleichzeitig, 1863 und 1862, schrieb Nikolai Gawrilowitsch Tschernyschewskij seinen Roman ›Was tun?‹, der der revolutionären Intelligenzija ein Bewußtsein ihrer historischen Rolle gab, und ein Jahr früher Iwan Sergejewitsch Turgenjew den Roman ›Väter und Söhne‹, in dem er das Stichwort des Nihilismus gab, das dann bei Nietzsche einen gewandelten Inhalt bekommen sollte. Nur wenig später folgten die Franzosen, deren Romane eine kritische ›Anatomie‹ der Gesellschaft mit psychologischer Analyse verbanden.

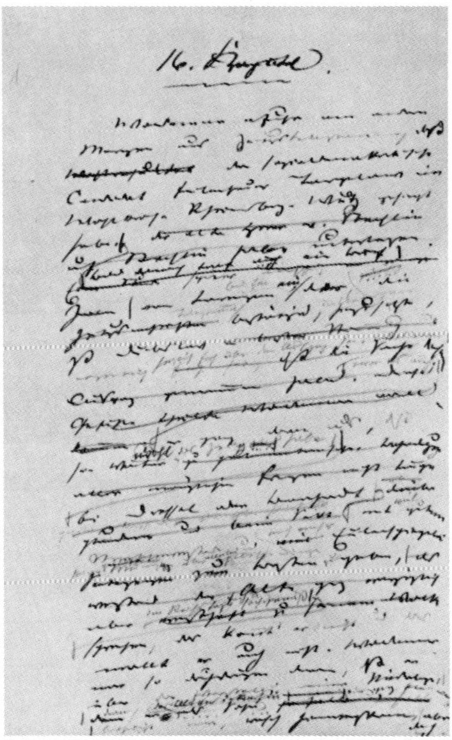

Theodor Fontanes Roman ›Der Stechlin‹
Der Anfang des 16. Kapitels
in der Handschrift des Dichters
Berlin, Märkisches Museum

Emile Zola in den Markthallen von Paris
Holzschnitt von Henri Rivière, 1887
Paris, Bibliothèque Nationale

Emile Zolas zwanzigbändiges Werk ›Les Rougon-Macquart, Histoire naturelle et sociale d'une famille sous le second Empire‹, erschienen von 1871 bis 1893, ist ein mit solchem Anspruch sonst nirgends unternommener Versuch, in einem ›wissenschaftlichen Roman‹ die Sozialgeschichte einer verfallenden Familie durch fünf Generationen zu verfolgen. Das politische und soziale Milieu und die Vererbung erscheinen hierin als die den Menschen vollständig determinierenden Mächte. Der Roman Zolas stand im Zeichen einer Epoche, in der man die Weltfülle nicht mehr in der Innerlichkeit von Individuen, sondern in den Spannungen und Konflikten gesellschaftlicher Strukturen zu finden glaubte. Er entfesselte nicht eigentlich revolutionären Aktivismus wie seine russischen Vorgänger, trug aber durch seine vehemente Kritik zur Veränderung des politischen Bewußtseins bei. Zolas Eingreifen in die Dreyfus-Affäre war daher das konsequente Verhalten eines politisch anklagenden Schriftstellers. Es zeigt den Unterschied der preußisch-deutschen von der französischen geistigen und politischen Atmosphäre, wenn man das Gesamtwerk Theodor Fontanes dem Zolas gegenüberstellt. Es bildet in seiner Verbindung von Loyalität und Kritik eine einzigartige Leistung und zeigt die Brüche im jungen Reich und die Widersprüche zwischen dem erstarrten Junkertum im aristokratisch-ständischen Preußen und der heraufkommenden Bourgeoisie im neuen Reich. Die Romane ›Effi Briest‹ und ›Der Stechlin‹ haben eine Schlüsselfunktion für die soziale Analyse Preußens, eines Staates, der sich eine Gesellschaft erschuf. In ›Effi Briest‹ ist es die Herrschaft der gesellschaftlichen Konvention, die Fontane in ihrer ganzen Unbarmherzigkeit dargestellt hat, ohne direkte soziale Anklage zu erheben. Im ›Stechlin‹ erscheint das Junkertum als untergehende Schicht; die Hauptfigur symbolisiert in ihrem Lebensgeschick deren Vergehen, wächst aber durch den inneren Adel, durch die Freiheit ihres Menschentums, über ihr soziales Schicksal hinaus. Einen gesellschaftlichen Fatalismus, wie er bei Zola hervortritt, kannte Fontane nicht.

In das Jahrhundertende – Fin de siècle – fiel ein ungeheurer Umbruch in der Entwicklung des europäischen, ja des menschlichen Geistes. Niemand hatte dafür ein größeres Sensorium als Friedrich Nietzsche, der bis in die Jahre seiner Umnachtung nach Ausdruck rang, um die große Wende zu bezeichnen, in der die ›Herrschaft des Nihilismus‹ geschehen und eine ›Umwertung aller Werte‹ eintreten sollte. In seinem letzten Werk ›Ecce homo‹ hat er geschrieben: »Wenn die Wahrheit mit der Lüge von Jahrtausenden in Kampf tritt, werden wir Erschütterungen haben, einen Krampf von Erdbeben, eine Versetzung von Berg und Tal, wie dergleichen nie geträumt worden ist. Der Begriff ›Politik‹ ist dann gänzlich in einen Geisterkrieg aufgegangen, alle Machtgebilde der alten Gesellschaft sind in die Luft gesprengt, sie ruhen allesamt auf der Lüge: Es wird Kriege geben, wie es noch keine auf Erden gegeben hat. Erst von mir an gibt es auf Erden große Politik.« In diesen apokalyptischen Sätzen, in denen das Schicksalsgefühl des fast schon umnachteten Nietzsche ins Hybride gesteigert ist, werden Weltkriege und Weltrevolutionen angekündigt. Doch was ihnen zeitlich vorangegangen ist und was sie wohl überdauern wird, war eine Revolution des Denkens, der Künste und der Wissenschaften. Unter den Künsten war in der Musik der Umbruch am frühesten zu spüren. Sie hatte in den besten Schöpfungen der Spätromantik, vor allen anderen in Richard Wagners ›Tristan und Isolde‹, die äußersten Grenzen der überlieferten musikalischen Form erreicht und durch Chromatik und Enharmonik das tonale System aufzulösen begonnen. Von hier aus schien der Schritt zur völligen Preisgabe der Tonalität, wie er von dem Wiener Arnold Schönberg in langsamen Übergängen getan wurde, konsequent zu sein. Schönberg komponierte seit 1906 in einem System freier, durch keine Regel festgelegter Atonalität, bevor er schließlich nach dem Krieg zu der gebundenen Zwölftontechnik überging. Diese neue Ordnung »löscht virtuell das Subjekt aus« (Th. Adorno); sie soll als »Generalnenner für alle musikalischen Dimensionen« gelten, nicht mehr bloß Ausdruck von etwas anderem, nicht der Musik Zugehörigem sein, sondern zu einer nur ihr eigenen Form zurückfinden. Aber noch längst nicht war mit dem ›Tristan‹ Wagners ›das Ende aller Romantik‹ gekommen, wie einer ihrer bedeutendsten Fortsetzer, Richard Strauss, gemeint hat. Die große klassisch-romantische Tradition lebte noch in großen Schöpfungen hauptsächlich innerhalb des deutschen Kulturraumes mit den Mittelpunkten Wien und München, in den Werken von Johannes Brahms, Anton Bruckner, Hugo Wolf, Richard Strauss und Hans Pfitzner, fort. Unter ihnen befanden sich sowohl bewundernde Nachfolger als auch Gegner Wagners. Die ›Neue Musik‹ fächerte sich bereits in ihren Anfängen in mehrere Richtungen auf: Neben der Wiener Schule standen als Gegenpole Schönbergs Igor Strawinsky, in dessen Werk sich alle Stilwandlungen der Moderne widerspiegeln, und der Ungar Béla Bartók, der aus der ›schöpferischen Transplantation des Motivmaterials‹, wie er es in der Volks- und Bauernmusik seiner Heimat fand, neue, insbesondere rhythmische Formprinzipien entwickelte. Noch befanden sich die Meister der Neuen Musik am Beginn ihrer

Entwicklung, die sie in den Jahren nach dem Ersten Weltkrieg weiterführten.

In der Malerei läßt sich in den Vorkriegsjahren ein ähnlicher und gleich folgerichtiger Umschwung feststellen. Das spätere 19. Jahrhundert ist die Epoche des Impressionismus und damit die große Zeit der französischen Kunst gewesen. Bereits in der impressionistischen Malerei löste sich die Wirklichkeit der dargestellten Dinge in Licht und Farbe auf, ähnlich wie die Tonalität in der ›Tristan‹-Musik ihre festen Konturen zu verlieren begann. Diese Parallele ist oft beobachtet worden; man hat sie darauf zurückgeführt, daß das Bewußtsein von der Erschöpfung der überlieferten Ausdrucksmittel über die einzelnen Künste hinaus verbreitet war. Indessen konnten hierfür auch tiefere Gründe geltend gemacht werden, über die wir Äußerungen des russischen Malers Wassily Kandinsky besitzen. Er war es, der um 1910/11 den letzten Schritt zur völligen ›Gegenstandslosigkeit‹ des Bildes getan hat, das nicht mehr Außenwelt, sondern abstrakte Innenwelt darstellen sollte. Kandinsky stand unter dem starken Einfluß der wissenschaftlichen Umwälzungen, die anstelle der Materie die Energie setzten und die Materie in dynamische Kraftfelder auflösten. Die Nachricht von der Entdeckung der Atomzertrümmerung traf ihn »mit schrecklicher Gewalt, als sei das Ende der Welt eingebrochen. In einem Augenblick lagen die mächtigen Pfeiler der Wissenschaft zerschmettert vor mir. Alle Dinge wurden durchsichtig, ohne Stärke oder Gewißheit«. Dadurch hatte sich »eines der gewichtigsten Hindernisse auf dem Wege zur Verwirklichung meiner Wünsche von selbst aufgelöst«. Als Kandinsky im Jahr 1910 sein Buch ›Über das Geistige in der Kunst‹ schrieb, zog er

Anti-intellektueller Kampf gegen sämtliche Traditionswerte:
ein futuristisches Bühnenspektakel mit Boccioni, Pratella, Marinetti, Carrà und Russolo in Mailand im Jahr 1911
Pinselzeichnung von Umberto Boccioni, 1911
Privatsammlung

aus den neuen Einsichten die Konsequenzen: Er sprach von der Komposition eines Bildes, das »eine Zusammenstellung farbiger und zeichnerischer Formen sei, die selbständig existieren, von der inneren Notwendigkeit herangeholt werden und im dadurch entstandenen gemeinsamen Leben ein Ganzes bilden«. Damit war der Weg in die ›abstrakte Kunst‹ noch vor dem Ersten Weltkrieg gebahnt und der europäischen Kunst ein Ziel gewiesen, das jenseits aller bisherigen Formen lag. Die Möglichkeiten, die sich daraus ergaben, wurden erst in einer späteren Phase offenbar.

Die Zusammenhänge der Kunstrevolution mit den Umwälzungen der Wissenschaft liegen nicht nur bei Kandinsky auf der Hand. Das wissenschaftliche Denken hatte im 19. Jahrhundert einen Siegeszug sondergleichen angetreten und die Zuversicht erweckt, als sei die ›Entzauberung der Welt‹ (M. Weber) an ihrem Ende angelangt. Immer neue Bereiche wurden der Erkenntnis erschlossen: Der Entdeckung der Gesetze der Natur und der Bestimmung der Materie folgten die ›Anatomie der Gesellschaft‹ in der Soziologie und die Erforschung der Tiefenkräfte der menschlichen Seele in der Psychoanalyse. Schon frühzeitig haben Naturwissenschaftler vor dem Optimismus gewarnt, daß der Naturerkenntnis keine Grenzen mehr gesetzt seien. In einer vielbeachteten Rede hat Emil Du Bois-Reymond im Jahr 1872 geäußert, gegenüber dem Rätsel, was Materie und Kraft seien, müsse sich der Naturforscher ein für allemal zu dem Wahrspruch entschließen: ›Ignorabismus‹. Dies war ein knappes Menschenalter, bevor Max Planck im Jahr 1900 mit der Quantentheorie den ›Grundstein für die neuartige physikalische Denkweise‹ (W. Gerlach) legte. Ernest Rutherford bestimmte im Jahr 1911 das Atommodell in seiner Zusammensetzung aus einem positiv geladenen Kern und ihn umgebenden Elektronen. Niels Bohr verband damit 1913 die Plancksche These des Wirkungsquantums und schuf so die Voraussetzung für die Atomtheorie im modernen Sinne. In Albert Einsteins spezieller Relativitätstheorie, die er im Jahr 1905 entwickelte, wurden die Begriffe von Raum und Zeit der klassischen Mechanik in Frage gestellt; es wurde die Lehre vom ›vierdimensionalen raumzeitlichen Kontinuum‹ geschaffen. Gleichzeitig postulierte er die Äquivalenz von Materie und Energie. Mit diesen fundamentalen Sätzen, die bis heute ihre Gültigkeit besitzen, waren die Grundlagen der modernen Physik gelegt. Sie ist eine Schöpfung des europäischen Geistes in seiner Gesamtheit, ohne daß man von nationalen Präferenzen oder Prioritäten sprechen kann. Unstreitig haben aber deutsche und englische Wissenschaftler dabei das entscheidende Wort gesprochen. Was dies alles für die Geschichte der Menschheit bedeuten würde, lag noch im Schoß der Zukunft. Hoffnungen und höchste Erwartungen, auf der Bahn der Erkenntnis weiterschreiten zu können, waren noch wenig von Sorge und Angst getrübt, aber letzte Sicherheiten für die großen Prüfungen und Erschütterungen, die bevorstanden, vermochte die Wissenschaft nicht zu geben.

Der Erste Weltkrieg

Kriegsursachen und Kriegsanlaß

Der Erste Weltkrieg gehört in die Reihe der großen Erschütterungen, von denen Europa und alle seine Staaten durch die Jahrhunderte in großen zeitlichen Intervallen heimgesucht worden sind. Er überschritt aber die Dimensionen der vorausgegangenen europäischen Generalkriege durch das Aufgebot an Menschen, die Anzahl der Opfer, den Umfang seiner strategischen Konzeptionen und Kriegshandlungen, die Beteiligung außereuropäischer Mächte und vor allem durch seine weltgeschichtlichen Wirkungen. Man kann ihn den letzten europäischen Kontinentalkrieg und zugleich den ersten Weltkrieg nennen. Ihm schloß sich ein zweiter Weltkrieg an, von dem dann die ganze Erde nicht nur in seinen Wirkungen, sondern durch das unmittelbare Kriegsgeschehen und die globalen strategischen Pläne betroffen wurde. Europa stellte in ihm nur noch ein, obschon nach wie vor wichtiges Zentrum neben anderen dar. Wenn auch dieser zweite Krieg den ersten in den Ausmaßen, den Zerstörungsgraden im materiellen und moralischen Sinne bei weitem übertroffen hat, so bleibt der Krieg von 1914 bis 1918 das Ereignis, mit dem der Bruch der historischen Kontinuität viel deutlicher sichtbar wird. Wenn man von einer Zeitenwende sagen kann, daß sie immer sowohl ein Ende als auch einen Neuanfang setzt, so trifft dies auf die Jahre 1914 bis 1918 zu. In ihnen ist die historische Struktur des alten Europa zusammengebrochen: sein Staatensystem und einige seiner traditionellen Führungsmächte wie die Donau-Monarchie und das russische Zarenreich, sein gesellschaftlicher Aufbau, seine dominierende Rolle in der Welt und noch einiges bis hinein in die überlieferten Formen und Inhalte der großen Lebensdeutungen von Kunst und Wissenschaft. In Generationen hatte sich durch Daseinsvorsorge, breit gestreute Vermögensbildung, sichere berufliche Laufbahnen in den mittleren und oberen Schichten des Bürgertums, ja auch durch einen steigenden Lebensstandard der Arbeiterschaft ein Sekuritätsgefühl in einer Reihe von Ländern entwickelt, das im Krieg mit allen den Folgen, die er bewirkte, zerstört wurde. In der damit eingeleiteten Epoche sind an die Stelle dauerhaft scheinender Ordnungen die großen Veränderungen getreten, die weder sofort ein bestimmtes Ziel noch Ruhepunkte erkennen lassen. Welche Rolle ein neues, um seine bisherige Stellung in der Welt gebrachtes Europa spielen wird, ist noch ein halbes Jahrhundert nach dem Ende des Ersten Weltkrieges ungewiß.

Nicht selten ist dieser Krieg als eine historische Naturkatastrophe empfunden worden, auch bei den Siegern, die, soweit sie zu den Europäern zählten, im letzten nur ephemere Erfolge errungen

Eine englische Vision vom kommenden, ungeheure Geldsummen verschlingenden Krieg
Lavierte Zeichnung eines Unbekannten, 1913
London, Imperial War Museum

hatten. Aber kann man wirklich von einem Naturereignis sprechen? War der Krieg nicht vielmehr ein Ergebnis persönlichen und kollektiven menschlichen Versagens oder gar das Werk berechnenden, jedes Maß überschreitenden Machtwillens? Damit ist die Frage nach den Ursachen und präziser noch nach der Schuld am Krieg aufgeworfen und eine Diskussion in Gang gekommen, die alle früheren Streitgespräche über Verantwortlichkeiten für Kriege wie den Siebenjährigen Krieg oder den Deutsch-Französischen Krieg von 1870 schon wegen ihres unvergleichlich bedeutenderen Gegenstandes in den Schatten stellt. Angesichts der Ungeheuerlichkeit eines Krieges ohne Beispiel und der unermeßlichen Opfer und Leiden, die er gefordert hat, mußte das Kriegsschuldproblem über seinen unmittelbaren Anlaß hinaus zu moralisch-ethischen und auch völkerrechtlichen Überlegungen über Krieg und Frieden führen. Diese reichten schließlich bis zur grundsätzlichen Ächtung des Krieges, aber ihre Auswirkungen auf die Behandlung der Kriegsschuldfrage selbst waren gering. In der Atmosphäre der die Völker bis in die Tiefe erregenden Leidenschaften konnte nicht einmal die ruhige Suche nach der Wahrheit gedeihen. Sie wurde anfangs insofern erschwert, als die unerläßlichen Quellen nicht sofort zur Verfügung standen. Doch bald öffneten sich die Archive, und große Akteneditionen der ehemals kriegführenden Staaten, zuerst die deutschen, wurden publiziert.

Zum eigentlichen Verhängnis aber wurde es, daß im Versailler Vertrag politisch das Urteil über die Kriegsschuld gesprochen war, bevor eine sachliche Klärung erfolgen konnte. Der Artikel 231 des Vertrages sprach von dem den alliierten und assoziierten Regierungen und ihren Staatsangehörigen durch den Angriff Deutschlands und seiner Verbündeten aufgezwungenen Krieg – eine Formulierung, welche die Forderung nach Reparationen völkerrechtlich sanktionieren sollte, aber mit guten Gründen auch als moralische Diskriminierung aufgefaßt werden mußte. Diese Deutung wurde durch

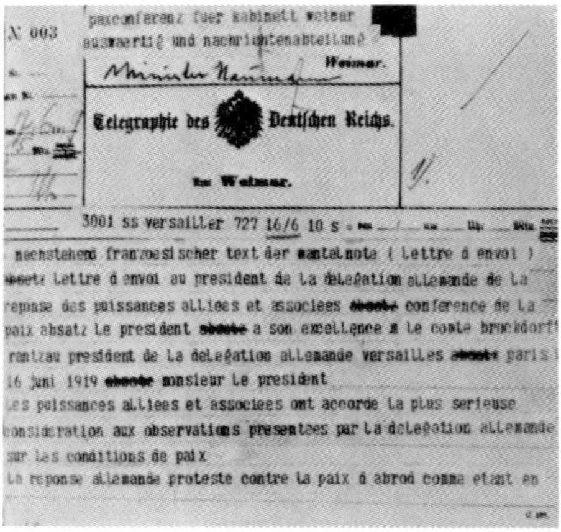
paxconferenz fuer kabinett weimar
auswaertig und nachrichtenabteilung
Weimar.
Telegraphie des Deutschen Reichs.
Weimar.
3001 ss versailler 727 16/6 10 s
nachstehend franzoesischer text der mantelnote (lettre d envoi)
lettre d envoi au president de la delegation allemande de la
reponse des puissances alliees et associees conference de la
paix absatz le president a son excellence le comte brockdorff
rantzau president de la delegation allemande versailles paris
16 juni 1919 monsieur le president
les puissances alliees et associees ont accorde la plus serieuse
consideration aux observations presentees par la delegation allemande
sur les conditions de paix
la reponse allemande proteste contre la paix d abord comme etant en

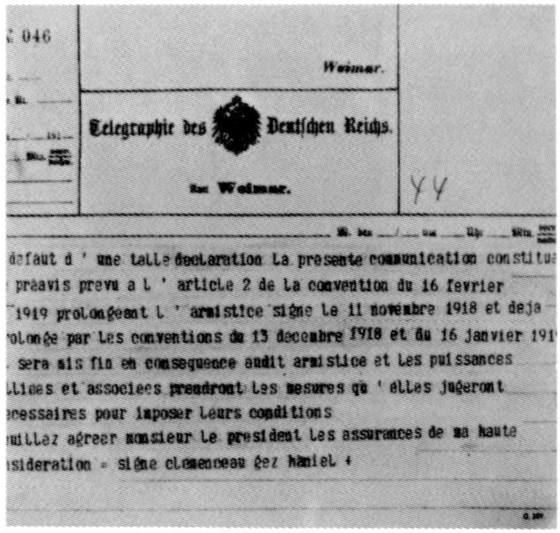
046
Weimar.
Telegraphie des Deutschen Reichs.
Weimar.
defaut d ' une telle declaration la presente communication constitue
preavis prevu a l ' article 2 de la convention du 16 fevrier
1919 prolongeant l ' armistice signe le 11 novembre 1918 et deja
prolonge par les conventions du 13 decembre 1918 et du 16 janvier 1919
sera mis fin en consequence audit armistice et les puissances
alliees et associees prendront les mesures qu ' elles jugeront
necessaires pour imposer leurs conditions
veuillez agreer monsieur le president les assurances de ma haute
consideration = signe clemenceau gez haniel +

Ultimatum der Alliierten an Deutschland für die Annahme des Versailler Vertragsentwurfs
Alliierte Mantelnote vom 16. Juni 1919
Erste und letzte Seite des französischen Textes in Telegrammform
Bonn, Politisches Archiv des Auswärtigen Amtes

die alliierte Mantelnote vom 16. Juni 1919 unterstrichen, mit der die Alliierten ihr Ultimatum für die Annahme des endgültigen Vertragsentwurfs begleiteten. Darin wurde die These vom deutschen Aggressor aus der preußisch-deutschen Tradition abgeleitet und als Ziel der neueren deutschen Geschichte erklärt, »sich dazu fähig zu machen, ein unterjochtes Europa zu beherrschen und zu tyrannisieren, so wie die Machthaber Preußens ein unterjochtes Deutschland beherrschten und tyrannisierten«. Die Frage nach den Kriegsursachen wurde damit abgeschnitten und in die Frage nach einer moralischen Kriegsschuld gewendet, für die die Antwort vorweg gegeben war. Die deutsche Geschichtswissenschaft und Publizistik stellten sich daraufhin in den Dienst des politischen Protests gegen die These von der Alleinschuld Deutschlands am Weltkrieg, und sie erlagen dadurch der Gefahr, wissenschaftliche Beweisführungen nur noch zur apologetischen Rechtfertigung werden zu lassen. Die Historiker standen in der politischen, von Institutionen, Zeitschriften und Propagandastellen geführten Kampagne gegen die ›Kriegsschuldlüge‹ in vorderster Linie, obwohl die bedeutendsten unter ihnen, Hermann Oncken, Hans Delbrück, Ernst Brandenburg, keineswegs die Schwächen und Fehler der deutschen Außenpolitik in der Vorkriegszeit leugneten und über den Tag hinaus wichtige Beiträge lieferten. Die Tendenz zur Politisierung der Argumentation und zur Apologetik machte auch vor der Historiographie der westlichen Länder nicht halt, wenngleich von der ›revisionistischen‹ Schule in den USA für die deutsche Politik einige Entlastung kam. Die Geschichte der internationalen Diskussion der Kriegsursachen von 1914 ist selbst ein Kapitel der Zwischenkriegsgeschichte und kann aus ihren politischen Bedingtheiten nicht gelöst werden. Deshalb konnte sie zu keinen endgültigen Ergebnissen gelangen, wiewohl nicht übersehen werden soll, daß es diesseits und jenseits der deutschen Grenzen auch zu einigen Annäherungen der Standpunkte gekommen ist. Hier ist vor allem der englische Historiker George Peabody Gooch zu nennen, der ohne einseitiges

Schuldverdikt auf die gemeinsame Verstrickung der Mächte in ein alle umfassendes System hinwies – ein Urteil, an dem man noch immer nicht vorbeigehen sollte, so viel klarer die Verantwortlichkeiten der einzelnen Mächte sich inzwischen bestimmen lassen.

Als nach dem Erlebnis des Zweiten Weltkrieges, für den die deutschen Verantwortlichkeiten unbestritten waren, eine erneute Diskussion die starren Fronten in Bewegung brachte, suchte sie das längst zum nationalen Tabu gewordene Kriegsschuldproblem von einer anderen Seite her aufzurollen. Es ging jetzt um die Kontinuität der deutschen Politik von Wilhelm II. und Bülow bis Hitler, um das, was mit einem vieldeutigen Wort als »Griff nach der Weltmacht« bezeichnet wurde. So Verschiedenes unter diesen Begriff fallen mochte, es handelte sich letztlich um den Nachweis eines kontinuierlichen deutschen Expansions- und Hegemonialwillens, in dem nun die eigentliche Ursache des Ersten Weltkrieges gefunden werden sollte. Diese Thesen, so sehr sie übers Ziel schossen, haben unstreitig bewirkt, daß ein längst als abgeschlossen geltendes historisches Problem neu überdacht und ihm in Argumenten und Gegenargumenten mancher neue Gesichtspunkt abgewonnen werden konnte. Dazu kamen neue Quellenfunde, die in das Innere der Entscheidungszentren blicken ließen, und nicht zuletzt neue Einsichten in das komplizierte Gefüge dieser politischen Entscheidungszentren, in den begrenzten Handlungsspielraum der wenigen Entscheidungsträger, die an der Spitze standen. Aus alldem läßt sich eine modifizierte Anschauung von den Vorgängen während der Julikrise 1914, insbesondere von dem Maß der deutschen Beteiligung, gewinnen, so wenig noch immer endgültige Erklärungen möglich sind. Wenn es ein Ereignis gibt, das die Ohnmacht des Historikers gegenüber einem überwältigenden und komplexen Geschehen deutlich macht, dann sind es die für unser Jahrhundert grundlegenden Vorgänge in den Julitagen 1914. Sie haben ihren Ursprung sowohl in Fehlentscheidungen und Fehleinschätzungen als auch im Mangel an Voraussicht und politischer Phantasie, in der Unfähigkeit, sich über Routine und Herkommen zu erheben wie in fatalistischer Ergebung in ein als unabwendbar angesehenes Schicksal oder in machiavellistischem Ausspielen eines nicht mehr die Wirklichkeit treffenden Kalküls. Die Grenzen psychologischer und politischer Deutungsmöglichkeiten wurden dabei oft erreicht, ja überschritten, und selbst die modernsten Methoden quantitativer Analysen sind nicht in der Lage, den Rest an Unwägbarkeiten aufzulösen, die aller Rationalität spotten. Der Ausbruch des Weltkrieges im Jahr 1914 wird für lange noch eine Aufgabe der historischen Forschung bleiben.

Die Julikrise kann niemals verstanden werden, wenn man sie als ein Ereignis untersucht, das ohne Vorläufer in eine gleichsam heile Welt eingebrochen ist. Sie war nichts Einmaliges, vielmehr ein Moment während einer Ära der Krisen in den zwischenstaatlichen Beziehungen Europas. Diese Krisen waren das Produkt eines immer vehementeren Nationalismus als Triebkraft der Staaten und Völker, dessen höchster Wert nicht mehr nur nationale Souveränität und nationale Machtexpansion über den Kontinent hinaus, nicht mehr nur wie immer begriffene Interessen, sondern sehr oft national unbestimmbare Prestigegesichtspunkte gewesen sind. Die »Gemeinschaftlichkeit von Europa«, von der noch Ranke gesprochen hat, löste sich in ein bipolares System von Blöcken mit und ohne klar fixierte Bündnisverpflichtungen auf, aus dem es immer seltener ein Ausscheren gab, weil jeder Stellungswechsel als Zeichen der Schwäche gedeutet werden konnte und dem Prestige abträglich war. Vertragliche Beziehungen zwischen Staaten wurden fast nur noch auf die Möglichkeit des Krieges abgestellt und bestimmten das Verhalten in einem potentiellen Krieg. Ist dies unter Bismarck noch eine Form der Abschreckung gewesen, so wurde es jetzt zur permanenten Drohung. Das Maß der inneren Verhärtung der Mächte, aber auch der Völker gegeneinander führte zu einem

›Am Vorabend des Krieges‹: die Julikrise 1914
Zeichnung von Ludwig Meidner, 1914
Recklinghausen, Städtische Kunsthalle

Mißtrauen aller gegen alle, selbst unter Bundesgenossen, von dem die Sprache der Akten Kunde gibt. Die Ära der imperialistischen Ausbreitung verschleierte die Gefährlichkeit dieser Entwicklung, solange es noch Ausweichmöglichkeiten in ›freie‹ Räume der Welt gab. Als diese Wege verbaut waren – und das war um 1912/13 der Fall –, drängten die Mächte nach Europa zurück: Rußland, in Ostasien geschlagen, wandte sich wieder Konstantinopel und dem Balkan zu; Frankreich hatte mit Marokko den Schlußstein in sein afrikanisches Reich eingebaut und fühlte sich stark genug, seinen kontinentalen Gegner Deutschland in die Schranken zu weisen. Die jüngste, in ihrem Auftreten anspruchsvollste Großmacht Deutschland war, erfaßt von der ungeheuren Vitalität einer an die erste Stelle drängenden Industrienation, ohne den letzten großen Erfolg ihrer ›Weltpolitik‹ geblieben.

Gedanken, die europäische Basis des Reiches wirtschaftlich wie machtmäßig in einem unter deutscher Führung stehenden ›Mitteleuropa‹ zu stärken, wurden nach den Enttäuschungen der kolonialen Ausdehnung erörtert, jedoch nicht zum Programm der offiziellen Politik erhoben. Bei großer militärischer Machtentfaltung, die im Aufbau einer Hochseeflotte ihren problematischen Höhepunkt gefunden hatte, reagierte die politische Elite des Reiches, an der Spitze der Kaiser, äußerst empfindlich auf bereits vollzogene oder voraussehbare Veränderungen der Machtverhältnisse zuungunsten Deutschlands. Die kurze Phase des ostasiatischen Krieges und der ersten russischen Revolution mit ihren Folgen stellte die bis dahin günstigste Konstellation für die deutsche Politik dar, die sie in der ersten Marokko-Krise ohne sichtbaren Erfolg zu nutzen gehofft hatte. Seit dem Wiedererstarken der russischen Armee drohten sich die Gewichte abermals zu verschieben; für 1916/17 wurde mit einem neuen Hochstand russischer militärischer Macht gerechnet. Diese Rechnung stimmte, wie sich im Krieg bald herausstellte, nur zum Teil; denn sie berücksichtigte nicht die inneren Belastungen, denen Rußland zwischen den Revolutionen ausgesetzt war. Immerhin verlockte sie zu Überlegungen darüber, ob es nicht angebracht sei, das Praevenire zu spielen und die russische Gefahr auszuschalten, bevor sie unüberwindlich geworden war. So hielt der deutsche Generalstabschef Helmuth von Moltke es im Dezember 1912, während des ersten Balkan-Krieges, für unumgänglich, den nach seiner Ansicht unausweichlich gewordenen Krieg so bald wie möglich auszufechten. Derartige Gedanken wurden von der politischen Reichsleitung unter Theobald von Bethmann Hollweg in diesem Augenblick nicht geteilt; er suchte gerade im Zusammenspiel mit England den allgemeinen Frieden zu retten und Österreich-Ungarn zur Mäßigung anzuhalten. Aber mit Moltkes Absicht war eine Möglichkeit der deutschen Politik angedeutet, die kaum zwei Jahre später aktuell werden sollte.

Daß die von dem Kriegsminister Wladimir Suchomlinow in die Wege geleitete russische Heeresreorganisation nicht nur die Stärkeverhältnisse verschieben, sondern einer aktiven Politik als Grundlage dienen sollte, war eine durchaus zutreffende Voraussetzung der deutschen Befürchtungen. Schon in der überaus kritischen Phase der Balkankriege war die gesteigerte Aktivität der russischen Politik zu spüren. Im Unterschied zu der Bismarckschen Zeit war dabei der Balkan und im weiteren Sinne das Osmanische Reich zum deutsch-russischen Spannungsfeld geworden, nachdem Deutschland sich wirtschaftlich, finanziell und militärpolitisch in der Türkei engagiert hatte. Noch im Winter 1913/14 kam es durch die Entsendung des deutschen Generals Otto Liman von Sanders an der Spitze der deutschen Militärmission nach Konstantinopel und durch seine Betrauung mit dem Oberbefehl über das dort stationierte türkische Armeekorps zu einem gefährlichen Konflikt. Wenn die russische Reichsleitung im Anschluß daran über Maßnahmen beriet, die das russische Interesse an den Meerengen und die Entschlossenheit, diese keinem anderen mächtigen Staat zu überlassen, erforderlich machen könnten, so konnte das unter den gegebenen Umständen mehr noch einen Zusammenstoß mit Deutschland als mit England bedeuten. Eine Existenzfrage war die ohnehin eingeschränkte Position in der Türkei für Deutschland allerdings nicht.

Existentiell von Wichtigkeit war hingegen die Gefahr, die ein russischer Vorstoß auf dem Balkan für den letzten zuverlässigen Bundesgenossen des Reiches, für Österreich-Ungarn, bedeutete. Der von Rußland protegierte südslawische Nationalismus, der in Serbien sein Zentrum hatte, bedrohte die Monarchie an einer ihrer empfindlichsten Stellen. Österreich-Ungarn hatte sich durch die Annexion von Bosnien und der Herzegowina zum Todfeind des Südslawentums gemacht, ohne die Fähigkeit zu entwickeln, für die ihm jetzt zugefallenen südslawischen Bevölkerungsgruppen einen Platz in seinem Verfassungssystem zu finden. Die Pläne des Thronfolgers Franz Ferdinand, einen slawischen Reichsteil in einer trialistischen Ordnung zu schaffen, stießen auf stärksten Widerstand vor allem in Ungarn und blieben auf dem Papier. Österreichs innere Schwäche war aller Welt offenbar, ja sie verführte die öffentliche Meinung nicht nur in den westlichen Ländern, sondern zum Teil auch in Deutschland zu der verfrühten Vorstellung von einem dem Untergang geweihten, sterbenden Staatswesen. In seinem Tagebuch notierte der im täglichen Umgang mit Bethmann Hollweg lebende Kurt Riezler am 23. Juli 1914: »Wir werden ewig hinter diesem schwachen Staat herhinken und unsere jugendliche Kraft an die Verzögerung seines Verfalls setzen müssen.« Gerade in den kritischen Vorkriegsjahren häuften sich die inneren Schwierigkeiten Österreichs: Im Jahr 1913 mußte der böhmische Landtag suspendiert werden, schon vorher, 1912, war die Verfassung Kroatiens, des zur ungarischen Reichshälfte gehörenden südslawischen Landesteils, außer Kraft gesetzt worden. Dennoch war die Donau-Monarchie der einzige sichere Verbündete, über den das Reich noch verfügte. Ihn zu schützen, schien ein Gebot der Staatsräson, wenn auch die Gefahr heraufbeschworen wurde, daß die schwächere Macht die stärkere in Verstrickungen hineinzog und dadurch eher ein Sicherheitsrisiko als ein Sicherheitsfaktor wurde. Im Innern gefährdete staatliche Regime zeigen meist die Neigung, ihre schwindende Integrationskraft durch äußere Erfolge zu stärken. So war namentlich in militärischen Führungskreisen Österreichs die Tendenz verbreitet, die gefährlichsten der die Monarchie bedrohenden Gegner durch präventive Maßnahmen außer Gefecht zu setzen. Der entschlossene Repräsentant einer solchen Politik war seit 1908 der Generalstabschef Conrad von Hötzendorf, der mehrfach gegen Serbien, aber ebenso gegen Italien Präventivkriegspläne entwikkelte. Das deutsche Widerstreben, solchen Erwägungen während der Annexionskrise und in den Balkan-Kriegen Unterstützung zu leisten, hatte in Wien der für das Bündnis schädlichen Meinung Auftrieb gegeben, in ernsten Krisen von dem mächtigeren Bundesgenossen allein gelassen zu werden. Derlei Empfindlichkeiten mußten für die Zukunft ihre Nachwirkungen haben.

Wenn Deutschland vornehmlich durch den österreichisch-russischen Spannungsherd in Südosteuropa in einen Konflikt mit dem Zarenreich gezogen werden konnte, so lag jederzeit die Bedrohung der Gesamtstellung des Reiches nahe, da Rußland der wichtigste Verbündete Frankreichs war. Der Schlüssel für Bismarcks Ost-Politik hatte seinerzeit darin bestanden, dem Reich immer die Kontrolle über die Beziehungen zwischen Österreich und Rußland zu sichern; davon war nichts übriggeblieben. Vielmehr war Deutschland in die Zwangslage versetzt, durch sein Bündnis mit Österreich die russisch-französische Allianz zu aktivieren, in deren Geltungsbereich zuletzt ausdrücklich ein möglicher Balkan-Konflikt einbezogen wurde. Wie ein Nessusgewand zogen sich die Allianzen über dem Reich zusammen; als »letztes Glied der Kette«, wie Riezler schreibt, mußte eine englisch-russische Marinekonvention gelten, von deren Vorbereitung man in Berlin Nachricht erhalten hatte. Sie mußte den Reichskanzler besonders treffen und ihm wie ein doppeltes Spiel erscheinen, da auf dem Heranziehen Englands an das Reich sein ganzes politisches Konzept beruhte und er gerade im Jahr vor Kriegsausbruch Hoffnungen auf Erfolge seiner Politik schöpfen konnte. Ein Abkommen mit Großbritannien über die portugiesischen Kolonien, das sich an die Abmachungen von 1898 anschloß, stand vor dem Abschluß, und über die Abgrenzung der beiderseitigen Interessen an der Bagdad-Bahn kam eine Einigung noch in den Junitagen 1914 zustande; sie sollte England gegen die Ausweitung des deutschen Einflusses auf den Persischen Golf Sicherheit geben. Deutsch-englischem Zusammenwirken war es zu verdanken, daß die Balkan-Kriege keine Ausweitung erfuhren. Wider alles Erwarten schien es zu gelingen, Fortschritte in weltpolitischen Fragen im Einvernehmen mit Großbritannien zu erreichen und dieses Einvernehmen in den europäischen Spannungsgebieten wirksam werden zu lassen. Das konnte einem Durchbruch durch die verhärteten Fronten gleichkommen, obwohl die Flottenrivalität als der seit 1907/08 entscheidende Konfliktstoff unverändert bestehen blieb. Hier wurde die Führungsstruktur des Reiches, die mangelnde Kooperation der politischen Reichsleitung mit den militärischen Kommandostellen, zum Verhängnis. Weltmachtpolitik als Flottenpolitik konnte nicht im Einvernehmen mit Großbritannien betrieben werden, höchstens Weltpolitik als begrenztes koloniales Wachstum in bestimmten, fest umrissenen Regionen. Auf jeden Fall mußten sich die Notwendigkeiten einer kontinentalen Sicherheitspolitik, die mit der Zustimmung Englands rechnete, als unvereinbar mit weltpolitischen Zielen großen Stils erweisen; beide zusammen waren nicht möglich. An diesem Punkt wird der Abstand zur Bismarck-Zeit besonders deutlich. Vor diesem Dilemma stand die England-Politik Bethmann Hollwegs, und sie fand nicht mehr aus ihm heraus. Sie konnte es nicht, da ihr durch ihre Einflußlosigkeit gegenüber der Marineleitung die Hände gebunden waren.

War dies sicher auch das extreme Beispiel einer durch strukturelle Widersprüche eingeengten Entscheidungsfreiheit, so ist doch überall das Handeln der Entscheidungsträger durch die inneren politischen Systeme bedingt: durch Rücksichten auf die öffentliche Meinung, die Presse, die Parlamente, aber auch auf Bündnispartner, die man nicht enttäuschen oder gar im Stich lassen wollte, und nicht zuletzt auf die Labilität der inneren Verfassungen, auf die Gefahr der sozialen oder nationalen Revolutionen. Das kann man von Österreich-Ungarn sagen, sicher von Rußland und, in vermindertem Grade, von Deutschland. Der Kanzler erwarte, schreibt Riezler, von einem Krieg, wie er auch ausgehe, eine Umwälzung alles Bestehenden. Was man einst die »Gemeinschaftlichkeit von Europa« genannt hatte, war zu einem Dschungel des Mißtrauens und eines die Rationalität des Interessenhandelns zerstörenden Freund-Feind-Denkens geworden. Daß eine solche Entwicklung in allen multipolaren internationalen Systemen ohne Rücksicht auf ihre ideologischen und gesellschaftlichen Komponenten möglich ist, lehrt die seitherige Geschichte. Nach einem Jahrhundert ohne große umfassende Kriege aber stand man diesem Phänomen hilflos gegenüber. Unter den Akteuren an der Spitze der Staaten befand sich keine Persönlichkeit, die der Größe der Verantwortung gewachsen war. Sie alle beherrschten wohl ihr Metier als Diplomaten oder Militärs, steckten aber in »Verblendung«. »In ganz Europa das gleiche« (K. Riezler). Sie waren Exponenten ihrer nationalen Systeme mit Vorurteilen, psychischen und sozialen Belastungen und konnten nicht über ihren Schatten springen. Das gilt für Edward Grey, Sergej Sasonow, Leopold Graf von Berchtold, Conrad von Hötzendorf, Théophile Delcassé und Raymond Poincaré und

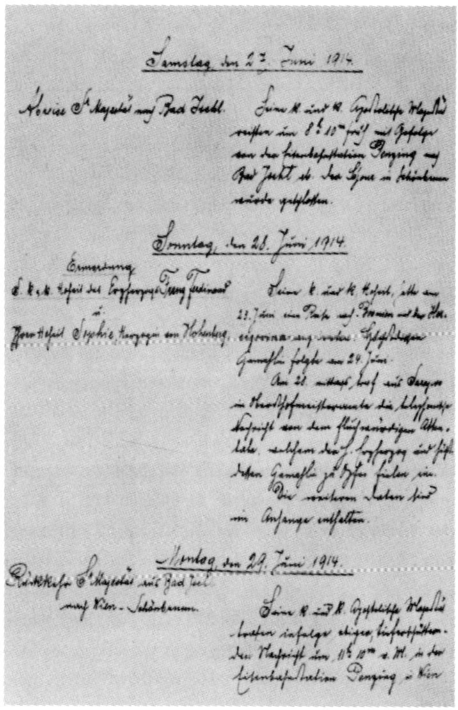
Samstag den 27. Juni 1914

Sonntag den 28. Juni 1914

Montag den 29. Juni 1914

Protokoll von der Ermordung des Thronfolgers Franz Ferdinand und seiner Gemahlin Sophie am 28. Juni 1914
Eintrag im sogenannten Zeremoniellprotokoll
Wien, Haus-, Hof- und Staatsarchiv, Hofarchive

nicht zuletzt für Bethmann Hollweg, der sich keine Illusionen über den Krieg und das, was er bringen würde, machte, aber ihm doch wie einem Fatum entgegensah. Kriegsbereitschaft konnte daraus erwachsen, soweit sie nicht ohnedies zur politischen Routine der Zeit gehörte, aber nicht Kriegsentschlossenheit, wie man sie bei den Generalstäben in Wien, Petersburg und Berlin vermutete.

Trotzdem bleibt es richtig zu sagen, daß im Juli 1914 alle Mächte, vielleicht mit Ausnahme Englands, politische Ziele verfolgten, die über den Status quo hinausgingen, aber daß ihnen ein klarer Wille mangelte, wegen solcher Ziele sich in einen großen Krieg zu stürzen. So gingen alle Bündnisse und bündnisähnlichen Abkommen vom Defensivfall aus: die französisch-russische Allianz nicht anders als der Zweibund. Doch für lokale oder lokalisierte Kriege war in diesem System durchaus Raum gelassen, sie mußten sich nur steuern lassen, wie das zuletzt noch in den Balkan-Kriegen gelang. Als Österreich-Ungarn auf die Ermordung des Thronfolgers Erzherzog Franz Ferdinand am 28. Juni 1914 in Sarajewo sehr spät, erst am 23. Juli, mit einem Ultimatum an Serbien reagierte, dessen Mitverantwortlichkeit für das Attentat kaum bezweifelt werden konnte, wurde bewußt das Risiko eines lokalen Krieges eingegangen: Serbien als der Herd des für die Monarchie bedrohlichen südslawischen Nationalismus sollte ins Mark getroffen werden. Anders als in den vorausgegangenen Balkan-Krisen hatte die Regierung in Wien die feste Zusicherung der deutschen Regierung, »daß wir in ernster Stunde Österreich-Ungarn nicht verlassen würden. Unser eigenes Lebensinteresse erfordere die unversehrte Erhaltung Österreichs« (Bethmann Hollweg). Mit diesem am 5. Juli gegebenen »Blankoscheck« gab die Reichsregierung Wien tatsächlich grünes Licht für die Aktion gegen Serbien, ja es drängte auf eine schnelle Aktion, »um den jetzigen, für uns so günstigen Moment nicht unbenutzt« zu lassen, wie der Kaiser meinte. Dieses Drängen war Ausdruck des in Berlin verbreiteten Zweifels an der Handlungsfähigkeit Österreichs, und solcher Zweifel ließ die deutsche Regierung auch weiterhin auf Wien Druck ausüben, damit die Aktion nicht im Sande verlief. Es ist nicht zu bestreiten, daß Deutschland dadurch ein hohes Maß von Verantwortung trug für jede militärische Aktion gegen Serbien, aus der sich der große Kontinentalkrieg, ja der Weltkrieg entwikkeln sollte.

War dieses Risiko den Staatsmännern und Militärs in Berlin bewußt? Von Bethmann Hollweg ist bezeugt, daß er bereits in einem frühen Stadium der Krise die Meinung vertreten hat, eine Aktion gegen Serbien könne zum Weltkrieg führen. Der Reichskanzler hat das Zwischenglied des Kontinentalkrieges übersprungen, und man könnte daraus schließen, daß er von Anfang an mit einem militärischen Zusammenstoß auch mit England gerechnet hat. Das geplante russisch-englische Marineabkommen konnte diese Eventualität nahelegen. Gerade die Verhandlungen zwischen Petersburg und London, über die man in Berlin genau unterrichtet war, forderten dazu heraus, ihren Erfolg noch im letzten Augenblick zu vereiteln und die Entente durch die mittelbar auf Rußland zielende Aktion gegen Serbien »auseinanderzumanövrieren«. Sollte Rußland eingreifen, dann belud es sich mit der Verantwortung, als erste Großmacht zum Krieg geschritten zu sein, und würde sich dadurch isolieren. In solchen Spekulationen lag das große Risiko eines allgemeinen Krieges, das von der deutschen Reichsleitung fälschlich als kalkulierbar angesehen wurde, obwohl es sich allen Vorausberechnungen entzog. Die Frage war nur, ob es durch Aufschub geringer oder größer werden würde, und hier schien nach Ansicht vor allem der deutschen Militärs alles für eine Steigerung zu sprechen: Rußlands militärische Reorganisation würde weitere Fortschritte machen und um 1916/1917 an ihrem Höhepunkt angelangt sein, während Österreichs Machtabstieg sich weiter fortsetzen würde, wenn man es wie 1908 und 1912 abermals an einer Aktion zu seiner Selbstbehauptung hindere. Darin lag ein präventives Element, und sehr

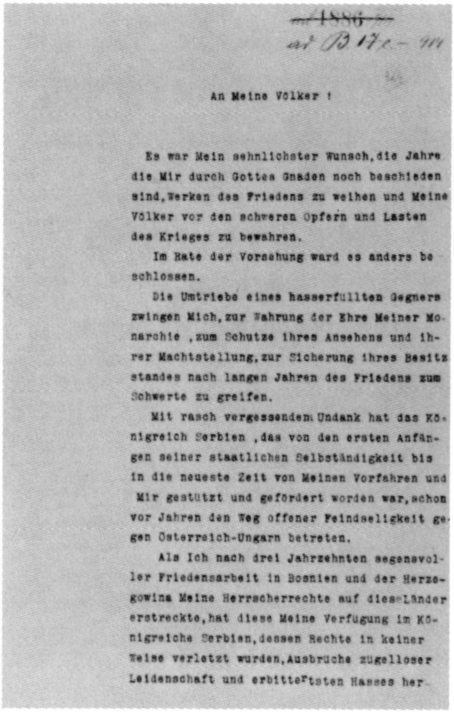

An Meine Völker !

Es war Mein sehnlichster Wunsch, die Jahre die Mir durch Gottes Gnaden noch beschieden sind, Werken des Friedens zu weihen und Meine Völker vor den schweren Opfern und Lasten des Krieges zu bewahren.

Im Rate der Vorsehung ward es anders beschlossen.

Die Umtriebe eines hasserfüllten Gegners zwingen Mich, zur Wahrung der Ehre Meiner Monarchie, zum Schutze ihres Ansehens und ihrer Machtstellung, zur Sicherung ihres Besitzstandes nach langen Jahren des Friedens zum Schwerte zu greifen.

Mit rasch vergessendem Undank hat das Königreich Serbien, das von den ersten Anfängen seiner staatlichen Selbständigkeit bis in die neueste Zeit von Meinen Vorfahren und Mir gestützt und gefördert worden war, schon vor Jahren den Weg offener Feindseligkeit gegen Österreich-Ungarn betreten.

Als Ich nach drei Jahrzehnten segensvoller Friedensarbeit in Bosnien und der Herzegowina Meine Herrscherrechte auf diese Länder erstreckte, hat diese Meine Verfügung im Königreiche Serbien, dessen Rechte in keiner Weise verletzt wurden, Ausbrüche zügelloser Leidenschaft und erbittertsten Hasses her-

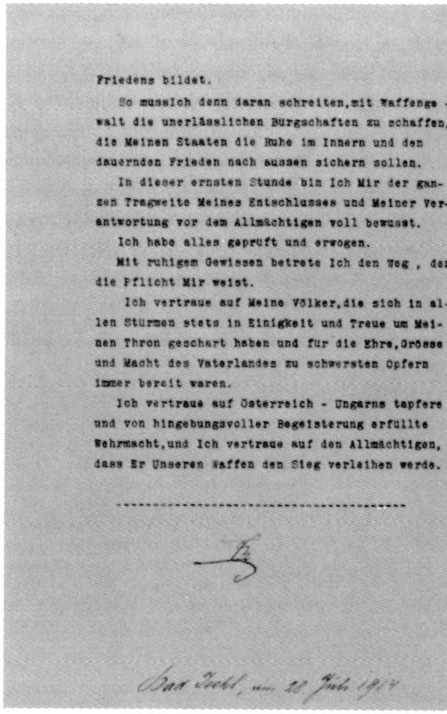

Friedens bildet.

So muss Ich denn daran schreiten, mit Waffengewalt die unerlässlichen Bürgschaften zu schaffen, die Meinen Staaten die Ruhe im Innern und den dauernden Frieden nach aussen sichern sollen.

In dieser ernsten Stunde bin Ich Mir der ganzen Tragweite Meines Entschlusses und Meiner Verantwortung vor dem Allmächtigen voll bewusst.

Ich habe alles geprüft und erwogen.

Mit ruhigem Gewissen betrete Ich den Weg, den die Pflicht Mir weist.

Ich vertraue auf Meine Völker, die sich in allen Stürmen stets in Einigkeit und Treue um Meinen Thron geschart haben und für die Ehre, Grösse und Macht des Vaterlandes zu schwersten Opfern immer bereit waren.

Ich vertraue auf Österreich - Ungarns tapfere und von hingebungsvoller Begeisterung erfüllte Wehrmacht, und Ich vertraue auf den Allmächtigen, dass Er Unseren Waffen den Sieg verleihen werde.

Bad Ischl, am 28 Juli 1914

Das kaiserliche Manifest aus Anlaß der Kriegserklärung Österreich-Ungarns an Serbien vom 28. Juli 1914
Zwei Seiten des Entwurfs vom 28. Juli 1914
Wien, Haus-, Hof- und Staatsarchiv, Kabinettskanzlei K. Z. 1886/1914

offen hat Bethmann Hollweg selbst später davon gesprochen, daß es sich in gewissem Sinne um einen Präventivkrieg gehandelt habe. Die Logik solcher Überlegungen mutet heute »fast archaisch« an, wirkt andererseits »wie eine Vorwegnahme gegenwärtiger politisch-strategischer Kalkulationen« (A. Hillgruber). Sie entsprang dem Sicherheitsgedanken einer Macht, die immer an die Bedingungen ihrer kontinentalen Basis gebunden blieb, und sollte gewiß nicht den Durchbruch zu neuen weltmachtpolitischen Zielen vorbereiten. Eine solche Konsequenz wurde erst nach dem Ausbruch des Krieges gezogen, als alle Bindungen zerrissen waren. Immerhin ging es in der Krise um die Sicherheit nicht mehr nur der Kontinentalmacht im Stile der Bismarckschen Ära, sondern einer wenigstens präsumptiven Weltmacht, die ihre Positionen auf keinen Fall freiwillig räumen wollte.

Wenn die Prämisse stimmte, daß Österreichs Erhaltung eine zwingende Notwendigkeit für das Reich gewesen ist, dann mußte jede Entscheidung daran gemessen werden, ob sie dieser Erhaltung auch eine Chance geben konnte. Als sich nach dem österreichischen Ultimatum vom 23. Juli und der keineswegs unbefriedigenden serbischen Antwort zwei Tage später der englische Außenminister Grey mit dem Vorschlag einer Botschafterkonferenz der nicht unmittelbar beteiligten Mächte einschaltete, suchte Bethmann Hollweg im letzten Moment unter dem Eindruck eines internationalen Stimmungsumschlags nach einer Möglichkeit, zu Verhandlungen zwischen Rußland und Österreich zurückzufinden. Er wollte Österreich für eine Mäßigung seiner Forderungen und Aktionen gewinnen. Doch die österreichische Kriegserklärung an Serbien am 28. Juli setzte der Vermittlung ein Ende. Die Krise schlug jetzt aus der diplomatisch-politischen Phase in die militärische um: Teilmobilmachungen und Mobilmachungen–in Rußland am 29./30. Juli, in Österreich am 31. Juli, in Deutschland am 1. August–folgten einander in einem die politische Bewegungsfreiheit lahmlegenden »Automatismus der Militärmaschinen« (R. Aron), mit dem Bündnisverpflichtungen eingehalten wurden – nur nicht diejenigen Italiens und Rumäniens gegenüber den Mittelmächten. Die Staatsmänner waren aber damit nicht der Aufgabe enthoben, ihre Völker von der Notwendigkeit des Krieges zu überzeugen. Diese Aufgabe drängte sich überall auf, am stärksten in Deutschland. Hier konnte das Stillhalten, ja die Zustimmung der Sozialdemokratie nur erreicht werden, wenn Deutschland eindeutig in der Rolle des Angegriffenen erschien, eine Argumentation, die durch den zeitlichen Vorsprung der russischen Mobilmachung überzeugend gemacht werden sollte. Die deutsche Kriegserklärung an Frankreich vom 3. August und der Einmarsch deutscher Truppen in Belgien schalteten innere Widerstände gegen den Krieg in den westlichen Ländern von vornherein aus. So gerieten alle europäischen Völker gleichermaßen in einen nationalen Rauschzustand; alle waren von dem festen Glauben durchdrungen, ihre Freiheit in einem gerechten Krieg gegen einen frevelhaften Angriff verteidigen zu müssen. Überall zeigte sich eine Opferbereitschaft, die bei den gesellschaftlichen Zerklüftungen der Völker, der Gewöhnung an ein Leben in Sicherheit und Wohlstand nicht erwartet werden konnte. Der Aufruf des in Brüssel versammelten Büros der Sozialisti-

Gratis! Extra-Blatt. Gratis!

Berliner Tageblatt

und Handels-Zeitung.

Der Krieg mit Frankreich.

Abbruch der diplomatischen Beziehungen.

Berlin, 3 August. Amtliche Mitteilung.

Bisher hatten deutsche Truppen dem erteilten Befehl gemäß die französische Grenze nicht überschritten.

Dagegen greifen seit gestern französische Truppen ohne Kriegserklärung unsere Grenzposten an. Sie haben, obwohl uns die französische Regierung noch vor wenigen Tagen die Innehaltung einer unbesetzten Zone von 10 Kilometern zugesagt hatte, an verschiedenen Punkten die deutsche Grenze überschritten.

Französische Kompagnien halten seit gestern Nacht deutsche Ortschaften besetzt. Bombenwerfende Flieger kommen seit gestern nach Baden, Bayern und unter Verletzung der belgischen Neutralität über belgisches Gebiet in die Rheinprovinz und versuchen, unsere Bahnen zu zerstören.

Frankreich hat damit den Angriff gegen uns eröffnet und den Kriegszustand hergestellt. Des Reiches Sicherheit zwingt uns zur Gegenwehr. Seine Majestät der Kaiser hat die erforderlichen Befehle erteilt.

Der deutsche Botschafter in Paris ist angewiesen, seine Pässe zu fordern.

Pressemeldung über die Kriegserklärung Deutschlands an Frankreich vom 3. August 1914

schen Internationale vom 29. Juli an die sozialistischen Parteien, auf ihre Regierungen einen energischen Druck auszuüben, verhallte wirkungslos. Die nationale Idee hatte Vorzug vor dem Internationalismus. In dieser Gesinnung waren sich die Europäer einig in eben dem Moment, in dem sie daran gingen, allem dem ein Ende zu setzen, was sie an gemeinsamen materiellen und geistigen Gütern besaßen. Hier versagen alle Maßstäbe wissenschaftlicher Erklärungen oder moralischer Überheblichkeit in einer Zeit, die den ihr gestellten Problemen von Krieg und Frieden kaum besser geistig und moralisch gerüstet gegenübersteht, hier erscheint uns die Geschichte wie ein großes Verhängnis.

Der historische Ort des Ersten Weltkrieges

In seinem großen Werk ›Vom Kriege‹ hat Carl von Clausewitz die »Verschiedenartigkeit der Kriege« nach dem Grade bemessen, in dem »sie das ganze Dasein der Völker umfassen«; je gewaltsamer die Spannung ist, die dem Krieg vorhergeht, desto mehr würde der Krieg sich »seiner abstrakten Gestalt nähern« oder, wie es an anderer Stelle heißt, »dem Begriff des neueren, des absoluten Krieges«. Läßt sich der Erste Weltkrieg in seiner ersten Phase in diese Kategorie einordnen? Sicher haben die Völker bei seinem Ausbruch ein Bewußtsein von der Tragweite des künftigen Geschehens gehabt, sicher ist die Spannung, die dem Krieg vorherging, in hohem Maße als »gewaltsam« empfunden worden, sonst wäre die Reaktion auf den Ausbruch nicht verständlich. Diesem in der Tiefe lebendigen Bewußtsein des Außerordentlichen entsprach das Aufgebot der bei der Mobilmachung in Bewegung gesetzten Massen: Die Alliierten einschließlich der kleinen Staaten verfügten 1914 über eine Kriegsstärke von rund 5,8 Millionen Mann, die Mittelmächte dagegen nur über 3,7 Millionen, darunter das deutsche Heer mit einer Kriegsstärke von 2,3 Millionen, das österreich-ungarische mit 1,4 Millionen. Während des ganzen Krieges stieg die Zahl der Mobilisierten auf etwa vierundsiebzig Millionen, davon rund fünfundzwanzig Millionen bei den Mittelmächten. Das sind Zahlen, die noch in keinem Krieg der Weltgeschichte erreicht worden sind, obwohl dies nicht für das prozentuale Verhältnis der Streitkräfte zu der Gesamtbevölkerung stimmen mag.

Entsprachen die Erwartungen der politischen und militärischen Führungsgruppen beim Ausbruch des Krieges diesen ungeheuren Dimensionen? Anlaß und eigentliche Ursachen des Krieges trennt eine tiefe Kluft. Die ›Strafaktion‹ gegen Serbien, selbst wenn sie das weitgehende Ziel einer Vernichtung Serbiens verfolgte, fällt nicht aus dem Rahmen begrenzter Kriegshandlungen heraus, wie sie die Geschichte Europas seit den Revolutionskriegen in zahlreichen Fällen und zuweilen in weit größeren Ausmaßen kennt. Die Verwicklung der Großmächte in den lokalen Krieg führte dann allerdings sofort in Größenordnungen von ganz anderer Art, die nicht einmal mehr an dem Maßstab der ›Nationalkriege‹ des 19. Jahrhunderts gemessen werden können. Wohl waren es noch jeweils nationale Sicherheitsziele, die den Eintritt der einzelnen Mächte in den Krieg ausgelöst haben: so Deutschlands Interesse an der Erhaltung seines Verbündeten Österreich-Ungarn, Rußlands Beistand für die nationale Bewegung der Südslawen, Großbritanniens Reaktion auf den Bruch der belgischen Neutralität, die als integraler Bestandteil der britischen Sicherheit angesehen wurde. Aber obgleich sich die Kriegsentscheidungen auf begrenzte Motive zurückführen lassen, fühlten sich alle Mächte durch den Zusammenbruch des europäischen Friedens, so brüchig er geworden war, in ihrer nationalen Existenz bedroht. Sie sahen sich zu einem Existenzkampf herausgefordert, was sich bei sämtlichen öffentlichen Bekundungen und Erklärungen im August 1914 im einzelnen nachweisen ließe. »Der jetzige Krieg«, notierte der französische Botschafter in Petersburg, Maurice Georges Paléologue, über ein Gespräch mit dem russischen Außenminister am 20. August 1914, »gehört nicht zu denjenigen, die durch einen politischen Vertrag beendet werden wie nach einer Schlacht bei Solferino oder Sadowa; es ist ein Krieg auf Leben und Tod, in welchem jeder Kämpfende seine nationale Existenz aufs Spiel setzt.« Hier erscheint der Krieg schon im Augenblick seines Ausbruchs als Existenzkrieg, bei dem jede Nation ihr Überleben in Frage gestellt sah. Solche Urteile näherten sich der Definition Clausewitz' vom Krieg »in seiner abstrakten Gestalt« oder vom »absoluten Krieg«, wiewohl sie noch keine volle Identität herstellten.

Wesentliches hing von der Dauer des modernen Krieges ab: Konnte die Entscheidung in einem kurzen Krieg, in einem ›Blitzkrieg‹, wie es später heißen sollte, herbeigeführt werden, oder ließ sie sich nur in einem langen Krieg, in einem siebenjähri-

Der ›totale Krieg‹
Gemälde von Otto Dix, 1914
Düsseldorf, Kunstmuseum

gen, einem dreißigjährigen, wie der ältere Moltke einmal gesagt hat, erreichen? Dadurch wurde der Charakter des begonnenen Krieges geprägt, in einem anderen Sinne, als ihn Clausewitz sah, der von den großen Entscheidungsschlachten der Ära Napoleons fasziniert war. Moltke blickte auf die Erfahrungen von 1870/71 zurück und ging von dem Umschlag des kurzen Entscheidungskrieges in den langen Zermürbungskrieg aus, wie er sich damals ankündigte und bereits vorher im Krim-Krieg und im amerikanischen Sezessionskrieg Gestalt angenommen hatte. Eine rasche Entscheidung des Feldzuges in einem Zweifrontenkrieg hielt er für unmöglich. Die Pläne des deutschen Generalstabs folgten ihm darin nicht. Spätestens seit Alfred von Schlieffen setzte sich der Gedanke einer gigantischen, den Krieg in einem Feldzug entscheidenden Umfassungsschlacht, eines neuen Cannae an den westlichen Fronten Deutschlands, durch. Dieser Plan zog eine unerbittliche Konsequenz aus der unaufhebbaren Situation des Zweifrontenkrieges. Wäre er geglückt, blieb immer noch die Frage offen, ob die Schlacht einen Feldzug oder den Krieg entschieden hätte. Die deutsche Führung ging vom letzteren aus. Durchaus im Sinne Clausewitz' hätte sich dann der absolute Krieg in einer einzigen großen Entscheidung verwirklicht. Dies aber war keine reale Möglichkeit mehr in einem Zeitalter fortgeschrittener industrieller Revolution, in dem demjenigen die Überlegenheit zufiel, der über die größeren Ressourcen an Rohstoffen, technischer Ausrüstung, Produktionskraft und auch an Menschen verfügte. In dem Augenblick, in dem der kurze Krieg in einen langen umschlug, veränderte sich seine Qualität; er näherte sich in seiner Natur dem, was später ›Totaler Krieg‹ genannt worden ist. Wir verwenden diesen Begriff nicht in dem ideologischen Sinne, der ihm im Zweiten Weltkrieg als Kampfform totalitärer Staaten unterlegt wurde und den schon Erich Ludendorff vorbereitet hatte, sondern so, wie ihn Ernst Jünger in einem Aufsatz von 1930 über ›totale Mobilmachung‹ gebraucht hat. Danach handelt es sich um die Verwandlung des Krieges aus einer bewaffneten Handlung in einen »gigantischen Arbeitsprozeß«. »In dieser absoluten Erfassung der potentiellen Energien, die die kriegführenden Industriestaaten in vulkanische Schmiedewerkstätten verwandelt, deutet sich der Ausbruch des Arbeitszeitalters vielleicht am sinnfälligsten an – sie macht den Weltkrieg zu einer historischen Erscheinung, die an Bedeutung der Französischen Revolution überlegen ist.« Der ›Totale Krieg‹ wird somit als die gegenseitige Aufbietung von technischer Energie und Arbeitsenergie verstanden, der gegenüber Entscheidungsschlachten ein sekundäres Phänomen darstellen. Nicht die Staaten mit monarchisch-feudaler Struktur, die Militärstaaten im alten Sinne, sondern die dem Fortschrittsgedanken verpflichteten Demokratien wie die USA zeigen dabei im Zeichen der totalen Mobilmachung eine ungeahnte Widerstandskraft; sie erweisen sich für Jünger als die Überlegenen, denen der Sieg zufällt.

Legt man diese Überlegungen zugrunde, dann muß der Erste Weltkrieg seit dem Augenblick, in dem die Entscheidung für den langen Krieg gefallen war, in die Nähe des ›Totalen Krieges‹ gerückt werden. Als die erste große Auseinandersetzung im 20. Jahrhundert hat er von der ›Unbarmherzigkeit‹ kommender Kriege der ›Arbeiter‹ – nicht mehr nur der Soldaten – eine Ahnung gegeben. Allerdings waren die letzten Möglichkeiten noch nicht ausgeschöpft, wie sich nach den Erfahrungen des Zweiten Weltkrieges sagen läßt; es blieb in vielem noch ein Rest vom traditionellen Nationalkrieg und von seiner Mentalität. Der Erste Weltkrieg ist eine Übergangserscheinung auf dem Weg zu neuen, furchtbareren, ja entsetzlicheren Formen der Kriegführung, bei denen jede hergebrachte Vorstellung versagt. Ihnen gegenüber mutet der Stand seiner Waffentechnik fast rückständig an. Seine ethischen Normen waren vom 19. Jahrhundert geprägt. Nationale Solidarität, Fahneneid und auf der Gegenseite Verrat bildeten noch in allen Armeen zwischen 1914 und 1918 fast absolute Wertmaßstäbe. Tausende von Sozialisten kämpften in den nationalen Heeren gegeneinander. Erst Lenin erhob die Niederlage des eigenen Landes zur Parole seiner revolutionären Politik. Immer noch beschränkte sich der Krieg auf den Kampf zwischen Soldaten. Nur das Kriegsmittel der Blockade machte die Unterschiede zwischen Kombattanten und Nichtkombattanten, wie sie für das Kriegsrecht bestehen, hinfällig; diese Waffe traf alle, vornehmlich die Schwachen unter der Zivilbevölkerung: Kinder und alte Menschen. Der Luftkrieg gegen die zivile Bevölkerung hatte dagegen noch relativ geringe Bedeutung; hier sprengte man erst im Zweiten Weltkrieg alle bis dahin eingehaltenen Grenzen, ganz zu schweigen von den Möglichkeiten, die ein nuklearer Krieg eröffnen würde. Von Totalem Krieg läßt sich dann sprechen, wenn die Völker als Ganzes einbezogen sind und ihre Vernichtung angestrebt wird, wenn nicht allein die Vernichtung der Streitkräfte beabsichtigt ist, von der die klassische Kriegstheorie des 19. Jahrhunderts ausgegangen ist. Diese Stufe war im Ersten Weltkrieg noch nicht erreicht, aber alles bewegte sich auf sie hin.

Das läßt sich auch am Verhältnis des Krieges zum Völkerrecht aufzeigen. Das Kriegsrecht, wie es in der Haager Landkriegsordnung kodifiziert worden ist, wurde im allgemeinen den ganzen Weltkrieg hindurch als völkerrechtliche Grundlage eingehalten. Auch hier liegen die Unterschiede zum Zweiten Weltkrieg auf der Hand. Dieser machte als Ausrottungs- und Rassenvernichtungskrieg das Völkerrecht zur leeren Form; die allgemeinen Regeln über Kriegserklärung und Kriegsbeendigung galten plötzlich nicht mehr, ebensowenig die Verpflichtungen der ›Gewahrsamsländer‹ hinsichtlich der Behandlung der Kriegsgefangenen, der Zivilbevölkerung in den besetzten Gebieten, der Rekrutierung von Soldaten in besetzten Feindstaaten, und anderes mehr. Wohl wurden gegenseitig erbitterte Vorwürfe wegen Verletzung von Völkerrecht und Kriegsrecht erhoben, aber gemessen an den Aktionen im Zweiten Weltkrieg erscheinen sie meist relativ unerheblich; das gilt zum Beispiel für die drastischen deutschen Repressalien gegen den sicher zu Unrecht angenommenen planmäßigen Franktireurkrieg in Belgien. Die Deportation von etwa einundsechzig- bis zweiundsechzigtausend Belgiern zum Arbeitseinsatz in Deutschland kann zwar in ihren Maßstäben nicht verglichen werden mit der Verwendung von Millionenheeren von ›Fremdarbeitern‹ in der nationalsozialistischen Kriegspolitik, liegt jedoch bereits auf dieser Linie. Was gravierend bleibt, ist der flagrante Bruch der belgischen Neutralität und das fatale Wort vom ›Fetzen Papier‹.

Sehr viel komplizierter waren die kriegsrechtlichen Fragen, die durch den Seekrieg aufgeworfen worden sind. Im Gegensatz zum Landkriegsrecht, dessen Gültigkeit nicht streitig war, gab es eine allgemein verbindliche Grundlage des Seekriegsrechts nicht, da die Londoner Seekriegserklärung von 1909 von der wichtigsten Seemacht, England, nicht ratifiziert worden war. Immerhin waren einige Normen für die Seekriegführung schon seit der Pariser Seerechtsdeklaration von 1856 wenn nicht völkerrechtlich sanktioniert, so doch gewohnheitsrechtlich geltend: Dazu gehörte der Grundsatz, daß eine Blockade effektiv, das heißt, mit zureichenden Seestreitkräften durchgeführt sein und feindliche Häfen in einem angemessenen Aktionsradius sperren mußte und daß neutrales Gut auf neutralen Schiffen nur der Beschlagnahme verfiel, wenn es sich um Konterbande handelte. Der Umfang dessen, was unter Konterbande als für die Kriegführung wichtiges Gut verstanden werden sollte, wurde allerdings ständig erweitert und schließlich auf nahezu alle Güter ausgedehnt. Von Bedeutung war, daß schon seit Herbst 1914 England und Frankreich Lebensmittel dazu rechneten. Gemessen an diesen Grundsätzen war die von Großbritannien verhängte Fernblockade mit der Basis Scapa Flow in den Orkney-Inseln völkerrechtlich ebensowenig zulässig wie die Erklärung von Teilen der Offenen See zu Sperrgebieten, wie sie im Zusammenhang mit dem Unterseebootkrieg durch Deutschland erging. Der

Die Londoner Seerechtskonvention von 1914
Schlußseite der Ratifikationsurkunde vom 22. Dezember 1914 mit der Unterschrift Georgs V.
London, Public Record Office

Seekrieg, mit neuen technischen Mitteln geführt, wurde zu einer Funktion eines erbarmungslosen Wirtschaftskrieges und geriet viel früher an die Grenzen des Völkerrechts als der Landkrieg.

Faßt man die Analyse zusammen, so kommt man zu folgendem Ergebnis: Der Erste Weltkrieg begann als europäischer Normalkrieg im Geist und Stil des 19. Jahrhunderts und wandelte sich in einen Kriegstyp, der bereits wesentliche Züge des Totalen Krieges trägt. Dazu gehörten die Mobilisierung der kriegführenden Nationen zu Kriegsdienst und Kriegsproduktion wie die Erstarrung der Strategie in gewaltigen Materialschlachten und die Radikalisierung der wirtschaftlichen Kriegführung zu einer totalen Blockade. Daß dies alles nur Zwischenstufen in einem viel weitergehenden Prozeß waren, ist erst durch die Erfahrung des Zweiten Weltkrieges sichtbar geworden.

Der strategische Verlauf des Krieges: 1914 bis 1917

Der strategische Verlauf des Weltkrieges muß aus seinen allgemeinen geographischen und historischen Bedingungen abgeleitet werden. Dabei ist von der Tatsache auszugehen, daß es sich um die militärische Auseinandersetzung zwischen zwei Bündnisgruppen gehandelt hat, von denen die eine eine zentrale Landmasse mit schmalen Zugängen zu Randmeeren, zur Nordsee, Ostsee und Adria, beherrschte, die andere in die Weltmeere und in den asiatischen Kontinent ausgriff. Die Mittelmächte waren räumlich in Mittel- und Südosteuropa zusammengedrängt, sie konnten ihre Basis durch den Anschluß Bulgariens und der Türkei bis nach Kleinasien erweitern und den Landweg bis Konstantinopel freikämpfen. Durch den Kriegseintritt Italiens wurde eine dritte europäische Front errichtet. Das Bewegungsfeld der Mittelmächte wurde zwar größer, aber die Gefährdungen eines Belagerungskrieges blieben und wurden nicht durch die Vorteile der inneren Linie aufgewogen. – Das Ausscheiden Rußlands aus dem Krieg im Frühjahr 1918 schien eine entscheidende Veränderung zu bringen, die unabsehbaren Risiken eines Zweifrontenkrieges zu beseitigen und die Versorgungslage zu verbessern. Aber die ungeklärte politische Lage in dem von Revolution und Bürgerkrieg geschüttelten russischen Reich, welche die deutsche Heeresleitung zu militärischen Aktionen verleitete, verringerte die erhoffte Entlastung und ließ die Ostfront als ein politisches und militärisches Sicherungsproblem in weiten räumlichen Dimensionen bestehen, so daß hier noch etwa eine Million Soldaten gebunden blieben. – In der Lage des kontinentalen Festungskrieges, in der die Kriegsleitung der Mittelmächte sich befand, mußten jeweils Entschlüsse gefaßt werden, an welcher Front die militärische Entscheidung gesucht werden sollte, ob im Westen, Osten oder Süden. Nur in der ersten Stunde stand der Vorrang des Westkrieges fest. Wie immer in einem Krieg, zumal in einem Bündniskrieg, war die Strategie auch von politischen Gesichtspunkten bestimmt, ja sie war selbst ein Stück Politik. Schon als bei Kriegsbeginn der Schlieffen-Plan die Konzentration der Kräfte auf den Kriegsschauplatz in Frankreich vorsah, erwarteten die Österreicher für ihre Offensive in Galizien gegen die russischen Heere einen deutschen Entlastungsangriff vom Norden aus. Nach dem Scheitern der großen Cannae-Schlacht war die Wahl zwischen West- und Ostfront selbst in den Führungsgruppen des Reiches umstritten.

Die Alliierten besaßen gegenüber den Zentralmächten einen weit größeren Bewegungsradius, der sich durch den Anschluß neuer Verbündeter ständig vergrößerte, durch Italien im Mai 1915, Portugal im März 1916, Rumänien im August 1916 und Griechenland im Juni 1917. Der Kriegseintritt der Vereinigten Staaten von Amerika im April 1917 gab dem Krieg schließlich den Charakter eines Weltkrieges; er beseitigte die letzten Barrieren gegen eine fast unbegrenzte Auffüllung der menschlichen und materiellen Ressourcen zugunsten der Westmächte. Freilich blieb die unmittelbare Kooperation zwischen diesen und Rußland

Die ersten britischen Truppen
für den Einsatz auf dem Festland beim Verlassen Londons, Anfang August 1914

blockiert, da die deutsche Flotte die Zugänge zur Ostsee kontrollierte und der vom Ersten Lord der britischen Admiralität, Winston Churchill, vorangetriebene Versuch, die Meerengen zwischen Mittelmeer und Schwarzem Meer durch einen Frontalangriff auf der Halbinsel Gallipoli im April 1915 unter alliierte Kontrolle zu bringen, scheiterte. Der Transport von Kriegsmaterial über Archangelsk und Wladiwostok hielt sich wegen der unzureichenden Verkehrswege in engen Grenzen. Die während des Krieges gebaute und im November 1916 fertiggestellte Bahn nach Murmansk erlangte kaum mehr Bedeutung. Eine Versorgung des industriell und rüstungstechnisch unterlegenen Zarenreiches mit Waffen und Munition aus dem Westen konnte daher im Unterschied zum Zweiten Weltkrieg nicht stattfinden.

Beide Kriegsparteien standen in einem Bundesgenossenkrieg, in dem die Sicherheitsinteressen der Koalitionspartner oft divergierten, doch sie waren darauf angewiesen, ihre Entscheidungen am Gesamtinteresse des gemeinsamen Krieges zu orientieren. Für beide galt der Satz, daß die Kraft einer Koalition immer geringer ist als die Summe der Kräfte, über die sie auf dem Papier verfügt (R. Aron). Wohl waren auf beiden Seiten, bei den Entente-Mächten wie beim Zweibund, Verabredungen der Generalstäbe für gemeinsame Kriegführung in den Vorkriegsjahren vorhergegangen, aber in den entscheidenden Momenten des Kriegs-

Der Große Kriegsrat der Alliierten mit Joseph Joffre (in dunkler Uniform) vor dem Großen Französischen Hauptquartier

ausbruchs wiesen die militärische Kooperation und die Abstimmung der Operationen an den verschiedenen Fronten große Mängel auf, was sich bei den Zentralmächten besonders nachteilig auswirkte. Hier bestand ein erhebliches Konfliktpotential bei der Durchsetzung einer koordinierten Kriegführung. Das schlug sich nieder in den fast unüberwindlichen Schwierigkeiten, nicht nur gemeinsame Kriegspläne aufzustellen, sondern auch die Frage eines ›integrierten‹ Oberbefehls institutionell zu regeln. Auf seiten der Koalition gab es politisch-strategische Beratungsgremien wie die Interalliierten Konferenzen in Chantilly von 1915/16 oder den vorwiegend aus Politikern bestehenden Interalliierten Obersten Kriegsrat vom November 1917, gegen dessen Entscheidungen die Generäle protestierten. Erst im April 1918, auf dem Höhepunkt der letzten deutschen Offensive, wurde Marschall Ferdinand Foch Oberbefehlshaber der alliierten Truppen in Frankreich. Die dem Deutschen Kaiser und damit der deutschen Obersten Heeresleitung im September 1916 übertragene formelle ›Oberste Kriegsleitung‹ der Zentralmächte blieb eine theoretische Konstruktion; nach dem Tod Kaiser Franz Josephs I. zog sein Nachfolger, Kaiser Karl I., seine Zustimmung in aller Form zurück. Beide Seiten haben das Führungsproblem im Bündniskrieg unbefriedigend gelöst, abgesehen von den Alliierten in der Schlußphase des Krieges, aber für die Zentralmächte bedeutete dies für ihre Kriegführung an drei und mehr Fronten eine weit erheblichere Schwächung als für die über einen größeren Spielraum und größere Reserven verfügenden Alliierten. Nicht zu übersehen ist allerdings, daß das Übergewicht des Deutschen Reiches bei der um die Zentralmächte gruppierten Koalition unangefochten war. Deutschland hatte Streitkräfte an allen Fronten eingesetzt, auch an der italienischen Front

Wilhelm II. mit Paul von Hindenburg und Erich Ludendorff bei einer Besprechung im Großen Deutschen Hauptquartier

und in Kleinasien. Diese Beanspruchung mußte auf die Dauer zur Erschöpfung seiner Reserven führen.

Die Schwierigkeiten einer koordinierten Kriegführung im Bündniskrieg ergaben sich zudem aus den unterschiedlichen Kommando- und Organisationsstrukturen der einzelnen Armeen. In den drei Kaiserreichen waren diese Strukturen sehr ähnlich. Bei ihnen galt der Monarch als Oberster Kriegsherr, ohne daß er diese Funktion wirklich ausüben konnte. Das war bei Zar Nikolaus II. nicht anders als bei Franz Joseph I. und Wilhelm II. In Rußland ernannte der Zar seinen Onkel, den Großfürsten Nikolai Nikolaijewitsch, zum Oberbefehlshaber, übernahm dann aber im April 1915 nominell den Oberbefehl. In Österreich fiel die dem Thronfolger Franz Ferdinand zugedachte Rolle dem Erzherzog Friedrich zu. Diese Regelungen blieben noch ganz im Rahmen des dynastischen Systems; man kann in der Betrauung von Fürsten wie dem Deutschen Kronprinzen oder Kronprinz Rupprecht von Bayern mit hohen Armeekommandos einen letzten Rest der Funktion des Adels als Kriegerkaste sehen. Doch fast überall oblag die eigentliche Verantwortung den professionellen Militärs wie dem österreichischen Generalstabschef Conrad von Hötzendorf, dessen unbedingter militärischer Aktionswille einige mit Erich Ludendorff verwandte Züge zeigt. In Deutschland hatte das System einer den Monarchen ersetzenden Kommandogewalt besondere politische Auswirkungen. Man konnte zunächst an das bereits in den Einigungskriegen bewährte Amt des Generalstabschefs anknüpfen, dessen Inhaber seit 1906 der jüngere Helmuth von Moltke gewesen ist. Als er im Oktober 1914 durch Erich von Falkenhayn ersetzt wurde, gebrauchte man schon den Namen ›Oberste Heeresleitung (OHL)‹. Als im August 1916 Paul von Hindenburg und sein Generalquartiermeister Erich Ludendorff die dritte OHL bildeten, war dies mehr als ein Personenwechsel. Die von Hindenburg und Ludendorff geführte OHL entwickelte sich fast zu einer diktaturähnlichen obersten Gewalt, da der Kaiser seine Funktionen der Vermittlung zwischen politischer und militärischer Kriegführung nicht mehr wahrnahm. – Kann man hier von einer Tendenz zu einem militärischen Kriegsabsolutismus sprechen, so ist bei den Entente-Mächten die unvermeidliche Stärkung der Exekutive in der Ausnahmesituation des Krieges letztlich der politischen Führung zugute gekommen, wofür Georges Clemenceau und David Lloyd George die besten Beispiele sind. Auch in Frankreich war das Staatsoberhaupt formeller Oberbefehlshaber der Armee, was allerdings nicht viel zu bedeuten hatte. Ministerpräsident, Kriegsminister und Parlament übten wechselnden Einfluß aus und ließen eine zu starke Machtkonzentration bei der Generalität nicht hochkommen. Die Machtstellung des ersten Oberkommandierenden, des Generals Joseph Jacques Joffre, war bis Ende 1914 noch am uneingeschränktesten. Sein Nachfolger seit Dezember 1916, Robert Georges Nivelle, erreichte dessen Machtfülle nicht mehr; er mußte im Mai 1917, nach den großen Meutereien in der Armee, als ›gescheiterter Mann‹ abtreten. Die Vollmachten seines Nachfolgers, Henry Philippe Pétain, waren beschränkt durch die Unterstellung unter den neueingeführten Generalstabschef Foch, der Anfang April 1918 auch den Oberbefehl über sämtliche alliierten Truppen an der Front übernahm.

Zu den historischen Bedingungen, die für den Verlauf des Ersten Weltkrieges bestimmend waren, gehört der Einfluß, den die Technologie auf Waffensysteme und Kriegführung ausgeübt hat. Die Bewegung von Massenheeren, deren Größe über die der europäischen Heere in den Kriegen des 19. Jahrhunderts weit hinausging, war 1914 überwiegend noch an Eisenbahnen und Pferdekräfte gebunden und beruhte nur in geringem Umfang auf Motorisierung. Deutschland stand hierin weit hinter den Alliierten zurück, die im Jahr 1918 schon über einhunderttausend Lastwagen verfügten bei nur zweiundzwanzigtausend

Karl I. mit Conrad von Hötzendorf im Schützengraben an der italienischen Front

deutschen. Die Eisenbahnen erleichterten zwar Bewegungskriege, wie die Feldzüge von 1866 und 1870 beweisen, aber die Grenzen ihrer Verwendung stellten sich seit 1914 heraus. Weder die Schnelligkeit noch die Wendigkeit motorisierter Armeen konnte bereits von den Heeren des Ersten Weltkrieges erreicht werden. Die Erstarrung der Fronten in Grabenlinien über Hunderte von Kilometern, wie man sie erstmals im amerikanischen Sezessionskrieg kennengelernt hatte, resultierte aber weniger aus der beschränkten Bewegungsfreiheit als aus der Schwierigkeit, mit den vorhandenen Waffensystemen der schweren Artillerie, der Maschinengewehre, der Infanteriewaffen, ja sogar des Giftgases große Durchbrüche zu erzielen. Angriff und Abwehr haben sich eher gegenseitig gleichsam erstickt. Erst die im letzten Kriegsjahr operativ noch unzulänglich eingesetzte Tankwaffe brachte eine grundsätzliche Wendung. Die Luftwaffe, anfangs als wichtiges Aufklärungsinstrument bedeutsam, griff später im taktischen Einsatz in den Endkampf und gelegentlich auf Ziele hinter der Front ein. An der Westfront gab die Luftüberlegenheit den Alliierten große Vorteile. – Strategische Konzeptionen sind in der Regel einfach und trotz aller technologischen und militärpolitischen Wandlungen durch die Jahrhunderte in ihren verschiedenen alternativen Möglichkeiten relativ gleichbleibend. »Es ist alles im Krieg sehr einfach, aber das Einfache ist schwierig« (C. von Clausewitz). Das läßt sich auch am Verlauf des Weltkrieges nachweisen, so sehr die Größenordnungen der eingesetzten Truppen und des in die Schlachten geworfenen Materials das bis dahin Bekannte weit übertrafen. Die erste Phase des Krieges wurde, wenigstens im Westen, von den seit langem ausgearbeiteten großen strategischen Plänen bestimmt. Auf deutscher Seite bestand der nach dem deutschen Generalstabschef Alfred von Schlieffen benannte Plan, dessen Anfänge bis zum Jahr 1894 zurückreichen und der um 1905, in der für Deutschland ungewöhnlich günstigen Lage einer großen Schwächung Rußlands, seine klassische Form erhielt. Sein Grundkonzept war, bei schwacher Sicherung der Ostfront, ja sogar Preisgabe erheblicher Gebiete der Ostprovinzen und

Ferdinand Foch und ins Feld rückende französische Truppen an der Westfront

Deutsche Eisenbahner beim Bau einer Feldbahn

Verbindungsgraben im französischen Grabennetz

dünner Besetzung der Front von der schweizerischen Grenze bis zur Festung Metz, die geballte Kraft der deutschen Armeen auf dem rechten Flügel zu konzentrieren. Man wollte in einer großen Flügelbewegung durch die neutralen Länder Luxemburg, Belgien und, wie anfangs geplant, auch Holland nach Nordfrankreich hineinstoßen, sich nach Süden und Osten wenden, die französischen Armeen im Rücken angreifen und auf die östlichen Grenzfestungen zurückwerfen. Dieser gigantische Plan war mit einer Fülle von Risiken, nicht zuletzt mit dem unabsehbaren politischen Risiko der Neutralitätsverletzungen belastet. Er setzte die Unfähigkeit Rußlands zu wirkungsvollem militärischen Handeln im Osten voraus und ebenso eine rein defensive Haltung Frankreichs. Die Nachfolger Schlieffens hatten Zweifel an der Gültigkeit dieser Voraussetzungen; sie rechneten mit einer französischen Offensive gegen die Nahtstelle der deutschen Front in Lothringen, was genau dem vom französischen Generalstabschef Joffre nach der zweiten Marokko-Krise entwickelten Plan XVII entsprach. So wurde in den deutschen Plänen das ursprünglich vorgesehene Verhältnis von sieben zu eins zwischen den Angriffstruppen und den Sicherungstruppen südlich von Metz auf drei zu eins herabgesetzt. Später wurde Holland aus dem Aufmarschplan ausgeklammert. Aber dies allein konnte nicht genügen, um England zum Stillhalten zu veranlassen, obwohl die Neutralität Englands im Zentrum der Außenpolitik Bethmann Hollwegs stand. Die Zersplitterung der deutschen Staatsführung hatte hier verhängnisvolle Konsequenzen.

Für das Scheitern des großen Plans in der Schlacht an der Marne sind die verschiedensten Gründe angegeben worden: Zufälle, menschliches Versagen bis zur Spitze des Generalstabschefs Moltke selbst, der voller Zweifel an der Möglichkeit eines Gelingens in den Kampf gezogen war. Wahrscheinlich ging das Unternehmen in seiner Absicht, einen Krieg mit hochtechnisierten Massenheeren in einer einzigen gewaltigen Schlacht entscheiden zu wollen, über das Erreichbare hinaus. Die operative Niederlage bei einigen taktischen Erfolgen verwandelte den Charakter des

Deutsches Eisenbahnbatteriegeschütz in Stellung

Demonstration des US-Tanks in Frankreich

Krieges. Da die Strategie der Umfassung in einem einmaligen Ansturm der deutschen Kriegführung den Sieg versagte, da andererseits die alliierte Strategie lediglich das Ziel der Abwehr, nicht jedoch die Vernichtung oder Zurückdrängung der in Frankreich eingedrungenen deutschen Heere erreichen konnte, war eine Art Gleichgewicht der halben Erfolge entstanden, das seinen Ausdruck in den erstarrten Fronten des Schützengrabenkrieges fand. Von nun an gab es bis ins letzte Kriegsjahr nur noch die strategischen Möglichkeiten der Abnutzung und des Durchbruchs. Zwischen beiden bewegte sich die Kriegsgeschichte der Jahre 1915 bis 1917.

Wollte man die verlorene Initiative zu einem Bewegungskrieg und damit die Chance, die gegnerischen Heere zurückzudrängen, aufzureiben oder einzukesseln, wiedergewinnen, so mußte der Durchbruch durch die wie Festungslinien gezogenen Grabensysteme erzwungen werden – ein Unternehmen, das eine ungeheure Überlegenheit an schweren Waffen und ein konzentriertes Artilleriefeuer erforderte, wie es in der Kriegsgeschichte bisher nicht bekannt war. Versuche dieser Art sind von beiden Seiten, in erster Linie von den Alliierten, gemacht worden: so in der ›großen Offensive‹ Joffres in der Champagne von Ende September bis Anfang November 1915; in dem monatelangen Großangriff der Engländer und Franzosen an der Somme von Juni bis November 1916; dann im Jahr 1917, als die deutsche Heeresleitung durch den planmäßigen Rückzug in die ›Siegfried-Stellung‹, die sogenannte Hindenburg-Linie zwischen Arras-Saint-Quentin-Reims, einer französisch-britischen Offensive an der Somme ausweichen wollte und damit den Angriffen der Alliierten bei Arras, an der Aisne und in der Champagne die Kraft nahm. Alle diese Kämpfe kosteten Hekatomben von Blut und verfehlten das Ziel des strategischen Durchbruchs. Die ›Abnutzung‹, ein beschönigendes Wort für ›Ausblutung‹, war nicht ihr unmittelbarer Zweck. Grundsätzlich anders verhielt es sich bei der gewaltigsten Materialschlacht des Weltkrieges um die Festung Verdun Ende Februar bis Anfang Juli 1916. Falkenhayn war als Generalstabschef der Urheber der Strategie von Ver-

Kampfspuren an der Arras-Front, 1916

dun, die auf das Ausbluten des Gegners oder, wie er es genannt hat, auf die ›Blutanzapfung‹ gerichtet war und nicht eigentlich auf die Eroberung des Eckpfeilers des französischen Festungssystems. Er »wollte den Fall der Festung hinauszögern, um immer neue französische Kräfte in die Falle zu lokken« (K.-H. Janßen). Diese grausame Berechnung ging nicht auf: Die Verluste der angreifenden Deutschen waren zwar etwas niedriger als die französischen, aber sie kamen diesen mit dreihundertsiebenunddreißigtausend Gefallenen gegenüber dreihundertzweiundsechzigtausend auf der französischen Seite fast gleich. Die Strategie der Abnutzung wurde hier auf die Spitze getrieben; sie traf den Angreifer nicht weniger als den Verteidiger. Verdun und das Fort Douaumont wurden so zum Sinnbild eines Krieges, in dem der Mensch in Material buchstäblich untergeht und es keinen Sieger und keinen Besiegten mehr gibt.

Der Weltkrieg muß in seiner ganzen Realität als Mehrfrontenkrieg und in der oft mangelhaft organisierten, aber zuweilen wirksamen Koordination der Angriffsaktionen gesehen werden. So standen schon in der Anfangsphase die Kriegshandlungen im Westen im Zusammenhang mit denen im Osten: Die Abwehrkämpfe in Ostpreußen, die bei Tannenberg in der zweiten Septemberwoche 1914 zu einem kleinen Cannae unter dem Befehl von Hindenburg und Ludendorff führten, entzogen den Westarmeen Kräfte, wie sie andererseits der Entlastung österreichischer Kräfte in Galizien dienten. Während 1915 die österreichische Heerführung auf eine große militärische Aktion drängte und dabei von Hindenburg und Ludendorff unterstützt wurde, wollte Falkenhayn den Krieg gegen Rußland nur noch mit dem Ziel fortsetzen, das Zarenreich durch starke Schläge reif für einen Sonderfrieden zu machen. Als sich dann die Kriegslage im Osten mit dem Durchbruch deutscher und österreichischer Truppen bei Tarnow-Gorlice in den ersten Maitagen 1915 völlig veränderte, als Polen, Litauen und Kurland in die Hände der Mittelmächte fielen und Galizien zurückgewonnen wurde, bedeutete dies die von Falkenhayn erhoffte Schwächung Rußlands, zugleich den Beginn einer von der Heeresleitung Oberost betriebenen Herauslösung der ›Randstaaten‹ einschließlich Polens aus dem Zarenreich und damit das Ende der Chancen eines Sonderfriedens mit Rußland. Zudem hatten die Siege in Polen an anderer Stelle Auswirkungen: Bulgarien schloß sich den Mittelmächten im Oktober 1915 an und beteiligte sich an der Niederringung Serbiens, mit der die Verbindung zur Türkei hergestellt wurde. Der im gleichen Jahr vollzogene Kriegseintritt Italiens machte die damit errungenen Vorteile zugunsten Österreichs wieder wett: Eine kriegsentscheidende Bedrohung der Monarchie, wie sie zunächst erwartet worden war, trat dadurch vorerst jedoch nicht ein. Die italienische Front war mehr ein Schauplatz strategischer Diversion im Gesamtkriegsgeschehen. Sie glich sich sehr bald dem allgemeinen Charakter der Kriegführung an, entwickelte aber eine besondere Form des Stellungskrieges im Gebirge. In elf Angriffsschlachten am Isonzo zwischen Juni 1915 und September 1917 gelang den Italienern weder der

Abtransport russischer Gefangener aus Ostpreußen nach der Schlacht bei Tannenberg, September 1914

erstrebte Durchbruch nach Kärnten noch die Abschnürung des österreichischen Hafens Triest. Als später deutsche und österreichische Truppen nach der Durchbruchschlacht von Karfreit die Italiener bis an die Piave zurückdrängten und Venedig unmittelbar bedroht war, konnte die Front nur mit Hilfe französischer und englischer Truppen stabilisiert werden. Auch hier ist der große operative Durchbruch nicht geglückt.

Das war schon im Jahr 1916 nicht der Fall gewesen, als den russischen Armeen unter General Aleksej Brussilow im Juni im Zuge einer Ablenkungsoperation ein großer Sieg in der Bukowina gelang, bei dem zweihunderttausend österreichische Gefangene in russische Hand fielen. Die strategische Ausweitung dieses Sieges wurde in letzter Minute durch deutsche und österreichische Gegenaktionen verhindert. Aber es kann immerhin als eine politische Auswirkung dieses russischen Erfolges angesehen werden, daß Rumänien Ende August in den Krieg eintrat. Die gegenseitige Verzahnung der Kriegsereignisse war in keinem Jahr so stark wie 1916, als die Brussilow-Offensive und der Angriff der Alliierten an der Somme den Abbruch der Verdun-Schlacht erzwangen, Rumänien in den Krieg eintrat und in einem raschen Feldzug niedergeworfen wurde, der noch einmal die Vorteile des Bewegungskrieges demonstrierte, in dem aber die geplante große Umfassung der rumänischen Armeen gleichfalls mißlang. Der Krieg trat auf der Stelle, das Ergebnis der Erfolge und Niederlagen hob sich auf, doch die Völker waren der Erschöpfung nahe. Geht man nicht nur vom militärischen Gleichgewicht aus, sondern von einem

Vorgehende bulgarische Schützenlinien auf dem Balkan, 1917

›Der müde Schnitter‹
»Ich kann nicht mehr!«
»Du mußt! Ich zahle die Überstunden!«
Karikatur in der ›Jugend‹ vom 20. Juni 1917
Berlin, Staatliche Museen
Preußischer Kulturbesitz, Kunstbibliothek

allgemeinen Kräftegleichgewicht als der Summe aller menschlichen, moralischen, materiellen und technisch-industriellen Faktoren, dann wird man zwar von einem ›Gleichgewicht der Erschöpfung‹, aber zunehmend doch von seiner allmählichen Verschiebung auf die Seite der Alliierten sprechen können.

Im Jahr 1917 wurde die Kluft zwischen militärischen und politischen, ja weltpolitischen Entscheidungen größer. Militärisch blieben die Fronten trotz einiger Veränderungen wie in Italien erstarrt. Politisch war alles in Bewegung geraten: Die erste russische Revolution im März 1917 mit der Abdankung des Zaren und der fast gleichzeitige Eintritt der Vereinigten Staaten in den Krieg verwandelten die weltpolitische Szene. Auf die vom Krieg erschöpften Völker schlugen diese Ereignisse zunächst jedoch nicht durch. Im Mai 1917 war der Tiefpunkt des französischen Kampfwillens nach der Erfolglosigkeit der Angriffe an der Aisne und in der Champagne erreicht. General Pétain, neuer Oberbefehlshaber nach General Nivelle, mußte die Disziplin der meuternden französischen Truppen mit drakonischen Maßnahmen wiederherstellen. Fast gleichzeitig, im April 1917, fanden die ersten großen Massenstreiks in Berlin und Leipzig statt.

Die großen militärischen und zugleich kriegspolitischen Entscheidungen fielen im Seekrieg, und auch hierfür ist das Jahr 1917 ein Entscheidungsjahr gewesen. Die deutsche Flotte, als Offensivinstrument gebaut, blieb im Krieg ohne große strategische Aufgaben, da die deutsche Marineleitung das Risiko einer militärischen Auseinandersetzung mit der englischen Flotte nicht eingehen wollte, die sich, abgesehen von ihrer zahlenmäßigen Überlegenheit, in einer strategisch ungleich besseren Lage befand. Tirpitz' Gedanke von der Risikoflotte schlug auf diese selbst zurück. So kam es nur einmal, in der Seeschlacht am Skagerrak am 31. Mai und 1. Juni 1916, zu einer großen Begegnung der beiden Hochseeflotten, die zwar einen taktischen Erfolg der Deutschen darstellte, aber die strategische Gesamtlage, vor allem die Blockade über die Nordsee, unverändert ließ. Der Seekriegsschauplatz hatte nämlich seine Funktion im Gesamtkrieg gewandelt, seitdem England im November 1914 die Nordsee zum Blockadegebiet erklärt hatte. Der englische Militärschriftsteller Basil Henry Liddell Hart sieht darin einen den Krieg entscheidenden Akt, »die fundamentalste Ursache für die deutsche Kapitulation«, was sich im nachhinein bestätigen läßt. Deutschland nahm aber die englische Entscheidung nicht einfach hin, sondern beantwortete sie mit einer Gegenaktion, indem es am 4. Februar 1915 in den Seegebieten um England den unbeschränkten Handelskrieg mit Unterseetauchbooten eröffnete. Dies war dem Anspruch

›Forelle‹, das erste deutsche Versuchstauchboot, 1902

nach eine Gegenblockade, aber das Erfordernis der Effektivität war hierfür keineswegs erfüllt. Deutschland besaß damals nicht mehr als einundzwanzig U-Boote, von denen nur neun für Fernfahrten in Betracht kamen, was bedeutete, daß immer nur jeweils drei eingesetzt werden konnten. Bis April 1916 stieg die Zahl der verfügbaren U-Boote auf siebzehn. Immerhin waren die Erfolge im U-Bootkrieg um die Jahreswende 1916/17 beträchtlich: Am Ende des Jahres 1916 wurden monatlich schon vierhunderttausend Tonnen Handelsschiffe versenkt, im Februar 1917 stiegen die Verluste auf fünfhunderttausend Tonnen, im April auf achthundertfünfundsiebzigtausend Tonnen. Dieses Ergebnis erweckte in der deutschen Öffentlichkeit euphorische Hoffnungen auf die »neue Wunderwaffe«, die »sehr früh zu einem populären Mythos geworden« ist (G. Ritter).

Aber die ernstesten Probleme, die durch den U-Bootkrieg aufgerührt wurden, lagen auf einem ganz anderen Feld: Die rücksichtslose Anwendung der neuen Waffe, nämlich die warnungslose Versenkung von Handelsschiffen, mußte unausweichlich Konflikte mit den neutralen Staaten, voran den USA, heraufbeschwören. Umgekehrt brachte die strikte Einhaltung völkerrechtlicher Regeln, die zu einer genauen Überprüfung der Schiffe auf Konterbande vor einer Versenkung verpflichtete, die aufgetauchten Boote in die Gefahr, selbst versenkt zu werden. So entstand das »ständige Dilemma« des U-Bootkrieges (K. D. Erdmann) zwischen dem Risiko politischer Verwicklungen mit neutralen Mächten und der Ineffektivität des Vorgehens. Der U-Bootkrieg wurde entweder zu einer stumpfen Waffe oder zu einem existenzbedrohenden politischen Risiko. Das Schwanken in seiner Handhabung läßt die Unsicherheit der Reichsführung erkennen: Nachdem es in der ersten Phase nach der Entscheidung vom Februar 1915 zu einer Versenkung des britischen Passagierdampfers Lu-

Ein von einem deutschen U-Boot getroffener englischer Dampfer, 1917

sitania gekommen war, unter dessen eintausendzweihundert Opfern sich auch einhundertundzwanzig amerikanische Staatsbürger befanden, wurde der U-Bootkrieg nach heftigen Protesten der USA eingeschränkt, doch im Februar 1916 wieder verschärft. Als dies zu einem zweiten Zusammenstoß mit den USA führte, zum Sussex-Zwischenfall im Kanal, wurde der uneingeschränkte U-Bootkrieg nach einem amerikanischen Ultimatum fallengelassen, dann aber in einem Kronrat vom 9. Januar 1917 gegen den Willen und Rat Bethmann Hollwegs unter dem Druck von Admiralstab und Generalstab sowie weiter Kreise der Öffentlichkeit erneut beschlossen. Diese letzte Wendung forderte unmittelbar den Bruch mit Nordamerika heraus: Am 6. April 1917 erklärten die USA durch ihren Präsidenten Woodrow Wilson Deutschland den Krieg. Die deutsche Kriegspolitik hatte sich damit selbst ihre größte politische Niederlage bereitet. Sie erkannte zwar die kriegsentscheidende Bedeutung der Blockade, glaubte aber den Gegner durch eine Gegenblockade mit anderen Mitteln schlagen zu können. Aus der fast blinden Bereitschaft, dafür alle Risiken auf sich zu nehmen, ohne ausreichende Kräfte mobilisieren zu können, spricht das jenseits aller rationalen Kalkulierbarkeiten stehende Bewußtsein, nur noch mit dem Einsatz eines äußersten Mittels den Sieg zu erringen. Clausewitz hat in seinem Werk ›Vom Kriege‹ die »moralischen Größen« im Krieg »die eigentliche, blank geschliffene Waffe« genannt. Aber es war verfehlt, daraus abzuleiten, daß unter moralischer Größe auch ein Wille verstanden werden mußte, der die Wirklichkeit aus den Angeln heben wollte. An diesem Punkt war die deutsche Kriegführung jetzt angelangt.

Die Revolutionsereignisse in Rußland und das Erscheinen einer außereuropäischen Macht auf dem europäischen Kriegsschauplatz machen die epochale Bedeutung des Jahres 1917 aus. Doch nicht sofort wirkten sich diese Ereignisse auf den Schlachtfeldern aus. Die amerikanische Armee war am Ende des Jahres 1917 nur mit zahlenmäßig geringen, noch dazu unausgebildeten Kontingenten in Europa anwesend, die einhundertfünfundvierzigtausend Mann in vier Divisionen umfaßten. Auch der revolutionäre Umbruch in Rußland bedeutete nicht sogleich die Entscheidung für den Frieden. In einer letzten verzweifelten Kriegsanstrengung trat die russische Armee unter der linksbürgerlich-sozialistischen Provisorischen Regierung in der sogenannten Kerenskij-Offensive im Raum Lemberg zum Angriff an. Sie wurde zurückgeschlagen und endete in der völligen Auflösung der russischen Heere. Aus der Abwehr stießen die Truppen der Verbündeten nach und brachten im September 1917 Riga in ihre Hand. – Deutschland hatte schon vorher auf die Karte der Bolschewiki gesetzt, die längst das Nebenregime der Sowjets neben die Provisorische Regierung gestellt hatten, und eine »destruktive Rußland-Politik« durch Einschleusung radikal-revolutionärer und pazifistischer Emigranten betrieben. So wurde der bolschewistische Parteiführer Wladimir Iljitsch Lenin im plombierten Eisenbahnwagen der Obersten Heeresleitung von der Schweiz nach Schweden transportiert – eine Aktion, deren weltgeschichtliche revolutionäre Sprengkraft von ihren Initiatoren nicht vorhergesehen wurde. Aus dem völligen militärischen Zusammenbruch Rußlands ging die Große Oktoberrevolution unmittelbar hervor, die in ihrer ersten Proklamation zum allgemeinen Frieden aufforderte. Eine Sternstunde der deutschen Kriegspolitik schien gekommen zu sein, der nun der Sonderfriede mit Rußland, freilich in einer anderen als der erwarteten Form, wie eine reife Frucht in den Schoß fiel.

Kriegszieldiskussion der Mächte

Kurt Riezler schreibt in seinen ›Grundzügen der Weltpolitik in der Gegenwart‹: »Kriege zwischen Großmächten werden nicht mehr um der durch sie zu erringenden Vorteile willen begonnen, sondern nur mehr aus Not.« Dieser Satz ist zweifellos ein Schlüssel für die Vorstellungen, mit denen die Mächte 1914 in den Krieg gezogen sind. Sie taten es nicht um feststehender Eroberungsprogramme willen, sondern aus dem als Zwang empfundenen Willen zur Selbstbehauptung und Sicherung ihrer Macht. War der Krieg aber einmal in Gang gekommen, dann wurden Hemmungen beseitigt, die bis dahin der Verkündung einer Grenzen verschiebenden und an die Existenz von Staaten rührenden Politik im Wege gestanden hatten. Was bisher höchstens der politischen Phantasie unverantwortlicher Publizisten überlassen oder in halboffiziellen Kreisen ausgesprochen worden war, schien mit einem Male Wirklichkeit werden zu können. Begehrlichkeiten, die untergründig schwelten, wurden geweckt, Anregungen von allen Seiten aufgegriffen. Ein Dammbruch ging vor sich und spülte alle bisherige Zurückhaltung weg. Allerdings vollzog sich dies mehr in den Staatskanzleien, Generalstäben und Ministerbüros. Die Diskussion in der Öffentlichkeit, in der eine Flut von Denkschriften über mögliche Veränderungen der Landkarte erschien, wurde bald eingeschränkt: in Deutschland durch das Verbot einer öffentlichen Kriegszieldiskussion, das erst im November 1916 aufgehoben wurde, in Frankreich durch Fesseln der Zensur.

Man muß zwischen mehreren Plattformen unterscheiden, auf denen die Erörterungen von Kriegszielen, die immer als Bedingungen des Friedens deklariert worden waren, geführt wurden. Es gab eine Diskussion in der Presse und Publizistik, die, soweit sie nicht durch die Zensurbedingungen des Krieges behindert war, eine Art Spiegel der öffentlichen Meinung darstellte. Die Presse war gerade im Krieg unzulänglich informiert und konnte

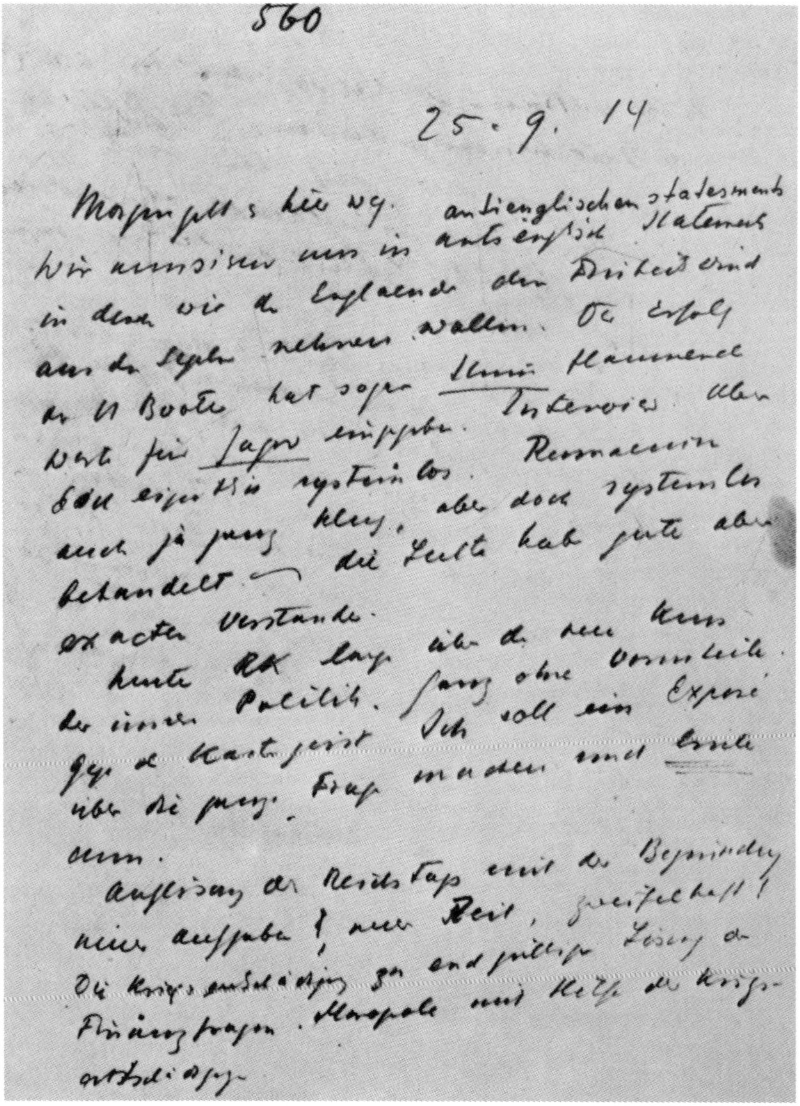

Richtlinien der deutschen Politik im Herbst 1914
Tagebucheintragung Kurt Riezlers vom 25. September 1914
Koblenz, Bundesarchiv, Kl. Erw. 584–1

eben darum unbekümmerter schreiben. Diskussionen wurden aber auch innerhalb der Leitstellen der politischen und militärischen Kriegführung in den einzelnen Staaten geführt; sie geben den Prozeß der Meinungsbildung in allen seinen durch die Kriegslage bedingten Wandlungen wieder. Hinzu kam die zwischenstaatliche Erörterung von Friedensbedingungen unter den Mächten der beiden Bündnisgruppen; sie konnte bis zu verbindlichen Abmachungen in Bündnisverträgen reichen, in denen gemeinsame Ziele der Kriegführung aufgestellt wurden. Für Deutschland ist eine aus den ersten Septembertagen 1914 stammende ›Vorläufige Aufzeichnung über die Richtlinien unserer Politik beim Friedensschluß‹ als ›Septemberprogramm‹ des Reichskanzlers Bethmann Hollweg bekannt geworden (F. Fischer). Diese von Riezler niedergeschriebene Denkschrift zog eine Art Summe aus vielen Anregungen und Vorschlägen, wie sie in den hoffnungsvollen ersten Kriegswochen von allen Ressorts, aber auch von nichtamtlichen Stellen gemacht wurden; sie ist »keine regierungsverbindliche Fixierung von Kriegszielen« (K. D. Erdmann), doch ihr Inhalt war zweifellos der Ausdruck einer weitverbreiteten euphorischen Siegesstimmung, in der nunmehr die Aufrichtung einer deutschen Hegemonie in Europa nahe gekommen schien: »Sicherung des Deutschen Reiches nach West und Ost auf erdenkliche Zeit. Zu diesem Zweck muß Frankreich so geschwächt werden, daß es als Großmacht nicht neu erstehen kann, Rußland von der deutschen Grenze nach Möglichkeit abgedrängt und seine Herrschaft über die nichtrussischen Vasallenvölker gebrochen werden.« Der Situation im September 1914 entsprechend wurden im einzelnen nur die Ziele in Westeuropa näher umrissen: strategisch und wirtschaftlich begründete Gebietsabtretungen von Frankreich, das ökonomisch vom Reich abhängig gemacht werden sollte; Herabdrückung von Belgien zum Vasallenstaat; ein engeres Verhältnis Hollands zum Deutschen Reich; Schaffung eines zusammenhängenden mittelafrikanischen Kolonialreiches. Bethmann Hollweg hat sich nie auf dieses über alle vorstellbaren Möglichkeiten hinausgehende, die Vorherrschaft Deutschlands in Europa fordernde Programm festgelegt, sondern zwischen den sich entgegenstehenden Richtungen in der deutschen Kriegszielpolitik zu lavieren versucht, ohne, ›rätselhaft‹ wie er war, mit seiner »enormen passiven Energie, aber geringen aktiven Sprungkraft« (K. Riezler) seine Ziele klar zu bekennen. Der extreme Annexionismus der Alldeutschen war ihm ebenso fremd wie das blinde Expansionsdenken der Militärs mit ihren überspannten Sicherheitswünschen, aber ein Anhänger eines Status-quo-Friedens war er nicht. In der Reichstagsrede vom 5. April 1916, die Riezler entworfen hatte, hieß es, daß Belgien nach dem Krieg nicht mehr das alte sein werde, daß die polnische Frage neu zu lösen sei und die bisher Rußland angegliederten Völker »zwischen der Baltischen See und den Wolhynischen Sümpfen« befreit werden müßten. Hier war vieles nur angedeutet und nicht alles gesagt, doch es rundete sich ein Bild von einer beherrschenden Stellung Deutschlands in Mitteleuropa, die auch von gemäßigten Kreisen der deutschen Öffentlichkeit als legitim empfunden wurde.

Viel weitergehende Programme entstanden aus dem Enthusiasmus der Siege im Osten während der großen Operationen des Frühjahrs 1915 und nach der Besetzung von Polen, Litauen und Kurland. Der Befreiung dieser Gebiete sollte ihre »Angliederung« an das Reich in Form einer dynastischen Verbindung folgen – eine noch ganz aus dem monarchischen Denken der Zeit folgende Konzeption, die auf nationale Selbstbestimmung kaum Rücksicht nahm. Als am schwierigsten zu lösendes Problem erwies sich dabei die Zukunft Polens. Es war durch die Entwicklung des Krieges unumgänglich geworden. Aber konnte sich ein befreites Polen auf die russischen Teilungsgebiete beschränken? Mußte es nicht notwendig den Anschluß der deutschen und österreichischen Provinzen mit polnischer Bevölkerung verlangen? Sollte der neue Staat in Verbindung mit Preußen-Deutschland oder

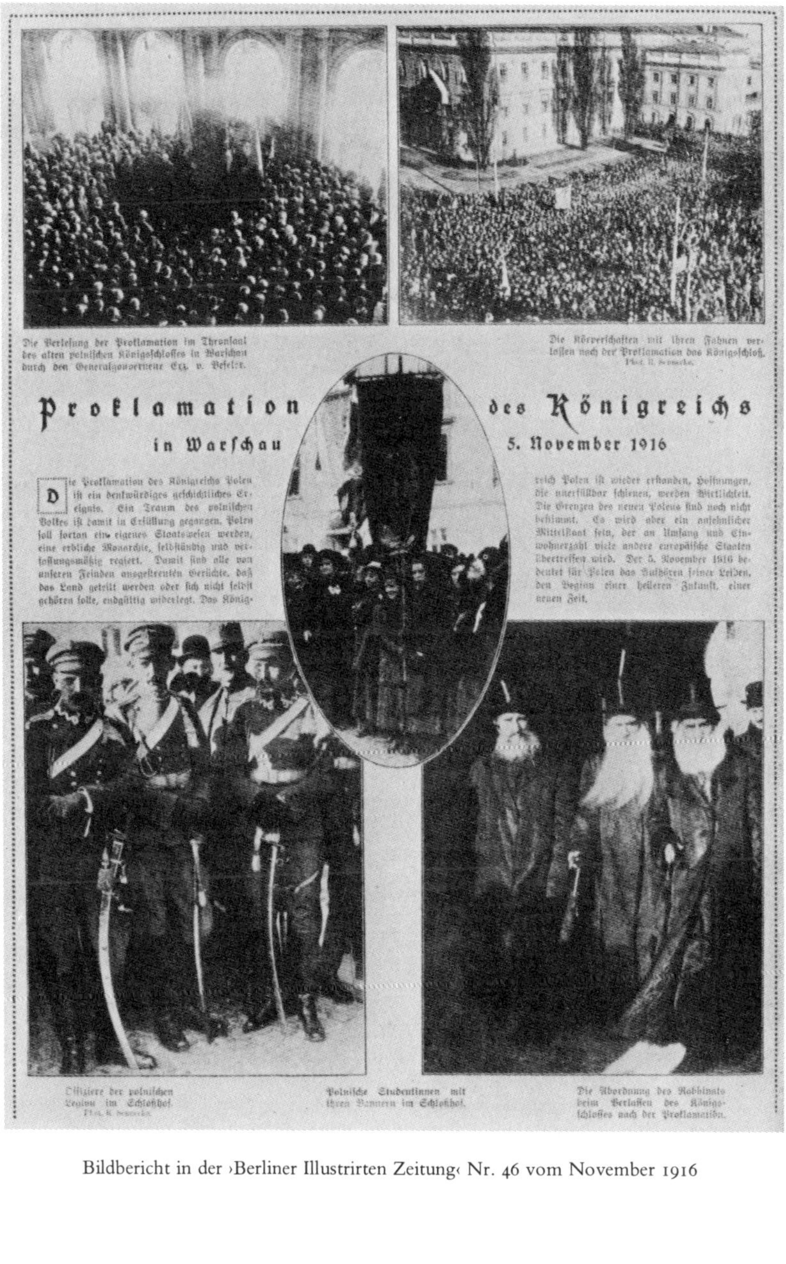

Die Verlesung der Proklamation im Thronsaal des alten polnischen Königsschlosses in Warschau durch den Generalgouverneur Exz. v. Beseler.

Die Körperschaften mit ihren Fahnen verlassen nach der Proklamation das Königsschloß.

Proklamation des Königreichs in Warschau 5. November 1916

Die Proklamation des Königreichs Polen ist ein denkwürdiges geschichtliches Ereignis. Ein Traum des polnischen Volkes ist damit in Erfüllung gegangen. Polen soll fortan ein eigenes Staatswesen werden, eine erbliche Monarchie, selbständig und verfassungsmäßig regiert. Damit sind alle von unseren Feinden ausgestreuten Gerüchte, daß das Land geteilt werden oder sich nicht selbst gehören solle, endgültig widerlegt. Das Königreich Polen ist wieder erstanden, Hoffnungen, die unerfüllbar schienen, werden Wirklichkeit. Die Grenzen des neuen Polens sind noch nicht bestimmt. Es wird aber ein ansehnlicher Mittelstaat sein, der an Umfang und Einwohnerzahl viele andere europäische Staaten übertreffen wird. Der 5. November 1916 bedeutet für Polen das Aufhören seiner Leiden, den Beginn einer helleren Zukunft, einer neuen Zeit.

Offiziere der polnischen Legion im Schloßhof.

Polnische Studentinnen mit ihren Bannern im Schloßhof.

Die Abordnung des Rabbinats beim Verlassen des Königsschlosses nach der Proklamation.

Bildbericht in der ›Berliner Illustrirten Zeitung‹ Nr. 46 vom November 1916 mit Österreich errichtet werden? Auf all diese Fragen gab die Proklamation des Königreiches Polen durch die Mittelmächte am 28. Oktober 1916 keine Antwort. Darin war nur die Rede vom Willen der Zentralmächte, »einen polnischen Staat unter einem König mit einer Armee im festen Anschluß an die Kaisermächte . . . erstehen zu lassen, einen Staat, innerhalb dessen Grenzen den polnischen Wünschen auf nationales und kulturelles selbständiges Leben der Weg gebahnt werden soll«. Polen war damit noch nicht geschaffen, aber die polnische Frage war aufgeworfen, und eben dies sollte sich als ein unwiderruflicher Akt erweisen. Sie wurde zum Zankapfel zwischen den Bundesgenossen und zum ständigen Streitobjekt zwischen der Reichsleitung und der militärischen Führung, die sofort die Abtretung eines breiten Grenzstreifens von dem neuen Staatswesen verlangte und auch sonst in den eroberten Ostgebieten radikale Lösungen vorschlug. So verwaltete das Oberkommando Ost Kurland und Litauen in eigener Regie und betrachtete ihre Abtrennung von Rußland als vollzogene Tatsache. Die Chance eines Sonderfriedens mit dem zaristischen Rußland war damit endgültig vertan, sollte sie jemals bestanden haben. Doch als dann im Winter 1917/18 Frieden mit dem revolutionären Rußland geschlossen werden sollte, erhielt dies alles höchste politische Aktualität.

Was an sämtlichen Annexionsforderungen ins Auge fällt, ist eine »Hypertrophie des Sicherheitsdenkens«, das nur mehr eine schlecht verhüllte Form eines radikalen nationalen Egoismus war und die perfekte Sicherheit nur noch durch die Ausdehnung der Herrschaft auf alle Nachbarn erreichen wollte. Dieser nationale Egoismus, der in der Machtpolitik der Vorkriegszeit sich als dominierende Kraft ausgebreitet hatte, radikalisierte sich in der Isolierung, in die sich Deutschland im Krieg gestellt sah. Aus solchen Konzeptionen ist der letzte Rest eines europäischen Ordnungsgedankens verschwunden, für den das Nachdenken über die Ursachen und die Folgen des Krieges hätte günstig sein können. In der amtlichen Politik und öffentlichen Propaganda war wenig davon zu verspüren. Allerdings gab es Anknüpfungen in dem Buch ›Mitteleuropa‹ des liberalen Politikers Friedrich Naumann, das im Jahr 1915 erschien. Seine Vorstellung von Mitteleuropa war die einer großen völkerverbindenden Wirtschaftseinheit mit einem »mitteleuropäischen Wirtschaftsvolk«, die Kombination eines umfassenden Wirtschaftsstaates mit den weiterbestehenden »Nationalitätenstaaten«, und dem deutsch-österreichischen Bündnis als Kern. Dieses Programm war weder nationalistisch, wiewohl es auf eine deutsche Hegemonie nicht verzichtete, noch eigentlich imperialistisch, vielmehr eine Art dritter Weg: die Kooperation der Völker unter deutscher Führung. Alte Ideen lebten darin fort, wie sie durch Friedrich List, Karl Ludwig von Bruck und zuletzt durch Walther Rathenau gedacht worden waren. Aus Riezlers Tagebuch erfährt man, wie intensiv man sich im Kreis Bethmann Hollwegs mit solchen Gedanken beschäftigt hat.

Mit seinen Verbündeten traf Deutschland nur sehr wenige konkrete Vereinbarungen über gemeinsame Friedensziele, und es ging auch selten feste Verpflichtungen ein. Mit Österreich kam es überhaupt nicht zu definitiven Abmachungen, obwohl die österreichische Regierung sehr darauf drängte, einen ›Schlüssel‹ für die Aufteilung der Kriegsbeute zu finden und der österreichische Außenminister Graf Burián im Jahr 1916 ein ›Solidaritätsabkommen‹ beider Verbündeten vorschlug. Nach ihm sollte die Räumung der von beiden Mächten okkupierten Gebiete an die Wiederherstellung ihrer eigenen territorialen Integrität gebunden werden – ein Vorschlag, der nach Lage der Dinge ausschließlich Österreich zugute gekommen wäre. Bei den im Mai 1917 in Bad Kreuznach geführten Gesprächen zwischen deutschen und österreichischen Staatsmännern wurde dann ein Übereinkommen geschlossen, nach dem Deutschland sich Polen, Litauen und Kurland, Österreich sich Rumänien und ein wiederhergestelltes, abhängiges Serbien reservierte. Aber die Lösung des polnischen Problems blieb zwischen den deutschen Mächten auch dann noch strittig und eine schwere Beeinträchtigung ihrer Beziehungen. Die Verträge, die das Reich vor dem Kriegseintritt der Türkei im August 1914 und Januar 1915 schloß, enthielten nur ein allgemeines Hilfsversprechen. In einem geheimen Ergänzungsvertrag vom 28. September 1916 übernahm Deutschland die Verpflichtung, auf die Wiederherstellung des territorialen Bestands des Osmanischen Reiches hinzuwirken – eine Zusage, die von vornherein etwas Utopisches hatte. In dem Bündnisvertrag vom 6. September 1915 gab Deutschland an Bulgarien geheime Zusicherungen für territoriale Erwerbungen auf Kosten Rumäniens, Serbiens und Griechenlands.

August 1916.

DIE SIEGE DER ENTENTE MÄCHTE

400.000 Deutsch-Oesterreichische Gefangenen

RUSSISCHER KRIEGSSCHAUPLATZ. — Die russische offensive wird erfolgreich fortgesetzt.

DELATYN, STANISLAU und BRODY sind in russischen Händen gefallen.

KOVEL und LEMBERG sind mit demselben Schicksal gedroht.

Die Deutsch-Oesterreicher geben vom (wie von Major MORAHT, im Berliner-Tageblatt) « elastichen rückgang » genannt wurde, zum unordentlichem Rückprall über.

Die neue Gruppierung ihrer Streitkräfte in rückwärtigen Stellungen scheint in Gefahr zu sein.

Vom 4 ten Juni bis zum 11 ten August, die Gefangenenzahl in russischen Händen beträgt sich ungefähr um:

7.746 Offiziere und 350.837 Mannschaften

405 Geschütze, 1.326 Maschinengewehre, und eine grosse Menge Kriegsmaterial dessen Zahl noch nicht vollständig festgesetzt ist wurden als Kriegsbeite eingebracht.

ITALIENISCHER KRIEGSSCHAUPLATZ. — Die Oesterreicher haben auch den « elastichen rückgang » in Italien greteten.

Sie sind im TRENTINO zurückgeworfen, dann waren sie am ISONZO in Kampf geschlagen und dadurch gezwungen GORZ ihrem Gegner zu verlassen.

In 7 Tagen haben die Italiener 330 Offiziere und 15.000 Mannschaften gefangen genommen, uber 20 Geschütze, viele Maschinengewehre und eine Anzahl Kriegsmaterial wurden erbeutet.

FRANZÖSISCHER KRIEGSSCHAUPLATZ. — Die offensive dauert an.

28.000 Offiziere und Mannschaften

hunderte von Geschütze und Maschinengewehre sind in den Händen der französischen und englischen Armeen geblieben.

EREIGNISSE ZU SEE. — Es gab keine, da nicht ein einziges « Boches » Schiff sich am Horizont zeigte.

IN DEN KOLONIEN. — Die noch in Ost Afrika bleibenden Truppenteile werden bald vernichtet sein. Alle andere deutche Kolonien sind schon längst in unseren Händen.

Ein bei Ypern im August 1916 abgeworfenes französisches Flugblatt zur Demoralisierung der deutschen Soldaten mit Bemerkungen des Finders

In ähnlicher Weise wie in Deutschland verlief in Frankreich die Debatte über die durch den Krieg zu erreichenden Ziele zwischen sehr allgemein gehaltenen, durch ihre Radikalität erschreckenden und schon sehr ins einzelne gehenden Forderungen, obwohl hierüber noch nicht alles Wesentliche bekannt ist, wenigstens was die offizielle Politik betrifft. Weitaus stärker fallen auf französischer Seite Versuche zu Absprachen mit den Verbündeten ins Gewicht, in erster Linie solche mit Rußland. Es erinnert an das Dismemberment, die Zerstückelung Deutschlands, aus dem Zweiten Weltkrieg, wenn schon im August 1914 der französische Außenminister Delcassé zum russischen Botschafter in Paris äußerte, es sei der Wunsch Frankreichs, die preußische Militärmacht zu brechen und das Deutsche Reich zu »zerschlagen«. War das nur ein verbaler Kraftakt, wie er überall in der Kriegsstimmung für notwendig gehalten wurde, oder sind hier bereits die Anfänge eines regelrechten Programms zu erkennen? Für ein solches gibt es einige Belege, die mindestens auf derartige Überlegungen in französischen Regierungskreisen schließen lassen. So hat der Ministerpräsident Aristide Briand Anfang November 1916 einen Entwurf über die Kriegsziele Frankreichs niedergeschrieben, dessen wesentliche Punkte in ein Schreiben an den Botschafter in London vom 12. Januar 1917 eingegangen sind. Hier findet man die Umrisse eines großen Plans, der noch in der Pariser Friedenskonferenz Nachwirkungen hatte: Gefordert wurden »gewisse territoriale Garantien und Reparationen des 1871 verletzten Rechts und gleichzeitig die Schaffung eines dauernden Friedens, der auf der Achtung des Rechts der Nationen« beruhe. Was unter den territorialen Garantien zu verstehen war, erfährt man genauer: nicht die Grenzen von 1815, sondern diejenigen von 1790, und das bedeutete die historischen Grenzen des Herzogtums Lothringen und des Saar-Gebietes. Viel weiter ging es, wenn es hieß: »Deutschland darf in unseren Augen keinen Fuß über den Rhein heben. Die Organisation dieser Gebiete, ihre Neutralität, ihre vorläufige Besetzung sind im Gedankenaustausch der Alliierten vorzusehen.« Vorausgesetzt wurde dabei die »etwaige Bildung zweier Staaten«: der eine unter französischem, der andere unter belgischem Protektorat.

Außerdem wurde die Abrüstung Deutschlands gefordert und die Anwendung des »Systems der Unabhängigkeit der Nationalitäten«, was vornehmlich die »Vermehrung der polnischen Provinzen Rußlands zum Schaden Deutschlands« mit sich bringen sollte. Dies waren nicht unverbindliche Spekulationen, sondern konkrete Vorschläge, die dem englischen Verbündeten unterbreitet wurden. Daß Briand den russischen Verbündeten sogar auf fast das gleiche Programm festlegte, läßt sich aus einem geheimen Abkommen entnehmen, das er wenig später, im Februar/März 1917, mit Rußland abschloß. In diesem ist wieder von Elsaß-Lothringen, vom Herzogtum Lothringen einschließlich des Saar-Gebietes und von einem autonomen und neutralen Status des linken Rhein-Ufers die Rede. Rußland sollte es dafür freistehen, seine Westgrenze nach Belieben festzusetzen. Diese Übereinkunft war allerdings in einem Augenblick größter Schwäche Rußlands geschlossen worden, als es der französischen Politik darauf ankam, den russischen Verbündeten mit allen Mitteln im Krieg zu halten. Die Rhein-Frage verschwand auch in den folgenden Jahren nicht aus der französischen Kriegszieldiskussion. Man war sich darüber einig, daß der Rhein die militärische Grenze Frankreichs werden sollte, nicht jedoch über die Form der politischen Abhängigkeit des linken Rhein-Ufers von Frankreich. Die Militärs gingen hier ähnlich wie in Deutschland mit ihren Forderungen weiter, so daß am Ende des Krieges Foch und Clemenceau mit ihren abweichenden Meinungen aufeinander stießen.

England stellte als einzige Macht unter den europäischen Alliierten auf dem Kontinent keine territorialen Forderungen an Deutschland, verlangte nur die Aufteilung der deutschen Kolonien und die Vernichtung der deutschen Flotte. Für die Vorstellungen, die in englischen Regierungskreisen auf der Höhe des Krieges über die Zukunft Deutschlands herrschten, sind die Stellungnahmen von höchstem Interesse, die im Sommer 1916 durch Ministerpräsident Herbert Henry Asquith vom Generalstab, Admiralstab und Foreign Office angefordert wurden. Das vom Foreign Office ausgearbeitete Memorandum ging vom Nationalitätsprinzip als Grundlage einer europäischen Neuordnung aus und forderte unter anderem die Bildung eines großpolnischen ›Pufferstaates‹ unter einem russischen Großfürsten, einschließlich Böhmens, einen selbständigen südslawischen Staat und konsequenterweise auch den Anschluß der deutschen Teile Österreichs an das Reich. Im wesentlichen stimmte das Gutachten des Lords der Admiralität, Sir Arthur James Balfours, mit diesen Vorstellungen überein, während der Generalstabschef Sir William Robertson die Wahrung des Gleichgewichts der kontinentalen Mächte in den Mittelpunkt stellte. Er plädierte daher für die Erhaltung Deutschlands als Landmacht, ebenfalls mit Einschluß Deutsch-Österreichs, aber für die völlige Vernichtung der deutschen Seemacht und die Abtretung großer Teile Schleswig-Holsteins an Dänemark. Die Denkschrift Robertsons zeigte die stärkste Distanz von französisch beeinflußten Kriegszielideen, sie lag auf der Linie der traditionellen britischen Kontinentalpolitik, die später zum Locarno-Vertrag führte.

Freilich gab es auch andere Richtungen in der englischen Politik. Die entschlossenste Haltung vertrat David Lloyd George, der im September 1916 Premierminister wurde. Wenige Monate vorher hatte er in einem Interview davon gesprochen, daß England den Kampf bis zum »Knockout« des deutschen Gegners fortsetzen wolle, ein Wort, das wie die Forderung nach bedingungsloser Kapitulation Deutschlands klang, aber wohl in erster Linie das Leitwort für eine bis zum letzten entschlossene Kriegführung sein und »allem Friedensgerede ein Ende« machen sollte (G. Ritter). Immerhin war es dann derselbe Lloyd George, der in Paris sich ge-

David Lloyd George
in seiner entschlossenen Kampfeshaltung
gegen die deutschen Armeen
Englische Karikatur, 1916

gen einen für Deutschland unannehmbaren Frieden aussprach, in seiner Haltung vergleichbar mit Briand, der später die Verständigungspolitik mit Stresemann einleitete. Bis dahin war aber für beide Männer der Weg noch weit, und sie gingen noch manche Umwege. Im übrigen taktierten sie auf dem Höhepunkt ihrer Kriegsentschlossenheit schon sehr viel vorsichtiger, sobald sie mit den noch unberechenbaren Reaktionen der amerikanischen Politik rechnen mußten. Im Zusammenhang mit der Friedensinitiative des Präsidenten Wilson erhielten sie die Aufforderung, ihre Vorstellungen über einen zukünftigen Frieden bekannt zu geben, der sie in einer Note vom 12. Januar 1917 nachkamen. Darin wurde außer der Rückgabe der geraubten Gebiete, nämlich Elsaß-Lothringens, kaum etwas genannt, das Deutschland betraf, dagegen bedeutete die Forderung nach Befreiung der unterdrückten Nationen in Österreich-Ungarn und der Türkei die Untergrabung der Existenzbedingungen dieser Staaten.

In diesen dem amerikanischen Präsidenten bekanntgegebenen Friedensbedingungen wurden die vertraglichen Verpflichtungen nicht erwähnt, die England und Frankreich längst vorher in zwischenstaatlichen Verträgen eingegangen waren. Da ist vor allem der Londoner Vertrag vom 26. April 1915 zu nennen, der Italien die Küstengebiete an der Adria, die Brenner-Grenze und einen »billigen Anteil« bei der Aufteilung der asiatischen Türkei zusprach – Verpflichtungen, die später bei den Friedensverhandlungen die Ursache schwerer Konflikte unter den Siegermächten sein sollten. Im sogenannten Sykes-Picot-Abkommen vom 16. Mai 1916 vereinbarten Engländer und Franzosen, die eroberten Gebiete der Türkei unter sich zu verteilen. Im Bündnisvertrag mit den Entente-Mächten vom 4. August 1916 erhielt Rumänien Zusagen für die Erwerbung von Siebenbürgen, der Bukowina und von Teilen des Banats. Den weltpolitisch bedeutendsten Schlußstein dieses großzügigen Aufteilungsprogramms bildete die Übereinkunft zwischen England und Frankreich vom 18. März 1915, Rußland den künftigen Besitz der Meerengen und Konstantinopels zuzusichern, womit England seine traditionelle kleinasiatische Politik endgültig preisgab.

Dieses Konglomerat von Zusicherungen, Absichtserklärungen und vertraglichen Bindungen setzte auf beiden Seiten einen schnellen Sieg voraus, mit anderen Worten: die Freiheit, dem geschlagenen Gegner den Willen aufzuzwingen. Erstaunlicherweise – und das gilt wieder für beide Kriegsparteien – wurden die Kriegsziele in ihren wesentlichen Punkten von dem Wechsel des Kriegsglücks wenig berührt. Sie konnten wohl Ausdruck gesteigerter Hoffnungen nach großen Erfolgen sein, wie 1915 in Deutschland, oder auch der inneren Aufrichtung nach schweren Rückschlägen dienen, aber in den Hauptpunkten blieben sie sich gleich. Stellt man sie in Vergleich mit den Ergebnissen, die durch die Friedensschlüsse erzielt wurden, so fallen die Übereinstimmungen ebenso auf wie die Unterschiede. Verwirklicht wurden sowohl die Auflösung der österreichisch-ungarischen Monarchie und des Osmanischen Reiches in seinem bisherigen Umfang als auch die Durchsetzung des Nationalitätenprinzips in Ostmitteleuropa von Helsinki bis Belgrad. In diesem Sinne wirkte noch der Friede von Brest-Litowsk mit seinem Ziel, Rußland nach Osten zurückzudrängen, obgleich in einem anderen Sinn, als es der deutschen Politik 1918 vorschwebte. Überall da, wo die politischen Leitgedanken der alliierten Mächte untereinander im Widerstreit lagen, blieben die extremen Wünsche unerfüllt: Von der Aufteilung Deutschlands kann nach 1918 nicht gesprochen werden; den französischen Forderungen in der Rhein-Frage standen die britischen Vorstellungen vom europäischen Gleichgewicht entgegen. Schließlich hatten die europäischen Mächte ihre Kriegsziele auch an denen der Vereinigten Staaten zu orientieren.

Friedensversuche und Friedensverträge

Jeder ›absolute Krieg‹ zielt auf den vollen Sieg; der Friede ist dazu da, den Sieg zu sanktionieren. Geht man von diesem Standpunkt aus, dann könnte jeder Friede, der nicht auf dem vollen Sieg einer Kriegspartei beruht, nur als Kompromiß durch Verhandlungen, durch ›Verständigung‹ zustande kommen, die auf der Einsicht beruht, daß keine Seite militärisch einen Sieg herbeizuführen vermag. Eine solche Einsicht kann sich im Jahrhundert der modernen Massenkriege mit ihrer ungeheuren Aufpeitschung von Leidenschaften, Wunschvorstellungen und Rachegefühlen schwerer durchsetzen, als dies im Zeitalter der von einer schmalen Führungsschicht und kleinen Heeren geführten Kabinettskriege möglich gewesen ist. Je heftiger der Krieg ist, je größere Opfer und Einschränkungen er fordert, desto höhere Barrieren gegen Friedenswilligkeit richtet er selber auf. Das Mißtrauen, das im diplomatischen Krieg in einem pluralistischen Staatensystem jede Entscheidung zu einem Schachzug gegen einen undurchschaubaren Gegner macht, türmt sich zu einer Mauer auf. Der Österreichisch-Französische Krieg von 1859 wurde noch durch persönliche Diplomatie der Souveräne und ihrer Berater beendet. Bismarck hatte es nach dem Entscheidungssieg von Sedan bereits schwerer, einen friedenswilligen Partner zu finden. Im Weltkrieg von 1914 bis 1918, der von der ersten Stunde an ein Existenzkrieg gewesen ist, war der Friede lediglich ein Phantom, solange keine militärische Entscheidung ihn zwingend verlangte. Das kann man grundsätzlich von allen kriegführenden Mächten sagen, wenngleich die Motivierungen unterschiedlich waren. Bei den Entente-Mächten beruhte die Kriegsentschlossenheit trotz vieler Anfechtungen in den Jahren 1916/17 in viel höherem Grade auf dem Bewußtsein ihrer Überlegenheit, und dieses Bewußtsein wurde mit dem Kriegseintritt der Vereinigten Staaten zur Siegesgewißheit. Der deutsche Kriegswille hatte viele Varianten; er reichte von dem bis zum Starrsinn gesteigerten Siegesfanatismus vieler Militärs, in erster Linie Ludendorffs, bis zu der gebrochenen und skeptischen Zuversicht eines Mannes wie Bethmann Hollweg, der sich allerdings oft wider besseres Wissen dem Sog der auf den absoluten Sieg setzenden Gruppen nicht entziehen konnte. Militärisches, ja militaristisches Denken stieß mit einem in realistischeren, gleichgewichtspolitischen Kategorien sich bewegenden Denken von Diplomaten und Politikern aller Art zusammen. Diese Gespaltenheit läßt sich in die größeren Dimensionen der nationalen Mentalitäten, der öffentlichen Meinung, projizieren, in denen beide Richtungen, die des ›Siegfriedens‹ und die des ›Verständigungsfriedens‹, einander begegneten. Solche Gruppierungen sind nicht auf Deutschland beschränkt gewesen, obwohl sie hier am heftigsten aufeinanderstießen. In den westlichen Staaten waren es Politiker aus dem Lager der demokratischen Linken wie Briand und Lloyd George, die die Form einer radikaldemokratischen, ja jakobinischen Kriegsentschlossenheit zeigten und ihrerseits die oft zögern-

Politische Beratungen der Alliierten auf einer Konferenz in Calais im Jahr 1915
(Von links: Crewe, Asquith, Millerand, Thomas, Delcassé, Balfour, Angagneur, Viviani, French, Kitchener, Joffre)
Zeichnung eines Unbekannten, 1915

den Militärs mitrissen. Wilsons Kriegs- und Friedensprogramm veränderte dann die Wesensbestimmung des Krieges, indem er ihm eine ideologische Aufgabe, die Vorbereitung des Sieges der demokratischen Idee in der Welt, unterlegte.

Die Suche nach dem Frieden hat, obwohl alle Mächte den Frieden durch völligen Sieg wollten, die vier Jahre des Krieges begleitet. Man muß dabei zwei Formen unterscheiden. Da ist einmal das Aufspüren von Möglichkeiten, um zu einem Sonderfrieden mit einer einzelnen Macht oder einzelnen Mächten der gegnerischen Koalition zu kommen. Dies ist ein in der Vergangenheit bei allen Koalitionskriegen angewandtes Kriegsmittel, das auf eine Schwächung des Gegners zielte und der Fortsetzung des Krieges aus einer stärkeren Position dienen sollte. Da sind zum anderen die politischen Anläufe, um einen allgemeinen Frieden herbeizuführen, der einen Gesamtausgleich der Interessen und Ansprüche zwischen den kriegführenden Mächten bedeuten mußte. Der Weg dahin war ungleich schwerer begehbar und wurde erst in der letzten Phase des Krieges durch die Friedensvermittlung einer außereuropäischen Macht, der USA, geöffnet, die nicht mehr auf der Grundlage der Neutralität, sondern ihres kriegsentscheidenden Einflusses ein verbindliches Programm aufstellte.

Sonderfriedenssondierungen waren schon in der ersten Phase des Krieges ein Mittel der deutschen

Kriegspolitik. Die Mächte der Triple-Entente suchten ihnen von vornherein einen Riegel vorzuschieben, als sie am 4. September 1914 einen Vertrag schlossen, dessen einziger Inhalt die gegenseitige Verpflichtung war, »im gegenwärtigen Kriege keinen Separatfrieden zu schließen«, ja keiner der verbündeten Mächte zu gestatten, »ohne vorheriges Einverständnis mit jedem der anderen Verbündeten« Friedensbedingungen zu stellen. Diesem Vertrag schlossen sich Japan am 19. Oktober 1915 und Italien am 30. November 1915 an; er war die einzige bündnispolitische Klammer, mit der alle Großmächte der Alliierten, außer den USA, verbunden gewesen sind. Deutschland ist dadurch nicht abgeschreckt worden, das Experiment zu machen, vor allem Rußland und mit geringerem Einsatz Japan aus der Koalition herauszulösen. Die Versuche dazu reichen vom November 1914, als die Kriegslage sich nach den verlustreichen Kämpfen in Flandern verschlechtert hatte, bis 1916, bis zu der Proklamation des Königreiches Polen im Herbst 1916, die jede Verständigung mit dem zaristischen Rußland unmöglich machte. Der strikteste Befürworter dieser Politik war der zweite Chef der Obersten Heeresleitung, General von Falkenhayn, der die Kriegführung in Polen darauf beschränken wollte, Rußland durch starke Schläge friedensreif zu machen. Gegen dieses Konzept stellte sich die Heeresleitung Oberost unter Hindenburg und Ludendorff, die nach den großen Siegen des Frühjahrs 1915 die Angliederung von Kurland und Litauen an das Reich verlangte und damit auf die Politik der Begründung von Rußland unabhängiger, vom Reich abhängiger Randstaaten einschwenkte. Bethmann Hollweg hat halbherzig diplomatische Friedensfühler über Kopenhagen und Stockholm unterstützt, deren Voraussetzung allerdings ein Verzicht auf deutsche Annexionen und eine politische Manövriermasse etwa durch Zugeständnisse an Rußland in der Dardanellen-Frage gewesen wäre. Wirkliche Aussicht auf ein Gelingen haben solche Vorstöße, an denen Männer wie der Bankier Max Warburg und der Industrielle Hugo Stinnes beteiligt waren, nicht gehabt. Der Appell an alte dynastische Solidarität zwischen Preußen-Deutschland und Rußland verfing nicht mehr; die öffentliche Meinung in Rußland war entweder in ihren liberalen Richtungen prowestlich oder in ihren konservativen Richtungen nationalistisch-panslawistisch. Entscheidend war die Furcht vor einer Revolution. Sie konnte sowohl für die Fortsetzung des Krieges als auch für seine Beendigung sprechen; sobald aber ein Friede als Niederlage Rußlands erschien, war das zaristische Regime in seinem Bestand gefährdet. Das Schüren der Revolution war schon früh mindestens ein subsidiäres Mittel der deutschen Politik in Rußland gewesen. Nachdem die Aussichtslosigkeit, das Zarenreich mit diplomatischen Mitteln aus dem Krieg herauszulösen, evident geworden war, wurde die Revolutionierung das einzige Instrument einer in ihren Folgen unabsehbaren Politik. Was Bismarck 1866 als äußerste Möglichkeit bereitgehalten hatte – die revolutionäre Zerschlagung eines dem eigenen verwandten konservativ-monarchischen Systems –, wurde nun tatsächlich praktiziert.

Zwischen den Mittelmächten bestand kein dem Londoner Vertrag vergleichbares Abkommen; lediglich die im Zweibund von 1879 festgelegte weit weniger verbindliche Verpflichtung Deutschlands und Österreich-Ungarns, »den Frieden nur gemeinsam und übereinstimmend zu schließen«, läßt sich anführen und eine ähnliche Bestimmung im deutsch-türkischen Vertrag vom 29. September 1916. Es lag nahe, daß die Entente-Mächte versuchen würden, das Bündnis Österreich-Ungarns mit dem Deutschen Reich zu sprengen. Sie taten es mit abwartender Zurückhaltung erst nach dem Thronwechsel vom November 1916, nachdem der neue Kaiser, Karl I., selbst Friedensinitiativen sehr unbestimmter Art begonnen hatte, und auch in einer Doppelstrategie, die an die Deutschlands gegenüber Rußland erinnert. Diplomatische Fühlungnahmen in der grauen Zone einer durch Mittelsmänner wie die bourbonischen Prinzen

Sixtus und Xavier, Brüder der Kaiserin Zita, betriebenen Geheimdiplomatie, aber auch schon Kontakte zwischen dem jungen österreichischen Kaiser und Poincaré standen neben der immer deutlicheren Annäherung der Alliierten an die Führungsgruppen der nationalen Emigration, insbesondere der Tschechen und ihrer Förderung. Die Geheimverhandlungen von Februar bis Mai 1917 mit den bourbonischen Prinzen scheiterten daran, daß die französische Regierung sich auf eine Garantie für die territoriale Integrität der Monarchie mit keinem Wort festlegte. Der Übergang zur offenen Revolutionierungspolitik, die der deutschen in Rußland nur mit anderen politischen Gruppen und anderen Folgen entsprach, und zum vollen Verzicht auf Sonderfriedensmöglichkeiten wurde erst sehr spät, im Frühjahr 1918, vollzogen. Noch in Wilsons Vierzehn Punkten vom Januar 1918 war lediglich vom »autonomous development« der Völker Österreich-Ungarns die Rede gewesen.

Die Gespräche über einen allgemeinen Frieden, die angesichts der Tragödie auf den Schlachtfeldern etwas Gespenstisches hatten, setzten im Jahr 1916 ein, dem Jahr von Verdun und der Somme, der Brussilow-Offensive, des Kriegseintritts von Rumänien und seiner Niederringung. Sie sind ein Symptom der Erschöpfung nicht bloß der Mittelmächte. Sie bewegten sich in einem Labyrinth taktischer Winkelzüge und Vorbehalte, in einer Atmosphäre gegenseitigen Mißtrauens und der Unaufrichtigkeit, in der jedes Wort seine Glaub-

Abtransport rumänischer Flüchtlinge aus der Gefechtszone

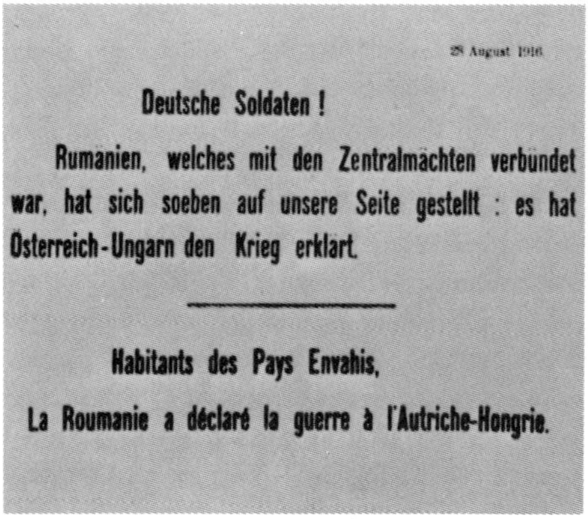

28 August 1916

Deutsche Soldaten!

Rumänien, welches mit den Zentralmächten verbündet war, hat sich soeben auf unsere Seite gestellt : es hat Österreich-Ungarn den Krieg erklärt.

Habitants des Pays Envahis,

La Roumanie a déclaré la guerre à l'Autriche-Hongrie.

Französisches Flugblatt vom 28. August 1916

würdigkeit verlor. Als neuer Mitspieler auf der weltpolitischen Bühne erschien die amerikanische Macht, die unter ihrem Präsidenten Woodrow Wilson zunächst einmal im Status formaler Neutralität Friedensgespräche in Gang bringen wollte. Dies lag in ihrem Interesse, solange sie den äußersten Schritt, die direkte Verwicklung in den Krieg, vermeiden wollte, was der amerikanischen öffentlichen Meinung in ihrer überwältigenden Mehrheit entsprach, wegen der zunehmend komplizierteren Situation auf dem Seekriegsschauplatz jedoch von Tag zu Tag schwieriger wurde. Wilson verfolgte mit seiner friedenspolitischen Initiative aber nicht nur ein eindeutiges amerikanisches Interesse; er sah auch den Moment für eine prinzipielle Änderung der Methoden der Weltpolitik gekommen. Die Wiederherstellung des Friedens, eines Friedens ohne Sieger und Besiegte, sollte nicht in der herkömmlichen Weise im Zeichen von Gleichgewicht und Machtpolitik stehen, sondern auf die Idee des Selbstbestimmungsrechts gegründet und durch ein neues System kollektiver Sicherheit in einem Völkerbund gesichert werden. Diese Gedanken trug Wilson zuerst in einer Rede vom 27. Mai 1916 vor der League to Enforce Peace vor. Es waren unzweifelhaft Gedanken, die in der europäischen Kriegspolitik bisher nicht vorgebracht worden waren; sie wurzelten in dem amerikanischen Glauben an die Herrschaft des Rechts auch in den internationalen Beziehungen, knüpften aber ebenso an die Beratungen der Haager Friedenskonferenz und an die Friedensideen Immanuel Kants an. Wenn eine Weltmacht sich anheischig macht, den Frieden für alle Nationen im Zeichen ihrer Ordnungsvorstellungen zu stiften, dient dies auch der Ausbreitung ihres Einflusses, ja ihrer Herrschaft.

Wilson schickte seinen engsten Berater, Oberst Edward House, in die europäischen Hauptstädte, auch nach Berlin, um auf beiden Seiten die Bereitschaft zu einer allgemeinen Friedensregelung zu erkunden. Was sich daraus ergab, war eine beachtliche Übereinstimmung der amerikanischen und der englischen Vorstellungen; sie führten sogar zu einem gemeinsamen Programm, das House und der englische Außenminister Grey im Februar 1916 entwarfen. So wenig es verpflichtenden Charakter hatte, so symptomatisch war es für die politische Konstellation. Hier war von der Wiederherstellung Belgiens und Serbiens die Rede, von der Rückgabe Elsaß-Lothringens an Frankreich, von der Unabhängigkeit Polens, von der Abtretung der italienischen Gebiete Österreichs und, noch etwas unklar, von Garantien gegen eine neue militärische Aggression. Das Wichtigste war jedoch die Erklärung von House über die Bereitschaft des Präsidenten, auf der Grundlage dieser Bedingungen zu einer Konferenz einzuladen, sobald England und Frankreich den Moment dazu für sinnvoll ansahen. Sollte sich Deutschland weigern, die Bedingungen anzuerkennen, wurde mit einer Kriegserklärung der Vereinigten Staaten gedroht; für den Fall eines Zögerns der Alliierten, auf diese Vorschläge einzugehen, klang die Androhung von Sanktionen sehr viel vorsichtiger. Wilson hat sich niemals darauf eingelassen, diese Verabredung zu bestätigen, er blieb vielmehr bei der Proklamation seiner allgemeinen Friedensprinzipien, zu denen der Grundsatz eines Friedens ohne Sieg, die Gleichheit der Rechte aller Völker, nationale Selbstbestimmung sowie schon die Forderung nach der Lösung des polnischen Problems gehörten. Daraus ergab sich die unwiderlegbare Tatsache, daß die allgemeinen Prinzipien Wilsons zum großen Teil identisch waren mit den Forderungen der Alliierten nach einer Schwächung Deutschlands, allerdings nicht nach seiner Vernichtung. Das Prinzip der nationalen Selbstbestimmung, angewandt auf Polen, war nur einer der gravierenden Punkte, über die Übereinstimmung bestand. Als Wilson am 8. Januar 1918 seine berühmten Vierzehn Punkte aufstellte, wurden diese Gemeinsamkeiten, aber auch die Differenzen, noch deutlicher.

Einer amerikanischen Friedensinitiative zuvorzukommen, von der man konkrete Bedingungen erwarten konnte, war sicher eines der Motive, die Bethmann Hollweg im Sommer und Herbst 1916 den Gedanken an ein deutsches Friedensangebot aufgreifen ließen. Er stand dabei aus verschiedensten Gründen unter Zeitdruck: Die Zentralmächte hatten zwar in den Abwehrschlachten im Westen und Osten standgehalten, aber unter größten Opfern; die Versorgungslage hatte sich infolge der alliierten Blockade erheblich verschlechtert; Admiralstab und Generalstab drängten auf Wiedereröffnung des unbeschränkten U-Bootkrieges, der die Intervention der Vereinigten Staaten unvermeidlich machen mußte. In dieser Lage hielt der Leiter der deutschen Politik einen Friedensschritt als letztes Mittel, eine Ausweitung des Krieges durch die Rückkehr zum uneingeschränkten U-Bootkrieg zu verhindern, für unerläßlich. Gegen alle Widerstände der Militärs, aber auch der Bundesgenossen, beharrte Bethmann Hollweg auf diesem Gedanken, selbst wenn er Konzessionen machte und die Proklamation des Königreiches Polen zuließ, auf der Hindenburg und Ludendorff bestanden; er nahm Verzögerungen hin, um einen günstigen Moment zu ergreifen, wie er sich nach der Einnahme von Bukarest am 6. Dezember 1916 zu bieten schien. Auf keinen Fall durfte die deutsche Aktion als Schwächezeichen aufgefaßt werden. Sie war ein letztes Aufgebot der Politik gegen

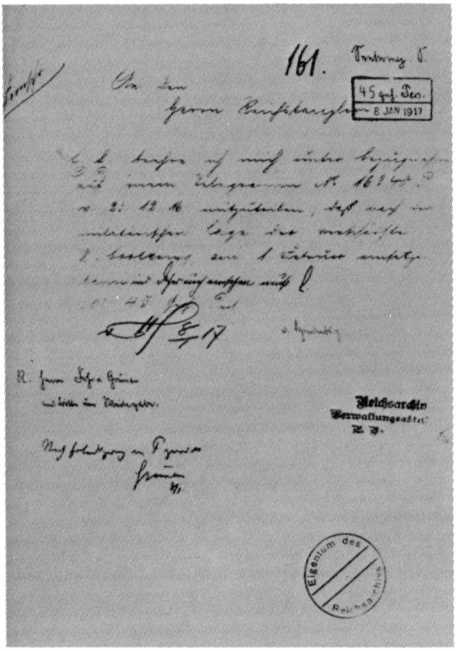
161.
8 JAN 1917
Reichsarchiv
Eigentum des Reichsarchivs

Die Eröffnung des verschärften U-Bootkrieges
Telegramm Hindenburgs und Ludendorffs
an Bethmann Hollweg vom 8. Januar 1917
Original durch Kriegseinwirkungen vernichtet

das letzte Aufgebot militärischer Kriegsmittel. Aber sie mußte ins Leere stoßen, schon deswegen, weil Friedensbereitschaft ohne Friedensbedingungen erklärt wurde. Dieses fundamentale Versäumnis war in erster Linie innenpolitisch, in zweiter bündnispolitisch bedingt. Die Entschlossenheit der alliierten Mächte ist kaum je so groß gewesen wie in dem Augenblick, in dem ein Eingreifen der USA nähergerückt war und Männer wie Lloyd George ihre Völker zu höchsten Kriegsanstrengungen aufriefen. Die Antwort der Alliierten auf das am 12. Dezember 1916 der Weltöffentlichkeit unterbreitete Friedensangebot war daher schneidende Ablehnung. »In Wirklichkeit«, hieß es in der Antwortnote der Alliierten vom 30. Dezember,

»ist die durch die Zentralmächte gemachte Eröffnung weiter nichts als ein wohlberechneter Versuch, auf die Entwicklung des Krieges einzuwirken und zum Schluß einen deutschen Frieden aufzunötigen.« Es handle sich um einen Vorschlag ohne Aufrichtigkeit und ohne Bedeutung.

In der historischen Literatur werden die Motive der Friedensaktion vom Dezember 1916 sehr unterschiedlich bewertet. Die Einschätzungen reichen von der Annahme des Vorsatzes, »für die radikalen militärischen Aktionen der Mittelmächte den Boden politisch vorzubereiten« (F. Fischer), bis zur Bewertung des Angebots als einer Tat eher »gewissenhafter, ihrer sittlichen Verantwortung vor der Geschichte bewußter Staatskunst denn als Ausfluß politischer Klugheit« (G. Ritter). Geht man von der komplizierten Persönlichkeitsstruktur Bethmann Hollwegs in ihrer inneren Gespaltenheit aus, dann befriedigt keine dieser Thesen voll. Bethmann Hollweg war ein an seiner Aufgabe, seinen Pflichten schwer tragender Mann, aber ihm fehlte es nicht an Zügen machiavellistischer Gerissenheit. So wird man sagen können: Das Friedensangebot, so aussichtslos es sein mochte, erleichterte sein Gewissen, und durch seine Ablehnung waren die Argumente aus dem Weg geräumt, die gegen eine Wiederaufnahme des U-Bootkrieges sprachen. Der Friedensschritt war nach einer Notiz von Riezler »ein meisterhafter Coup ... gegenüber dem Feind, den Neutralen und im Inneren«. – Wenige Tage nach der deutschen Friedensaktion am 21. Dezember gab der amerikanische Präsident seine Friedensnote bekannt. Sie enthielt gerade den Punkt, auf den einzugehen die deutsche Note vermieden hatte, und forderte die Mächte auf, die Bedingungen zu nennen, unter denen sie zu Verhandlungen über einen Frieden bereit wären. Während die deutsche Regierung dies wiederum ablehnte und statt dessen einen direkten Gedankenaustausch mit ihren Gegnern vorschlug, nannten die Alliierten konkrete, relativ gemäßigte Forderungen. Sie ließen aber unmißverständlich erkennen, daß ein Status-quo-Friede für die westlichen Mächte so unmöglich war, wie er es auf der anderen Seite für die Mittelmächte gewesen ist.

Eben um diese Frage kreiste die politische Diskussion, die zuletzt durch das Friedensangebot Papst Benedikts XV. im Sommer 1917 ausgelöst wurde, der damit die in früheren Jahrhunderten getätigte päpstliche Rolle als Mediator aufgriff. Eingeleitet wurde die Aktion noch in der Amtszeit Bethmann Hollwegs; mit dem offiziellen Schritt des Papstes, mit seiner Note vom 1. August, hatten sich aber nach Bethmanns Sturz am 13. Juli der neue Reichskanzler Georg Michaelis und sein Staatssekretär Richard von Kühlmann zu befassen. Der

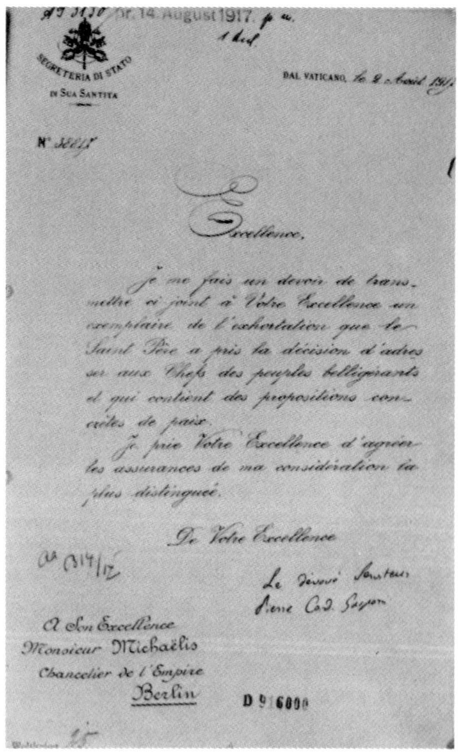
14. August 1917

Segreteria di Stato di Sua Santità

Dal Vaticano, le 2 Août 1917

Excellence,

Je me fais un devoir de transmettre ci-joint à Votre Excellence un exemplaire de l'exhortation que le Saint Père a pris la décision d'adresser aux Chefs des peuples belligérants et qui contient des propositions concrètes de paix.

Je prie Votre Excellence d'agréer les assurances de ma considération la plus distinguée.

De Votre Excellence

Le dévoué Serviteur
Pierre Card. Gasparri

A Son Excellence
Monsieur Michaëlis
Chancelier de l'Empire
Berlin

Das Friedensangebot Benedikts XV.
Begleitschreiben zur Papstnote vom 1. August 1917
Bonn, Politisches Archiv des Auswärtigen Amtes

Kurie ging es um einen Frieden auf der Basis des Status quo, und sie verlangte als eine Art Vorleistung der Reichsregierung eine eindeutige Verzichtserklärung auf Belgien. Die Beratungen, die über diese Note in Berlin einsetzten, gestalteten sich schon wegen der divergierenden Meinungen und Interessen der verschiedenen politischen und militärischen Gremien außerordentlich schwierig. Zum ersten Mal wurden auch Vertreter der Mehrheitsparteien des Reichstages zugezogen; von der Reichstagsmehrheit war wenige Wochen vorher eine Friedensresolution beschlossen worden, in der ein »Friede der Verständigung und der dauernden Versöhnung der Völker« gefordert wurde. Die offizielle Antwort der Reichsregierung vom 19. September enthielt dann aber den ausdrücklichen Verzicht auf Belgien nicht, sondern begnügte sich mit einem Hinweis auf die Friedensresolution sowie auf das Friedensangebot vom 12. Dezember 1916 als »brauchbare Grundlage für einen gerechten und dauerhaften Frieden«. Die offenen territorialen Streitfragen sollten gelöst werden können, wenn »die Völker mehr das Einigende als das Trennende in ihren Beziehungen« betonen – eine unverbindliche Erklärung, die keineswegs die Erwartungen der Kurie erfüllte. Jedoch blieb es nicht bei dieser Antwort allein, vielmehr versuchte der Leiter des Auswärtigen Amtes, Richard von Kühlmann, durch Vermittlung eines spanischen Diplomaten eine Offerte an die englische Regierung heranzubringen. Er sagte die Bereitschaft Deutschlands zur Wiederherstellung der vollen belgischen Souveränität zu, wenn Deutschland von der Zusicherung der territorialen Integrität des Deutschen Reiches und seiner Verbündeten ausgehen könnte. Dahinter verbarg sich die Taktik, Belgien als eine Art Faustpfand in der Hand zu behalten, um damit die Voraussetzungen für einen Frieden des Übereinkommens über den territorialen Status quo zu schaffen. Eben diese Zusage konnte England nicht geben, weil es sich auf die französische Forderung nach Rückgabe Elsaß-Lothringens als Conditio sine qua non eines Friedens festgelegt hatte.

Die im einzelnen sehr verwirrenden und sich überschneidenden Verhandlungen sind nach dem Krieg Gegenstand erbitterter Meinungskämpfe in der deutschen Öffentlichkeit geworden. In ihrem Mittelpunkt stand die Frage, ob von der deutschen Regierung, besonders vom Reichskanzler Michaelis, eine echte Friedenschance verspielt worden sei. Hat es eine solche im damaligen Augenblick gegeben? Alle bekanntgewordenen Quellen sprechen dagegen. Offizielle Antworten haben die Alliierten – außer den USA – dem Papst nicht erteilt, sondern sich wie England darauf zurückgezogen, erst eine deutsche Stellungnahme zu den deutschen Kriegszielen abwarten zu müssen. In Kreisen der Entente hielt sich das Gerücht, der päpstliche Friedensschritt sei durch die Zentralmächte inspiriert worden und stelle ein »deutsches Manöver« dar, England von seinen Bundesgenossen zu trennen. Nicht einmal die elsässische Frage als eine »Revendication fondamentale« Frankreichs sei behandelt, geschweige denn jedes andere territoriale Problem, wofür eine »Restitution intégrale« gefordert werden müßte. Hier wird man darauf gestoßen, daß der Friede längst nicht mehr nur von der belgischen oder elsässischen Frage abhing, sondern seine Wiederherstellung über alle Einzelfragen hinaus in weltgeschichtliche Zusammenhänge führte, bei denen es nicht mehr bloß um Grenzregulierungen, sondern um das Verhältnis von Staaten und Völkern in einer neuen Ordnung ging.

Bald nach der Proklamation des Königreiches Polen im Oktober 1916 suchte die deutsche Politik Rußland nur noch dadurch aus dem Krieg herauszuschlagen, daß es die ›Maximalisten‹ unterstützte, die den Frieden um jeden Preis zugunsten der Revolution wollten. Lenin hatte in seiner ersten Verlautbarung nach seinem Eintreffen in Rußland, in den ›April-Thesen‹, die Übernahme der Macht durch das Proletariat als die Voraussetzung dafür bezeichnet, dem Krieg ein dauerndes Ende zu bereiten. In dem Dekret über den Frieden, das zu den ersten drei Proklamationen der siegreichen Revolutionäre vom 8./9. November 1917 gehörte, wurde dann die Forderung nach einem »gerechten, demokratischen Frieden« ohne Annexionen und Kontributionen aufgestellt – in einer erstaunlichen Übereinstimmung mit den Parolen des amerikanischen Präsidenten, die sich auch in der Forderung nach Abschaffung der Geheimdiplomatie und nach freier Selbstbestimmung der Völker findet. Von zwei gegensätzlichen Positionen aus meldeten die Weltmächte der Zukunft ihre Vorstellungen von der Neuordnung der Welt an. Konsequent gingen die Bolschewiki unter der Führung Lenins den Weg zum Frieden weiter, der keine andere Funktion haben sollte als den endgültigen Sieg der Revolution. Dem Dekret über den Frieden folgten die offiziellen Noten der revolutionären Regierung mit dem Vorschlag eines Waffenstillstandes an allen Fronten und der Eröffnung von Friedensverhandlungen. Diese Friedensaufforderung wurde wenige Tage später in einem Funkspruch »an alle Regierungen, alle Klassen und alle Parteien aller kriegführenden Länder« im neuen Stil revolutionärer Diplomatie wiederholt.

Die alliierten Regierungen protestierten gegen die Verletzung des Vertrages vom 5. September 1914. Für die deutsche Regierung und ihre Verbündeten erklärte der Reichskanzler in einer Reichstagsrede vom 29. November 1917 Verhandlungsbereitschaft unter den von der russischen Regierung aufgestellten Bedingungen, zu denen die Anerkennung des Selbstbestimmungsrechts gehörte. So kamen Waffenstillstandsverhandlungen in Brest-Litowsk, dem Hauptquartier von Oberost, zustande, die am 15. Dezember 1917 mit einem Abkommen abgeschlossen wurden. Die am 22. Dezember begonnenen Friedensverhandlungen, die in ihrer ersten Phase als allgemeine Friedensverhandlungen galten, dauerten mit zwei Unterbrechungen bis zum 3. März 1918. Sie wurden auf deutscher Seite vom Staatssekretär des Auswärtigen Amtes, Richard von Kühlmann, geleitet. Alle Verbündeten Deutschlands waren vertreten. Die russische Delegation führte Adolf Joffe, später Lew Trotzkij an. Es war die erste Begegnung der traditionellen mit einer revolutionären Diplomatie, die Öffentlichkeit der Verhandlung verlangte, um nach außen durch revolutionäre Propaganda auf die Arbeitermassen in Europa wirken zu können. »Historische Umstände«, schrieb Trotzkij später, »hatten es so gefügt, daß die Delegierten des revolutionärsten Regimes, das die Menschheit je gekannt hat, an einem Tisch sitzen mußte mit den diplomatischen Vertretern der allerreaktionärsten Kaste unter allen regierenden Klassen.«

Das Hauptproblem, das sich sehr bald in der Verhandlung herauskristallisierte, lag in der Frage eines Friedens ohne Annexionen. Die deutschen Vertreter waren nicht nur durch die Errichtung eines neuen, von den Mittelmächten abhängigen Polen in ihrer Entscheidungsfreiheit gebunden, sondern auch durch die Konstituierung von ›Landesräten‹ in Kurland und Litauen, die das Deutsche Reich um Schutz angegangen hatten. Erst durch eine die Dinge beim Namen nennende Erklärung, durch den ›Faustschlag‹ General Max Hoffmanns, des an den Verhandlungen teilnehmenden Vertreters der Obersten Heeresleitung, wurde sich die russische Delegation darüber klar, womit sie in Wahrheit bei einem annexionslosen Frieden zu rechnen hatte. Trotzkij suchte daraufhin in der zweiten Phase der Konferenz seit Anfang Januar 1918 durch endlose Diskussionen über Begriffe wie Annexion oder Selbstbestimmungsrecht die Verhandlungen in die Länge zu ziehen, weil die bolschewistische Führung mit einer Ausbreitung der Revolution auf Mitteleuropa rechnete. Als die Mittelmächte die russische Delegation durch den Abschluß eines Sonderfriedens mit der ukrainischen General-Rada am 9. Februar 1918 in die Enge getrieben hatte, beendete Trotzkij die Verhandlungen tags darauf mit der überraschenden Erklärung, daß der Rat der Volkskommissare es ablehne, einen annexionistischen Frieden zu unterzeichnen, Rußland aber seinerseits den Kriegszustand mit Deutschland, Österreich-Ungarn, der Türkei und Bulgarien für beendet erkläre. Dieser

Der Kreis um Trotzkij auf der Friedenskonferenz in Brest-Litowsk im Februar 1918
Radierung von Emil Orlik
Berlin-Museum

Abbruch führte auf beiden Seiten zu erbitterten Auseinandersetzungen. In Petersburg meldeten sich jetzt die Anhänger einer Politik zu Wort, die bei unannehmbaren deutschen Friedensbedingungen einen revolutionären Krieg gegen Deutschland verlangten, aus dem der Weltkrieg unmittelbar in die Weltrevolution überführt werden sollte. Lenin, bei allen seinen Entscheidungen von einem untrüglichen Machtinstinkt geleitet, sah die Unmöglichkeit dieses Vorgehens und zögerte mit seiner Entscheidung. Trotzkij war es, der dann auf die für damalige völkerrechtliche Vorstellungen ungewöhnliche Formel verfiel.

Entscheidend war aber, wie Deutschland reagierte. Auch hier gab es zwei divergierende Anschauungen. Kühlmann war im Grunde bereit, auf die Formel Trotzkijs einzugehen, den Kriegszustand bestehen zu lassen, aber den Waffenstillstand nicht zu kündigen. Er berief sich dabei auf die Notwendigkeit, möglichst alle Truppen nach dem Westen verlegen zu müssen. Aber Ludendorff lehnte eine solche Lösung als Unentschiedenheit und Halbheit ab. Er befürchtete, im Falle der Entblößung des Ostens von deutschen Truppen, plötzlich einem neuen russischen Angriff gegenüberzustehen, oder er dachte, durch die Schwäche des bolschewistischen Regimes herausgefordert, möglicherweise daran, mit einem Zugriff auf Petersburg dieses Regime rechtzeitig auszulöschen – ein Gedanke, dessen Radikalität wenigstens seinem Charakter entsprochen hätte. Auf einem Kronrat am 13. Februar in Bad Homburg fiel die Entscheidung für die Wiederaufnahme des Krieges. Am 18. Februar wurde die ›Operation Faustschlag‹ mit dem Vormarsch an der Nordfront bis zur Linie Pleskow-Narwa begonnen. Jetzt drängte die Entscheidung in Petersburg: Lenin setzte gegen größte Widerstände im Zentralkomitee mit knapper Mehrheit seine Forderung durch, den sogenannten zweiten Tilsiter Frieden anzuerkennen, um der Revolution eine ›Atempause‹ zu verschaffen. Am 3. März wurde der Friede unterzeichnet. Rußland mußte Polen, Kurland, Litauen und große Teile von Georgien abtreten, der Frieden der Zentralmächte mit der Ukrainischen Volksrepublik und damit die Unabhängigkeit der Ukraine – ebenso wie die von Finnland – anerkennen und die ukrainischen Gebiete räumen, gleichfalls Estland und Livland, die von einer deutschen Polizeimacht besetzt wurden; auch ihre Unabhängigkeit mußte Rußland am 27. August zugestehen. Auf Reparationen wurde vorerst gegenseitig verzichtet, doch diese Bestimmung wurde im Zusatzvertrag vom 27. August aufgehoben und Rußland zur Zahlung von sechs Milliarden Mark für die Abdeckung der deutschen Ansprüche auf alle vor dem Nationalisierungsdekret entstandenen Zivilschäden verpflichtet. Der Rapallo-Vertrag von 1922 stellte den gegenseitigen Reparationsverzicht wieder her. Nur eine völlige Demobilmachung, keine Abrüstung, wurde von Rußland verlangt.

Der Brester Friede war ein Diktatfriede, geschlossen unter äußerstem militärischen Druck. Rußland verlor territoriale Besitzungen, die jahrhundertelang zum Zarenreich gehört hatten, es verlor vor allem auch den Zugang zu den europäischen Randmeeren, zur Ostsee und zum Schwarzen Meer; es wurde auf den Grundbestand des moskowitischen Staates zurückgeworfen. Eine historische Würdigung wird zunächst von der Feststellung auszugehen haben, daß mit diesem Vertrag die annexionistische Politik, wie sie namentlich von der deutschen Obersten Heeresleitung betrieben wurde, ihren größten Triumph gefeiert hat. Es war Ludendorffs Wille, der sich durchgesetzt hatte und dem es gelungen zu sein schien, die unvereinbaren Konzepte von Randstaatenpolitik und Sonderfrieden zu kombinieren. Doch diese Feststellung genügt für eine historische Würdigung nicht. Es wird vielmehr erkennbar, daß unter dem Einfluß der Russischen Revolution sich Sinn und Bedeutung der von Deutschland unter anderen Voraussetzungen begonnenen Ost-Politik wandelten. Die eroberten Gebiete dem bolschewistischen Einfluß zu überlassen, entsprach auch nicht den Wünschen der Bevölkerung, so sehr sie einer deutschen Herrschaft abgeneigt war. Deutschland hätte die historische Chance gehabt, als Befreier der ostmitteleuropäischen Länder und Völker in die Geschichte einzugehen, verspielte jedoch diese Möglichkeit, indem es das Selbstbestimmungsrecht zu einer Farce machte. Der militärischen Befreiung von Rußland, die Deutschlands Werk war, folgte eine politische Befreiung, die sich gegen Deutschland richtete. Zu den Nachwirkungen des Brester Friedens gehört es, daß mit Ausnahme der baltischen Länder die Staaten der ostmitteleuropäischen Zwischenzone bis heute selbständige Staaten geblieben sind. Ihre Aufgabe, ein Glacis für Deutschland gegenüber Rußland zu sein, verwandelte sich nach 1918 in die Funktion eines Cordon sanitaire zwischen Deutschland und dem bolschewistischen Rußland. Heute stellen sie ein Glacis des sowjetischen Staates gegenüber dem westlichen Europa dar. – Die deutsche Kriegspolitik von 1918 hat sich selbst nicht an den Brester Vertrag gehalten; sie ist mit ihren späteren militärischen Operationen weit über die festgelegten Grenzen hinaus vorgedrungen. Sie verwickelte sich in das undurchsichtige Spiel der Revolution und Gegenrevolution und band sich dadurch selbst die Hände, um ihre Kräfte für den Westen uneingeschränkt freizumachen. So wirkte in letzter Stunde der Osten noch einmal unheilvoll auf den Westen zurück.

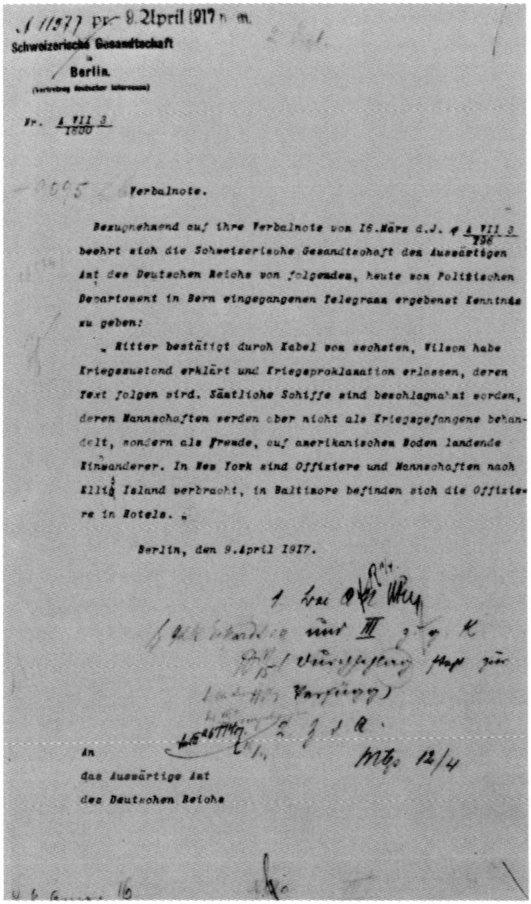

pr. 8. April 1917 n. m.

Schweizerische Gesandtschaft
in
Berlin
(Vertretung deutscher Interessen)

Nr. A VII 3 / 1800

Verbalnote.

Bezugnehmend auf ihre Verbalnote vom 16. März d.J. – A VII 3 / 796 beehrt sich die Schweizerische Gesandtschaft dem Auswärtigen Amt des Deutschen Reichs von folgendem, heute vom Politischen Departement in Bern eingegangenen Telegramm ergebenst Kenntnis zu geben:

„Ritter bestätigt durch Kabel vom sechsten, Wilson habe Kriegszustand erklärt und Kriegsproklamation erlassen, deren Text folgen wird. Sämtliche Schiffe sind beschlagnahmt worden, deren Mannschaften werden aber nicht als Kriegsgefangene behandelt, sondern als Fremde, auf amerikanischem Boden landende Einwanderer. In New York sind Offiziere und Mannschaften nach Ellis Island verbracht, in Baltimore befinden sich die Offiziere in Hotels."

Berlin, den 9. April 1917.

An
das Auswärtige Amt
des Deutschen Reichs

Übermittlung der Kriegserklärung der USA vom 6. April 1917
durch die schweizerische Schutzmachtvertretung
an das Auswärtige Amt des Deutschen Reiches
Schreiben der Schweizerischen Gesandtschaft in Berlin vom 9. April 1917
Bonn, Politisches Archiv des Auswärtigen Amtes

Der strategische Verlauf des Krieges: 1918

Das Ausscheiden Rußlands aus dem Krieg schuf eine neue strategische Lage. Wiewohl in früheren Stadien des Krieges von einem Frieden mit Rußland auch eine Veränderung der politischen Konstellation erhofft worden war, trat diese Wirkung nicht ein. Die Entschlossenheit der Entente-Mächte, den Krieg bis zu einer völligen Niederwerfung Deutschlands fortzusetzen, hatte in dem Augenblick größten Auftrieb erhalten, in dem die USA nicht nur mit ihrer wirtschaftlichen, sondern auch mit ihrer militärischen Macht an ihre Seite getreten waren. Der herausragende Exponent des unbedingten Kriegswillens wurde Georges Clemenceau, französischer Ministerpräsident seit dem 17. November 1917, Kriegsdiktator und des Wortes mächtiger Propagandist des Sieges. »Meine Außenpolitik und meine Innenpolitik«, erklärte er in der französischen Kammer, »besteht nur aus einem Ziel. Meine innere Politik: Ich führe Krieg. Meine auswärtige Politik: Ich führe Krieg. Ich führe immer Krieg.« Auf diesem Hintergrund muß die militärische Situation gesehen werden. Hatte Deutschland im Frühjahr 1918 eine andere Wahl als die Entscheidung zwischen Verhandlungen, deren Ergebnis sicher nicht mehr ein Frieden auf der Grundlage des Status quo sein konnte, oder einer letzten gewaltigen militärischen Anstrengung? Der stärkste Mann im damaligen Deutschland, der Generalquartiermeister Ludendorff, die treibende Kraft der Dritten Obersten Heeresleitung, die längst die politische Reichsleitung überspielt hatte, dachte ganz in ›extremen Kategorien von Sieg und Niederlage‹, und zweifellos stand in diesem Moment auch angesichts des Kriegseintritts der Amerikaner nichts anderes mehr zur Debatte. Aber bedeutete dies, daß gegenüber dem Entschluß zur großen Offensive keine militärische Alternative mehr bestand? Die Kriegsleitung der Entente-Mächte gab das Vorbild für eine Entscheidung zur defensiven Strategie bei absolut offensivem Kriegswillen. Wäre dies für Deutschland eine Möglichkeit gewesen? Hätte es einen glimpflichen Frieden erhalten können, wenn es im Frühjahr 1918 seine Armeen in der Defensive, etwa in der Maas-Linie, intakt gehalten hätte, statt seine letzten Reserven im Angriff zu verschleißen? Diese Frage kann nicht beantwortet werden; sie enthält aber letztlich allein wegen des Charakters der handelnden Personen etwas Irreales. Oder ist es nicht nur diese Führungsgruppe gewesen, sondern auch das ganze traditionsreiche, in der harten Prüfung des Krieges bei größten Leistungen seine Schwäche beweisende System? Hier ist man rasch von rein pragmatischen bei strukturellen, ja die reale Geschichte transzendierenden Fragen angelangt.

Mit der großen Offensive im Frühjahr 1918 ist der Krieg wieder auf den Schauplatz vom Sommer 1914 zurückgekehrt. Doch zwischen 1914 und 1918 bestanden erhebliche Unterschiede: Die deutsche Armee besaß zum ersten Mal mit einhundertzweiundneunzig gegen einhundertdreiundsiebzig Divisionen eine zahlenmäßige Überlegenheit. Dreiunddreißig Divisionen waren aus dem Osten und Südosten an die Westfront verlegt worden, achtundzwanzig weitere Divisionen kamen während des Verlaufs der Offensive hinzu. Die technische Waffenausrüstung war jedoch hinter der der Entente-Mächte und der Amerikaner zurückgeblieben. Die Anzahl der Geschütze war bei den Alliierten größer, die Motorisierung viel weiter fortgeschritten, die Luftüberlegenheit eindeutig, die Tankwaffe als neuer Faktor entwickelt. Dazu kamen die moralischen Faktoren: Ein Heer konnte nach fast vier Kriegsjahren eines erbarmungs- wie entscheidungslosen Ringens nicht mehr über die innere Widerstandskraft verfügen, die die unverbrauchten Armeen von 1914 besessen hatten. Das galt für alle am Krieg beteiligten Heere mit Ausnahme der Amerikaner, für die dagegen die Nachteile der Unerfahrenheit und Unerprobtheit ins Gewicht fielen. Was die Ausgangslage für den deutschen Soldaten verschlimmerte, waren seine schlechte Ernährung und ein Gefühl der Hoffnungslosigkeit, das sich in dem Moment einstellen mußte, in dem die erwarteten Erfolge ausblieben.

Die Offensive von 1914 war in einem gigantischen operativen Plan vorgedacht worden, der sich nicht verwirklichen ließ; die Offensive von 1918, das Unternehmen ›Michael‹, verfolgte keine großen strategischen Pläne außer dem, einen Durchbruch durch die feindliche Front zu erzielen, möglichst an der Nahtstelle der auf den Norden und Süden verteilten Engländer und Franzosen, um die Engländer auf die Kanalhäfen zurückzuwerfen. Ludendorff sprach in einem vieldeutigen Wort vom Vorrang der Taktik vor der reinen Strategie,

Panzerangriff der Engländer gegen die deutschen Stellungen bei Amiens am 8. August 1918

was wohl die Ratlosigkeit über die letzten Ziele andeutete. Die große Offensive brach am 21. März auf einer Breite von achtzig Kilometern los und riß die gegnerische Front fünfzig Kilometer und in einer Tiefe von sechzig Kilometern auf. Aber der große Anfangserfolg konnte wegen des Mangels an beweglichen Reserven nicht ausgenutzt werden. Dem neuen Oberbefehlshaber der Alliierten Verbände, General Foch, gelang es, die sich verzettelnden deutschen Angriffe aufzufangen. Der Vorstoß nach dem wichtigen Eisenbahnknotenpunkt Amiens erreichte sein Ziel nicht. Der große Angriff mußte am 5. April eingestellt werden. Was folgte, waren ›Hammerschläge‹, Angriffsaktionen an verschiedenen Stellen der Front, die nur noch der Zermürbung des Gegners dienen sollten und keine großen operativen Ziele mehr hatten. Die Entscheidung war im Grunde schon gefallen, als die alliierten Armeen am 18. Juli zum Gegenangriff übergingen. Die große Wende wurde spätestens am 8. August sichtbar, als die Engländer bei Amiens mit fünfhundert Panzern angriffen und mit der neuen Waffe die deutsche Front eindrückten. Ohne daß ihnen ein großer Durchbruch gelang, drängten die Truppen des Generalissimus Foch die Deutschen langsam zurück; der Krieg war damit militärisch entschieden.

In jenen Wochen fielen auch die Würfel über das Schicksal des Deutschen Kaiserreiches. Wie meist beim Untergang von Staaten und Regimen war unter den Handelnden Einsicht in die wirkliche Lage nicht verbreitet; wo sie bestand, wurde sie ignoriert oder unterschätzt. Ein Regime, das alles auf einen militärischen Sieg gesetzt hatte, war politisch am wenigsten auf die Niederlage vorbereitet. Die Symbolgestalt für dieses dem System immanente Versagen war Erich Ludendorff, dessen Kriegführung im Schlußakt der Tragödie jeden

Sinn für die Wirklichkeit verlor und ähnlich wie Hitlers Strategie nach Stalingrad sich an jeden Fußbreit feindlichen Geländes klammerte, um dann jäh und unvermittelt die Forderung nach Waffenstillstand an die politische Reichsführung zu richten.

Die Kriegsentscheidung war in Frankreich gefallen, doch in der letzten Phase des Weltkrieges blieben die anderen Fronten ebenfalls nicht ohne Bedeutung. Wie oft in einem Bundesgenossenkrieg kündigte sich der Zusammenbruch zuerst bei den Bündnispartnern der führenden Macht an. Österreich-Ungarn, die multinationale Monarchie, geriet durch eine Verknüpfung militärischer und politischer, innerer und äußerer Ereignisse in schwere Bedrängnis. Die Auflösung in seine nationalen Bestandteile, die sich in schweren Krisen während des Krieges angebahnt hatte, schritt unter dem Eindruck der militärischen Niederlage voran. Wenn die Alliierten, zuletzt Wilson in seinen Vierzehn Punkten, auf den Fortbestand der Monarchie im Hinblick auf einen möglichen Sonderfrieden noch Rücksicht genommen hatten, so bedeutete die Anerkennung des Tschechischen Nationalrates als verbündete Regierung, wie sie durch Frankreich, Großbritannien und die USA im August und September 1918 in Paris erfolgte, den Übergang zu einer neuen Politik der Zerschlagung Österreichs. Dieser Prozeß wurde weitergetrieben durch eine italienische Offensive mit französischer, englischer, tschechischer und amerikanischer Hilfe seit dem 24. Oktober, die mit dem Sieg über das sich auflösende österreich-ungarische Heer in der Schlacht von Vittorio Veneto endete. Sie zielte darauf, den letzten Stoß gegen Deutschland vom Süden her zu führen. Die Waffenstillstandsbedingungen, die dafür die militärischen Voraussetzungen schaffen sollten, wurden am 3. November von Kaiser Karl I. angenommen. Die Existenz der Gesamtmonarchie, für die der Kaiser in seinem Völkermanifest vom 17. Oktober noch den Umbau in einen Nationalitätenbundesstaat angekündigt hat-

Der türkische Generalstab unter Djemal Paşa auf einem Gefechtsstand im südlichen Palästina, 1917

te, war nicht mehr zu retten. Der Prozeß der Auflösung des ehrwürdigen, in der europäischen Vergangenheit wurzelnden Reiches war unaufhaltsam, nachdem es in der großen Krise noch eine erstaunliche Lebenskraft bewiesen hatte. Die Landkarte Europas wurde dadurch radikal verändert und zunächst ein fast anarchischer Zustand im Donau-Raum geschaffen.

Jetzt war die Stunde gekommen, in der die Strategie der Ablenkung, der Diversion an den Nebenfronten des Krieges, ihre Früchte trug. Im Oktober 1915 hatten die Alliierten nach dem Scheitern des Gallipoli-Unternehmens zusammen mit serbischen Truppen in der Hafenstadt Saloniki einen Brückenkopf auf dem Boden des neutralen Griechenland errichtet. Die dort stehende ›Orient-Armee‹ unter französischem Oberbefehl wurde seit dem Frühjahr 1918 wesentlich verstärkt und trat am 14. September gegen die bulgarische Front an, die rasch zusammenbrach. Am 30. September unterzeichnete die bulgarische Regierung einen Waffenstillstand. Damit war das Verbindungsstück für die militärische Kontrolle der Mittelmächte über den Balkan zur Türkei herausgebrochen. Rumänien, das wegen seiner Ölvorräte von unersetzlichem Wert war, trat wieder auf die Seite der Alliierten zurück. Der militärische Zusammenbruch griff auch auf die Türkei über, die sich in der abseits von den Hauptfronten gelegenen Nebenfront in Palästina schon seit 1917 in Abwehr und Rückzug befand. Im Oktober waren die Engländer durch ganz Syrien bis Aleppo vorgedrungen, als die türkische Regierung am 31. Oktober einen Waffenstillstand schloß. Damit wurde eine entscheidende Veränderung der gesamtstrategischen Lage eingeleitet: Die Meerengen standen den Alliierten offen, der Vordere Orient war für die Mittelmächte verloren.

Staaten und Völker im Krieg

Der Weltkrieg war nicht nur eine militärische Kraftprobe wie die Kriege des 19. Jahrhunderts, sondern eine Bewährungsprobe auf die moralischen, politischen und materiell-ökonomischen Leistungskräfte aller am Krieg beteiligten Nationen. Gesellschaftsordnungen, Verfassungssysteme, an Werten orientierte Mentalitäten entwickeln sich sowohl aus nationalen Voraussetzungen wie aus den Bedingungen, die durch die Koexistenz mit anderen Völkern gesetzt werden. Wenn diese Bedingungen durch einen Krieg radikal verändert werden, bleibt kein Bereich des nationalen Lebens davon unberührt. Alles nationale Dasein steht dann anders als im Frieden unter dem Gesetz der äußeren Behauptung mit den Mitteln militärischer Macht. Soziale Spannungen, ungelöste Verfassungsprobleme, ideologische und religiöse Gegensätze wirken sich als militärische Schwächung aus, wie umgekehrt ein nationaler Konsens, der sich auf politische Tradition und gesellschaftlichen Ausgleich gründet, als enormer militärischer Vorteil zur Wirkung kommt. In einem Krieg, der wie der Erste Weltkrieg ein nationaler Existenzkrieg gewesen ist, werden Nationen auf ihre Schwächen und ihre Stärken durchleuchtet. – Dies alles war in den ersten Kriegswochen, als man an eine rasche Entscheidung des Krieges glaubte, noch nicht sofort sichtbar. Vielmehr bildete der Krieg selbst eine ungeheure Kraft der Integration, wodurch die inneren Spannungen der Völker verdeckt wurden. Der französische Staatspräsident Poincaré fand das Wort von der ›Union sacrée‹, Wilhelm II. sprach davon, daß er keine Parteien mehr kenne, sondern nur noch Deutsche, Zar Nikolaus II., daß Rußland sich erheben möge wie ein Mann. Durch solches Pathos wurde überall die Erfahrung einer ganz anderen, der Einheit widersprechenden Wirklichkeit des nationalen Lebens verdrängt, aber zugleich kam darin der allgemeine Glaube aller Nationen, eine gerechte Sache zu verteidigen, zum Ausdruck. Das Vaterland, die Nation, war ein

Deutscher Kriegspatriotismus während der Mobilmachung
Abreise sächsischer Truppen aus Leipzig im August 1914
Gemälde von Felix Schwormstädt, 1914

höchster Wert, für den man bereit war, Opfer zu bringen, ohne zu wissen, wie ungeheuer diese sein würden.

Dieser Kriegspatriotismus von 1914, in dem die Europäer sich einig waren, um damit gerade den Zwiespalt ihrer Nationen unüberbrückbar zu machen, war stärker als die in den sozialistischen Parteien lebendige Gesinnung des Internationalismus, die in diesen Momenten als Massentriebkraft wirkungslos geblieben ist. Die Appelle der Internationale in Brüssel an die gemeinsamen Interessen des Proletariats blieben wirkungslos und die sozialistischen Parteien ordneten sich in allen europäischen Ländern, außer in Rußland und im kleinen Serbien, der nationalen Disziplin unter. Am 4. August 1914 stimmten die deutschen Sozialdemokraten im Deutschen Reichstag für die Kriegskredite, nicht zuletzt aus Sorge vor dem »Sieg des russischen Despotismus«; am gleichen Tag bewilligten die französischen Sozialisten der Kammer Kriegskredite und Kriegsausnahmegesetze. Nur die sozialdemokratische Fraktion in der russischen Duma protestierte am 8. August gegen die Verfolgung der Arbeiter und Nationalitäten im Zarenreich, wandte sich gegen einen »falschen Patriotismus, hinter dem die herrschenden Klassen ihre schlaue Politik verbergen« und verließ vor der Abstimmung über die Kriegskredite den Saal. Einzig in Rußland wurden auch die Sozialisten in den ersten Kriegswochen verfolgt und die fünf bolschewistischen Duma-Abgeordneten im November 1914 nach Sibirien verbannt, während in Deutschland und Frankreich die gegen Pazifisten und Sozialisten vorbereiteten Aktionen unterblieben. Dies war ein Krisenzeichen für die Macht, deren Stärke wegen der rein zahlenmäßigen Überlegenheit ihrer

Englischer Kriegspatriotismus während der ersten Kriegsmonate
Aufruf zur Freiwilligen-Meldung
Plakat aus London, 1914
Berlin, Privatsammlung

Streitkräfte in der Vorkriegszeit oft überschätzt worden war. Ähnliche Krisenzeichen kündigten sich bei den anderen Staaten in unterschiedlichen Graden an.

Der Übergang zum langen Krieg veränderte dann die Stimmungslage: Enthusiasmus konnte sich unter dem Eindruck einmaliger großer Ereignisse, die als kurze Unterbrechung des täglichen Lebens empfunden wurden, entwickeln, aber andauernde Gefahr und sich ständig steigernde Entbehrungen erforderten andere individuelle und kollektive Seelenkräfte, um mit Sorge, Angst und enttäuschter Hoffnung fertig zu werden. An die Stelle aufflammender Begeisterung trat der Zwang zum Standhalten gegenüber Gefahren und Entbehrungen für lange Zeit, traten Zweifel und Kritik, die Reflexion über den Zweck des Krieges, massivster persönlicher Egoismus, Gewinnsucht in allen ihren Formen. ›Kriegspsychosen‹ wandeln ständig ihr Gesicht und können zu völligem Verlust des Wirklichkeitssinnes entarten, wofür die Stimmung am Zarenhof vor der Frühjahrsrevolution 1917 oder die deutsche Situation vom Herbst 1918 klassische Beispiele bilden. Diese Wandlungen hatten ihre politischen Konsequenzen. Anstelle von vorübergehender Stimmungseinheit traten politische und soziale Polarisierungen. Siegesgewißheit wurde durch Durchhalteparolen abgelöst, mit denen Zweifel unterdrückt werden sollten, der Glaube an ›Wunderwaffen‹ mit kriegsentscheidender Wirkung, etwa an die U-Boote, entstand. ›Defaitismus‹ wurde zu einem kriminellen Vergehen und unter Umständen kriegsgerichtlich geahndet. Phänomene dieser Art lassen sich bei allen kriegführenden Nationen verfolgen, nicht bei den Mittelmächten allein, obwohl sie hier sicher die verhängnisvollste Rolle gespielt haben. Da der handelnde und duldende Mensch im Krieg nur über begrenzte Informationen verfügte, klammerte er sich an Hoffnungen und sah sich getäuscht. Unter den Bedingungen des Krieges waren die normalen Informationsmöglichkeiten gestört oder unterbunden; die Presse unterlag der Kriegszensur, Handel und Reiseverkehr bestanden kaum mehr. So trat an die Stelle der Information das Gerücht, dessen Rolle im Krieg nicht unterschätzt werden darf. »Denn der Krieg ist das Gebiet der Ungewißheit« (C. von Clausewitz). Wohl verfügten die Führungskreise über bessere Nachrichtenquellen, aber auch ihre Möglichkeiten waren eingeschränkt. Diplomatische Kanäle zu Feindstaaten verliefen nur noch über neutrale Vermittlungsstellen wie Kopenhagen, Stockholm oder Bern. So dominierte selbst in den Staatsspitzen sehr oft Wunschdenken,

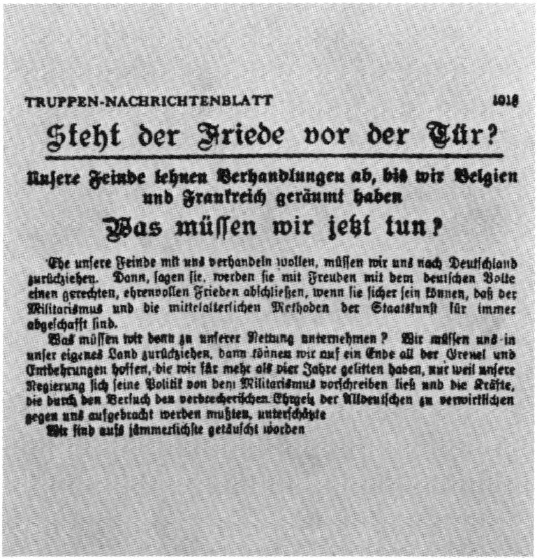

TRUPPEN-NACHRICHTENBLATT 1918

Steht der Friede vor der Tür?

Unsere Feinde lehnen Verhandlungen ab, bis wir Belgien und Frankreich geräumt haben

Was müssen wir jetzt tun?

Ehe unsere Feinde mit uns verhandeln wollen, müssen wir uns nach Deutschland zurückziehen. Dann, sagen sie, werden sie mit Freuden mit dem deutschen Volke einen gerechten, ehrenvollen Frieden abschließen, wenn sie sicher sein können, daß der Militarismus und die mittelalterlichen Methoden der Staatskunst für immer abgeschafft sind.

Was müssen wir denn zu unserer Rettung unternehmen? Wir müssen uns in unser eigenes Land zurückziehen, dann können wir auf ein Ende all der Greuel und Entbehrungen hoffen, die wir für mehr als vier Jahre gelitten haben, nur weil unsere Regierung sich seine Politik von dem Militarismus vorschreiben ließ und die Kräfte, die durch den Versuch den verbrecherischen Ehrgeiz der Alldeutschen zu verwirklichen gegen uns aufgebracht werden mußten, unterschätzte

Wir sind aufs jämmerlichste getäuscht worden

Psychologische Kampfführung der Alliierten im Jahr 1918
Ein über deutschen Stellungen an der Westfront abgeworfenes englisches Flugblatt

das auf Unkenntnis oder auch nur auf der Verdrängung der Realität beruhte. In Krisensituationen versäumte man gern, sich schonungslos Rechenschaft zu geben, weil die Wahrheit möglicherweise der Selbstaufgabe gleichkam. Beispiele dafür gab es überall: so die Illusionen, in denen der russische Hof noch im Winter 1916/17 lebte; so der Umschlag der Haltung Ludendorffs von obstinatem Siegeswillen in tiefe Resignation im Sommer 1918.

Aus dem Charakter des Krieges als einer ungeheuren Kraftanstrengung, die unter dem Zwang zum raschen Handeln stand, folgten auf das politische Leben der Völker Einwirkungen, die sich in ihrem zyklischen Verlauf außerordentlich ähnlich waren. So läßt sich am Anfang in Frankreich, Großbritannien und Italien eine Tendenz zur Allparteienregierung und auf der anderen Seite zur Stärkung der Exekutive feststellen, die tief in das normale Verfassungssystem eingriff. Bei den mitteleuropäischen Monarchien gab es dafür verfassungsrechtliche Voraussetzungen wie im Paragraphen 68 der Deutschen Reichsverfassung, der die Grundlagen dafür bot, bei Kriegszustand die vollziehende Gewalt in die Hände der stellvertretenden Kommandierenden Generale der Wehrbezirke zu legen. Nominell war damit eine totale Militarisierung durch eine Herrschaft der Militärbefehlshaber hergestellt, die jedoch in der Praxis sehr verschieden gehandhabt wurde. Für gesetzgebende Akte des Reiches als Verfassungsstaates gab ein Gesetz vom 4. August dem Bundesrat Vollmacht, »während der Zeit des Krieges diejenigen gesetzlichen Maßnahmen anzuordnen, welche sich zur Abhilfe wirtschaftlicher Schädigung als notwendig erweisen«. In Österreich konnte die Regierung alle für den Ausnahmezustand notwendigen Maßnahmen auf dem Verordnungsweg treffen. Der Reichsrat wurde bis zum Mai 1917 überhaupt nicht einberufen; es wurde mit Vollmachten regiert, die der Regierung verfassungsmäßig für die Zeit zustanden, in der das Parlament nicht tagte. In Ungarn dagegen kam es zu keinen Ausnahmeregelungen.

Ganz anders als in den Kaiserreichen mit ihren militärstaatlichen Herrschaftselementen gab es in den westlichen parlamentarisch-demokratischen Staaten nur schwache Ansätze für die politische Regelung des Ausnahme- und Kriegszustandes; die Voraussetzungen dafür mußten erst geschaffen werden. Dies geschah prompt und ohne große Widerstände, wobei sicher die Vorstellung von einem kurzen Krieg Bedenken ausräumte. Am weitesten ging die neutrale Schweiz, in der die gesetzgebenden Körperschaften, Ständerat und Nationalrat, dem Bundesrat als dem vollziehenden Organ eine unbegrenzte Vollmacht für alle kriegsbedingten Maßnahmen erteilten. Das englische Unterhaus beschloß am 8. August 1914 den ersten ›Defence of Realm Act‹; er autorisierte den König, durch Kabinettsordres Entscheidungen zu treffen, die sich durch die Umstände als notwendig erweisen sollten. Das schloß die Beschränkung der Pressefreiheit ebenso ein wie die Kontrolle der Regierung über das Wirtschaftsleben – eine Vollmacht, von der aber zuerst nur vorsichtig Gebrauch gemacht wurde. Die Beschlüsse der französischen Chambre des députés vom 4. August gingen sogar noch weiter, indem sie den Belagerungszustand auf unbegrenzte Zeit einführten und damit ebenso wie in Deutschland die Vollmacht für eine Militarisierung des öffentlichen Lebens gaben.

Diese erste Phase der Außerkraftsetzung der gewaltenteiligen und in manchem grundrechtlichen Verfassungselemente durch Ausnahmezustand und Kriegsermächtigungsgesetze für die Zivilregierungen stieß bald auf zwei Gegenkräfte: Die eine war die im Krieg an Prestige und konkreter Machtfülle gesteigerte militärische Gewalt; die andere lag bei den ausgeschalteten oder zurückgedrängten Parlamenten, die sich in dem Augenblick zu Wort meldeten, als mit Sicherheit gesagt werden konnte, daß sich die Dauer des Krieges nicht absehen ließ. Die Parlamente repräsentierten jetzt die kritisch gewordenen Stimmungen der Öffentlichkeit, die sozialen und politischen Spannungen, die sich zunehmend geltend machten. Solche Spannungen waren wiederum ein durchgehendes Phänomen in allen kriegführenden Ländern, nur riefen sie nicht die gleichen Wirkungen hervor; aber überall bildete sich ein neues Verhältnis zwischen den drei Faktoren Regierung, Parlament, militärische Führung aus. In Frankreich kam es am frühesten und entschiedensten zu einer parlamentarischen Gegenbewegung gegen das System der Ermächtigungsregierung: Hier wurde die Kammer schon Ende Dezember 1914 zu einer außerordentlichen Sitzung einberufen; Parlamentsmissionen entsandten Emissäre an die Frontabschnitte. Die Machtstellung des Generals Joffre als Commandant en chef geriet in die Schußlinie vor allem des Verteidigungsausschusses unter Georges Clemenceau. Die Kammer tagte seit Juni 1916 in Geheimsitzungen als Comité secret, um unbeeinflußt von der Öffentlichkeit ihre Kritik äußern zu können. Wenngleich es dadurch gelang, den Aufstieg der Militärs zu einem Staat im Staate zu verhindern, war die Kehrseite davon, daß die Generalität in das Getriebe der Parteipolitik geriet und die Besetzung des Oberkommandos wie im Falle General Nivelles von parlamentarischen Einflüssen abhängig wurde. Die Geltung der Kammer gegenüber der Generalität erreichte jetzt ihren Höhepunkt, ging aber nach dem Scheitern der Offensive Nivelles und nach seiner persönlichen Katastrophe wieder zurück. Als Clemenceau im November 1917 Ministerpräsident wurde, machte sich die politische Exekutive vom Parlament unabhängig und es entstand ein neuer Typus politischer Kriegsleitung mit jakobinisch-plebiszitären Zügen, die auch den Militärs gegenüber den unbedingten Vorrang ziviler Macht beanspruchte. Der Krieg sei, nach einem Wort Clemenceaus, eine zu wichtige Sache, als daß man ihn den Generalen überlassen könne. Clemenceau verhalf wohl General Foch zum Oberkommando über die alliierten Streitkräfte, aber am Ende des Krieges standen sich die beiden Repräsentanten politischer und militärischer Macht in unversöhnlichem Gegensatz gegenüber. Clemenceau duldete nach dem Sieg, für dessen Herbeiführung er sich das Hauptverdienst zuschrieb, keine Einmischung der Militärs in politische Fragen, so vor allem in der Frage der Präsenz Frankreichs in den Rheinlanden.

In England ist es niemals zu einer dem französischen Vorbild vergleichbaren Einmischung des Unterhauses in die Kriegführung gekommen. Aber das Kabinett konnte sich darauf berufen, für das ganze Parlament zu handeln, seitdem im Mai 1915 eine Koalitionsregierung ohne Opposition gebildet worden war und diese seit dem Dezember 1916 in David Lloyd George einen entschlossenen Führer besaß. Lloyd George hatte schon vorher als Munitionsminister die gesamte Kriegsproduktion unter seine Kontrolle gebracht; er handelte jetzt an der Spitze eines auf sechs Mitglieder reduzierten War Cabinet in einer Form, die sich »jedenfalls den Formen der Diktatur« näherte und nicht mehr parlamentarisch im herkömmlichen Sinne genannt werden konnte (G. Ritter). Der Generalität, namentlich dem im Dezember 1915 zum Generalstabschef berufenen General Robertson und nach ihm General Douglas Earl of Haig, stand niemals ein Einfluß zu Gebot, der sich gegen diese Machtfülle ziviler Kriegsleitung mit parlamentarischem Hintergrund hätte durchsetzen können; dazu fehlten in England auch die Voraussetzungen militärischer Tradition, die höchstens bis zu Wellington in der ersten Hälfte des 19. Jahrhunderts reichten. Der Stil der Kriegspolitik Lloyd Georges

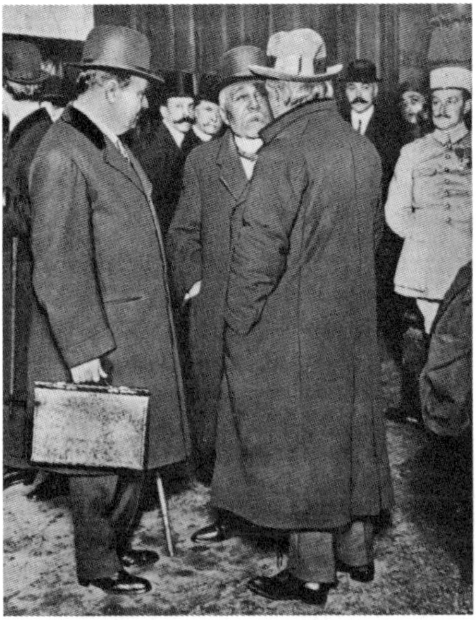

Georges Clemenceau bei der Begrüßung
von David Lloyd George
nach dessen Ankunft in Paris
zu einer Konferenz der Entente, Januar 1918

Im Zeichen des ›vaterländischen Hilfsdienstes‹: Arbeiterinnen beim Reinigen montierter Maschinengewehre in einem deutschen Rüstungsbetrieb

war etwas Neues und unterschied sich von der Kabinetts- und Parlamentspolitik in der ersten Phase des Krieges; er hat aus der Parlamentssouveränität die Souveränität des Kabinetts als eines Exekutivausschusses des Unterhauses hervorgehen lassen.

Von dieser Entwicklung unterschieden sich die Vorgänge in Deutschland in vieler Hinsicht. Man kann hier von einer doppelpoligen Verfassungspolitik im Krieg sprechen: auf der einen Seite von einer diktaturähnlichen Konzentration der Macht bei der Obersten Heeresleitung unter Hindenburg und Ludendorff, spätestens seit dem Sturz des Reichskanzlers Bethmann Hollweg im Juli 1917, und auf der anderen Seite von einer allmählichen Kompetenzerweiterung des Reichstages, die dem Vordringen des Kammereinflusses in Frankreich parallel lief. Die ›extrakonstitutionelle‹ Stellung des Militärs gründete sich auf die sehr weit gefaßte, von politischer und parlamentarischer Kontrolle unabhängige Kommandogewalt des preußischen Königs und Deutschen Kaisers, der schon im Frieden den Oberbefehl über die Armee als ›Oberster Kriegsherr‹ innehatte, allerdings nicht in Bayern. Tatsächlich fiel diese Funktion jedoch bereits seit dem älteren Moltke in den Einheitskriegen an den Chef des Generalstabs, an die seit Herbst 1914 sogenannte Oberste Heeresleitung, die unter Hindenburg und Ludendorff zunehmend auf politische Entscheidungen Einfluß nahm. Dieser machte sich anfangs namentlich bei Fragen geltend, bei denen die strategisch-militärische und die politische Bedeutung untrennbar verknüpft waren wie beim unbeschränkten U-Bootkrieg, griff dann aber auf die territorialen Fragen während der Brester Friedensverhandlungen über. Auf innenpolitische Entscheidungen wie auf den Sturz Bethmann Hollwegs wirkte die OHL mit großem Nachdruck ein, ohne allein daran beteiligt gewesen zu sein. Vielmehr stieß sie auf die wachsende Aktivität des Reichstages, so beim wichtigsten sozialpolitischen Gesetz der Kriegsjahre, dem Gesetz über den vaterländischen Hilfsdienst vom 5. Dezember 1916, das nach seiner parlamentarischen Verabschiedung weit von den Vorstellungen der OHL abwich. Obwohl Ludendorff auf dem Umweg über das Kriegsministerium die Kriegswirtschaftspolitik beeinflussen konnte, vermochte er keine volle Kriegsdiktatur auszuüben; in manchen Punkten waren seine Kompetenzen geringer als die Clemenceaus oder Lloyd Georges.

Daß es in Deutschland nicht gelang, das Spannungsverhältnis zwischen Militärgewalt und Parlament zu überwinden, bedeutete eine erhebliche Schwächung der deutschen Kriegspolitik. Alle großen Entscheidungen bis zu denen über die Besetzung des Reichskanzleramtes wurden durch die Mißhelligkeiten zwischen politischen und militärischen Dienststellen verzögert und erschwert oder sogar unmöglich gemacht. Reichskanzler Bethmann Hollweg glaubte durch eine Taktik des Lavierens, eine ›Politik der Diagonale‹, die Spannungen mildern zu können, was sich aber je länger je mehr als Illusion herausstellte. Das Ungleichgewicht in der deutschen Innenpolitik während des Krieges trug dazu bei, dem Reichstag und seinen Parteien einen Einfluß zu verschaffen, der weit über die Vorkriegszeit hinausging und schon als ein evolutionärer Prozeß der Parlamentarisierung gedeutet werden konnte. Diese Entwicklung setzte bereits im Oktober 1916 ein, als der Haushaltsausschuß des Reichstages, der sich seitdem ›Hauptausschuß‹ nannte, über seine bisherigen Kompetenzen hinaus durch Beschluß der Reichstagsmehrheit ermächtigt wurde, auch während der Vertagung des Reichstagsplenums »zur Beratung von Angelegenheiten der auswärtigen Politik und des Krieges« zusammenzutreten. Damit begann eine von Bethmann Hollweg geförderte ›Neuorientierung‹, die sich auf die Mehrheitsparteien des Reichstages stützte. Zu ihnen gehörten die Fortschrittliche Volkspartei, zeitweise die Nationalliberalen, die Mehrheits-Sozialdemokraten und das Zentrum; aus ihren Reihen bildete sich ein informeller ›Infraktioneller Ausschuß‹, eine rudimentäre Koalitionsbildung, die das Ziel der Parlamentarisierung der Reichsverfassung verfolgte. In der Friedensresolution des Reichstages vom 19. Juli 1917 trat diese neue parlamentarische Gruppierung erstmals sichtbar an die Öffentlichkeit. Bereits bei der Berufung des Reichskanzlers Georg Michaelis

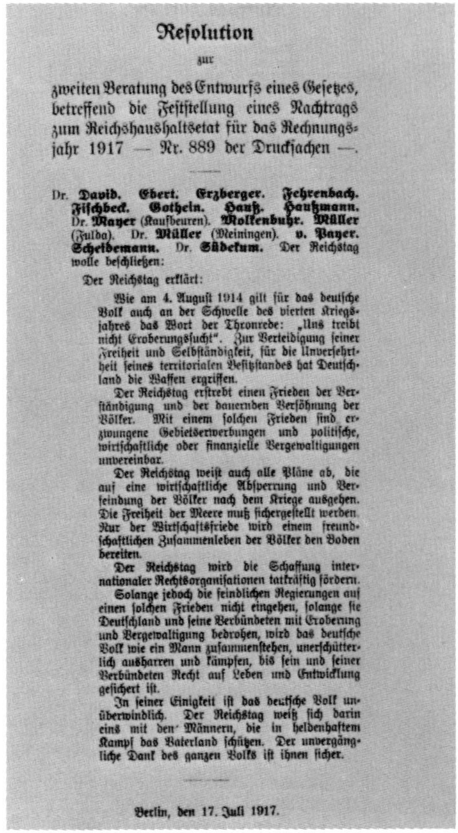

Resolution

zur

zweiten Beratung des Entwurfs eines Gesetzes, betreffend die Feststellung eines Nachtrags zum Reichshaushaltsetat für das Rechnungsjahr 1917 — Nr. 889 der Drucksachen —.

Dr. **David. Ebert. Erzberger. Fehrenbach. Fischbeck. Gothein. Hauß. Haußmann.** Dr. **Mayer** (Kaufbeuren). **Molkenbuhr. Müller** (Fulda). Dr. **Müller** (Meiningen). **v. Payer. Scheidemann.** Dr. **Südekum.** Der Reichstag wolle beschließen:

Der Reichstag erklärt:

Wie am 4. August 1914 gilt für das deutsche Volk auch an der Schwelle des vierten Kriegsjahres das Wort der Thronrede: „Uns treibt nicht Eroberungssucht". Zur Verteidigung seiner Freiheit und Selbständigkeit, für die Unversehrtheit seines territorialen Besitzstandes hat Deutschland die Waffen ergriffen.

Der Reichstag erstrebt einen Frieden der Verständigung und der dauernden Versöhnung der Völker. Mit einem solchen Frieden sind erzwungene Gebietserwerbungen und politische, wirtschaftliche oder finanzielle Vergewaltigungen unvereinbar.

Der Reichstag weist auch alle Pläne ab, die auf eine wirtschaftliche Absperrung und Verfeindung der Völker nach dem Kriege ausgehen. Die Freiheit der Meere muß sichergestellt werden. Nur der Wirtschaftsfriede wird einem freundschaftlichen Zusammenleben der Völker den Boden bereiten.

Der Reichstag wird die Schaffung internationaler Rechtsorganisationen tatkräftig fördern.

Solange jedoch die feindlichen Regierungen auf einen solchen Frieden nicht eingehen, solange sie Deutschland und seine Verbündeten mit Eroberung und Vergewaltigung bedrohen, wird das deutsche Volk wie ein Mann zusammenstehen, unerschütterlich ausharren und kämpfen, bis sein und seiner Verbündeten Recht auf Leben und Entwicklung gesichert ist.

In seiner Einigkeit ist das deutsche Volk unüberwindlich. Der Reichstag weiß sich darin eins mit den Männern, die in heldenhaftem Kampf das Vaterland schützen. Der unvergängliche Dank des ganzen Volks ist ihnen sicher.

Berlin, den 17. Juli 1917.

Text der Friedensresolution vom 17. Juli 1917
für die Abstimmung im Reichstag am 19. Juli 1917
Abdruck in den ›Stenographischen Berichten‹,
Anlagen
Berlin, Geheimes Staatsarchiv
Preußischer Kulturbesitz

am 14. Juli 1917 übernahmen Vertreter der Parteien hohe Reichsämter, ebenso bei dem ihm am 1. November 1917 nachfolgenden Georg von Hertling. Als am 3. Oktober 1918 Prinz Max von Baden in das Reichskanzleramt einzog, entsandten die Mehrheitsparteien Staatssekretäre, so daß die letzte kaiserliche Regierung schon den Charakter einer Koalitionsregierung hatte. Das parlamentarische Regierungssystem war damit de facto eingeführt, bevor es am 28. Oktober verfassungsrechtlich sanktioniert wurde. Über den Zusammenbruch des Kaiserreiches hinweg, der dadurch nicht mehr aufgehalten werden konnte, ergab sich daraus eine Kontinuität der Verfassungspolitik von der Monarchie bis zur Republik.

Die Parlamentarisierung war ein gemeinsames Ziel der bürgerlichen Mittelparteien und der Mehrheits-Sozialdemokratie schon in den Jahrzehnten vor dem Ausbruch des Weltkrieges gewesen. Eine weitere verfassungspolitische Reform betraf nicht das Reich, sondern Preußen, dessen Dreiklassenwahlrecht dem Namen nach und auch in der Sache als krasseste Bekundung einer nach den Besitzverhältnissen abgestuften klassenmäßigen Struktur angesehen wurde. Im Krieg, welcher der Idee der Demokratisierung als einer Gleichheit der Pflichten und Rechte einen ungeheuren Auftrieb gab, wurde es immer mehr als ein Fossil einer unhaltbar gewordenen politischen und sozialen Ordnung empfunden, doch seine Abschaffung scheiterte mehrfach an dem Widerstand der Mehrheit des preußischen Abgeordnetenhauses. In der ›Osterbotschaft‹ vom 7. April 1917 erklärte schließlich der Kaiser, daß »nach den gewaltigen Leistungen des ganzen Volkes in diesem furchtbaren Kriege ... für das Dreiklassenwahlrecht in Preußen kein Raum mehr sei«. Ausdrücklich verhieß er »bei der Rückkehr unserer Krieger« aber nur die unmittelbare und geheime Wahl der Abgeordneten, nicht jedoch die gleiche. Eine Entscheidung über diese für das innenpolitische Leben in Deutschland so wichtige Frage ist bis zum Kriegsende nicht mehr gefallen.

Die nationale Solidarität der Tage des Kriegsausbruchs, in denen die Parteien einen ›Burgfrieden‹ geschlossen hatten, war in den zermürbenden beiden ersten Kriegsjahren allmählich zerbrochen. Die Diskussionen über den Charakter des Krieges, über die Kriegsziele, die enormen Beanspruchungen auch der Heimat durch Sorgen um Nahrung, steigende Preise bei Verknappung aller Konsumgüter und Verschlechterung ihrer Qualität durch ›Ersatzstoffe‹ trugen nicht nur zur Polarisierung der politischen Meinungen und Richtungen bei, sondern verschärften auch die sozialen Spannungen, so wenig eindeutig der Krieg die Klassenunterschiede verstärkte. Am unmittelbarsten war von dieser Zerreißprobe die Sozialdemokratische Partei als politischer Repräsentant der Arbeiterschaft und Anwalt internationaler Verständigung betroffen. Die schon zu Kriegsbeginn nur nach außen demonstrierte Einigkeit ihrer Reichstagsfraktion bei der Bewilligung der Kriegskredite bröckelte immer mehr ab. Eine radikale Gruppe um Karl Liebknecht und Rosa Luxemburg proklamierte das Programm des offenen Klassenkampfes und begründete im Jahr 1916 den Spartakus-Bund, dem nur ein kleiner Kreis sozialistischer Intellektueller angehörte; keiner von ihnen besaß die revolutionäre Energie, den Machtwillen und Machtinstinkt Lenins. Die Sozialdemokratische Partei trennte sich von Karl Liebknecht und schloß ihn im Januar 1916 aus der Fraktion aus. Größeres Gewicht besaß die Gruppe, die sich zunächst nach der Konstituierung als eigene Fraktion ›Sozialdemokratische Arbeitsgemeinschaft‹ nannte und im April 1917 die ›Unabhängige Sozialdemokratische Partei‹ – USPD – begründete, die sich in grundsätzliche Opposition »zum herrschenden Regierungssystem, zur Kriegspolitik der Reichsregierung und zu der vom Parteivorstand im Regierungsfahrwasser geführten Politik der nominellen Partei« stellte. Der Vergleich mit der Spaltung der russischen Sozialdemokratie in die Partei der Menschewiki und Bolschewiki liegt nahe, aber es bestimmte den weiteren Verlauf der deutschen Geschichte, daß hier anders als in Rußland die gemäßigte sozialdemokratische Mehrheit die Führung behielt und den Verfassungskompromiß mit dem liberalen Bürgertum ermöglichte. Dies war kein Verrat an der eigenen Vergangenheit, sondern die historische Konsequenz aus der Wandlung der deutschen Sozialdemokratie zu einer sozialen Reformpartei. Damit ist freilich die totale politische und gesellschaftliche Umwälzung im Sinne einer sozialistischen Räterepublik ausgeblieben, doch es ist zu fragen, was diese unter den Bedingungen der Jahreswende 1918/19 außen- und innenpolitisch bedeutet hätte. Im übrigen zeigte die Spaltung der deutschen Sozialdemokratie nur den tiefen Riß auf, der auch in der internationalen Arbeiterbewegung während des Krieges entstanden war. Auf den Begegnungen von Vertretern sozialistischer Parteien aus mehreren europäischen Ländern in den schweizerischen Orten Zimmerwald und Kienthal während der Jahre 1915 und 1916 traten die gleichen Meinungsverschiedenheiten über die politische Taktik der Sozialisten hervor, denen die Einheit der deutschen Sozialdemokratischen Partei zum Opfer gefallen war.

Mit historischen Erkenntnismitteln ist nicht zu entscheiden, ob in Deutschland die Revolution als Ergebnis des Krieges ohne weiteres abwendbar gewesen wäre. Versäumnisse und Versagen des herrschenden Regimes waren groß, unvermeidliche Reformen kamen zögernd, verspätet und nur unter Zwang der militärischen Niederlage zustande. Die zähen Widerstandskräfte in Armee, Beamtenschaft und Wirtschaft bewirkten, daß die Revolution sich im Grunde auf die Abschaffung der Monarchie beschränkte. Dies war ihre historische Rolle. Die Ausgangslage in Rußland war von vornherein davon grundverschieden. Das zaristische Reich ging in den Krieg mit einer zahlenmäßig gewaltigen, jedoch schlecht ausgerüsteten Armee, einer wenig leistungsfähigen Industrie, schlechten Transportverhältnissen und einer korrupten und untauglichen Verwaltung. Dies alles in einer Monarchie, die schwere Autoritätsverluste erlitten hatte und mit Nikolaus II. von einem Mann repräsentiert wurde, der für die Rolle des Autokraten ›ungeeigneter war als jeder andere Monarch seit den Jahren des schwachsinnigen Zaren Paul‹ (W. H. Chamberlin). Nikolaus II. übernahm im August 1915 persönlich den Oberbefehl über die Armee, was nur ein nomineller Akt blieb, aber dazu führte, daß der Zar von der Hauptstadt ferngehalten wurde. Die informelle Funktion einer Regentin fiel der Zarin zu, die davon einen höchst effektiven, wiewohl verhängnisvollen Gebrauch machte, namentlich als sie unter den Einfluß des abenteuerlichen Mönchs Grigorij Rasputin geraten war. Die Regierung wurde in seinen Händen ein Spielball seiner Sympathien und Antipathien, so daß es zu einer »totalen Agonie der Staatsführung« kam und man von einem »Selbstmord der Autokratie« gesprochen hat (G. Stökl), der durch die Ermordung Rasputins am 30. Dezember 1916 nicht mehr aufgehalten werden konnte. Das autokratische System nahm komödienhafte Züge an, war nichtsdestoweniger eine furchtbare Realität und isolierte Dynastie und Regierung zunehmend vom Volk. Ähnlich wie in Frankreich und Deutschland, aber unter ganz anderen politischen Voraussetzungen, stieß das Parlament, die Duma, vor, ausschließlich mit dem patriotischen Ziel, nationales Unheil abzuwenden. Ihre große Mehrheit, außer der äußersten Rechten und der äußersten Linken, schloß sich im Sommer 1915 im ›Progressiven Block‹ zusammen und forderte eine vom Vertrauen des Volkes und der Duma getragene Regierung. Der Ministerpräsident Iwan Goremykin bewirkte daraufhin bei Zar Nikolaus II. die Vertagung der Duma. Der Weg zu einer Liberalisierung, ja Normalisierung des innenpolitischen Lebens wurde versperrt, und die Revolution schien vielen Beobachtern längst als etwas Unausweichliches. Ein Mitglied der Zarenfamilie schrieb im Februar 1917 an den Zaren: »So seltsam, wie es scheinen mag, die Regierung ist selbst das Organ, das die Revolution vorbereitet.«

Nikolaus II. bei einer Truppenbesichtigung

Was war an revolutionären Elementen zu diesem Zeitpunkt in Rußland vorhanden? Da sind die im Krieg zahlenmäßig sowie im eigenen Selbstbewußtsein gewachsenen Arbeitermassen vornehmlich der Rüstungsindustrie; die in das Millionenheer des Krieges eingerückten Bauern, die auf ihre Heimkehr und auf Land warteten; die vom Großrussentum unterdrückten Nationalitäten, die Autonomie und teilweise Separation vom Zarenreich forderten und von denen nur den Polen unverbindliche Zusagen gemacht worden waren; nicht zuletzt eine Intelligenzschicht, seit langem in Rußland die Trägerin revolutionärer Ideen und revolutionärer Aktivität, den linken Parteien zugewandt, großenteils in Verbannung oder im Exil oder unter schärfster Überwachung eines zwar zerfallenden, dennoch polizeistaatlich funktionierenden Systems lebend. Alle diese Elemente waren an der revolutionären Entwicklung beteiligt, die nach russischer Datierung Ende Februar 1917 in Petrograd einsetzte. Diese erste Welle der Revolution ging nicht von der Duma, sondern von der Straße aus, von demonstrierenden Arbeitern, mit denen die Truppen zum Teil offen sympathisierten. Die Duma-Abgeordneten des Progressiven Blocks schalteten sich mit der Forderung nach einer neuen Regierung ein. Die sozialistischen Abgeordneten und aus den Gefängnissen entlassenen Arbeiter bildeten ein ›Provisorisches Exekutivkomitee des Arbeiterdeputiertenrates‹, aus dem der ›Sowjet der Arbeiter- und Soldatendeputierten‹ hervorging. Gleichzeitig mit der Abdankung des Zaren am 2. (15.) März trat eine aus bürgerlichen Politikern gebildete Provisorische Regierung ihr Amt an, die sich dann zu einer liberal-sozialistischen Koalitionsregierung ohne die Bolschewiki erweiterte. Ihrer Wirksamkeit und Durchsetzung waren enge Grenzen gesetzt, da sich die Sowjets

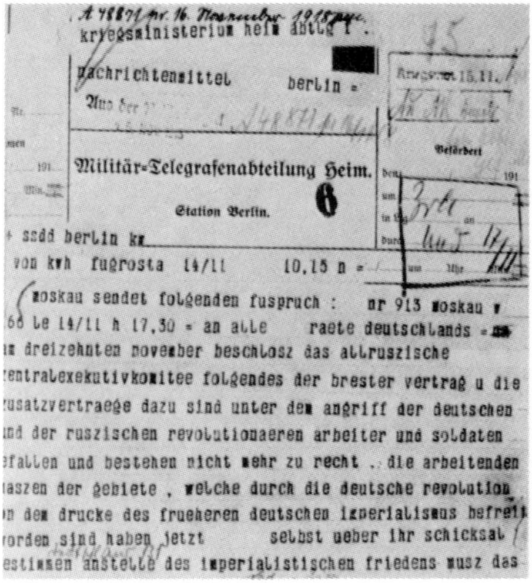

Militär-Telegrafenabteilung Heim.
Station Berlin. 6

kriegsministerium heim abtlg I .
nachrichtenmittel berlin =

+ ssdd berlin km
von kwh fugrosta 14/11 10,15 n =
moskau sendet folgenden funspruch : nr 913 moskau w 68 le 14/11 h 17,30 = an alle raete deutschlands = am dreizehnten november beschlosz das allruszische zentralexekutivkomitee folgendes der brester vertrag u die zusatzvertraege dazu sind unter dem angriff der deutschen und der ruszischen revolutionaeren arbeiter und soldaten gefallen und bestehen nicht mehr zu recht . die arbeitenden maszen der gebiete , welche durch die deutsche revolution von dem drucke des frueheren deutschen imperialismus befreit worden sind haben jetzt selbst ueber ihr schicksal bestimmen anstelle des imperialistischen friedens musz das

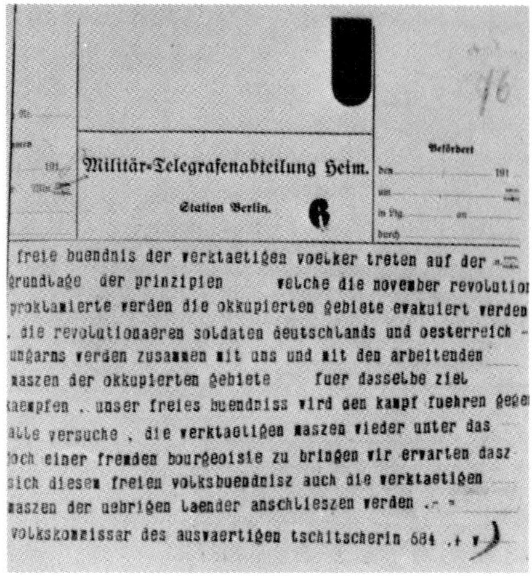

Militär-Telegrafenabteilung Heim.
Station Berlin. 6

freie buendnis der werktaetigen voelker treten auf der grundlage der prinzipien welche die november revolution proklamierte werden die okkupierten gebiete evakuiert werden . die revolutionaeren soldaten deutschlands und oesterreich - ungarns werden zusammen mit uns und mit den arbeitenden maszen der okkupierten gebiete fuer dasselbe ziel kaempfen . unser freies buendniss wird den kampf fuehren gegen alle versuche . die werktaetigen maszen wieder unter das joch einer fremden bourgeoisie zu bringen wir erwarten dasz sich diesem freien volksbuendnisz auch die werktaetigen maszen der uebrigen laender anschlieszen werden . =
volkskommissar des auswaertigen tschitscherin 684 .+

Telegramm der Sowjetregierung an das deutsche Volk vom 14. November 1918
Bonn, Politisches Archiv des Auswärtigen Amtes

der Arbeiter und Soldaten eine für die Regierung bedrohliche Machtposition verschafft hatten, aus der sie nicht verdrängt werden konnten. Ihre Taktik und revolutionäre Strategie wurde bald von dem Haupt der Bolschewiki, Lenin, dirigiert, der am 3. (16.) April in Petrograd eintraf. Von Anfang an hat die erste russische Revolution eine Doppelherrschaft geschaffen, die den Keim zu einer weiteren Auflösung und einer zweiten Revolution enthielt, in der der radikale revolutionäre Machtwille der Bolschewiki und ihres Führers Lenin den Sieg davontrug. Die russische Oktoberrevolution ging aus der Februarrevolution fast mit Zwangsläufigkeit hervor. Wichtig ist im Zusammenhang der Geschichte des Ersten Weltkrieges, daß die größte Umwälzung, die dieser Krieg bewirkt hat, das Werk einer kleinen, zu allem entschlossenen Gruppe gewesen ist, die aus der Kriegsmüdigkeit der Massen, dem Landhunger der aus der Armee zurückströmenden Bauern den Elan entwickelte, ein völlig neues System zu begründen. Die Erhebung der Bolschewiki verstand sich als die Revolution einer revolutionären Elite im Interesse der ungeheuren Mehrzahl und nicht als Erhebung der ungeheuren Mehrzahl im Sinne der Revolutionslehre von Marx. – Die Agonie des zaristischen Rußland war die Folge der tödlichen Verwundungen, die ihm durch die Niederlagen und Mißerfolge im Krieg beigebracht worden waren. Alle alten Krankheitsherde des Regimes sind in diesem Prozeß des Untergangs aufgeflammt, auch die Nationalitätenfrage, welche die Bolschewiki sofort nach ihrer Machtübernahme mit der Erklärung über das nationale Selbstbestimmungsrecht bis zum Recht der Sezession aufgegriffen haben. Tatsächlich waren aber die zur Sezession bereiten Randvölker des russischen Reiches im Westen, zum Teil auch im Süden, gar nicht Herr ihrer Entschlüsse, sondern in der Gewalt der Mittelmächte, die für sie zu sprechen vorgaben oder sie, wie zum Beispiel die Ukrainer, ermunterten. So übertrug sich die Revolution von 1917, anders als die von 1905, nicht unmittelbar auf die Nationalitätenfrage. Es war Deutschland, das trotz seiner annexionistischen

Absichten den Weg für die Selbständigkeit der Nationalitäten Ostmitteleuropas frei machte, als es die Abtrennung der Westgebiete von Rußland durchsetzte. Was als Abtrennung erschien, war in Wahrheit auch Zerfall.

Man trifft auf eine ganz andere Situation, wenn man sich Österreich-Ungarn zuwendet, der Doppelmonarchie, die durch den Ausgleich von 1867 eine eigentümliche dualistische Struktur zweier ganz verschiedener Reichshälften mit je einer dominierenden Nation, der deutschen und der magyarischen, erhalten hatte. Gegen diese Ordnung ist in dem halben Jahrhundert bis zum Ende des Habsburger-Reiches von innen und außen immer wieder Sturm gelaufen worden. Im Denken westeuropäischer Historiker und Publizisten galt die Monarchie als Versteinerung eines längst überfälligen politischen Systems, als »Gefängnis der Völker«, die große Anomalie in der Ära der Nationalstaaten. Die der Monarchie benachbarten Länder Italien, Rumänien und Serbien richteten ihre Blicke auf ihre Konnationalen in den beiden Teilen der Donau-Monarchie und schürten irredentistische Bewegungen. Das Interesse wandte sich vor allem den Tschechen zu, die außer den Ungarn die einzige Nationalität waren, die ganz in der Monarchie aufging. Sollten sie im Zeichen des »böhmischen Staatsrechts« als dritter Reichsteil der ›Länder der Wenzelskrone‹ im Rahmen des Reiches verbleiben oder einen eigenen Staat bilden? Lange überwogen die Anhänger einer austroslawischen Lösung, für die einer der Väter der tschechischen Bewegung, František Palacký, eingetreten war; selbst Tomás Masaryk, der geistige Begründer des modernen tschechischen Nationalismus, hatte sich in seinen Anfängen noch nicht ganz von diesem Gedanken gelöst. Die tschechische Frage befand sich in den Jahren vor dem Krieg in einem Schwebezustand; das politisch und sozial entwickeltste nichtdeutsche Volk der westlichen Reichshälfte fand sich nicht einfach mehr mit seiner bisherigen Stellung ab. Seit 1908 trat dazu die südslawische Frage. Österreich hatte durch die Annexion Bosniens und der Herzegowina seinen Anteil an südslawischer Bevölkerung erheblich gesteigert und sah sich jetzt einer radikalen, von Serbien ausgehenden nationalistischen Bewegung gegenüber. Reformkonzepte für den Umbau der Monarchie gab es genug, zuletzt im Kreis des Thronfolgers Franz Ferdinand, aber tatsächlich geschehen ist nichts.

Das Habsburger-Reich wurde nicht mehr durch seine komplizierte Verfassung zusammengehalten, sondern durch einen an der Person Kaiser Franz Josephs orientierten monarchischen Traditionalismus, dessen Träger die oft noch übernational, ›schwarzgelb‹ fühlende Aristokratie, die gesamtstaatlich denkende Bürokratie und das überwiegend deutsche Offizierkorps der Armee gewesen sind. Diese Kräfte bewirkten es auch, daß das Reich in den ernsten militärischen Krisen der ersten Kriegsjahre eine überraschende Widerstandskraft bewies. Freilich wurde wenig unternommen, um den herrschenden Immobilismus, der die Entscheidungen vor sich hin schob, zu überwinden. Vielmehr fiel die innere Politik in einen autoritären Kriegsabsolutismus zurück, in dem zwar mehr Kraft steckte als in Rußland, aber nicht genug, um die Möglichkeit eines Überlebens zu einer realen Chance zu machen. Die Beziehungen der beiden Reichshälften verschlechterten sich zusehends. So hielt Ungarn seine Getreidelieferungen für das hungernde Österreich zurück. Das Jahr 1916 brachte hier einige Veränderungen: Die Ermordung des österreichischen Ministerpräsidenten Karl Graf Stürgkh am 21. Oktober 1916 wirkte wie ein Sturmzeichen. Wenige Wochen später, am 21. November 1916, verstarb Kaiser Franz Joseph, mit dessen Tod die Symbolgestalt und Integrationsfigur der österreichischen Monarchie wegfiel. Sein Nachfolger, Karl I., hatte wenig Bewegungsspielraum für einen Kurswechsel mitten im Krieg, versuchte aber der Entfremdung der nichtdeutschen Nationalitäten zu begegnen, indem er im Mai 1917 den österreichischen Reichsrat einberief und eine politische Amnestie verkündete, die vor allem den nationaltschechischen Führern zugute kam. Dieser Schritt, der wie in den anderen kriegführenden Ländern das Parlament wieder ins Spiel brachte, diente indessen nicht der Entspannung, sondern trieb gerade die zentrifugalen Kräfte voran. Die Tschechen verlangten die Bildung eines Bundes freier und unabhängiger Nationalstaaten, was auf die Auflösung der Monarchie hinauslief. Die Südslawen beschränkten ihre Forderungen einstweilen auf die Errichtung eines südslawischen Staates im Rahmen der Monarchie.

Hier werden schlagartig die großen Wandlungen deutlich, die sich seit Kriegsbeginn vollzogen hatten. Inzwischen hatte die tschechische Nationalbewegung nicht nur ein klares Programm, sondern eine politische Strategie entwickelt, die sowohl die internationalen Voraussetzungen für eine Zusammenarbeit mit den Westmächten als auch die nationalen einer Widerstandsorganisation im Lande in Gestalt der ›Maffia‹ schuf. Mit der Kooperation beider und durch die Verständigung mit den slowakischen Vertretern in der Emigration wurden die Fundamente für die tschechoslowakische Staatsgründung gelegt. Die Bildung einer tschechischen Legion aus Kriegsgefangenen der österreichischen Armee in Rußland, die Masaryk auf den Kriegsschauplatz in Frankreich überführen wollte, stellte eine weitere demonstrative Bekundung des Willens dar, als selbständige politische Kraft am Krieg gegen die Zentralmächte teilzunehmen. Daß die Legionäre dann nach Ausbruch

Die Kaiser-Begegnung an der italienischen Front:
Wilhelm II. und Karl I. bei einer Lagebesprechung, 1917

der Oktoberrevolution in Sibirien im Kampf gegen die Bolschewiki eingesetzt wurden, hat ihren fast legendären Ruf begründet. Tomás Masaryk war nicht bloß die treibende Kraft dieser Aktionen, er war auch der führende Kopf des neuen tschechischen Nationalismus. Er entwickelte seine Lehre von der Freiheit und Humanität als Telos der nationalen tschechischen Geschichte und stimmte sie geschickt mit den Menschheitsideen Wilsons im Kampf gegen Willkürherrschaft und Despotismus ab. Zusammen mit Eduard Beneš, der nach Masaryk in den Westen emigrierte, bereitete er den Boden für enge Kontakte mit den Regierungen in Paris, London und Washington. Wenn es erst im September 1918 gelang, die alliierten Regierungen zur Anerkennung des zwei Jahre zuvor gebildeten Tschechischen Nationalrates als kriegführende und verbündete Regierung zu bewegen, so hing dies mit den lange genährten Hoffnungen der Entente-Mächte und der USA zusammen, einen Sonderfrieden mit Wien herbeizuführen. Dieser Weg war grundsätzlich verlassen, als die amerikanische Regierung am 28. Juni den zehnten der Vierzehn Punkte revidierte und die Befreiung der slawischen Völker von der deutschen und österreichischen Herrschaft als ihr Ziel verkündete.

Die Anerkennung des Tschechischen Nationalrates durch die alliierten Regierungen war der erste und entscheidende Akt einer Sprengung der Donau-Monarchie von außen her. Der Auflösung von innen her konnte jetzt kein Halt mehr geboten werden: Die Polen, Ruthenen und Rumänen,

FELDBLATT

Nummer 1448 Lukas Ev. Freitag, 18. Oktober 1918

Wien, 17. X., K. B. — Eine Extraausgabe der „Wiener Zeitung" veröffentlicht nachstehendes Allerhöchstes Manifest:

An Meine getreuen österreichischen Völker!

Seitdem Ich den Thron bestiegen habe, ist es Mein unentwegtes Bestreben, allen Meinen Völkern den ersehnten Frieden zu erringen sowie den Völkern Oesterreichs die Bahnen zu weisen, auf denen sie die Kraft ihres Volkstums unbehindert durch Hemmnisse und Reibungen zur segensreichen Entfaltung bringen und für ihre geistige und wirtschaftliche Wohlfahrt erfolgreich verwerten können.

Das furchtbare Ringen des Weltkrieges hat das Friedenswerk bisher gehemmt. Heldenmut und Treue — opferwilliges Ertragen von Not und Entbehrungen — haben in dieser schweren Zeit das Vaterland ruhmvoll verteidigt. Die harten Opfer des Krieges mußten Uns den ehrenvollen Frieden sichern, an dessen Schwelle Wir heute mit Gottes Hilfe stehen.

Nunmehr muß ohne Säumnis der Neuaufbau des Vaterlandes auf seinen natürlichen und daher zuverlässigsten Grundlagen in Angriff genommen werden. Die Wünsche der österreichischen Völker sind hiebei sorgfältig mit einander in Einklang zu bringen und der Erfüllung zuzuführen. Ich bin entschlossen, dieses Werk unter treuer Mitwirkung Meiner Völker im Geiste jener Grundsätze durchzuführen, die sich die verbündeten Monarchen in ihrem Friedensanbote zu eigen gemacht haben. Oesterreich soll dem Willen seiner Völker gemäß zu einem Bundesstaate werden, in dem jeder Volksstamm auf seinem Siedelungsgebiete sein eigenes staatliches Gemeinwesen bildet. Der Vereinigung der polnischen Gebiete Oesterreichs mit dem unabhängigen polnischen Staate wird hiedurch in keiner Weise vorgegriffen. Die Stadt Triest samt ihrem Gebiete erhält den Wünschen ihrer Bevölkerung entsprechend eine Sonderstellung.

Diese Neugestaltung, durch die die Integrität der Länder der ungarischen heiligen Krone in keiner Weise berührt wird, soll jedem nationalen Einzelstaate seine Selbständigkeit gewährleisten. Sie wird aber auch gemeinsame Interessen wirksam schützen und überall dort zur Geltung bringen, wo die Gemeinsamkeit ein Lebensbedürfnis der einzelnen Staatswesen ist. Insbesondere wird die Vereinigung aller Kräfte geboten sein, um die großen Aufgaben, die sich aus den Rückwirkungen des Krieges ergeben, nach Recht und Billigkeit erfolgreich zu lösen.

Bis diese Umgestaltung auf gesetzlichem Wege vollendet ist, bleiben die bestehenden Einrichtungen zur Wahrung der gemeinsamen Interessen unverändert aufrecht. Meine Regierung ist beauftragt, zum Neuaufbau Oesterreichs ohne Verzug alle Arbeiten vorzubereiten. An die Völker, auf deren Selbstbestimmung das neue Reich sich gründen wird, ergeht Mein Ruf, an dem großen Werke durch Nationalräte mitzuwirken, die — gebildet aus den Reichsratsabgeordneten jeder Nation — die Interessen der Völker zu einander sowie im Verkehr mit Meiner Regierung zur Geltung bringen sollen.

So möge Unser Vaterland, gefestigt durch die Eintracht der Nationen, die es umschließt, als Bund freier Völker aus den Stürmen des Krieges hervorgehen. Der Segen des Allmächtigen sei über Unserer Arbeit, damit das große Friedenswerk, das Wir errichten, das Glück aller Meiner Völker bedeute.

WIEN, 16. Oktober 1918.

KARL m. p.

HUSSAREK m. p.

Gleichzeitig wendet sich Seine Majestät folgendermaßen an Armee und Flotte:

ARMEE- UND FLOTTENBEFEHL.

Den Wünschen aller Völker Oesterreichs entsprechend, erfolgt ihr Zusammenschluß in nationale Staaten, vereint in einen Bundesstaat. Werden hiedurch einerseits Hemmungen beseitigt, die im Zusammenleben der Völker bestanden haben, so soll andrerseits geeintem Schaffen zum Wohle des eigenen Volkes und des Vaterlandes künftighin ungehemmt freie Bahn offen sein.

Manifest Kaiser Karls I. vom Oktober 1918 über die Herstellung einer föderativen Ordnung gegen den nationalen Zerfallsprozeß des Habsburger Reiches
Abdruck des Textes im ›Feldblatt‹ vom 18. Oktober 1918
Wien, Allgemeines Verwaltungsarchiv

schließlich die Südslawen vollzogen im Oktober die Trennung vom Habsburger-Reich, Ungarn machte sich selbständig. Zuletzt beriefen sich die Deutschen auf das Selbstbestimmungsrecht und begründeten die Republik Deutsch-Österreich, die aus den deutschen Alpen- und Donau-Ländern sowie aus den deutschen Gebieten Böhmens und Mährens bestehen und Teil der Deutschen Republik werden sollte. Der letzte Versuch Kaiser Karls, durch ein kaiserliches Manifest vom 17. Oktober 1918 den nationalen Zerfallsprozeß von oben her aufzufangen, um damit in irgendeiner Form eine föderative Ordnung zu retten, blieb wirkungslos. Unter universalhistorischem Aspekt ist diese ›Auflösung‹ Österreich-Ungarns ein Vorgang, der kein Vorbild in der neueren Geschichte hat. Sie bedeutete das Ende des traditionsreichsten Staates in Mitteleuropa, dessen Existenz wohl auf geographische und ökonomische Wurzeln zurückgeführt werden konnte, der aber in seiner Ausdehnung, seiner inneren Struktur, seiner eigenartigen Verfassung ausschließlich ein historisches Gebilde gewesen ist. Als einzige der drei großen Kaisermächte, deren Zusammenwirken fast durch das ganze 19. Jahrhundert angedauert hatte, ging Österreich-Ungarn völlig unter und löste sich in ›Nachfolgestaaten‹ auf. Damit war sichtbar das Ende des alten Europa gesetzt, dessen Geschöpf die Donau-Monarchie sowohl mit allen ihren Leistungen als auch ihren enormen Schwächen gewesen ist.

Die Umstellung einer Weltwirtschaft, die durch stabile Währungen, wachsenden Güteraustausch, mit einiger Behinderung durch protektionistische Zölle, fast vollständige Freizügigkeit des Personenverkehrs gekennzeichnet wurde, auf Produktion und Handel unter den Bedingungen des Krieges war in allen kriegführenden Staaten theoretisch wenig durchdacht und praktisch kaum vorbereitet. Sie vollzog sich überall zwar mit einigen Unterschieden im Tempo und in der Intensität, doch in Grundsätzen und Methoden gleichartig. Dabei wichen die Voraussetzungen, die in den natürlichen Gegebenheiten bestanden, und solche, die der Krieg geschaffen hatte, erheblich voneinander ab. Die Zentralmächte wurden durch die Blockade von der Zufuhr von Rohstoffen und Lebensmitteln über See abgeschnitten. Da Deutschland nur für Brotgetreide zu neunzig Prozent Selbstversorger war und insbesondere Milchprodukte einführen mußte, war die Ernährungssituation vom ersten Kriegswinter an gespannt und wurde es in dem Maße mehr, in dem die landwirtschaftliche Produktion rückläufig war; sie betrug bei Weizen im Jahr 1917 nur mehr die Hälfte der Menge von 1913, bei Roggen achtundfünfzig Prozent, bei Kartoffeln fünfundsechzig Prozent der Vorkriegserzeugung. Im ersten Kriegsjahr konnte noch durch verstärkte Einfuhren aus den skandinavischen Ländern ein Ausgleich geschaffen werden, später noch einmal zwischen dem Herbst 1915 bis zum Sommer 1916 durch Getreide-Importe aus Rumänien. Der zunehmende Druck der Alliierten auf die neutralen Länder ließ diese Importe schon 1916 auf die Hälfte zurückgehen. Seither erhob sich das Gespenst drohender Hungersnot über dem Reich. In Österreich stand es, namentlich in Wien, fast noch schlimmer, da die Getreidezufuhren aus dem besser gestellten Ungarn behindert wurden.

Die deutsche Rohstoffbasis, von der die Kriegsproduktion auszugehen hatte, war in einiger Hinsicht vor allem für Kohle und Eisen gut, blieb jedoch für unentbehrliche Metalle wie Aluminium und Nickel, ebenso für Textilien völlig unzureichend. Hier konnte auf längere Sicht keine Besserung geschaffen werden, zunächst höchstens eine Milderung, indem die vorhandenen und in verschiedenster Form verarbeiteten Metalle erfaßt wurden, was fast bilderstürmerische Aktionen auslöste. Einige Zulieferungen kamen dann aus den besetzten Gebieten, so aus dem Erzbecken von Longwy. Einen wichtigen Beitrag leistete die Entwicklung neuer wissenschaftlicher Verfahren, wie die synthetische Herstellung von Salpetersäure durch die Gewinnung von Stickstoff aus der Luft, die von Fritz Haber und Carl Bosch kurz vor dem

Chloralkali-Elektrolyse in der BASF
Aus einem Gemälde von Otto Bollhagen, 1913
Ludwigshafen, BASF Aktiengesellschaft

Krieg ermöglicht worden war, oder die seit 1909 vorbereitete Erzeugung von synthetischem Kautschuk. In beiden Fällen trug der Krieg Entscheidendes zur beschleunigten Anwendung der neuen technischen Verfahren bei. Das gleiche kann von der Fülle der Versuche gesagt werden, ›Ersatzstoffe‹ für die Fertigung von Gegenständen des täglichen Gebrauchs zu schaffen, obwohl es sich beispielsweise bei Textilien noch um sehr unbefriedigende Lösungen handelte, die in keiner Weise der Qualität der später entwickelten Chemiefasern entsprachen. Die deutsche Situation erforderte also äußerste Einschränkung des zivilen Bedarfs und Aufbietung aller Rohstoffreserven für die Kriegsproduktion in entsprechenden organisatorischen Formen, für die es noch kein Vorbild gab.

Die Ausgangssituation war für die westlichen Alliierten vergleichsweise sehr viel besser, unter der Voraussetzung allerdings, daß sie über die Meere als Transportwege frei verfügen konnten, was nur vorübergehend durch den deutschen U-Bootkrieg in Frage gestellt schien. Die Ernährungslage in Frankreich wurde beeinträchtigt durch den Ausfall der von den deutschen Armeen besetzten Gebiete, der die Lebensmittelversorgung um zwanzig Prozent reduzierte. Obwohl die landwirtschaftliche Erzeugung zwischen 1913 und 1917 um dreißig bis fünfzig Prozent fiel, wurde die Rationierung von Lebensmitteln bis 1917/18 vermieden. Eine regelrechte Hungergefahr wie in Deutschland bestand nicht. Die Einführung der benötigten zusätzlichen Lebensmittel auf dem Seeweg brachte freilich schwierige finanzielle Probleme mit sich. Die Industrieproduktion Frankreichs erlitt dagegen schwere Einbußen, da die wichtigsten Industriegebiete von den Deutschen besetzt waren. Dadurch sank die Kohleförderung fast um die Hälfte von 40 844 000 Tonnen im Jahr 1913 auf 26 259 000 Tonnen im Jahr 1918, die Stahlproduktion noch tiefer: von 4 687 000 Tonnen im Jahr 1913 auf 1 800 000 Tonnen im Jahr 1918. Daraus erwuchsen, namentlich in der Anfangsphase des Krieges, beträchtliche Schwierigkeiten, die durch Steigerung der Importe und den Aufbau von neuen Industriezentren niemals völlig behoben werden konnten.

Großbritannien konnte in seiner relativ gesicherten Lage auch nach Kriegsausbruch über alle seine Ressourcen verfügen, war aber in noch höherem Grade als Frankreich in Ernährung und Kriegsproduktion auf die Freiheit der Zufahrtswege über See angewiesen. Um die Schiffahrt für den Transport von Kriegsmaterial zu entlasten, wurde die Erzeugung von Grundnahrungsmitteln im eigenen Lande erheblich gesteigert. England war der wichtigste europäische Versorger der Verbündeten mit Kohle. »Kohle bedeutet Leben für uns«, erklärte Lloyd George im Jahr 1915, als die Kohleförderung beängstigend zurückging. Für England waren die Probleme der Kriegswirtschaft nicht in erster Linie Mangelprobleme, sondern Transport- und Verteilungsprobleme. Dennoch wäre die britische Kriegsindustrie bei dem enormen Verbrauch an Kriegsmaterial ohne die amerikanischen Zulieferungen nicht ausgekommen. – Rußland als die größte Kontinentalmacht auf alliierter Seite hatte unter Verteilungs- und Transportschwierigkeiten ganz anderer Art zu leiden. Rohstoffe fehlten ihm nicht, aber das Verkehrssystem war den Anforderungen des Krieges in keiner Weise gewachsen: Von zwanzigtausend Lokomotiven im Jahr 1914 waren 1917 nur noch neuntausend verwendungsfähig. In Folge davon brach die Versorgung der Armee, die Belieferung der Kriegsindustrie mit Rohstoffen und die der Städte mit Lebensmitteln, an denen es in dem riesigen Agrarland nicht fehlte, zusammen. Dabei muß man den relativ geringen Entwicklungsstand der russischen Industrie berücksichtigen; er konnte trotz des Ausbaus in den Kriegsjahren mit den großen europäischen Industrieländern nicht Schritt halten.

Die Umstellung der Wirtschaft auf die Bedürfnisse des Krieges erfolgte in den einzelnen Ländern nur schrittweise. Überall wurden die anfänglichen liberalen Wirtschaftsformen abgebaut und nach und nach durch ein System der völlig vom Staat kontrollierten Kriegsplanwirtschaft ersetzt. In England wurde das liberale Wirtschaftskonzept unter dem Schlagwort ›Business as usual‹ zuerst am entschiedensten verteidigt. In Deutschland schaltete sich schon sehr früh der militärische Apparat des Staates in die Kriegswirtschaft ein. Bereits am 14. August 1914 wurde die Kriegsrohstoffabteilung im preußischen Kriegsministerium errichtet, für die der Industrielle Walther Rathenau als Leiter gewonnen wurde. Sie stützte sich bei ihrer erfolgreichen Arbeit auf die Stellvertretenden Generalkommandos, an die im Krieg die vollziehende Gewalt übergegangen war; sie arbeitete mit Kriegsausschüssen und Kriegsgesellschaften zusammen, die als selbständige Verwaltungsorgane der einzelnen Industriezweige unter staatlicher Aufsicht und Lenkung gemischtwirtschaftliche Betriebe darstellten, und schufen Jahreswirtschaftspläne ganz im Stil moderner Planwirtschaftsmodelle. »In keinem anderen Bereich ist in Deutschland während des Krieges die Planwirtschaft zu einem so umfassenden System entwickelt worden« (Peter Kielmansegg). Von hier gingen Impulse auf die anderen kriegführenden Länder aus. Als nach der Übernahme der dritten OHL durch Hindenburg und Ludendorff im August 1916 das sogenannte Hindenburg-Programm verkündet wurde, das die Verdoppelung der Munitionsfertigung und die Verdreifachung der Produktion von Geschützen und Maschinengewehren forderte, wurde im November 1916 als oberste Instanz für die gesamte Rüstungswirtschaft in allen ihren Produktionsstadien das ›Kriegsamt‹ errichtet, in das auch die Rohstoffabteilung übernommen wurde. An seine Spitze trat General Wilhelm Groener.

Sehr viel weniger effektiv arbeitete in Deutschland die Zwangswirtschaft auf dem Gebiet der Lebensmittelversorgung, die im Jahr 1915 mit der Einrichtung einer Reichsgetreidestelle begann und im Mai 1916 zur Errichtung eines Kriegsernährungsamtes führte. Vom Ausgang des Winters 1915/16 an waren alle Grundernährungsmittel rationiert. Dadurch konnte aber weder die ständige Schrumpfung der Lebensmittelzuteilungen noch das Verschieben von Lebensmitteln auf dem Schwarzen Markt verhindert werden, der mindestens eine geduldete Einrichtung blieb. Das Entstehen immer neuer Behörden förderte die Bildung einer aufgeblähten Bürokratie, deren umständliche Verfahrensweisen den Unwillen der Bevölkerung vermehrten. An die Stelle einer ›Kriegsdemokratie‹ mit gleichen Opfern trat ein System, in dem Wucher und Privilegierungen verschiedenster Art erschienen. Nirgends wurden die Schattenseiten eines ›Kriegskommunismus‹ in Deutschland so deutlich wie auf dem Gebiet der Ernährung, an dem jeder ein vitales Interesse hatte.

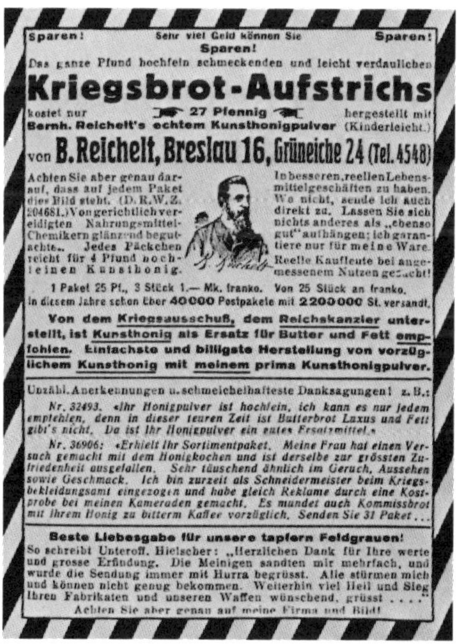

Annonce in der ›Berliner Illustrirten Zeitung‹
vom 23. Januar 1916

Das kriegswirtschaftliche Planungssystem erstreckte sich nicht bloß auf Rohstoffversorgung und Ernährung, sondern ging auch dazu über, die Arbeitskräfte für die Kriegswirtschaft zu erfassen und ihre Verteilung zu steuern. Diesem Zweck diente das Gesetz über den vaterländischen Hilfsdienst vom 5. Dezember 1916, der »intensivste Eingriffsversuch der staatlichen Gewalt in den wirtschaftlichen und sozialen Bereich während des Krieges« (Kocka). Nach den anfänglichen Intentionen der OHL sollte dieses Gesetz, das alle nicht im Kriegsdienst stehenden Männer vom siebzehnten bis zum sechzigsten Lebensjahr verpflichtete, eine völlige Militarisierung der Arbeitsverhältnisse herbeiführen, das heißt die Zuweisung von Arbeitsplätzen nach den Regeln militärischer Verpflichtung vornehmen. Dazu ist es nicht gekommen, da der Reichstag und in ihm die Sozialdemokratische Fraktion Bestimmungen über die Mitwirkung von Arbeitgebern und Arbeitern durchsetzte. In den größeren Betrieben mit mehr als fünfzig Beschäftigten mußten Arbeiterausschüsse eingerichtet werden, die das »gute Einvernehmen innerhalb der Arbeiterschaft des Betriebs und zwischen der Arbeiterschaft und dem Arbeitgeber zu fördern« hatten und Wünsche und Beschwerden vorbringen konnten. Bei Streitigkeiten sollte eine paritätisch zusammengesetzte Schlichtungsstelle entscheiden. Diese Regelungen brachten eine beachtliche Stärkung des gewerkschaftlichen Einflusses mit sich und zeigten, daß die Doppelpoligkeit der verfassungspolitischen Entwicklung zwischen militärischer Kriegsdiktatur und fortschreitender Parlamentarisierung sich nicht nur auf die staatlichen Spitzenorgane beschränkte.

Die allmähliche Entstehung einer Kriegsplanwirtschaft läßt sich mit geringen Abweichungen auch in den anderen am Krieg beteiligten Staaten verfolgen. Nur Rußland fiel hier aus dem Rahmen: Dort entstanden bei fast völliger Passivität der staatlichen Organe improvisierte Kriegsindustriekomitees aus Industriellen, Zemstvos und Städten, die im Jahr 1916 die Versorgungskrise der Armee notdürftig beilegten. Der Rhythmus der Entwicklung in Frankreich und England verlief ähnlich wie in Deutschland. Entscheidungen fielen überall erst seit 1915. Ein französisches Dekret vom 15. Juli 1915 proklamierte die vollständige industrielle Mobilisierung. Auf Grund eines Gesetzes vom 17. August 1917 über die Arbeitskontrolle konnten Facharbeiter aus den Schützengräben in die Fabriken zurückgeholt werden. Noch wirksamer war die Tätigkeit, die Lloyd George seit Mai 1915 in Großbritannien in dem neuen vom Kriegsministerium abgetrennten Munitionsministerium entfaltete, das er zur Zentrale der britischen Rüstungsproduktion ausbaute. Es konnte Rohstoffe verteilen, Waffen standardisieren, die Menge der Produktion festlegen, über Preise und damit über Gewinne entscheiden. Der ›Munition of War Act‹ von 1915 verschaffte der Regierung, die in der ersten Zeit des Krieges vor staatlichen Eingriffen in die Wirtschaft zurückgeschreckt war, die Möglichkeit, in gemäßigter Form Arbeitsverpflichtungen vorzunehmen. Ähnlich wie im deutschen Gesetz über den vaterländischen Hilfsdienst waren darin verbindliche Schiedsgerichte bei drohenden Streiks vorgesehen. So wie zuerst die deutsche Rohstoffbewirtschaftung auf die westlichen Mächte gewirkt hatte, war es jetzt die englischen Kriegswirtschaftspraxis, die die Pläne des ›Hindenburg-Programms‹ von 1916 beeinflußte.

Die Planungswirtschaft im Krieg, die der Erfüllung von ›Aufträgen für unproduktiven Konsum‹ dienen sollte, hat eine Fülle neuartiger Probleme in allen Nationen hervorgerufen. Die gemischtwirtschaftliche Organisation der Kriegs- und Rüstungswirtschaft sowie die der Ernährung dienenden Einrichtungen förderten die Tendenz, nicht Beamte alten Stils, sondern Angestellte zu verwenden, die statt den Behörden der Hoheitsverwaltung den nur auf Zeit und für bestimmte Zwecke errichteten Dienststellen zugeordnet wurden. Die damit verbundene Bürokratisierung, meist durch ein fachlich nicht ausgebildetes Personal verursacht, stieß in fast allen Ländern auf heftige Kritik,

Deutsche Luftwaffenrüstung im letzten Kriegsjahr
Einbau der Motoren in die Flugzeugrümpfe

nicht nur bei prinzipiellen oder interessengebundenen Anhängern der freien Wirtschaft, sondern vor allem bei den breiten Konsumentenschichten. Nach dem Urteil eines englischen Historikers sei es in England und Frankreich geradezu zur Expansion von Abteilungen, Büros und Komitees gekommen. Manche hätten einfach für mehr ›Jobs‹ und mehr ›Papierkrieg‹ gesorgt und tatsächlich wenig zu nationaler Leistungsfähigkeit beigetragen (A. Marwick). Doch der Kritik am Kriegssozialismus stand die Anschauung gegenüber, daß aus den kriegsbedingten Wirtschaftsformen die neuen Formen einer sozialen oder gar sozialistischen Wirtschaft der Zukunft hervorgehen müßten. In Frankreich und Großbritannien setzte eine lebhafte Diskussion über die Verstaatlichung der Industrien ein. Der Trade Union Congress von 1916 faßte den fast einstimmigen Beschluß, die lebenswichtigen Industriezweige zu nationalisieren. In Deutschland haben Männer wie Walther Rathenau und Wichard von Moellendorff in den Organisationen der Kriegswirtschaft die Grundlage für eine zukünftige ›Gemeinwirtschaft‹ gesehen. Im Frühjahr 1917 veröffentlichte Walther Rathenau seine Schrift ›Von kommenden Dingen‹, in der er, Wirtschaftsführer und Industrieller, radikale Änderungen der Wirtschaftsordnung wie den Ausgleich des Besitzes und Einkommens durch fiskalisches Wegsteuern der Gewinne, die Beschränkung des Erbrechts, den Kampf gegen private und persönliche Monopole forderte.

Die Kriegswirtschaft war nicht allein ein Organisations- und Verteilungsproblem, sondern sie verursachte Kosten, die jede bisher bekannte Dimension öffentlicher Finanzpolitik überschritten. Es mußten Geldmittel aufgebracht werden, die das Acht- bis Zehnfache der normalen jährlichen Staatseinnahmen betrugen. Die Berechnungen der

Kriegskosten für die einzelnen kriegführenden Staaten und die im Krieg sich bekämpfende Staatengesellschaft insgesamt weichen weit voneinander ab, zumal sie eine Reihe begrifflicher Unsicherheitsfaktoren enthalten. Geht man von den Staatskosten aus, die die Normalkosten des Staatsbetriebes überschritten, so lassen sich für die fünf Staaten, Deutschland, Großbritannien, Frankreich, Italien und USA, Gesamtkosten von nominell 772,7 Milliarden Mark, 376,1 Milliarden im Geldwert von 1913 oder auf den Goldstandard bezogen 612,6 Milliarden Goldmark errechnen. Auf Deutschland entfallen dabei 198,6 Milliarden, beziehungsweise nach gleicher Umrechnung 98,8 oder 156,6 Milliarden. Diese Mittel mußten aus dem Volksvermögen einer nicht mehr normal funktionierenden Volkswirtschaft abgeschöpft oder im Vorgriff auf die Zukunft durch Schulden aufgebracht werden, überall in der Hoffnung, bei einem Sieg die Gesamtschuld auf den Besiegten abzuwälzen – eine Parole, die Lloyd George bei den ersten Wahlen nach dem Krieg offen verkündete. Das konnte durch zusätzliche Steuern, durch Anleihen oder einfach durch Geldschöpfung mittels der Notenpresse geschehen. Alle Staaten bedienten sich in unterschiedlicher Verteilung dieser Mittel: England finanzierte zwanzig Prozent seiner Kriegsausgaben durch Steuern, die USA dreiundzwanzig Prozent, Deutschland lediglich sechs Prozent. Großbritannien besteuerte Kriegsgewinne weitaus am rigorosesten, während dies in Deutschland seit 1916 nur sehr zögernd geschah und bei Einzelpersonen nicht Gewinne, sondern Vermögen erfaßte. Für Anleihen, die alle Staaten aufnahmen, stand den Weststaaten neben dem inneren Markt der auswärtige Kapitalmarkt in den USA zur Verfügung. Deutschland war hauptsächlich auf innere Anleihen angewiesen. Seit Dezember 1914 wurden hier neun Kriegsanleihen aufgelegt, in denen das deutsche Volk etwa fünfundneunzig Milliarden Mark gezeichnet hat. Die Verschuldung der europäischen Mächte wuchs ins Vielfache der Vorkriegszeit. Politische Ereignisse wie die Russische Revolution ließen später diese Schuldenberge mit einem

›Dankmünze‹ des Staates, 1916. Berlin, Privatsammlung

Federstrich annullieren. Ähnlich entledigten sich die Staaten mit starker Inflationsquote wie Deutschland, aber in gewissem Umfang auch Frankreich und Italien, durch Geldentwertung ihrer inneren Schulden.

Die inflationären Tendenzen während des Krieges, die überall um sich griffen und zunächst nur als Preissteigerungen erschienen, hatten wesentliche gesellschaftspolitische Wirkungen. Von der Verminderung des Geldwertes, die allgemein seit 1916 spürbar war, wurden vor allem die Bezieher fester Einkommen betroffen, da die Gehälter der Beamten und des neuen Heers der öffentlichen Angestellten in den vielen Kriegsdienststellen nur in sehr geringem Maße angehoben wurden. In Deutschland sank das Realeinkommen der höheren Beamten zwischen 1914 und 1918 von 97,2 Prozent auf 46,8 Prozent des Einkommens von 1913, das der mittleren Beamten von 97,2 Prozent auf 55 Prozent und das der unteren von 97,2 Prozent auf 69,6 Prozent. Vergleichbare Zahlen aus anderen Ländern liegen nicht vor, doch man kann annehmen, daß die Entwicklungen ähnlich waren. In Frankreich lagen sie wohl etwas über den deutschen Werten. Die soziale Schwächung des Mittelstandes, auch des sogenannten ›neuen Mittelstandes‹ mit der im Krieg stärker gewordenen Gruppe der Angestellten, schuf Voraussetzungen für eine politische Entwicklung, bei der traditionell staatsloyale Schichten in Distanz, ja in Opposition zum Staat gerieten, was besonders in Deutschland unheilvolle Folgen hatte.

Vergleicht man die Einkommenserhöhungen bei den Beamten mit den Lohnentwicklungen bei den Arbeitern in den deutschen Kriegsindustrien, so ergibt sich eine weit größere Steigerung der Nominallöhne bis 1918 auf eine Indexzahl von 298 gegenüber 100 im Jahr 1914. In den Friedensindustrien stiegen die Löhne in diesem Zeitraum nur auf einen Index von 180,8. In derselben Zeit wuchsen die Lebenshaltungskosten von einem Index 100 im Jahr 1913 auf 313 im Jahr 1918. Es wurde errechnet, daß sich der reale Jahresverdienst eines deutschen männlichen Arbeiters während der Kriegsjahre trotz nomineller Lohnsteigerungen in den kriegswichtigen Industrien um fast dreiundzwanzig Prozent, in den Friedensindustrien um vierundvierzig Prozent verminderte. Die zweite Zahl bewegt sich in der Höhe der Einbußen der Gruppe der mittleren Beamten. Der deutsche Arbeiter wurde von einem Lohnrückgang stärker betroffen als der englische, dessen Löhne sich zwischen 1914 und 1918 fast verdoppelten und damit hinter dem Anstieg des Index für die Lebenshaltungskosten nur knapp zurückblieben. Die Entwicklung in Italien ist vergleichbar mit der in Deutschland, während für Frankreich keine zuverlässigen Zahlen vorliegen. Die Verschlechterung der Lebensbedingungen der Arbeiter im Krieg, namentlich durch die überall zu verfolgende Verlängerung der Arbeitszeit, hat zu einer erheblichen Zunahme der Mitgliederzahlen in den Gewerkschaften geführt und gleichzeitig zu einem Ansteigen der Streiks, die in den meisten am Krieg beteiligten Ländern seit 1916/17 zu einem ernsten Problem der inneren Kriegführung wurden.

Die sozialen Wandlungen während eines historischen Elementarereignisses, wie es der Weltkrieg war, lassen sich keineswegs allein auf Preise und Löhne zurückführen; sie stehen in einem Wirkungszusammenhang umfassenderer Art, bei dem die verschiedensten Faktoren ins Gewicht fallen: das Auseinanderreißen der Familien; die Veränderungen der Lebensbedingungen im Zeichen des Mangels, des Hungers, der Sorge, der Zusammenbruch aller Vorstellungen von materieller Sicherheit und Vorsorge; der Rückgang des kulturellen Lebens und die Einschränkungen der Schulausbildung wegen des Ausfallens von Lehrkräften. Man muß dabei zwischen unmittelbaren und zum Teil vorübergehenden Wirkungen und langfristigen Folgen unterscheiden. Unter diesen ist der ungeheure Aderlaß der europäischen Völker wohl an erster Stelle zu nennen. Die etwa zwanzig Millionen Kriegstote – ungerechnet die an Hunger Verstorbenen und ohne Berücksichtigung des Geburtenausfalls – sind in der überwältigenden Mehrzahl Europäer gewesen. Die Todeszahlen für die einzelnen Länder gewinnen an Aussagekraft, wenn man sie in Beziehung setzt zu der Zahl der Mobilisierten. Die höchste absolute Gefallenenziffer erreichte Deutschland mit über 1,8 Millionen, ihm folgte Rußland mit 1,7 Millionen und Frankreich mit 1,4 Millionen, Österreich-Ungarn mit 1,2 Millionen und Großbritannien mit fast 950 000. Die relative Höhe der Kriegsverluste war in Deutschland, Österreich-Ungarn, Rußland und Frankreich mit fünfzehn bis siebzehn Prozent der Mobilisierten fast die gleiche. Weit darüber hinaus ging der Anteil mit zwanzig Prozent bei Belgien und Rumänien. Großbritannien und Italien verloren zehn Prozent der zum Kriegsdienst einberufenen Soldaten. Eine Sozialgeschichte des Todes gibt es nicht, aber es wäre von großer historischer Bedeutung zu wissen, welche Schichten die stärksten Verluste erlitten haben. Da im allgemeinen die ländliche Bevölkerung in höherem Grade zum Kriegsdienst herangezogen wurde als die städtisch-industrielle Bevölkerung, dürfte sie im Durchschnitt größere Blutopfer gebracht haben, wie wir es von Frankreich wissen, wo über fünfzig Prozent der Gefallenen den auf dem Lande lebenden Volksteilen angehörten. Das System der allgemeinen Wehrpflicht schließt die Bildung eines Reserveoffizierskorps ein, in dem Angehörige des Bildungsbürgertums überwiegen, die in einzelnen Ländern wie in Deutschland bei der Ableistung des Wehrdienstes begünstigt waren. Nicht zu übersehen ist der nationale Idealismus und das idealistische Kriegsbild, das gerade die Jugend dieser Gruppen erfüllte. So ist es vor allem im Anfang des Krieges zu einer starken Dezimierung der Offiziere und der Kriegsfreiwilligen gekommen, die großenteils aus den Kreisen der Akademikerschaft kamen. Überdurchschnittliche Verluste des Offizierkorps sind vor allem in Rußland, Österreich-Ungarn und Deutschland nachgewiesen; sie schwächten die potentiellen Führungsschichten gerade der Staaten, deren Regime am Ende des Krieges zusammenbrachen. Es ist anzunehmen, daß auch der Adel als der Träger militärischer Traditionen über dem Durchschnitt liegende Verluste erlitten hat.

Noch ist es nicht möglich, die unterschiedlichen Reaktionsweisen der einzelnen Nationen auf die Belastungen des Krieges zu vergleichen. Immerhin lassen sich einige Impressionen festhalten. Die zähe Widerstandskraft der Engländer an der Front und in der Heimat kann auf die Einflüsse sportlicher Erziehung und die Anpassungsfähigkeit an die schwierigen Lebensbedingungen in allen Zonen der Erde zurückgeführt werden, ebenso auf Einwirkungen puritanischer Ethik, die sich freiwillig Einschränkungen des Lebensgenusses unterwirft. In Deutschland stehen sich Opferwille bis zur Todesbereitschaft auf der einen und krasser Egoismus auf der anderen Seite ohne ein Gleichgewicht gegenüber; die beiden Positionen der nationalstaatlichen Entwicklung seit 1871 – nationalstaatlicher Idealismus des Bildungsbürgertums und Wirtschaftsinteresse des Besitzbürgertums – erscheinen hier bis ins Extrem gesteigert. In Rußland trat bei den Massenangriffen der Riesenheere die dumpfe Ergebenheit eines Bauernvolkes in Erscheinung, die sich erst nach den Katastrophen der drei ersten Kriegsjahre in das Gegenteil, den Zusammenbruch jeder nationalen Solidarität, verkehrte.

Der Krieg hat die seelische Entwurzelung und die materielle Unsicherheit der breiten Massen, vornehmlich der bisher in festen sozialen und ethischen Bindungen lebenden mittelständischen Schichten enorm gefördert. Dieser Vorgang ist an der inneren Front, hinter den kämpfenden Truppen, zu verspüren, wo auf die Dauer das Heer der Kriegsversehrten und Kriegshinterbliebenen eine neue soziale Frage schuf, aber am stärksten natürlich in den Materialschlachten, in dem dauernden Ausnahmezustand eines zermürbenden Schützengrabenkrieges. Die Rückkehr der unter ständiger Todesgefahr stehenden Männer aus den Schlachten eines sinn- und erfolglosen Vernichtungssystems in das normale zivile Leben verschärfte das Pro-

Ein idealistisches Kriegsbild:
Ehrenmal für die Gefallenen des Ersten Weltkrieges
von Sepp Mages in Kaiserslautern

blem des funktionslos gewordenen Soldaten, wie es nach allen großen Kriegen zu verfolgen ist, in hohem Grade. Naturgemäß trat dies bei den Besiegten deutlicher in Erscheinung als bei den Siegern, die die Masse der Heimkehrer leichter aufzufangen vermochten als die vor den wirtschaftlichen Folgen der Niederlage und vor der dauernden Reduzierung ihrer Streitkräfte stehenden besiegten Nationen. Der zurückkehrende Soldat, der aus allen zivilen Lebensbereichen wie Familie, Beruf, Gemeinde herausgelöst war, fand eine Heimat vor, in der er seine Wertvorstellungen und Lebensideale preisgegeben glaubte. Er sah sich nicht nur in seiner persönlichen Lebensumwelt isoliert, sondern auch in seiner nationalen, die er noch an den Vorkriegsbedingungen maß, ohne den radikalen Wandel zu erkennen, der durch den Krieg und seinen Ausgang bewirkt worden war. Die Gewöhnung an militärische Gemeinschaftsformen und die in ihnen herrschende Befehls- und Gehorsamsordnung zusammen mit dieser Isolierung prägten einen Menschentypus, der das Potential für politische Bewegungen schuf, deren Vorform die Freikorps, die Fasci di combattimento und Squadre gewesen sind, die dann im Faschismus und Nationalsozialismus geschichtswirksam geworden sind.

Der Krieg hinterließ überall seine geistigen Spuren. Seine furchtbare Realität ließ alle überlieferten Kriegsbilder hinter sich. Das Vernunftwidrige, Menschenunwürdige der Massenschlächterei ohne individuellen Heroismus forderte den radikalen Pazifismus heraus, der sich an vielen Stellen mit sozialistischen Parteien und Gruppen verband. Freilich fand er im neuen Staat der Bolschewiki, der mitten in schwersten militärischen Abwehrkämpfen stand, keine wirksame Unterstützung. Die pazifistische Kriegsliteratur schildert die furchtbare Realität des Krieges mit der Absicht anzuklagen und aufzudecken und gibt der Sehnsucht nach Frieden einen oft erschütternden Ausdruck. Eines der verbreitetsten Kriegsbücher, ›Le feu‹ von Henri Barbusse, vollendet im Dezember 1915 und in viele Sprachen übersetzt, schließt mit dem hoff-

Das Vernunftwidrige des Krieges in pazifistisch-sozialistischer Sicht
Zeichnung von George Grosz, 1919
Stuttgart, Staatsgalerie, Graphische Sammlung

nungsvollen Satz: »Wenn dieser Krieg den Fortschritt um eine Stufe weiter gebracht hat, so wird sein Unglück und wird seine Schlächterei wenig zu bedeuten haben.« Daneben gab es Idealisierungen des Krieges. So beim jungen Ernst Jünger, der eine Apotheose des technischen Rausches, der ›Stahlgewitter‹, vornahm, in denen die Technik der Vernichtung als Phänomen einer ihrer Fesseln ledig gewordenen Natur erscheint. Oder bei Gabriele d'Annunzio, dessen ›Heilige Hymnen des gerechten Krieges – Gli inni sacri della guerra giusta‹ – den Krieg als Kampf feierten und noch ganz im nationalistischen Geist den Tod durch den Sieg überwinden ließen. Die Ahnenschaft Nietzsches und Georges Sorels ist in solchen Deutungen zu erkennen. Aber es gab auch eine Interpretation des Krieges als der geschichtlichen Kraft, die die Revolution vorantrieb oder sogar selbst eine Form der Revolution darstellte. Die kleinen Völker Europas erhofften schon lange von einem großen Krieg ihre nationale Freiheit. Benito Mussolini, der abtrünnige Sozialist, feierte den Krieg in den Tagen des italienischen Kriegseintritts, des ›Intervento‹ von 1915, als die Macht, welche die soziale Revolution auslösen werde, ja mit dieser identisch sei. Während der Friedensverhandlungen von Brest-Litowsk vertrat eine starke Gruppe der Bolschewiki das Ziel, den Krieg als einen revolutionären Krieg weiterzuführen, aus dem die Weltrevolution hervorgehen sollte. Eine Parole, deren Haltlosigkeit von Lenin durchschaut wurde, obwohl sie einst ein Stück seines eigenen ideologischen Programms gewesen ist. – Im Licht der Erfahrungen, die die Europäer seither gemacht haben, scheinen manche dieser Deutungen sich bewahrheitet zu haben. Der Weltkrieg war ein gewaltiger Beweger, aber sein Antlitz bleibt schrecklich, und die Opfer, die er kostete, können durch nichts gerechtfertigt werden. Aber ihn aus der Geschichte ausklammern, ihn wegdenken können wir nicht. Mit ihm hat auch für Europa das 20. Jahrhundert erst richtig begonnen.

Der Weg zum Waffenstillstand

Als der amerikanische Präsident Woodrow Wilson in seiner Kongreßrede vom 8. Januar 1918 mit seinen Vierzehn Punkten das Programm für einen Frieden ohne Sieger und Besiegte bekanntgab, war der Vertrag von Brest-Litowsk noch nicht geschlossen und die letzte große Offensive der deutschen Armeen in Frankreich hatte noch nicht begonnen. Wilson sah es als seine eigene missionarische Aufgabe an, in der Rolle eines Schiedsrichters der Welt eine neue Ordnung zu stiften, aber er verfolgte auch das taktische Ziel innerhalb seiner »kriegspsychologischen Strategie«, mit seinen Friedensideen die Kräfte im feindlichen Lager zu erreichen, die der Fortsetzung eines Annexions- und Eroberungskrieges widerstrebten. Damit konnten die Parteien der deutschen Reichstagsmehrheit gemeint sein, die in ihrer Friedensresolution sich für einen Frieden der Verständigung und gegen eine auf Gewalt gegründete Friedensordnung ausgesprochen hatten. Die Vierzehn Punkte waren das erste Friedensprogramm, das sich für eine Neuordnung der Welt unter normativen Gesichtspunkten – ohne die harten Forderungen nach nationaler Sicherheit und Macht – ausgesprochen hat. Darin lag sowohl die Faszination für die breiten Massen der unter dem Krieg leidenden Europäer, die Wilsons Vierzehn Punkte als Heilsbotschaft aufnahmen, als auch die Gefahr der Vieldeutigkeit und verschwommenen Allgemeinheit. Sie waren keine Improvisation, keine bloße Addierung unzusammenhängender Einzelheiten; sie wollten der Vorbereitung eines »wissenschaftlichen Friedens« dienen, dessen Umrisse eine dazu berufene Kommission von Gelehrten und Journalisten, die Inquiry, entworfen hatte. Am Beginn des Wilson-Programms standen die großen Grundsätze einer neuen Weltpolitik: Offenheit der Diplomatie und Verzicht auf Geheimverträge; vollkommene Freiheit der Schiffahrt und Beseitigung aller wirtschaftlichen Schranken; Herstellung gleicher Handelsbeziehungen unter allen Nationen; Herabsetzung der Rüstungen auf das niedrigste, mit der inneren Sicherheit zu vereinbarende Maß; unparteiische Schlichtung der kolonialen Ansprüche – noch nicht die volle Aufhebung des Kolonialismus; Bildung einer allgemeinen Gesellschaft von Nationen zum Zwecke wechselseitiger Garantieleistung für politische Unabhängigkeit und territoriale Unverletzlichkeit. Dazu kam in einer ständigen Steigerung fundamentaler Prinzipien und Grundsatzerklärungen bis zum Sommer 1918 die Selbstbestimmung von Bevölkerungen und Nationen über ihre politische Existenzform, die Vernichtung jeder willkürlichen Macht, die den Weltfrieden stören kann. In diesem großen weltpolitischen Konzept offenbart sich die humanitär-liberale Tradition der amerikanischen Geschichte.

Doch die Vierzehn Punkte erschöpfen sich nicht in der Verheißung einer neuen Politik. Sie enthalten daneben präzisere und in ihrer Bedeutung abgestufte konkrete Forderungen für die Schaffung eines gesicherten Friedens. Dazu gehören: die Wiederherstellung der Unabhängigkeit Belgiens, die einen unbedingten Vorrang besaß; die Befreiung Elsaß-Lothringens; die Berichtigung der Grenzen Italiens nach der klar erkennbaren Linie der Nationalität; die Zusicherung an die Völker Österreich-Ungarns für »die Gewährung der freiesten Gelegenheit zu autonomer Entwicklung«; die Er-

Friedensbotschaft

des

Präsidenten Wilson

am 8. Januar 1918 an den amerikanischen Kongreß gerichtet.

Vollständiger Text.

Anmerkung: Die Stellen, welche in der deutschen Presse nicht wiedergegeben wurden, sind unterstrichen.

Das Programm der Zentralmächte

In wessen Namen sprechen die Vertreter der Zentralmächte?

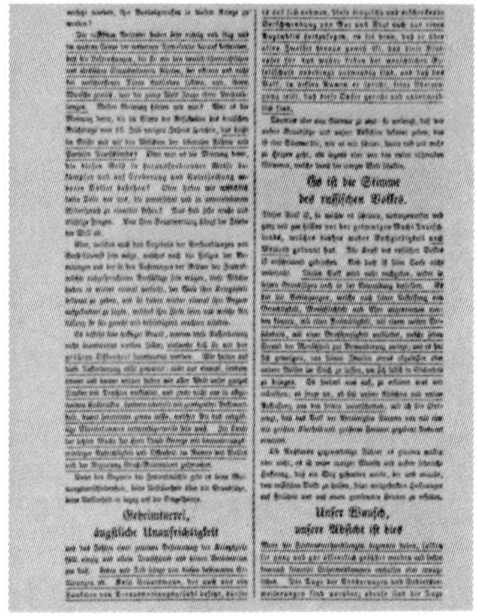

Geheimtuerei, ängstliche Unaufrichtigkeit

Es ist die Stimme des russischen Volkes.

Unser Wunsch, unsere Absicht ist dies

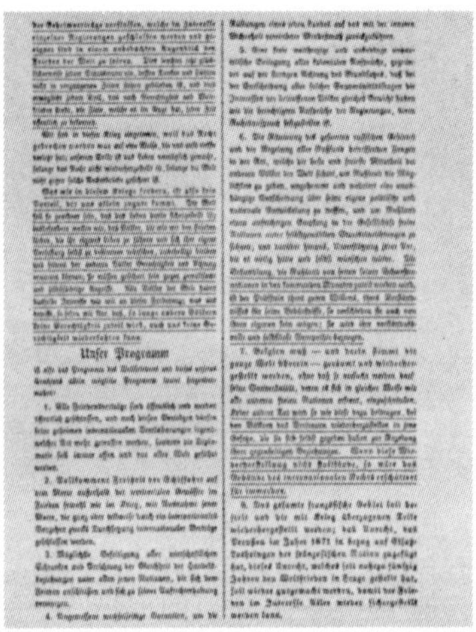

Unser Programm

einen gerechten und dauernden Frieden

Ein Grundsatz

Woodrow Wilsons ›Vierzehn Punkte‹

Amerikanisches Flugblatt, 1918. Koblenz, Bundesarchiv

richtung eines unabhängigen polnischen Staates, der die von unbestritten polnischer Bevölkerung bewohnten Gebiete einschließen und dem ein freier und sicherer Zugang zum Meer zugestanden werden sollte. Verschafften die allgemeinen Grundsätze auch für die Gegner der Alliierten Rechte und Vorteile, so bedeuteten die Einzelpunkte Einschränkungen und Verluste für die Zentralmächte, die weit über das hinausgingen, was sie bis zum Januar 1918 zu geben bereit gewesen waren. Das deutsche und das amerikanische Mindestprogramm für einen zukünftigen Frieden erschienen daher noch bis zum September 1918 als unvereinbar, obwohl Friedrich Naumann bereits im Frühjahr 1918 von dem Wilson-Programm als einem »ersten Versuch zum Frieden vor der Entscheidung zwischen Leben und Tod« gesprochen hat.

Wenn die Vierzehn Punkte im Herbst 1918 von den führenden Männern und Gremien der deutschen Reichsführung, selbst von Ludendorff, angenommen wurden, so lag das ausschließlich an der Tatsache, daß sie bei der sich abzeichnenden militärischen Niederlage die einzige Chance für einen nicht auf der völligen Kapitulation beruhenden Frieden zu bilden schienen. Eine Alternative dazu, etwa die Möglichkeit, über verständigungsbereite Mittelsmänner in England Verhandlungen einzuleiten, wurde nirgends gesehen. Für die bürgerliche Mitte und die Sozialdemokraten, deren Einfluß auf die Regierung gewachsen war, bildete das Wilson-Programm auch positiv ein Dokument liberaler internationaler Politik, die mit den eigenen Vorstellungen konform ging. Die offizielle Entscheidung für die Wilson-Punkte als Basis eines Friedens, wie sie in der deutschen Note vom 12. Oktober 1918 ausgesprochen wurde, war ein Akt der Not, getroffen mehr unter dem Druck der militärischen Lage, aber nicht ohne Hoffnung auf einen glimpflichen Frieden. So kam es zu der paradoxen Situation, daß die deutsche Regierung das Vierzehn-Punkte-Programm uneingeschränkter und früher als die Alliierten annahm.

Das deutsche Waffenstillstandsgesuch in der Note vom 12. Oktober eröffnete den dramatischen Schlußakt der Weltkriegspolitik und setzte einen Notenwechsel in Gang, der die wahren Absichten und die Motive der Beteiligten im Hintergrund ihrer Entscheidungen nur wie Chiffren erscheinen ließ. Die Deutschen handelten unter dem Zwang, die Verhandlungen fortsetzen zu müssen, da die Entwicklung an der Front und die beginnende Umwälzung im Innern die Lage von Tag zu Tag verschlechterten und ein letztes Aufgebot für einen Endkampf nur noch ein Akt der Verzweiflung gewesen wäre. Wilson entschied sich, umgeben von Vertrauensleuten wie seinem einflußreichen persönlichen Berater Oberst House, dem Secretary of State, Robert Lansing, und dem Deutschland-Experten des State Department, William Bullitt, mit manchmal voneinander abweichenden Meinungen, inmitten einer erregten und vom Krieg fanatisierten öffentlichen Meinung, angesichts ungewisser Reaktionen der Verbündeten, aber auch der Kriegsgegner. Die von Lansing unterzeichnete erste Antwort der Amerikaner war hinhaltend; sie wollte den Deutschen einen ›Hoffnungsschimmer‹ lassen, doch die Hauptthemen klangen bereits an: der Rückzug der deutschen Truppen; die Frage nach der demokratischen Legitimation der neuen Regierung unter Reichskanzler Prinz Max von Baden. Daß Wilson überhaupt antwortete, erweckte ebenso viele euphorische Hoffnungen in Deutschland wie erstaunte Reaktionen bei den Alliierten.

Die zweite amerikanische Note vom 14. Oktober, die in Berlin ›wie eine Bombe‹ einschlug, verschärfte den Ton erheblich. Sie forderte »völlig befriedigende Sicherheiten und Bürgschaften für die Fortdauer der gegenwärtigen militärischen Überlegenheit der Armeen der Vereinigten Staaten und der Alliierten an der Front« und erinnerte an das Wort des Präsidenten von der »Vernichtung jeder willkürlichen Macht«. »Und die Macht, welche bis jetzt das Schicksal der deutschen Nation bestimmt hat, ist eine von denjenigen, welche der Präsident in dieser Rede im Auge hat.« War damit mehr als ein Fortschreiten auf dem Weg parlamentarischer Umgestaltung der deutschen Verfassung, vielleicht die Abdankung des Kaisers, gemeint? So wenig diese Annahme gesichert ist, so unzweifelhaft hat der verstärkte außenpolitische Druck auf die innere Entwicklung in Deutschland, auf die Diskreditierung des herrschenden Regimes gewirkt. Die innen- und außenpolitischen Konsequenzen der militärischen Niederlage zeichneten sich ab. Die deutsche Antwort vom 20. Oktober ließ davon noch nichts verspüren; sie berief sich darauf, daß das Friedens- und Waffenstillstandsangebot von einer Regierung ausgehe, die »frei von jedem willkürlichen und unverantwortlichen Einfluß getragen wird von der Zustimmung der überwältigenden Mehrheit des deutschen Volkes«. Aber nun wurde in der deutschen Öffentlichkeit die Frage gestellt, ob mit den Repräsentanten des bestehenden Regimes ein Friede überhaupt erreicht werden könne. Diese Frage stellte sich erneut und dringender, als die dritte amerikanische Note vom 23. Oktober mit aller Schroffheit aussprach, »daß die Völker der Welt kein Vertrauen zu den Worten derjenigen hegen und hegen könnten, die bis jetzt die deutsche Politik beherrschten«; die »militärischen Beherrscher und monarchischen Autokraten Deutschlands« wurden beim Namen genannt. Als die vierte deutsche Note am 27. Oktober abging, in der bereits von einer »Volksregierung« gesprochen wurde, stand der Beginn der großen Meuterei auf der deutschen Flotte kurz bevor.

Inzwischen kam es auf der Seite der Alliierten zu erregenden Spannungen. Schon nach der zweiten amerikanischen Note forderten die Alliierten die Entsendung von Oberst House nach Paris. Am 29. Oktober begannen die Beratungen zwischen House, Clemenceau, Lloyd George und Sonnino in Paris über die Vierzehn Punkte als Grundlage eines Waffenstillstandes und Friedens. Die Staatsmänner der Entente waren fürs erste nicht gewillt, dem Wilson-Programm, an dessen Entstehung sie nicht teilhatten, zuzustimmen. Sie widerstrebten der Intervention eines Staatsmannes, »qui reste étranger à l'état d'esprit des Européens« – der der Mentalität der Europäer fremd bleibt (P. Renouvin). House bedeutete ihnen, daß sie sich mit der Zustimmung zu einem Waffenstillstand ipso facto die amerikanischen Friedensgrundlagen zu eigen machten, was erbitterten Widerspruch herausforderte: Die Erklärungen Wilsons bänden die Alliierten nicht, da sie dazu nicht konsultiert worden seien. Sonnino erhob Einspruch gegen den Punkt neun, der die Berichtigung der italienischen Grenzen an das Nationalitätsprinzip band, und verwies auf die Zusage der Brenner-Grenze im Londoner Vertrag von 1915. Lloyd George hatte sich vom britischen Kabinett bevollmächtigen lassen, gegen den Punkt sieben über die Freiheit der Meere Einwände zu erheben. Clemenceau kritisierte den Punkt über die Abschaffung der Geheimdiplomatie, die Formulierungen über Elsaß-Lothringen, die nichts über eine Ausdehnung der französischen Ansprüche auf die ›Grenzen von 1814‹ und damit auf die Saar und nichts über das linke Rhein-Ufer überhaupt aussagten. In einer stürmischen Sitzung bestand House auf der Annahme des Vierzehn-Punkte-Programms und scheute nicht vor der Drohung zurück, sonst mit den Zentralmächten allein weiterverhandeln zu wollen. Clemenceau stellte darauf die präzise Frage: »Wollen Sie damit sagen, daß die Vereinigten Staaten einen Sonderfrieden schließen werden?« »Das könnte sein, wenn Wilson glaubt, Ihre Änderungen nicht annehmen zu können.« Alle Beteiligten waren sich wohl darüber im klaren, daß dies schon mit Rücksicht auf die öffentliche Meinung in Amerika außerhalb des Denkbaren lag, aber auf die Kluft, die die europäischen Alliierten von den amerikanischen Friedensvorstellungen trennte, wirft diese Episode ein Licht: Die Weltmacht jenseits des Atlantik wollte über den europäischen Frieden gebieten und die europäischen Mächte verweigerten sich diesem Anspruch. House konnte nicht verhindern, daß zwei Vorbehalte in das alliierte Memorandum an den Präsidenten der USA vom 4.

November aufgenommen wurden: Großbritannien behielt sich das Recht vor, das Prinzip der Freiheit der Meere im Licht der neuen Bedingungen zu interpretieren, die sich im Laufe des gegenwärtigen Krieges gezeigt hatten. Und Frankreich erklärte, daß unter Wiederherstellung der besetzten Gebiete Belgiens und Frankreichs auch die Verpflichtung verstanden werden müsse, alle Schäden der Zivilbevölkerung zu erstatten, die durch den Angriff Deutschlands entstanden waren. Damit war der Anfang des die ganze Nachkriegsgeschichte belastenden Reparationsproblems und seiner Begründung durch die deutsche Kriegsschuld gesetzt.

In einer letzten amerikanischen Note vom 5. November gab Staatssekretär Lansing der kaiserlichen Regierung die Annahme der Vierzehn Punkte durch die Alliierten mit den beiden Vorbehalten bekannt und verwies auf Marschall Foch als den ermächtigten Unterhändler für die nun beginnenden Waffenstillstandsverhandlungen. – Es waren die Tage, in denen sich die politische Szene in der deutschen Hauptstadt und im deutschen Hauptquartier in immer rascherem Tempo veränderte. Die schroffen Forderungen der amerikanischen Note vom 23. Oktober hatten noch einmal bei der Obersten Heeresleitung Tendenzen Auftrieb gegeben, in einem letzten aussichtslosen Aufbäumen den Krieg fortzusetzen, dessen sofortige Beendigung Ludendorff in den vorhergehenden Wochen verlangt hatte. Ludendorff war dadurch untragbar geworden und schied aus seinem Amt als Generalquartiermeister und als tatsächliches Haupt der militärischen und politischen Kriegführung des Reiches aus.

Sein Abschied war mehr als ein persönlicher Zusammenbruch; er war das Ende eines Systems. In letzter Stunde sollte das Kaiserreich auf evolutionärem Weg in neue Formen überführt werden: Der Parlamentarismus löste den Konstitutionalismus ab. Am 28. Oktober wurde durch ein verfassungsänderndes Gesetz der Reichskanzler in seinem Amt vom Vertrauen des Bundesrates und des Reichstages abhängig gemacht und damit das parlamentarische Regierungssystem begründet. Doch die inneren Veränderungen folgten nicht mehr eigenen Gesetzen, sie waren nur noch Reaktionen auf den äußeren Zusammenbruch. Am 3. November schloß Österreich-Ungarn allein und unabhängig vom Reich den Waffenstillstand von Villa Giusti, der den alliierten Truppen die Verbindungen nach Süddeutschland freigab. Am 5. November traf die letzte Lansing-Note ein und öffnete die Tür zu Verhandlungen. Die Ereignisse an der Front, im Innern des Reiches, im Hauptquartier in Spa und am Begegnungsort der deutschen Waffenstillstandskommission unter Matthias Erzberger mit dem Alliierten Oberkommando verknüpften sich zu einem Komplex, in dem jedes Ereignis auf das andere bezogen war. Die deutschen Armeen befanden sich weiterhin in einem geordneten Rückzug, hatten aber jede militärische Initiative verloren. Sie waren nicht in Auflösung, jedoch strategisch geschlagen. Im Reich griff die revolutionäre Welle um sich, die am 29. Oktober mit dem Meutern der Matrosen in Wilhelmshaven begonnen hatte. Zusammenbruch und Revolution, militärische Revolten und proletarische Erhebungen, die in revolutionären Organen wie den Arbeiter- und Soldatenräten die Grundlage einer zukünftigen Staats- und Gesellschaftsordnung schaffen wollten, gingen ineinander über. Von den alten Gewalten stürzte am 7. November zuerst das Königtum in Bayern. War die Monarchie im Reich noch zu retten, wenn der Kaiser für seine Person abdankte? Auf diese Frage spitzte sich jetzt alles zu. Die SPD-Führer in der Regierung verlangten den Rücktritt bis zum Abschluß des Waffenstillstandes und schieden aus der Regierung aus, um die Umsturzbewegung nicht dem linken Radikalismus zu überlassen. Im Hauptquartier wurde die Möglichkeit geprüft und verworfen, mit loyalen Truppenverbänden nach Berlin zu marschieren und die Revolution niederzuwerfen. Im einzelnen sind nicht alle Glieder der Ereignisse zwischen der Endkrise des monarchischen Systems und der Aus-

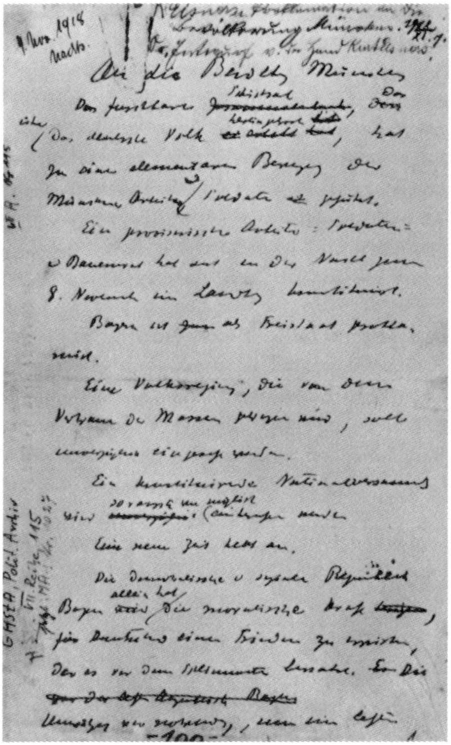

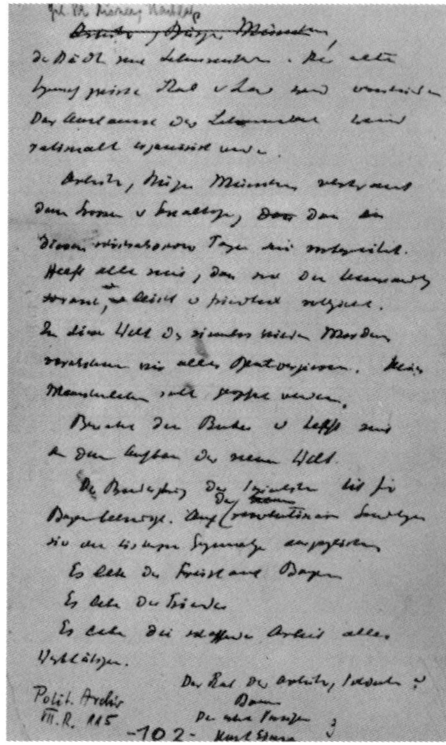

Aufruf zur Bildung eines provisorischen Arbeiter-, Soldaten- und Bauernrates in München
Erste und letzte Seite vom Entwurf der Proklamation Kurt Eisners vom 7. November 1918
München, Bayerisches Hauptstaatsarchiv

rufung der Republik geklärt. Im Zugzwang gegenüber den radikalen Gruppen, die mit voller Kraft auf die sozialistische Republik zusteuerten, haben Sozialdemokraten die Republik proklamiert, deren endgültige Gestalt aus einem Kompromiß der sozialdemokratischen Arbeiterschaft mit dem liberalen Bürgertum hervorgehen sollte. Die russische Oktoberrevolution fand entgegen den Erwartungen der Bolschewiki keine Gefolgschaft in Deutschland. Der Kaiser verließ, bis zum letzten Augenblick sich gegen einen Thronverzicht aufbäumend, am 9. November das Reich und begab sich nach Holland ins Exil. Kein rühmliches Ende und eines, das dem traditionellen Ehrenkodex des preußischen Staates und der preußischen Armee widersprach, aber ein Ende, das unvermeidlich geworden war.

Auf dem Hintergrund dieser Umwälzungen muß man die Verhandlungen sehen, die Erzberger im Wäldchen von Compiègne mit Foch zu führen hatte. Es waren Bedingungen, die er entgegenzunehmen hatte, keine Vorschläge, die einen weiteren Spielraum ließen. Sie waren seit dem 25. Oktober im alliierten Oberkommando ausgehandelt worden. Foch gab ihnen ihre erste Form. Er faßte das Ziel, Deutschland die Wiederaufnahme der

Sieg – Niederlage
Reliefschmuck an der Decke des historischen Salonwagens von Compiègne

Kampfhandlungen unmöglich zu machen, so umfassend wie möglich und setzte nicht nur die sofortige Räumung der besetzten Gebiete, sondern auch die Räumung der linksrheinischen Gebiete von den deutschen Armeen unter Einschluß rechtsrheinischer Brückenköpfe bei Mainz, Koblenz und Köln durch, schließlich die Errichtung einer neutralen Zone auf dem rechten Rhein-Ufer. Hier erschien das politische Programm der französischen Frontière militaire am Rhein, das im Krieg diskutiert worden war und in der Nachkriegszeit verwirklicht werden sollte. Die Umrisse künftiger politischer Regelungen zeichneten sich bereits ab. Die Ablieferung von Kriegsmaterial, vor allem schwerer Artillerie, von fünftausend gebrauchsfertigen Lokomotiven und einhundertundfünfzigtausend Eisenbahnwagen machte die deutsche Armee kampf- und bewegungsunfähig. Der englischen Forderung entsprach es, wenn die Kriegsschiffe der deutschen Hochseeflotte abgerüstet und in neutralen oder alliierten Häfen interniert werden sollten. Es war nicht die »bedingungslose Kapitulation« von 1945, die die gesamten deutschen Streitkräfte und das deutsche Territorium an die Alliierten auslieferte, dazu fehlte den Siegern von 1918 die Bereitschaft und wohl auch die moralische und militärische Kraft. Nur wenige wie der französische Präsident Poincaré verurteilten den Waffenstillstand als verfrüht, obwohl auch er nicht an ein Diktat in Berlin denken konnte. An seinem Ende hielt sich der alle Dimensionen sprengende Krieg an die Spielregeln eines in der Normalität verbleibenden Staatenkrieges.

Ein besonderes Kapitel war in dem Waffenstillstandsvertrag den »Bestimmungen betreffend die deutschen Ostgrenzen« gewidmet. Hier betrat man den unsicheren Boden eines dem Einfluß der Alliierten entzogenen, jedoch für die Zukunft entscheidenden politischen Raumes. Im Hintergrund stand Rußland, »une formidable inconnue«, wie Clemenceau sagte, das Land, in dem sich die größte revolutionäre Umgestaltung des Jahrhunderts zu vollziehen begann, in dem aber der Sieg der Revolution über die Gegenrevolutionäre noch nicht entschieden war und der Ausgang der Bürger- und Interventionskriege noch nicht feststand. Die Alliierten trugen dieser Lage Rechnung; sie forderten zwar den Rückzug aller deutschen Truppen, »welche sich augenblicklich auf den vor dem Krieg zu Rußland gehörigen Gebieten befinden«, allerdings erst, »sobald die Alliierten unter Berücksichtigung der inneren Lage dieser Gebiete den Augenblick für gekommen erachten«. Auf dem tiefsten Punkt der deutschen politischen Macht sollten ihre letzten militärischen Kräfte potentiell für die Aufrechterhaltung einer den Alliierten günstigen Ordnung in Reserve gehalten werden. Der erzwungene Verzicht auf die Friedensverträge von Bukarest mit Rumänien und Brest-Litowsk, eine für ein Waffenstillstandsabkommen ungewöhnliche hochpolitische Bestimmung, konnte als ein Versuch der Alliierten gedeutet werden, im europäischen Osten sich ins Spiel zu bringen und die bedrohliche Verbindung der deutschen Macht mit der Russischen Revolution im Keim zu ersticken.

Der am 11. November 1918 im Wäldchen von Compiègne, von den Franzosen nach dem Ort Rethondes benannte Waffenstillstand, der bis zum Friedensschluß dreimal unter schweren Bedingungen erneuert wurde – am 13. Dezember 1918, 17. Januar und 16. Februar 1919 –, hat sein Ziel, das Übergewicht der alliierten Militärmacht zu sichern, erreicht. Er griff aber über die unmittelbaren militärischen Ziele schon deutlich hinaus und ließ bereits die Maxime eines harten Friedens erkennen, der die Großmachtstellung, wenn auch nicht die staatliche Existenz des Besiegten vernichtete. Aus den militärischen Entscheidungen gingen politische Entscheidungen hervor, oder sie wurden zumindest vorbereitet. Die Hoffnungen auf einen Wilson-Frieden waren zerstoben, wenn auch durch den Waffenstillstandsvertrag noch kei-

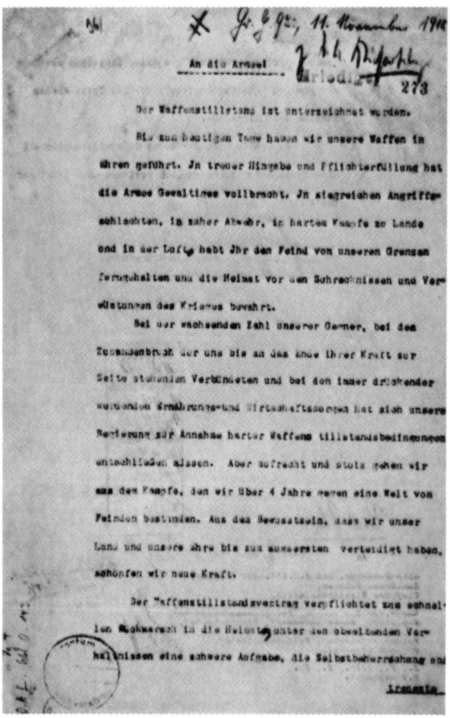

An die Armee!

273

Der Waffenstillstand ist unterzeichnet worden.

Bis zum heutigen Tage haben wir unsere Waffen in Ehren geführt. In treuer Hingebung und Pflichterfüllung hat die Armee Gewaltiges vollbracht. In siegreichen Angriffsschlachten, in zäher Abwehr, in hartem Kampfe zu Lande und in der Luft, habt Ihr den Feind von unseren Grenzen ferngehalten und die Heimat vor den Schrecknissen und Verwüstungen des Krieges bewahrt.

Bei der wachsenden Zahl unserer Gegner, bei dem Zusammenbruch der uns bis an das Ende ihrer Kraft zur Seite stehenden Verbündeten und bei den immer drückender werdenden Ernährungs- und Wirtschaftssorgen hat sich unsere Regierung zur Annahme harter Waffenstillstandsbedingungen entschließen müssen. Aber aufrecht und stolz gehen wir aus dem Kampfe, den wir über 4 Jahre gegen eine Welt von Feinden bestanden. Aus dem Bewusstsein, dass wir unser Land und unsere Ehre bis zum äussersten verteidigt haben, schöpfen wir neue Kraft.

Der Waffenstillstandsvertrag verpflichtet uns zum schnellen Rückmarsch in die Heimat, unter den obwaltenden Verhältnissen eine schwere Aufgabe, die Selbstbeherrschung und

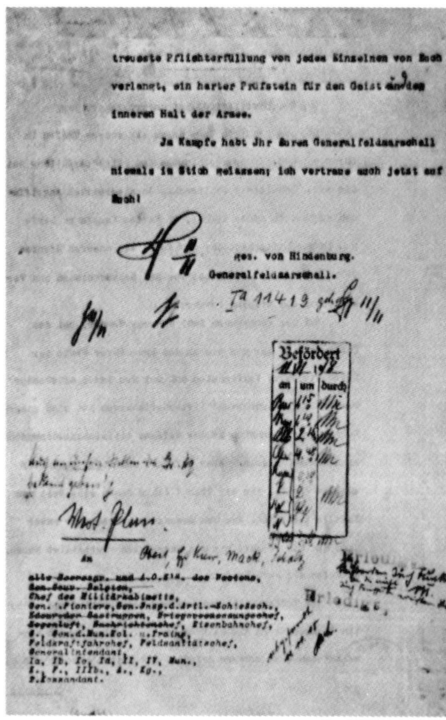

treueste Pflichterfüllung von jedem Einzelnen von Euch verlangt, ein harter Prüfstein für den Geist und den inneren Halt der Armee.

Im Kampfe habt Ihr Euren Generalfeldmarschall niemals im Stich gelassen; ich vertraue auch jetzt auf Euch!

gez. von Hindenburg.
Generalfeldmarschall.

Befördert

An

alle Heeresgr. und A.O.K's. des Westens,
Chef des Militärkabinetts,
Feldkraftfahrchef, Feldsanitätschef,
Generalintendant,

Aufruf Paul von Hindenburgs an das Heer
nach Unterzeichnung des Waffenstillstandes vom 11. November 1918
Freiburg i. Br., Militärarchiv

ne direkten Verletzungen der im deutsch-amerikanischen Notenwechsel geschaffenen Vertragsgrundlage eines Pactum de contrahendo, wie man es genannt hat, eingetreten waren. Wie sehr der Friede nicht allein vom Willen Wilsons als vielmehr von dem ganz anders gearteten Siegerwillen eines Clemenceau bestimmt sein würde, ließen die Vorverhandlungen zum Waffenstillstand ahnen.

Das Ende der europäischen Herrschaft in der Welt

Anfang und Ende von Epochen der Weltgeschichte lassen sich selten auf Jahr und Tag datieren. Die großen Veränderungen bahnen sich lange an, bevor sie die absterbenden historischen Strukturen verdrängen und offen sichtbar werden. Der Erste Weltkrieg setzt indessen das genaue Datum eines Epocheneinschnitts, mit dem der Untergang von alten und das Entstehen von neuen Elementen in der Geschichte bezeichnet werden kann. Das europäische Staatensystem in seiner zuletzt im 19. Jahrhundert geprägten Form überlebte die Katastrophe des Krieges nicht: Eine seiner Großmächte wurde ausgelöscht, eine zweite erfuhr eine völlige Veränderung ihrer politischen und gesellschaftlichen Verfassung und ihres Verhältnisses zur übrigen Welt. Alle anderen verloren auf die Dauer ihren Rang als führende Mächte in der Welt, obschon dies bei den Siegern nicht sogleich ins Bewußtsein getreten ist. Das, was im Enthusiasmus des Sieges als der Triumph des nationalen Selbstbestimmungsrechts und des Nationalstaates in Europa erschien, war wohl ein Fortschritt auf dem Weg zur Freiheit für viele europäische Völker, aber zugleich ein Symptom des Rückzugs Europas in die engen Dimensionen des kleinen Kontinents. Nach kaum einem Menschenalter war die Freiheit der kleinen Völker wiederum in Frage gestellt. Das Ende der europäischen Herrschaft in der Welt, über die Welt kündigte sich bereits an. Die Tage des Kolonialismus waren bald gezählt. Das Gleichgewicht Europas war zerstört, und ein Gleichgewicht der Welt konnte noch nicht geschaffen werden. Es bedurfte bitterer Erfahrungen, um den Europäern eine Einsicht in ihre Lage zu verschaffen, mit der erst ein Neubeginn einsetzen konnte. Sie gingen noch durch eine Phase eines unzeitgemäßen und vergeblichen Aufbegehrens der Besiegten und der unbefriedigten Sieger von 1918 gegen ihr Schicksal, wodurch sie sich in furchtbare Verbrechen verstrickten. Der Abschied vom alten Europa wurde erst im Zweiten Weltkrieg endgültig und unaufkündbar.

Dokumentation

—— Grenze des Deutschen Bundes
– – – Grenze Österreichs und Preußens

A: Aufstände, Revolutionen
Pfeile: Militärische Aktionen

N: Nationale Erhebungen, bzw. Bewegungen (Ländernamen unterstrichen)

P: Parlamentarische Versammlungen
V: Erlaß einer Verfassung

Vorübergehend b. Deutschen Bund: Westteil Luxemburgs bis 1839 (an Belgien abgetreten), niederländ. Prov. Limburg seit 1839, Westteil d. preußischen Prov. Posen 1849-1851.

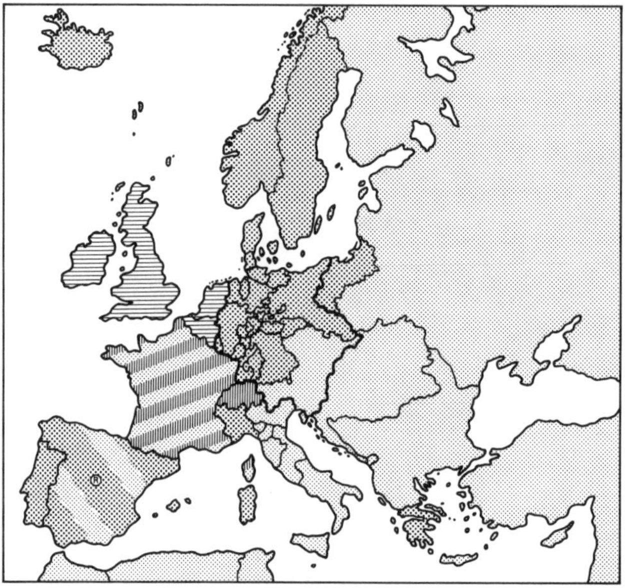

Absolutistische Monarchien (Frankreich seit 1852)

Konstitutionelle Monarchien (Mecklenburg mit ständischer Verfassung)

Parlamentarische Monarchien

Republiken (Frankreich 1848-1851)

R: Republik in Spanien 1873/74

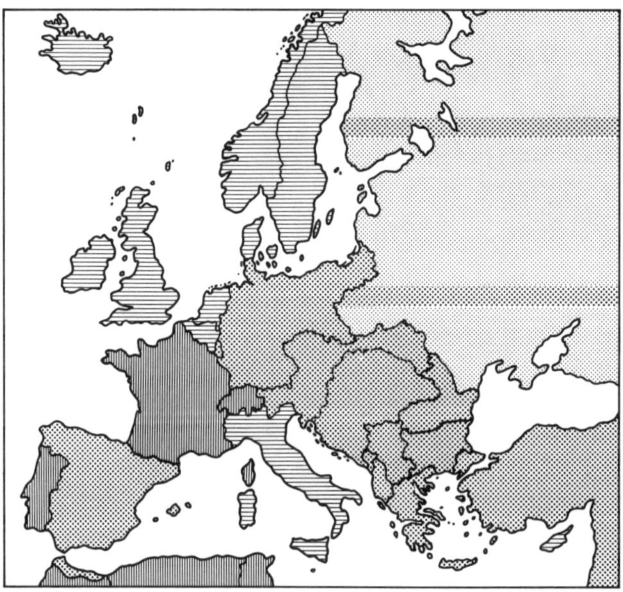

Absolutistische Monarchien

Konstitutionelle Monarchien

Parlamentarische Monarchien

Republiken

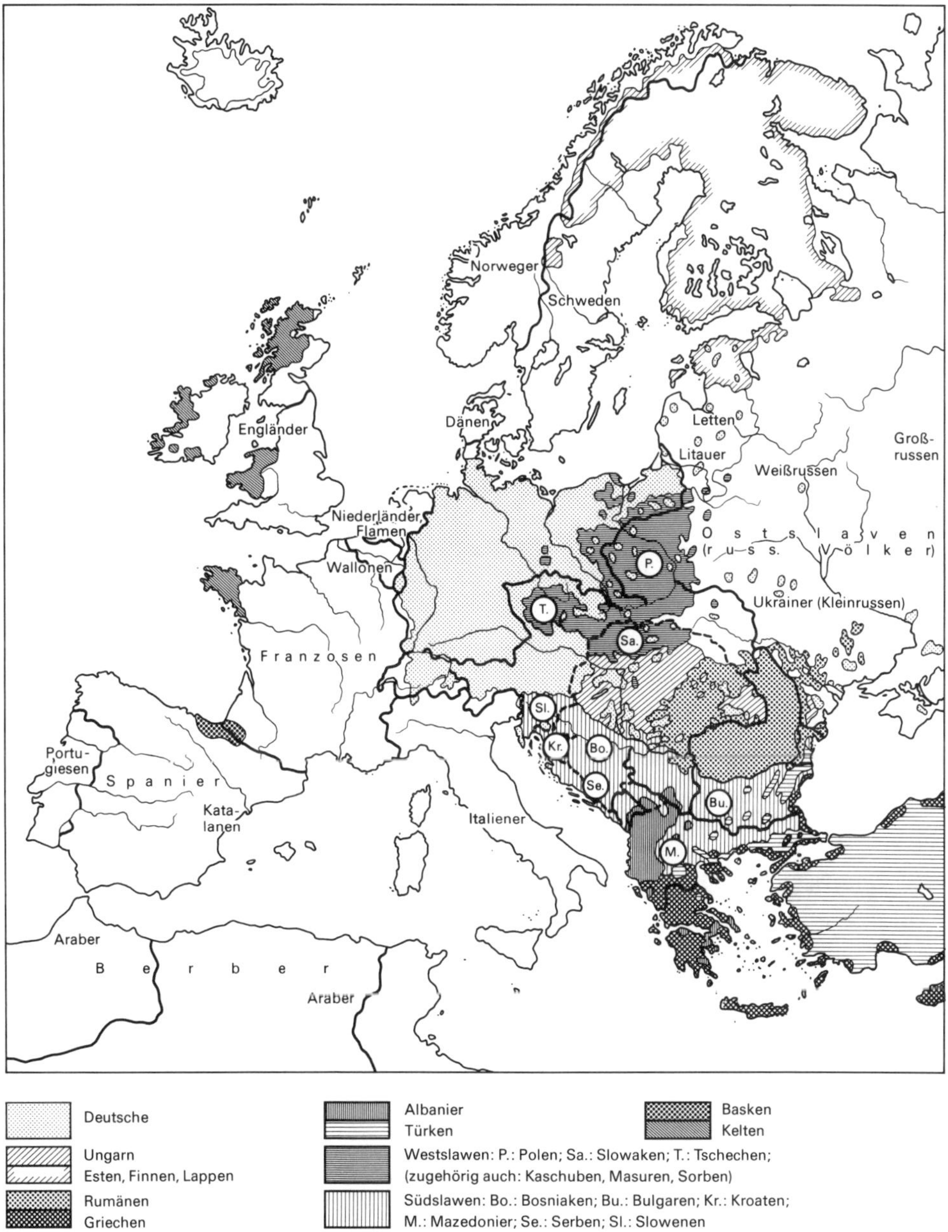
Norweger
Schweden
Engländer
Dänen
Letten
Litauer
Groß-
russen
Weißrussen
Niederländer
Flamen
Wallonen
O s t s l a v e n
(r u s s. V ö l k e r)
P.
T.
Sa.
Ukrainer (Kleinrussen)
F r a n z o s e n
Sl.
Kr.
Bo.
Se.
Bu.
M.
Portu-
giesen
S p a n i e r
Kata-
lanen
Italiener
Araber
B e r b e r
Araber
Deutsche
Ungarn
Esten, Finnen, Lappen
Rumänen
Griechen
Albanier
Türken
Westslawen: P.: Polen; Sa.: Slowaken; T.: Tschechen;
(zugehörig auch: Kaschuben, Masuren, Sorben)
Südslawen: Bo.: Bosniaken; Bu.: Bulgaren; Kr.: Kroaten;
M.: Mazedonier; Se.: Serben; Sl.: Slowenen
Basken
Kelten

Drei-Kaiser-Bund 1873: Deutsches Reich, Österreichisch-Ungarische Monarchie, Russisches Reich

Geheimer Zweibund 1879: Deutsches Reich, Österreichisch-Ungarische Monarchie

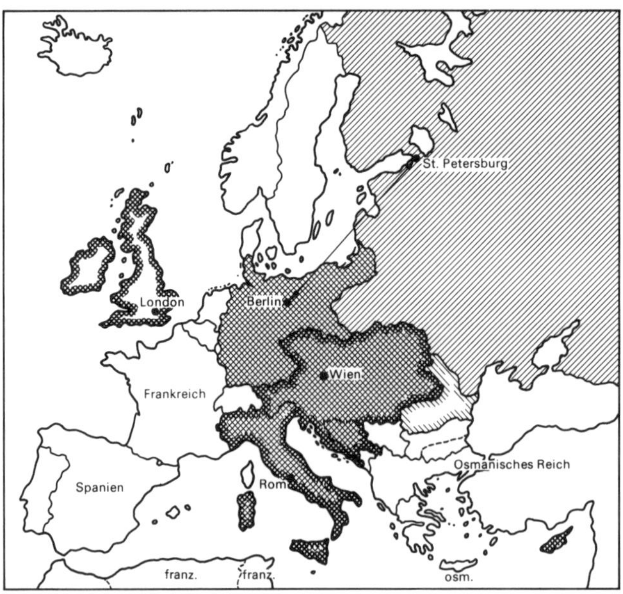

Drei-Kaiser-Bund: erneuert 1884

Dreibund 1882: Deutsches Reich, Österreichisch-Ungarische Monarchie, Italien

Rumänien: seit 1883 dem Dreibund angelehnt

Rückversicherungsvertrag 1887-1890: Deutsches Reich, Russisches Reich

Mittelmeerabkommen 1887: Großbritannien, Österreichisch-Ungarische Monarchie, Italien

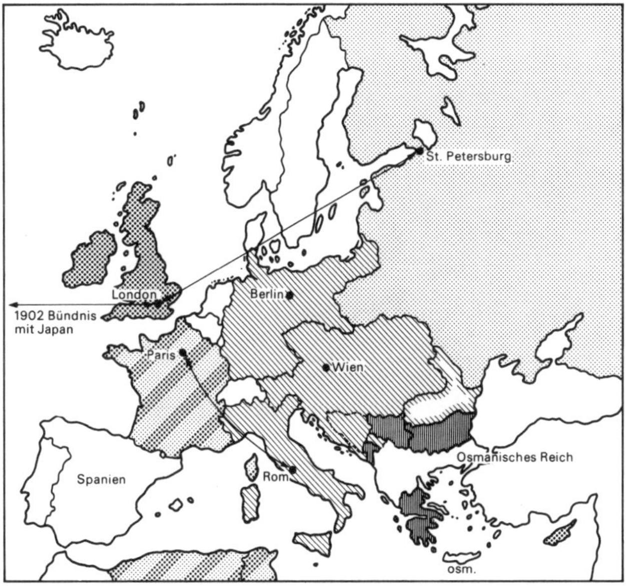

Dreibund: erneuert 1891, 1896, 1902, 1912

Rumänien: seit 1883 dem Dreibund angelehnt

Zweibund 1894: Frankreich, Russisches Reich

Entente cordiale 1904: Übereinkunft zwischen Großbritannien und Frankreich

1. Balkanbund 1912: Bulgarien, Serbien, Griechenland, Montenegro, gegen das Osmanische Reich gerichtet (2. Balkanbund 1913: Balkanstaaten und Osmanisches Reich gegen Bulgarien verbündet)

Ausgleich zwischen Frankreich und Italien 1900/1902

Ausgleich zwischen Großbritannien und dem Russischen Reich 1907/08

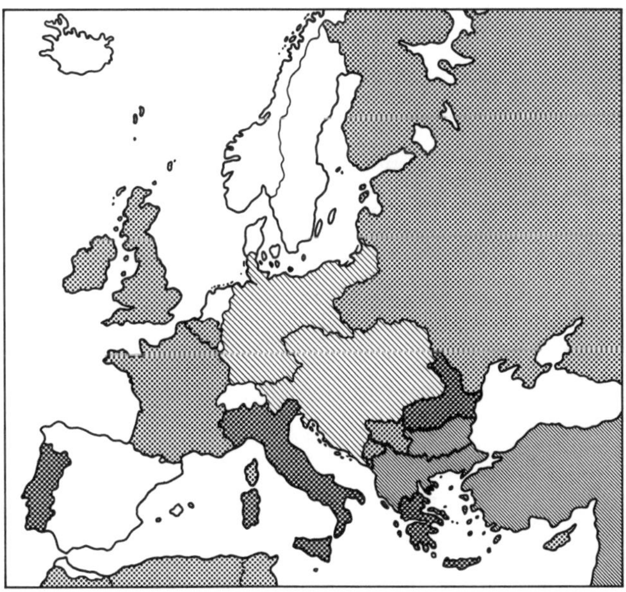

Mittelmächte 1914: Deutsches Reich, Österreichisch-Ungarische Monarchie

Verbündete der Mittelmächte: Osmanisches Reich (seit 1914), Bulgarien (seit 1915)

Alliierte Mächte 1914: Frankreich, Großbritannien, Belgien, Russisches Reich, Serbien, Montenegro

Europäische Verbündete der Alliierten: Italien (seit 1915), Rumänien (seit 1916), Portugal (seit 1916), Griechenland (seit 1917)

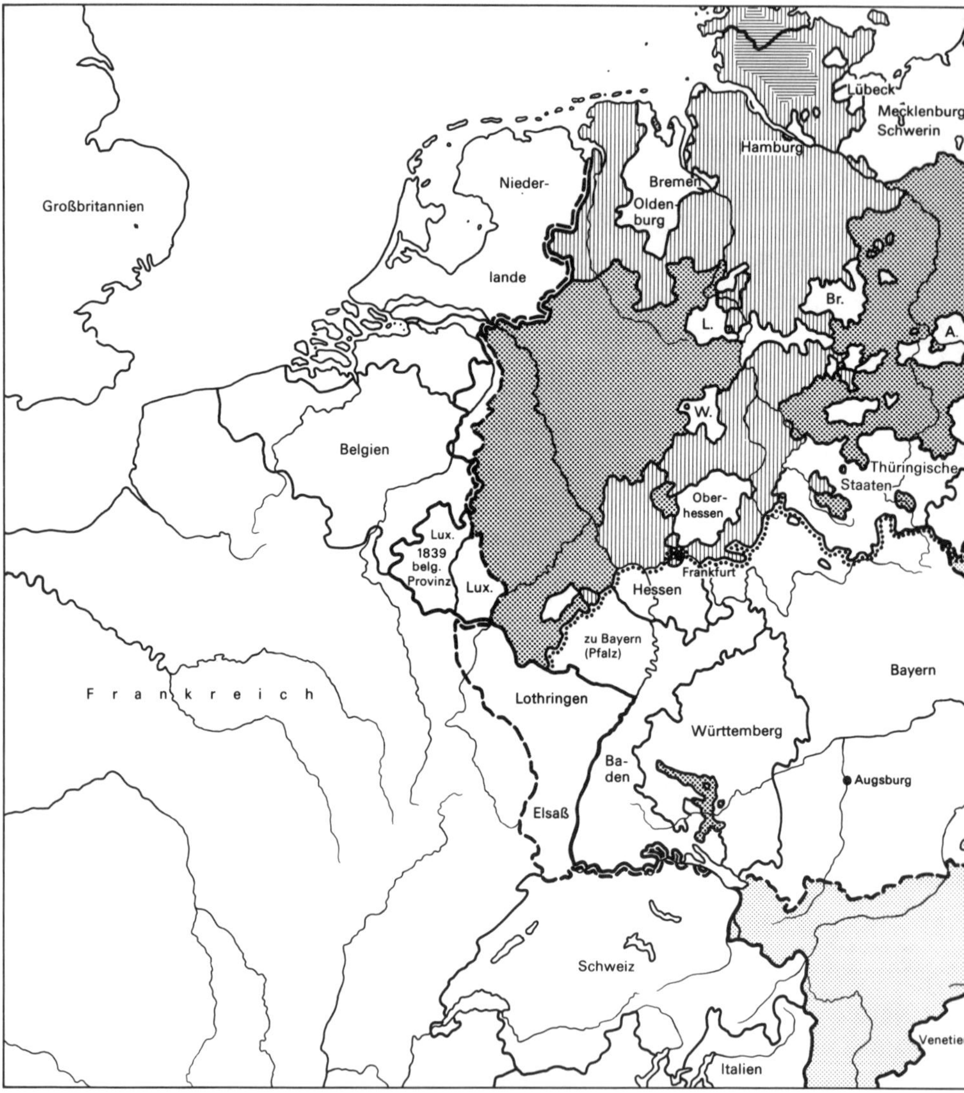

Grenze des Deutschen Bundes bis 1866
Südgrenze des Norddeutschen Bundes seit 1866 (im Westen, Norden, Osten mit der Preußens identisch)
Grenze des Deutschen Reiches seit 1870/71

Preußen bis 1864
Preußische Erwerbungen 1864-1866
Österreichisch-Ungarische Monarchie seit 1866

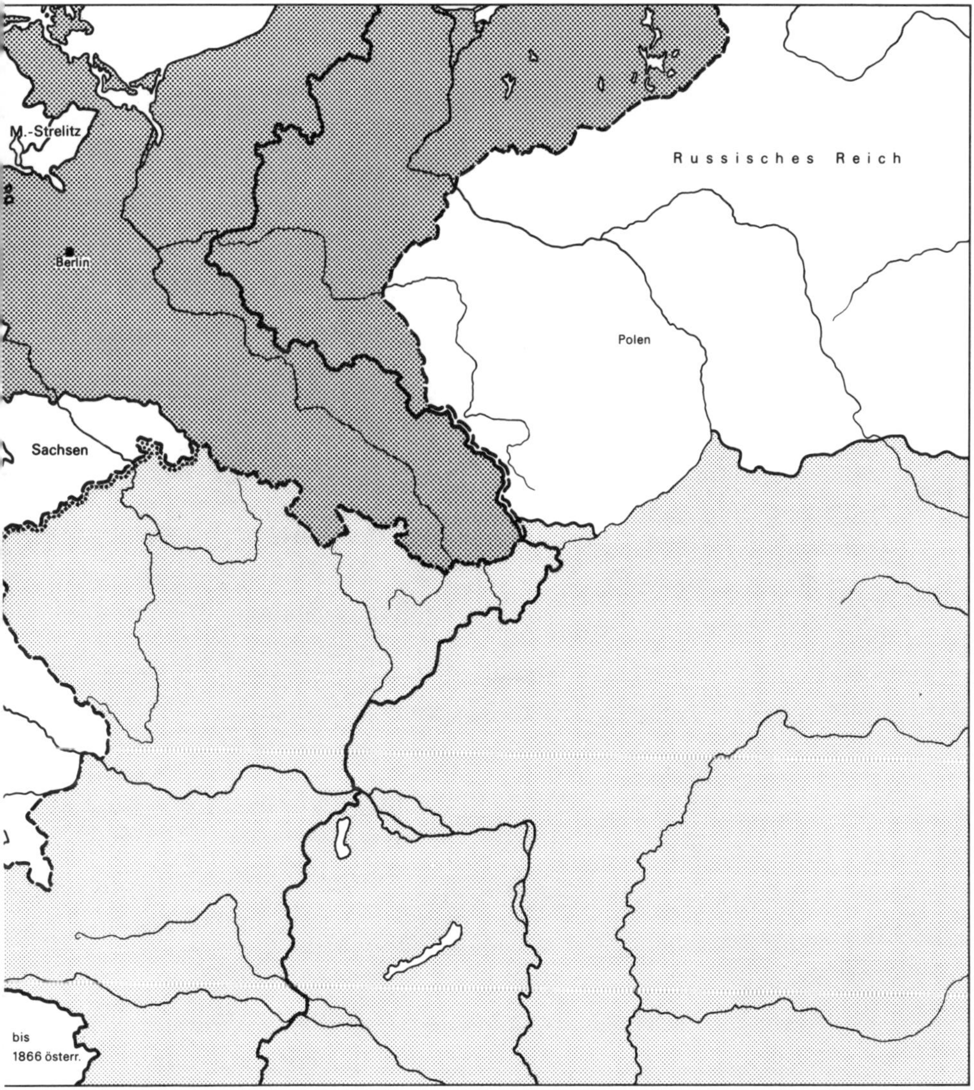

Schleswig-Holstein unter österreichisch-preußischer Verwaltung 1864-1866

Br.: Braunschweig; L.: Lippen; W.: Waldeck. Luxemburg (deutsche Bundesfestung): 1815 bis 1867 mit preußischer Garnison; bis 1919 in Zollunion mit dem Deutschen Reich

Grenze des Kaisertums Österreich 1849

Grenze des Königreichs Ungarn 1849

Im (österreichischen) Reichsrat vertretene Königreiche und Länder 1867

Länder der Ungarischen Krone 1867

Österreichische Verluste 1859 und 1866

Besetztes Gebiet 1867, annektiert 1908

(M) Militärgrenze, Daten ihrer Auflösung: kroatisch-slowenische M. 1878, ungarische (Banater) M. 1872, siebenbürgische M. 1851

Habsburger Sekundogenituren bis 1859/60: Modena, Toskana

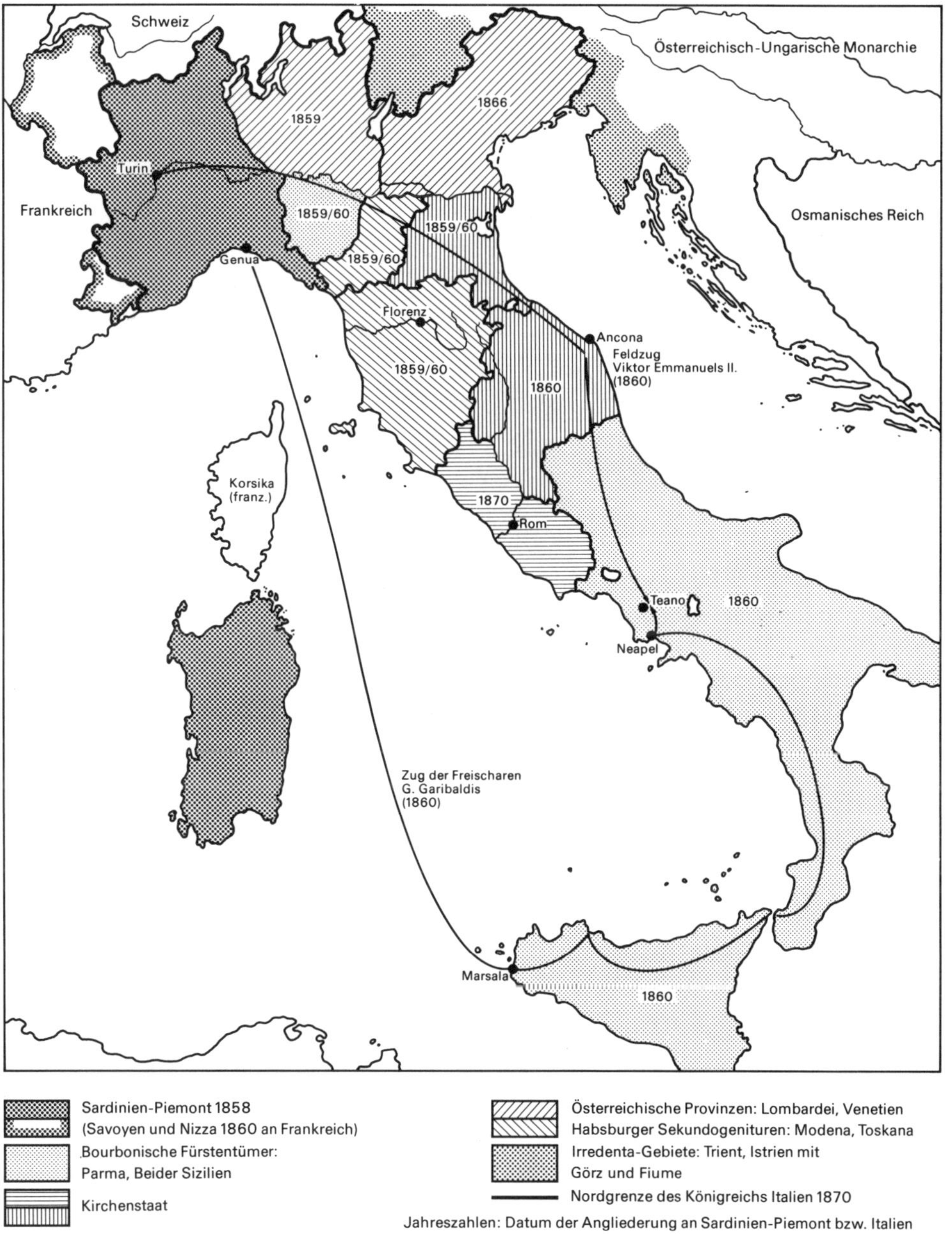

Jahreszahlen: Datum der Angliederung an Sardinien-Piemont bzw. Italien

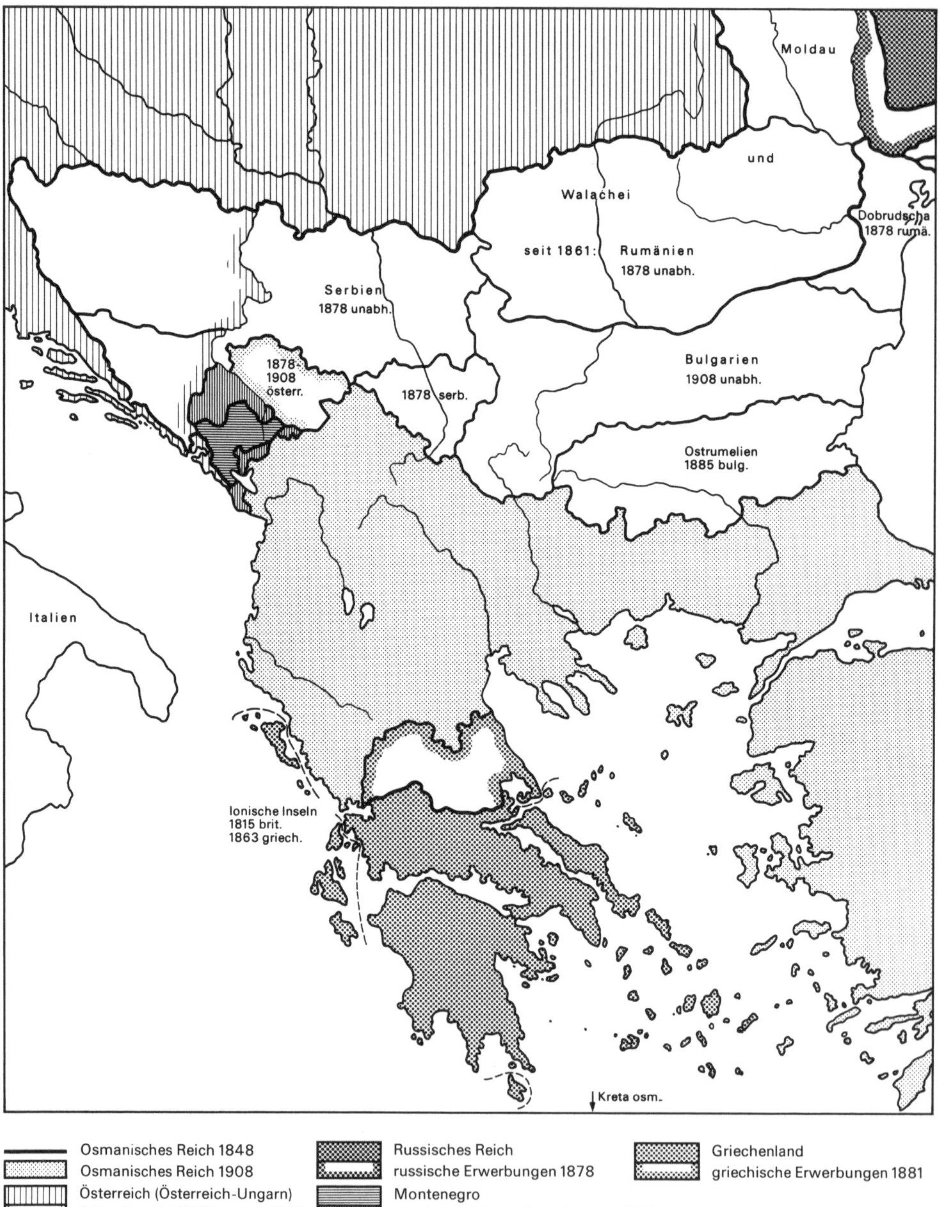
Moldau
und
Walachei
seit 1861: Rumänien
1878 unabh.
Dobrudscha
1878 rumä.
Serbien
1878 unabh.
1878-
1908
österr.
1878 serb.
Bulgarien
1908 unabh.
Ostrumelien
1885 bulg.
Italien
Ionische Inseln
1815 brit.
1863 griech.
Kreta osm.
Osmanisches Reich 1848
Osmanisches Reich 1908
Österreich (Österreich-Ungarn)
österr. besetzt 1878, annek. 1908
Russisches Reich
russische Erwerbungen 1878
Montenegro
montenegrinische Erwerbungen 1878
Griechenland
griechische Erwerbungen 1881

Rumänien
Serbien
1913 rumä.
Bulgarien
1913 bulg.
1913 serb.
1913 bulg.
1913 bulg.
Albanien
1912/13
unabh.
Italien
Dodekanes
1912 ital.
Kreta 1908/13 griech.
Osmanisches Reich 1912
Osmanisches Reich 1913
Österreichisch-Ungarische
Monarchie 1908
Russisches Reich
Montenegro
montenegrinische Erwerbungen 1913
Griechenland
griechische Erwerbungen 1913
einschließlich der Inseln in
der östlichen Ägäis u. Kreta

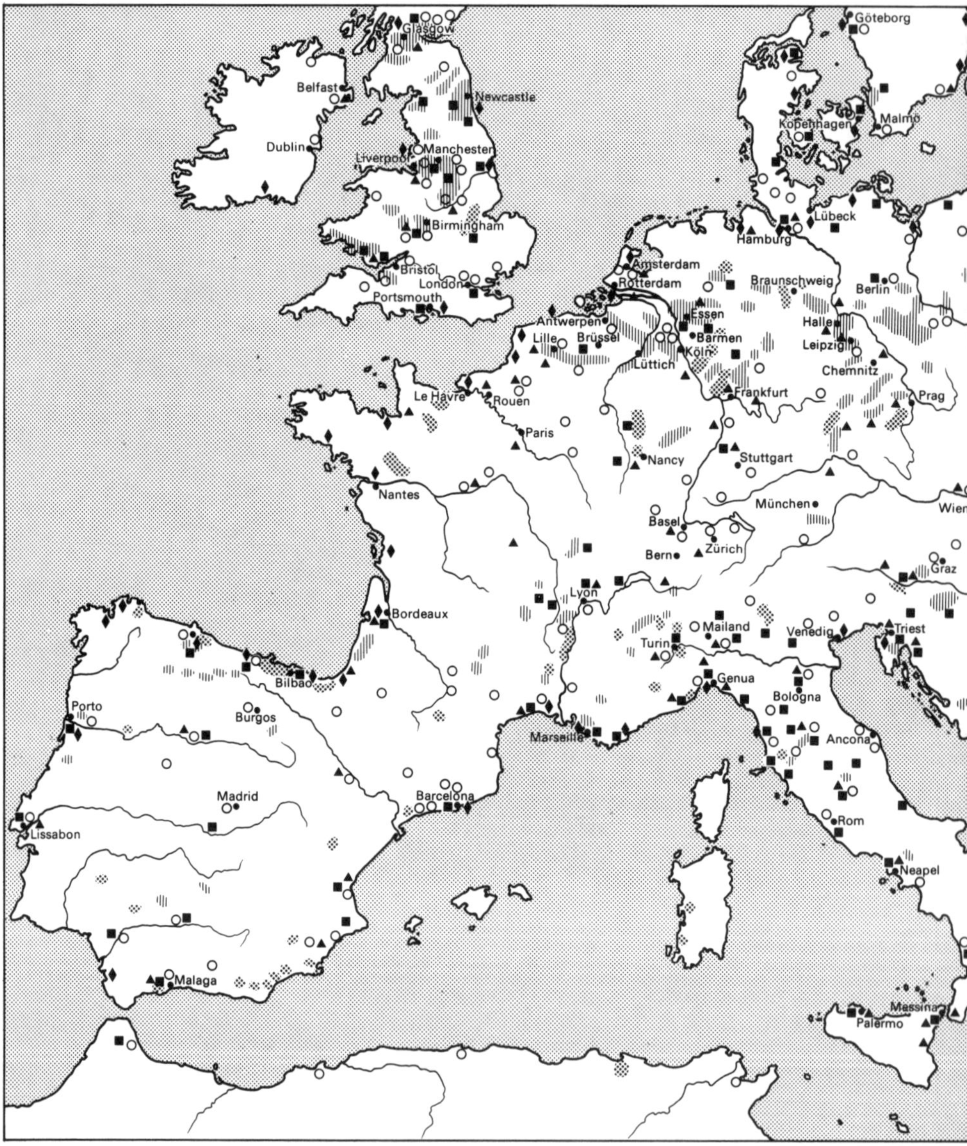

Kohlebergbau (Stein-, Braunkohle)
Erzbergbau
○ Textilindustrie
▲ Chemische Industrie
■ Metallindustrie
♦ Schiffbau

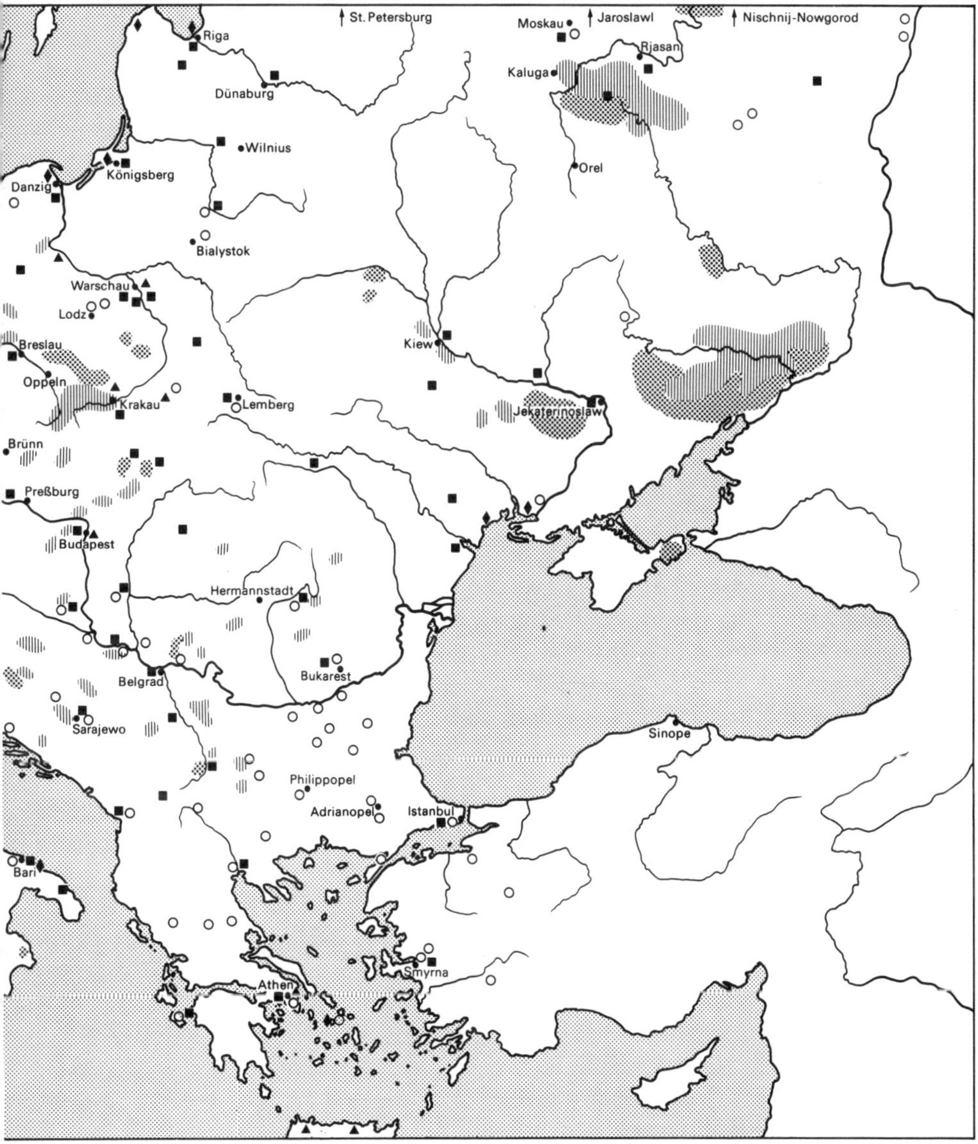
St. Petersburg
Moskau
Jaroslawl
Nischnij-Nowgorod
Riga
Rjasan
Kaluga
Dünaburg
Wilnius
Orel
Königsberg
Danzig
Bialystok
Warschau
Lodz
Breslau
Kiew
Oppeln
Krakau
Lemberg
Jekaterinoslaw
Brünn
Preßburg
Budapest
Hermannstadt
Bukarest
Belgrad
Sarajewo
Sinope
Philippopel
Adrianopel
Istanbul
Bari
Smyrna
Athen

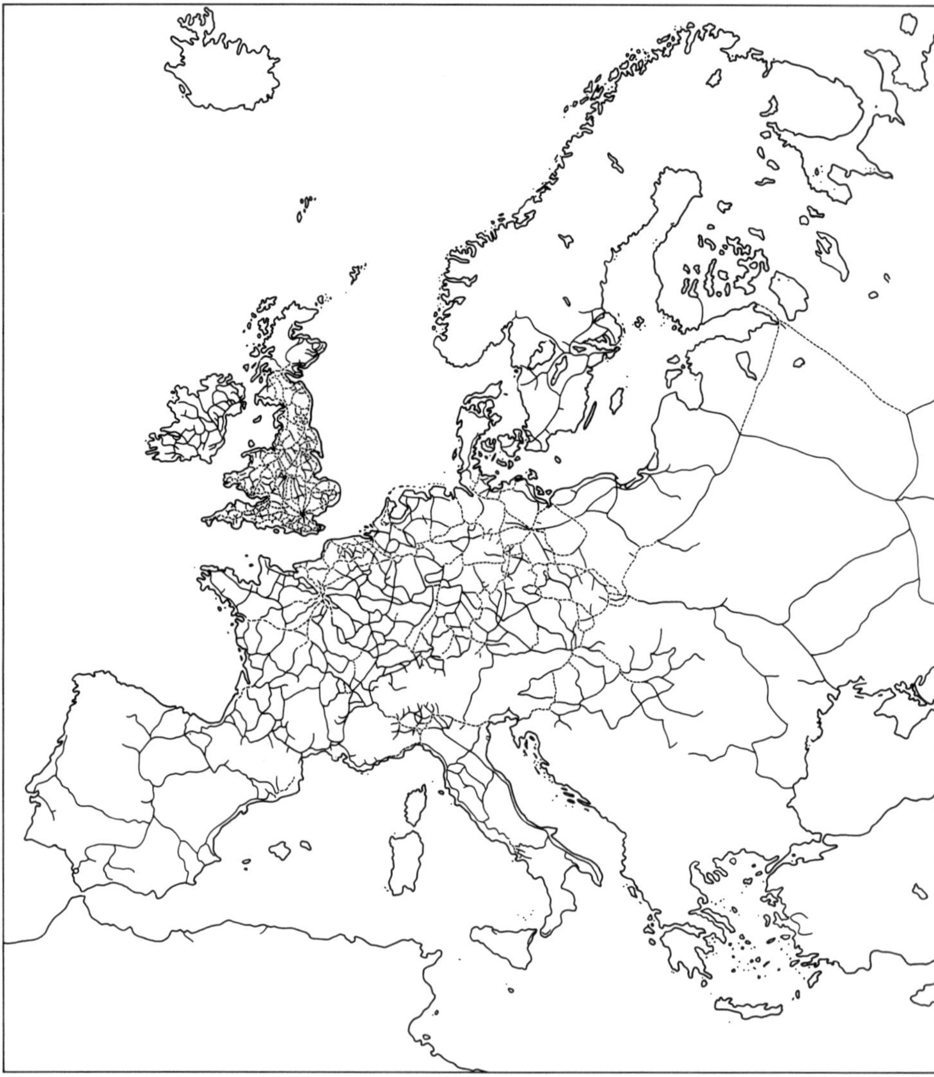

---------- Eisenbahnnetz um 1850 ———— um 1870

Länge in Kilometern	um 1850	um 1874	um 1914
Belgien	854	2897	4676
Bulgarien	–	224	2124
Dänemark	30	770	3951
Deutschland	5856	18876	61749
Frankreich	2915	15544	37400
Griechenland	–	12	1584
Großbritannien	9797	21558	32623
Irland	865	3201	5491
Italien	620	6429	18873
Niederlande	176	1419	3339

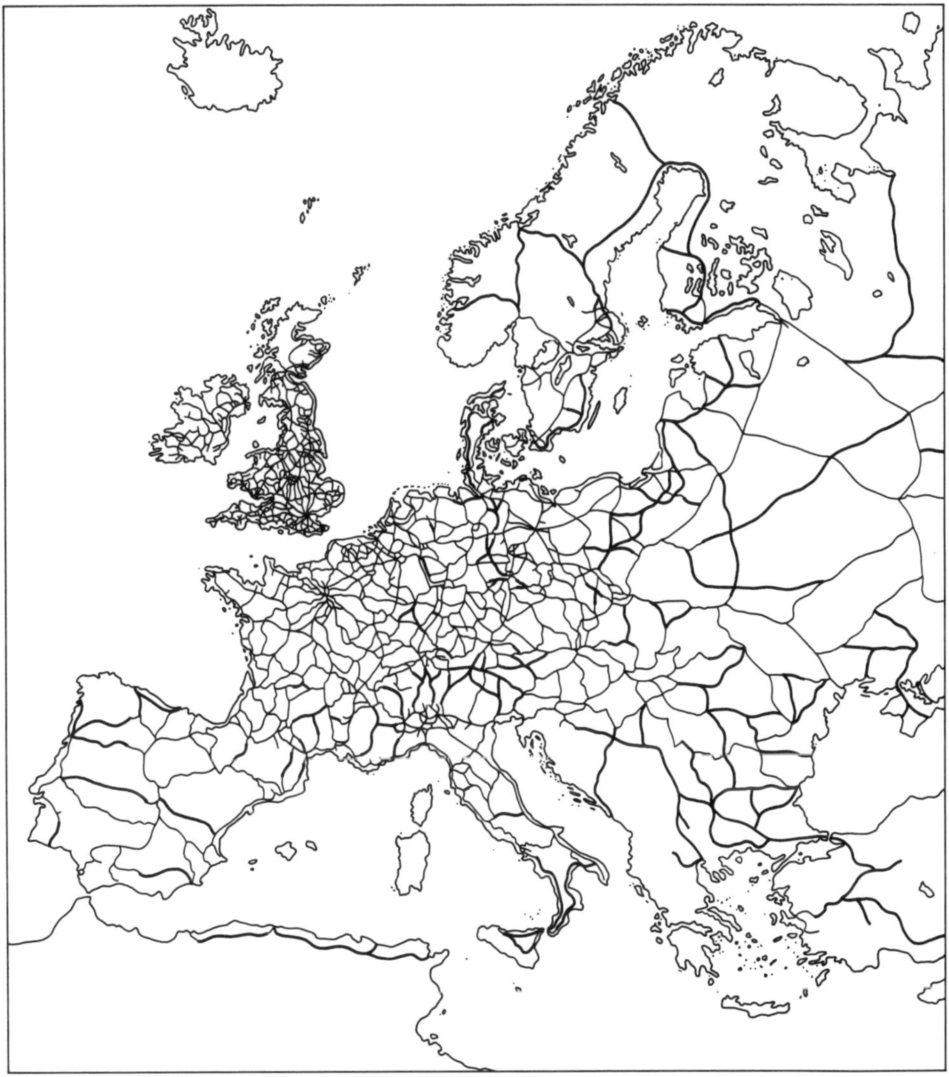

——— Eisenbahnnetz um 1870 ━━━ um 1914

Länge in Kilometern	um 1850	um 1874	um 1914
Norwegen	–	359	3165
Österreich-Ungarn	1357	6112	22981
Portugal	–	714	2976
Rumänien	–	248	3588
Russisches Reich	501	11214	65983
Schweden	–	1727	14360
Schweiz	25	1421	4876
Serbien	–	–	1598
Spanien	28	5295	15256

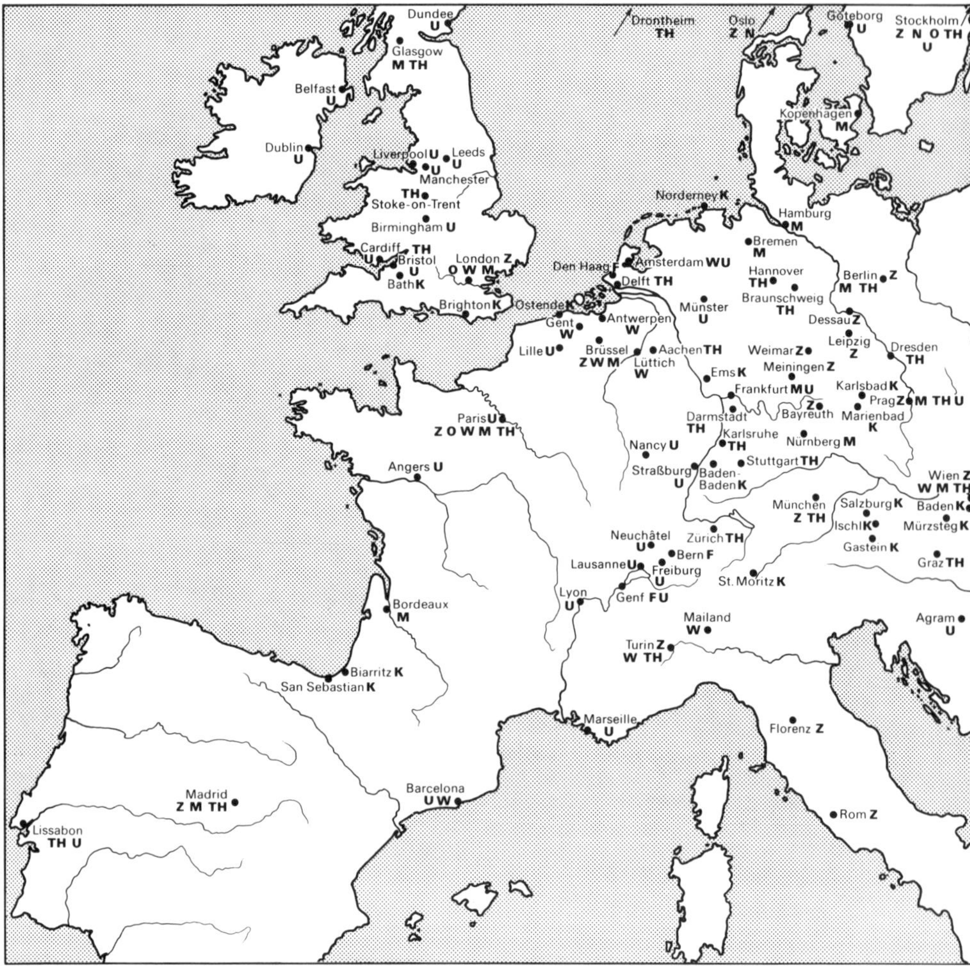

Z: Kulturelle Zentren. K: Kurorte, Sommerresidenzen, gesellsch. Treffpunkte. – Organisationen, Veranstaltungen: **F: Friedenssicherung:** Bern: ›Internat. Friedensbüro‹ 1874, 1891; Den Haag: Friedenskonf. 1899, 1907; Schiedsgerichtshof 1901; **A: Arbeiterbewegung:** Amsterdam: ›Internat. Gewerkschaftsbund‹ 1913; London ›1. Internationale‹ 1864-1876; Paris, Brüssel: ›2. Internationale‹ 1889; **N: Nobelpreise** in Oslo, Stockholm s. 1901. **O: Olympiaden:** Athen 1896, 1906; Paris 1900; London 1908; Stockholm 1912. **W: Weltausstellungen:** Amsterdam 1883, 1909; Antwerpen 1885; Barcelona 1888; Brüssel 1897, 1910; Gent 1913; London 1851, 1862; Lüttich 1905; Mailand 1906; Moskau 1882, 1888; Paris 1855, 1867, 1878, 1889, 1900; Turin 1911; Wien 1873. **M: Fachmessen, Industrieausst.:** Berlin 1898, 1899, 1901; Bordeaux 1882; Bremen 1891; Brüssel 1876; Budapest 1899; Frankfurt/M. 1891; Glasgow 1901; Hamburg 1863, 1889; Kopenhagen 1872, 1888; London 1883, 1891; Madrid 1883; Nürnberg 1896; Prag 1891; Wien 1891. **U: Universitäten,** Gründ. 1848-1918: Åbo 1917 (schwed.-sprachig), Agram 1874, Amsterdam 1877, Amsterdam 1880 (Reformierte U.), Angers 1875 (Kathol. Gründ.), Athen 1837, Barcelona 1907 (Catalanische U.), Belfast 1908, Belgrad 1905, Birmingham 1900, Bristol 1909, Bukarest 1864, Cardiff 1893, Czernowitz 1875, Dublin 1880, Dundee 1880, Frankfurt/M. 1914,

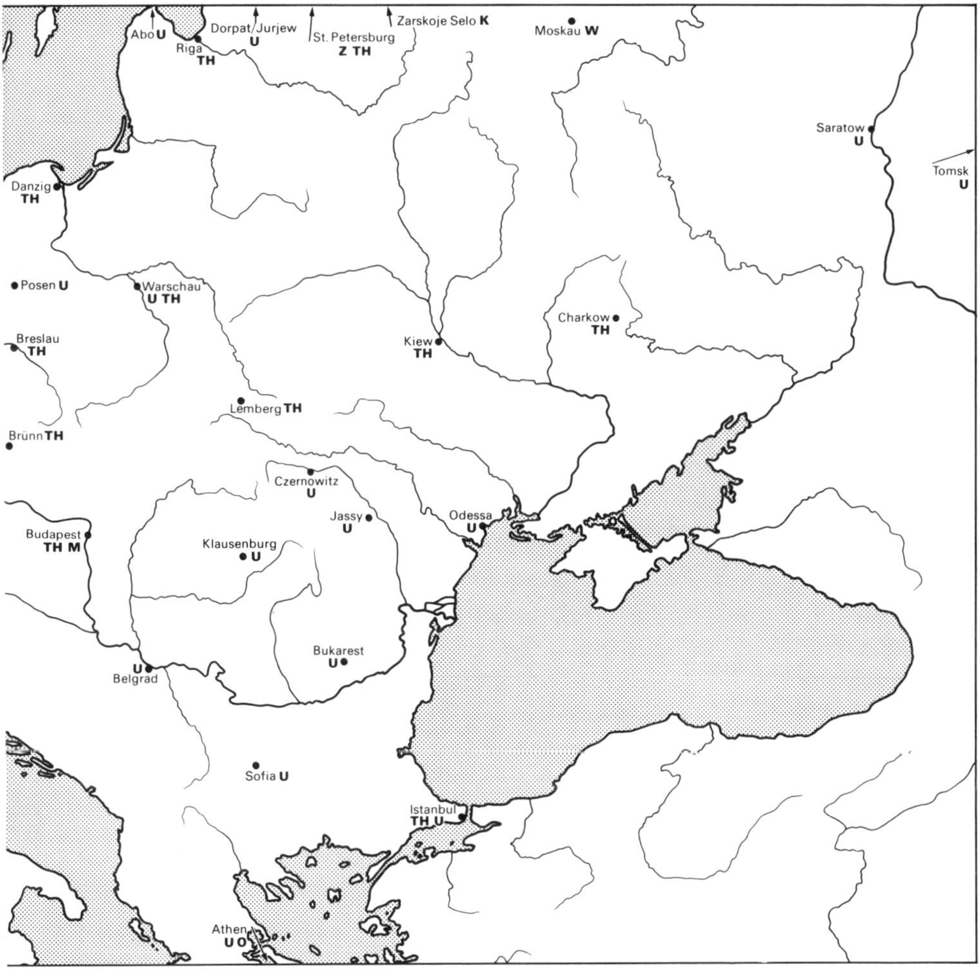

Freiburg 1889, Genf 1873, Göteborg 1887, Istanbul 1901, Jassy 1860, Jurjew (Dorpat) 1895, Klausenburg 1872, Lausanne 1891, Leeds 1904, Lille 1875 (Kathol. Gründ.), Lille 1896, Lissabon 1858, Liverpool 1904, Lyon 1875 (Kathol. Gründ.), Manchester 1880/1903, Marseille 1896, Münster 1902, Nancy nach 1871, Neuchâtel 1909, Odessa 1864, Paris 1875 (Kathol. Gründ.), Posen 1903, Prag 1882 (Teilung i. deutsche u. tschechische U.), Saratow 1909, Sofia 1904, Stockholm 1878, Straßburg 1872, Tomsk 1888, Warschau 1869. **TH: Techn. Hochschulen** (Polytechnika), Gründ. 1848-1918: Aachen 1870/1880, Berlin 1882, Braunschweig 1862/1878, Breslau 1910, Bristol 1856, Brünn 1850/1873 (deutsche TH.), Brünn 1899 (tschechische TH.), Budapest 1856/1871, Charkow 1885, Danzig 1904, Darmstadt 1877, Delft 1884/1906, Dresden 1851/1871, Drontheim 1900/1910, Glasgow 1886, Graz 1864/1874, Hannover 1880, Karlsruhe 1865, Kiew 1898, Lemberg 1877, Lissabon 1877, München 1868, St. Petersburg 1862, Prag 1879 (deut. u. tschech. TH.), Riga 1862, Stoke-on-Trent 1911, Stockholm 1877, Stuttgart 1862, Turin 1906, Warschau 1898, Wien 1872, Zürich 1854/55.

Großbritannien mit Dominions und Kolonien (Ägypten 1914 unter brit. Schutzherrschaft)
Portugal und Kolonien
Spanien und Kolonien
Frankreich und Kolonien
Deutsches Reich und Kolonien

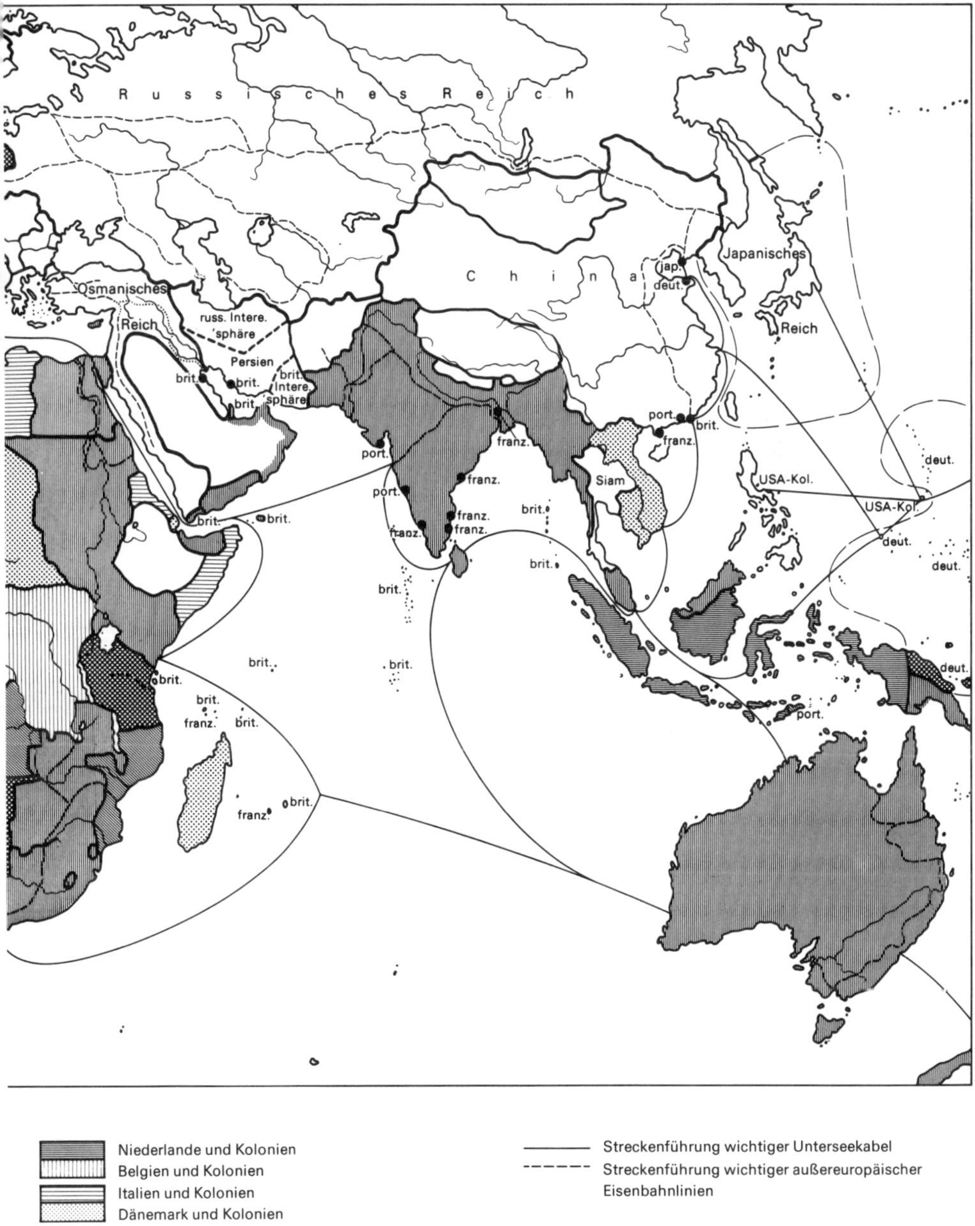

R u s s i s c h e s R e i c h
C h i n a
Japanisches Reich
Osmanisches Reich
russ. Intere. sphäre
Persien
brit. Intere. sphäre
Siam
jap.
deut.
USA-Kol.
brit.
franz.
port.
Niederlande und Kolonien
Belgien und Kolonien
Italien und Kolonien
Dänemark und Kolonien
Streckenführung wichtiger Unterseekabel
Streckenführung wichtiger außereuropäischer Eisenbahnlinien

	1850	1880	1900	1910	1920
Deutschland	36	45	56	65	62
	13,1%	13,4%	13,2%	14,2%	12,7%
Frankreich	36	38	39	40	39
	13,1%	11,3%	9,2%	8,8%	8,0%
Großbritannien	28	35	42	45	44
	10,2%	10,4%	9,9%	9,9%	9,0%
Italien	24	29	33	35	37
	8,8%	8,7%	7,8%	7,7%	7,6%
Niederlande	3	4	5	6	7
	1,1%	1,2%	1,2%	1,3%	1,4%
Polen		8	9	10	27
		2,4%	2,1%	2,2%	5,5%
Rußland	60	88	111	140	158
	22%	26,2%	26,0%	30,7%	32,4%
Schweden	4	5	5	6	6
	1,4%	1,5%	1,2%	1,3%	1,2%
Spanien	16	17	17	19	21
	5,8%	5,1%	4,0%	4,2%	4,3%
Europa mit Rußland	274	335	423	456	486
	100%	100%	100%	100%	100%
	1850	1880	1900	1910	1920

	1871-80	1881-90	1891-1900	1901-10	1911-19
Deutschland	11,9	11,7	13,9	14,3	8,6
England mit Wales	14,0	13,1	11,7	11,8	7,5
Frankreich	1,7	1,8	0,7	1,2	−3,4
Italien	7,0	10,7	10,7	11,1	7,1
Niederlande	11,9	13,2	14,1	15,3	13,6
Norwegen	14,0	13,9	14,1	13,3	11,3
Österreich-Ungarn	7,5	8,4	10,5	11,4	12,3
Rußland			15,1	16,8	
Schweden	12,2	12,2	10,7	10,9	9,0
Spanien	7,1	4,5	5,3	9,2	7,0
	1871-80	1881-90	1891-1900	1901-10	1911-19

Links: Angaben in Millionen. – Die geschätzten Bevölkerungszahlen beziehen sich auf die im Stichjahr bestehenden politischen Grenzen der Länder (Italien 1850: in den Grenzen von 1880; Polen in den Grenzen des russischen Generalgouvernements Weichselland). Volkszählungen wurden in den einzelnen Ländern in verschiedenen Jahren durchgeführt. Eine Zusammenfassung auf dieser Basis war darum nicht möglich. Die Schätzungen sind zwar ungenauer, sie spiegeln aber trotzdem das Wachstum der Bevölkerung wider. Weltbevölkerung: 1850: 1171, 1900: 1608, 1920: 1811 Millionen.

Rechts: Die Ziffern geben die durchschnittlichen Jahresraten des natürlichen Zuwachses der Bevölkerung pro 1000 Einwohnern an. Natürlicher Zuwachs heißt durch Geburten; Wanderungsbewegungen sind nicht berücksichtigt.

Auswanderungen aus Europa 1851-1920

	1851-60	1861-70	1871-80	1881-90	91-1900	1901-10	1911-20
Belgien	1	2	2	21	16	30	21
Britische Inseln	1313	1572	1849	3259	2149	3150	2587
Dänemark		8	39	82	51	73	52
Deutschland	671	779	626	1342	527	274	91
Finnland				26	59	159	67
Frankreich	27	36	66	119	51	53	32
Italien	5	27	168	992	1580	3615	2194
Niederlande	16	20	17	52	24	28	22
Norwegen	36	98	85	187	95	191	62
Österreich-Ungarn	31	40	46	248	440	1111	418
Portugal	45	79	131	185	266	324	402
Rußland			58	288	481	911	420
Schweden	17	122	103	327	205	224	98
Schweiz	6	15	36	85	35	37	31
Spanien	3	7	13	572	791	1091	1306
Total	2171	2805	3239	7785	6770	11271	7791
	1851-60	1861-70	1871-80	1881-90	91-1900	1901-10	1911-20

Angaben in 1000 (Belgien 1913-1918 keine Angaben; Britische Inseln 1850/51 keine Angaben; Irland bis 1881 keine Angaben). – Für die Entwicklung der Auswanderung sind fast ausschließlich die wirtschaftlichen Verhältnisse in Europa maßgebend. Der Ausbau der Wirtschaft hat mit dem raschen Bevölkerungswachstum nicht Schritt halten können. Die durch entwicklungshemmende Wirtschaftskrisen, Hungersnöte, Seuchen, Kriege bedingten sozialen Notstände trieben immer wieder größere Massen von Menschen in die Emigration.

Einwanderung aus Europa 1851-1920

	1851-60	1861-70	1871-80	1881-90	91-1900	1901-10	1911-20
USA	2536	2160	2433	4852	3684	8666	4775
Kanada		290	220	359	231	947	1154
Britisch-Westindien	75	101	98	66	61	170	459
Argentinien	20	160	261	841	648	1764	1205
Brasilien	122	98	219	525	1129	671	798
Uruguay		85	112	140	90	21	57
Australien		167	192	383	25	40	208
Neuseeland	33	69	145	65	35	89	91
Asiatisches Rußland	191	254	248	419	1208	2282	918
	1851-60	1861-70	1871-80	1881-90	91-1900	1901-10	1911-20

Angaben in 1000 (Bruttowerte, nur Australien Nettowerte, das heißt, nur die im Land seßhaft gewordenen Menschen; Argentinien ab 1857). – Die Zahlen europäischer Einwanderungen in ausgewählten Regionen beruhen auf nach unterschiedlichen Maßstäben geschätzten Werten, weil in den meisten Fällen keine Statistiken existieren.

	Dänemark	Deutschland	Frankreich	Großbritannien	Italien	Niederlande	Norwegen	Schweden	
	10⁶ Kronen	*10⁶ Mark*	*10⁶ Francs*	*10⁶ Pfunde*	*10⁶ Lira*	*10⁶ Gulden*	*10⁶ Kronen*	*10⁶ Kronen*	
	b	**a**	**a**	**b**	**b**	**a**	**c**	**c**	
1850		6070		536					1850
1855		7882		703					1855
1860		9630		702					1860
1865		10279		846	9068		480	805	1865
1866		10714		867	9778		492	829	1866
1867		11558		855	9417		518	872	1867
1868		12967		856	10397		524	891	1868
1869		11750		885	10173		537	830	1869
1870	608	12876		1155	10044		542	954	1870
1871	657	14013		1259	10453		562	1001	1871
1872	677	16627		1322	11741		640	1124	1872
1873	732	17950		1365	13290		729	1294	1873
1874	753	19544		1405	12771		790	1408	1874
1875	746	18242		1371	11312		771	1295	1875
1876	770	17966		1357	11506		799	1441	1876
1877	707	17414		1335	12554		797	1396	1877
1878	693	17874		1323	11893		706	1280	1878
1879	702	16678		1243	11889		662	1247	1879
1880	773	16902		1388	12599		720	1334	1880
1881	807	17330		1362	11540		739	1415	1881
1882	816	17489		1405	12343		760	1351	1882
1883	863	18014		1450	11762		750	1405	1883
1884	845	18540		1403	11670		721	1368	1884
1885	827	18731		1364	12526		679	1370	1885
1886	773	18935		1359	12984		667	1285	1886
1887	793	19280		1428	12364		659	1253	1887
1888	830	20716		1451	11859		710	1321	1888
1889	898	22749		1501	12164		770	1456	1889
1890	954	23676		1550	13112		780	1511	1890
1891	1007	22624		1594	13500		802	1605	1891
1892	1000	24061		1567	12315		799	1571	1892
1893	996	24357		1550	12479		809	1558	1893
1894	981	24361		1606	11984		816	1620	1894
1895	1065	25254		1637	12496		832	1595	1895
1896	1086	26979		1707	12529		875	1783	1896
1897	1113	28714		1730	12228		919	1892	1897
1898	1230	31028		1835	13801		998	1996	1898
1899	1257	31761		1963	13963		1065	2122	1899
1900	1342	32448		2054	14978	1796	1115	2251	1900
1901	1373	31617	2400	2125	15447	1863	1101	2260	1901
1902	1383	31928	2400	2110	14891	1901	1088	2210	1902
1903	1455	34402	2470	2109	16134	1952	1081	2474	1903
1904	1485	36284	2670	2128	16000	1993	1081	2485	1904
1905	1546	38878	2640	2182	16918	2058	1105	2543	1905
1906	1677	40643	2700	2248	18372	2156	1187	2911	1906
1907	1759	42976	2770	2300	20637	2195	1265	3077	1907
1908	1723	42441	2790	2230	19865	2255	1299	3131	1908
1909	1763	44358	2880	2301	21530	2322	1316	3166	1909
1910	1815	45785	2880	2403	21580	2408	1435	3366	1910
1911	1930	48106	3000	2493	23619	2511	1530	3464	1911
1912	2128	51563	3280	2565	24850	2688	1680	3603	1912
1913	2265	52440	3280	2717	25656	2807	1857	4128	1913
1914	2276	–	–	2743	24044	2730	1919	4108	1914
1915	–	–	–	3304	28137	3227	2594	4891	1915
1916	–	–	–	3788	40479	3692	3871	6227	1916
1917	–	–	–	4732	56389	3666	4489	7150	1917
1918	–	–	–	5418	68893	4100	5048	9338	1918

a: Netto-, b: Bruttosozialprodukt, c: Bruttoinlandsprodukt

	Belgien	Deutschland	Frankreich	Großbritannien	Italien	Österreich	Rußland	Schweden	
	b	a	a	a	a	a	a	a	
1850		9,5	33,5	28,0					1850
1855		10,0	37,3	33,0					1855
1860		13,0	39,1	31,7			8,8		1860
1861		13,0	38,7	31,7	32,0		8,5	15,0	1861
1862		13,0	37,0	32,4	32,0		6,8	16,0	1862
1863		15,0	37,8	32,5	32,0		7,3	17,0	1863
1864		15,0	41,2	35,0	32,0		7,6	17,0	1864
1865		16,0	39,9	37,3	33,0		7,5	19,0	1865
1866		17,0	40,4	38,7	35,0		9,8	18,0	1866
1867		17,0	40,2	36,4	37,0		10,0	18,0	1867
1868		18,0	43,8	36,4	37,0		9,7	20,0	1868
1869		19,0	44,4	35,8	40,0		11,0	24,0	1869
1870		19,0	40,0	40,2	40,0		11,0	25,0	1870
1871		21,0	41,3	43,5	39,0		12,0	19,0	1871
1872		24,0	45,8	44,8	40,0		12,0	20,0	1872
1873		26,0	43,8	45,3	44,0		12,0	20,0	1873
1874		27,0	46,5	46,4	46,0		13,0	23,0	1874
1875		27,0	47,1	46,7	46,0		14,0	24,0	1875
1876		28,0	47,7	47,5	46,0		14,0	25,0	1876
1877		27,0	46,5	47,4	46,0		14,0	25,0	1877
1878		28,0	47,4	47,3	44,0		18,0	24,0	1878
1879		27,0	46,0	45,6	44,0		18,0	25,0	1879
1880		26,0	49,4	50,3	42,0	28,6	18,0	25,0	1880
1881		27,0	54,1	53,5	47,0	31,8	22,0	29,0	1881
1882		27,0	55,3	55,7	47,0	33,1	21,0	30,0	1882
1883		29,0	54,5	56,5	47,0	37,0	23,0	29,0	1883
1884		30,0	52,5	54,4	49,0	38,3	22,0	32,0	1884
1885		31,0	52,0	52,1	51,0	36,4	24,0	34,0	1885
1886		31,0	52,9	51,0	49,0	39,0	25,0	32,0	1886
1887		33,0	53,7	55,1	53,0	40,3	28,0	34,0	1887
1888		35,0	55,6	58,3	51,0	39,6	26,0	36,0	1888
1889		39,0	58,4	62,4	51,0	42,9	29,0	37,0	1889
1890		40,0	57,3	63,3	51,0	46,8	32,0	40,0	1890
1891		41,0	60,3	64,1	47,0	50,0	34,0	43,0	1891
1892		42,0	63,6	61,0	47,0	50,6	35,0	45,0	1892
1893		43,0	61,5	60,0	47,0	51,9	40,0	48,0	1893
1894		45,0	62,7	63,5	51,0	55,8	40,0	52,0	1894
1895		49,0	59,5	66,5	53,0	57,8	44,0	51,0	1895
1896		50,0	64,4	71,4	51,0	58,4	46,0	57,0	1896
1897		53,0	66,7	73,4	53,0	59,1	49,0	58,0	1897
1898		56,0	68,6	77,0	53,0	63,6	54,0	62,0	1898
1899		58,0	71,3	80,1	56,0	64,3	60,0	66,0	1899
1900		61,0	67,9	80,1	61,0	64,9	63,0	68,0	1900
1901	52,0	59,0	67,7	80,3	61,0	68,2	65,0	70,0	1901
1902	60,0	60,0	66,3	81,7	67,0	68,2	69,0	73,0	1902
1903	62,0	65,0	70,8	80,0	67,0	68,8	67,0	77,0	1903
1904	63,0	68,0	66,9	81,0	70,0	69,4	69,0	80,0	1904
1905	64,0	70,0	74,6	85,7	74,0	73,3	61,0	81,0	1905
1906	67,0	73,0	76,1	89,3	79,0	76,6	69,0	89,0	1906
1907	69,0	79,0	79,3	91,0	90,0	87,7	73,0	92,0	1907
1908	66,0	78,0	77,8	83,7	93,0	85,7	74,0	90,0	1908
1909	72,0	81,0	83,1	84,3	95,0	83,8	77,0	83,0	1909
1910	75,0	86,0	81,1	85,5	95,0	84,4	86,0	97,0	1910
1911	79,0	91,0	88,8	91,5	95,0	89,0	91,0	99,0	1911
1912	84,0	97,0	102,3	93,9	102,0	97,4	95,0	103,0	1912
1913	83,0	100,0	100,0	100,0	100,0	100,0	100,0	100,0	1913

a: 1913 = 100, b: 1937 = 100; Rußland ab 1900: b. Der Index der industriellen Produktion wird nach dem Produktionsausstoß auf der Basis einer einheitlichen Warensystematik berechnet. Die Erhebung erfaßt alle wichtigen Industriezweige. Aus den Mengenzahlen der einzelnen Güter werden Meßzahlen gebildet, die, unter bestimmten Gesichtspunkten zusammengefaßt, ein Gesamtbild der Produktivität eines Landes geben und Rückschlüsse auf seine Wirtschaftskraft erlauben.

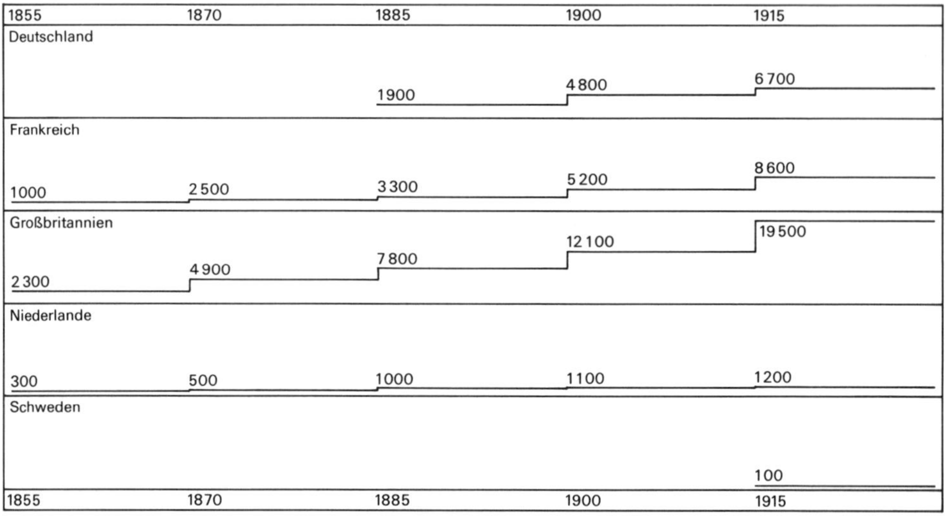

Angaben in Millionen USA-Dollar

nach	Deutschland um 1900	Deutschland um 1914	Frankreich um 1900	Frankreich um 1914	Großbritan. um 1900	Großbritan. um 1914
Europa		2550	4100	4700	1250	1050
USA		950	100	400	1550	4250
Kanada		200	50	100	700	2800
Mexiko			50	400	150	500
Argentinien		200	200	400	550	1550
Brasilien		500	150	700	200	700
Chile			50	50	150	300
Peru		100			100	150
Uruguay			50	50	100	200
Australien				100	1550	1700
Neuseeland					50	300

nach	Deutschland um 1900	Deutschland um 1914	Frankreich um 1900	Frankreich um 1914	Großbritan. um 1900	Großbritan. um 1914
Türkei		450	50	650		100
Indien					1450	1850
China		250	150	150	150	600
Japan				200	100	500
Indo-China				200		
Britisch-Afrika					1650	
Ägypten			300	500	250	200
Tunesien			100	200		
Südafrika			300	100		1550
Deutsch-Afrika		400				
Rest der Welt		100	50	100	2050	1500
Total	4800	5800	5800	9050	12000	20000

Angaben in Millionen USA-Dollar. – Differenzen zwischen der Addition der Werte der einzelnen Länder und der Angabe ›Total‹ erklären sich aus dem Fehlen nicht verfügbarer Werte und aus geringfügigen, nicht aufgeführten Summen.

	1850/51	1870/71	1890/91	1910/11
Amsterdam	224	264	408	574
Antwerpen	88	127	224	302
Athen	31	45	108	167
Barcelona	175	–	397	587
Belfast	103	174	273	387
Berlin	419	826	1579	2071
Birmingham	233	344	478	840
Bologna	73	116	–	173
Bordeaux	131	194	252	262
Bradford	104	147	266	288
Bremen	53	83	126	247
Breslau	114	208	335	512
Bristol	137	183	289	357
Brüssel	251	314	500	720
Budapest	178	202	506	880
Bukarest	120	142	220	341
Danzig	60	89	120	162
Den Haag	72	90	166	281
Dortmund	11	44	90	214
Dresden	97	177	277	548
Dublin	272	246	245	305
Düsseldorf	27	69	145	359
Edinburgh	202	244	342	401
Essen	9	52	79	295
Frankfurt/M.	65	91	180	415
Genua	120	130	–	272
Glasgow	357	522	658	1000
Göteborg	26	56	105	168
Hamburg	132	240	324	931
Hannover	29	88	164	302
Jekaterinoslaw	12	24	47	196
Kasan	45	79	134	188
Kiew	50	71	184	505
Köln	97	129	282	517
Königsberg	73	112	162	246
Kopenhagen	129	181	313	559
Krakau	25	60	188	236
Leeds	121	259	368	453
Leipzig	63	107	295	590
Lemberg	68	87	128	206
Lissabon	240	–	301	435
Liverpool	376	493	630	753
Lodz	16	34	113	408
London	2685	3890	5638	7256
Lyon	177	323	416	460
Madrid	281	332	470	600
Mailand	242	262	–	579
Manchester	303	351	505	714
Marseille	194	313	404	551
Moskau	365	612	799	1533
München	110	169	349	596
Neapel	449	449	–	723
Nürnberg	54	83	143	333
Odessa	90	121	314	506
Oslo	28	67	151	243
Palermo	180	219	–	342
Paris	1053	1852	2448	2888
Prag	118	157	184	224
Riga	70	102	196	331
Rom	175	244	–	542
Rostow	13	39	67	121
Rotterdam	90	116	202	427
Saratow	62	93	123	206
Sheffield	135	240	324	465
Stettin	48	76	116	232
Stockholm	93	136	246	342
St. Petersburg	485	667	1003	1962
Straßburg	76	86	124	179
Stuttgart	47	92	140	286
Tiflis	35	61	101	188
Toulouse	94	125	150	150
Turin	135	208	–	427
Valencia	90	–	171	233
Venedig	106	129	–	161
Warschau	160	252	454	872
Wien	444	834	1365	2031
Wuppertal	80	146	242	339
Zürich	17	57	94	191

Angaben in 1000. – Die Einwohnerzahlen gelten nicht immer für das als Kolumnentitel angegebene Jahr. Die Jahreszahlen gelten hier mehr als Orientierungshilfe. Das jeweils genaue Zensusjahr verzeichnet B. R. Mitchell, European Historical Statistics 1750-1970, London 1975, S. 76-79.

	Belgien 10⁶ Francs		Bulgarien 10⁶ Lew		Dänemark 10⁶ Kronen		Deutschland 10⁶ Mark		Frankreich 10⁶ Francs		Griechenland 10⁶ Drach.		Großbritannien 10⁶ Pfunde		
	Einf.	Ausf.	Einf.	Ausf.	Einf.	Ausf.	Einf.	Ausf.	Einf.	Ausf.	Einf.	Ausf.	Einf.	Ausf.	
1850	237	264							791	1068			103	71	1850
1855	385	344							1594	1558	24	10	144	96	1855
1860	517	470							1897	2277	48	24	211	136	1860
1865	756	602							2642	3088	67	37	271	166	1865
1870	921	690							2867	2802	76	34	303	200	1870
1875	1307	1102			210	154			3537	3873	102	67	374	223	1875
1876	1449	1064			208	160			3989	3576	87	53	375	201	1876
1877	1426	1082			205	144			3680	3436	96	52	394	199	1877
1878	1473	1112			175	137			4176	3180	91	57	369	193	1878
1879	1526	1190	32	20	182	141			4595	3231	102	56	363	192	1879
1880	1681	1217	48	33	208	177	2814	2923	5033	3468	98	60	411	223	1880
1881	1630	1303	58	32	224	162	2962	3030	4863	3561	116	70	397	234	1881
1882	1608	1326	42	34	226	161	3099	3224	4822	3574	143	76	413	241	1882
1883	1552	1343	49	46	255	167	3221	3259	4804	3452	121	83	427	240	1883
1884	1426	1338	51	35	246	150	3236	3190	4343	3232	116	74	390	233	1884
1885	1347	1200	44	45	223	133	2923	2854	4088	3088	114	76	371	213	1885
1886	1335	1182	64	50	188	139	2874	2976	4208	3249	117	79	350	213	1886
1887	1432	1241	65	46	221	154	3109	3136	4026	3246	132	103	362	222	1887
1888	1534	1244	66	64	245	157	3253	3207	4107	3247	109	96	388	235	1888
1889	1556	1459	73	81	268	173	4015	3167	4317	3704	133	108	428	249	1889
1890	1672	1437	85	71	268	195	4162	3335	4437	3753	121	96	421	264	1890
1891	1800	1519	81	71	294	209	4151	3176	4768	3570	140	107	435	247	1891
1892	1537	1369	77	75	280	208	4010	2954	4188	3461	119	82	424	227	1892
1893	1575	1356	91	91	284	198	3962	3092	3854	3236	91	88	405	218	1893
1894	1575	1304	99	73	307	222	3942	2961	3850	3078	110	74	408	216	1894
1895	1680	1385	69	78	312	217	4119	3318	3720	3374	108	73	417	226	1895
1896	1777	1468	77	109	319	219	4307	3525	3799	3401	116	72	442	240	1896
1897	1873	1626	84	60	326	243	4681	3635	3956	3598	116	82	451	234	1897
1898	2045	1787	73	67	367	239	5076	3757	4472	3511	138	88	471	233	1898
1899	2260	1949	60	53	400	270	5463	4217	4518	4153	131	94	485	255	1899
1900	2216	1923	96	54	416	282	5769	4611	4698	4109	131	103	523	291	1900
1901	2221	1828	70	83	397	291	5421	4431	4369	4013	141	94	522	280	1901
1902	2381	1926	71	104	434	318	5631	4678	4394	4252	137	80	528	283	1902
1903	2656	2110	82	108	444	352	6003	5015	4802	4252	137	86	543	291	1903
1904	2782	2182	130	158	466	359	6354	5223	4502	4451	137	91	551	301	1904
1905	3068	2334	122	148	483	391	7129	5732	4779	4867	142	84	565	330	1905
1906	3454	2794	103	115	559	394	8021	6359	5627	5265	145	124	608	376	1906
1907	3774	2334	126	126	601	417	8745	6847	6223	5596	149	118	646	426	1907
1908	3327	2848	130	112	551	440	7663	6399	5640	5051	155	111	593	377	1908
1909	3704	2810	160	111	567	444	8519	6597	6246	5718	138	102	625	378	1909
1910	4265	3407	177	29	577	485	8927	7475	7174	6234	161	145	678	430	1910
1911	4509	3580	199	185	623	537	9683	8106	8066	6077	174	141	680	454	1911
1912	4958	3952	215	156	739	597	10674	8967	8231	6713	158	146	745	487	1912
1913	5050	3716	189	93	777	637	10751	10097	8421	6880	178	119	769	525	1913
1914	–	–	–	–	718	780	–	–	6402	4869	319	179	697	431	1914
1915	–	–	–	–	1029	979	–	–	11036	3937	289	218	852	385	1915
1916	–	–	–	–	1250	1177	–	–	20640	6214	399	155	949	506	1916
1917	–	–	–	–	1024	970	–	–	27554	6013	223	113	1064	527	1917
1918	–	–	–	–	910	710	–	–	22306	4723	734	297	1316	501	1918

Angaben in Millionen der Landeswährung

	Italien 10⁶ Lira		Nieder-lande 10⁶ Gulden		Österreich-Ungarn 10⁶ Kronen		Rußland 10⁶ Rubel		Schweden 10⁶ Kronen		Schweiz 10⁶ Franken		Spanien 10⁶ Pesetas		
	Einf.	Ausf.	Einf.	Ausf.	Einf.	Ausf.	Einf.	Ausf.	Einf.	Ausf.	Einf.	Ausf.	Einf.	Ausf.	
1850			188	137	334	220	94	98	36	36			68	122	1850
1855			249	217	497	488	73	40	85	96			256	315	1855
1860			316	251	458	614	159	181	79	86			370	275	1860
1865	965	558	403	344	558	730	164	209	105	108			407	322	1865
1870	895	755	507	399	872	791	336	360	140	159			522	400	1870
1875	1207	1022	713	533	1099	1102	531	382	261	204			570	452	1875
1876	1307	1208	750	541	1069	1190	478	401	283	223			554	445	1876
1877	1142	934	809	563	1111	1333	321	528	300	215			538	516	1877
1878	1062	1021	847	582	1104	1309	596	618	232	184			541	480	1878
1879	1252	1072	840	630	1113	1368	588	628	213	185			605	528	1879
1880	1187	1104	840	630	1227	1352	623	499	271	236			712	650	1880
1881	1240	1165	920	690	1284	1463	518	506	282	222			651	671	1881
1882	1227	1152	992	752	1308	1563	567	618	293	254			817	765	1882
1883	1288	1188	1073	684	1250	1500	562	640	328	256			893	719	1883
1884	1319	1071	1129	841	1225	1383	537	590	320	239			780	619	1884
1885	1460	951	1092	891	1116	1344	435	538	337	246	756	666	765	698	1885
1886	1458	1028	1103	950	1078	1397	427	484	296	228	799	667	855	727	1886
1887	1605	1002	1137	992	1137	1346	400	617	291	247	837	671	811	722	1887
1888	1175	892	1272	1115	1066	1458	386	784	323	282	827	673	683	763	1888
1889	1391	951	1245	1094	1178	1532	432	751	372	302	907	695	782	827	1889
1890	1319	896	1300	1088	1221	1543	407	692	376	304	954	703	851	868	1890
1891	1127	877	1356	1141	1227	1573	372	707	368	323	932	672	916	847	1891
1892	1173	958	1282	1134	1245	1445	400	476	359	328	869	658	795	709	1892
1893	1191	964	1409	1111	1341	1611	400	599	332	328	828	646	715	660	1893
1894	1.095	1027	1461	1115	1400	1591	554	669	345	298	826	621	754	628	1894
1895	1187	1038	1444	1178	1445	1484	526	689	343	311	916	663	769	754	1895
1896	1180	1052	1535	1338	1412	1548	586	689	357	340	994	688	842	968	1896
1897	1192	1092	1706	1479	1511	1532	560	730	399	358	1027	693	851	1028	1897
1898	1413	1204	1796	1516	1640	1615	618	733	446	345	1065	724	662	865	1898
1899	1507	1431	1917	1583	1609	1862	661	627	503	358	1160	796	990	815	1899
1900	1700	1338	1968	1695	1696	1942	626	716	526	391	1111	836	945	794	1900
1901	1718	1374	2047	1734	1653	1885	693	762	460	353	1050	837	909	757	1901
1902	1723	1464	2172	1828	1720	1914	599	860	502	392	1129	874	887	814	1902
1903	1813	1483	2278	1951	1877	2130	682	1001	530	441	1196	889	934	901	1903
1904	1878	1564	2420	1986	2048	2089	651	1006	572	415	1240	891	921	918	1904
1905	2016	1694	2584	1994	2146	2244	635	1077	574	450	1380	969	1059	954	1905
1906	2514	1894	2524	2084	2341	2380	801	1095	638	504	1469	1071	1015	898	1906
1907	2881	1938	2692	2212	2502	2457	847	1053	674	525	1687	1153	948	944	1907
1908	2913	1718	2824	2181	2398	2255	913	998	598	482	1487	1038	982	896	1908
1909	3112	1855	3137	2455	2746	2319	906	1428	614	473	1602	1098	957	926	1909
1910	3246	2065	3265	2632	2853	2419	1084	1449	669	493	1745	1196	1000	971	1910
1911	3389	2190	3333	2732	3192	2404	1162	1591	690	664	1802	1257	995	976	1911
1912	3702	2383	3613	3113	3557	2734	1172	1519	783	760	1070	1358	1052	1040	1912
1913	3646	2497	3918	3083	3407	2770	1374	1520	847	817	1920	1376	1309	1079	1913
1914	2923	2195	2889	2505	2902	2095	–	–	727	772	1478	1187	1051	881	1914
1915	4704	2512	2111	1749	3800	1335	1131	397	1143	1316	1680	1670	1207	1258	1915
1916	8390	3053	1883	1347	6009	1540	2675	579	1139	1556	2379	2448	1281	1378	1916
1917	13990	3276	970	821	–	–	–	–	759	1350	2405	2323	1326	1325	1917
1918	16039	3305	618	386	–	–	–	–	1233	1350	2401	1963	624	1009	1918

Deutschland
Deutscher Bund

Reichsregierung 1848/49

Reichsverweser
Johann Erzhzg. v. Österreich, 1848/49

Ministerpräsidenten
K. Fürst v. Leiningen, 1848
A. Ritter v. Schmerling, 1848
H. Frhr. v. Gagern, 1848/49
W. Grävell, 1849

Außenminister
J. Heckscher, 1848
A. Ritter v. Schmerling, 1848
H. Frhr. v. Gagern, 1848/49
A. G. Jochmus, 1849

Deutsches Reich 1871-1918

Kaiser
Wilhelm I., 1871-1888
Friedrich III., 1888
Wilhelm II., 1888-1918

Reichskanzler
O. Fürst v. Bismarck, 1871-1890
G. L. Gf. v. Caprivi, 1890-1894
C. Fürst zu Hohenlohe-Schillingsfürst, 1894-1900
B. (Gf.) Fürst v. Bülow, 1900-1909
Th. v. Bethmann Hollweg, 1909-1917
G. Michaelis, 1917
G. Gf. Hertling, 1917/18
Max Prinz v. Baden, 1918

Staatssekretäre des Auswärtigen Amtes
B. E. v. Bülow, 1873-1879
P. Gf. v. Hatzfeld, 1881-1885
H. (Gf.) Fürst v. Bismarck, 1886-1890
A. Frhr. Marschall v. Bieberstein, 1890-1897
B. Gf. (Fürst) v. Bülow, 1897-1900
O. Frhr. v. Richthofen, 1900-1906
H. L. v. Tschirschky, 1906/7
W. v. Schoen, 1907-1910
A. v. Kiderlen-Wächter, 1910-1912
G. v. Jagow, 1913-1916
A. Zimmermann, 1916/17
R. v. Kühlmann, 1917/18
P. v. Hintze, 1918
W. Solf, 1918

Preußen
Könige

Friedrich Wilhelm IV., 1840-1861
Wilhelm I., 1861-1888
Friedrich III., 1888
Wilhelm II., 1888-1918

Ministerpräsidenten
A. H. Gf. v. Arnim-Boitzenburg, 1848
L. Camphausen, 1848
E. v. Pfuel, 1848
F. W. Gf. v. Brandenburg, 1848-1850
O. Frhr. v. Manteuffel, 1850-1858
Karl Anton Fürst v. Hohenzollern-Sigmaringen, 1858-1862
A. Fürst v. Hohenlohe-Ingelfingen, 1862
O. (Gf.) Fürst v. Bismarck, 1862-1873
A. Gf. v. Roon, 1873
O. Fürst v. Bismarck, 1873-1890
G. L. Gf. Caprivi, 1890-1892
B. Gf. zu Eulenburg, 1892-1894
Amt s. 1894 ständig in Personalunion mit dem des Reichskanzlers

Außenminister
K. E. W. Frhr. v. Canitz, 1845-1848
A. H. Gf. v. Arnim-Boitzenburg, 1848
H. A. v. Arnim, 1848
A. Frhr. v. Schleinitz, 1848
R. v. Auerswald, 1848
A. H. Gf. v. Dönhoff, 1848
Fr. W., Gf. v. Brandenburg, 1848
F. A. Eichmann, 1848/49
H. F. Gf. v. Arnim-Heinrichsdorff, 1849
Fr. W. Gf. v. Brandenburg, 1849
A. Frhr. v. Schleinitz, 1849/50
J. M. v. Radowitz, 1850
O. Frhr. v. Manteuffel, 1850-1858
A. Frhr. v. Schleinitz, 1858-1861
A. Gf. v. Bernstorff, 1861/62
O. (Gf.) Fürst v. Bismarck, 1862-1890
Amt s. 1871 ständig in Personalunion mit dem des Reichskanzlers

Belgien

Könige
Leopold I., 1831-1865
Leopold II., 1865-1909
Albert, 1909-1934

Ministerpräsidenten (Auswahl)
Ch. Rogier, 1847-1852, 1857-1867
H. Frère-Orban, 1868-1870, 1878-1884
J. Malou, 1874-1878, 1884
A. Beernaert, 1884-1894
P. Gf. de Smet de Nayer, 1896-1899, 1899-1907
Ch. Frhr. de Broqueville, 1911-1918

Bulgarien

Fürsten, Zar seit 1908
Alexander I. v. Battenberg, 1879-1886
Ferdinand I. v. Sachsen-Coburg, 1887-1918

Dänemark

Könige
Christian VIII. (Friedrich), 1839-1848
Friedrich VII., 1848-1863
Christian IX., 1863-1906
Friedrich VIII., 1906-1912
Christian X., 1912-1947

Ministerpräsidenten (Auswahl)
A. W. v. Moltke, 1842-1852
C. Chr. Hall, 1857-1859, 1860-1863
D. G. Monrad, 1863/64
Chr. E. Gf. Krag-Juel-Vind-Frijs, 1865-1870
C. Th. Zahle, 1909/10, 1913-1920

Frankreich
Zweite Republik

Staatsoberhäupter
Ph. J. B. Buchez, 1848
E. Cavaignac, 1848
Louis Napoléon Bonaparte, 1848-1852

Ministerpräsidenten
L. M. Gf. Molé, 1848
A. Thiers, 1848
J. Dupont de l'Eure, 1848
A. Gf. d'Hautpoul, 1849-1851
L. Faucher, 1851-1854

Außenminister
A. de Lamartine, 1848
J. Bastide, 1848
E. Drouyn de l'Huys, 1848/49, 1851, 1852-1855
A. C. de Tocqueville, 1849
J. Ducos de La Hire, 1849-1851
A. Brenier, 1851
P. Baroche, 1851
L. Marquis de Turgot, 1851/52

Kaiserreich

Kaiser
Napoleon III., 1852-1870

Leitende Minister und Ministerpräsidenten
L. Faucher, 1851-1854
E. Rouher, 1855-1859
A. Billault, 1859-1863
E. Rouher, 1863-1869
J. de Forcade de la Roquette, 1869
E. Ollivier, 1870
Ch. Cousin-Montauban, 1870

Außenminister
E. Drouyn de l'Huys, 1852-1855
A. C. Hzg. v. Walewski, 1855-1860
E. Thouvenel, 1860-1862
E. Drouyn de l'Huys, 1862-1866
L. Marquis de Moustier, 1866-1868
Ch. Marquis de La Valette, 1868/69
H. Fürst v. Latour d'Auvergne-Lauraguais, 1869
N. Gf. Daru, 1870
A. Hzg. v. Gramont, 1870
H. Fürst v. Latour d'Auvergne, 1870

Dritte Republik

Staatspräsidenten
L. A. Thiers, 1871-1873
P. M. Gf. v. MacMahon, 1873-1879
J. Grevy, 1879-1887
S. Carnot, 1887-1894
J. Casimir-Périer, 1894/95
F. Faure, 1895-1899
E. Loubet, 1899-1906
A. Fallières, 1906-1913
R. Poincaré, 1913-1920

Ministerpräsidenten
J. Trochu, 1870/71
L. A. Thiers, 1871-1873
P. M. Gf. v. MacMahon, 1873/74
E. de Cissey, 1874/75
L. Buffet, 1875/76
J. Dufaure, 1876
J. Simon, 1876/77
A. Hzg. v. Broglie, 1877
C. de Grimaudet de la Rochebouet, 1877
J. Dufaure, 1877-1879
W. Waddington, 1879
Ch. de Saulces de Freycinet, 1879/80
J. Ferry, 1880/81
L. Gambetta, 1881/82
Ch. de Saulces de Freycinet, 1882
Ch. Th. E. Duclerc, 1882/83
A. Fallières, 1883
J. Ferry, 1883-1885
E. Brisson, 1885
Ch. de Saulces de Freycinet, 1886
R. Goblet, 1886/87
M. Rouvier, 1887
P. Tirard, 1887/88
Ch. Floquet, 1888/89
P. Tirard, 1889/90
Ch. de Saulces de Freycinet, 1890-1892
E. Loubet, 1892
A. Ribot, 1892/93
Ch. Dupuy, 1893
J. Casimir-Périer, 1893/94
Ch. Dupuy, 1894/95
A. Ribot, 1895
L. Bourgeois, 1895/96
F. Méline, 1896-1898
E. Brisson, 1898
Ch. Dupuy, 1898/99
P. Waldeck-Rousseau, 1899-1902
E. Combes, 1902-1905
M. Rouvier, 1905/6
F. Sarrien, 1906
G. Clemenceau, 1906-1909
A. Briand, 1909-1911
A. E. E. Monis, 1911
J. Caillaux, 1911/12
R. Poincaré, 1912/13
A. Briand, 1913
L. Barthou, 1913
G. Doumergue, 1913/1914
R. Viviani, 1914/15
A. Briand, 1915-1917
A. Ribot, 1917
P. Painlevé, 1917
G. Clemenceau, 1917-1920

Außenminister
J. Favre, 1870/71
Ch. Gf. Rémusat, 1871-1873
A. Hzg. v. Broglie, 1873
L. Hzg. Decazes, 1873-1877
G. Marquis de Banneville, 1877
W. Waddington, 1877-1879
Ch. de Saulces de Freycinet, 1879/80
J. Bartélemy Saint-Hilaire, 1880/81
L. Gambetta, 1881/82
Ch. de Saulces de Freycinet, 1882
Ch. Duclerc, 1882/83
P. Challemel-Lacour, 1883
J. Ferry, 1883-1885
Ch. de Saulces de Freycinet, 1886
E. Flourens, 1886-1888
R. Goblet, 1888/89
E. Spuller, 1889/90
A. Ribot, 1890-1892
J. Develle, 1892
A. Ribot, 1892/93
J. Develle, 1893
J. Casimir-Périer, 1893/94
G. Hanotaux, 1894/95
M. Berthelot, 1895/96
L. Bourgeois, 1896
G. Hanotaux, 1896-1898
Th. Delcassé, 1898-1905
M. Rouvier, 1905/6
L. Buorgeois, 1906
St. Pichon, 1906-1911
J. Cruppi, 1911
J. de Selves, 1911/12
R. Poincaré, 1912/13
C. Jonnart, 1913
St. Pichon, 1913
G. Doumergue, 1913/14
L. Bourgeois, 1914
Th. Delcassé, 1914
G. Doumergue, 1914
Th. Delcassé, 1914/15
R. Viviani, 1915
A. Briand, 1915-1917
A. Ribot, 1917
St. Pichon, 1917-1920

Griechenland

Könige
Otto, 1833-1862
Georg I., 1863-1913
Konstantin, 1913-1917
Alexander, 1917-1920

Großbritannien

Könige
Viktoria, 1837-1901
Eduard VII., 1901-1910
Georg V., 1910-1936

Premierminister
J. Russel (Liberal), 1846-1852
E. G. Stanley, Gf. v. Derby (Conservative), 1852
G. Gordon, Gf. Aberdeen (Conservative), 1852-1855
H. Temple Viscount Palmerston (Liberal), 1855-1858

E. G. Stanley, Gf. v. Derby (Conservative), 1858/59
H. Temple, Viscount Palmerston (Liberal), 1859-1865
J. Russel (Liberal), 1865/66
E. G. Stanley, Gf. v. Derby (Conservative), 1866-1868
B. Disraeli (Conservative), 1868
W. E. Gladstone (Liberal), 1868-1874
B. Disraeli (Conservative), 1874-1880
W. E. Gladstone (Liberal), 1880-1885
R. Cecil, Marquess Salisbury (Conservative), 1885/86
W. E. Gladstone (Liberal), 1886
R. Cecil, Marquess Salisbury (Conservative), 1886-1892
W. E. Gladstone (Liberal), 1892-1894
A. Primrose, Gf. v. Rosebery (Liberal), 1894/95
R. Cecil, Marquess Salisbury (Conservative), 1895-1902
A. J. Balfour (Conservative), 1902-1905
H. Campbell-Bannerman (Liberal), 1905-1908
H. H. Asquith (Liberal), 1908-1916
D. Lloyd George (Liberal), 1916-1919

Schatzkanzler
Ch. Wood, 1846-1852
B. Disraeli, 1852
W. E. Gladstone, 1852-1855
G. C. Lewis, 1855-1858
B. Disraeli, 1858/59
W. E. Gladstone, 1859-1866
B. Disraeli, 1866-1868
G. W. Hunt, 1868
R. Lowe, 1868-1873
St. H. Northcote, Gf. v. Iddesleigh, 1874-1880
W. E. Gladstone 1880-1882
H. Childers, 1882-1885
M. Hicks-Beach, 1885/86
W. V. Harcourt, 1886
R. Lord Churchill, 1886
G. J. Goschen, 1887-1892
W. V. Harcourt, 1892-1895
A. J. Balfour, 1895-1902
M. Hicks-Beach, 1902
Ch. Th. Ritchie, 1902/03
A. Chamberlain, 1903-1905
H. H. Asquith, 1905-1908
D. Lloyd George, 1908-1915
R. Mac Kenna, 1915/16
A. Bonar Law, 1916-1919

Außenminister
H. Temple, Viscount Palmerston, 1846-1851
G. Levenson-Gower, Gf. v. Granville, 1851/52
J. Harris, Gf. v. Malmesbury, 1852
J. Gf. v. Russel, 1852/53
G. Villiers, Gf. v. Clarendon, 1853-1858
J. Harris, Gf. v. Malmesbury, 1858/59
J. Gf. v. Russel, 1859-1865
J. Villiers, Gf. v. Clarendon, 1865/66
E. H. Lord Stanley, 1866-1868
G. Villiers, Gf. v. Clarendon, 1868-1870
G. Levenson-Gower, Gf. v. Granville, 1870-1874
E. Stanley, Gf. v. Derby, 1874-1878
R. Cecil, Marquess Salisbury, 1878-1880
G. Levenson-Gower, Gf. v. Granville, 1880-1885
R. Cecil, Marquess Salisbury, 1885/86
A. Primrose, Gf. v. Rosebery, 1886
St. H. Northcote, Gf. v. Iddesleigh, 1886/87
R. Cecil, Marquess Salisbury, 1887-1892
A. Primrose, Gf. v. Rosebery, 1892-1894
J. Wodehouse, Gf. v. Kimberley, 1894/95
R. Cecil, Marquess Salisbury, 1895-1900
H. Keith-Fitzmaurice, Marquess Lansdowne, 1900-1905
E. Grey, Viscount Fallodon, 1905-1916
A. J. Balfour, 1916-1919

Italien
Sardinien-Piemont, 1848-1861

Könige
Karl Albert, 1831-1849
Viktor Emmanuel II., 1849-1878

Ministerpräsidenten (Auswahl)
CL. Gf. Solaro, 1835-1848
C. Gf. Balbo, 1848
V. Gioberti, 1848/49
M. Tapparelli, Marchese d'Azeglio, 1849-1852
C. Gf. Cavour, 1852-1859
A. Marchese di La Marmora, 1859/60
C. Gf. Cavour, 1860/61

Italien, Königreich seit 1861

Könige
Viktor Emmanuel II., 1861-1878 (1849)
Humbert I., 1878-1900
Victor Emmanuel III., 1900-1946

Ministerpräsidenten
C. Gf. Cavour, 1861
B. Gf. Ricàsoli, 1861/62, 1866/67
U. Rattazzi, 1862, 1867
L. Farini, 1862/63
M. Minghetti, 1863/64, 1873-1876
A. Ferrero, Ritter v. La Màrmora, 1864-1866
F. Gf. Menabrea, 1867-1869
G. Lanza, 1869-1873
A. Depretis, 1876-1878/79, 1881-1887
B. Càiroli, 1878, 1879-1881
F. Crispi, 1887-1891, 1893-1896
A. Rudini, 1891/92, 1896-1898
G. Giolitti, 1892/93, 1903-1905, 1906-1909, 1911-1914
L. Pelloux, 1898-1900
G. Saracco, 1900/01
G. Zanardelli, 1901-1903
A. Fortis, 1905/06
S. Baron Sonnino, 1906, 1909/10
L. Luzzatti, 1910/11
A. Salandra, 1914-1916
P. Boselli, 1916/17
V. Orlando, 1917-1919

Niederlande

Könige
Wilhelm II., 1840-1849
Wilhelm III., 1849-1890
Wilhelmina, 1890 (1898)-1948

Kabinettsbilder (Auswahl)
R. Gf. Schimmelpenninck, 1848
J. Thorbecke, 1849-1853, 1862-1866, 1871/72
F. A. Baron v. Hall, 1853-1856, 1860/61
D. Donker Curtius, 1848/49, 1853-1856
P. v. Bosse, 1858-1860, 1868-1871
J. Heemskerk, 1866-1868, 1874-1877 1883-1888
J. Roëll, 1894-1897
A. Kuyper, 1901-1905
P. Cort v. d. Linden, 1913-1918

Österreich
Kaisertum, 1848-1867

Kaiser
Ferdinand I., 1835-1848
Franz Joseph, 1848-1916

Haus-, Hof- und Staatskanzler
C. Fürst v. Metternich, 1809-1848

Leiter der Regierung
A. Fürst zu Windisch-Grätz, 1848

Ministerpräsidenten
F. A. Gf. Kolowrat-Liebsteinsky, 1848
K. L. Gf. v. Ficquelmont (u. Außenmin.), 1848
F. Frhr. v. Pillersdorf, 1848
A. Frhr. v. Doblhoff-Dier, 1848
J. Frhr. v. Wessenberg-Ampringen (u. Außenmin.), 1848
F. Fürst zu Schwarzenberg (u. Außenmin.), 1848-1852
K. F. Gf. v. Buol-Schauenstein (u. Außenmin.), 1852-1859
J. B. Gf. v. Rechberg und Rothenlöwen (u. Außenmin. bis 1864), 1859-1861
Rainer Erzhzg. v. Österreich u.
A. v. Schmerling, 1861-1865
A. Gf. v. Mensdorff-Pouilly (u. Außenmin. 1864-1866), 1865
R. Gf. v. Belcredi, 1865-1867
F. Gf. v. Beust (Reichskanzler u. Außenmin.), 1866/67-1871

Österreichisch-Ungarische Monarchie, 1867-1918
Kaiser
Franz Joseph, 1848-1916
Karl I., 1916-1918

Außenminister der Monarchie
Fr. F. (Frhr.) Gf. v. Beust, 1867-1871
J. Gf. Andrássy, 1871-1879
H. Frhr. v. Haymerle, 1879-1881
G. Gf. Kálnoky v. Köröspatak, 1881-1895
A. Gf. v. Goluchowski, 1895-1906
A. Frhr. Gf. Lexa v. Aehrenthal, 1906-1912
L. Gf. v. Berchtold, 1912-1915
St. Frhr. v. Burian, 1915/16
O. Gf. v. Czernin, 1916-1918
St. Gf. v. Burian, 1918
J. Gf. v. Andrássy, 1918
L. Frhr. v. Flotow, 1918

Österreichische Ministerpräsidenten
K. Fürst Auersperg, 1867/68
E. Gf. Taaffe, 1868-1870
I. Edler v. Plener, 1870
L. Ritter Hasner v. Artha, 1870
A. Gf. Potocki, 1870/71
K. Gf. v. Hohenwart, 1871
L. Frhr. v. Holzgethan, 1871
A. Fürst Auersperg, 1871-1879
K. v. Stremayr, 1879
E. Gf. Taaffe, 1879-1893
A. Fürst zu Windisch-Grätz, 1893-1895
E. Gf. v. Kielmansegg, 1895
K. F. Gf. v. Badeni, 1895-1897
P. Frhr. Gautsch v. Frankenthurn, 1897/98
F. Gf. v. Thun u. Hohenstein, 1898/99
M. Gf. v. Clary u. Aldringen, 1899
H. Ritter v. Wittek, 1899/1900
E. v. Koerber, 1900-1904
P. Frhr. Gautsch v. Frankenthurn, 1905/6
K. Prinz v. Hohenlohe-Waldenburg-Schillingsfürst, 1906
M. W. Frhr. v. Beck, 1906-1908
R. Frhr. v. Bienerth, 1908-1911
P. Frhr. Gautsch v. Frankenthurn, 1911
K. Reichsgf. v. Stürgkh, 1911-1916
E. v. Koerber, 1916
H. Gf. v. Clam-Martinitz, 1916/17
E. Ritter Seidler v. Feuchtenegg, 1917/18
M. Frhr. Hussarek v. Heinlein, 1918
H. Lammasch, 1918

Ungarische Ministerpräsidenten
L. Gf. Batthyány v. Németújvár, 1848
B. Szemere, 1849
J. Gf. v. Andrássy, 1867-1871
M. Gf. v. Lónyay, 1871/72
J. Szlávy v. Okány, 1872-1874
St. Bittó v. Sárosfalva, 1874/75
A. Frhr. v. Wenckheim, 1875
K. Tisza, 1875-1890
J. Gf. Szapáry, 1890-1892
A. Wekerle, 1892-1895
D. Frhr. v. Bánffy, 1895-1899
K. Széll, 1899-1903
K. Gf. Khuen-Héderváry, 1903
St. Gf. v. Tisza, 1903-1905
G. Frhr. v. Fejérváry, 1905/06
A. Wekerle, 1906-1910
K. Gf. Khuen-Héderváry, 1910-1912
L. v. Lukács, 1912/13
St. Gf. Tisza, 1913-1917
M. Gf. v. Esterházy, 1917
A. Wekerle, 1917/18
J. Gf. v. Hadik, 1918
M. Gf. v. Károly, 1918

Päpste

Pius IX., 1846-1878
Leo XIII., 1878-1903
Pius X., 1903-1914
Benedikt XV., 1914-1922

Kardinalsstaatssekretäre (Auswahl)
G. Soglia, 1848
G. Antonelli, 1848-1876
G. Simeoni, 1876-1878
L. Nina, 1878-1880
L. Jacobini, 1880-1887
M. Rampolla, 1887-1903
R. Merry de Val, 1903-1914
P. Gasparri, 1914-1930

Portugal
Könige
Ferdinand II., 1837-1853
Peter V., 1853-1861
Ludwig, 1861-1889
Karl, 1889-1908
Manuel II., 1908-1910

Staatspräsidenten
T. Braga, 1910/11
M. d'Arriaga, 1911-1915
T. Braga, 1915
B. Machado Guimarães, 1915-1918
S. B. Cardoso da Silva Pais, 1918

Ministerpräsidenten (Auswahl)
J. Hzg. v. Saldanha, 1846-1849, 1851-1856, 1870
N. Hzg. v. Loulé, 1856 (1857)-1859, 1860-1865, 1869/70
A. Hzg. v. Ávila, 1868, 1870/71, 1877/78
A. de Fontes Pereira de Mello, 1871-1877/78/79, 1881-1886
A. J. Braamcamp, 1879-1881
J. de Castro, 1886-1890, 1897-1900, 1904-1906
E. Hintze-Ribeiro, 1893-1897, 1900-1904, 1906
J. Franco, 1906-1908
T. Braga, 1910/11
A. Costa, 1913/14, 1915/16/17

Rumänien (Moldau und Walachei)

Fürsten, seit 1859; *Könige,* seit 1881
Alexander I. Cuza, 1859-1866
Karl I., 1866-1914
Ferdinand I., 1914-1927

Rußland
Kaiserreich

Zaren (Kaiser)
Nikolaus I., 1825-1855
Alexander II., 1855-1881
Alexander III., 1881-1894
Nikolaus II., 1894-1917

Vorsitzende d. Ministerkomitees
W. Gf. Lewaschów, 1847/48
A. Fürst Tschernýschew, 1848-1856
A. Fürst Orlow, 1856-1861
D. Gf. Blúdow, 1861-1864
P. Fürst Gagárin, 1864/65
P. Gf. Ignátjew, 1872-1877
P. Gf. Walújew, 1877-1881
M. Gf. v. Reutern, 1881-1887
N. v. Bunge, 1887-1895
I. Durnowó, 1895-1903
S. Gf. v. Witte, 1903-1905

Ministerpräsidenten
S. Gf. v. Witte, 1905/06
I. Goremýkin, 1906
P. Stolýpin, 1906-1911
W. Kokówzew, 1911-1914
I. Goremýkin, 1914-1916
B. Stürmer (Pánin), 1916
A. Trépow, 1916/17
N. Fürst Golízyn, 1917

Außenminister
K. Gf. v. Nesselrode, 1817-1856
A. Fürst Gortschaków, 1856-1882
N. v. Giers, 1882-1895
A. Fürst Lobánow-Rostówskij, 1895/96
M. Gf. Murawjów, 1896-1900
W. Gf. v. Lamsdorff, 1900 (1901)-1906
A. Iswólskij, 1906-1910
S. Sasónow, 1910-1916
B. W. Stürmer (Pánin), 1916
N. Pokrówskij, 1916/17

Provisorische Regierung,
März–Oktober 1917

Ministerpräsidenten
G. Fürst Lwow
A. Kerenskij

Außenminister
P. Miljukow
M. Tereschtschénko

Schweden

Könige
Oskar I., 1844-1859
Karl XV., 1859-1872
Oskar II., 1872-1907
Gustav V. Adolf, 1907-1950

Ministerpräsidenten (Auswahl)
L. Frhr. de Geer, 1858-1870, 1875-1880
O. Themptander, 1884-1888
K. Staaff, 1905/06, 1911-1914
A. Lindman, 1906-1911
H. v. Hammerskjöld, 1914-1917
N. Edén, 1917-1920

Serbien

Fürsten, Könige, seit 1882
Alexander, 1843-1858
Milosch, 1858-1860
Michael III., (1839-1843), 1860-1868
Milan IV., 1868-1889
Alexander I., 1889-1903
Peter I., 1903-1921

Ministerpräsidenten (Auswahl)
J. Ristić, 1867, 1875, 1877-1881, 1887
N. Pašić, 1891/92, 1904/05, 1906-1908, 1909-1911, 1912-1918
M. Milovanović, 1911/12
M. Trivkowić, 1912

Spanien

Könige
Isabella II., 1833-1868
Amadeus I., 1871-1873
Alfons XII., 1874-1885
Maria de las Mercedes, 1885/86
Alfons XIII., 1886-1931

Staatspräsident der Republik, 1868/69-1871
F. Serrano y Dominguez, Hzg. de la Torre, 1869-1871

Ministerpräsidenten (Auswahl)
B. Espartero, 1854-1856
R. Narváez, 1847-1851, 1856/57, 1864/65, 1866
L. O'Donnel, 1856, 1858-1863, 1865
F. Istúriz y Montero, 1858
L. Gonzalez Bravo, 1868
F. Serrano y Diminguez, 1868/69, 1871, 1872, 1874
M. Ruiz Zorilla, 1871, 1872
P. Sagasta, 1871/72, 1874, 1881-1883, 1885-1890, 1892-1895 1897-1899, 1901/02
A. Canovas del Castillo, 1874/75, 1875-1879, 1884/85, 1890-1892, 1895-1897
A. Maura y Montomer, 1903/04, 1907-1909, 1918
J. Canalejas y Méndez, 1910-1912
E. Dato y Iradier, 1913-1915, 1917

Außenminister (Auswahl)
Ch. Martos, 1869, 1871
P. Sagasta, 1870, 1874
V. de Armijo, 1881-1883, 1888-1890
S. Moret y Predergast, 1885-1888, 1893/4

Osmanisches Reich

Herrscher und wichtige Großwesire
Abd ül-Medschid, 1839-1861
Mustapha Reşid Paşa, 1846-1848, 1848-1852, 1853-1855, 1855/56, 1857/58
Mehmed Emin Ali Paşa, 1852, 1855/56, 1858/59, 1861
Abd ül-Aziz, 1861-1876
Murad V., 1876
Mehmed Emin Ali Paşa, 1867-1871
Midhat Paşa, 1872
Abd ül-Hamid II., 1876-1909
Midhat Paşa, 1876/77
Mehmed Said Paşa, 1879-1882, 1882-1885, 1895, 1901-1903, 1908
Halil Rifat Paşa, 1895-1901
Mehmed Kamil Paşa, 1885-1891, 1895, 1908/09
Ahmed Tevfik Paşa, 1909
Mehmed V., 1909-1918
Hüseyin Hilmi Paşa, 1909/10
Ibrahim Hakki Paşa, 1910/11
Mehmed Said Paşa, 1911/12
Mehmed Kamil Paşa, 1912/13
Said Halim Paşa, 1913-1917
Mehmed VI., 1918-1922
Ahmed Tevfik Paşa, 1918/19 1920-1922

Norddeutscher Bund (1867), Deutsches Reich	12.2. 1867	31.8. 1867	3.3. 1871	10.1. 1874	10.1. 1877	30.7. 1878	27.10. 1881	28.10. 1884	21.2. 1887	20.2. 1890	15.6. 1893	16.6. 1898	16.6. 1903	25.1. 1907	12.1. 1912
Konservative, s. 1876 Deutschkons. Partei	59	64	54	21	40	59	50	78	80	73	72	56	52	60	45
Deutsche Reichspartei (Freikons. Partei)	39	34	38	33	38	56	27	28	41	21	28	23	20	25	13
Nationalliberale	80	78	119	152	127	98	45	51	99	42	53	47	52	56	44
Deutsche Fortschrittspartei	19	29	45	49	35	26	59	–	–	–	–	–	–	–	–
Deutsche Freisinnige Partei	–	–	–	–	–	–	–	67	32	67	–	–	–	–	–
Freisinnige Vereinigung	–	–	–	–	–	–	–	–	–	–	13	13	9	14	–
Freisinnige Volkspartei	–	–	–	–	–	–	–	–	–	–	24	29	21	29	–
Deutsche Volkspartei (Demokraten)	–	4	2	1	4	3	8	7	–	10	11	8	6	7	–
Fortschrittliche Volkspartei	–	–	–	–	–	–	–	–	–	–	–	–	–	–	42
Sonstige liberale Parteien	41	28	30	–	–	–	47	–	–	–	–	–	–	–	–
Partikularisten und Klerikale	18	21	–	–	–	–	–	–	–	–	–	–	–	–	–
Zentrum	–	–	58	91	93	93	98	99	98	106	96	102	100	104	90
Sozialdemokratische Partei	–	3	1	9	12	9	12	24	11	35	44	56	82	43	110
Bayrischer Bauernbund	–	–	–	–	–	–	–	–	–	–	3	5	6	1	3
Bund der Landwirte	–	–	–	–	–	–	–	–	–	–	–	6	1	7	3
Welfen	–	–	7	4	4	10	10	11	4	11	7	9	5	2	5
Elsässer (und Lothringer)	–	–	–	15	15	25	15	15	15	10	8	10	9	8	9
Polen	13	11	14	14	14	14	18	16	13	16	19	14	16	20	18
Dänen	2	1	1	1	1	1	2	1	1	1	1	1	1	1	1
Antisemiten	–	–	–	–	–	–	–	–	1	5	16	13	11	17	7
Splittergruppen	26	24	13	7	14	13	6	–	2	–	2	5	6	3	7

Preußen	1849	1849	1852	1855	1859	1862	1862	1863	1866	1867	1870	1873	1877	1879	1882
Konservative[1])	53	114	138	181	47	14	11	34	119	125	114	30	41	110	122
Freikonservative	–	–	–	–	–	–	–	–	17	48	41	35	35	51	57
Liberale Gruppen[2])	121	84	–	20	195	139	115	105	77	50	11	3	–	–	–
Linksliberale Gruppen	158	70	91	28	↴	–	–	–	–	–	–	–	–	–	–
Deutsche Fortschrittspartei	–	–	–	–	↳	104	133	141	61	48	49	68	63	38	–
Nationalliberale	–	–	–	–	–	–	–	–	34	99	123	174	169	85	66
Liberale Vereinigung	–	–	–	–	–	–	–	–	–	–	–	–	–	19	–
Freisinnige Partei	–	–	–	–	–	–	–	–	–	–	–	–	–	–	53
Freisinnige Volkspartei	–	–	–	–	–	–	–	–	–	–	–	–	–	–	–
Freisinnige Vereinigung	–	–	–	–	–	–	–	–	–	–	–	–	–	–	–
Katholische Fraktion, s. 1859 Zentrum	–	–	53	51	57	54	28	28	15	–	58	88	00	07	00
SPD (Sozialdemokraten)	–	–	–	–	–	–	–	–	–	–	–	–	–	–	–
Polen	15	15	11	6	18	23	22	26	21	17	19	18	15	19	18
Splittergruppen	3	69	69	66	35	18	43	18	8	45	17	16	21	14	18

Preußen (Fortsetzung)	1886	1889	1894	1899	1904	1908	1913	1919	
Konservative	133	129	144	144	144	155	148	49	Deutschnationale Volkspartei
Freikonservative	62	64	65	58	64	60	54		
Nationalliberale	72	86	84	75	76	65	–	21	Deutsche Volkspartei
Freisinnige Volkspartei	40	29	14	26	24 }	37	40	66	Deutsche Demokratische Partei
Freisinnige Vereinigung	–	–	6	10	9 }				
Katholische Fraktion, s. 1859 Zentrum	90	90	05	100	96	103	103	94	Zentrum
SPD (Sozialdemokraten)	–	–	–	–	–	6	10	145	SPD (Sozialdemokraten)
Polen	15	15	17	13	13	14	12		
Splittergruppen	13	12	8	7	7	3	3	3	Splittergruppen
								14	USPD (Unabhängige Sozialdem.)
								10	KPD (Kommunisten)

[1]) Konservative Fraktionen; seit 1861 zu einer Fraktion vereinigt; 1870-1879 mit Einschluß der Neuen Konservativen.
[2]) Mittelgruppierungen der Rechten, Altliberalen und Konstitutionellen.
Legende siehe Seite 445

Frankreich, 2. Republik (bis 2.12.1852)	4.5 1848	28.5 1949[1]	8.2. 1871	8.3. 1876	7.11. 1877	28.10. 1881	10.11. 1885	12.11. 1889	14.11. 1893	1.6. 1898	1.6. 1902	8.6. 1906	1.6. 1910	1.6. 1914
Demokratische u. sozialistische Republikaner	90	180												
Gemäßigte Republikaner	500	75												
Katholiken	–	50												
Royalisten u. Orléanisten	190	200												
Legitimisten	100	200												
Bonapartisten	–	8												
Frankreich, 3. Republik														
Sozialisten			–	–	–	–	–	–	33	57	43	74	75	101
Radikalsozialisten			–	–	–	–	–	–	16	74	104	132	181	220
Radikale			–	–	–	–	–	112	122	104	129	115		
Extreme Linke			–	–	–	46	100	–	–	–	–	–	113	66
Republikaner			200	98	318	204	–	216	317	254	127	–	–	–
Republikanische Linke			–	193	–	168	–	–	–	–	62	90	–	54
Linkes Zentrum			–	48	–	39	–	38	–	–	–	–	–	–
Linksunion			–	–	–	–	200	–	–	–	–	–	–	–
Demokratische Linke			–	–	–	–	–	–	–	–	–	–	72	34
Sonstige Republikaner			–	–	–	–	83	–	–	–	–	66	78	37
Konservative			–	–	–	–	63	34	–	–	–	78	–	–
Nationalisten			–	–	–	–	–	–	–	6	48	30	–	–
Liberale Aktion			–	–	–	–	–	–	–	–	–	–	32	23
Revisionisten			–	–	–	–	–	38	–	4	–	–	–	–
Rallierte (Katholiken)			–	–	–	–	–	–	35	32	35	–	–	–
Bonapartisten (Imperialisten)			30	76	104	46	65	52	–	–	–	–	–	–
Royalisten			400[2]	64	104	42	73	86	58	44	–	–	–	–
Sonstige Rechtsparteien			–	–	–	–	–	–	–	10	41	–	19	60
Splittergruppen			54	–	–	–	–	–	–	–	–	–	20	7

Großbritannien	1847	1852	1857	1859	1865	1868	1874	1880	1885	1886	1892	1895	1900	1906	Jan. 1910	Dez. 1910
Liberal	329	323	373	347	360	382	300	414	334	190	270	177	186	377	274	276
Liberal Unionists	–	–	–	–	–	–	–	–	–	79	47	70	68	–	–	–
Conservative	327	331	281	307	298	276	352	238	250	316	268	341	334	157	273	271
Irish Nationalists	–	–	–	–	–	–	–	–	86	85	81	82	82	83	82	82
Labour	–	–	–	–	–	–	–	–	–	–	4	–	–	53	41	41

[1]) Parteien mit ähnlichen politischen Zielen teilweise zusammengefaßt.
[2]) Orléanisten: 200 Abgeordnete, Legitimisten 200 Abgeordnete.

In den Jahrzehnten vor dem Ersten Weltkrieg verfügten fast alle Staaten Europas über gewählte Volksvertretungen, deren Einfluß und Zusammensetzung jedoch sehr unterschiedlich waren; auch wurden die Abgeordneten der Parlamente nach sehr verschiedenen Wahlrechten gewählt. In der Regel waren Männer vom 21./25. Lebensjahr an wahlberechtigt. Außer in Finnland und Norwegen wurde das Frauenstimmrecht erst nach 1918 eingeführt.

Frankreich: Die Abgeordneten für die Deputiertenkammer der Nationalversammlung wurden in allgemeinen, gleichen, direkten und geheimen Wahlen nach dem absoluten Mehrheitswahlrecht (Einerwahlsystem) gewählt. Wahlberechtigt waren Männer über 21 Jahre. In diesem System waren die Kanditaten in den Wahlarrondissements auf die lokalen Honoratioren angewiesen, das die Ausbildung von Parteiorganisationen erschwerte. Die Parteiengruppierungen waren außerhalb der Deputiertenkammer wenig gefestigt und die Parteien beschränkten sich weitgehend darauf, Parlamentsfraktionen zu bilden.

Großbritannien: Für die Wahl der Abgeordneten zum Unterhaus des Parlaments bestand im 19. Jahrhundert noch kein allgemeines Wahlrecht. Obwohl Großbritannien das einzige Land neben Frankreich war, in dem ein parlamentarisches Regierungssystem im eigentlichen Sinn herrschte. Erst in der 2. Hälfte des 19. Jahrhunderts wurden die entscheidenden Schritte getan, um auf dem Weg allmählicher Reform das allgemeine Wahlrecht zu verwirklichen. Aber auch nach der großen Wahlrechtsreform von 1884/85, mit der das allgemeine Wahlrecht annähernd erreicht wurde, blieben die traditionellen Bindungen an das Eigentum bestehen. In den Städten waren Haus- und Grundbesitzer mit einem Miet- oder Pachtwert von jährlich 10 Pfund sowie Mieter ab 10 Pfund Jahresmiete wahlberechtigt. Auf dem Land waren Grundbesitzer und verschiedene Kategorien von Landpächtern mit einer Jahresrente sowie Landleute mit einem Ertragszensus von 5 Pfund jährlich wahlberechtigt.

Russisches Reich	1. Duma Mai-Juli 1906	2. Duma bis Juni 1907	3. Duma, Nov. 1907-Juni 1912 1. Session	2. Session	3. Session	4. Session	5. Session	4. Duma, Nov. 1912-Febr. 1917 1. Session	2. Session	3. Session
Rechte	45	10	49	49	51	53	51	64	60	61
Gemäßigte Rechte	–	23	69	75	–	–	–	88	88	86
Russische Nationale	–	–	–	–	91	76	75	–	–	–
Nationale u. religiöse Gruppen	32	–	–	–	–	–	–	–	–	–
Nationale Gruppe	–	–	26	20	–	–	–	–	–	–
Unabhängige Nationale	–	–	–	–	–	16	16	–	–	–
Rechtsoktobristen	–	–	–	–	11	11	10	–	–	–
Zentrum	–	–	–	–	–	–	–	33	37	34
Union des 17. Oktober	–	19	148	138	120	120	120	99	3	–
Zemstvo-Oktobristen	–	–	–	–	–	–	–	–	66	65
Duma-Oktobristen	–	–	–	–	–	–	–	–	20	21
Polnisch-litauisch-weißrussische Gruppe	–	–	7	7	7	6	7	6	6	6
Polnische Kolo	–	46	11	11	10	11	11	9	7	7
Partei f. Fortschr. u. friedl. Restauration	–	2	25	36	–	–	–	–	–	–
Fortschrittler	–	–	–	–	39	39	36	47	40	42
Moslems	–	30	8	8	9	9	9	6	6	6
Kazak-Gruppe	–	18	–	–	–	–	–	–	–	–
Kadetten (Konstitutionelle Demokraten)	184	99	53	51	52	52	53	57	55	55
Linksparteien	124	–	–	–	–	–	–	–	–	–
Arbeiter-Gruppe	–	98	14	15	14	14	11	10	10	10
Volkssozialisten	–	15	–	–	–	–	–	–	–	–
Sozialrevolutionäre	–	37	–	–	–	–	–	–	–	–
Sozialdemokraten	–	66	19	18	15	14	13	14	7	7
Russ. Sozialdemokratische Arbeiterpartei	–	–	–	–	–	–	–	–	5	5
Parteilose	112	52	–	–	17	15	23	23	4	15
Unabhängige	–	–	–	–	–	–	–	–	–	13
Splittergruppen	–	5	–	–	–	–	–	–	13	–

Norddeutscher Bund-Deutsches Reich: Die Abgeordneten für den Reichstag wurden in allgemeinen, gleichen, direkten und geheimen Wahlen nach absolutem Mehrheitswahlrecht in Wahlkreisen gewählt, deren Einteilung die ländlichen Regionen und kleineren Orte gegenüber den großen Industriestädten begünstigte.

Preußen: Die Abgeordneten für das preußische Abgeordnetenhaus (1849-1852: 2. preußische Kammer) wurden in allgemeinen, ungleichen, indirekten und offenen Wahlen nach dem Dreiklassenwahlrecht gewählt. Die Urwähler waren gemäß den direkten Staatssteuern in drei Steuerabteilungen eingeteilt, in die jeweils so viele Wahlberechtigte aufgenommen wurden, bis ein Drittel der Gesamtsteuersumme erreicht war. Jede Abteilung bestellte ein Drittel der Wahlmänner zur Wahl der Abgeordneten. Die wenigen Mitglieder der höchsten Steuerklassen besaßen also ebenso viele Stimmen wie die Masse der dritten Steuerklasse. Dadurch waren die Gruppierungen der Konservativen, der Liberalen und das Zentrum erheblich begünstigt. Zum Vergleich dient das Wahlergebnis von 1919, das aufgrund des neuen, gleichen, direkten und geheimen Wahlrechts zustande gekommen war (Parteienbezeichnungen wechselten teilweise nur dem Namen nach).

Russisches Reich: Bis 1905 war der Zar uneingeschränkter Selbstherrscher, der die höchste, gesetzgebende, ausübende und richterliche Gewalt in sich vereinigte. Die Revolution von 1905 hat den Zaren gezwungen, ein repräsentatives parlamentarisches Organ, die Duma, einzuführen (Manifest vom Oktober 1905). Das oktroyierte Grundgesetz von 1906 gab der Duma jedoch eine Verfassung, die sie von jeder Legislativverantwortung ausschloß und eine parlamentarische Politik gegen die Regierung unmöglich machte. Die Wahl der Abgeordneten wurde nach einem Zensuswahlrecht mit besonderer Begünstigung der vermögenden Klassen durchgeführt. Trotz Duma-Auflösungen und Wahlrechtsänderungen gelang es dem Zaren nicht, reformbeflissene und oppositionelle Wählerschaften auszuschalten. 1915 schlossen sich rund zwei Drittel der Abgeordneten zu einem ›Progressiven Block‹ zusammen (Gemäßigte Rechte, Russische Nationale, Zentrum, Union des 17. Oktobers, Zemstvo-Oktobristen, Duma-Oktobristen und Kadetten), der die Einsetzung einer vom Vertrauen der Öffentlichkeit und der Duma getragene Regierung forderte. Diese Programme des Progressiven Blocks kam der Forderung nach einer konstitutionellen Monarchie gleich.

Anteil der Wahlberechtigten an der Gesamtbevölkerung in Prozenten:

Deut. Reich 1871: 19,4; 1912: 22,2.
Frankreich 1848: 23,1; 1876: 27,0; 1893: 27,2.
Großbrit. 1865: 9,0; 1868: 16,4; 1880: 18,0; 1886: 28,5.
(jeweils vor u. nach den Wahlrechtsreformen v. 1867 u. 1884/85).
den Wahlrechtsreformgesetzen von 1867 und 1884/85.

Die Prozentzahlen geben den Anteil der wahlberechtigten Bevölkerung (nur Männer) an der Gesamtbevölkerung des Deutschen Reiches, Frankreichs und Großbritanniens an und zeigen, in welchem Maß das Volk an der parlamentarischen Repräsentation mitwirkte.

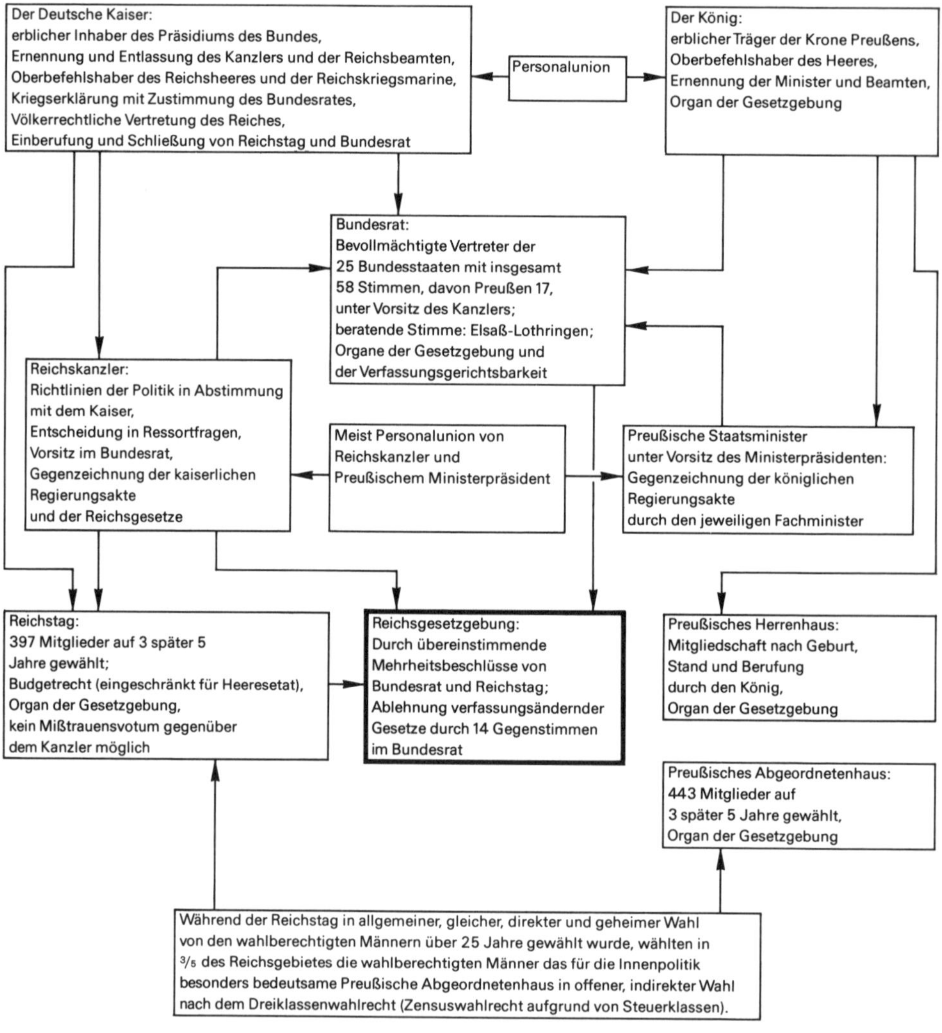

Das Deutsche Reich war nach der Reichsverfassung von 1871 ein ›ewiger Bund‹, den die 22 deutschen Fürsten und die 3 freien Städte geschlossen hatten. Die Souveränität wurde staatsrechtlich von der Gesamtheit der Verbündeten, deren Organ der Bundesrat war, innegehalten. Das Reichsland Elsaß-Lothringen war kein Bundesland und wurde vom Reich direkt verwaltet. Die politische Verfassungsstruktur des Reiches wurde jedoch durch die konstitutionelle Monarchie und einen hegemonialen Föderalismus unter Führung Preußens gekennzeichnet. Die machtpolitisch bestimmende Position Preußens wurde durch institutionelle Klammern (Kaiser, Kanzler, Bundesrat) organisiert und durch eine Sperrminorität gegenüber verfassungsändernden Gesetzen abgesichert. Die verfassungspolitische Bedeutung dieser Vormachtstellung lag in der im Vergleich zum Reich stärkeren Ausprägung des monarchischen Prinzips und ständischer Herrschaftspositionen in den preußischen Institutionen.

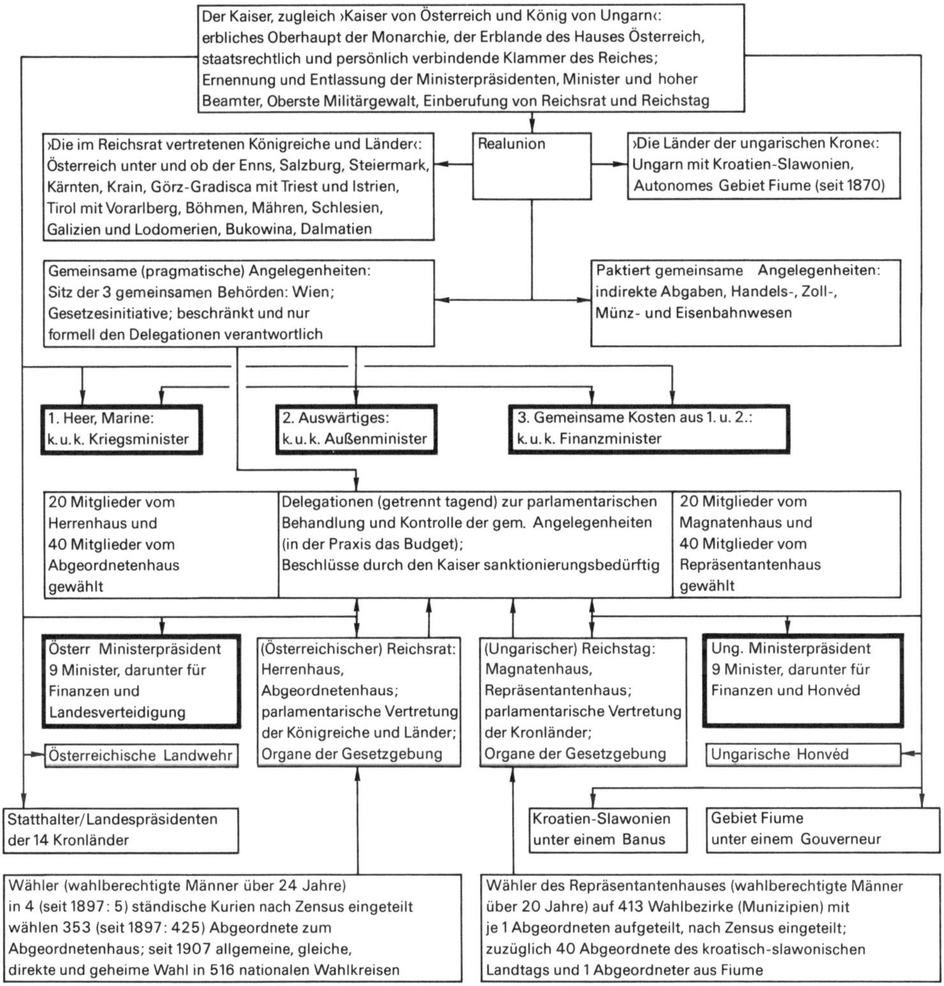

Die Einheit der Monarchie beruhte auf der Pragmatischen Sanktion (1713) Karls VI. Römisch-deutschen Kaisers und Oberhaupts der Erblande des Hauses Österreich sowie auf den Gesetzen und Bündnissen des österreichisch-ungarischen Ausgleichs von 1867, betreffend die ›im Reichsrat vertretenen Königreiche und Länder‹ (Cisleithanien) und die ›Länder der Ungarischen Krone‹ (Transleithanien). Neben den ›gemeinsamen (pragmatischen) Angelegenheiten‹ gab es noch die ›paktiert gemeinsamen‹ Angelegenheiten von gemeinsamem Interesse: indirekte Abgaben, Handels-, Zoll-, Münz- und Eisenbahnwesen.

In Österreich ist immer die Theorie eines Oberstaates verfochten worden, das heißt eines die Gesamtmonarchie umgreifenden Kaisertums, während man in Ungarn die Kaiserwürde nur für ›die im (österreichischen) Reichsrat vertretenen Königreiche und Länder‹ gelten lassen wollte. Praktisch aber hat der Ausgleich von 1867 zwei konstitutionelle Staatsgebilde geschaffen, die durch ein System absoluter Prärogative des Kaisers und Königs überschichtet waren. Der Dualismus der Österreichisch-Ungarischen Monarchie hat Deutschen und Ungarn (aber nicht den Deutschen in Ungarn) die nationale Selbstbestimmung gewährt, auf die die übrigen Völker der Monarchie verzichten mußten.

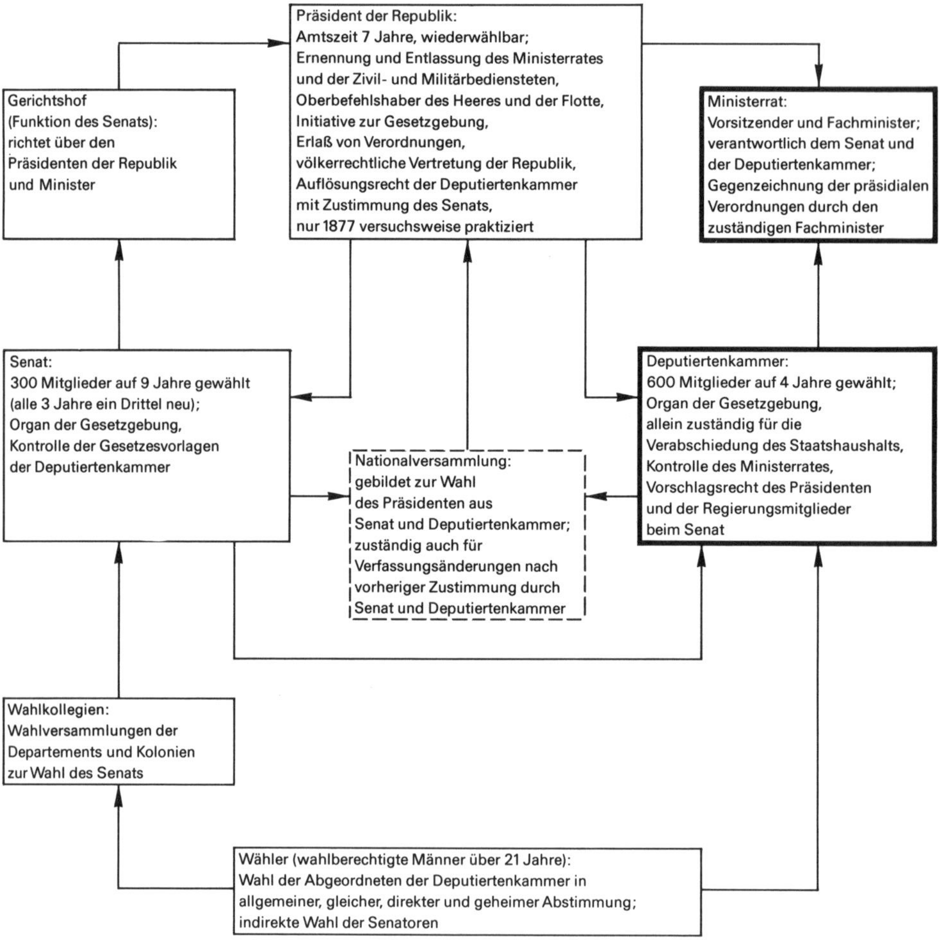

Die französische Dritte Republik hat nie eine eigentliche Verfassung besessen, weil es nach 1871 noch unentschieden war, ob Frankreich zur monarchischen Staatsform zurückkehren oder endgültig Republik bleiben sollte. Das Verfassungssystem beruhte auf verschiedenen Verfassungsgesetzen der legislativen Körperschaften, von denen die drei wichtigsten über die Organisation der Staatsgewalten und die des Senats sowie das über die Beziehungen der Staatsgewalten untereinander 1875 erlassen wurden. Der Präsident fungierte zunächst an Stelle eines Monarchen als überparteilicher und aktiver Staatschef. Im Lauf der Zeit ging seine Macht zurück, zumal die verfassungsmäßig zulässige Auflösung der Deputiertenkammer 1877 durch ihn wie ein Staatsstreich wirkte und von da an unterblieb. Dafür stieg der Einfluß des Ministerrats und seit Ausbruch des Ersten Weltkrieges der des Ministerpräsidenten, der in den Verfassungsgesetzen nicht vorgesehen war. Seit dem Ersten Weltkrieg konnte dieser auch durch Dekrete regieren, denen die Deputiertenkammer erst nachträglich – binnen eines Monats – zustimmen mußte. Die Dritte Republik löste sich praktisch selbst auf, als die Nationalversammlung im Juli 1940 zu Vichy Marschall Pétain beauftragte, eine neue Staatsverfassung auszuarbeiten.

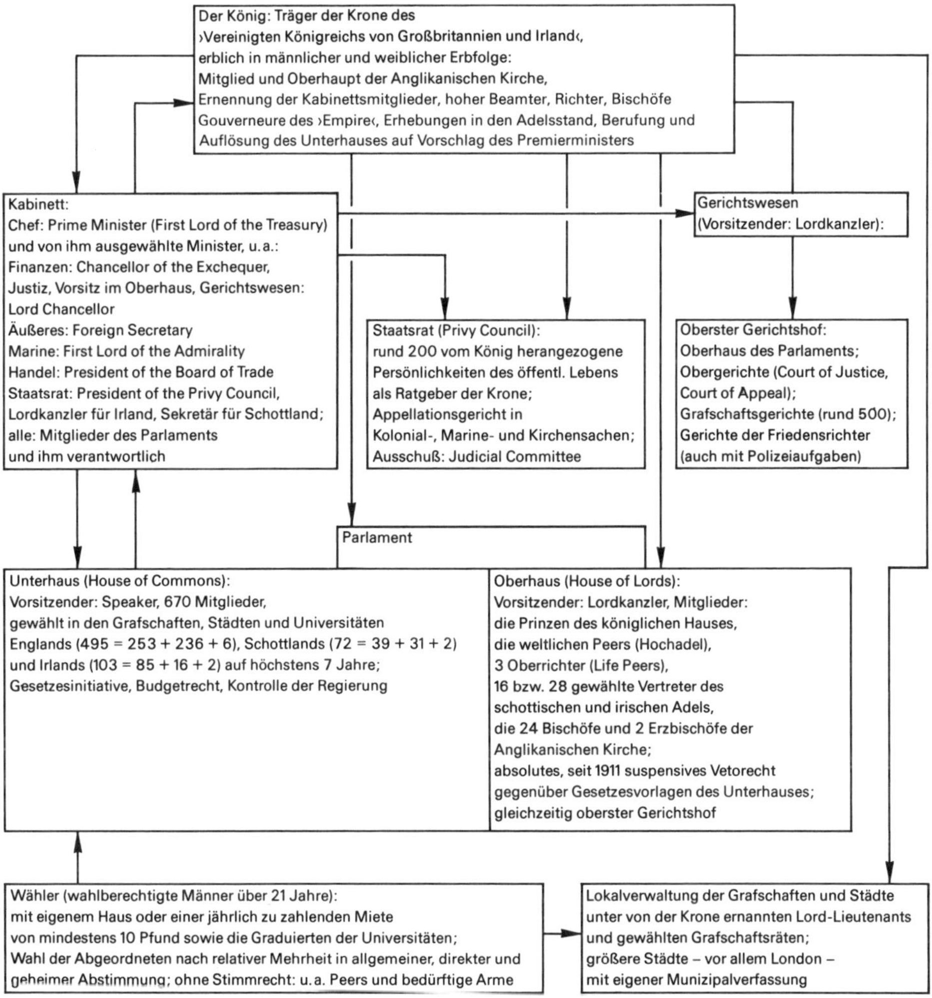

Die englische Staatsverfassung beruht auf verfassungsmäßigen Gesetzen und Traditionen, die bis auf die Magna Charta von 1215 zurückgehen, und hat sich im 19. Jahrhundert zum parlamentarischen Regierungssystem im reinen Sinne entwickelt. Die Ministerämter gehen teils auf im Lauf des 19. Jahrhunderts neu geschaffene, teils auf alte Ämter, vor allem mittelalterliche Hofämter, zurück. Der Lordkanzler sprengt den Rahmen der sonst eingehaltenen Gewaltenteilung: Er zeichnet in der Exekutive (Justizminister), der Legislative (Oberhaus) und der Judikative (Gerichtswesen) verantwortlich. Angelpunkt für die großen Wandlungen im Regierungssystem war die Demokratisierung des Wahlrechts zwischen 1832 und 1884. Immer breitere Schichten der Bevölkerung wurden zur Wahl zugelassen; das Frauenwahlrecht wurde erörtert; die Einteilung der Wahlkreise war umstritten. Das absolute Vetorecht des Oberhauses als Organ der Gesetzgebung wurde nach der Verfassungskrise 1909-1911 in ein suspensives verwandelt und die Finanzgesetzgebung ausschließlich dem Unterhaus vorbehalten.

In der Darstellung blieben die verfassungsmäßigen Unterschiede zwischen England, Schottland und Irland unberücksichtigt.

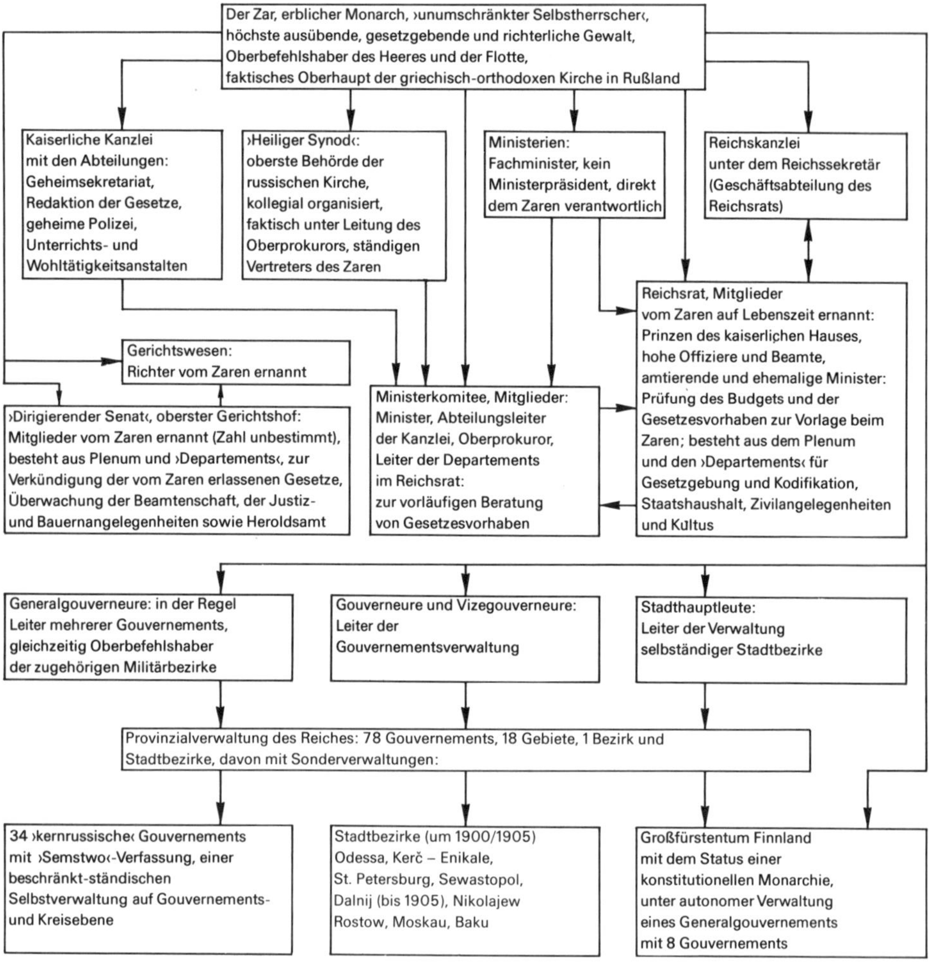

Während bis zur Revolution von 1905 der Zar auf allen Gebieten des staatlichen Lebens die unumschränkte Gewalt besaß, wurden danach erste Schritte in Richtung auf eine konstitutionelle Monarchie getan. Die Minister bildeten aufgrund der Gesetze von 1905/06 einen Ministerrat unter einem dem Zaren verantwortlichen Ministerpräsidenten. Der Reichsrat mit 196 Mitgliedern – zur Hälfte vom Zaren ernannt, zur Hälfte von Wahlversammlungen in den Gouvernements, von der griechisch-orthodoxen Geistlichkeit, den Hochschulen, der Akademie der Wissenschaften und den Kaufmannschaften gewählt – wurde zum parlamentarischen ›Oberhaus‹. Als ›Unterhaus‹ fungierte die neu eingeführte ›Reichsduma‹ mit 400 bis 500 über Wahlmännerkollegien in den Gouvernements und einigen Großstädten gewählten Mitgliedern. Die Duma besaß Gesetzesinitiative und Budgetrecht (ausgenommen: Militärhaushalt und Etat des Hofes). M. Webers Wort vom ›russischen Scheinkonstitutionalismus‹ war insofern berechtigt, als Gesetze, die von der Duma beschlossen wurden, erst den Reichsrat passieren und dann vom Zaren gebilligt werden mußten. Außerdem konnte die Regierung während der Zeit, wenn die Duma nicht tagte, selbst Gesetze erlassen. Im übrigen wurde schon 1907 das Wahlrecht so verändert, daß die Duma keine Volksvertretung im demokratischen Sinn mehr war, sondern nur noch die wohlhabenden Schichten repräsentierte.

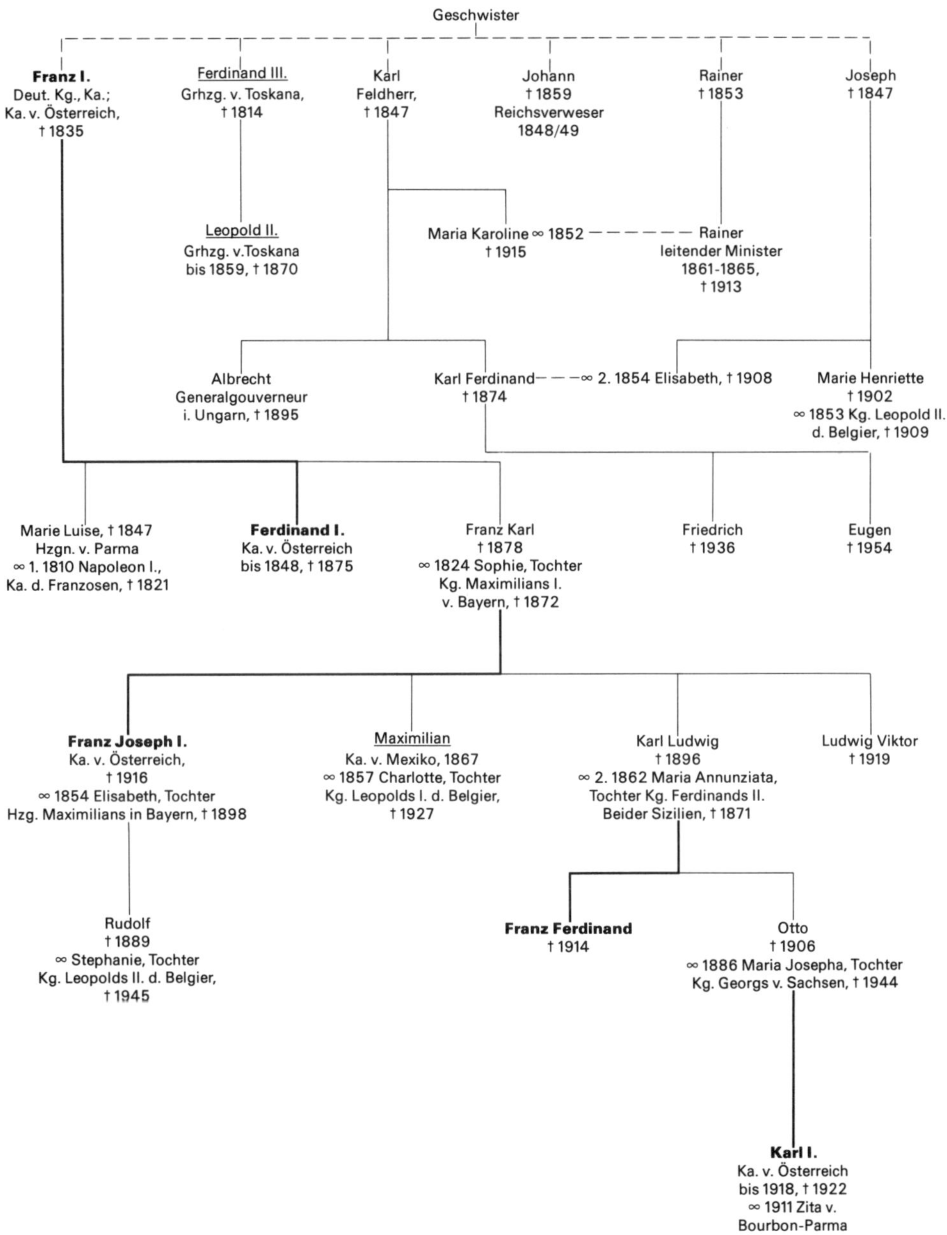
Geschwister
Franz I. Deut. Kg., Ka.; Ka. v. Österreich, † 1835
Ferdinand III. Grhzg. v. Toskana, † 1814
Karl Feldherr, † 1847
Johann † 1859 Reichsverweser 1848/49
Rainer † 1853
Joseph † 1847
Leopold II. Grhzg. v.Toskana bis 1859, † 1870
Maria Karoline ∞ 1852
† 1915
Rainer leitender Minister 1861-1865, † 1913
Albrecht Generalgouverneur i. Ungarn, † 1895
Karl Ferdinand
† 1874
∞ 2. 1854 Elisabeth, † 1908
Marie Henriette † 1902 ∞ 1853 Kg. Leopold II. d. Belgier, † 1909
Marie Luise, † 1847 Hzgn. v. Parma ∞ 1. 1810 Napoleon I., Ka. d. Franzosen, † 1821
Ferdinand I. Ka. v. Österreich bis 1848, † 1875
Franz Karl † 1878 ∞ 1824 Sophie, Tochter Kg. Maximilians I. v. Bayern, † 1872
Friedrich † 1936
Eugen † 1954
Franz Joseph I. Ka. v. Österreich, † 1916 ∞ 1854 Elisabeth, Tochter Hzg. Maximilians in Bayern, † 1898
Maximilian Ka. v. Mexiko, 1867 ∞ 1857 Charlotte, Tochter Kg. Leopolds I. d. Belgier, † 1927
Karl Ludwig † 1896 ∞ 2. 1862 Maria Annunziata, Tochter Kg. Ferdinands II. Beider Sizilien, † 1871
Ludwig Viktor † 1919
Rudolf † 1889 ∞ Stephanie, Tochter Kg. Leopolds II. d. Belgier, † 1945
Franz Ferdinand † 1914
Otto † 1906 ∞ 1886 Maria Josepha, Tochter Kg. Georgs v. Sachsen, † 1944
Karl I. Ka. v. Österreich bis 1918, † 1922 ∞ 1911 Zita v. Bourbon-Parma

Georg IV. – Geschwister – **Ernst August II.**

Georg IV.
Kg. v. Großbritannien
u. Hannover,
† 1830

Ernst August II.
Kg. v. Hannover, † 1851

Wilhelm IV.
Kg. v. Großbritannien
u. Hannover,
† 1837

Georg V.
Kg. v. Hannover
bis 1866, † 1878

Ernst I.
Hzg. v.
Sachsen-Coburg-Gotha,
† 1844
∞ 1. 1817 ⚮ 1826 Luise
v. Sachsen-Altenburg, † 1831

Viktoria, † 1861
∞ 1. 1803 Karl,
Fst. v. Leiningen, † 1814
∞ 2. 1818

Ernst II.
Hzg. v.
Sachsen-Coburg-Gotha,
† 1893

Charlotte, † 1817
∞ 1816 Leopold,
v. Sachsen-Coburg,
als Leopold I.
Kg. d. Belgier, † 1865

Eduard
Hzg. v. Kent,
† 1820

Karl
Fst. v. Leiningen
Ministerpräsident 1848,
† 1856

Albert
† 1861

Viktoria, Kgn. v. ∞ 1840
Großbritannien
† 1901

Viktoria, † 1901
∞ 1858 Friedrich III., † 1888
Deutscher Ka., 1888

Eduard VII.
Kg. v. Großbritannien, † 1910
∞ 1863 Alexandra, Tochter
Kg. Christians IX. v. Dänemark,
† 1925

Alfred
Hzg. v. Edinburgh u.
v. Sachsen-Coburg-Gotha, † 1900
∞ 1874 Maria, Tochter
Zar Alexanders II. v. Rußland,
† 1920

Alice, † 1878
∞ 1862 Grhzg.
Ludwig IV. v.
Hessen-Darmstadt,
† 1892

Beatrice, † 1944
∞ 1885 Pr. Heinrich
v. Hessen-Darmstadt,
† 1896

Georg V.
Kg. v. England, † 1936
∞ 1893 Mary v. Teck, † 1953

Maud, † 1938
∞ 1896 Haakon VII.,
Kg. v. Norwegen, † 1957

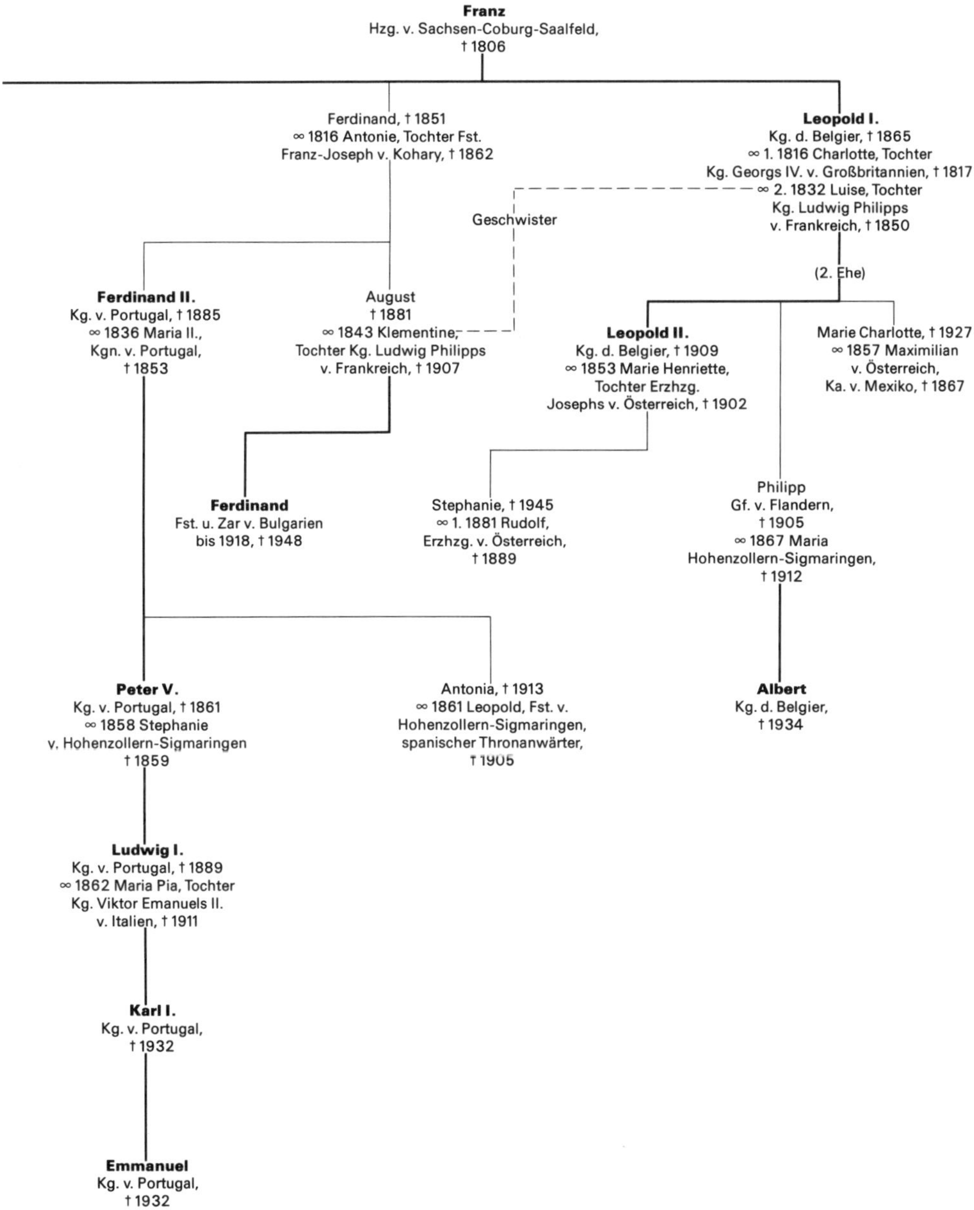
Franz
Hzg. v. Sachsen-Coburg-Saalfeld,
† 1806
Ferdinand, † 1851
∞ 1816 Antonie, Tochter Fst.
Franz-Joseph v. Kohary, † 1862
Leopold I.
Kg. d. Belgier, † 1865
∞ 1. 1816 Charlotte, Tochter
Kg. Georgs IV. v. Großbritannien, † 1817
∞ 2. 1832 Luise, Tochter
Kg. Ludwig Philipps
v. Frankreich, † 1850
Geschwister
(2. Ehe)
Ferdinand II.
Kg. v. Portugal, † 1885
∞ 1836 Maria II.,
Kgn. v. Portugal,
† 1853
August
† 1881
∞ 1843 Klementine,
Tochter Kg. Ludwig Philipps
v. Frankreich, † 1907
Leopold II.
Kg. d. Belgier, † 1909
∞ 1853 Marie Henriette,
Tochter Erzhzg.
Josephs v. Österreich, † 1902
Marie Charlotte, † 1927
∞ 1857 Maximilian
v. Österreich,
Ka. v. Mexiko, † 1867
Ferdinand
Fst. u. Zar v. Bulgarien
bis 1918, † 1948
Stephanie, † 1945
∞ 1. 1881 Rudolf,
Erzhzg. v. Österreich,
† 1889
Philipp
Gf. v. Flandern,
† 1905
∞ 1867 Maria
Hohenzollern-Sigmaringen,
† 1912
Peter V.
Kg. v. Portugal, † 1861
∞ 1858 Stephanie
v. Hohenzollern-Sigmaringen
† 1859
Antonia, † 1913
∞ 1861 Leopold, Fst. v.
Hohenzollern-Sigmaringen,
spanischer Thronanwärter,
† 1905
Albert
Kg. d. Belgier,
† 1934
Ludwig I.
Kg. v. Portugal, † 1889
∞ 1862 Maria Pia, Tochter
Kg. Viktor Emanuels II.
v. Italien, † 1911
Karl I.
Kg. v. Portugal,
† 1932
Emmanuel
Kg. v. Portugal,
† 1932

Friedrich Wilhelm III.
Kg. v. Preußen,
† 1840

Geschwister

Auguste
† 1841
∞ 1797 Wilhelm II.
Kfst. v. Hessen-Kassel, † 1847

Wilhelm, † 1851
Pr. v. Preußen

Marie, † 1889
∞ 1842 Kg. Maximilian II.
v. Bayern, † 1864

Elisabeth, † 1885
∞ 1836 Karl, Pr. v.
Hessen-Darmstadt
† 1877

Friedrich Wilhelm IV.
Kg. v. Preußen, † 1861
∞ 1823 Elisabeth
Tochter Kg. Maximilians I.
v. Bayern, † 1873

Wilhelm I.
Kg. v. Preußen, deut. Ka., † 1888
∞ 1829 Auguste, Tochter
Grhzg. Karl Friedrichs v.
Sachsen-Weimar, † 1890

Charlotte, † 1860
∞ 1817 **Nikolaus I.**
Zar v. Rußland, † 1855

Karl, † 1883
∞ 1827 Marie, Tochter
Grhzg. Karl Friedrichs v.
Sachsen-Weimar, † 1877

Friedrich III.
Kg. v. Preußen, deut. Ka., † 1888
∞ 1858 Viktoria, Prn. v. Großbritannien,
Tochter Pr. Alberts v.
Sachsen-Coburg-Gotha, † 1901

Wilhelm II.
Kg. v. Preußen, deut. Ka.
bis 1918, † 1941
∞ 1. 1881 Auguste Viktoria,
Tochter d. Hzg. Friedrichs
v. Schleswig-Holstein

Karl
Fst. v. Hohenzollern-Sigmaringen,
† 1853

Karl Anton
Fst. v. Hohenzollern-Sigmaringen
† 1885,
verzichtet 1849
zugunsten Preußens,
preuß. Ministerpräsident

Leopold
Pr. v. Preußen, † 1905,
Anwärter auf den spanischen Thron 1870
∞ 1861 Antonia, Tochter
Kg. Ferdinands II. v. Portugal, † 1913

Karl I.
Pr. v. Preußen
Kg. v. Rumänien,
† 1914

Stephanie, † 1861
∞ 1858 Kg. Peter V.
v. Portugal,
† 1861

Maria, † 1912
∞ 1867 Gf. Philipp
v. Flandern,
† 1905

Ferdinand I.
Kg. v. Rumänien,
† 1927

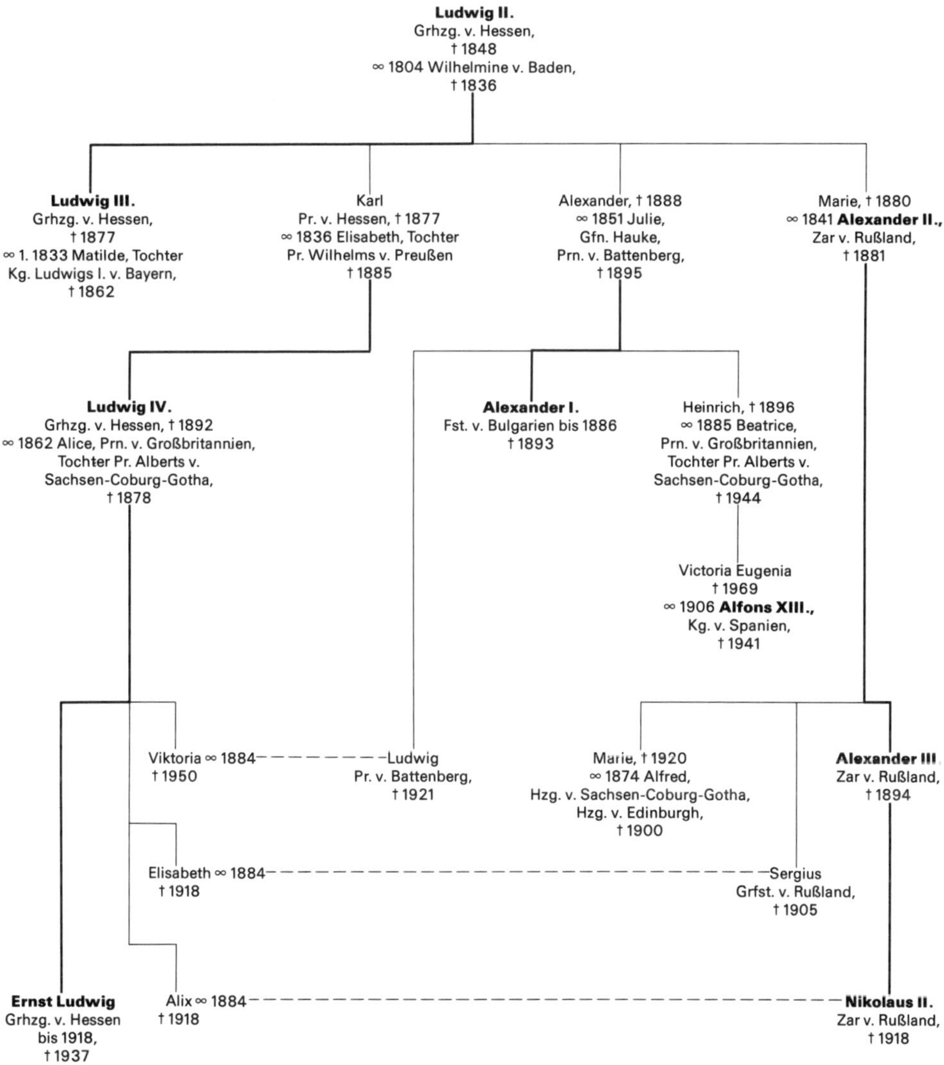
Ludwig II.
Grhzg. v. Hessen,
† 1848
∞ 1804 Wilhelmine v. Baden,
† 1836
Ludwig III.
Grhzg. v. Hessen,
† 1877
∞ 1. 1833 Matilde, Tochter
Kg. Ludwigs I. v. Bayern,
† 1862
Karl
Pr. v. Hessen, † 1877
∞ 1836 Elisabeth, Tochter
Pr. Wilhelms v. Preußen
† 1885
Alexander, † 1888
∞ 1851 Julie,
Gfn. Hauke,
Prn. v. Battenberg,
† 1895
Marie, † 1880
∞ 1841 **Alexander II.,**
Zar v. Rußland,
† 1881
Ludwig IV.
Grhzg. v. Hessen, † 1892
∞ 1862 Alice, Prn. v. Großbritannien,
Tochter Pr. Alberts v.
Sachsen-Coburg-Gotha,
† 1878
Alexander I.
Fst. v. Bulgarien bis 1886
† 1893
Heinrich, † 1896
∞ 1885 Beatrice,
Prn. v. Großbritannien,
Tochter Pr. Alberts v.
Sachsen-Coburg-Gotha,
† 1944
Victoria Eugenia
† 1969
∞ 1906 **Alfons XIII.,**
Kg. v. Spanien,
† 1941
Viktoria ∞ 1884
† 1950
Ludwig
Pr. v. Battenberg,
† 1921
Marie, † 1920
∞ 1874 Alfred,
Hzg. v. Sachsen-Coburg-Gotha,
Hzg. v. Edinburgh,
† 1900
Alexander III.
Zar v. Rußland,
† 1894
Elisabeth ∞ 1884
† 1918
Sergius
Grfst. v. Rußland,
† 1905
Ernst Ludwig
Grhzg. v. Hessen
bis 1918,
† 1937
Alix ∞ 1884
† 1918
Nikolaus II.
Zar v. Rußland,
† 1918

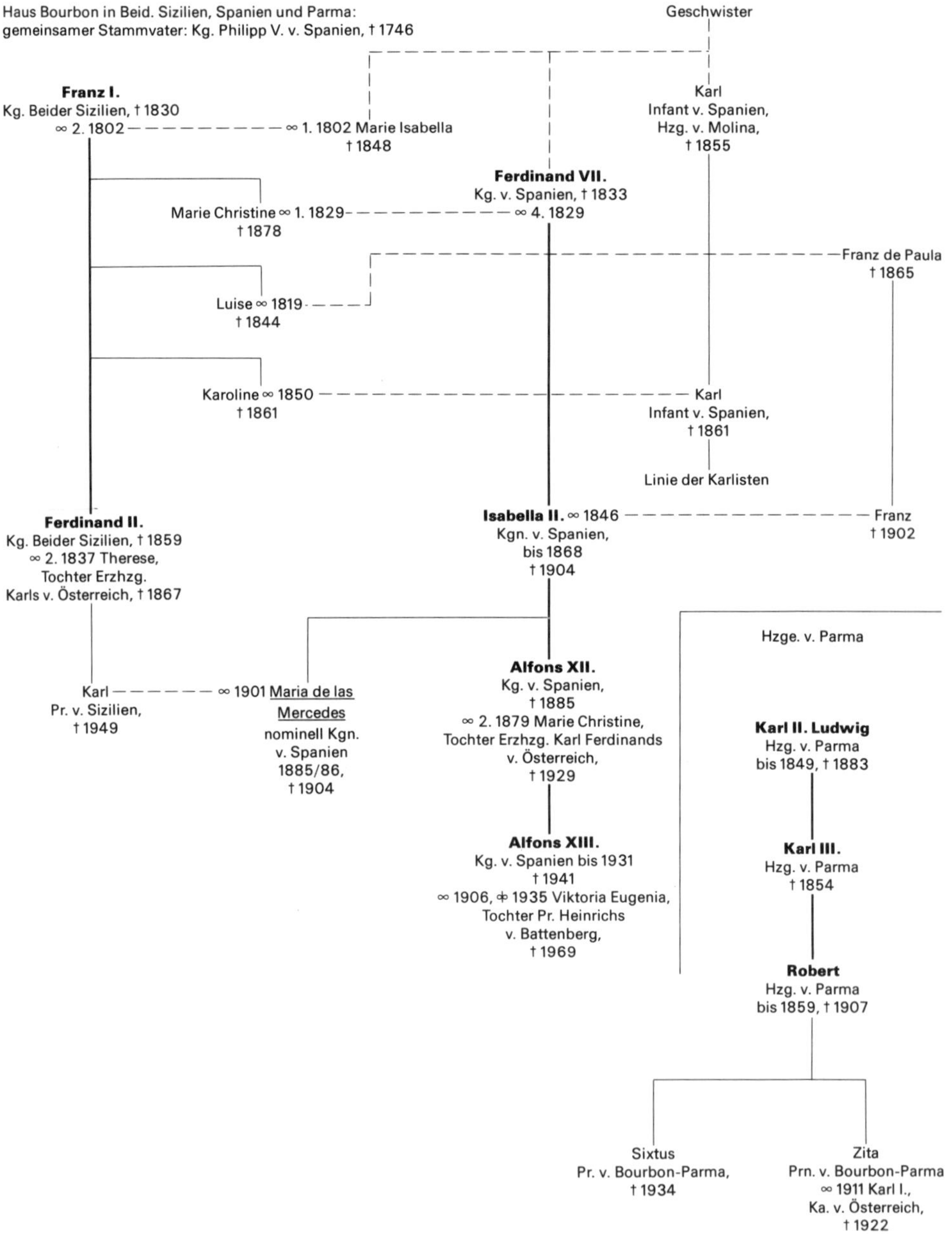
Haus Bourbon in Beid. Sizilien, Spanien und Parma:
gemeinsamer Stammvater: Kg. Philipp V. v. Spanien, † 1746
Geschwister
Franz I.
Kg. Beider Sizilien, † 1830
∞ 2. 1802
∞ 1. 1802 Marie Isabella
† 1848
Karl
Infant v. Spanien,
Hzg. v. Molina,
† 1855
Ferdinand VII.
Kg. v. Spanien, † 1833
∞ 4. 1829
Marie Christine ∞ 1. 1829
† 1878
Franz de Paula
† 1865
Luise ∞ 1819
† 1844
Karoline ∞ 1850
† 1861
Karl
Infant v. Spanien,
† 1861
Linie der Karlisten
Ferdinand II.
Kg. Beider Sizilien, † 1859
∞ 2. 1837 Therese,
Tochter Erzhzg.
Karls v. Österreich, † 1867
Isabella II. ∞ 1846
Kgn. v. Spanien,
bis 1868
† 1904
Franz
† 1902
Hzge. v. Parma
Karl
Pr. v. Sizilien,
† 1949
∞ 1901 Maria de las Mercedes
nominell Kgn.
v. Spanien
1885/86,
† 1904
Alfons XII.
Kg. v. Spanien,
† 1885
∞ 2. 1879 Marie Christine,
Tochter Erzhzg. Karl Ferdinands
v. Österreich,
† 1929
Karl II. Ludwig
Hzg. v. Parma
bis 1849, † 1883
Alfons XIII.
Kg. v. Spanien bis 1931
† 1941
∞ 1906, ⚮ 1935 Viktoria Eugenia,
Tochter Pr. Heinrichs
v. Battenberg,
† 1969
Karl III.
Hzg. v. Parma
† 1854
Robert
Hzg. v. Parma
bis 1859, † 1907
Sixtus
Pr. v. Bourbon-Parma,
† 1934
Zita
Prn. v. Bourbon-Parma
∞ 1911 Karl I.,
Ka. v. Österreich,
† 1922

Anhang

Bibliographie

Zur Gesamtdarstellung

E. N. Anderson, Nineteenth century Europe, Crisis and contribution, 2. Aufl. Washington 1960

D. A. Ballesteros y Beretta, Historia de España, Bd. 11, 2. Aufl. Barcelona-Madrid 1956

M. Beloff, P. Renouvin, F. Schnabel, F. und Valsecchi (Hrsg.), L'Europe du XIXe et du XXe siècle, Bd. 1–7, Mailand 1959–1967

R. Carr, Spain 1808–1939, 2. Aufl. Oxford 1970

A. B. C. Cobban, A history of modern France, Bd. 1–3, 3. Aufl. London 1962–1965, Bd. 3: 1871–1962, 1965

G. A. Craig., Europe since 1815, New York 1961

B. Croce, Geschichte Italiens, 1871–1915, Berlin 1928.

L. Dehio, Gleichgewicht oder Hegemonie, Krefeld 1948

J. B. Duroselle, L'Europe de 1815 à nos jours (Nouvelle Clio 38), 2. Aufl. Paris 1967

H. Fels, Europe the world's banker, 1870–1914, An account of European foreign investment and the connection of world finance with diplomacy before the war, New Haven 1931

H. A. L. Fisher, A History of Europe, 3. Aufl. London 1949

B. Gebhardt, Handbuch der Deutschen Geschichte, Hrsg. v. H. Grundmann, Bd. 3: Von der Französischen Revolution bis zum Ersten Weltkrieg, Bd. 4,1: K. D. Erdmann, Der Erste Weltkrieg, Die Weimarer Republik, 9. Aufl. Stuttgart 1973

F. Gilbert, The end of the European era, 1890 to the present, New York 1970

Handbuch der europäischen Geschichte, Hrsg. v. T. Schieder, Bd. 6: Europa im Zeitalter der Nationalstaaten und europäischen Weltpolitik bis zum Ersten Weltkrieg, Stuttgart 1968

H. Hearder, Europe in the Nineteenth Century 1830–1880, London 1966

H. Herzfeld, Die moderne Welt, 1789–1945, Bd. 1–2, 6. Aufl. Braunschweig 1969

Histoire de la France rurale, Bd. 3: M. Agulhon, Apogée et criss de la civilisation paysanne 1789–1914, Paris 1976, Bd. 4: M. Gervais, La fin de France paysanne de 1914 à nos jours, Paris 1976

Histoire générale des civilisations, Bd. 6: R. Schnerb (Hrsg.), Le XIXe siècle, 5. Aufl. Paris 1968

H. Holborn, Deutsche Geschichte in der Neuzeit, Bd. 1–3, München und Wien 1970–1971, Bd. 2 und 3, 1970–1971

J. Joll, Europe since 1870, An International History, London 1973

R. A. Kann, A history of the Habsburg Empire 1526–1918, New York 1974

K. Kluxen, Geschichte Englands, Stuttgart 1968

H. Kohn, The Habsburg Empire 1804–1918, New York 1961

R. Konetzke, Geschichte des spanischen und portugiesischen Volkes, Leipzig 1939

C. A. Macartney, Geschichte Ungarns, Stuttgart 1971

G. Mann, Deutsche Geschichte des 19. und 20. Jahrhunderts, Neuaufl. Frankfurt am Main 1974

C. Morazé, Das Gesicht des 19. Jahrhunderts, Köln 1959

W. Näf, Die Epochen der neueren Geschichte, Bd. 1 und 2, Aarau 1946

The new Cambridge modern history, Cambridge, Bd. 10: J. P. T. Bury (Hrsg.), The Zenith of European Powers 1830–70, 1960, Bd. 11: F. H. Hinsley (Hrsg.), Material progress and world-wide problems 1870–1898, 1962, Bd. 12: D. Thomson (Hrsg.), The era of violence 1898–1945, 1964

The Oxford History of England, Oxford, Bd. 13: E. L. Woodward, The age of reform 1815–1870, 2. Aufl. 1962, Bd. 14: R. Ensor, England 1870–1914, 2. Aufl. 1952

G. Palmade, Das bürgerliche Zeitalter, Frankfurt/M. 1975

Ch. Petrie, Diplomatie und Macht, Eine Geschichte der internationalen Beziehungen, 1713–1933, Zürich, Freiburg 1950 (Diplomatic history 1713–1933, 3. Aufl. London 1948)

Peuples et civilisations, Histoire générale, Paris, Bd. 18: M. Baumont, L'essor industrielle et l'impérialisme colonial, 1878–1904, 3. Aufl. 1965, Bd. 19: P. Renouvin, La crise européenne et la première guerre mondiale, 4. Aufl. 1962

L. A. Puntila, The political history of Finland 1809–1966, London 1975

P. Rassow (Hrsg.), Deutsche Geschichte im Überblick, 3. Aufl. hrsg. v. Th. Schieffer, Stuttgart 1973 (die Abschnitte von W. Conze, P. Kluke, A. Scharff, Th. Schieder)

G. Rhode, Kleine Geschichte Polens, Darmstadt 1965

The Rise of Modern Europe, New York, Bd. 14: W. L. Langer, Political and social upheaval, 1832–1852, 1969, Bd. 15: R. C. Brinkley, Realism and nationalism 1852–1871, Neuaufl. 1958, Bd. 16: C. J. H. Hayes, A generation of materialism, 1871–1900, 2. Aufl. 1941, Bd. 17: O. J. Hale, The great illusion, 1900–1914, 1971

P. R. Rohden und H.-O. Sieburg, Politische Geschichte Frankreichs, Mannheim 1959

J. R. von Salis, Weltgeschichte der neuesten Zeit, Zürich, Bd. 1: Die historischen Grundlagen des 20. Jahrhunderts, 1871–1904, 1951, Bd. 2: Der Aufstieg Amerikas, Das Erwachen Asiens, Die Krise Europas, 2. Aufl. 1962

L. Salvatorelli, Storia del novecento, 2. Aufl. Mailand 1957

T. Schieder, Probleme einer europäischen Geschichte, Opladen 1973

H. Seton-Watson, The Decline of Imperial Russia 1855 to 1914, 4. Aufl. London 1960

K. Stählin, Geschichte Rußlands von den Anfängen bis zur Gegenwart, Bd. 1–4, Neudr. Graz 1961, Bd. 4, 1 und 2, 1961

D. Sternberger, Panorama oder Ansichten vom 19. Jahrhundert, 3. Aufl. Hamburg 1955

G. Stökl, Russische Geschichte von den Anfängen bis zur Gegenwart, 2. Aufl. Stuttgart 1965

E. C. Thaden, Russia since 1801, New York 1971

A. P. Thornton, The Imperial Idea and its Sources, London 1959

N. Valeri (Hrsg.), Storia d'Italia, 4. Bd., Turin 1965

F. Valjavec (Hrsg.), Historia Mundi, Bd. 10: Das 19. und 20. Jahrhundert, Bern und München 1961

A. Wandruszka und P. Urbanitsch (Hrsg.), Die Habsburgermonarchie 1848–1918, Bd. 1–2, Wien, Bd. 1: Die wirtschaftliche Entwicklung, 1973, Bd. 2: Verwaltung und Rechtswesen, 1975

W. Windelband, Die auswärtige Politik der Großmächte in der Neuzeit (1494–1919), 6. Aufl. Darmstadt 1964

T. Zeldin, France 1848–1945, Bd. 1: Ambition, love and politics, Oxford 1973

E. Zöllner, Geschichte Österreichs von den Anfängen bis zur Gegenwart, 5. Aufl. München 1974

Europa und die Revolution von 1848

Vorgefechte der Revolution

P. H. Amann, Revolution and mass democracy, The Paris Club Movement in 1848, Princeton, N. J. 1975

F. Baumgart, Die verdrängte Revolution, Düsseldorf 1976

J. Marx, Die wirtschaftlichen Ursachen der Revolution von 1848 in Österreich (Veröffentlichungen der Kommission für neuere Geschichte Österreichs 51), Graz und Köln 1965

F. Ponteil, Les classes bourgeoises et l'avènement de la démocratie 1815–1914, Paris 1968

F. Prinz, Prag und Wien 1848 (Veröffentlichungen des Collegium Carolinum 21), München 1968

A. Rauscher (Hrsg.), Deutscher Katholizismus und Revolution im frühen 19. Jahrhundert, München 1975

R. Stadelmann, Soziale und politische Geschichte der Revolution von 1848, 2. Aufl. München 1970

C. Tilly, L. Tilly und R. Tilly, The rebellions' century, 1830 to 1930, Cambridge, Mass. 1975

Verlauf und Rhythmus der Revolution

F. Balser, Sozial-Demokratie 1848/49–1863 (Industrielle Welt 2), Stuttgart 1962

A. Dorpalen, Die Revolution von 1848, in: Revolution und Gesellschaft, Hrsg. von T. Schieder, 2. Aufl. Freiburg, Basel und Wien 1973 [mit näheren Literaturangaben]

F. Eyck, Deutschlands große Hoffnung, Die Frankfurter Nationalversammlung 1848–49, München 1973

F. Eyck, The revolutions of 1848–49, New York 1972

O. J. Hammen, Die roten 48er, Frankfurt am Main 1972

L. C. Jennings, France and Europe in 1848, A study of French foreign affairs in time of crisis, Oxford 1973

R. Kiszling, Die Revolution im Kaisertum Österreich 1848 bis 1849, Bd. 1 und 2, Wien 1948

V. Valentin, Geschichte der deutschen Revolution von 1848 bis 1849, Bd. 1 und 2, Neue Aufl. Köln und Berlin 1970

O. Vossler, Die Revolution von 1848 in Deutschland, 4. Aufl. Frankfurt am Main 1967

Bedeutung und Wirkung der Revolution

W. BUSSMANN, Zur Geschichte des deutschen Liberalismus im 19. Jahrhundert, 2. Aufl. Darmstadt 1969

J. DROZ, Les révolutions allemandes de 1848, Paris 1957

T. S. HAMEROW, Restoration, Revolution, Readion, Economics and Politicals in Germany 1815–1871, Princeton 1958

J. JAROSLAWSKI, Theorie der sozialistischen Revolution von Marx bis Lenin, Hamburg 1973

W. M. JOHNSTON, The Austrian mind, An intellectual and social history, 1848–1939, Berkeley, Calif. 1972

H. KAMMNITZER, Die wirtschaftliche Struktur Deutschlands zur Zeit der Revolution 1848, Berlin 1952

R. ROBERTSON, Revolutions of 1848, 2. Aufl. London 1968

H. ROTHFELS, 1848, Darmstadt 1972. (1848, London 1948)

T. SCHIEDER, Das Problem der Revolution im 19. Jahrhundert, in: T. Schieder, Staat und Gesellschaft im Wandel unserer Zeit, 2. Aufl. München 1970

J. STREY und G. WINKLER, Marx und Engels 1848/49, Berlin 1972

A. TOTH, Parteien und Reichstagswahlen in Ungarn 1848 bis 1892 (Südosteuropäische Arbeiten 70), München 1973

Kultur, Gesellschaft und Wirtschaft im Jahrzehnt nach 1848

W. ABEL, Agrarkrisen und Agrarkonjunktur, Eine Geschichte der Land- und Ernährungswirtschaft Mitteleuropas seit dem hohen Mittelalter, 2. Aufl. Hamburg 1966

R. D. ANDERSON, Education in France 1848–1870, London 1975

W. ASHWORTH, A short history of the international economy since 1850, 2. Aufl. London 1965

P. S. BAGWELL, The transport revolution from 1770, New York 1974

Biologismus im 19. Jahrhundert, Hrsg. von G. Mann (Studien zur Medizingeschichte des 19. Jahrhunderts 5), Stuttgart 1973

K. BIRKER, Die deutschen Arbeiterbildungsvereine 1840–1870, Berlin 1973

W. L. BLACKWELL, The beginnings of Russian industrialization 1800–1860, Princeton, N. J. 1970

H.-M. BOCK, Geschichte des »linken Radikalismus« in Deutschland, Frankfurt am Main 1976

G. BÖHMER, Die Welt des Biedermeier, München 1968

E. L. BOGART, Economic history of Europe, 1760–1939, London 1942

A. BRIGGS, The age of improvement, 1784–1867, 2. Aufl. London 1960

D. R. BROWER, Training the Nihilists, Education and radicalism in Tsarist Russia, Ithaca, N. Y. 1975

R. E. CAMERON, France and the economic development of Europe 1800–1914, 2. Aufl. Princeton, N. J. 1961

O. CHADWICK, The secularization of the European mind in the nineteenth century (The Gifford lectures in the University of Edinburgh for 1973–74), New York 1976

C. M. CIPOLLA, The industrial revolution, London 1973

H. DINGLE (Hrsg.), A century of science 1851–1951, London und New York 1951

M. DOBB, Entwicklung des Kapitalismus, 2. Aufl. Köln und Berlin 1972. (Studies in the development of capitalism, London und New York 1946)

F. DOVRING, The transformation of European agriculture, in: The Cambridge economic history, Bd. 6, 2, Cambridge 1965

J. DROZ, Geschichte des Sozialismus, Bd. 1–3, Berlin 1974/75, Bd. 1: Das utopische Denken bis zur industriellen Revolution, 1974, Bd. 2: Der utopische Sozialismus bis 1848, 1975, Bd. 3: Sozialismus und Arbeiterbewegung bis zum Ende der 1. Internationale, 1975. (Histoire générale du socialisme, Bd. 1 und 2, Paris 1972–1974)

J. P. D. DUNBABIN, Rural discontent in nineteenth-century Britain, New York 1975

H. J. DOYS und M. WOLFF (Hrsg.), The Victorian city, Images and realities, Bd. 1 und 2, Boston 1973

H.-D. FISCHER, Deutsche Presseverleger des 18. und 19. Jahrhunderts (Publizistik-historische Beiträge 4), Pullach 1975

F. FLÜCKINGER, Die protestantische Theologie des 19. Jahrhunderts; W. Anz, Idealismus und Nachidealismus (Die Kirche in ihrer Geschichte 4, P), Göttingen 1975

J. D. FORMAN, Capitalism, Economic individualism to todays welfare state, New York 1972

G. FRANZ (Hrsg.), Bauernschaft und Bauernstand 1500–1970 (Deutsche Führungsschichten der Neuzeit 8), Limburg/Lahn 1975

R. FREMDLING, Eisenbahnen und deutsches Wirtschaftswachstum 1840–1879 (Untersuchungen zur Wirtschafts-, Sozial- und Technikgeschichte 2), Dortmund 1973

M. FREUND (Hrsg.), Der Liberalismus, Stuttgart 1965

L. GALL, Liberalismus und »bürgerliche Gesellschaft«, in: Historische Zeitschrift 220, 1975

D. GEYER, Wirtschaft und Gesellschaft im vorrevolutionären Rußland (Neue wissenschaftliche Bibliothek 71), Köln 1975

R. GIRARDET, La société militaire dans la France contemporaine 1815–1939, Paris 1953

H. GREBING u. a. (Hrsg.), Konservatismus, Eine deutsche Bilanz, München 1971

M. GREIFFENHAGEN, Das Dilemma des Konservatismus in Deutschland, München 1971

H. J. HABAKKUK, Population growth and economic development since 1750, Leicester 1972

H. J. HABAKKUK und M. POSTAN, The industrial revolutions and after: incomes, population, and technological change (The Cambridge economic history, 6 1–2), Cambridge 1966

U. HALTERN, Die Londoner Weltausstellung von 1851 (Neue münsterische Beiträge zur Geschichtsforschung 13), Münster 1971

E. HANISCH, Konservatives und revolutionäres Denken, Deutsche Sozialkatholiken und Sozialisten im 19. Jahrhundert (Veröffentlichungen des Instituts für kirchliche Zeitgeschichte am Internationalen Forschungszentrum für Grundfragen der Wissenschaft, Salzburg 3), Wien 1975

K. HAUSEN und R. RÜRUP (Hrsg.), Technikgeschichte, Köln 1975

C. HELFER, M. RASSEM (Hrsg.), Student und Hochschule im 19. Jahrhundert (Studien zum Wandel von Gesellschaft und Bildung im 19. Jahrhundert 12), Göttingen 1975

W. O. HENDERSON, Die industrielle Revolution, Europa 1780 bis 1914, Wien 1971. (The industrialization of Europe, 1780 bis 1914, London 1969)

W. O. HENDERSON, The rise of German industrial power 1834–1914, London 1975

F.-W. HENNING, Wirtschafts- und Sozialgeschichte, Bd. 2: Die Industrialisierung in Deutschland 1800 bis 1914, Paderborn 1973

W. HOFMANN, Ideengeschichte der sozialen Bewegung des 19. und 20. Jahrhunderts, 4. Aufl. Berlin 1971

O. A. JOHNSEN, Norwegische Wirtschaftsgeschichte, Jena 1939

J. JOLL, Die Anarchisten, Berlin 1969. (The anarchists, London 1964)

G. K. KALTENBRUNNER, Konservatismus international, Stuttgart 1973

C. P. KINDLEBERGER, Economic growth in France and Britain 1851–1950, Cambridge, Mass. 1964

E. KLESSMANN, Die Welt der Romantik, München 1969

S. KOBLIK (Hrsg.), Sweden's development from poverty to affluence, 1750–1970, Minneapolis 1975. (Från fattigdom till överflöd, En antologi om Sverige från frihetstiden till våra dagar, Stockholm 1973)

W. KÖLLMANN, P. MARSCHALCK (Hrsg.), Bevölkerungsgeschichte, Köln 1972

R. KOSELLECK, Kritik und Krise, Ein Beitrag zur Pathogenese der bürgerlichen Welt, Freiburg im Breisgau 1967

E. KROKER, Die Weltausstellungen im 19. Jahrhundert (Studien zur Naturwissenschaft, Technik und Wirtschaft im 19. Jahrhundert 4), Göttingen 1975

D. S. LANDES, Der entfesselte Prometheus, Technologischer Wandel und industrielle Entwicklung in Westeuropa von 1750 bis zur Gegenwart, Köln 1973. (The unbound Prometheus, Cambridge 1969)

A. LEES, Revolution and reflection, Intellectual change in Germany during the 1850's, Den Haag 1974

E. LEMBERG, Geschichte des Nationalismus in Europa, Stuttgart 1950

V. LEONTOVITSCH, Geschichte des Liberalismus in Rußland, 2. Aufl. Frankfurt am Main 1974

G. LICHTHEIM, Kurze Geschichte des Sozialismus, Köln 1972. (A short history of socialism, New York 1970)

H. LUMER, Zionism, Its role in world politics, New York 1973

G. LUZZATTO, Storia economica dell'età moderna e contemporanea, Pisa 1955

T. J. MARKOVITCH, L'industrie française de 1789 à 1964, Bd. 1 und 2, Paris 1966

H. MATIS, Österreichs Wirtschaft 1848–1913, Berlin 1972

M. MESSERSCHMIDT, Militärgeschichte im 19. Jahrhundert 1814–1890, Die politische Geschichte der preußisch-deutschen Armee (Handbuch der Militärgeschichte 5, 4), München 1975

A. S. MILWARD, The economic development of continental Europe, Bd. 1: 1780–1870, London 1973

K. R. MINOGUE, Nationalismus, München 1970. (Nationalism, London 1967)

W. MOMMSEN, Größe und Versagen des deutschen Bürgertums, 2. Aufl. München 1964

G. L. MOSSE, The nationalization of the masses, Political symbolism and mass movements in Germany from Napoleonic Wars through the Third Reich, New York 1975

H. MOTTEK, Wirtschaftsgeschichte Deutschlands, 2. Aufl. Berlin, Bd. 2: Von der Zeit der Französischen Revolution bis zur Zeit der Bismarckschen Reichsgründung, 1974, Bd. 3: Von der Zeit der Bismarckschen Reichsgründung 1871 bis zur Niederlage des faschistischen deutschen Imperialismus 1945, 1975

M. NETTLAU, Der Vorfrühling der Anarchie, Ihre historische Entwicklung von den Anfängen bis zum Jahre 1864, Mit der Forts.: Der Anarchismus von Proudhon zu Kropotkin, Seine Entwicklung in den Jahren 1859–1880, Nachdr. d. Ausg. Berlin 1925, Glashütten 1971

A. NIELSEN, Dänische Wirtschaftsgeschichte, Jena 1933

W. N. PARKER, E. L. JONES (Hrsg.), European peasants and their markets, Essays in agrarian economic history, Princeton, N. J. 1976

F. R. PFETSCH (Hrsg.), Innovationsforschung als interdisziplinäre Aufgabe, Beiträge zur Theorie und Wirklichkeit von Innovationen im 19. Jahrhundert (Studien zum Wandel von Gesellschaft und Bildung im 19. Jahrhundert 14), Göttingen 1975

F. R. PFETSCH, Zur Entwicklung der Wissenschaftspolitik in Deutschland 1750–1914, Berlin 1974

S. POLLARD, European economic integration, 1815–1970, London 1974

B. REARDON, Liberalism and tradition, Aspects of catholic thoughts in nineteenth-century-France, New York 1975

J. ROEBUCK, The making of modern English society from 1850, New York 1973

H. ROSENBERG, Die Weltwirtschaftskrise von 1857–1859, 2. Aufl. Göttingen 1974

R. RÜRUP, Emanzipation und Antisemitismus, Studien zur »Judenfrage« der bürgerlichen Gesellschaft (Kritische Studien zur Geschichtswissenschaft 15), Göttingen 1975

G. RUNKLE, Anarchism, old and new, New York 1972

M. SALVADORI (Hrsg.), European liberalism, New York 1972

H. SÉE, Histoire économique de la France, Bd. 1 und 2, Paris 1948–1952

E. SHORTER und C. TILLY, Strikes in France, 1830–1968, New York 1974

D. STOLZE, Der Kapitalismus, Von Manchester bis Wallstreet, München 1969

L. STONE (Hrsg.), The University in society, Princeton, N. J. 1974, Bd. 1: Oxford and Cambridge from the 14th to the 19th century, Bd. 2: Europe, Scotland and the United States from the 16th to the 20th century

A. J. P. TAYLOR, Laissez-faire and state intervention in nineteenth-century-Britain, London 1972

W. TREUE, Wirtschaftsgeschichte der Neuzeit, Das Zeitalter der industriellen Revolution 1700–1860, 3. Aufl. Stuttgart 1973

W. TREUE und K. MANEL (Hrsg.), Naturwissenschaft, Technik und Wirtschaft im 19. Jahrhundert (Studien zur Naturwissenschaft, Technik und Wirtschaft im 19. Jahrhundert 2, 3), Göttingen 1976

H. WAGENBLASS, Der Eisenbahnbau und das Wachstum der deutschen Eisen- und Maschinenbauindustrie 1835 bis 1860 (Forschungen zur Sozial- und Wirtschaftsgeschichte 18), Stuttgart 1973

E. WINTER, Frühliberalismus in der Donaumonarchie, 1790 bis 1868, Berlin 1968

E. WINTER, Revolution, Neoabsolutismus und Liberalismus in der Donaumonarchie, Wien 1969

G. ZIEBURA und H. G. HAUPT (Hrsg.), Wirtschaft und Gesellschaft in Frankreich seit 1789 (Neue wissenschaftliche Bibliothek 76), Köln 1975

Staatensystem und nationalstaatliche Bewegung

Europa im Zeichen einer ›realistischen‹ Machtpolitik

R. ALBRECHT-CARRIÉ, A diplomatic history of Europe since the Congress of Vienna, New York 1958

M. S. ANDERSON, The ascendancy of Europe, London 1972

M. S. ANDERSON, The eastern question 1774–1923, London 1966

R. ARON, Frieden und Krieg, Eine Theorie der Staatenwelt, Frankfurt am Main 1963. (Paix et guerre entre les nations, Paris 1962)

W. BAUMGART, Vom Europäischen Konzert zum Völkerbund, Darmstadt 1974

K. BOURNE, The foreign policy of Victorian England 1830 bis 1902, London 1970

P. BROCK, The Slovak national awakening, An essay in the intellectual history of East Central Europe, Toronto, Buffalo 1976

A. CORBEN, The nation state and national self-determination, Neuaufl. New York 1969

C. HOLBRAAD, The concert of Europe, A study in German and British International theory 1815–1914, London 1970

C. HOWARD, Britain and the Casus Belli 1822–1902, A study of Britain's international position from Canning to Salisbury, London 1974

P. O'FARREL, England and Ireland since 1800, London 1975

T. SCHIEDER, Typologie und Erscheinungsformen des Nationalstaats in Europa, in: Historische Zeitschrift 202, 1966

T. SCHIEDER (Hrsg.), Sozialstruktur und Organisation europäischer Nationalbewegungen (Studien zur Geschichte des 19. Jahrhunderts 3), München und Wien 1971

T. SCHIEDER (Hrsg.), Staatsgründungen und Nationalitätenprinzip, München und Wien 1974

G. SCHNEIDER, Absonderung vom Allgemeinen, Ursprung und Wesen der Staatsideologie des historischen Nationalismus, Ratingen 1973

L. L. SNYDER, Varieties of nationalism, Hinsdale, Ill. 1976

R. WITTRAM, Das Nationale als europäisches Problem, Göttingen 1954

Der Krim-Krieg

W. BAUMGART, Der Friede von Paris 1856, München und Wien 1972

G. B. HENDERSON, The diplomatic revolution of 1854, in: American historical review, 43, 1937/38

W. E. MOSSE, The rise and fall of the Crimean system 1855 to 71, London 1963

P. W. SCHROEDER, Austria, Great Britain and the Crimean War, The destruction of the European concert, Ithaka, N. Y. 1972

B. UNCKEL, Österreich und der Krimkrieg, Studien zur Politik der Donaumonarchie in den Jahren 1852–56, Lübeck 1969

Die italienische Frage

D. BEALES, The Risorgimento and the unification of Italy, New York 1971

D. MACK SMITH, Cavour and Garibaldi 1860, Cambridge 1954

D. MACK SMITH, Victor Emanuel, Cavour and the Risorgimento, Oxford 1971

W. MATURI, Interpretazioni del Risorgimento, Turin 1962

B. MESMER (Hrsg.), Napoleon III. und die italienische Einigung, Bern 1969

A. OMODEO, Die Erneuerung Italiens und die Geschichte Europas 1700–1920, Zürich 1951

R. ROMEO, Cavour e il suo tempo 1842–1854, Bd. 1–2, Rom 1977

R. ROMEO, Dal Piemonte sabando all'Italia liberale, Turin 1963

R. ROMEO, Risorgimento e capitalismo, Bari 1959

C. J. S. SPRIGGE, The development of modern Italy, London 1944

E. R. TANNENBAUM und E. P. NOETHER (Hrsg.), Modern Italy, New York 1974

E. TERSEN, Garibaldi, 2. Aufl. Berlin 1969

F. VALSECCHI, L'Europa e il Risorgimento, L'alleanza di crimea (Collana storica 81), Florenz 1968

Die deutsche Frage

H. BÖHME, Deutschlands Weg zur Großmacht, Köln 1966

R. DIETRICH (Hrsg.), Europa und der Norddeutsche Bund, Berlin 1968

H. DIWALD (Hrsg.), Von der Revolution zum Norddeutschen Bund, Politik und Ideengut der preußischen Konservativen, 1848–1866, Bd. 1–2, Göttingen 1970

J. GEISS und B. J. WENDT (Hrsg.), Deutschland in der Weltpolitik des 19. und 20. Jahrhunderts, Fritz Fischer zum 65. Geburtstag, Düsseldorf 1973

M. GUGEL, Industrieller Aufstieg und bürgerliche Herrschaft, Sozio-ökonomische Interessen und politische Ziele des liberalen Bürgertums in Preußen zur Zeit des Verfassungskonfliktes 1857–1867, Köln 1975

T. S. HAMEROW, The social foundations of German unification 1858–1871, Bd. 1 und 2, Princeton, N. J. 1969–1972

W. HOFER (Hrsg.), Europa und die Einheit Deutschlands, Köln 1970

R. A. KANN, Das Nationalitätenproblem der Habsburger Monarchie, Bd. 1 und 2, 2. Aufl. Graz und Köln 1963 und 1964. (Multinational empire, Bd. 1 und 2, New York 1950 und 1951)

R. A. KANN, Werden und Zerfall des Habsburger Reiches, Graz, Wien und Köln 1962. (The Habsburg Empire, New York 1957)

P. J. KATZENSTEIN, Disjoined partners, Austria and Germany since 1815, Berkeley, Calif. 1976

W. E. MOSSE, The european powers and the German question 1848–1871, London 1958

O. PFLANZE, Bismarck and the development of Germany, 1815–1871, Princeton, N. J. 1963

H. RUMPLER, Die deutsche Politik des Freiherrn von Beust 1848–1850, Wien, Köln und Graz 1973

K. A. P. SANDIFORD, Great Britain and the Schleswig-Holstein question, 1848–1864, A study in diplomacy, politics, and public opinion, Buffalo 1975

T. SCHIEDER, Das Deutsche Kaiserreich von 1871 als Nationalstaat, Opladen 1961

T. SCHIEDER und E. DEUERLEIN (Hrsg.), Reichsgründung 1870/71, Stuttgart 1970

M. STÜRMER (Hrsg.), Das Kaiserliche Deutschland, Politik und Gesellschaft 1870–1918, Düsseldorf 1970

V.-L. TAPIÉ, Die Völker unter dem Doppeladler, Wien 1975. (Monarchie et peuples du Danube, Paris 1969)

A. J. P. TAYLOR, The Struggle for Mastery in Europe 1848 bis 1918, Oxford 1954

H.-U. WEHLER, Sozialdemokratie und Nationalstaat, Nationalitätenfrage in Deutschland 1840–1914, 2. Aufl. Göttingen 1971

H. A. WINKLER, Preußischer Liberalismus und deutscher Nationalstaat, Studien zur Geschichte der deutschen Fortschrittspartei 1861–1866 (Tübinger Studien zur Geschichte und Politik 17), Tübingen 1964

Die mitteleuropäische Krise von 1866 –
Die Folgen der Krise von 1866

D. BEYREAU, Russische Orientpolitik und die Entstehung des Deutschen Kaiserreiches 1866–1870/71 (Veröffentlichungen des Osteuropa-Institutes München 40), Wiesbaden 1974

H. BÖHME (Hrsg.), Probleme der Reichsgründungszeit 1848 bis 1879, Köln 1968

H. BURCKHARDT, Deutschland, England, Frankreich, 1864 bis 1866, Die politischen Beziehungen Deutschlands zu den beiden westeuropäischen Großmächten, München 1970

E. M. CARROLL, Germany and the Great Powers 1866–1914, Neuaufl. Hamden, Conn. 1966

G. A. CRAIG, Königgrätz, Wien und Hamburg 1966. (The battle of Königgrätz, London 1965)

W. VON GROOTE und U. VON GERSDORFF (Hrsg.), Entscheidung 1866, Stuttgart 1966

A. WANDRUSZKA, Schicksalsjahr 1866, Graz, Köln und Wien 1966

E. ZECHLIN, Bismarck und die Grundlegung der deutschen Großmacht, 2. Aufl. Darmstadt 1960

Der Krieg von 1870/71 und seine europäischen Folgen

E. BAMMEL, Die Reichsgründung und der deutsche Protestantismus (Erlanger Forschungen, R. A. 22), Erlangen 1973

E. BRANDENBURG, Die Reichsgründung, 2. Aufl. Leipzig 1922

F. BRONNER, 1870/71 Elsaß-Lothringen, Zeitgenössische Stimmen für und wider die Eingliederung in das Deutsche Reich, Heilbronn 1971

J. BRUHAT, J. DAUTRY, E. TERSEN, Die Pariser Kommune von 1871, Berlin 1971

R. BUCHNER, Die elsässische Frage und das deutsch-französische Verhältnis im 19. Jahrhundert, Nachdr. Darmstadt 1969

I. DIÓSZEGI, Österreich-Ungarn und der französisch-deutsche Krieg 1870–1871, Budapest 1974

J. DITTRICH, Bismarck, Frankreich und die spanische Thronkandidatur der Hohenzollern, München 1962

E. EYCK, Bismarck, Bd. 1–3, 2. Aufl. Erlenbach und Zürich 1963

L. GALL, Das Bismarck-Problem in der Geschichtsschreibung nach 1945 (Neue wissenschaftliche Bibliothek 42), Köln und Berlin 1971

W. VON GROOTE und U. VON GERSDORFF (Hrsg.), Entscheidung 1870, Stuttgart 1970

H. HALLMANN (Hrsg.), Revision des Bismarckbildes, Darmstadt 1972

H. HELMERT, Kriegspolitik und Strategie, Politische und militärische Ziele der Kriegführung des preußischen Generalstabs vor der Reichsgründung, Berlin 1970

E. KOLB, Der Kriegsausbruch 1870, Politische Entscheidungsprozesse und Verantwortlichkeiten in der Julikrise 1870, Göttingen 1970

R. LENZ, Kosten und Finanzierung des deutsch-französischen Krieges 1870–71, Boppard/Rh. 1970

W. MOMMSEN, Bismarck, München 1959

A. PALMER, Bismarck, Düsseldorf 1976. (Bismarck, London 1976)

H. ROTHFELS, Bismarck, Stuttgart, Berlin und Köln 1970

Politische Konstitutionen und Institutionen in Europa
um 1870

E. N. ANDERSON und P. R. ANDERSON, Political institutions and social change in continental Europe in the 19th century, Berkeley und Los Angeles 1967

K. VON BEYME, Die parlamentarischen Regierungssysteme in Europa, München 1970

E.-W. BÖCKENFÖRDE, Probleme des Konstitutionalismus im 19. Jahrhundert (Der Staat, Beih. 1), Berlin 1975

M. DUVERGER, Die politischen Parteien, Tübingen 1959. (Les partis politiques, Paris 1951)

C. J. FRIEDRICH, Der Verfassungsstaat der Neuzeit, Berlin, Göttingen und Heidelberg 1953. (Constitutional government and democracy, New York 1950)

F. GLUM, Das parlamentarische Regierungssystem in Deutschland, Großbritannien und Frankreich, 2. Aufl. München und Berlin 1965

R. MICHELS, Zur Soziologie des Parteiwesens in der modernen Demokratie, Untersuchungen über die oligarchischen Tendenzen des Gruppenlebens, 2. Aufl. Stuttgart 1970

T. NIPPERDEY, Die Organisation der deutschen Parteien vor 1918 (Beiträge zur Geschichte des Parlamentarismus und der politischen Parteien 18), Düsseldorf 1961

M. Ostrogorski, La démocratie et l'organisation des partis politiques, Bd. 1–2, Paris 1903

T. Schieder, Wandlungen des Staats in der Neuzeit, in: Historische Zeitschrift 216, 1973

Die Wahl der Parlamente und anderer Staatsorgane, Hrsg. von D. Sternberger und B. Vogel, Bd. 1 und 2, Berlin 1969

G. Ziebura (Hrsg.), Beiträge zur allgemeinen Parteienlehre, Darmstadt 1969

Vom Kaiserreich Napoleons III. zur Dritten Republik

M. Agulhon, 1848 ou l'apprentissage de la république 1848 à 1852 (Nouvelle histoire de la France contemporaine 8), Paris 1973

C. Bloch, Die Dritte Französische Republik 1870–1940, Stuttgart 1972

S. Elwitt, The making of the Third Republic, Class and politics in France 1868–1884, Baton Rouge, Louisiana 1975

A. Gérard, Le Second Empire, innovation et réaction, Paris 1973

F. Goĝuel, La politique des partis sous la IIIe république, 3. Aufl. Paris 1958

R. Price, The French Second Republic, London 1972

T. Zeldin, The political system of Napoléon III, London 1958

Vom Preußen-Deutschland zum Deutschen Kaiserreich

O. Becker, Bismarcks Ringen um Deutschlands Gestaltung, Heidelberg 1958

G. Benser, Zur Herausbildung der Eisenacher Partei 1855 bis 1869, Berlin 1956

L. Bergsträsser, Geschichte der politischen Parteien in Deutschland (Deutsches Handbuch der Politik 2), 11. Aufl. München 1965

H.-O. Binder, Reich und Einzelstaaten während der Kanzlerschaft Bismarcks 1871–1890, Eine Untersuchung zum Problem der bundesstaatlichen Organisation, Tübingen 1971

E.-W. Böckenförde (Hrsg.), Moderne deutsche Verfassungsgeschichte 1815–1918, Köln 1972

G. Eisfeld, Die Entstehung der liberalen Parteien in Deutschland 1858–1870, Hannover 1969

F. Hartung, Deutsche Verfassungsgeschichte vom 15. Jahrhundert bis zur Gegenwart, 9. Aufl. Stuttgart 1969

E. R. Huber, Deutsche Verfassungsgeschichte seit 1789, Bd. 1 bis 4, Stuttgart 1967–1969, Bd. 4: Struktur und Krisen des Kaiserreichs, 1969

R. T. MacKenzie, Politische Parteien in England, Die Machtverteilung in der Konservativen und in der Labourpartei, Köln 1961. (British political parties, The distribution of power within the Conservative and Labour Parties, London 1958)

G. A. Ritter (Hrsg.), Das Deutsche Kaiserreich 1871–1914, Göttingen 1975

G. A. Ritter (Hrsg.), Deutsche Parteien vor 1918, Köln 1973

M. Stürmer, Regierung und Reichstag im Bismarckstaat 1871–1880 (Beiträge zur Geschichte des Parlamentarismus und der politischen Parteien 54), Düsseldorf 1974

Verfassungspolitische Wandlungen in Großbritannien

P. Alter, Die irische Nationalbewegung zwischen Parlament und Revolution (Studien zur Geschichte des 19. Jahrhunderts 4), München und Wien 1971

H. Hanham, Elections and party management, London 1959

R. Loewenstein, Staatsrecht und Staatspraxis von Großbritannien, Bd. 1–2, Berlin 1967

Verfassungsstrukturen in den übrigen europäischen Staaten

J. F. Aubert, Petite histoire constitutionelle de la Suisse (Monographies d'histoire suisse 9), Bern 1974

R. C. Elwood, Russian Social Democracy in the underground, A study of the RSDRP in the Ukraine 1907–1914 (Publications on social history 8), Assen 1974

D. Mack Smith, Italy, a modern history 1861–1958, Michigan 1959

Politische Ordnungen im geschichtlichen Wandel

Wirtschaft und Gesellschaft

D. H. Aldcroft, The development of British industry and foreign competition 1875–1914, London 1968

K. Burgess, The origins of British industrial relations, The nineteenth-century experiment, Tatowa, N. J. 1975

C. M. Cipolla, The emergence of industrial societies, Bd. 1 und 2, London 1973

A. Confalonieri, Banca e industria in Italia, 1894–1906, Mailand 1974, Bd. 1: Le permesse, Dall'abolizione del corso forzoso alla caduta del credito mobiliare

K. Ebert, Die Anfänge der modernen Sozialpolitik in Österreich, Die Taaffesche Sozialgesetzgebung für die Arbeiter im Rahmen der Gewerbeordnungsreform 1879–1885 (Studien zur Geschichte der Österreichisch-Ungarischen Monarchie 15), Wien 1975

W. Fischer, Unternehmerschaft, Selbstverwaltung und Staat, Berlin 1964

A. R. HALL (Hrsg.), The export of capital from Britain 1870 bis 1914, London 1968

G. W. F. HALLGARTEN und J. RADKAU, Deutsche Industrie und Politik von Bismarck bis heute, Frankfurt am Main 1974

Handbuch der deutschen Wirtschafts- und Sozialgeschichte, Hrsg. von H. Aubin und W. Zorn, Bd. 1 und 2, Stuttgart 1971–1976, Bd. 2: Das 19. und 20. Jahrhundert, 1976

P. M. HAUSER und L. F. SCHNORE (Hrsg.), The study of urbanisation, 3. Aufl. New York 1967

C. J. H. HAYES, A generation of materialism 1871–1900, New York und London 1941

W. HERRMANN, Industrialisierung des Verkehrs, Jena 1940

K.-H. HÖFELE, Geist und Gesellschaft der Bismarckzeit 1870 bis 1890, Göttingen 1967

W. HOFFMANN, Das Wachstum der deutschen Wirtschaft seit der Mitte des 19. Jahrhunderts, Berlin 1965

S. KALEMBKA, Wielka emigracja, Polskie wychodźstwo polityczne w latach 1831–1862 [Groß-Emigration, Polnische Auswanderungspolitik in den Jahren 1831–1862], Warschau 1971

G. KATKOR und E. OBERLÄNDER (Hrsg.), Rußlands Aufbruch ins 20. Jahrhundert, Olten und Freiburg 1970

J. E. KNODEL, The decline of fertility in Germany 1871–1939, Princeton, N. J. 1974

E. LABROUSSE und F. BRAUDEL (Hrsg.), Histoire économique et sociale de la France, Bd. 3, 1–2: L'avènement de l'ère industrielle, 1789–1880, Paris 1976

D. N. MC CLOSKEY, Essays on a mature economy, Princeton, N. J. 1971

P. MARSCHALCK, Deutsche Überseewanderung im 19. Jahrhundert (Industrielle Welt 14), Stuttgart 1973

B. R. MITCHELL, Abstract of British historical statistics, Cambridge 1962

W. E. MOSSE (Hrsg.), Juden im Wilhelminischen Deutschland 1890–1914, Tübingen 1976

R. PIPES, Rußland vor der Revolution, Staat und Gesellschaft im Zarenreich, München 1977. (Russia under the Old Regime, London 1974)

R. POIDEVIN, Les relations économiques et financières entre la France et l'Allemagne de 1898 à 1914, Paris 1969

H. J. PUHLE, Agrarische Interessenpolitik und preußischer Konservatismus im wilhelminischen Reich, 1893–1914, Hannover 1967

G. A. RITTER (Hrsg.), Vom Wohlfahrtsausschuß zum Wohlfahrtsstaat, Köln 1973

J. ROBINSON, Die Gesellschaft als Wirtschaftsgesellschaft, München 1971. (Freedom and necessity, London 1970)

R. ROMEO, Breve istoria della grande industria in Italia dal 1861 fino al 1961, Bologna 1972

W. W. ROSTOW, Stadien wirtschaftlichen Wachstums, 2. Aufl. Göttingen 1967. (The stages of economic growth, Cambridge, Mass. 1965)

P. SCHEIBERT, Die russische Agrarreform von 1861, Köln 1973

T. SCHIEDER, Staat und Gesellschaft im Wandel unserer Zeit, 3. Aufl. München 1974

N. SCHÖLL, Vom Bürger zum Untertan (Literatur in der Gesellschaft 17), Düsseldorf 1973

J. A. SCHUMPETER, Konjunkturzyklen, Bd. 1 und 2, Göttingen 1961. (Business cycles, Neue Aufl. New York 1964)

L. C. B. SEAMAN, Victorian England, London 1973

M. SILAGI, Henry George und Europa, Zur Entstehung der europäischen Bodenreformbewegungen, München 1973

A. J. P. TAYLOR (Hrsg.), The standard of living in Britain in the Industrial Revolution, London 1975

H.-P. ULLMANN, Der Bund der Industriellen, Organisation, Einfluß und Politik klein- und mittelbetrieblicher Industrieller im Deutschen Kaiserreich 1895–1914 (Kritische Studien zur Geschichtswissenschaft 21), Göttingen 1976

F. VOIGT, Verkehr, Bd. 1 und 2, Berlin 1965–1973, Bd. 2: Die Entwicklung des Verkehrssystems, 1965

R. WAGENFÜHR, Die Industriewirtschaft, Berlin 1933

A. F. WEBER, The growth of cities in the nineteenth century, New York 1899, Neudr. Ithaka, N.Y. 1967

H.-U. WEHLER (Hrsg.), Moderne deutsche Sozialgeschichte, 4. Aufl. Köln und Berlin 1973

H.-U. WEHLER (Hrsg.), Sozialgeschichte heute, Festschrift für Hans Rosenberg zum 70. Geburtstag (Kritische Studien zur Geschichtswissenschaft 11), Göttingen 1974

E. G. WEST, Education and Industrial Revolution, New York 1975

P.-C. WITT, Die Finanzpolitik des Deutschen Reiches 1903 bis 1913, Eine Studie zur Innenpolitik des Wilhelminischen Deutschland, Lübeck 1970

W. WOYTINSKY, Die Welt in Zahlen, Bd. 1–7, Berlin 1926 bis 1928

F. ZUNKEL, Der Rheinisch-Westfälische Unternehmer, 1834 bis 1879, Köln 1962

Krisen und Konflikte

M. BARKER, Gladstone and radicalism, The reconstruction of liberal policy in Britain 1885–94, Hassocks (Sussex) 1975

M. BAUMONT, Aux sources de l'affaire, L'affaire Dreyfus d'après les archives diplomatiques, Paris 1959

E. Beneš, Der Aufstand der Nationen, Der Weltkrieg und die tschechoslowakische Revolution, Berlin 1928

C. E. Black (Hrsg.), The transformation of Russian society, Aspects of social change since 1861, Cambridge, Mass. 1960

R. Cannac, Aux sources de la Révolution russe, Netchaiev, Du nihilisme au terrorisme, Paris 1961

E. Eyck, Das persönliche Regiment Wilhelms II., Politische Geschichte des deutschen Kaiserreiches von 1890 bis 1914, Erlenbach-Zürich 1948

G. Fischer, Russian liberalism, From gentry to intelligentsia, Oxford 1958

A. Gladen, Geschichte der Sozialpolitik in Deutschland, Eine Analyse ihrer Bedingungen, Formen, Zielsetzungen und Auswirkungen (Wissenschaftliche Paperback, Sozial- und Wirtschaftsgeschichte 5), Wiesbaden 1974

M. Göhring, Bismarcks Erben, 1890–1945, Deutschlands Weg von Wilhelm II. bis Adolf Hitler, 2. Aufl. Wiesbaden 1959

C. Goehrke, Die Theorien über Entstehung und Entwicklung des Mir, Wiesbaden 1964

I. L. Hammond, Gladstone and the Irish Nation, 2. ed. London 1964

H. Hantsch, Die Nationalitätenfrage im alten Österreich, Das Problem der konstruktiven Reichsgestaltung (Wiener historische Studien 1), Wien 1953

F. Hartung, Das persönliche Regiment Kaiser Wilhelms II. (Sitzungsberichte der Deutschen Akademie der Wissenschaften zu Berlin, Klasse für Gesellschaftswissenschaften, 1952, 3), Berlin 1952

B. Heckart, From Bassermann to Bebel, Grand bloc's quest for reform in the Kaiserreich, 1900–1914, New Haven 1974

K. G. Hugelmann (Hrsg.), Das Nationalitätenrecht des alten Österreich, Wien, Leipzig 1934

R. Jenkins, Mr. Balfour's poodle, An account of the struggle between the House of Lords and the government of Mr. Asquith, London 1968

H. Kaelble, Industrielle Interessenpolitik in der wilhelminischen Gesellschaft, Berlin 1967

G. S. R. Kitson Clark, The making of Victorian England, London 1963

W. Köllmann, Bevölkerung in der industriellen Revolution (Kritische Studien zur Geschichtswissenschaft 12), Göttingen 1974

H. Kohn, Wege und Irrwege, Vom Geist des deutschen Bürgertums, Düsseldorf 1962. (The mind of Germany, New York und London 1961)

L. Krieger, The german idea of freedom, Neuaufl. Boston 1972

H. G. Lehmann, Die Agrarfrage in der Theorie und Praxis der deutschen und internationalen Sozialdemokratie, Vom Marxismus zum Revisionismus und Bolschewismus (Tübinger Studien zur Geschichte und Politik 26), Tübingen 1970

U. Linse, Organisierter Anarchismus im Deutschen Kaiserreich von 1871, Berlin 1969

H. Mommsen, Die Sozialdemokratie und die Nationalitätenfrage im habsburgischen Vielvölkerstaat (Veröffentlichungen der Arbeitsgemeinschaft für Geschichte der Arbeiterbewegung in Österreich 1), Wien 1963

W. F. Monypenny und G. E. Buckle, The life of Benjamin Disraeli Earl of Beaconsfield, Bd. 1 und 2, New York 1929

J. Morley, Life of William Ewart Gladstone, Bd. 1–3, London 1903

C. C. O'Brien, Parnell and his party, Oxford 1957

R. Pipes (Hrsg.), Die russische Intelligentsia, Stuttgart 1962. (The Russian intelligentsia, New York 1961)

H. Rosenberg, Große Depression und Bismarckzeit (Publikationen zur Geschichte der Industrialisierung 2), Berlin 1967

P. Scheibert, Von Bakunin zu Lenin, Geschichte der russischen revolutionären Ideologien, 1840–1895, Bd. 1: Die Formung des radikalen Denkens in der Auseinandersetzung mit deutschem Idealismus und französischem Bürgertum (Studien zur Geschichte Osteuropas 3), Leiden 1956

W. Struve, Elites against democracy, Princeton, N. J. 1973

M. Stürmer (Hrsg.), Das kaiserliche Deutschland, Düsseldorf 1970

R. W. Swart, The sense of decadence in nineteenth-century-France, Den Haag 1964

S. Thalheimer, Die Affaire Dreyfus, München 1963

L. Valiani, La dissoluzione dell' Austria-Ungheria (La cultura, Biblioteca di storia contemporanea 8), Mailand 1966

H. J. Varain, Freie Gewerkschaften, Sozialdemokratie und Staat, Düsseldorf 1956

H. J. Varain (Hrsg.), Interessenverbände in Deutschland, Köln 1973

F. Venturi, Roots of revolution, A history of populist and socialist movements in 19th century Russia, New York 1966. (Il populismo russo, Bd. 1–2, Turin 1952)

H.-U. Wehler, Das Deutsche Kaiserreich 1871–1918 (Deutsche Geschichte Bd. 9), 2. Aufl. Göttingen 1975

H. A. Winkler (Hrsg.), Organisierter Kapitalismus (Kritische Studien zur Geschichtswissenschaft 9), Göttingen 1974

H. A. Winkler, Pluralismus oder Protektionismus? Köln 1972

J. K. Zeender, The German Center Party, 1890–1906 (Transactions of the American Philosophical Society, N. S. 66, 1), Philadelphia 1976

Z. A. B. ZEMAN, The break-up of the Habsburg Empire, 1914 bis 1918, A study in national and social revolution, London 1961

Z. ZEMAN, The Masaryks, The making of the Czechoslovakia, New York 1976

G. ZIEBURA, Die Dreyfusaffaire und das Regierungssystem der Dritten Republik, in: Historische Zeitschrift 191/1960

Staat und Kirche

H. BASTGEN (Hrsg.), Die Römische Frage, Bd. 1–3, Freiburg 1917

P. BROCK, Pacifism in Europe to 1914, Princeton, N. J. 1972

K. BUCHHEIM, Ultramontanismus und Demokratie, Der Weg der deutschen Katholiken im 19. Jahrhundert, Köln 1963

M. P. FOGARTY, Christliche Demokratie in Westeuropa 1820 bis 1935, Basel, Freiburg und Wien 1959. (Christian democracy in Western Europe 1820–1935, London 1957)

W. P. FUCHS (Hrsg.), Staat und Kirche im Wandel der Jahrhunderte, Stuttgart, Berlin und Köln 1966

J. A. GALLEGO, La política religiosa en España, 1889–1913, Madrid 1975

Handbuch der Kirchengeschichte, Hrsg. von H. Jedin, Bd. 1–6, Freiburg, Basel und Wien 1967–1975, Bd. 6: Die Kirche in der Gegenwart, Bd. 1 und 2, 1971–1973

E. HEINEN, Staatliche Macht und Katholizismus in Deutschland, Bd. 1: Dokumente des politischen Katholizismus von den Anfängen bis 1867, Paderborn 1969

E. R. HUBER UND W. HUBER, Staat und Kirche im 19. und 20. Jahrhundert, Bd. 1 und 2, Berlin 1973–1976, Bd. 2, 1976

Kirche und Staat im 19. und 20. Jahrhundert, Neustadt an der Aisch 1968

R. KOTTJE und B. MOELLER (Hrsg.), Ökumenische Kirchengeschichte, Bd. 1–3, Mainz und München 1972–1974, Bd. 3: Neuzeit, 1974

H. MAIER, Kirche und Gesellschaft, München 1972

A. RAUSCHER (Hrsg.), Entwicklungslinien des deutschen Katholizismus, München und Paderborn 1973

L. SCHÖPPE, Konkordate seit 1800, Berlin 1964

F.-J. STEGMANN, Der soziale Katholizismus und die Mitbestimmung in Deutschland, Vom Beginn der Industrialisierung bis zum Jahre 1933, München 1974

U. TAL, Christians and Jews in Germany, Religion, politics and ideology in the Second Reich, 1870–1914, Ithaca, N. Y. 1975 (Jahadūt ve-Nasrūt ba-'Rajk ha-senī)

A. W. ZIEGLER, Religion, Kirche und Staat in Geschichte und Gegenwart, Bd. 2: Das Verhältnis von Kirche und Staat in Europa, München 1972

Arbeiterbewegung und Sozialismus

W. ABENDROTH, Sozialgeschichte der europäischen Arbeiterbewegung, 8. Aufl. Frankfurt am Main 1972

R. ARON, Le socialisme français face au marxisme, Paris 1971

S. AVINERI, The social and political thought of Karl Marx, Cambridge 1968

J. BRAUNTHAL, Geschichte der Internationale, Bd. 1–3, Hannover 1961–1971

K. D. BROWN (Hrsg.), Essays in Anti-Labour history, Responses to the rise of Labour in Britain, Hamden, Conn. 1974

G. D. H. COLE, A short history of the British working-class movement 1789–1947, 7. Aufl. London 1967

M. DOMMANGET, L'introduction du Marxisme en France, Lausanne 1969

J. DROZ, Le socialisme démocratique de 1864 à 1960, 2. Aufl. Paris 1966

N. EICKHOF, Eine Theorie der Gewerkschaftsentwicklung, Tübingen 1973

I. FETSCHER, Der Kommunismus, Von Marx bis Mao Tsetung, München 1969

I. FETSCHER, Der Marxismus, München 1967

I. FETSCHER, Der Sozialismus, Vom Klassenkampf zum Wohlfahrtsstaat, München 1968

J.-J. FIECHTER, Le socialisme français de l'affaire Dreyfus à la grande guerre, Paris 1965

H. FLEISCHER, Marx und Engels, Die philosophischen Grundlinien ihres Denkens, Freiburg 1970

H. GREBING, Geschichte der deutschen Arbeiterbewegung, 7. Aufl. München 1976

G. GROSSICK (Hrsg.), The lower-middle class in Britain 1870 bis 1914, London 1977

W. O. HENDERSON, The life of Friedrich-Engels, 2 Bände, London 1976

K. H. JAHNKE (Hrsg.), Geschichte der deutschen Arbeiterjugendbewegung 1904–1945, Dortmund 1973

W. KENDALL, The Labour movement in Europe, London 1975

C. LANDAUER (Hrsg.), European socialism, Bd. 1 und 2, Berkeley 1959

D. S. LANE, The roots of Russian communism, London und New York 1969

R. MCKIBBIN, The Revolution of the Labour Party 1910–1924, Oxford 1975

D. MCLELLAN, Karl Marx, München 1974. (Karl Marx, London und New York 1974)

R. H. McNeal (Hrsg.), Resolutions and decisions of the Communist Party of the Soviet Union, Buffalo 1974, Bd. 1: The Russian Social Democratic Labour Party 1898–October 1917

D. Marucco, Arturo Labriola e il sindicalismo revoluzionario in Italia, Turin 1970

E. Matthias, E. Pikart (Hrsg.), Die Reichstagsfraktion der deutschen Sozialdemokratie 1898–1918, 2 Bände, Düsseldorf 1966

G. Mayer, Radikalismus, Sozialismus und bürgerliche Demokratie, Frankfurt am Main 1969

S. Miller, Das Problem der Freiheit im Sozialismus, 3. Aufl. Frankfurt am Main 1967

A. Mitchell, Labour in Irish politics, 1890–1930, The Irish Labour Movement in an age of revolution, New York 1974

H. Mommsen (Hrsg.), Sozialdemokratie zwischen Klassenbewegung und Volkspartei, Frankfurt am Main 1974

J. R. Maura, La rosa de fuego, republicanos y anarquistas, La política de los obreros barceloneses entre el desastre colonial y la semana trágica, 1899–1909, Barcelona 1975

S. Na'aman, Demokratische und soziale Impulse in der Frühgeschichte der deutschen Arbeiterbewegung der Jahre 1862 bis 63 (Institut für Europäische Geschichte Mainz, Vorträge 51), Wiesbaden 1969

S. Na'aman und H.-P. Harpstick, Die Konstituierung der deutschen Arbeiterbewegung 1862/63, Assen 1975

P. Nettl, Rosa Luxemburg, Köln 1967

H. Pelling, The origins of the Labour Party 1880–1900, Neudr. London 1966

F. J. Raddatz, Karl Marx. Eine politische Biographie, Hamburg 1975

G. A. Ritter, Arbeiterbewegung, Parteien und Parlamentarismus (Kritische Studien zur Geschichtswissenschaft 23), Göttingen 1976

K. Saul, Staat, Industrie und Arbeiterbewegung im Kaiserreich, Zur Innen- und Sozialpolitik des Wilhelminischen Deutschland, 1903–1914, Düsseldorf 1974

J. Schneiderman, Sergei Zubatov and revolutionary Marxism, The struggle for the working class in Tsarist Russia, Ithaca N. Y. 1976

C. Schorske, German Social Democracy, 1905–1917, 2. Aufl. London 1973

H.-J. Steinberg, Sozialismus und Sozialdemokratie, 3. Aufl. Bonn-Bad Godesberg 1972

H. Vass (Hrsg.), Studies in the history of Hungarian working-class-movement, 1867–1966, Budepest 1975

A. Vucinich, Social thought in Tsarist Russia, The quest for a general science of society, 1861–1917, Chicago 1976

H. Wachenheim, Die deutsche Arbeiterbewegung von 1844 bis 1914, 2. Aufl. Köln 1971

C. Willard, Les Guesdistes, Le mouvement socialiste en France 1893–1905, Paris 1965

R. E. Zelnik, Labor and society in Tsarist Russia, Stanford, Cal. 1971

Europäische Mächtepolitik nach 1871

Macht, Mächte, Mächte-Europa

R. Aron, Friede und Krieg, Eine Theorie der Staatenwelt, Frankfurt am Main 1963. (Paix et guerre entre les nations, Paris 1962)

M. Baumont (Hrsg.), L'Europe de 1900 à 1914, Paris 1966

W. Besson, Die großen Märkte, Freiburg 1966

F. R. Bridge, Great Britain and Austria-Hungary 1906–14, London 1972

J. Cornell (Hrsg.), Den svenska historien, Stockholm 1968, Bd. 8: Karl Johanstiden och den borgerliga liberalismen, 1809 bis 1865, Bd. 9: Industri och folkrörelser 1866–1920

F. H. Hinsley, Nationalism and the international system (Twentieth century studies 5), London 1973

S. Hoffmann, The state of war, Essays on the theory and practice of international politics, London 1965

W. Z. Laqueur, Russia and Germany, A century of conflict, London 1965

F. Lindberg, Scandinavia in great power politics 1905–1908 (Stockholm studies in history 1), Stockholm 1958

U. Liszkowski (Hrsg.), Rußland und Deutschland (Kieler historische Studien 22), Stuttgart 1974

C. J. Lowe und F. Marzari, Italian foreign policy 1870–1940, London 1975

F. S. L. Lyons, Internationalism in Europe 1815–1914, Leiden 1963

S. Maiwald, Der Berliner Kongreß 1878 und das Völkerrecht, Stuttgart 1948

W. Markert (Hrsg.), Deutsch-russische Beziehungen von Bismarck bis zur Gegenwart, Stuttgart 1964

H. O. Meisner, Der Reichskanzler Caprivi, Nachdr. d. Ausg. 1955, Darmstadt 1969

P. Milza, Les relations internationales de 1871 à 1914, Paris 1968

A. Moritz, Das Problem des Präventivkrieges in der deutschen Politik während der ersten Marokkokrise, Bern und Frankfurt am Main 1974

H. MÜLLER-LINK, Industrialisierung und Außenpolitik, Preußen-Deutschland und das Zarenreich 1860–1890 (Kritische Studien zur Geschichtswissenschaft 24), Göttingen 1977

D. C. M. PLATT, Finance, trade and politics in British foreign policy 1815–1914, Oxford 1968

R. POIDEVIN, Finances et relations internationales 1887–1914, Paris 1970

F. PRILL, Ireland, Britain and Germany 1871–1914, Problems of nationalism and religion in nineteenth-century Europe, Dublin 1975

J. C. G. RÖHL, Deutschland ohne Bismarck, Die Regierungskrise im Zweiten Kaiserreich 1890–1900, Tübingen 1969

A. VAGTS, Defense and diplomacy, The soldier and the conduct of foreign relations, New York 1956

B. WALLER, Bismarck at the crossroads (University of London historical studies 35), London 1974

G. ZIEBURA, Grundfragen der deutschen Außenpolitik seit 1871, Darmstadt 1975

Staatensystem und Gleichgewicht

E. BRANDENBURG, Von Bismarck zum Weltkriege, 3. Aufl. Berlin 1939, Neudr. Darmstadt 1967

W. BUSSMANN, Europa und das Bismarckreich, in: C. Hinrichs und W. Berges (Hrsg.), Die deutsche Einheit als Problem der europäischen Geschichte, Stuttgart 1960

W. BUSSMANN, Das Zeitalter Bismarcks (Handbuch der deutschen Geschichte Bd. 3, 2),4. Aufl. Frankfurt am Main 1968

R. CHICKERING, Imperial Germany and a world without war, The peace movement and German society 1892–1914, Princeton, N. J. 1975

E. DECLEVA, Da Adua a Sarajevo, La politica estera italiana e la Francia, 1896–1914, Madrid 1971

F. FELLNER, Der Dreibund, München 1960

I. GEISS, German foreign policy 1871–1914, London 1976

R. GIRAULT, Emprunts russes et investissements français en Russie 1887–1914, Paris 1973

H. GRANFELT, Alliances and ententes as political weapons, From Bismarck's alliance system to present time, Lund 1970

H. GRANFELT, Der Dreibund nach dem Sturze Bismarcks, Bd. 1 und 2, Lund 1962–64

H. HALLMANN (Hrsg.), Zur Geschichte und Problematik des deutsch-russischen Rückversicherungsvertrages von 1887, Darmstadt 1968

O. HAUSER, Deutschland und der englisch-russische Gegensatz 1900–1914, Göttingen, Berlin und Frankfurt am Main 1958

A. HILLGRUBER, Bismarcks Außenpolitik, Freiburg 1972

P. JAKOBS, Das Werden des französisch-russischen Zweibundes 1890–1894 (Osteuropastudien der Hochschulen des Landes Hessen 2, 8), Wiesbaden 1968

S. KUMPF-KORFES, Bismarcks »Draht nach Rußland«, Berlin 1968

W. L. LANGER, European alliances and alignments 1871–1890, 2. Aufl. New York 1966

F. MEINECKE, Geschichte des deutsch-englischen Bündnisproblems 1890–1901, München und Berlin 1927

B. VOGEL, Deutsche Rußlandpolitik (Studien zur modernen Geschichte 11), Düsseldorf 1973

Europäische Politik im Zeitalter des Imperialismus

Begriffsbestimmung und Erscheinungsformen des Imperialismus

W. BAUMGART, Der Imperialismus, Idee und Wirklichkeit der englischen und französischen Kolonialexpansion 1880–1914, Wiesbaden 1975

H. FEIS, Europe, the world's banker 1870–1914, An account of European foreign investment and the connection of world finance with diplomacy before the war, New Haven 1931

D. K. FIELDHOUSE, Economics and empire 1830–1914, 2. Aufl. London 1976

J. A. HOBSON, Der Imperialismus, Köln und Berlin 1968. (The imperialism, London 1902)

W. I. LENIN, Der Imperialismus als höchstes Stadium des Kapitalismus, 12. Aufl. Berlin 1970. (Imperializm kak novejšij ėtap kapitalizma, Moskau 1917)

W. J. MOMMSEN, Imperialismustheorien, Göttingen 1977

W. J. MOMMSEN (Hrsg.), Der moderne Imperialismus, Stuttgart 1971

W. J. MOMMSEN, Nationale und ökonomische Faktoren im britischen Imperialismus vor 1914, in: Historische Zeitschrift 206, 1968

R. OWEN und B. Sutcliffe, Studies in the theory of imperialism, London 1972

G. RITTER, Staatskunst und Kriegshandwerk, Das Problem des Militarismus in Deutschland, München, Bd. 1: Die altpreußische Tradition (1740–1890), 1954, Bd. 2: Die Hauptmächte Europas und das Wilhelminische Reich (1890–1914), 1960, Bd. 3: Die Tragödie der Staatskunst, Bethmann Hollweg als Kriegskanzler (1914–1917), 1964, Bd. 4: Die Herrschaft des deutschen Militarismus und die Katastrophe von 1918, 1968

R. ROEBNER und H. D. SCHMIDT, Imperialism 1840–1960, Cambridge 1965

J. A. SCHUMPETER, Zur Soziologie der Imperialismen, in: Schumpeter, Aufsätze zur Soziologie, Tübingen 1953

H.-U. WEHLER, Bismarck und der Imperialismus, Köln 1969

H.-U. WEHLER (Hrsg.), Imperialismus, 2. Aufl. Köln 1972

M. WOLFE, The economic causes of imperialism, New York 1972

R. D. WOLFF, The economics of colonialism, Britain and Kenya 1870–1930, New Haven 1974

Tendenzen und Triebkräfte

R. F. BETTS, The false dawn, European imperialism in the nineteenth century, Oxford 1976

B. J. COHEN, The question of imperialism, The political economy of dominance and dependance, London 1974

H. COLIN und G. MATTHEW, The liberal imperialists, London 1973

E. J. E. HOBSBAWM, Industrie und Empire, Bd. 1 und 2, Frankfurt am Main 1969. (Industry and Empire, London 1968)

K. HOLL und G. LIST (Hrsg.), Liberalismus und imperialistischer Staat, Der Imperialismus als Problem liberaler Parteien in Deutschland 1890–1917, Göttingen 1975

T. HUNCZAK (Hrsg.), Russian imperialism from Ivan the Great to the Revolution, New Brunswick 1974

R. V. KUBICEK, The administration of imperialism, Joseph Chamberlain at the Colonial Office, London 1969

W. L. LANGER, The diplomacy of imperialism 1890–1902, 2. Aufl. New York 1960

W. J. MOMMSEN, Das Zeitalter des Imperialismus, Neueste Aufl. Frankfurt am Main 1976

Weltpolitik und kontinentale Politik

W. BAUMGART, Deutschland im Zeitalter des Imperialismus, 1890–1914 (Deutsche Geschichte Bd. 4), Frankfurt am Main, Berlin und Wien 1972

M. BAUMONT, L'essor industriel et l'impérialisme colonial 1878–1904 (Peuples et civilisations 18), 2. Aufl. Paris 1949

M. BELOFF, Imperial Sunset, Bd. 1: Britains liberal empire 1897–1921, London 1969

P. C. M. S. BRAUN, Die Verteidigung Indiens 1800–1907, Das Problem der Vorwärtsstrategie, Köln 1968

R. G. BROWN, Fashoda reconsidered, London 1970

G. D. CLAYTON, Britain and the eastern question, Missolonghi to Gallipoli, London 1970

R. O. COLLINS, King Leopold, England, and the Upper Nile, 1899–1909, New Haven und London 1968

C. C. ELDRIDGE, England's mission, The imperial idea in the age of Gladstone and Disraeli 1868–1880, London 1973

F. T. EPSTEIN, Germany and the east, London 1973

K. EPTING, Das französische Sendungsbewußtsein im 19. und 20. Jahrhundert, Heidelberg 1952

B. FARWELL, The great Anglo-Boer war, New York 1976

L. H. GANN und P. DUIGNAN, Burden of empire, London 1968

P. GIFFORD und W. M. R. LOUIS, Britain and Germany in Africa, New Haven und London 1967

P. GIFFORD und W. M. R. LOUIS, France and Britain in Africa, New Haven und London 1971

E. GRIERSON, The imperial dream, the British Commonwealth and Empire 1775 to 1969, London 1972

P. GUILLEN, L'Allemagne et le Maroc de 1870 à 1905, Paris 1967

H. D. HALL, Commonwealth, London 1971

F. KAZEMZADEH, Russia and Britain in Persia, 1864–1914, New Haven und London 1968

F. F. MÜLLER, Deutschland, Zanzibar, Ostafrika, 1884–1890, Berlin 1959

P. J. V. ROLO, Entente Cordiale, London 1969

J. L. WALLACH (Hrsg.), Germany and the Middle East 1835 to 1939, Tel Aviv 1975

J. WILLEQUET, Le Congo belge et la Weltpolitik 1894–1914, Brüssel 1962

Typen der kolonialen Herrschaft

R. VON ALBERTINI, Europäische Kolonialherrschaft 1880–1940, Zürich 1976

R. VON ALBERTINI (Hrsg.), Moderne Kolonialgeschichte, Köln und Berlin 1970

K. J. BADE, Friedrich Fabri und der Imperialismus in der Bismarckzeit, Revolution, Depression, Expansion (Beiträge zur Kolonial- und Überseegeschichte 13), Freiburg 1975

E. BARKER, The ideas and ideals of the British Empire, 2. Aufl. New York 1969

T. B. BIRNBERG und S. A. RESNICK, Colonial development, An econometric study, New Haven 1975

H. BLEY, Kolonialherrschaft und Sozialstruktur in Deutsch-Südwestafrika 1894–1914, Hamburg 1968

B. BRENTJES, Die Araber, Bd. 2: Chane, Sultane und Emire, Die islamischen Staaten vom Zusammenbruch des Timuridenreiches bis zur Erlangung der Unabhängigkeit, München 1975

H. BRUNSCHWIG, Mythes et réalités de l'impérialisme colonial français 1877–1914, Paris 1960

W. B. COHEN, Rulers of empire, The French colonial service in Africa, Stanford, Cal. 1971

W. P. COOLHAAS, A critical survey of studies on Dutch colonial history (Instituut voor Taal-, Land- en Volkenkunde, Bibliographical series 4), s'Gravenhage 1960

H. DESCHAMPS, Les méthodes et les doctrines de la France du 16e siècle à nos jours, Paris 1953

A. DURIEUX, Institutions politiques, administratives et judiciaires du Congo Belge et Ruanda-Urundi, 2. Aufl. Brüssel 1955

D. K. FIELDHOUSE, Die Kolonialreiche seit dem 18. Jahrhundert, Frankfurt am Main 1965

L. H. GANN und P. DUIGNAN, Colonialism in Africa 1870 bis 1960, Bd. 1–5, Cambridge 1969–73

K. HAUSEN, Deutsche Kolonialherrschaft in Afrika (Beiträge zur Sozial- und Überseegeschichte 6), Zürich und Freiburg 1970

C. J. JEFFRIES, The Colonial Office, London 1956

P. LEROY-BEAULIEU, La colonisation chez les peuples modernes, Bd. 1 und 2, 6. Aufl. Paris 1908

P. MASON, The men who ruled India, London 1954

S. MIERS, Britain and the ending of slave-trade, New York 1975

M. F. PERHAM, Bilanz des Kolonialismus, Stuttgart 1963. (The colonial reckoning, London 1961)

M. F. PERHAM, Lugard, Bd. 1–2, London 1960

M. F. PERHAM, Native administration in Nigeria, London 1937

R. A. PIERCE, Russian Central Asia 1867–1917, A study in colonial rule, Berkeley, Calif., Los Angeles 1960

R. ROBINSON und J. GALLAGHER, Africa and the Victorians, London 1961

R. SERTOLI-SALIS, Storia e politica coloniale italiana 1869–1937, 2. Aufl. Mailand 1937

H. SIEBURG, Eugène Étienne und die französische Kolonialpolitik 1867–1904 (Beiträge zur Kolonial- und Überseegeschichte 4), Köln und Opladen 1968

R. L. TIGNOR, Modernisation and British colonial rule in Egypt 1882–1914, Princeton 1966

M. E. TOWNSEND, Macht und Ende des deutschen Kolonialreiches, Leipzig 1932. (Rise and fall of Germany's colonial empire 1884–1918, New York 1930)

A. WIRZ, Vom Sklavenhandel zum sozialen Handel (Beiträge zur Kolonial- und Überseegeschichte 10), Freiburg 1972

Bildung und Kultur vor dem Ersten Weltkrieg

T. W. ADORNO, Philosophie der neuen Musik (Gesammelte Schriften 12), Frankfurt am Main 1975

E. ALKER, Die deutsche Literatur im 19. Jahrhundert, 1832 bis 1914, 3. Aufl. Stuttgart 1961

P. R. ANDERSON, The background of anti-English feeling in Germany, 1890–1902, Washington 1939

J. BAB und W. HANDL, Wien und Berlin, Vergleichende Kulturgeschichte der beiden Hauptstädte Mitteleuropas, 2. Aufl. Berlin 1926

J. BEN-DAVID, The scientist's Role in society, Englewood Cliffs, N. J. 1971

G. BRANDES, Die Hauptströmungen der Literatur des 19. Jahrhunderts, Bd. 1–5, 3. Aufl. Berlin 1924. (Hovedstrmninger i det 19. aarhundredes litteratur, Bd. 1–6, Kopenhagen 1872 bis 1890)

G. BRUUN, Nineteenth-century European civilisation 1815 bis 1914, 7. Aufl. New York 1964

L. BURCHARDT, Wissenschaftspolitik im Wilhelminischen Deutschland (Studien zur Naturwissenschaft, Technik und Wirtschaft im 19. Jahrhundert 1), Göttingen 1975

Die deutsche Stadt im 19. Jahrhundert, Hrsg. von L. Grote, München 1974

M. DOEBERL (Hrsg.), Das akademische Deutschland, Bd. 1–3, Berlin 1930

H. W. EPPELSHEIMER, Handbuch der Weltliteratur, 3. Aufl. Frankfurt am Main 1960

E. EYRE, European civilisation, Bd. 1–7, London 1937–1939

W. HAAS, Die Belle Epoque, 2. Aufl. München 1958

W. HAFTMANN, Malerei im 20. Jahrhundert, Bd. 1 und 2, Neuaufl. Berlin 1962

R. HAMANN und J. HERMAND, Deutsche Kunst und Kultur von der Gründerzeit bis zum Expressionismus, Bd. 1–4, Berlin 1959–1967

A. HAUSER, Sozialgeschichte der Kunst und Literatur, München 1969

W. HEISENBERG, Physik und Philosophie, 2. Aufl. Stuttgart 1972. (Physics and philosophy, London 1959)

W. HEISENBERG, Wandlungen in den Grundlagen der Naturwissenschaft, 10 Vorträge, 9. Aufl. Stuttgart 1959

H. R. HITCHCOCK, Architecture, Nineteenth and twentieth centuries, 3. Aufl. Harmondsworth, Middlesex 1968

K. H. HÖFELE, Geist und Gesellschaft in der Bismarckzeit, 1870–1890 (Quellensammlung zur Kulturgeschichte 18), Göttingen, Zürich und Berlin 1967

A. KLEINBERG, Die europäische Kultur der Neuzeit, Leipzig 1931

H. J. W. KOCH, Der Sozialdarwinismus, München 1973

H. KRAMER, Deutsche Kultur zwischen 1871 und 1918, Frankfurt am Main 1971

W. LEXIS (Hrsg.), Die Universitäten im Deutschen Reich, Berlin 1904

L. LÖWENTHAL, Erzählkunst und Gesellschaft, Neuwied und Berlin 1971

K.-H. MANEGOLD, Universität, Technische Hochschule und Industrie (Schriften zur Wirtschafts- und Sozialgeschichte 16), Berlin 1970

G. MASUR, Propheten von gestern, Zur europäischen Kultur 1890–1914, Frankfurt am Main 1965 (Prophets of yesterday, New York 1961)

W. MÖNCH, Frankreichs Kultur, Tradition und Revolte von der Klassik bis zum Surrealismus, Berlin 1972

A. J. A. MORRIS (Hrsg.), Edwardian radicalism 1900–1914, Some aspects of British radicalism, Boston 1974

D. K. MÜLLER, Sozialstruktur und Schulsystem, Göttingen 1977

N. PEVSNER, Wegbereiter moderner Formgebung, Hamburg 1957

F. K. RINGER, The decline of the German mandarins, Cambridge, Mass. 1969

T. SCHIEDER, Nietzsche und Bismarck (Kölner Universitätsreden 30), Krefeld 1963

F. SCHILDBERGER, Gottlieb Daimler und Karl Benz, Pioniere der Automobilindustrie, Göttingen 1976

H. J. SCHOEPS (Hrsg.), Zeitgeist im Wandel, Bd. 1 und 2, Stuttgart 1967–1968, Bd. 1: Das Wilhelminische Zeitalter, 1967

W. SCHUSTER und M. WIESER, Weltliteratur der Gegenwart 1890–1931, Bd. 1 und 2, Berlin und Hamburg 1931

K. SCHWABE, Wissenschaft und Kriegsmoral, Göttingen, Zürich und Frankfurt am Main 1969

H. SEDLMAYR, Verlust der Mitte, Die bildende Kunst des 19. und 20. Jahrhunderts als Symptom und Symbol der Zeit, Neueste Aufl. Frankfurt am Main, Berlin und Wien 1973

F. STERN, Kulturpessimismus als politische Gefahr, Bern, Stuttgart und Wien 1963. (The politics of cultural despair, Cambridge, Mass. 1961)

Student und Hochschule im 19. Jahrhundert, Göttingen 1975

O. WALZEL, Die Geistesströmungen des 19. Jahrhunderts, 2. Aufl. Leipzig 1929

Der Erste Weltkrieg

Kriegsursachen und Kriegsanlaß – Der historische Ort des Ersten Weltkrieges

L. ALBERTINI, The origins of the war of 1914, Vol. 1–3, Oxford 1965. (Le origini della guerra del 1914, Milano 1942–43)

M. BALFOUR, Der Kaiser, Wilhelm II. und seine Zeit, Berlin 1967. (The Kaiser and his Times, London 1964)

B. BONWETSCH, Kriegsallianz und Wirtschaftsinteressen, Rußland in den Wirtschaftsplänen Deutschlands und Frankreichs 1914–1917, Düsseldorf 1973

H. BLEY, Bebel und die Strategie der Kriegsverhütung 1904 bis 1913, Göttingen 1975

K. J. CALDER, Britain and the origins of the new Europe, 1914 bis 1918, New York, London, 1976

L. DEHIO, Deutschland und die Weltpolitik im 10. Jahrhundert, München 1961

J. DROZ, Les causes de la première guere mondiale (Points historiques 11), Paris 1973

J. GEISS (Hrsg.), Julikrise und Kriegsausbruch 1914, Bd. 1 und 2, Hannover 1963–1964

A. HILLGRUBER, Deutschlands Rolle in der Vorgeschichte der beiden Weltkriege, Göttingen 1974

E. HÖLZLE, Die Selbstentmachtung Europas, Göttingen und Frankfurt am Main 1975

J. JOLL, 1914, London 1968

H. W. KOCH, The origins of the First World War, New York 1972

L. LAFORE, The long fuse, An interpretation of the origins of World War I, London 1966

W. LAQUEUR und G. L. MOSSE (Hrsg.), Kriegsausbruch 1914, 2. Aufl. München 1970. (1914, London 1966)

D. E. LEE, Europe's crucial years, The diplomatic background of World War I, 1902–1914, Hannover, N. H. 1974

W. J. MOMMSEN, Die latente Krise des Deutschen Reiches 1909 bis 1914, Frankfurt am Main 1974

H. ONCKEN, Das Deutsche Reich und die Vorgeschichte des Weltkrieges, Bd. 1 und 2, Leipzig 1933

S. T. POSSONY, Zur Bewältigung der Kriegsschuldfrage (Demokratie und Frieden 5), Köln und Opladen 1967

J. REMAK, The First World War, New York 1971

K. RIEGLER, Tagebuch und Aufsätze, Dokumente, Eingeleitet und hrsg. von K. D. Erdmann, Göttingen 1972

J. J. RUEDORFFER, Grundzüge der Weltpolitik in der Gegenwart (Das Weltbild der Gegenwart 2), Stuttgart 1914

W. SCHIEDER (Hrsg.), Erster Weltkrieg, Köln und Berlin 1969

F. Stern, Bethmann Hollweg und der Krieg (Recht und Staat in Geschichte und Gegenwart 351–352), Tübingen 1968. (The responsibility of power, London 1967)

L. C. F. Turner, Origins of the First World War, London 1970

E. von Vietsch, Bethmann Hollweg, Staatsmann zwischen Macht und Ethos, Boppard/Rh. 1969

F. Würthle, Die Spur führt nach Belgrad, Die Hintergründe des Dramas von Sarajevo 1914, München 1975

Der strategische Verlauf des Krieges: 1914 bis 1917

T. A. Bailey, P. B. Ryan, The Lusitania disaster, An episode in modern warfare and diplomacy, New York 1975

W. Deist, Militär und Innenpolitik im Weltkrieg 1914–1918 (Quellen zur Geschichte des Parlamentarismus und der politischen Parteien 2, 1), Bd. 1 und 2, Düsseldorf 1970

M. M. Farrar, Conflict and compromise, The strategy and diplomacy of the French Blockade 1914 to 1918, Den Haag 1974

L. L. Farrar, The short war illusion, German policy, strategy and domestic affairs August–December 1914, Santa Barbara, Cal. 1973

J. Gooch, The plans of war, The General Staff and British military strategy c. 1900–1916, New York 1974

P. Guinn, British strategy and politics 1914 to 1918, Oxford 1965

W Hubatsch, Kaiserliche Marine, Aufgaben und Leistungen, München 1975

K.-H. Janssen, Der Kanzler und der General, Die Führungskrise um Bethmann Hollweg und Falkenhayn, 1914–1916, Göttingen, Berlin und Frankfurt am Main 1967

P. Graf Kielmansegg, Deutschland und der Erste Weltkrieg, Frankfurt am Main 1968

C. J. Lowe, Britain and Italian intervention 1914–1915, London 1969

A. Mayer, Political origins of the new diplomacy 1917–1918 (Yale historical publication studies 18), Oxford und New Haven 1959

B. H. Liddell Hart, A history of the world war 1914–1918, London 1934

O. Rist, The neutral ally, Oslo 1965

G. Ritter, Der Schlieffenplan, München 1956

B. Vigezzi, L'Italia di fronte alla guerra prima mondiale, Bd. 1: L'Italia neutrale, Mailand 1966

S. R. Williamson, The politics of grand strategy, Britain and France prepare for war, 1904–1914, Cambridge, Mass. 1969

Kriegszieldiskussion der Mächte

G. D. Feldman, German imperialism, 1914–1918, New York 1972

F. Fischer, Griff nach der Weltmacht, Die Kriegszielpolitik des kaiserlichen Deutschland 1914/1918, 4. Aufl. Düsseldorf 1971

F. Fischer, Krieg der Illusionen, 2. Aufl. Düsseldorf 1971

F. Fischer, Weltmacht oder Niedergang (Hamburger Studien zur neueren Geschichte 1), 3. Aufl. Frankfurt am Main 1969

W. W. Gottlieb, Studies in secret diplomacy during the First World War, London 1957

R. Gregory, The origins of American intervention in the First World War, New York 1971

K.-H. Janssen, Macht und Verblendung, Kriegszielpolitik der deutschen Bundesstaaten 1914–1918, Göttingen und Frankfurt am Main 1963

K. H. Jarausch, The enigmatic chancellor, Bethmann Hollweg and the hubris of imperial Germany, New Haven, Conn. 1973

K. Wernecke, Der Wille zur Weltgeltung, Außenpolitik und Öffentlichkeit im Kaiserreich am Vorabend des Ersten Weltkrieges, Düsseldorf 1970

E. Zechlin, Kriegsausbruch und Kriegsziele 1914, Göttingen 1972

Friedensversuche und Friedensverträge

K. E. Birnbaum, Peace moves and U-boat warfare, A study of imperial Germany's policy towards the United States, April 18, 1916 – January 9, 1917 (Stockholm studies in history 2), Stockholm 1958

Der Friede von Brest-Litowsk, Ein unveröffentlichter Band aus dem Werk des Untersuchungsausschusses der Deutschen Verfassunggebenden Nationalversammlung und des Deutschen Reichstages (Quellen zur Geschichte des Parlamentarismus und der politischen Parteien 8), Düsseldorf 1971

W. Hahlweg, Der Diktatfrieden von Brest-Litowsk 1918 und die bolschewistische Weltrevolution, Münster 1960

H. Hanak, Great Britain and Austria-Hungary during the First World War, Oxford 1962

G. Haupt, Socialism and the Great War, The collapse of the Second International, New York 1972

S. J. Kernek, Distractions of peace during the war, The Lloyd George government's reactions to Woodrow Wilson, December, 1916 – November 1918 (Transactions of the American Philosophical Society, N. S. 65, 2), Philadelphia 1975

N. G. Levin, Woodrow Wilson and world politics, Neudr. New York 1970

A. S. Link, Wilson, The struggle for neutrality 1914–1915, Oxford 1960

V. H. Rothwell, British war aims and peace diplomacy, 1914 bis 1918, Oxford 1971

A. Scherer und J. Grunewald (Hrsg.), L'Allemagne et les problèmes de la paix pendant la première guerre mondiale, Bd. 1 und 2, Paris 1962–1966

W. Steglich, Der Friedensappell Papst Benedikts XV. vom 1. August 1917 und die Mittelmächte, Wiesbaden 1970

W. Steglich, Die Friedenspolitik der Mittelmächte, 1917/18, Bd. 1, München 1964

W. Steglich, Die Verhandlungen des 2. Unterausschusses des Parlamentarischen Untersuchungsausschusses über die Päpstliche Friedensaktion von 1917, Wiesbaden 1974

Der strategische Verlauf des Krieges: 1918

O. S. Fedyshyn, Germany's drive to the east and the Ukrainian revolution 1917–1918, New Brunswick, N. J. 1971

W. Foerster, Der Feldherr Ludendorff im Unglück, Eine Studie über seine seelische Haltung in der Endphase des Ersten Weltkrieges, Wiesbaden 1952

S. A. Kaehler, Zur Beurteilung Ludendorffs im Sommer 1918 (Nachrichten der Akademie der Wissenschaften in Göttingen, Philosophisch-historische Klasse 1953, 1) Göttingen 1953

A. Kaspi, La France et le concours américain, février 1917–novembre 1918, Bd. 1–3, Lille 1975

A. Laffargue, Foch et la bataille de 1918, Paris 1967

H. Meier-Welcker, Die deutsche Führung an der Westfront im Frühsommer 1918, in: Welt als Geschichte 21, 1961

H. Neubauer (Hrsg.), Deutschland und die Russische Revolution, Stuttgart 1968

B. Schwertfeger, Das Weltkriegsende, Gedanken über die deutsche Kriegführung 1918, 7. Aufl. Potsdam 1938

B. Stegemann, Die deutsche Marinepolitik 1916–1918, Berlin 1970

Staaten und Völker im Krieg

W. Baumgart, Deutsche Ostpolitik 1918, Wien und München 1966

H. J. Bieber, Die deutschen Gewerkschaften im 1. Weltkrieg, Hamburg 1976

P. Borowsky, Deutsche Ukrainepolitik 1918 unter besonderer Berücksichtigung der Wirtschaftsfragen (Historische Studien 416), Lübeck und Hamburg 1970

S. Bürger, Die sozialistische Antikriegsbewegung in Großbritannien 1914–1917, Berlin 1967

R. E. Bunselmeyer, The cost of the war, 1914–1919, British economic war aims and the origin of reparation, Hamden, Conn. 1975

G. D. Feldman, Army, industry and labor in Germany 1914 to 1918, Princeton, N. J. 1966

W. B. Fowler, British-American relations 1917–1918, London und New York 1969

U. Fortuna, Der Völkerbundsgedanke in Deutschland während des Ersten Weltkrieges (Zürcher Studien zur allgemeinen Geschichte 30), Zürich 1974

D. Freytag, Die Vereinigten Staaten auf dem Weg zur Intervention (Jahrbuch für Amerikastudien, Beih. 30), Heidelberg 1971

C. Führ, Das k. u. k. Armeeoberkommando und die Innenpolitik in Österreich 1914–1917, Wien 1968

G. Hardach, Der Erste Weltkrieg 1914–1918 (Geschichte der Weltwirtschaft im 20. Jahrhundert 2), München 1973

F. Klein (Hrsg.), Deutschland im Ersten Weltkrieg, Bd. 1–3, 2. Aufl. Berlin 1970

J. Kocka, Klassengesellschaft im Krieg (Kritische Studien zur Geschichtswissenschaft 8), Göttingen 1973

W. M. R. Louis, Great Britain and Germany's lost colonies 1914–1919, Oxford 1967

A. Marwick, The Deluge, British society and the First World War, London 1965

A. Marwick, War and social change in the twentieth century, London 1974

E. R. May, The world war and American isolation 1914–1917, Oxford 1959

K. Roesler, Die Finanzpolitik des Deutschen Reiches im Ersten Weltkrieg, Berlin 1967

A. L. Sidorov, Ekonomiceskoe polozenie Rossii v gody pervoj mirovoj vojny (Die ökonomische Situation Rußlands während des Ersten Weltkrieges), Moskau 1973

L. Valiani, La dissoluzione dell'Austria-Ungheria, Mailand 1966

H. Wohlgemuth, Die Entstehung der KPD, 1914–1918, Berlin 1968

C. J. Wrigley, David Lloyd George and the British Labour Movement, Peace and war, New York 1976

F. Zunkel, Industrie und Staatssozialismus, Der Kampf um die Wirtschaftsordnung in Deutschland 1914–1918 (Tübinger Schriften zur Sozial- und Zeitgeschichte 3), Düsseldorf 1974

Der Weg zum Waffenstillstand –
Das Ende der europäischen Herrschaft in der Welt

W. Gautschi, Lenin als Emigrant in der Schweiz, Einsiedeln 1972

E. Matthias und R. Morsey (Hrsg.), Der Interfraktionelle Ausschuß 1917–1918, Bd. 1 und 2, Düsseldorf 1959

E. Matthias und R. Morsey (Hrsg.), Die Regierung des Prinzen Max von Baden, Düsseldorf 1962

P. Rénouvin, L'armistice de Rethondes, 11 novembre 1918, Paris 1968

K. Schwabe, Deutsche Revolution und Wilson-Frieden, Düsseldorf 1971

W. Steglich, Bündnissicherung oder Verständigungsfrieden (Göttinger Bausteine zur Geschichtswissenschaft 28), Göttingen, Berlin und Frankfurt am Main 1958

E. Taylor, Der Untergang der Dynastien, München 1963. (The fall of the dynasties, New York und Toronto 1964)

C. Vilain, Les quatres armistices de 1918, Paris 1968

K. Graf von Westarp, Das Ende der Monarchie am 9. November 1918, hrsg. v. Werner Conze, Stollhamm (Oldb.) und Berlin 1952

Dokumentation

E. Amburger, Geschichte der Behördenorganisation Rußlands von Peter dem Großen bis 1917 (Studien zur Geschichte Osteuropas 10), Leiden 1966

F. Hartung, Deutsche Verfassungsgeschichte vom 15. Jahrhundert bis zur Gegenwart, 9. Aufl. Stuttgart 1969

A. Heupel, F. Hoffmann, H. D. Homann und W. Hubatsch, Karten und Stammtafeln zur deutschen Geschichte (Deutsche Geschichte 16), Berlin 1972

E. Huber, Deutsche Verfassungsgeschichte seit 1789, Bd. 3: Bismarck und das Reich, Stuttgart 1963

W. K. Prinz zu Isenburg und F. Baron Freytag von Loringhoven, Stammtafeln zur Geschichte der europäischen Staaten, Bd. 1 und 2, Neuausg. Marburg 1965

B. R. Mitchell, European Historical Statistics 1750–1970, London 1975

D. Sternberger und B. Vogel (Hrsg.), Die Wahl der Parlamente und anderer Staatsorgane, Bd. 1, 1 und 2, Berlin 1969

W. Woodruff, Impact of Western Men, A study of Europe's role in the World Economy 1750–1960, New York 1966

W. B. Walsh, Political parties in the Russian Dumas, in: Journal of Modern History, 22 1950

Personen- und Sachregister

Die Vorlagen für die Bilddokumente stammen von:
Aerofilms Library 307; Alinari-Giraudon, Paris 117; Amerika-Gedenkbibliothek, Berlin 62 unten re.; Archiv für Kunst und Geschichte, Berlin 60 re., 86, 87, 128, 131, 242, 246 oben und unten, 262, 299; Archivio Fotografico, Mailand 211; Hans-Joachim Bartsch, Berlin 64, 66, 78, 192, 367; Lore Bermbach, Düsseldorf 132; Bibliothek der Freien Universität Berlin 62 oben re.; Bibliothek der Technischen Universität Berlin 62 unten li.; Bildarchiv der Österreichischen Nationalbibliothek, Wien 290; Bildarchiv Preußischer Kulturbesitz, Berlin 27, 58 li. und re., 60 li., 62 oben li., 83, 84, 85, 98, 104, 111, 127, 134, 138, 140, 145, 181, 203, 209, 213, 216 unten, 247 li. und re., 252, 259, 263, 288, 294, 340, 361, 380, 393; Bilderdienst Süddeutscher Verlag, München 187, 257; Bildstelle im Bundesarchiv, Koblenz 22, 400; Bulloz, Paris 11; Chomon-Perino, Turin 17, 176; Deutsches Museum, München 348; Fotostudio Otto, Wien 109, 118, 160, 231, 327, 329; Foto-Wiemann, Recklinghausen 324; John Freeman Group, London 169; Gabinetto Fotografico Nazionale, Rom 90; Renato Gasparini, Genua 91; Greater London Council Library 75; Peter Hahlbrock, Berlin 24, 70, 121, 122, 123, 125, 147, 150, 163, 167, 207, 235, 258, 302, 304, 305; H.-J. Heyden, Hamburg 119; Kroeker, Lübeck 174; Landesbildstelle Rheinland, Düsseldorf 332; Lennart Larsen, Frederiksborg 97; Lauros-Giraudon, Paris 30, 31, 33, 232; Lichtbildstelle der Bundesbahndirektion, Nürnberg 67; Lichtbildwerkstätte ›Alpenland‹, Wien 36, 101, 237, 239, 270, 387; L'Illustration, Paris 164; Prof. Sepp Mages, Kaiserslautern 397; Musei Vaticani, Archivio Fotografico, Città del Vaticano 197; Österreichisches Staatsarchiv, Wien 189; K. H. Osenberg, Remscheid, über Dr. Lindemann, Deutsches Werkzeugmuseum, Remscheid 35; Dr. Peter Pantzer, Wien 264; Karl-Heinrich Paulmann, Berlin 165, 173, 185, 221, 223, 224, 226, 227, 229, 233, 251, 255, 266, 267, 272, 273, 295, 297, 300, 311; Photodecor, Paris 285; Photographie Giraudon, Paris 89; Photo Reger, München 283; Rheinisches Bildarchiv, Köln 113; Saporetti, Mailand 16; Ullstein Bilderdienst, Berlin 321, 330, 337, 338, 341, 342, 343, 344, 345, 346, 349, 355, 357, 359, 362, 371, 372, 374, 375, 376, 378, 379, 383, 386, 405; Verlag D. Thomassin, Trier 54; Verlagsarchiv, Berlin 29, 57, 146, 199, 261, 287, 318, 339, 347, 353, 363, 391, 394; Richard Wagner Gedenkstätte, Bayreuth 314. – Alle übrigen Aufnahmen lieferten die in den Bildunterschriften erwähnten Archive, Bibliotheken, Museen und Sammlungen.

Die Erlaubnis zur Wiedergabe von Originalen erteilten freundlicherweise die in den Bildunterschriften und Quellennachweisen genannten Institutionen und privaten Besitzer.

Redaktion:
Wolfram Mitte, Ferdinand Schwenkner,
Dr. Georg G. Meerwein

Die Erarbeitung der Dokumentation unterstützten:
Dr. Eberhard Bohm (österreichisch-ungarische Verfassung),
Dr. Jürgen Brockstedt (Wirtschaft),
Prof. Dr. Michael Erbe (Landkarten, französische, britische und russische Verfassung, Wahlergebnisse),
Prof. Dr. Wolfgang Hofmann (deutsche Verfassung),
Wolfgang Jung (Stammtafeln),
Wolfgang Neugebauer (Herrscher und Regierungen), alle Berlin

Die Landkarten und Graphiken zeichneten:
Erhard Bechtluft und Volkmar Schwengle, beide Berlin

An der Bibliographie wirkte mit:
Friederike Hagemeyer, Berlin

Bei der Beschaffung von Bildvorlagen halfen
mit Anregungen und Auskünften – allen voran: Peter Hahlbrock, Berlin;
ferner:
W. Hofrat Dr. Joh. Chr. Allmayer-Beck, Wien; Grit Arnscheid, Mannheim;
Dr. Anna Benna, Wien; Prof. Dr. Hans Booms, Koblenz;
W. Hofrat Dr. Anna Coreth, Wien; Dr. Alexander Dückers, Berlin;
Dr. Fleischer, Freiburg i. Br.; Jacqueline Gaudin, Charenton;
Dr. Gehling, Bonn; Wilfried Göpel, Berlin;
Ilse Graefe, Berlin; Dr. Cécile Lowenthal-Hensel, Berlin;
W. Hofrat Dr. Rudolf Neck, Wien; Ingeborg Preuß, Berlin;
Dr. Hans J. Reichhardt, Berlin; Dr. Schenk, Frankfurt am Main;
Dr. Anneliese Schröder, Recklinghausen; Maria White, Northpost, N.Y.